McGraw Hill Education

Sunyo Translation Series in Accounting Classics

ACCOUNTING FOR DECISION MAKING AND CONTROL

Sixth Edition

Jerold L. Zimmerman

三友会计名著译丛

“十二五”国家重点图书出版规划项目

决策与控制会计

（第六版）

（美）杰罗尔德·L. 齐默尔曼 著

陈晖丽 刘峰 译校

东北财经大学出版社
Dongbei University of Finance & Economics Press
大连

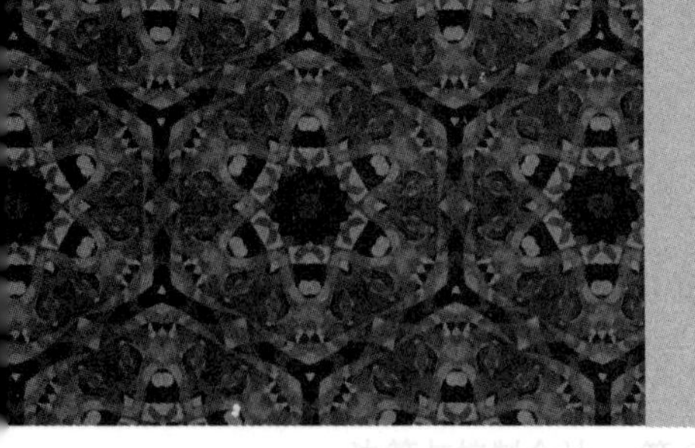

中文版序言

我与刘峰教授是在他 1998 年访问罗切斯特大学时认识的。刘教授将我的著作《决策与控制会计》译成中文，我很荣幸。由于估算成本、业绩考核与奖励问题存在于所有国家的所有组织中，因此该书能超越国界的限制。尽管本书的主要内容是基于我在北美的教学经验撰写的，但是该书能够在世界其他国家同样获得成功，足以证明其广泛的适用性。事实上，我在中国旅行时通过与中国经理的讨论所获得的第一手资料表明，决策制定与决策控制的双重问题在中国的企业中同样存在。我衷心希望中国的经理们通过更好地理解上述双重问题，来提高中国企业的效率。

齐杰瑞

2010 年 8 月于罗切斯特大学

译者前言

1998 年，经香港城市大学会计系主任徐林倩丽教授推荐，我有机会在以实证研究见长的罗切斯特大学商学院进修 1 年。第一次与齐杰瑞教授交谈，是在当地一家中餐馆。当时，我满脑子在想会计准则、制度变迁以及如何学习基于契约理论的实证会计。谁知没聊多久，齐杰瑞教授就告诉我，基于契约理论的实证会计研究，存在数据难以收集以及如何进一步发现有意义的假设等问题。他还说，目前，他的兴趣在于如何利用会计信息帮助企业提高管理水平。后来，我还聆听了齐杰瑞教授所讲授的“决策与控制会计”课程。在我回国前一次吃晚饭时，齐杰瑞教授曾问我回国后会不会讲授管理会计课程，我回答说可能性很小。他不无遗憾地说：“看来，我对你的影响不大。”

1999 年底，我转到广州中山大学任教。广州地处珠江三角洲的腹地，而珠江三角洲是我国经济发展较快的地区。这里的民营企业家拥有敏锐的头脑、顽强的精神，是我国经济发展重要的推动力量。很多经济方面的法律、法规，就是因为珠江三角洲企业家们的推动而出台的。而珠江三角洲的经济发展程度和水平，以及对高质量管理的需求，是我到广州后才真正体会到的。我有幸在中山大学管理学院管理论坛、中山大学教授经理研讨会做关于公司治理结构、业绩评价制度、成本战略的演讲。来自珠江三角洲的企业家们经常会问一些非常实际的问题，对这些问题的思考和尝试解答，又让我回到齐杰瑞教授的“决策与控制会计”课程上来。

记得我第一次和齐杰瑞教授讨论管理会计时，他就提出：管理会计是为管理服务的，因此最简单、最直接的才是最有用的；只有最有用的，才是企业需要的；也只有目前被众多企业所接受的管理会计方法，才是有效的方法。基于这一思想，他对诸如作业成本等复杂的管理会计方法，持一种谨慎的态度。

简单、实用，是我乐意介绍的本书的第一个、也是最突出的特点。在会计学科发展迅速的今天，任何一本管理会计教材，都要将管理会计最新发展、最近应用纳入教材体系中来，从而使得教材虽华丽但却并不实用。齐杰瑞教授的《决策与控制会计》一书共 14 章。如果略去第 1 章“导论”和第 14 章“变化环境中的管理会计”，则只有 12 章。这在管理会计类教材中，属“瘦身型”的。而这 12 章，主要就是讨论成本的分摊。其主线是：成本分摊的理论与实践、对完全成本的批评与标准成本的应用。这样，那些希望学习最实用的管理会计方法的人，可以很容易地从本书中找到他们所想要的方法。

将管理会计放到具体的组织环境中，是我要介绍的本书的第二个特点。当一些教材或著作在讨论管理会计的复杂技术方法时，往往忽视了一个问题：管理会计是由人在具体的组织环境中执行的。而凡是人，就无法摆脱理性经济人的假定，因此复杂的、科学的、精确的方法，往往人们不愿应用，这是一种常见的现象。齐杰瑞教授身处代理理论和契约经济学发源地的罗切斯特大学商学院，将这些以人的自利性为前提的财务学理论，完美地应用到管理会计中。比如，他在第 1 章导论部分就特别强调：决策与控制是管理会计两个相对独立的职能。期望成本会计系统既能满足准确决策的需求，又能为有效控制提供信息，是不现实的。因为当一线生产人员知道有关成本的信息有可能被用作业绩考评等的控制工具时，他们就会设法在信息中增加一些对自己未来业绩考评有所帮助的“噪音”，而这些含有“噪音”的信息很可能会误导决策。

只有合理地权衡决策与控制功能，才能设计出有效的管理会计系统。这是本书的第三个特点。齐杰瑞教授在本书中还特别强调，不存在对所有企业都同样有效的管理会计方法。每个企业都必须根据自身组织环境的特点，来设计最适合自己的管理会计方法。

如果通读全书，读者一定会发现，本书具有高度实用性的原因在于，作者对理论的灵活应用。本书所运用的理论不是仅限于会计，而是广泛涉猎经济学和财务学，如经济人、经济学达尔文主义、代理理论、逆向选择、败德风险（本书译为道德危机）、有限理性等。以管理会计的核心内容之一——责任中心为例，作者在讨论责任中心之前，先讨论了组织结构设立中的一些基本原理，包括知识的传递、决策权的分配等（第4章）。在此基础上，又介绍了各种责任中心的设立、转移定价的应用及其经济意义等（第5章），并进一步延伸到预算方法与预算控制问题（第6章）。我相信，通过这些章节的学习，读者不仅能学会几种责任中心与预算的概念和方法，而且能真正掌握在什么样的环境下应用何种形式的责任中心。本书做到了“授之以渔”。当然，这也是理论研究者所能达到的最高境界：最好的理论应当是适用性最强、与现实世界的距离最短，且最容易理解的，即所谓的“大象无形”。

有机会接手由南京大学会计系数位高材生所翻译的第一稿，使我受益匪浅。由于时间关系，我只对原译稿的前3章作了校对，后面各章幸赖中山大学管理学院青年教师刘光友的鼎力相助，之后，我又粗粗翻阅了一遍。就是这样，也误时甚久。前人所定下的翻译的最高境界“信、达、雅”，在我看来，是一个可望而不可及的目标。齐杰瑞教授的原文用词朴实，文风简洁，而本译稿因功力不足、时间不逮，只求信，至于达和雅，“非不为也，实不能也”。当然，我应当承担任何“不信”的责任，至于不达、不雅之处，恳请各位读者见谅。

刘　峰

2011年9月于中山大学善衡堂

前 言

所有组织中的管理人员，不论是营利性组织还是非营利性组织的管理人员，在其职业生涯中都不可避免地要与企业的会计系统打交道。有时，这些管理人员要利用会计系统来获取制定决策所需的信息。在另一些情况下，企业的会计系统被用来评价企业管理人员的业绩，并影响其行为。会计系统既是决策制定的一个信息来源，也是组织控制机制的一部分。这也就是本书题目的由来：决策与控制会计。

编写本书的目的在于使学生及企业管理人员对组织内会计系统的长处和局限性有一个更为清晰的认识，从而使其能够更有效地运用这些系统。本书为进行会计系统的分析提供了一个框架，同时也为对这一系统调整的分析提供了基础。本书表明，管理会计是企业组织结构的一个内在组成部分，而非孤立的计算性话题的综合。

本书的特征

清晰的概念框架

本书与其他管理会计书籍存在许多不同之处，其中最为重要的区别在于，本书为研究和学习管理会计提供了一个概念框架。本书以**机会成本**（**opportunity cost**）概念以及**组织架构**（**organizational architecture**）为基础来统领全书的分析。机会成本为决策制定提供了一个基础理论。尽管会计成本并非机会成本，但在某些情况下，会计成本为机会成本的预测提供了一个起点。企业组织架构理论，为理解会计是怎样作为组织控制机制的一部分，提供了理论基础。机会成本及组织架构这两个概念，不仅提供了分析的基本框架，而且说明了当会计系统同时为决策制定和控制这两项职能服务时会产生的相互替代作用。

强调相互替代作用

本书强调经济学的基本理念“天下没有免费的午餐”，即在提高会计系统的决策制定功能的同时，往往会削弱其作为一项控制工具的效率。同样地，将会计系统当作控制工具，也会影响会计系统作为决策制定工具的效率。绝大多数有关专著都强调要根据不同的目标对成本进行不同预测的重要性。现有的有关书籍已经很好地论证了为某一目标计算的会计成本，如为存货计价计算的会计成本，不应在未做任何调整的情况下用于其他目的，如用于生产或外购。然而，这些书往往会给人这样一种印象，即只要使用者能对数据进行适当的调整，一个会计系统仍可用于多种目的。

现有的教科书忽略了，用于决策制定的会计系统与用于控制的会计系统的设计之间的这种相互替代作用。举例来说，当前对于作业成本会计的关注，提高了会计系统为决策制定服务的功能（定价与产品设计），但这些书籍却未指出作业成本会计的运用削弱了会计系统的控制功能。本书强调了企业管理人员所面对的组织会计系统的决策和控制功能之间的权衡，尽量避免强化一种功能的同时弱化另外一种功能。

经济达尔文主义

贯穿全书的一个理念是**经济达尔文主义**，即“适者生存”。这个法则说明，在充满竞争的环境中，会计系统只有创造出足以弥补其成本的收益，才能继续存在。而在介绍诸如平衡计分卡之类的会计创新的同时，本书也一再强调现代会计系统对早期会计实践的继承。这将有助于理解为什么现代的管理人员仍需面对前人面临的同样问题，而且当代的学生同样也需要对以前就存在的这些问题进行分析。由于这些问题会产生相互替代效应，通常是决策制定（如产品定价和生产采购决策）和决策控制（如经营业绩的评价）之间的替代效应，因此这些问题还将继续存在下去。

随着公司以及公司所处环境的不同，会计系统也各不相同。现在的学生将面临着将来对各种会计系统进行权衡选择的困境。介绍最新的会计变革，成为时下管理会计的趋势。尽管对这些变革进行讨论是十分重要的，但应持恰当的态度进行讨论。传统的完全成本系统经历了数百年的检验。现在的这些会计革新确实比较新，却不一定意味着更好。我们无法确定这些变革能否经受起时间的检验。

逻辑思路清晰

本书与其他书籍的另一个重要的区别在于，本书的章节之间是相互依存的。前4章介绍了机会成本概念及企业组织理论，建立起全书分析的基石。其后的章节则主要运用这一基础对某个特定的主题进行分析，如预算和标准成本法。产品成本计算的最大争议在于，如何对制造费用进行分配。在具体讨论完全成本法、变动成本法以及作业成本法之前，有两章的内容对成本分配的知识进行了一般性的介绍，从而为讨论特定的成本系统奠定了分析的基础框架。坊间相同主题的书籍，其框架结构往往比较松散，作者会根据自己的偏好来进行内容的编排。这样，容易造成书中内容排列散乱，缺乏一个基本的内在框架。本书共有14章，与之相比，通常的教科书会有18～25章。本书并没有将某一主题（如成本分配）划分为3个短小的各自独立的章节，而是将绝大多数的内容用一章或是紧密相连的两章加以分析。

在每章末提供有助于深化理解本章内容的补充资料

本书每章末提供的有关习题资料是正文的一个组成部分，而且对于本书而言是尤为重要的。这些问题和案例是我以前的学生根据他们的实际工作经验，在各公司已进行实际应用的基础上写成的。大部分的习题要求学生在完成数量计算后进行思辨性分析，并写成一篇短小的文章。好的习题会使学生对相关领域产生浓厚的兴趣，并引发热烈的课堂讨论。其中许多习题的答案都不是唯一的。这些习题往往涉及多方面的问题，需要从开阔的管理视角出发进行讨论。习题中还常常会涉及企业市场营销、财务管理和人力资源等方面的内容，只有极少数的习题仅关注计算过程本身。

本书第六版中的调整

本书第六版的内容主要是根据本书前五版使用的反馈情况以及我的教学经验进行修订的，具有较强的可读性且更易于理解。在第六版中，主要进行了下述调整：

· 根据教师和学生使用本书前五版后所发回的反馈信息，对各个章节的内容都进行了补充完善，增加了很多直观的、易于理解的计算案例。

· 在本书中，收录了更多具体的企业实务资料。

· 在前五版的基础上，补充了 50 个新的习题、分析问题及案例。本书的使用者对于本书的习题资料都给予了一致的好评。他们发现，这些习题可以培养学生辩证地分析多维问题的能力，同时也培养了学生解决数量性问题的能力。本书还增加了一些更为深入的习题和案例资料。

· 本书还加入了当前研究文献的概要。

本书内容概述

本书的第 1 章通过一个简单的案例——是否接受现有客户追加订货的决策，给出了全书的概念框架。第 1 章分析了为什么企业运用单一的会计系统、经济达尔文主义的社会科学范畴及其他一些重要的问题。本章是全书内容的一个不可或缺的部分。

第 2 章、第 4 章和第 5 章，则给出了本书的基本概念框架。第 2 章讨论了决策制定过程中的机会成本、“本量利”分析的重要性，以及会计成本和机会成本的差异。第 4 章则对组织理论的最新发展进行了总结。第 5 章分析了作为企业组织结构的一个组成部分的会计系统的重要地位。第 3 章中关于资本预算的分析，将机会成本概念的运用拓展到跨期的背景中，可以根据需要跳过本章，这样并不会影响对后文的理解。第 3 章的内容也可放到本书的最后。

第 6 章开始运用概念框架，对管理人员必须面对的、预算体系中决策制定与控制之间的相互替代关系进行了分析。预算是一项可以对公司的各种活动进行协调的决策制定工具，同时也是对行为实施控制的一项工具。本章对预算为何成为企业决策和控制工具的一个重要部分进行了深入的阐述。

第 7 章一般性地分析了管理人员为何要对特定的成本进行分配，以及这类分配的行为后果。成本分配对决策制定和激励都会产生影响。因此，在这里我们需再次面对决策制定和控制的相互替代效应。第 8 章通过对“恶性循环”（death spiral）的描述继续讨论了成本分配问题。这种“恶性循环”在公司拥有大量固定资产且超过生产能力时会发生，从而导致了如何处理剩余生产能力的问题，是应选择使剩余生产能力得不到充分利用还是选择过度投资。最后，我们对几种具体的成本分配方法，如服务部门成本及联合成本分配法，进行了讨论。

第 9 章将第 7 章和第 8 章对制造费用项目分摊的一般分析应用于制造业环境下完全成本法的具体案例中。第 10 章和第 11 章给出了传统的完全成本法的管理运用，其中第 10 章分析了变动成本法，而第 11 章中则主要分析了作业成本法。变动成本法是经济达尔文主义的一个有趣的例子。变动成本法的支持者认为，变动成本法并未扭曲决策制定，应得到广泛的采用。然而，变动成本法在实践中并未得到广泛应用，这可能是出于税收、财务报告及控制因素的考虑。

第 12 章讨论了在标准人工和材料成本中决策制定和控制的应用。第 13 章将分析拓展到对制造费用和营销费用差异的讨论中。如将第 13 章的内容略去，也不会影响其后内容的完整性。最后，第 14 章对本书的内容进行了总结，对本书的概念框架进行了回顾，并将之运用到三项最新的组织革新中：六西格玛（Six Sigma）、精益生产（lean production）和平衡计分卡。这三项革新可视为正文分析框架的具体应用。

全书章节概览

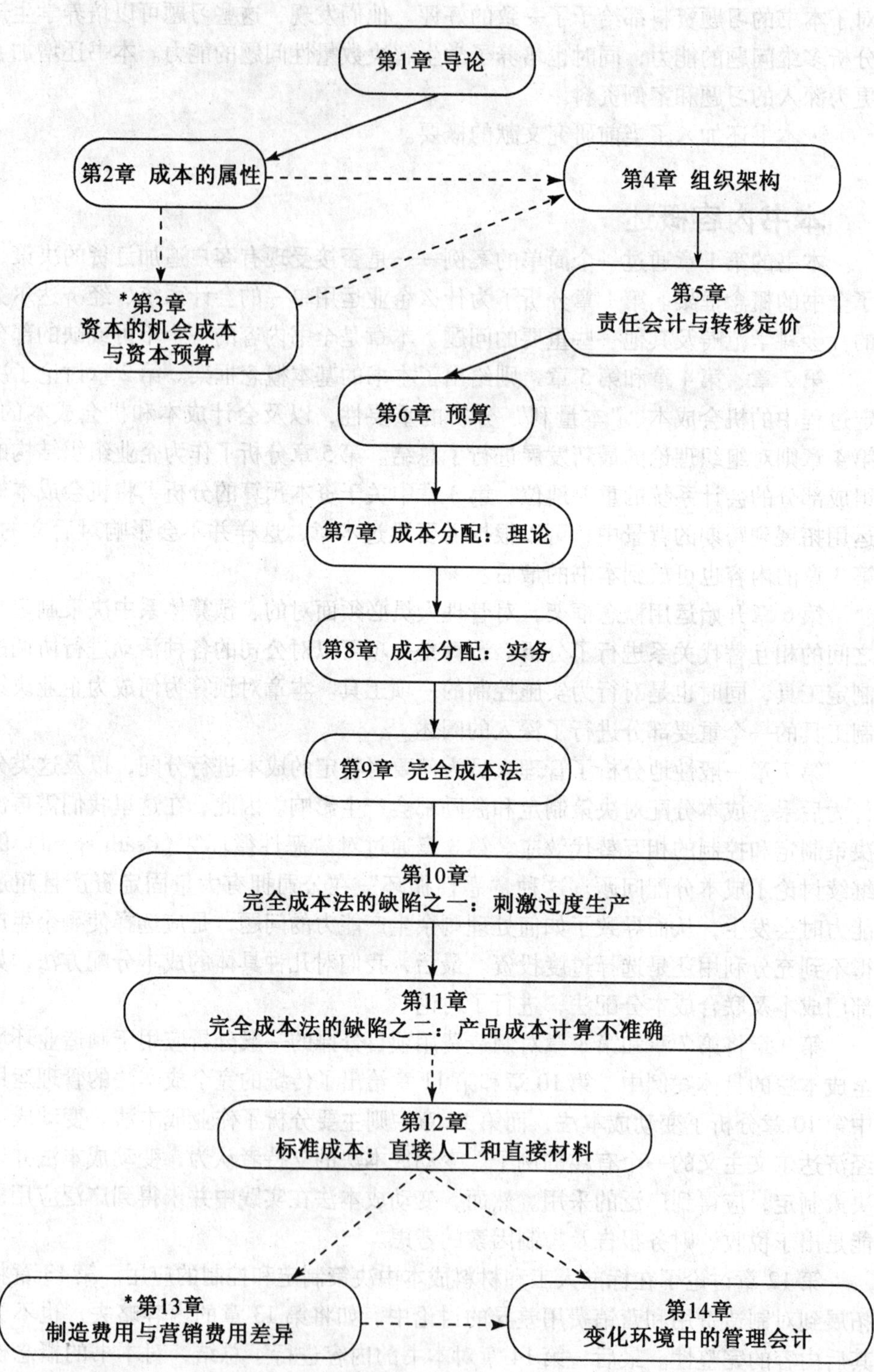

*本章可以略去，而不影响全书内容的完整性。

本书的使用

本书假设，使用本书的学生已熟悉基础财务会计的内容。《决策与控制会计》可用于高年级本科生、研究生及企业管理人员的培训课程。本书在美国以外的国家与地区得到了广泛的使用。尽管本书依赖机会成本及与组织相关的概念，但绝大部分对决策的讨论，仍然基于人们的日常推理与常识。为了集中于管理学应用，本书在选择材料时，刻意较少选用学术期刊的资料。

本书的内容十分简洁，这样教师就可以根据需要增加额外的课外阅读任务或布置大量有关问题的作业。本书在补充少量的课外阅读资料的情况下，曾被用于为期 10 周的课程，每次课后的作业完成时间为 2 ~ 3 小时。MBA 学生认为，这一教学方法既具有挑战性，同时收获也很多。他们指出，通过这一课程的学习，增进了对如何更好地运用会计数据的理解，能更轻松地进行财务分析，同时也能更有效地收集资料，并提出有说服力的分析。同样，本书也可以用于为期一学期的课程。EMBA 学生认为，这本书的实用性、可读性、问题资料的相关性都很强。

某些章节后面还给出了附录，其中的内容更具挑战性。第 2 章的附录分析了定价策略，以及运用回归分析对固定成本及变动成本进行预测时可能遇到的困难。第 6 章的附录介绍了全面预算。第 7 章的附录介绍了作为税务体系的成本分配问题。第 8 章的附录分析了服务成本的交互分配法。第 9 章的附录介绍了在产品成本计算与需求变动、固定成本和定价。删去这些附录的内容也不会对其后章节的讨论产生影响。

补充资料

《决策与控制会计》一书还配有一些补充资料。《教师辅导手册》光盘分章节介绍了每章的教学策略、推荐的问题作业与课外案例、讲义、简单的教学大纲、每章 PowerPoint 幻灯片。当然，还有书中所有习题与案例资料的完整答案。

McGraw-Hill 还为本书建立了网站，网址为 www. mhhe. com /zimmerman6e。网站为教师和学生提供了一些有用的信息，比如可下载的补充资料、章节 PowerPoint 幻灯片及网站链接。肯纳贝克河谷社区学院（Kennebec Valley Community College）的 Alexander L. Clifford 教授更新了 PowerPoint 幻灯片，该幻灯片可用于授课，以便增加视觉效果，提高听课效率。

致谢

William Vatter 和 George Benston 激发了我在管理会计上的兴趣。在写作本书的过程中，我得到了罗切斯特大学的同事们（过去的和现在的）多方面的帮助。William Meckling 和 Michael Jensen 不时激起我的思考，并且为本书提供了许多基础的理论结构，这一点任何熟悉他们理论的人都可以证明。长期以来，与 Ross Watts 的有效合作提高了我的分析能力，并使我的分析过程进一步细化。他还为本书的第 3 章注入了大量的“智力资本”，其中包括大量习题资料。Ray Ball 总是不断地为我提供新的思想，他还帮助我进一步增进对管理会计的了解。Clifford Smith 和 James Brickly 帮助我增进了对经济学的理解。我的三位同事 Andrew Christie、Dan Gode 和 Scott Keating 对本书提出了有益的建议，使本书的编排分析更为有力。除此之外，我还从 Anil Arya、Ron Dye、Kenneth Gartrell、Andy Leone、K. Ramesh、Shyam Sunder 及 Joseph Weintrop 处得到许多有益的建议，在此一并致以衷心的感谢。

本书第六版的编写，还得益于使用本书前五版的教师的许多反馈信息。在此我要对 Mahendra Gupta、Susan Hamlen、Badr lsmail、Charles Kile、Leslie Kren、Don May、William Mister、Mohamed Onsi、Gary Schneider、Joe Weber 和 William Yancey 表示感谢。本书还得益于我们参加的另外两个项目，分别是与 James Brickly 及 Clifford Smith 合作撰写的《管理经济与组织结构》（McGraw-Hill/Irwin，2004），以及与 Cheryl McWatters、Dale Morse 合作撰写的《管理会计》（McGraw-Hill/Irwin，2001）。这两个项目使我增进了如何对特定的题目展开讨论的理解。

我还要对许多忍受了本书改进过程的学生致以谢意。我真心希望他们能和我一样教学相长。有些学生还对本书提出了批评与建议，尤其是 Jan Dick Eijkelboom。还有一些学生，以直接或间接的方法，为我提供书中的习题资料。我还得到了 P. K. Madappa、Eamon Molloy、Dag Ozay、Jodi Parker、Steve Sanders、Richard Sloan，特别是 Gary Hurst 的有力帮助，丰富了本书的正文及习题资料。另外，我还得到了管理会计师协会注册管理会计师分会的允许，在本书中运用以前注册管理会计师考试的试题及非正式答案。

我很清楚，如果由一家世界级的出版公司来出版一本教材，将会有多大的帮助。出版一本教材，出版公司须对各种细节具有超人的洞察力，并且要愿意在细节上花费时间，除此以外还要有足够的耐心。而 McGraw-Hill/Irwin 教育出版公司的工作人员，完全具有上述素质，并最终使这本书的出版成为了现实。Janice Willett 和 Barbara Schnathorst 负责对本书原稿和习题资料进行编辑，她们的工作十分出色。

除了提供编辑和出版方面的帮助之外，出版商还负责外部审核过程。下列审核者提供了极为有帮助的意见与建议，在此一并致谢：

Urton Anderson	Jon Glover	William Rau
Howard M. Armitage	Gus Gordon	Jane Reimers
Kashi Balachandran	Susan Haka	Thomas Ross
Da-Hsien Bao	Bert Horwitz	Harold P. Roth
Ron Barden	Steven Huddart	P. N. Saksena
Howard G. Berline	Robert Hurt	Donald Samaleson
Margaret Boldt	Douglas A. Johnson	Michael J. Sandretto
David Borst	Lawrence A. Klein	Arnold schneider
Eric Bostwick	Thomas Krissek	Henry Schwarzbach
Marvin L. Bouillon	A. Ronald Kucic	Elizabeth J. Serapin
Wayne Bremster	Chi-Wen Jevons Lee	Norman Shultz
David Bukovinsky	Suzanne Lowensohn	James C. Stallman
Linda Campbell	James R. Martin	William Thomas Stevens
William M. Cready	Alan H. McNamee	Monte R. Swain
James M. Emig	Marilyn Okleshen	Lourdes F. White

Gary Fane
Tahirich Foroughi
Ivar Fris
Jackson F. Gillespie
Irving Gleim
Shailandra Pandit
Sam Phillips
Frank Probst
Ram Ramanar
Paul F. Williams
Robert W. Williamson
Jeffrey A. Yost
S. Mark Young

我能力卓越的助手 Kathy Jones 在编辑本书及教师手册的草稿时，常常遇到十分困难的甚至是几乎无法完成的任务，但她干得十分出色。在此，我还要向我的妻子 Dodie，女儿 Daneille 和 Amy 致以谢意，是你们给予我很多照顾，并且不断地给予我鼓励，为我创造了一个能够高效进行工作的环境。最后，我还要感谢我的父母所给予我的帮助与支持。

齐杰瑞
罗切斯特大学

目　录

第 1 章　导　论 1

A. 管理会计：决策与控制 1

B. 成本系统的设计与应用 4

C. 土拨鼠与大灰熊的启示 8

D. 管理会计在组织中的地位与作用 10

E. 管理会计的演变：一个变迁框架 13

F. 案例分析：沃太克诊断器制造公司（Vortec Medical Probe） 15

G. 全书纲要 18

H. 本章小结 19

第 2 章　成本的属性 23

A. 机会成本 24

B. 成本性态 30

C. 本量利分析 37

D. 机会成本与传统会计成本的比较 47

E. 成本的估算 51

F. 本章小结 53

附录：成本与定价决策 54

第 3 章　资本的机会成本与资本预算 93

A. 资本的机会成本 95

B. 关于利率的数学计算 97

C. 资本预算：基础 103

D. 资本预算：复杂的情形 107

E. 不同的投资评价标准 112

F. 本章小结 118

第 4 章　组织架构 139

A. 基本构件 139

B. 组织架构 151

C. 会计在组织架构中的作用 158

D. 关于会计作用的例子：高管薪酬合约 160

E. 本章小结 162

第 5 章　责任会计与转移定价 177

A. 责任会计 177

B. 转移定价 192

C. 本章小结 208

第 6 章　预　算 235

A. 通用预算系统 237

B. 决策管理与决策控制职能之间的权衡 248

C. 解决特定的组织问题 257
D. 本章小结 266
附录：综合性预算案例分析 267
第 7 章　成本分配：理论 309
A. 成本分配：无处不在 310
B. 成本分配的理由 315
C. 成本分配的原因：激励作用和组织因素 318
D. 本章小结 329
第 8 章　成本分配：实务 350
A. 恶性循环 350
B. 生产能力成本的分配：折旧 354
C. 服务部门成本的分配 355
D. 联合成本 364
E. 分部报告与联合效益 371
F. 本章小结 372
附录：采用交互分配法分配服务部门成本 373
第 9 章　完全成本法 402
A. 分批成本法 403
B. 成本流程的账务处理 405
C. 制造费用的分配 407
D. 永久性与临时性数量变化 418
E. 全厂单一制造费用分配率与分类制造费用分配率 419
F. 分步成本法：平均的极端形式 422
G. 本章小结 423
附录 A：分步成本法 424
附录 B：需求变动、固定成本与定价 429
第 10 章　完全成本法的缺陷之一：刺激过度生产 458
A. 过度生产的动机 459
B. 变动（直接）成本计算法 464
C. 变动成本法存在的问题 468
D. 注意单位成本 470
E. 本章小结 472
第 11 章　完全成本法的缺陷之二：产品成本计算不准确 486
A. 产品成本计算不准确 486
B. 作业成本法 490
C. 对作业成本法的分析 500
D. 作业成本法的实践 506
E. 本章小结 509

第 12 章　标准成本：直接人工和直接材料 534
A. 标准成本 535
B. 直接人工差异和直接材料差异 542
C. 直接人工差异和直接材料差异的激励作用 549
D. 标准成本差异的结转 552
E. 提供标准成本的成本 553
F. 本章小结 555
第 13 章　制造费用与营销费用差异 566
A. 预算量、标准量和实际量 566
B. 制造费用差异 568
C. 营销差异 576
D. 本章小结 579
第 14 章　变化环境中的管理会计 597
A. 综合框架 598
B. 组织创新与管理会计 603
C. 内部会计系统何时需要改变? 617
D. 本章小结 618
术语汇编 642
复习思考题答案 653

第1章 导 论

本章提要

A. 管理会计：决策与控制
B. 成本系统的设计与应用
C. 土拨鼠与大灰熊的启示
D. 管理会计在组织中的地位与作用
E. 管理会计的演变：一个变迁框架
F. 案例分析：沃太克诊断器制造公司（Vortec Medical Probe）
G. 全书纲要
H. 本章小结

A. 管理会计：决策与控制

宝马汽车公司的经理们必须制定以下的决策：生产何种型号的汽车，给定不同型号价格有何不同，每种型号的汽车要生产多少，以及如何制造这些汽车等。他们还需要决定，哪些部件（比如汽车前灯）由公司内部生产，哪些部件从外部购买。他们不仅需要考虑广告、分销和产品市场定位的问题，还要考虑所需投入要素的数量、质量等。例如，他们需要确定哪种型号的汽车需要配备真皮座椅，以及所需使用的皮革的质量。

如何预计不同型号汽车未来的收入和成本？也就是说，在决定是否采用某投资项目时，资本预算分析人员需要关于未来现金流量的信息。然而，问题在于，这些信息如何取得。在企业内部，管理人员如何协调成百上千名员工的生产活动？员工们为什么会服从企业高层经理的领导？在宝马以及其他所有公司中，管理人员必须拥有充分的信息以制定所有这些决策。同样，良好的信息也是管理层贯彻、执行这些决策的基础。

关于企业未来的收入与成本，必须由管理人员进行估算。企业组织必须获取并传递用于制定经营和投资决策的信息。有了充足信息的支持，企业制定决策要相对容易得多。

企业的内部信息系统可以为定价、生产、资本预算以及市场营销决策提供部分的信息资料。企业的内部信息系统有很多种，既有不正式的、基本的信息系统，也有十分精密的、高技术含量的、电子化的信息系统。在这里，**信息系统（information system）**这一名词不应被理解为一个单一的、整合的系统，绝大多数的信息系统不仅包含正式的、有组织的、有形的记录，如工资和采购凭单，还包括许多非正式的、无形的零散信息和资料，如备忘录、某项考查和经理人员的印象及意见等。企业的信息系统还涵盖了非财务信息，如顾客满意度的调查、员工满意度的调查等。当一个企业由小规模的个体公司发展成大规模的跨国公司时，企业将拥有复杂的层级结构和数以万计的员工。这时，企业的管理人员不可能再像以往那样通过与员工的直接交流和亲自参与企业的日常经营活动来获取对企业经营状况的了解。大型企业的高层管理人员，对企业内部信息系统正式报告的依赖度也越来越高。

作为企业内部信息系统的一个重要组成部分，企业的**内部会计系统（internal accounting system）**包括企业的经营和资本预算、企业产品的单位成本核算、企业当前存货的核算以及定期财务报告等内容。在许多情况下，尤其是在小企业中，定期的财务报告是企业内部信息系统中唯一的、正式的为企业决策提供信息的部分。某些大型企业则拥有其他一些正式的、基于非会计信息的信息系统，如生产计划系统。本书将主要讨论企业内部的会计系统如何提供企业决策所需的信息。

在制定了经营决策以后，管理人员必须将其付诸实施，而这又很可能与企业的员工及所有者的利益不一致。进一步说，由企业的高层管理人员宣布一项决策，并不能保证这一决策的执行。在本书的讨论中，我们假定个人会追求其利益的最大化。一般而言，公司的所有者总是希望能达到公司利润最大化的目标，而管理人员和员工则只在这一目标有助于实现其自身利益最大化的前提下才会全力去实现该目标。因此，所有者（一般来讲，追求更高的利润）和员工（追求轻松的工作、更高的工资及更多的福利）之间就产生了利益冲突。为了控制这一矛盾，高层管理者及所有者会建立监督系统和奖励机制，以激励员工创造出更多的利润。非营利组织也面临相似的矛盾。非营利组织的负责人（受托人理事会和政府官员）必须建立员工的激励机制，以保证组织的有效运行。

组织目标

组织没有目标，人才有目标。对于组织目标的讨论，必须考虑其所有者的目标。通常，企业的所有者以利润或收入与费用的差额最大化为目标。实现企业价值的最大化，即是要在企业的存续期内使其利润最大化。

当然，并非所有的经营管理人员都只关心现金流。一个职业体育运动队的老板更为关注是否能赢得比赛（基于能保本），而非只关心利润。除此之外，所有者还会关注其他的目标，如私人俱乐部的所有者最关注的是，使其组织中成员的福利最大化。

但是，不论所有者关注的是何种目标，组织也只有在流入的资源（如收益）至少与流出的资源相等时，才有可能生存下来。不管在何种企业中，不管企业管理人员追求何种目标，企业的会计信息都将有助于企业的管理人员调控企业的资源流入、流出状况，同时还有助于协调所有者与员工的利益。

所有成功的企业必须建立各种机制用于协调员工的利益，从而引导其实现组织价值最大化的目标。所有这些机制构成了企业的**控制系统（control system）**，具体包括业绩衡量与薪酬激励系统，晋升、降职与解雇，保安与监控，内部审计以及企业的内部会计系统。①

作为公司控制系统的一部分，公司内部会计系统的职能之一即是帮助协调公司管理人员和股东的利益冲突，并引导员工实现公司价值的最大化。表面上看，设计一套

① 所谓控制是指“保证企业员工的行为与企业的长期经营战略协调一致”的过程。K. Merchant 在《企业组织的管理控制》（波士顿：Pitman 出版公司，1985）第 4 页中，提供了有关企业管理控制体系的详细讨论和参考文献。在《会计理论与控制》（*Theory of Accounting and Control*，Cincinnati，OH：South-Western 出版公司，1997），S. Sunder 将控制描述为缓和与解决危及公司整体利益的雇员、所有者、供应商和客户之间矛盾的一种方法。

体系以保证员工追求企业价值最大化还是较为容易的。然而，本书用了很大的篇幅来说明，协调员工和所有者的利益冲突将极为复杂。

企业内部会计系统最终服务于两个目标：(1) 为企业的计划和经营决策（决策制定）提供必要的信息；(2) 有助于对企业的员工进行激励与监督（控制）。会计在控制上最基本的职能，就是防止欺诈与挪用。保持存货记录有助于减少员工的偷窃行为。会计预算（将在第6章详细讨论）提供了一个决策与控制的例子。在该例子中，要求公司中的每个销售人员预测他（她）所负责的销售市场下一年的销售量，然后汇集所有销售人员的预测结果就得到了公司的预计销售量。这一估计值对公司制定下一年最有效的生产策略（决策制定）十分有用。很多公司也将销售人员的预计销售量作为基准，用于与真实的销售量进行比较。实际销量超过预计销售量的销售人员，将得到奖励。这种基于超额完成预计销售目标的奖励，正是使用会计数据进行控制的一个例子。显然，当销售人员知道他们预计的销售额会被用于计算他们的报酬时，他们会有极大的动机低估预计销售量。

由于企业内部会计系统要服务于企业的经营决策和控制两项目标，因此引发了会计系统要面临两难境遇：一个系统的设计不可能使其达到，能像完成单一目标那样去同时完成两项目标。为更好地提供激励服务（控制），就需要舍弃为企业经营决策提供信息的某些能力。会计系统设计在激励/管理控制和为经营决策提供相关信息这两项目标之间的两难选择，在本书的以后部分中还将不断涉及。

本书是实用导向的：借助微观经济学、财务学、行为管理、市场学等学科的理论，它描述了会计系统如何汇总执行决策所必需的知识，还介绍了会计系统如何被用于激励雇员去执行决策。此外，它还强调了对会计系统的决策制定功能和控制功能的权衡。

在一项对全美最大的49家银行及金融机构进行的调查中，调查人员要求企业的管理人员对其公司的会计系统不同职能的重要性进行排序。由表1—1可见，产品开发与定价策略被认为是最重要的职能，而削减成本支出位列第二，经营业绩考评排在第三位，但41.7%的银行管理人员则认为这一职能即使不是最重要的也是第二重要的。这次调查的结果表明，在大型银行中，会计系统不仅为企业经营决策服务（如产品开发、定价策略、成本控制），还可用于员工行为的控制（如经营业绩评估）。①

表1—1　**大型银行会计系统职能重要性列表**

成本会计系统目标	最重要	第二重要	第三重要	第四重要	最不重要	总计
产品开发与定价	61.2%	24.5%	14.3%	0.0%	0.0%	100%
实现成本降低	22.4%	42.9%	26.5%	8.2%	0.0%	100%
绩效评价	14.6%	27.1%	35.4%	18.7%	4.2%	100%
行业成本比较	2.3%	2.3%	20.9%	58.2%	16.3%	100%

一个企业的会计系统是企业组织结构的重要组成部分，有助于使企业结构保持一个整体。它不仅为企业的经营决策提供信息，同时还为企业的业绩评估和进行个体行为激励提供有用的数据与资料。正因为如此，我们绝不可以将企业的会计系统与企业

① M. Gardner and L. Lammers, "Cost Accounting in Large Banks," *Management Accounting*, April 1988, pp. 34-39.

的其他经营决策和解决组织中存在的问题的机制割裂开来单独研究，而应将一个公司的内部会计系统的构建视作企业组织体系构建的一个部分来加以讨论，这样才能以一种更为广阔的视角来看待这一问题。

组织理论的各种流派

本书从经济学的角度来看待会计如何激励和管理控制组织中的员工的行为。除了经济学的角度以外，在组织理论中还存在一系列其他流派与观点，如科学管理观（泰罗）、层级结构流派（韦伯）、人际关系流派（梅耶）、人力资源管理流派（马斯洛、雷克特、阿格里斯）、决策流派（西蒙）、政治科学流派（塞尔尼克）等。例如，人际关系流派的一个分支认为，卓越的领导可以带来较为可观的产量。在这里，所谓的卓越领导更倾向于民主管理而非独裁管理，以员工为中心而非以生产为中心，更关心员工的利益而非只局限于组织的各项条例制度。

行为研究是一个十分复杂的话题。没有任何一种理论或流派可以涵盖所有的因素。然而，对于管理会计的准确理解需要关注行为与组织理论问题，而经济学则是一项十分有用的技术。

资料来源：V. Narayanan and R. Nath, *Organization Theory: A Strategic Approach* (Burr Ridg, IL: Richard D. Irwin, 1993), pp. 28－47; and C. Perrow, *Complex Organizations: A Critical Essay* (New York: Random House, 1986), p. 85.

B. 成本系统的设计与应用

管理人员不仅要制定企业的经营决策，而且还要监督下级管理人员的经营决策。企业的经营管理人员与会计师如要推行其工作，必须先充分了解企业的成本系统。会计师（通常称为财务主管）的职责主要是设计、改善和推行企业的会计系统——决策制定与绩效评价系统的一个不可或缺的部分。企业的经营管理人员与会计师都必须了解，企业当前会计体系的优势与劣势之所在。与企业的其他体系一样，企业的内部会计系统需要不断地进行调整与改进。企业会计师的职责之一便是负责做出此类调整与改进。

企业的内部会计系统应该具有以下特征：

1. 应提供能够确定企业最具获利能力的产品所必需的信息，同时还应提供企业的定价策略与市场营销策略所需的相应信息，以帮助企业达到理想的产量水平。

2. 应能提供信息去发现生产中存在低效的原因，确保企业能以最低的成本完成产品与产量计划。

3. 当将该体系与企业的经营业绩考评和收益体系相结合时，应能为企业的管理人员提供适当的激励以使企业的价值最大化。

4. 该体系应能支持财务会计与税务会计的报告职能（在某些情况下，该项特征的重要性会超过前三项）。

5. 该体系对企业价值的贡献应大于其成本费用支出。

图1—1描绘了企业内部会计体系的多种职能。从图中可见，会计体系可支持内部与外部报表两套体系。参考图1—1的上半部分，向股东及税务当局进行外部报告

所选用的会计过程，在很大程度上是由各项公认准则决定的。**美国证券交易委员会（SEC）**与**财务会计准则委员会（FASB）**制定了向股东提供的财务报表应遵循的条例。**国税局（IRS）**制定了企业计算所得税所适用的规则。如果一个企业涉及国际贸易，则外国的税务当局会制定相应的国外收益税收所适用的计算准则。而公用事业与金融机构的会计程序则受各个对其具有监管职能的管制机构的制约。①

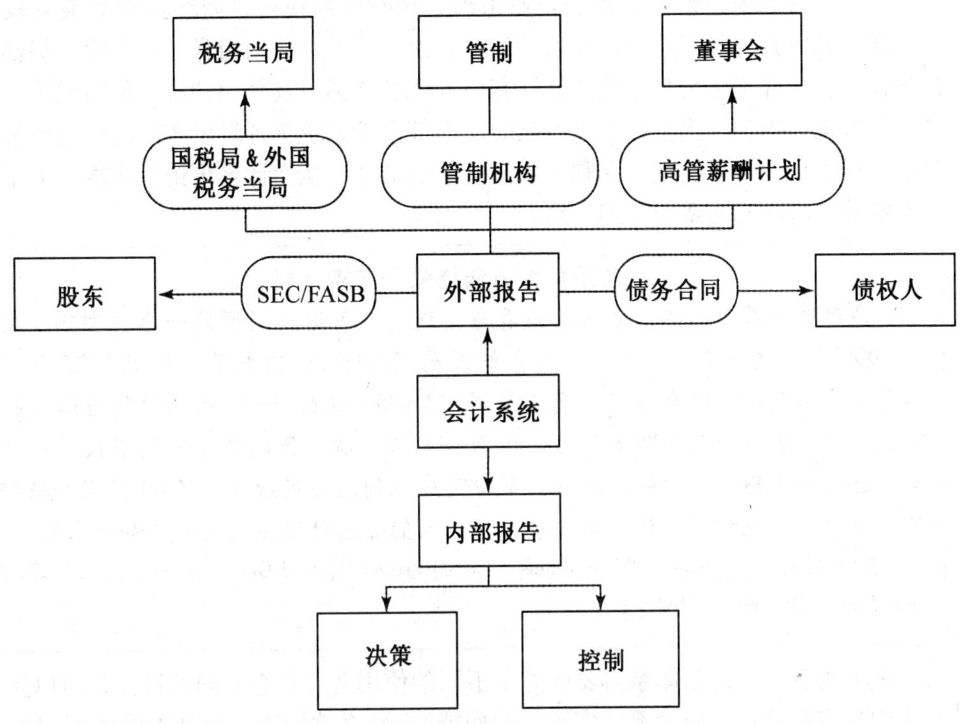

图 1—1　企业内部会计体系的多种职能

事实上，企业的外部报表也可被用于管理薪酬计划与债务合同。一般而言，高层管理人员的奖金以企业的净收入为基础。同时，如果公司发行长期债券，则企业外部报表的信息可以使企业的债务负担不超过企业所能承担的限度。比如说，在举债合同签订以前，必须保证企业的"债务权益比"不超过一定的限度。与税收因素和管制类似，企业的薪酬计划和债务契约让企业的管理人员有动机去选择特定的会计程序。②

一旦企业进入国际市场，企业财务报表的外部使用者就会遍及全球。公司的股东、税收机关以及管制机构就不再仅限于国内，企业的内部报告和外部报告都会在全球的范围内被用于许多不同的目的。

图 1—1 的下半部分描述了企业的内部报告可同时服务于决策和控制的需要。正

① 1973 年美国税务条款的改变使得公司能够将生产性折旧从存货的中扣除，并且可以直接从当期应税收入中抵减，只要公司在对外报表中也运用同样的处理方法。这个例子说明了税收法案对公司的内部报告和财务报告的影响。这一规定实际上可以减少绝大多数公司的税务支出，然而只有很少的公司选用这一方案。参见 E. Noreen and R. Bowen, "Tax Incentives and the Decision to Capitalize or Expense Manufacturing Overhead," *Accounting Horizons*, 1989.

② 关于管理人员如何选择会计方法的激励因素的进一步讨论，请参见 R. Watts and J. Zimmerman, *Positive Accounting Theory* (Englewood Cliffs, NJ: Prentice Hall, 1986)；及 R. Watts and J. Zimmerman, "Positive Accounting Theory: A Ten-Year Perspective," *Accounting Review* 65 (January 1990), pp. 131-56.

如前文所讨论的，企业的管理人员需要使用一系列不同的信息来制定经营决策。这其中，企业的内部报告是一个重要的信息来源。同时，企业的内部报告也被用于考评和激励（控制）管理人员的行为。内部会计系统报告管理者的业绩并为他们提供激励。内部会计系统的任何改变都将直接影响所有会计数据结果的应用。

企业的内部报告和外部报告之间联系非常紧密。企业的内部会计系统为使用者提供了一种分解的视角来看待整个企业组织。相对外部报告，内部报告的编制较为频繁，通常是每月，甚至是每周或每日编制一次，而上市公司通常一个季度才提供一次外部报告。内部报告为特定的产品、客户、业务范围以及公司的各个部门提供成本和利润的数据。例如，当生产单个产品时，内部会计系统会计算出产品的单位成本。这些单位成本可用于后续在产品和产成品价值的估算，从而计算出销货成本。关于产品成本的计算将在第 9 章中详细介绍。

使用两种方法损失了宇宙飞船

多种会计系统的使用会导致混淆与错误。有关这一问题的一个典型例子发生于 1999 年。这一年，美国国家航空航天局（NASA）损失了其价值 1.25 亿美元的火星宇宙飞船。洛克希德·马丁公司（Lockheed Martin）的工程师建造了航天飞机，并用英制的磅指明了推力。但 NASA 操作航天器的科学家则假设这一信息是以公制的牛顿为单位的。结果，宇宙飞船在到达火星后多跑了 60 英里并被撞碎了。当两个系统都用于估计同一事件时，人们会忘记现在使用的是哪个系统。

资料来源：A. Pollack, "Two Teams, Two Measures Equaled One Lost Spacecraft," *The New York Times*, October 1, 1999, p. 1.

正因为企业的内部体系需要服务于不同的使用者并具有不同的目标，所以企业要么就构建多重体系（每个系统实现一项职能），要么就构建一套基本的体系以实现全部三项职能（决策、业绩评价和对外报告）。相应的，公司要不就只建立一套账簿资料并在对外和对内的报告中运用同样的会计方法，要不就按照不同的要求建立多套账簿体系。到底是选用单一的记录体系还是选用多重记录体系，主要取决于生成这类记录以及保管与财务会计数据相关的成本支出的大小。这些成本包括：由于运用单一会计系统导致内部决策失败而使用多重会计系统所产生的额外的簿记成本，以及协调不同会计体系间的数字差异而产生的“混淆”成本。

现在，一些廉价的会计软件和电子计算机成本的大幅下降，可能会使构建多重会计系统的成本支出有所下降。但是，“混淆”成本不可忽视。当不同的会计系统针对同一项目报告不同的数额时，就会产生这种“混淆”成本。例如，当一个系统报告产品的单位生产成本为 12.56 美元，而另一系统则报告 17.19 美元时，就产生了“混淆”。管理人员会纳闷：哪个系统提供了“正确”的数字。部分管理人员选择了 12.56 美元，而另一部分则选择了 17.19 美元，这就造成了数据的不一致和混淆。在任何时候，针对同一对象提供两组（不同）数字，（人们）自然要解释（即协调）这种差异。这类协调工作将花去管理人员许多时间，而这些时间本可以用于管理生产经营。与此同时，如果运用单一的会计系统服务于多项目标，则有助于提高就每项目标提供的财务报告的可信程度。① 如果运用单一的账簿体系，则企业的外部审计人员可以在只花费极少或没有附加成本的前提下，同时对企业的内部报告系统和外部报告系统进行监督与管理。

从一次对美国的大型公司所做的调查报告中，我们可以看到这样一个有趣的结果：企业的管理人员更倾向于在对内报告和对外报告中运用一致的会计方法。例如，93%的被调查企业在对内报告与对外报告中对租赁运用相同的会计方法，79%的公司运用了一致的存货处理方法，92%的企业对于折旧的会计处理方法是相同的。② 由此可见，“混淆”成本及额外的数据处理成本的存在，是企业选用单一账簿体系的主要原因。

企业管理人员对其会计系统的看法

在一次调查中，261 家工厂的管理人员被要求指出其现行成本系统中的主要问题。下表给出了被调查的管理者对所列问题选择的百分比（此题并非单项选择，允许选择多个答案，因此其百分比之和大于100%）。

不能为企业的产品成本计算/产品定价提供充分的信息	53%
缺少企业制定管理决策所需的信息	52%
不能适当地对企业经营业绩进行评价	33%
不能适当地对员工的生产业绩进行评价	30%
业绩评价系统不能适应竞争分析的需要	27%
业绩评价系统与企业战略不一致	18%
其　他	17%

有趣的是，企业的生产经理（工厂的管理人员）更倾向于指责企业的会计系统不能为其制定经营决策服务，而非会计系统不能胜任激励和管理的职能。这一结论与其他许多学者的研究成果表明，企业的内部会计系统对于外部报告和管理控制更加有效，而对于决策制定则未能达到预期目标。

资料来源：A. Sullivan and K. Smith，“What is Really Happening to Cost Management Systems in U. S. Manufacturing,” *Review of Business Studies* 2（1993），pp. 51-68.

不同目的，不同成本

“本次讨论如果有一个中心话题，那就是：成本会计具有多种职能，需要不同的信息，如果（信息）不是不一致的话。因此，如果一个成本会计系统试图计算出全部成本，并事先认为单一成本数据能够适应所有目标的需要，则注定要失败，因为事实上并不存在这样的数据。适用于某些目的的（成本）数据，不一定适用于其他的目的。”

资料来源：J. Clark，*Studies in the Economics of Overhead Costs*（Chicago：University of Chicago Press，1923），p. 234.

---

① A. Christie，“An Analysis of the Properties of Fair（Market）Value Accounting,” *Modernizing U. S. Securities Regulation：Economic and Legal Perspectives*，K. Lehn and R. Kamphuis，eds.（Pittsburgh，PA：University of Pittsburgh，Joseph M. Kat Graduate School of Business，1992）.

② R. Vancil，*Decentralization：Managerial Ambiguity by Design*（Burr Ridge，IL：Dow Jones-Irwin，1979），p. 360.

企业选择运用单一账簿体系最为关键的原因，是这样的体系有助于企业管理人员对数据进行重新分类与运用。一套会计体系并不仅仅提供一个（利润表）末行数字，如出版该书的成本金额。相反，这一会计体系记录了构成总成本的各个组成部分，如审阅成本、版面设计成本、纸张成本、装订成本及封面的成本等。企业的管理人员可以根据不同的目的进行不同的分类与计算，从而为不同的经营决策制定目标。例如，如果打算出版本书的俄文版，那么并非所有在计算英文版的成本时所需的数额都是相关的。本书俄文版使用的纸张的价格可能有所不同，也可能运用不同的封面，因此与之相应的成本将不同于英文版。由上述分析可见，单一的会计系统，足以满足管理人员对数据再分类与再加工、以服务不同目的的需要。

单一的会计系统往往同时具有一定的负面效应。例如，一个系统如果对企业的经营业绩的评估和管理控制十分有效的话，就不可能对决策制定十分有效。这就如同一辆被设计用来同时参加越野赛和场地赛的赛车，这样一辆多功能赛车可能在任何一种赛车比赛中都不能战胜专门用来进行此项赛事的赛车。只要是单一的会计系统，就需要进行额外的分析。在制定经营决策时，管理人员往往会发现会计系统所提供的数据信息十分有限，还需要通过其他系统获取一定的补充资料来辅助决策的制定。

本节复习思考题

Q1—1 是何原因造成了企业内部会计系统在决策制定职能和控制职能上的冲突？

Q1—2 试举出企业内部会计系统能够提供的会计信息的种类。

Q1—3 试举出运用会计系统的 3 个例子。

Q1—4 试列出企业内部会计系统的特征。

Q1—5 企业是否拥有多重会计系统？为什么？

C. 土拨鼠与大灰熊的启示

经济学家与企业的管理人员时常从决策角度批评会计信息，认为这些信息往往不是以管理人员在制定决策时所需要的形式出现的。例如，当企业经理在决策是否关闭一家企业时，该企业的账面价值（历史成本减去累计折旧金额）并不能很好地反映这家企业的市场价值。那么，为什么这些管理者仍执着于使用这些（看似劣质的）会计信息呢？

在回答这一问题之前，我们先来看看土拨鼠和大灰熊的例子。[①] 土拨鼠是一种小型的动物，它是某些熊的主要食物来源。动物学家们通过研究土拨鼠和大灰熊之间的生态关系发现，在秋季时，熊会搬开石头在地上打洞以试图捉到土拨鼠。动物学家分析了熊类由于捕捉土拨鼠耗费的热量和食用土拨鼠获得热量之间的关系，发现熊因此而获取的热量尚不足以弥补其捕食所耗费的。有一位动物学家根据达尔文的自然选择理论，对此现象进行了讨论，认为熊类捕食土拨鼠的行为是一种无效的行为，将浪费熊类有限的资源，从而导致这种熊趋于灭绝。然而，事实并非如此，土拨鼠的骨化石分布在熊类的骨化石周围的事实表明，熊捕食土拨鼠的行为已延续很久。

既然到现在为止，大灰熊还没有灭绝，那么熊类从捕食土拨鼠中获得的裨益必然

① 这个例子参见 J. MCGee，“Predatory Priing Revisited,” *Journal of Law & Economics* XXIII（October 1980），pp. 289-330.

超出了它们的付出。大灰熊在捕食土拨鼠的过程中顺带也磨尖了它们的爪子，而尖利的爪子将有助于熊类在其冬眠以后从坚冰下挖掘食物。这样，由于捕食土拨鼠换来的尖利爪子和获取热能两项好处之和，将足以弥补大灰熊因此而消耗的热量。

标杆分析与经济学达尔文主义

标杆分析是"持续地将企业的生产经营过程与行业中全球效益最佳的企业的生产经营过程进行对比，从而找到改进企业生产经营的方法。"

经济学达尔文主义认为，成功企业的实践将会被模仿。标杆分析正是模仿成功企业的生产经营方法。标杆分析的实践可以追溯到公元607年。当时，日本向中国派出许多遣唐使，学习当时中国先进的商业、政体与教育方法。现在，加拿大与美国的绝大多数大型企业已形成进行标杆分析的惯例，并不断地将最佳的经营方法运用到各自的企业中。

资料来源：Society of Management Accountants of Canada，*Benchmarking：A Survey of Canadian Practice*（Hamilton，Ontario，Canada，1994）.

那么，我们可以从土拨鼠和大灰熊的例子中得到哪些借鉴呢？为什么企业的管理者们一直运用并非最适于其决策的会计信息来进行决策制定呢？事实上，我们从土拨鼠和大灰熊的例子可以引申出社会科学中的一个重要理论：经济达尔文主义。在一个竞争的世界中，如果那些成功生存的企业在较长的时间里应用了某种经营程序（如历史成本会计），则表明这一经营程序所产生的收益超过其成本支出。企业只有在其能以更低的价格（但仍能弥补其成本支出）提供更好的产品及服务时才能在竞争中生存下来，而生存下来的企业必然在某些方面具有超越其竞争对手的优势。①

经济达尔文主义认为，在成功（或长期存活）的企业中，只要现存的体制尚未彻底失败就不必对其进行改动。目前，生产技术的飞速进步和愈演愈烈的国际竞争，使得许多管理者认为现存的内部会计系统已完全失效，需要进行彻底的变革。因此，他们将更多的关注投到了企业会计系统的改组与更新上。一大批新兴企业的内部会计系统得以问世，如**作业成本系统（ABC，activity-based costing）**、平衡计分卡、经济增加值、精益会计系统等。这些系统都能够在某种程度上为管理者的经营决策、管理控制，以及企业经营业绩的考评提供更多的信息，同时也有助于协调企业所有者与管理者的利益冲突。

16世纪成本记录

意大利著名的麦迪奇家族在15世纪和16世纪拥有庞大的银行业务以及纺织工厂。他们运用极其复杂的成本记录体系来维护其对布匹生产的控制。这些成本记录包括羊毛的采购、清洗、抽线、纺和织的成本，还包括销售成本及其他一些支出（如工具支出、租金支出及管理费用等）。这些证据说明，管理者们对其产品的成本进行了极详细的记录。

资料来源：P. Garner，*Evolution of Cost Accounting to 1925*（Montgomery，AL：University of Alabama Press，1954），pp. 12 – 13. 初始来源：R. de Roover，"A Florentine Firm of Cloth Manufacturers，" *Speculum* XVI（January 1941），pp. 3 – 33.

① 参见 A. Alchian，"Uncertainty，Evolution and Economic Theory，" *Journal of Political Economy* 58（June 1950），pp. 211 – 21.

尽管现存的企业内部会计系统从某种理论的角度来看具有一定的不完善性，但是这类体系（正如熊捕食土拨鼠）经过了时间的考验，因此必然具有某些未被察觉的优势（如磨利的爪子）。本书将讨论这些额外的优势。为更加严格准确地运用经济达尔文主义，有两点值得我们注意：

1. 有一些经受生存检验的经营程序可能属于中性。一个系统能经受生存检验的事实本身，并不能说明其所产生的收益一定大于其支出，也可能收支相抵，甚至差额十分接近于零。

2. 现存的系统经过了时间的考验，但这并不一定意味着这一系统就是最优的，还可能存在更佳的系统，只是还未发现罢了。

绝大多数的管理人员将会计系统视作其最重要的正式信息来源，这就说明企业的会计系统带来的收益大于其产生的总成本支出。这些收益包括为财务与税收报告提供信息，为企业的决策制定以及内部激励提供帮助。生存下来的企业一般都拥有一个较为有效的会计系统，但这并不意味着不存在更好的体系，而只是尚未发现。当然更好的体系也不一定就是理想的体系。经济达尔文主义将协助我们分清各种不同的企业内部会计系统各自的优势所在，及其相应的成本支出，这一方法在本书的以后章节中还将反复运用。

D. 管理会计在组织中的地位与作用

为了更好地理解企业的内部会计体系，花上一点时间去研究企业如何组织其会计职能是十分必要的。事实上，没有任何一种组织结构能够适用于所有的企业。图1—2是传统公司的组织结构图。在这样的企业组织中，企业内部及外部会计系统的设计和运作是由企业的财务总监负责的，而企业的各个职能部门，如市场营销、生产、研究与开发等都被归到经营部门中去了。除此以外，企业的管理职能还包括生产经营管理、人力资源管理、财务、法律及其他职能。在图1—2中，企业的财务总监管理和控制该企业所有会计与财务职能部门，并直接向企业的总裁报告。企业财务总监的主要职能有三项：会计、财务与内部审计。会计职能主要包括税务管理、提交企业的内部及外部财务报告（包括美国证券交易委员会规定的上市公司应进行强制性披露的内容）、企业的计划和控制系统管理（包括预算）。企业的财务职能主要包括企业长期与短期的财务管理工作、筹融资、企业信用管理、投资管理、保险管理及资本预算职能。由于各个企业的规模与组织不同，因此每个企业对上述职能的组织方式也各不相同。在图1—2中，该企业的内部审计部门直接向企业的财务总监报告。在其他的企业中，内部审计部门有可能直接向企业的总裁、执行董事或董事会报告。①

主计长是企业的首席管理会计师，需对企业有关会计信息的收集与报告负责。主计长收集数据以完成常规的资产负债表、利润表以及纳税申报表。除此以外，主计长的工作还包括为企业内部不同部门设计和编制内部报告，并协助其他部门经理收集制定经营决策和评价其绩效所需的资料。

通常而言，在企业中，每一个经营部门都有其自己的主计长。比如，如果一个企

① J. Schiff, *New Directions in Internal Auditing*（New York：Conference Board，1990），p. 13.

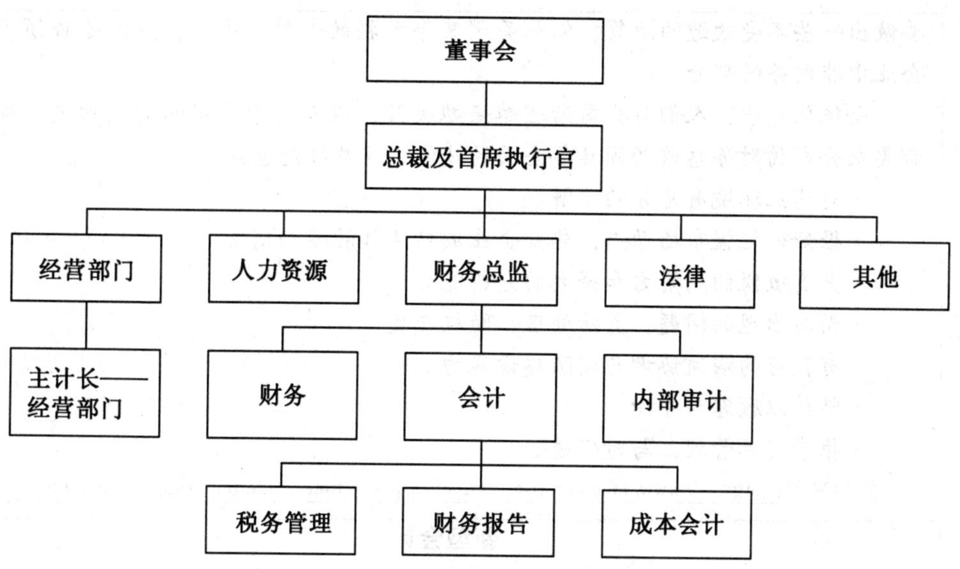

图 1—2　传统公司的组织结构图

业拥有好几个生产工厂，则每个工厂都会有分厂主计长。他们将同时向工厂的经理和总公司的主计长报告。在图 1—2 中，每个经营部门都有各自的主计长，部门主计长将定期向总公司主计长提供关于该部门经营情况的财务报表。部门主计长将负责制定该部门的预算、工资、存货及产品成本的计算方法（计算本部门产品的单位成本）。尽管绝大多数的公司都设有主计长，但也有一些企业为削减员工人数，将这些职能集中到总公司执行，这样公司总部就要履行所有分部的主计长职能。

不论是企业总部的主计长，还是分支机构或部门的主计长，他们都必须为企业的经营决策制定与控制服务。主计长既要向其他管理人员提供决策信息，又要向高层管理人员提供能控制低层管理人员行为的信息，他（她）必须要在二者之间进行权衡。

主计长职责

主计长职责涉及许多领域：

· “主计长是公司的监察总监，以确保财务报告和税务报告符合相关准则法规的要求。”

· “他们的职责涉及企业的每一项职能。”

· “他们管理并协调企业大量而纷乱的信息。”

· “主计长通常要监督企业管理职能的重构再造，还需监管企业员工的薪酬方案、福利及退休计划。”

· 主计长需对多种来源的信息加以提炼，形成一份报告，呈交财务总监。

资料来源：http：//ezine. articles/? What-is-a-Controller? id = 360494.

超级财务总监

财务总监在企业中承担着前所未有的日益重要的责任。作为公司高层管理团队不可或缺的一部分，财务总监既要监督组织的运作，以确保其能够提供决策制定所需要的信息，又要识别企业中存在的风险和机会，甚至在某些情况下他们还要做出一些不受欢迎的决策，例如关闭某个亏损的部门。另外，他们还必须了解企业中非财务的部分。

全球化竞争、人们对公司治理越来越关注，以及科学技术的突飞猛进，这些都要求公司的财务总监必须具备全面的技能，这些技能包括：

· 对商业环境有充分的了解。
· 很好地把握市场动态，熟知企业成功运作的驱动因素。
· 具有敏锐的洞察力和强大的分析能力。
· 面对出现的问题，灵活处理，随机应变。
· 有良好的沟通协调与团队建设能力。
· 坚持以顾客为导向。
· 推崇变革管理，与时俱进。

资料来源：http://www.cfoenterprise.com/cfo_part_time_interim_project_cfo.htm.

新型会计

一项对全美300个会计师的调查结果证明了组织中管理会计师地位的转变：

管理会计师过去不参与决策过程，而只是为决策的制定者提供支持，并在决策后被告知结果。他们的大量时间都花在了呆板的会计工作上。他们实际上是记分员、善于计算的人、企业警察。

1999年，管理会计师的作用发生了重大改变。越来越多的管理会计师开始花费大量时间来从事企业的经济分析与内部顾问工作。技术的进步将他们从呆板的会计工作中解放了出来。他们花在准备标准化报表上的时间减少了，而把更多的时间花在分析与解释信息上面。管理会计师工作于不同的团队，与组织中的成员面对面交流的机会非常多，并积极参与决策制定。

管理会计师的作用已从服务于内部客户转变成了企业经营的合作者。企业经营的合作者也是决策团队的成员。作为企业经营的合作者，管理会计师有权利和义务告知经营者为什么某种信息与目前的经营决策有关，并提出改进方案。

注意，如上所述，管理会计师的职责包括决策制定与控制（企业警察）两个方面。

资料来源：G. Siegel, *Counting More, Counting Less, Transformations in the Management Accounting Profession: The 1999 Practice Analysis of Management Accounting* (Montvale, NJ: Institute of Management Accountants, 1999), pp. 4–5.

除了监管企业的会计和财务职能，财务总监通常还要负责企业的内部审计。内部审计人员的主要职责在于，查找、发现并排除企业内部的舞弊行为，提供内部咨询以及进行风险管理。2002年颁布的《萨班斯—奥克斯利法案》，要求企业进行一系列的公司治理改革。例如，要求美国上市公司的董事会必须设立由独立（外部）董事组成的审计委员会，并要求这些公司对针对财务报告的内部控制的有效性进行持续检验。这项联邦立法间接地扩展了内部审计人员的职责。如今，内审人员与董事会审计委员会紧密合作，通过检查公司相关的会计程序是否存在内部控制缺陷，来确保公司财务报告的真实完整。

《萨班斯—奥克斯利法案》还要求企业制定行为准则（道德规范）。尽管很多企业在这个法案颁布之前已经有了各自的道德规范，但该法案定义了诚实与道德的行为标准，涉及个人与业务伙伴之间的利益冲突问题，应适用相关的法律、规章制度，并规定要对公司中违反道德规范的个人进行及时的内部通报。审计委员会必须负责监管公司行为准则的执行。

内部控制系统的重要性再怎么强调也不为过。在本书中，我们用“控制”一词来表示使员工行为与企业价值最大化的目标一致的激励机制。员工与所有者之间最基本的利益冲突表现，就是员工偷窃。为降低偷窃的可能性，公司采用了内部控制系统这一公司控制系统中不可或缺的组成部分。内部与外部审计师的首要责任，就是检验公司内部控制的完善性。不仅保安和门上的锁可以防止欺骗与偷盗，超过一定记账数额时设置两个人之间的对账程序也有相同的效果。内部控制系统包括内部生产程序、行为准则和禁止贪污、受贿及收取回扣的政策。最后，内部控制系统应该尽量避免管理者主观的（或偶然的）财务误报（misrepresentation）。

本节复习思考题

Q1—6 试给出经济达尔文主义的定义。

Q1—7 试描述企业财务总监的主要职责。

E. 管理会计的演变：一个变迁框架

管理会计的演变是基于组织的特性的。19 世纪以前，大多数企业规模都很小，是家庭经营的组织。相对而言，对这些小企业来说，管理会计并不十分重要。由于所有者可以直接观察组织的整个环境，因此计划与控制都不是至关重要的。那些做出全部决策的所有者，不需要委托决策权，也不需要关注激励。只有当组织规模变大时，管理会计的重要性才体现了出来。

当今，大多数现代管理会计方法是在 1825—1925 年间随着大型组织的成长而发展起来的。① 19 世纪早期的纺织工厂通过联合不同制衣程序的工厂（纺线、染色、织布）来扩大规模。这些大工厂发明了计量独立生产过程单位成本的体系。成本数据使管理者可以比较内部生产与外购的成本。相似的，19 世纪 50 年代到 19 世纪 70 年代的铁路公司，建立了报告每吨—英里成本与每美元收入的经营费用的成本系统。这些方法使管理者能够提高经营效率。在 20 世纪早期，安德鲁·卡耐基公司（Andrew Carnegie，美国钢铁公司前身）设计出一个以日与周为基础，报告具体的单位材料和人工成本数据的成本系统。这一系统使高层管理者可以十分有效地控制生产经营，并为其提供准确、及时的边际成本信息以便其进行定价决策。制造企业如 Marshall Field's 和 Sears、Roebuck 等，提出用净边际（收入减销售成本）及存货周转率（销售收入/存货）来计量和评价业绩。杜邦能源公司与通用公司等制造公司也积极设计业绩评价方法以便控制它们不断扩大的组织。

1925—1975 年间，管理会计受到外部环境的极大影响。所得税及财务会计准则（例如，财务会计准则委员会制定的准则）是影响管理会计的主要因素。

---

① P. Garner, *Evolution of Cost Accounting to 1925* (Montgomery, AL: University of Alabama press, 1954); and A. Chandler, *The Visible Hand* (Cambridge, MA: Harvard University Press, 1977).

从1975年开始，两个主要的环境因素改变了组织，并使管理者开始质疑传统的管理会计方法（1975年前的）是否依旧适用。这些环境因素包括：（1）工厂自动化与计算机/信息技术；（2）全球化竞争。为适应变化的环境，组织必须调整其组织结构与管理会计方法。

诸如互联网、局域网、无线通讯及更快速的微处理等信息技术的进步，对内部会计方法产生了极大的影响。与以前相比，现在可以更快地收集到更多有用的数据。电子数据交换、XTML、电子邮件、B2B电子商务、数据仓库和联机分析处理（OLAP）仅仅是新技术对管理会计产生影响的几个例子。例如，管理者现在可以实时获取日销售收入与经营成本的数据，而不用在生成这一信息的会计季度结束后再等上两周。由于会计信息以标准化的电子表格（例如Excel）的形式传递，因此公司准备下一年度预算所需的时间减少了几个月。

管理会计发展简史（1825年至今）说明了，管理会计的演变是怎样与组织结构的变化相联系的。管理会计是用来提供计划与控制信息的，它也可用于分配决策权、评价业绩及决定对组织内的个人的奖惩。由于管理会计是组织结构的一部分，因此管理会计的演变与组织结构中其他部分的变化相一致也就并不奇怪了。

图1—3是组织变化与管理会计框架图，即理解会计系统在企业中发挥的作用及影响会计系统变化的因素的一个框架图。正如将在14章中详细说明的那样，诸如技术革新、全球化竞争等环境因素改变了组织的经营策略。例如，互联网使银行可以提供电子的网上银行服务。为实施这些新策略，组织必须调整其包括管理会计在内的组织结构。组织架构（将在第4章中讨论）包括3个相关的组成部分：决策权的分配、绩效评价和对组织中个人的奖惩。

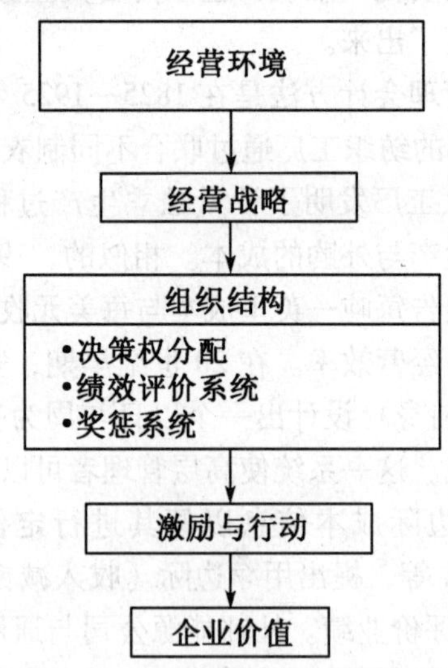

图1—3　组织变化与管理会计框架图

组织架构中的第一个组成部分，是决定组织中各成员的职责范围。决策权定义了一个组织中各成员应承担的责任。组织中某一个体的决策权，是通过对其职位的描述具体化的。例如，百货公司的收银员有收现金的决策权，但没有接受某种支票的决策权，做这种决策时就需要请示管理者。某一部门的管理者可能有产品的定价权，而没有发行债券筹资的权力，发行债券通常是由总裁或董事会决定的。

组织架构的其余两个部分是绩效评价系统与奖惩系统。为了激励组织中的个人，组织必须有评价其业绩并对其进行奖惩的系统。销售人员业绩的评价方法包括总销售额及基于对客户调查的客户满意度。某一生产单位的业绩评价方法包括产量、总成本及次品率。通常来讲，内部会计系统是业绩评价系统的一个重要组成部分。

业绩评价的重要性还体现在奖惩是基于业绩评价作出的。对组织内个人的奖励一般包括发放工资和奖金、给予威望和更高的决策权、升职、给予更多的工作保障等。由于奖惩是基于绩效评价做出的，因此个人与工作团队就有动机依绩效评价方法行事。因而，绩效评价方法会影响个人与工作团队在组织中的努力方向。不好的业绩评价系统可能会导致与组织目标相违背的后果，从而在组织内部形成矛盾。例如，以大学录取的学生数来评价大学校长的绩效，会使校长允许录取低水平的学生，从而降低其他学生接受教育的质量。

正如图 1—3 描述的那样，经营环境的变化会导致采用新的经营策略，并最终改变公司的组织结构，这其中当然包括改变会计系统以更好地协调员工利益与组织目标。新组织结构对组织成员做决策有激励作用，而组织成员所做的决策也会改变组织价值。在这一框架中，会计的作用包括，通过组织架构对组织实施控制，以及提供与决策有关的信息。这一框架图将在本书中反复提到。

F. 案例分析：沃太克诊断器制造公司（Vortec Medical Probe）

为帮助读者进一步理解本章的内容，下面我们将对沃太克诊断器制造公司的有关资料进行分析。沃太克诊断器制造公司只生产一种产品——医用诊断器，其将这种诊断器出售给批发商，再由这些批发商卖给医生。在沃太克公司中，设有两个部门。销售部门主要负责将其产品销售给批发商，而生产部门则主要负责诊断器的生产。公司根据销售部门的销售收益评价其工作业绩，同时根据诊断器的平均单位成本来对生产部门的工作进行评估。该公司每月大致生产 10 万件诊断器，公司上月的利润表如下：

沃太克诊断器制造公司

利润表

上月

销售收入（100 000 件，每件 5.00 美元）	$ 500 000
销售成本（100 000 件，每件 4.50 美元）	450 000
销售利润	$ 50 000
减：管理费用	27 500
税前净收益	$ 22 500

麦迪斯普赖公司（Medsupplies）是沃太克公司最大的客户。每个月，沃太克都以 5 美元的单位价格销售 10 000 件诊断器给麦迪斯普赖公司。上周，麦迪斯普赖公司通知沃太克公司的销售部门，以后每月它们将多购买 2 000 件诊断器，但这多购的 2 000 件诊断器的单价必须为 4 美元，原来的 10 000 件还是以 5 美元的单价支付。麦迪斯普赖公司认为 2 000 单位的交易属于额外的交易，它不会给沃太克公司带来任何额外的固定成本，因此 4 美元的单价已是很好的价格了。

然而，沃太克公司的财务部门估计 102 000 件诊断器的平均单位成本是 4.47 美元，并据此认为 4 美元的出价实在太低了。目前 27 500 美元的管理费用包括办公室租赁费、财产税、利息，并且不会因接受这一订单而有所改变。那么，沃太克公司是否应当接受麦迪斯普赖公司的这项订单呢?

在考虑沃太克公司的生产及销售部门对于这一订单的态度之前，我们将先从沃太克公司所有者的角度来考虑这一问题。所有者的目标是利润最大化。针对这一问题，决策的关键在于，对销售给麦迪斯普顿公司额外 2 000 件产品的成本的认识，如单位成本超过 4 美元，沃太克公司就应拒绝这一订单。

在这种情况下，我们的第一反应是要拒绝这一订单。因为对方 4 美元的出价低于 4.47 美元的平均成本。然而，沃太克公司生产这额外的 2 000 件的单位成本支出是不是高达 4.47 美元呢? 此后，每追加生产 2 000 件，其单位成本仍是 4.47 美元吗?

为了进行相关分析，我们在此先做两项简单假设（后文将放宽）:

· 沃太克公司具有每日生产这 2 000 件的剩余生产能力。

· 历史成本数据是对生产这一订单的未来现金流量的无偏估计。

在这两项假设的基础上，我们对接受这一订单的增量收入与成本进行如下分析:

增量收入（2 000 件 × $ 4.00）		$ 8 000
102 000 件的总成本（102 000 × $ 4.47）	$ 455 940	
100 000 件的总成本（100 000 × $ 4.50）	450 000	
2 000 件增加的成本		5 940
多销 2 000 件增加的利润		$ 2 060

多生产 2 000 件的单位成本为:

$$\frac{\text{总成本金额的变动}}{\text{产量的变动}} = \frac{\$\ 455\ 940 - \$\ 450\ 000}{2\ 000} = \$\ 2.97$$

多生产 2 000 件诊断器的单位成本是 2.97 美元。因此，这增加的 2 000 件诊断器的单位成本为 2.97 美元。4.47 美元是生产 102 000 件诊断器的平均单位成本，这一数额大于生产这额外的 2 000 件诊断器实际支出的成本。

以 2.97 美元的单位成本为判断依据，沃太克公司应接受这一订单。但这是否就是正确的决策了呢? 不一定! 在决策时还需考虑下述各项条件:

1. 这 2 000 件额外生产的诊断器是否会影响到原 100 000 件的价格（5 美元）? 如果麦迪斯普赖公司以每单位 4 美元的价格额外购入 2 000 件诊断器，那么沃太克公司的其他客户是否还愿意继续以 5 美元的价格购买其产品? 沃太克公司将采取何种措施来预防麦迪斯普赖公司以高于 4 美元而又低于 5 美元的价格向沃太克公司的其他客户销售这一产品? 对于这些问题的回答，需要沃太克公司的管理当局对其产品的市场状况有充分的了解。

2. 如果沃太克公司不生产这额外的 2 000 件诊断器，其剩余的生产能力是否有其他的替代安排? 当企业生产设施的利用率提高时，企业拥挤成本的支出也将提高，生产也会变得相对低效，而产品的单位成本可能也会相应提高。所谓拥挤成本，包括由于额外生产而需要的超额的人工费及产品的运输、储存的费用支出和由于产量提高而引起的增加的产品返修支出。这 2.97 美元的单位成本是根据增加 2 000 单位的产量而预计增加的收入及成本计算的，可能并未包括由于扩大企业的生产而造成的拥挤成本支出的提高额。运用这一数据进行决策是不完善的。同时，以4.47美元的单位成本进行决策也是不正确的。怎样才能计算出准确的成本数据呢？若想回答这些问题，管理人员要对企业在较高产量下生产时的有关成本支出情况有较深刻的认识。如果沃太克公司接受了麦迪斯普赖公司的订单，那么沃太克公司在今后是否会因此而错过获利更佳的可以利用其剩余生产能力的项目呢？

3. 如果沃太克公司拒绝了麦迪斯普赖公司的订单，将会发生怎样的额外成本？麦迪斯普赖公司是否会因此而撤销对沃太克公司每月10 000件产品的订单？如果会，沃太克公司能否为其产品找到新的买家？

4. 这一情况是否适用罗宾逊—帕特曼法令？所谓**《罗宾逊—帕特曼法令》（Robinson-Patman Act）**是一项联邦法律，它禁止以不同的价格向客户销售产品，如果这样的行为会影响正常的竞争。因此，以低于5美元的价格向麦迪斯普公司销售2 000单位的产品可能是一项违法行为。企业必须了解美国《反不正当竞争法》的内容。更进一步讲，如果沃太克公司除了向美国国内销售产品外，还向国际市场销售产品的话，企业还需对相应地区的《反不正当竞争法》进行研究，以分析与麦迪斯普赖的交易是否合法。

至此，我们从这一交易是否有助于沃太克公司利润最大化的角度进行了分析。下面我们将就沃太克公司的生产及销售部门是否会接受这一订单来进行进一步的分析。在前文中，我们曾经提到过，沃太克公司将销售总收入作为对销售部门进行评价的指标，将平均的产品单位成本作为对生产部门进行评价的指标。因此，只要麦迪斯普赖公司不向沃太克公司的其他客户返销而同时公司的其他客户不要求相应的价格优惠，公司的销售部门就会接受这笔订单。而只要扩大生产能令产品的单位产品成本下降，公司的生产部门也将接受这笔订单。产量的提高会降低产品的单位成本，这造成一种生产部门成功地降低了成本支出的假象。

假设接受麦迪斯普赖公司的订单不会对沃太克公司的其他销售产生负面影响。但由于多生产2 000单位的产品而带来的生产成本支出的增加（如拥挤成本的增加），使得这2 000件产品的增量成本为每件4.08美元而非每件2.97美元。在这样的条件下，公司的生产与销售部门都将倾向于接受麦迪斯普赖公司的订单。总的销售收入增加了，而且公司销售部门的业绩也得到了优化，而生产部门仍然将原4.50美元的单位成本降低到4.4918美元：

$$\$\ 4.4918 = \frac{(\$\ 4.50 \times 100\ 000) + (\$\ 4.08 \times 2\ 000)}{102\ 000}$$

然而，沃太克公司股东们的状况却变差了。沃太克公司的现金净流量下降了160美元（2 000×（4.08－4.00））。并非因为企业的生产与销售部门在决策时犯了什么错误，而是因为以会计数据为基础的业绩评价指标产生了一种错误的激励作用。详言之，以增加总收入评价销售部门的业绩，以降低平均单位成本评价生产部门的业绩，这种机制无法保证由于接受这项订单带来的增量收入8 000美元（4×2 000）一定大于因此而发生的增量成本8 160美元（4.08×2 000）。企业的生产与销售部门只是遵循企业的激励机制执行其职能（增加销售收入、降低单位成本），但企业的总价值却下降了，主要原因是企业的激励机制的设计不合理。

从本例中，我们可以得出以下4条结论：

1. 小心理解单位成本数据的意义。每单位成本为4.50美元，这一数据并不能给出成本随产量变动而变动的相关信息。在某一产量下的单位成本并不意味着，在此条件下多生产一单位产品的增量成本也是这一金额。

2. 运用机会成本。机会成本衡量企业由于选择了某一具体的行动而错过的其他可能的行动而放弃的收入。在制定生产经营决策时，机会成本的概念尤为重要。沃太克公司关于麦迪斯普赖公司的决策的机会成本，是沃太克公司接受麦迪斯普赖公司的订单而错过的其他可能的收益。那么，如果不接受麦迪斯普赖公司的订单，何种方案会是沃太克公司利用这些生产能力的最佳方案（详细内容请参见第2章的相关内容）？

3. 补充其他相关信息。企业会计系统可以为沃太克公司制定关于是否接受麦迪斯普赖公司订单的决策提供某些重要数据。但是在运用这些数据时，必须将会计系统未涵盖的信息也涵盖进去。比如，如果沃太克公司拒绝接受这次订单，那么麦迪斯普赖公司将作怎样的反应？管理人员常常需要运用其他的知识，如客户需求、竞争对手计划、未来的技术及政府的法规等信息，对会计信息进行补充。

4. 谨慎地运用会计数据作为业绩评价的指标。一些会计数据，如销售收入、平均单位生产成本等，常常被用作评价企业经理人员业绩的指标。如果每个经理人员只单纯地追求其评价指标的优化，则不一定会导致企业利润最大化。

沃太克公司的案例说明了，理解会计数据的构成、会计数据的意义以及这些数据如何在企业经营决策与控制中发挥作用的重要性。会计系统是管理人员十分重要的信息来源，但并非唯一的来源。在高度简化的沃太克案例中，激励及单位成本数据中的问题很容易被发现。但如在一个生产数百种甚至数千种产品的复杂的企业中，同样的错误将很难被发现。最后，为了简化，我们暂不考虑运用会计系统提供对外报告的用途。

G. 全书纲要

内部会计系统为企业决策制定和控制两项职能服务，这种两分法也贯穿于本书内容的组织中。第一部分（第2章至第5章）分析会计系统如何被应用于决策制定及组织中的员工激励问题，这几章的内容将为本书的其他部分提供一个概念框架。第二部分（第6章至第8章）介绍了管理会计、预算、成本分配中的基本问题。预算并非只是为了制定决策而在企业内部传递信息的一种机制，它同时还是一种控制手段，以及在管理者之间进行决策权分配的依据。同样，成本分摊也同时为决策制定和控制两项职能服务。在分析预算与成本分配在企业中的地位时，这几章内容将围绕正文的第一部分内容展开。

第三部分（第9章至第13章）介绍了企业中主流的会计系统：完全成本法。完全成本法会计系统的建立是围绕成本分配进行的，它被应用于制造业及服务业，所计算的产品成本包括直接人工费用、直接材料费用和分摊的制造费用这几项。在简单描述这一成本系统后，我们将对这一系统进行详细分析。对完全成本法会计系统最常见的批评是，该系统不能提供准确的单位成本信息，会导致企业决策的失效。本文将其与另外两种会计系统（变动成本会计系统与作业成本会计系统）进行比较，分析各自的优缺点。第一部分中构建的概念框架将被用于此分析。此后，还将标准成本法视作完全成本法的拓展并进行了讨论。标准成本能够为分析提供标杆，并可用于相应会计差异的计算，即标准成本与实际成本的差额。上述差异可用于业绩评价，因此是本书前文所述的激励与管理控制系统的一部分。

本书的最后一部分（第 14 章）提供了一套综合的、概括的关于本书所有重要概念的框架体系。这一框架体系将被用来分析企业内部成本体系最近的三项革新：生产能力评价体系、适时制生产体系及平衡计分卡。对于这三项革新，我们将在一个比较广阔的历史背景下进行分析。这些系统是新的，并不能表明其一定更好，毕竟它们尚未经受时间的检验。经济达尔文主义或与其他系统的竞争，并不足以让我们得出这些新兴系统优于传统系统的结论。

H. 本章小结

本书为企业内部会计系统的分析、运用和设计提供了一套框架。它说明这些系统如何用于经营决策和员工激励。员工只关注自己的利益，而非所有者的利益。因此，所有者必须设计激励机制。会计指标用于评价管理人员的业绩，因此成为控制系统的一部分，用于激励管理人员。绝大多数公司运用同一套会计系统作为对外报告和对内使用的主要信息来源，但为何企业的管理人员如此倚重会计信息人们无法给出明确的答案。运用经济达尔文主义可以知道，对于绝大多数的公司而言，运用多重会计系统提供会计信息的成本必定大于其可能带来的收益。成本数额不仅包括经营活动的直接成本，还包括由于错误的信息与糟糕的业绩评价体系而导致决策失误所产生的间接成本。本书的后续部分将讨论内部会计系统的成本及收益。

习　题

[习题 1—1]　MBA 学生

有一位 MBA 学生这样对他的一位同学说："所谓会计纯属胡说八道。我在一家基因工程公司工作，我们从来都不管什么会计数据，但我们公司的股票价格依然保持着上升的势头。"

"我很同意你的观点"，他的同学答道。"我在一家业绩差得一塌糊涂的公司工作，在进行企业管理的过程中，我们时时运用所谓的会计信息，但我们从未将公司的股票价格提高多少。"

试分析上述观点。

资料来源：K. Gartrell。

[习题 1—2]　单一的成本会计系统是不完善的

罗伯特·S. 卡普兰在他的文章《在企业中只有单一的成本会计系统是不完善的》（*Harvard Business Review*，January-February 1988，pp. 61 - 66）中说道：

"不同的人对于企业成本信息的要求是各不相同的，并不存在一套完善的体系能够满足所有人不同的要求。尽管企业可以运用某种方法获得有关交易的所有详细信息，但由于不同的目标与对象，对这些信息进行处理的过程存在很大的差异，因此必须按不同的要求分别处理。而某一套体系不可能满足所有的要求。企业的管理人员会发现，任何一套系统在执行某些职能具有优势的同时，在执行其他的一些职能时就显得不那么得心应手了。更进一步讲，对于某一企业非常适用的体系在不同的环境中运作时效果可能不太理想。因此每个企业都应根据其特定的产品与生产过程设计其特有的成本会计系统。

当然，也有这样一种不同的观点，认为企业不应拥有多种成本会计体系。因为这与人们熟悉的一个企业中只有单一的一套评价体系的状况并不一致。”

仔细分析上述观点。

[习题1—3]　美国和日本的税法

在日本，企业的应税收入与企业财务报表中报告的当期收益直接相关。也就是说，只需用企业提供给其股东的财务报表中的有关收益数据乘上一个适当的税率，即可求出日本企业的应付税款。与此不同，美国的企业在选择不同的会计方法以及在报表中反映其股东净收益方面拥有更大的自主权，所以计算应税款项时也具有一定的自主性。

试回答：美国与日本税法存在上述差异，将会给企业的内部会计系统及会计报表系统带来怎样的影响？

[习题1—4]　管理人员需要会计信息

一本著名的会计教科书的一开头这样写道：“管理人员需要会计信息，同时还需要知道如何去运用这些信息。”①

试分析这一观点。

[习题1—5]　会计系统的计划职能

一家小型的软件公司的所有者认为其公司的会计系统毫无作用。他指出：“会计系统只能生成历史的成本数据，但在我们这个行业中，一切都变化得极其迅速，这些历史数据根本一钱不值。”

要求：

a. 历史成本数据在瞬息万变的环境下是否毫无意义？

b. 企业的成本会计系统是否只局限于历史成本数据？

[习题1—6]　企业的目标

一位财务学教授与一位市场营销学教授，最近交换了他们关于企业理论的不同看法。财务学教授认为企业的目标是实现股东价值最大化，而市场营销学教授则认为企业的目标应是最大程度地满足客户的需求。

试分析这两种企业目标之间的异同。

[习题1—7]　预算

在某些公司中，企业的推销人员要对企业下期产品（产量、质量、性能）的规划提出意见，然后企业的销售主管在归纳总结他们的意见之后再做出必要的修改。这类规划将成为企业进行生产和采购的计划基础。企业的销售人员如果超额完成了当期

---

① D. Hensen and M. Mowen, *Management Accounting*, 3rd ed. (Cincinnati: South-Western Publishing Co., 1994), p. 3.

的任务，将获得工资的 20% 作为额外奖励。

试讨论在这种条件下，企业销售人员所做的下期规划的准确性。分析运用规划数据进行经营决策与运用这些数据作为管理控制工具之间的矛盾。

[习题 1—8]　Golf Specialties

Golf Specialties（GS）是一家生产各种高尔夫用具（例如木杆套、绣花高尔夫毛巾、伞）的比利时公司。GS 公司通过独立的分销商销售其产品，且其销售市场仅限于欧洲。由于著名的高尔夫球星老虎伍兹非常受欢迎，因此 GS 公司生产的一种老虎形状的球杆套较受欢迎。

GS 目前每周生产 500 套老虎球杆套，每套成本为 3.5 欧元，包括可分配的固定成本与变动成本。GS 公司的老虎球杆套卖给分销商的价格是每套 4.25 欧元。一个日本的分销商，Kojo Imports，希望每周从 GS 购买 100 套老虎球杆套在日本销售。Kojo 的报价为每套 2 欧元。GS 公司有足够的剩余生产能力，可以再生产 100 套球杆套。据估计，如果 GS 公司接受 Kojo 的订单，那么 600 套球杆套的单位成本就会降为 3.1 欧元。假设上述成本数据（3.5 欧元和 3.1 欧元）都是对 GS 公司生产的老虎球杆套成本的准确估计，并且 GS 公司的单位变动成本不随产量的变化而变化。

要求：

a. 为了最大化公司价值，GS 公司是否应接受 Kojo 的订单？解释原因。

b. 依据题中给定数据，GS 公司老虎球杆套每周的固定生产成本是多少？

c. 除了上面给定的数据外，GS 公司在决定是否接受 Kojo 的订单前还应考虑哪些因素？

[习题 1—9]　帕克威（Parkview）医院

帕克威医院是一家地区医院，为近 400 000 人提供医疗服务。附近最近的医院也与之相距 50 多英里。帕克威医院的会计系统足以履行计费职能，同时还能按病区归集相应的收入。但是，这一会计系统不能在各病区对获取的收入进行进一步细化以将其归集到各个科室。例如，帕克威医院的会计系统可以计算出整个精神病区的总收入，但无法算出少儿及青年科室、药物依赖科室及神经病科室的收入各为多少。

帕克威医院主要从以下 3 种渠道获得收入：（1）联邦政府提供的医疗保险；（2）州政府提供的医疗保险；（3）保险公司（蓝十字—蓝盾）提供的医疗费。截至目前，保险公司还坚持通过向其客户分摊更多的员工医疗保险费，来支付帕克威医院日益上涨的医疗费用。

去年，传斯保险公司开始进入这一领域。它们向当地的企业提供一种收费低廉的新型员工医疗保险服务。传斯公司降低了保险福利，并告诉医院只为每个病人支付固定的保险费。接受传斯公司的这一服务，企业能够降低 20% 的医疗保险费用支出，因此传斯公司争取到蓝十字—蓝盾公司 45% 的客户。上述公司均面临着激烈的竞争，急需降低其医疗费用。

帕克威医院的管理当局认识到，由于传斯公司只支付医院较低的保险费用，因此医院下一年的收益将下降 6 个百分点或 320 万美元。为有效地改善这一不利状况，医院开始深入研究应当取消哪些项目，如何将所提供的服务从住院病人那里转向门诊部，以及增设哪些新服务以弥补收入的减少（如开设抑郁症治疗中心）。医院的管理人员能够估算出实施其中一些改革措施所需的总成本，但是由此造成的许多成本与收益（例如挂号室成本）仍无法分摊到各个具体的科室与部门。

要求：

a. 帕克威医院的会计系统在 10 年前是否能履行其相应的职能？

b. 现在，帕克威医院的会计系统是否足以履行其职能？

c. 帕克威医院需要对其会计系统做出哪些改进？

［习题 1—10］ 蒙大拿钢笔公司（Montana Pen Company）

蒙大拿钢笔公司生产全套高级文具。这些文具共有 12 种不同的样式，在每种样式中，都有多支圆珠笔、钢笔、自动铅笔及一支走珠笔。其生产的大多数文具都使用三种颜色的漆：金色、银色和黑色磨砂。该公司设在泰国曼谷的工厂生产 12 种样式中的 4 种。目前，该工厂正在生产 no. 872 样式的金色笔。其每月可以生产1 200套金色的 no. 872 笔，每套笔的平均成本是 185 铢（$ 1 =35 铢）。一家中国厂商可以以 136 铢/套的成本生产这种笔，其每月可以销售 400 套蒙大拿钢笔公司的笔。蒙大拿钢笔公司估计，如果曼谷分厂将这种笔外包给中国厂商生产，并将产量由 1200 套降到 800 套，那么曼谷分厂每套笔的成本将由 185 铢升到 212. 5 铢。

要求：

a. 蒙大拿钢笔公司是否应外包生产 400 套金色的 no. 872 笔？为你的解释提供书面说明。

b. 基于（a）中的答案，说明在做每月是否外包生产 400 套金色 no. 872 笔的决定之前你需要哪些信息？

第 2 章　成本的属性

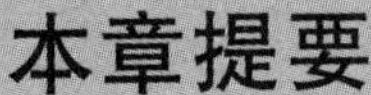

本章提要

A. 机会成本
  1. 机会成本的特性
  2. 机会成本与决策应用：例证

B. 成本性态
  1. 固定成本、边际成本与平均成本
  2. 线性估计
  3. 其他成本性态
  4. 作业衡量指标

C. 本量利分析
  1. 复印机案例
  2. 盈亏平衡点与目标利润的计算
  3. 本量利分析的局限性
  4. 生产多种产品的情况
  5. 经营杠杆

D. 机会成本与传统会计成本的比较
  1. 期间成本与产品成本
  2. 直接成本、制造费用与机会成本

E. 成本的估算
  1. 账户归类法（Account Clarification）
  2. 动作与时间分析法（Motion and Time Studies）

F. 本章小结

附录：成本与定价决策

正如在本书第 1 章中所论述的，会计系统所计量的成本，是管理人员据以进行对外报告、经营决策、控制员工的行为以及生产管理的基础。要真正理解企业会计系统如何进行成本计算，需要对**成本（cost）**概念有一个全面的理解。而成本这一概念具有多重含义。比如，某件产品的成本是 3. 12 美元，但并未明确说明这 3. 12 美元的真实含义，必须对这一概念进行补充解释，以明确进行成本计算时所依赖的前提条件。这样一来，就需要用上不少的篇幅才能清楚地将所涉及的成本概念表述出来。例如，平均成本、共同成本、完全成本、历史成本、联合成本、边际成本、期间成本、产品成本、标准成本、固定成本、机会成本、沉没成本、变动成本等，这些还只是成本概念的一小部分。

机会成本是理解各种不同的成本概念、构筑管理决策的一个极其有用的工具，本章首先讨论的即是机会成本的概念。此外，机会成本还将为基于传统方法计算的成本数据的会计，提供一个比较与评价的参照。本章第 2 节讨论机会成本是如何随产出而波动的，第 3 节将这一讨论拓展到本量利分析，第 4 节则对机会成本与传统意义上的会计成本概念进行了对比，第 5 节介绍常用的成本估算方法。

A. 机会成本

当你作出决策时，成本就会发生。诺贝尔经济学奖得主罗纳德·科斯指出："任何一种行为的成本，都包括行为主体如果不接受特定的决策而可能获得的收益。"[①] 这一概念即为"**机会成本**"(**opportunity cost**)——由于选择了某项行为而放弃的另一项行为所能带来的收益。成本是资源的耗费。做出某项行为的决策必然制约了资源被用于其他的行为，而做出其他行为可能带来的收益即是做出该项行为决策所放弃的，也就是该决策的机会成本。由此可见，机会成本的大小与其他可选的决策方案息息相关。

现有的可能决策就构成了"机会集合"。在制定某项决策并计算相应的机会成本以前，首先需要确定相应的机会集合。因此，机会成本是在具体的决策内容和可能的选择确定以后，才能确定的。举一个简单的例子，如本周五晚上活动的机会集合包括看电影、听音乐会、在家学习、在家看电视、邀请朋友、做客等这几类。

机会成本的概念将企业管理人员的注意力集中到现有的不同决策上。假设现在你面对着 3 个不同的就业机会，职位 A 的薪水为 100 000 美元，职位 B 的薪水为 102 000 美元,而职业 C 的薪水为 106 000 美元。除了不同的薪水以外，你还将根据不同的职业发展前景、个人才能的发挥与工作的种类，对这 3 个职位作进一步的评估。假设你对上述这几方面进行评估得到的结果为：职位 A 为 8 000 美元，职位 B 为 5 000美元，而职位 C 只有 500 美元。将这两项价值加总，你将会选择职位 A，因为职位 A 的货币价值与非货币价值之和最大。此时，选择职位 A 的机会成本是 107 000 美元（102 000 +5 000)，是放弃次优选择职位 B 而放弃的可能的收益。

职位	薪水	附加价值	总价值
A	$ 100 000	$ 8 000	$ 108 000
B	102 000	5 000	107 000
C	106 000	500	106 500

如果职位 A 的机会"过期作废"，那么继续寻找工作的机会成本是 108 000 美元。如果在上周拒绝了总价值达到 109 000 美元的职位 L，那么职位 L 也不能包括在现在的机会集合中，因此也不应成为现在选择职位 A 的机会成本。如果在职位 A、职位 B、职位 C 以外，有 90% 的可能性接受职位 D，职位 D 的总价值为 110 000 美元，但是一旦不能获得职位 D，就将被迫接受一项总价值仅为 48 000 美元的工作，则此时职位 D 的总价值应调整为 103 800 美元（110 000 ×0. 9 +48 000 ×0. 1)。因为职位 D 的机会成本为 108 000 美元（所放弃的次优选择可能获得的收益)，超过了职位 D 的预期收益（103 800 美元)，所以应该放弃等待职位 D。

---

① R. Coase, "Business Organization and the Accountant," originally published in *Accountant*, 1938, Reprinted in *L. S. E. Essays in Cost*, ed. J. Buchanan and G. Thirlby (New York University Press, 1981), p. 108.

1. 机会成本的特性

机会成本并不一定等于现金支付。选择职位 A 的机会成本包括职位 B 的薪金收入 102 000 美元，以及职位 B 的无形收益 5 000 美元。周五晚上去看电影的机会成本不仅包括购买电影票及爆米花的支出，还包括由于放弃学习或去听音乐会带来的损失。切记：获得某项商品或服务的机会成本，就是为取得该产品或服务所必须放弃的价值，正如接受职位 A 就必然放弃总价值为 107 000 美元的职位 B 一样。

机会成本具有前瞻性，它是所放弃的可能选择的收益。与之不同的是，会计总体而言是建立在历史成本的基础之上的。**历史成本（historical costs）**是指实际已发生的资源的支出。机会成本是基于预测的，必定是一个具有前瞻性的概念。在做出选择职位 A 的决策时，职位 B、职位 C、职位 D 是机会集合的一部分，而已过期的职位 L 则不包括在机会集合中。1 周前已拒绝的职位 L，也不应包括在接受职位 A 的机会成本之中。

机会成本与会计费用也不相同。机会成本是进行某项决策而必须放弃的、除它以外最佳选择的价值，而会计费用则是为创造一定的收入而发生的支出。例如，一位汽车交易商以 7 500 美元卖出一辆二手车，假定他购入这辆车时花了 6 500 美元，再假定除此之外，该汽车交易商可选择的最佳方案是在拍卖会上以 7 200 美元售出此车，那么此时对应的机会成本是 7 200 美元。而在进行收入费用配比时，会计费用是 6 500 美元。也就是说，财务会计更加关注收入与费用的配比，而在制定决策时更关心的是某项预期决策的机会成本。在第 4 节中，我们还将继续讨论机会成本与会计成本之间的差异。

2. 机会成本与决策应用：例证①

本部分将以几个例子来说明机会成本的运用，其中前 4 个例子主要是关于原材料与存货的。

（没有其他用途的）材料的机会成本

如果企业仓库中有某种材料，而该种材料又没有其他用途，则此时一项关于该材料的专门订单的机会成本是多少？假设该公司为购买此材料已支付 16 000 美元，同时该公司预计没有其他订单订购该材料，则这时，该材料的机会成本即是其可能的剩余价值。如果该材料没有其他用途，同时没有任何的储存与处置支出，则其机会成本为零。事实上，如果企业需要为该种材料的储存与处置发生支出，则该材料的机会成本将是负数。

（有其他用途的）材料的机会成本

为某项用途需购入但还未购入的材料的机会成本，是为实现这一购入而必须支付的现金。如果该材料已入库，则该材料的机会成本是其被用于其他用途可能达到的最高价值。如果该材料还将用于另外一张订单，现在使用了该材料，就要在将来重新购入，则该材料的机会成本即是其重置成本。

---

① 其中某些案例由科斯编写（1938 年），pp. 109 – 22。

存货（占用资金）利息的机会成本

一家汽车制造商计划生产一种新的车型。生产这种车型的机会成本包括：材料、人工、投入资本、产品推销及管理费用等各项支出。除此之外，工厂为维持该车型的正常生产和销售，必须保有一定数量的汽车及其零部件存货，这类存货占用资金所牺牲的利益也应包括在机会成本之中。假设材料、在产品及产成品存货的平均占用金额为1.25亿美元，此类投资的市场平均利率为10%，则此项投资的机会成本为1 250万美元。企业的会计系统从未报告过这项机会成本，也从未将这项机会成本计入汽车的成本之中。会计系统只是披露了为获得这些额外存货所发生的债务产生的利息。如果这些存货完全是通过内部融资购买的，则不会产生利息。但是，管理人员在评价生产汽车的总体获利能力时，应将此成本考虑在内。

可避免成本与不可避免成本

管理人员有时会运用“可避免成本”与“不可避免成本”这两个概念。可避免成本是指那些一旦现行的经营活动被取消或改变即不再发生的成本。不可避免成本则是指那些不论决策如何制定，都将发生的成本。举例来说，如果关闭公司的油漆车间，需要解雇原油漆车间的员工，则这部分人工费用就是可避免成本。但是，分摊到该车间的财产税仍然存在，其构成了不可避免成本。在企业关闭一个分支机构时，可避免成本应被视为机会成本，而不可避免成本不是机会成本。

下面有关原材料的案例将引入“沉没成本”的概念，即已发生且与未来投资机会无关的支出。

沉没成本与机会成本

假定某公司为完成某订单购入了一卷价值1.5万美元的不锈钢材料，生产完成后还剩余大约20%（约3 000美元）的材料。这些剩余的材料没有其他的用途，一个废钢回购商愿意免费将它们运走。这剩余的3 000美元的原始成本就是沉没成本。所谓**沉没成本（sunk costs）**是指，业已发生并且不会因为未来的行为而有所改变的支出。这3 000美元是已经发生的，并且不会因为未来的行为而有所改变，因此是沉没成本。因为它已经“沉没”，所以这3 000美元不应该影响任何的决策。在这种情况下，剩余的不锈钢材料的机会成本是零。沉没成本与将来如何使用这些不锈钢材料的决策不相关。假定一个废钢回购商愿意以500美元的价格收购剩余的不锈钢材料，那么将这些剩余的不锈钢材料用于其他用途的机会成本是500美元。

下面是另外一个关于沉没成本的例子。假定某公司为开发一种新型的会计系统投入了400万美元（该系统除了用于本公司之外没有别的商业价值）。这400万美元就是沉没成本，因为它已经发生并且不会因为未来的行为而有所改变。值得注意的是，沉没成本与决策制定不相关，除非是直接导致某些沉没成本支出的决策。但是，沉没成本和与控制相关的决策有关。让管理人员对过去的行为负责，可以促使他们对未来的决策更加谨慎。假如新的软件系统无法运行，则公司可以购买新的商业软件包以代替它。那么，管理人员要为软件开发的失败负责，这也使他们有动机在这一消息未传开之前，利用企业的资源处理好或者掩盖住这个失败。

下面一个例子是关于如何运用机会成本来评价人工决策的。

人工支出的机会成本

假定某企业的员工人数一定，企业每周必须支付给每个工人40小时的工资，然而在此后的3周中工人的工作量只达到每周35个小时。如果公司接受另外一张订单使工人每周工作时间达到40小时，则该订单所耗费的人工支出应如何计算？在这样的条件下，人们往往会认为，该订单所耗费的5小时的人工费用为零，因为不论如何企业都必须支付40小时的工资。但这一回答是不全面的，在回答这个问题时，我们还需考虑如果企业接受此订单，则工人在剩余的5个小时中将会做些什么。如果工人们在这5小时中对机器进行了总体的维护或接受培训提高了技能，则这5小时人工的机会成本不为零，而等于除了生产之外人工机会集合中的最优决策的价值。

> **相关成本与机会成本**
>
> 在描述制定某项决策时是否需要考虑某项特定的成本的情况下，经常用到"相关成本"这一概念。所谓相关成本，是指在不同的备选决策下的预期成本。注意到相关成本和机会成本（"由于选择了某项行为而放弃的另一项行为所能带来的收益"）的定义之间的相似之处，即相关成本和机会成本都要求决策者确定相应的机会集合，以选出预期的具有最高价值的方案。在经济学中，机会成本是一个界定清晰的、基本的概念，其包含了"相关成本"。这两个概念之间存在着细微的差别，为了实用和简化以后的表述，本书中的其他部分都采用"机会成本"这一概念。

这种情况时常发生在会计师事务所。对于会计师事务所而言，夏季的业务量明显少于年终时的业务量。事务所夏季（非高峰期）对审计业务的定价，部分取决于员工工作时间的机会成本。

如果某企业拥有长期固定资产，如建筑物和机器设备等，则制定固定资产的使用决策时需要了解固定资产的机会成本。以下的3个例子就是关于固定资产的机会成本的。

固定资产折旧的机会成本

有时，如何使用某项资产也将影响该项资产的价值。假设某公司拥有一辆运货汽车，如果每周使用4天，则1年后该货车能以1.4万元的价格售出。但是，如果该公司接受了额外的业务，每周需使用6天，则1年以后的市场价值仅为8 000美元。由此可见，额外的业务使货车增加了6 000美元的折旧。除此之外，增加的成本还包括所增加的维护费用、油费以及驾驶员的人工费用支出。

在此，资产的机会成本是使用该资产所造成的资产价值下降所导致的。会计折旧（如直线折旧）是建立在历史成本的基础之上的。会计折旧没有真正反映出货车的机会成本（由于使用而造成的价值下降）。但是，会计折旧可以合理地估计资产市场价值的下降。在某一年，会计折旧可能不会恰好等于资产的市场价值的下降值。但是，随着资产使用年限的增加，累计折旧等于资产价值的下降值。管理人员要关注会计折旧，以便通过追求额外收益或者节省成本来弥补资产的历史成本。[①]

---

① 见R. Ball, S. Keating, and J. Zimmerman, "Historical Costs as a Commitment Device," *Maandblad voor Accountancy en Bedriifs economie* (Netherlands) (November 2000).

固定资产资金占用的机会成本

如果某项资产可被售出，则这部分资金利用可能带来的利息应被计入机会成本。如果该资产无法售出，则显然此时企业没有牺牲利息。举例来说，一整套本地网络及配套计算机需要花费 10 万美元，可能的资本收益率为 8%，则此时该项资产所占用的资金的利息（8 000 美元）是否应被视为一项机会成本？如果某项设备没有市场价值，则利息就不应计入成本，因为企业并没有丧失售出设备取得利息的机会。如果某项资产能被转售，那么该项资产所占用的资金的利息应计入机会成本。在制定是否关闭一家工厂或某个部门的决策时，资产的剩余价值的利息就是一项机会成本。本书的第 3 章将讨论如何处理资本投资的机会成本。

剩余生产能力的机会成本

假设工厂以 75% 的生产能力运营，则它是否损失了 25% 的闲置生产能力所能获得的利润呢？事实上，一个工厂理应维持一定程度的剩余生产能力，以应对在正常的生产活动中可能出现的突发性的生产问题，如机器设备出现故障及需求发生波动等。所有这些突发因素都可能造成生产时间与成本的增加，需要有剩余的生产能力来弥补。所以不论是何种工厂，都很少会以 100% 的生产能力进行生产。而且，随着使用率的提高，工厂的拥挤成本也增加了，单位产品的成本也将随之增加。[①] 工厂提高其产能利用率，比如说由 75% 的生产能力提高到 85% 的生产能力，则其机会成本是在 75% 的生产能力下提高了产量所导致的更高的生产成本。

下表列示了某工厂的产量及单位产品的平均成本。随着产量的增加，产品的单位平均成本也随之增加，这是因为随着产量的增加，拥挤程度增加，导致产品单位平均成本增加。由于产量的增加，企业的机器设备发生故障的概率提高了，因此还需雇用更多的生产人员（协调人员、材料处理人员、生产计划人员）。所有这些，都将提高产品的平均单位成本。假设某企业现在以 75% 的生产能力（150 件）生产，则此时生产产品的平均单位成本是 6. 04 美元。

产量	生产能力	平均成本
130	65%	$ 6. 00
140	70%	6. 02
150	75%	6. 04
160	80%	6. 06
170	85%	6. 08
180	90%	6. 11
190	95%	6. 15
200	100%	6. 20

如果该企业的产量由 150 件（75% 的生产能力）提高到 170 件（85% 的生产能力），则由于增加了 20 件产品，使得平均单位成本由 6. 04 美元上升到 6. 08 美元，即每件产品的成本增加了 4 美分。此时，多生产 20 件产品而产生的机会成本为 6 美元（4 美分 ×150），额外生产的这 20 件产品的机会成本不是在 170 件的生产能力下得到

① R. Banker, S. Datar, and S. Kekre, "Relevant costs, Congestion and Stochasticity in Production Environments," *Journal of Accounting & Economics* 10 (1998), pp. 171 – 97.

的平均的产品成本 6.08 美元，而是由于多生产这 20 件产品而多支出的成本，即每单位成本为 6.38 美元（（170×6.08－150×6.04）÷20）。

另外一种计算增加的这 20 件产品的机会成本的方法是：

$$6.08 + (0.04 \times 150) \div 20 = 6.38\ (\text{美元})$$

在这种方法下，多生产的这 20 件产品的机会成本包括其平均成本（6.08 美元）加上由于多生产这 20 件产品而使原来生产的 150 件产品增加的成本平均分摊到这 20 件产品上的成本（（0.04×150）÷20）。

最后一个例子介绍了如果某企业所生产的新型产品的主要竞争对象是其现在生产的产品时，如何计算产品的机会成本。

雷同产品生产线（product line cannibalization）的机会成本

假设某公司生产的个人电脑（PCs）占有小学教育市场60%的份额，且此时，该公司计划推出一种新型的、高端的、运行速度更快、功能更强大的电脑。这种新型电脑最主要的竞争产品是该公司现在生产的高端电脑。在第一年中，公司的管理部门预计将销售 20 000 台新型电脑，而其中 7 000 台的销量来自于对原有产品销售市场的替代。也就是说，该新型产品抢占了原产品 7 000 台的销量。那么，由于新产品抢占了原产品这 7 000 台的销量，那么销售 7 000 台原产品可能产生的利润，是否应被视为生产新产品的一种机会成本呢？这取决于相应的机会集合。如果企业的管理当局认为企业的竞争对手有可能生产一种竞争性产品与企业的这 7 000 台原产品相竞争，也就是说如果该企业不推出新产品，企业也将失去这部分市场份额，则销售这 7 000 台产品可能产生的利润就不应被视为一种机会成本。

《萨班斯—奥克斯利法案》的成本

随着安然、世通、泰科和安达信公司会计丑闻的陆续曝光，美国政府于 2002 年颁布了《萨班斯—奥克斯利法案》，即《公众公司改革与投资者保护法案》。此法案包括许多规定，具体包括董事会下的审计委员会应由独立董事构成，且其应为专业财务人士（financially literate），独立审计师不能向其客户提供非审计服务，会计师事务所和独立审计师必须每年都要报告企业管理当局是否“具有完备的、用于财务报告的内部控制结构和程序”。最后这一条款就是 404 条款，引起公众公司最为广泛的关注。

拥有 50 亿美元资产的 IT 巨头 EMC 公司，估计已经花费 100 多万美元和大量的人力资源以实施《萨班斯—奥克斯利法案》。《首席财务官》（*CFO*）杂志报导说，一项有关美国公司的调查显示，48% 的公司提出遵守了《萨班斯—奥克斯利法案》没有给其公司带来任何的收益。一家生物科技公司 Digene 的审计费用已经增加了 72%。

《萨班斯—奥克斯利法案》强化了上市公司的管理人员和董事的义务与责任，这已经导致上市公司董事会的相关费用、管理人员和董事的保险费用相应上升。董事会有关的费用，包括董事酬金和保险费用在内，预计将会增加 50%。

除了遵守《萨班斯—奥克斯利法案》所产生的直接成本之外，该法案还使上市公司产生了大量的机会成本。价值50亿美元的联合能源集团（Constellation

Energy Group）的首席财务官认为，该法案使得管理人员都因害怕个人责任太大而不敢承担创新风险。对首席财务官的调查显示，大约33%的公司为了遵守这一法案，已经推迟或取消了其他的项目，内部职工培训也有所减少。在40%的公司中，由于执行这一法案占用了财务执行官10%的时间，他们很少有时间来做战略决策。由于现在上市的成本日益增加，因此越来越多规模较小的上市公司都退出了资本市场。这就剥夺了这些上市公司上市的利益，如进入公开的产权投资市场和流动市场进行股权投资。

但是，并非《萨班斯—奥克斯利法案》对于每个人都只有坏的影响。审计师、律师和软件公司都已经从这一法案中得到了一定的好处。

资料来源：A. Nyberg，"Sticker Shock：The Costs of Sarbanes-Oxley Compliance，" *CFO*，September 2003，pp. 51－62.

本节复习思考题

Q2—1 试界定机会成本的定义。

Q2—2 试写出机会成本的几个特征。

Q2—3 某企业去年花费 8 325 美元购入生产所需的某种原材料，那么这 8 325 美元何时可被视为对该材料的机会成本的合理估计？

Q2—4 试对沉没成本进行定义，并举例说明。

Q2—5 什么是可避免成本和不可避免成本？它们和机会成本有什么关系？

B. 成本性态

企业的管理人员通常需要对企业在某一特定时期中产品的产量或提供服务的数量做出决策。例如，戴尔（Dell Computer）公司需对公司下一季度某种型号的电脑的产量做出决策，联合航空公司（United Airlines）需决定下个月在丹佛市（Denver）与珀姆温泉（Palm Springs）之间应派出 90 座还是 130 座客机。制定此类决策需要对产量与成本之间的关系有一个充分的认识。本部分将着重分析大多数产品及劳务的成本如何随着产量的变化而变化。

1. 固定成本、边际成本与平均成本

对成本形态所下的定义往往与其他一些活动的数量有关，如产品的产量、生产的时间、开采矿石的吨数、行驶的里数及提供餐饮的次数等。通常，产品的产量是对生产作业的计量。图 2—1 说明了成本与产量之间的一般关系。从图 2—1 中可以看出两点：第一，即使企业一件产品也不生产，仍然会发生一定的成本支出。在企业不生产时仍然发生的成本为**固定成本（fixed costs）**。企业在停产的状况下，仍需支付某些费用支出，如财产税、保险费、工厂管理费、安全费等。这些费用支出就是企业获取相应生产能力的成本。如英特尔公司（Intel）取得一片土地，并建立了厂房用以生产一定数量的电脑芯片。每年英特尔公司需对这片土地支付 175 万美元的财产税，则这 175 万美元的财产税支出即是英特尔公司建造这家工厂获取相应生产能力所需付出的成本的一部分。

第二，一般而言，成本曲线与产量之间并非线性的关系，而是一种曲线的关系。成本曲线之所以呈现这种特殊的形态，是因为在不同产量下边际成本是不同的。所谓**“边际成本”（marginal cost）**，是指每多生产一单位产品所需付出的成本。在图2—1中，边际成本是从总成本曲线上的一点所引出的切线的斜率。在最开始的生产中，当产量小于X时，曲线的切线的斜率是十分陡峭的。因为要雇用工人、联系供应商、建立销售渠道等，所以开始生产的几件产品的边际成本会非常高。因此，开始某项经营活动并生产最初几件产品的成本十分高昂。随着产量的增加，企业可以形成平稳的、有效的生产技术。在正常的产量范围内，多生产一些产品的成本则相对较低。但当产量水平较高（产量Y）时，由于工厂空间、机器设备及员工人数的限制，边际成本又要大幅地提高。例如，机器设备在接近达到生产能力的情况下继续运转时更容易发生故障，加班费用的支付也会使人工费用居高不下。因此，当生产能力接近工厂的设计生产能力时，每增加生产一定数量产品的边际成本高于正常产量范围下的边际成本。

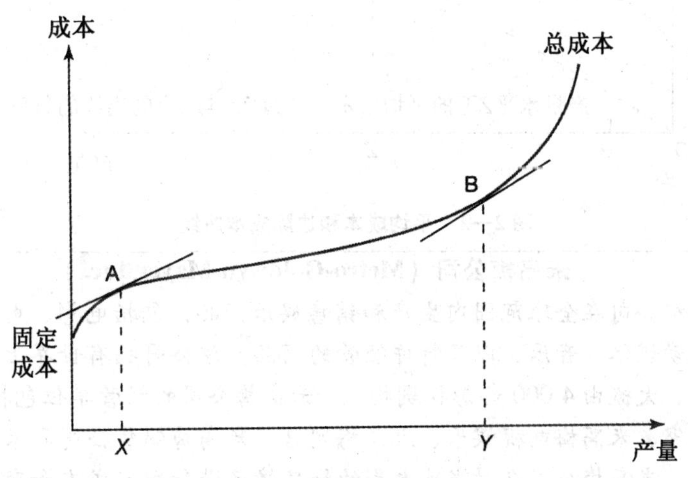

图2—1　非线性成本曲线

顾名思义，固定成本不同于改变产量决策的机会成本。通常，扩大产量的决策并不会影响财产保险费用的支出，因此财产保险费用是一项固定成本，它与产品的产量无关，也不是企业是否做出增加产量决策的机会成本。然而，当企业考虑安装火灾报警器时，较低的财产保险费是一项有力的支持因素。同时，保险费用也可被视为建设和经营某工厂的机会成本。

事实上，某项成本不随产量的变化而发生改变，也不一定意味着无法控制或削减这项成本。企业可以通过增加抵扣金额或降低被保财产的风险（如安装火灾报警与灭火系统），来降低保险费的支出。从长期来看，多种固定费用是可以改变的，因为某一工厂可能被关闭。所以，我们讲某项成本是固定成本，并不是说这项成本总是某一固定的数值，时间长了，它也会随着价格的变化而变化，只是固定成本不随着产量的变化而变化罢了。

另一个十分重要的成本概念是**“平均成本”（average cost）**。平均单位成本是将生产这些产品的总成本除以产品产量得到的数值。平均成本是从原点到总成本曲线上某一点的连线的斜率，如图2—2中点O和点C之间连线的斜率。[①] 产出水平 Z 下的平均成本，代表生产 Z 件产品时生产每件产品的成本。根据图2—2中的相应图形，当产量水平较低时，产品的平均成本很高，随着产量的提高，平均成本逐步下降。只有当产品的产量接近工厂的生产能力时，产品的平均单位成本才会再次上升。注意到当产量为 Z 时，产品的平均成本高于其边际成本（OC 直线的斜率比 C 点切线的斜率更陡峭）。

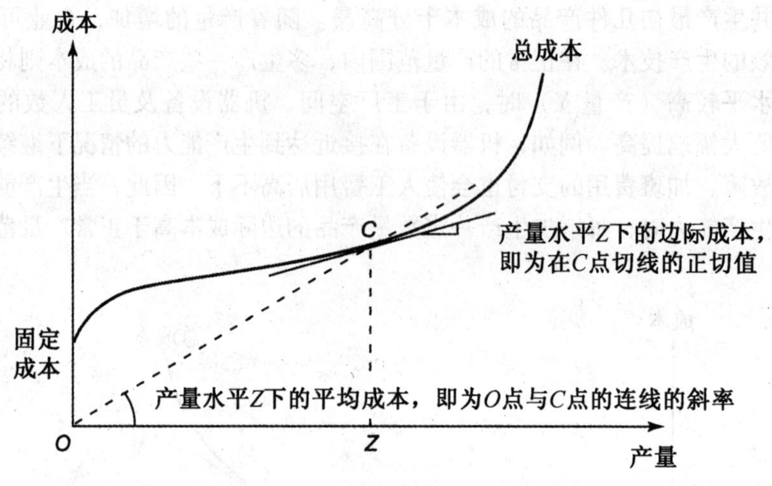

图2—2　平均成本和边际成本曲线

米高梅公司（Metro-Goldwyn-Mayer Inc.）

米高梅公司在全球范围内生产和销售娱乐产品，包括电影、电视节目、家庭录像、互动媒体、音乐，以及特许经营的商品。该公司拥有世界上最大的现代电影图书馆，大概由4 000部影视剧构成。米高梅公司的经营单位包括米高梅图片、联合艺术家、米高梅电视娱乐、米高梅网络、米高梅销售公司和米高梅全球电视发行公司。米高梅公司在对当地电影的销售情况进行固定成本和变动成本的分析之后，经营业绩明显得到提高。这一分析使得米高梅的大部分固定成本都转变为变动成本。它减少了10%的固定成本，并且不再通过国际联合电影公司发片。现在，都由自己独立发片。

资料来源：L. Calabro, "Everything in Moderation," *CFO*, February 2004, pp. 59 - 65.

[练习题2—1]

假设某工厂生产蒸汽锅炉，其有关成本资料如下：

产量	总成本
1	\$ 50 000
2	98 000
3	144 000

① 某条直线的斜率是该直线在垂直方向变动的数额与水平方向变动的数额的比率。在图2—2中，直线 OC 的斜率是 CZ 的距离除以 OZ 的距离所得的数值。同时，该数值也是生产 Z 件产品的总成本除以 Z 件产品所得到的数值，即生产这 Z 件产品的平均成本。

续表

产量	总成本
4	184 000
5	225 000
6	270 000
7	315 000
8	368 000
9	423 000
10	480 000

要求：

a. 计算每种产量下相应的边际成本和平均成本各为多少？

b. 假如该工厂现在每月生产并销售 8 台锅炉，如果该工厂能以每台 53 000 美元的价格再销售一台锅炉，则工厂是否应该接受这一订单？

解答：

a.

产量	总成本	边际成本	平均成本
1	$ 50 000	$ 50 000	$ 50 000
2	98 000	48 000	49 000
3	144 000	46 000	48 000
4	184 000	40 000	46 000
5	225 000	41 000	45 000
6	270 000	45 000	45 000
7	315 000	45 000	45 000
8	368 000	53 000	46 000
9	423 000	55 000	47 000
10	480 000	57 000	48 000

b. 该工厂应该拒绝此项订单。因为如果在现有产量的基础上再生产 1 台锅炉，边际成本为 55 000 美元，大于顾客所提供的价格 53 000 美元。在此处，不可运用平均成本为 47 000 美元来进行此项决策。

2. 线性估计

当产量变动时，对产品成本进行估计并非一件十分容易的事情。对图 2—1 中的机会成本曲线进行分析，需要我们掌握固定成本和产量增加时各项设备、人工及材料使用的变化情况。事实上这些估计是很难进行的，所以管理人员通常使用近似值作为对这些成本的估计值。一种方法即是假设机会成本曲线是直线型的，而非曲线型的。

图 2—3 提供了有关图 2—1 总成本曲线的一种线性估计方法。在该图中，对总成本进行估测，首先需要对 Y 轴的截距及该直线的斜率进行估测。该截距 *FC* 是固定成本数值的近似值，直线的斜率是单位变动成本的数值。**变动成本（variable costs）**是当产量增加时所增加的成本。当克莱斯勒公司将某一工厂中的小型客货两用车的产量由每天 200 辆提高到 250 辆时，公司必须购入更多的零部件，雇用更多的工人，使用

更多的动力等。当小型客货两用车的产量增加时，随之增加的所有成本均为变动成本。①

图 2—3 中的直线代表产品的固定成本与变动成本之和，这一数值是产品总成本的近似值。在正常的生产范围内，该直线能够最为接近地体现产品的总成本。产量 X 与 Y 之间的区域被称为相关区域。**相关区域（relevant range）**内固定成本与变动成本之和与产品的边际成本最为近似。由于此时的固定成本与变动成本直线的斜率与总成本曲线的斜率几乎一致，因此变动成本是边际成本的一个近似估计值。在相关区域中，变动成本可用于对增加生产的产品进行成本估测。

注意到单位变动成本的数额近似于单位边际成本的数额。而当产品的产量发生变化时，变动成本直线的斜率是不变的，由此可以假定单位变动成本的数额是固定不变的。本书后续章节将放宽这一假设。变动成本与边际成本这两个概念在许多情况下可以相互替换，但这两个概念并不完全一致。边际成本是指最后一件产品的成本，这一数值在绝大多数情况下将随着产量的变动而变动。在某些情况下，单位边际成本不随产量的变化而变化，产品的边际成本与变动成本的数值相等。

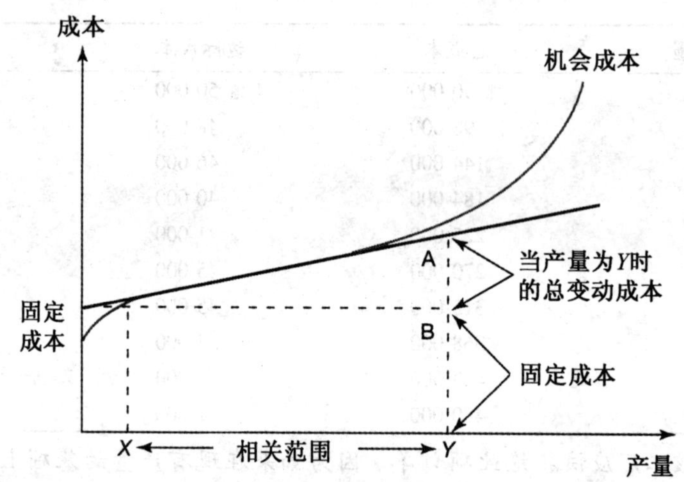

图 2—3　机会成本的线性近似

对机会成本的线性估计可用以下的等式来反映：

总成本 = 固定成本 + 变动成本

总成本 = 固定成本 + （单位边际成本 × 产量）

$$TC = FC + VC \times Q$$

其中，TC 代表总成本，FC 代表固定成本，VC 代表单位变动成本，Q 代表产量。假设某产品的固定成本为每月 100 000 美元，单位变动成本为 3 美元，将生产 15 000 件产品，则此时总成本为 145 000 美元（100 000 + 3 × 15 000）。145 000 美元是生产 15 000 件产品的总成本的一个估计值。

① 大多数企业管理人员已意识到变动成本与固定成本之间存在差异，但是并非所有人都能认识到这一差异的存在。当被问及固定成本与变动成本之间的差异时，一名员工甚至将固定成本与维修成本混为一谈。参见 R. Suskind，"Guys Holding Axes and Chainsaws Get to Use Any Name They like，" *The Wall Street Journal*，February 26，1992，p. B－1.

3. 其他成本性态

有些成本随产出的变动而变动（如变动成本），有些则不变（如固定成本）。除了这两种极端的情况，还有级增成本（step cost）和混合成本（半变动成本），等价于处在变动成本与固定成本之间的成本。图 2—4 分别给出了这两种成本的图形。

级增成本

级增成本（step costs）是成本性态中的一种，即在一定的产出水平区间内，支出固定不变（参见图 2—4 中的线Ⅰ）。举例来说，每个主管可以管理一定数量的员工；当产量增加时，主管的数量也将随员工人数的增加而增加。而此时，主管人员工资费用的支出即为阶梯式成本。类似的，一旦处理交易的数量超过了现有计算机所能承担的极限，企业就需要购入更大型的计算机，此类用于购买计算机的费用通常也是一种级增成本。

混合（半变动）成本

有许多支出很难准确地将其归为固定成本或变动成本，公司的电费支出就是一个很好的例子。公司如生产更多的产品会需要更多的电能，但公司电费开支中的照明和公司制冷、制热的耗费与公司生产多少产品无关。因此，公司的电费支出是固定成本与变动成本的混合体。**混合成本（mixed costs）**，或称**半变动成本（semivariable costs）**，是某些难以准确地归类为纯固定成本或纯变动成本的一种成本支出（参见图 2—4 中的线Ⅱ）。

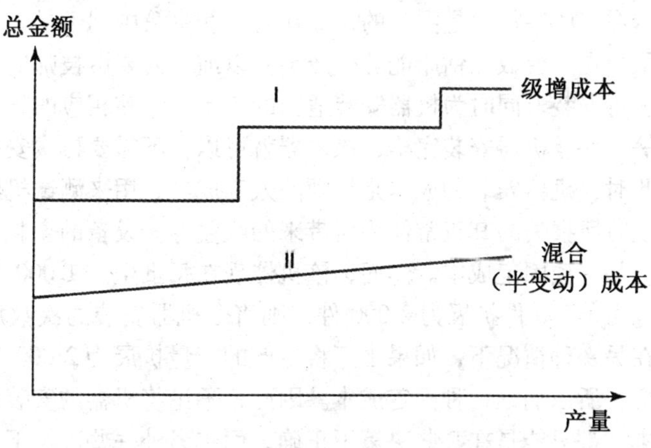

图 2—4　级增成本和混合成本

4. 作业衡量指标

到现在为止，我们一直将讨论的焦点集中在总成本如何随产出的变化而变化上。产出是作业的一项衡量指标。假设一家钢铁厂在某一个月中生产 100 万吨两英寸的钢板，而在下个月生产 100 万吨 1 英寸的钢板。1 英寸钢板的成本可能要高一点，因为要将钢材卷压为更薄的钢板，需花费更长的时间。在这家工厂中，成本不仅随产品重量的变化而变化，而且还随产品厚度的变化而变化。总而言之，成本不仅随产品产量的变化而变化，还随产品的规格、重量及复杂程度的变化而变化。

在需计算多个成本的情况下，管理人员往往选用单一的作业衡量指标，如油漆玩具的总个数或油漆玩具的总重量。这些作业衡量指标即为基本的成本动因。**成本动因（cost driver）**是与成本的变动最为相关的作业衡量指标。举例来说，在企业的油漆车间，如果使用的油漆数量与油漆车间的总成本相关性最强，那么所用的油漆数量可能被选作成本动因。

某项投入指标，如油漆工作所花费的人工时间，常被用来作为单一的成本动因以涵盖众多不同的因素，并简化对总成本进行估算的程序。选用作业指标还是产量指标，对于我们认识成本的变动性至关重要。这部分内容将在本书的第 11 章中进行更为详尽的讨论。

选择单一作业衡量指标的不足之处是，在一种情况下适用，在另一类情况下就很可能不适用。某些成本概念的分类能指出成本变动的方式，但这仅局限于特定的决策。举例来讲，在某一工厂中扩大生产某种现存产品可能产生的一系列成本，与在同一工厂中兴建一条新的生产线或新建一家新的工厂来生产同样数量的产品可能产生的成本是不一样的。又如，在一家汽车制造公司中，原有的汽车装配线只生产一种型号的汽车，如果每天增加生产 125 辆另一型号的汽车，则很可能增加的成本将超过增加 125 辆原有型号汽车可能增加的成本。公司需要花费更多的人工成本来计划、采购零部件，同时储存两种不同型号的汽车的成本也可能会大于储存一种型号的汽车的成本。因此，这 125 辆汽车的变动成本的数额还将取决于，汽车的型号是公司正在生产的还是新增加的。

某些成本在一些决策中是固定的，而在另一些决策中则不是。我们来看看有关机器安装的例子，在一台数控钻床能够生产零件以前，需要由技师输入一系列适当的电脑程序对其进行安装，同时为机器安装适当的工具，调整相应的设定，试制几个零件并测试强度等。一旦机器安装完毕，该机器就可以在不需要再次安装的前提下生产大批的零件。此时，机器安装的成本是技师的人工成本、用来测试机器的材料费用，以及在机器安装时所损失的其正常使用所带来的收益等。设备的安装成本与其生产的产品产量无关，是一项固定成本。然而，该机器现在每批生产 1 000 个零件，如果将生产产品的产量由 1 000 件扩展为 2 000 件，则将令机器安装的次数加倍，及其安装的成本加倍。在另一种情况下，如果工厂将生产的产量扩展为 2 000 件，则机器安装成本将维持不变，所以仍是一种固定成本。因此，不论将机器的安装成本归为固定成本还是变动成本，都只能是在某些决策下正确，而在另外一些决策下不正确。机器的安装成本是变动成本还是固定成本，主要取决于生产产量是否改变。如果某些决策是生产的产量发生改变，而在另一些决策下生产的批量维持不变，那么无论将机器安装成本归为固定成本还是变动成本，都只能在特定的决策下适用。

绝大多数的公司区分并确定了其制造成本中的固定部分与变动部分，但具体的成本归类则差异很大。一项对美国、韩国、日本公司的成本结构的比较研究发现，各国公司中变动成本、半变动成本、固定成本的构成比例各不相同，其结果参见表 2—1。

表2—1　　韩国、日本及美国公司中各成本类型所占的百分比（%）

成本类型	变动成本			半变动成本			固定成本		
	韩国	日本	美国	韩国	日本	美国	韩国	日本	美国
生产人工支出	41	48	71	13	5	5	27	40	7
安装人工支出	25	35	49	27	5	20	26	40	12
维护与修理支出	29	8	23	25	18	36	26	58	24
工具支出	22	28	24	26	23	27	32	38	25
能源支出	40	38	21	20	28	36	15	25	23
监督支出	10	3	3	15	3	22	52	75	58
折旧支出	6	0	1	9	0	6	66	80	78

注：这些百分比加总后的数值并不等于100%，是因为某些成本被归到不止一个成本类型中。

数据来源：I. Kim and J. Song，“U. S. , Korea，& Japan Accounting：Practices in Three Countries，” *Management Accounting*，August 1990，pp. 26－30.

表2—1的一种解释是：诸如生产人工成本等某些成本的性态，在部分企业是固定的，但在其他企业却是变动的。生产人工支出和能源支出通常是（但并不总是）变动或半变动的。监督和折旧支出通常是固定成本。上表中显示，生产人工支出在美国更多的是变动成本，但在韩国和日本更多的是半变动或固定成本。当然，表2—1所报告的比例存在差异，也可能是在这3个国家采取的调查方法不同所致。并且，这些调查毫无例外地只报告会计成本，不报告机会成本。这两者并不相同，第4节将予以讨论。

本节复习思考题

Q2—6 试给出混合成本的定义，并举一例进行说明。

Q2—7 试给出级增成本的定义，并举一例进行说明。

Q2—8 试给出固定成本的定义。

Q2—9 试给出变动成本的定义。变动成本与边际成本的概念是否一致？试说明之。

C. 本量利分析

1. 复印机案例

一旦成本被归为变动成本或固定成本，企业的管理人员就可以进行本量利分析。下面的例子说明了这类分析的核心思想。假设施乐公司（Xerox Corp.）有一个流动服务分支机构，主要提供将投币型复印机放置在诸如图书馆、书店、超级市场之类的大众场所的服务。客户每复印一张纸要支付25美分，而这些场所则收取每张5美分的场地占用费。施乐公司提供机器、纸张、墨盒和服务。每台复印机一般能复印20 000张纸，平均的机器成本为200美元。纸张与墨盒的成本为每复印一张纸4美分。每放置一台机器，施乐公司的流动服务机构每月要支付150美元（机器的机会成本），则每复印一张纸的变动成本为：

纸张与墨盒	\$ 0.04
场所费	0.05
服务费（200 ÷ 20 000）	0.01
变动成本	\$ 0.10

所谓**边际贡献（contribution margin）**是每复印一张纸的价格与其变动成本之间的差额。边际贡献是每复印一张纸收取的价格用于弥补固定成本并创造利润的净收入。在本例中，边际贡献为：

价格	\$ 0.25
减：变动成本	(0.10)
边际贡献	0.15

根据所计算的边际贡献和每月的固定成本数额，每月每台复印机必须复印的纸张数（以弥补成本支出），可用固定成本金额除以边际贡献得到。此时，所复印的张数称为**盈亏平衡点（break-even point）**，计算公式如下：

$$\text{盈亏平衡点} = \frac{\text{固定成本}}{\text{边际贡献}} = \frac{150}{0.15} = 1\,000\text{（张）}$$

换言之，如果一台复印机每月复印 1 000 张纸，则能产生 150 美元（1 000 × 0.15 美元）的净收入（扣除变动成本后），这笔净收入刚刚能够弥补相应的固定成本支出。

关于施乐复印机的例子说明了，将成本划分为固定成本与变动成本两类可为将复印机放置在何处提供一种简单的决策方法。如果将复印机放在某一场所，其每月可能（或实际）的复印张数少于 1 000 张，则不应将复印机放在此处。本量利分析中的盈亏平衡点数额，为选择放置复印机地点的决策提供了一项十分实用的依据。

2. 盈亏平衡点与目标利润的计算

让我们继续讨论本量利分析。为了简化，我们假设生产量等于销售量，这样可以略去选择不同的存货成本计价方法，如后进先出法（LIFO）/先进先出法（FIFO），而造成的影响。同时，我们还将假设，该公司只生产一种产品。图 2—5 给出了特定产量下的总收入与总成本的关系，这里的总收入曲线体现了企业在面临一条向下倾斜的需求曲线时的收益状况。在较高的价格下，需求量较低。随着价格的下降，需求量将有所上升，同时总收入曲线的斜率会变得较小。总成本曲线同样也是非直线型的，与图 2—1 给出的成本曲线是一样的。当总收入等于成本时，相对应的产量即为盈亏平衡点。在图 2—5 中，存在两处盈亏平衡点，分别记为“盈亏平衡点 1”和“盈亏平衡点 2”。当边际收入等于边际成本（$MC = MR$）时，生产利润最大。**边际收入（marginal revenue）**是指每增加销售一单位产品而获得的收入。与边际成本类似，边际收入是总收入曲线上切线的斜率。

正如本章上一节讨论到的，非线性函数很难估测，因此往往要采用线性估算。图 2—6 中根据相应的曲线对相关数据进行了线性近似。同时，假设产品的价格不随需

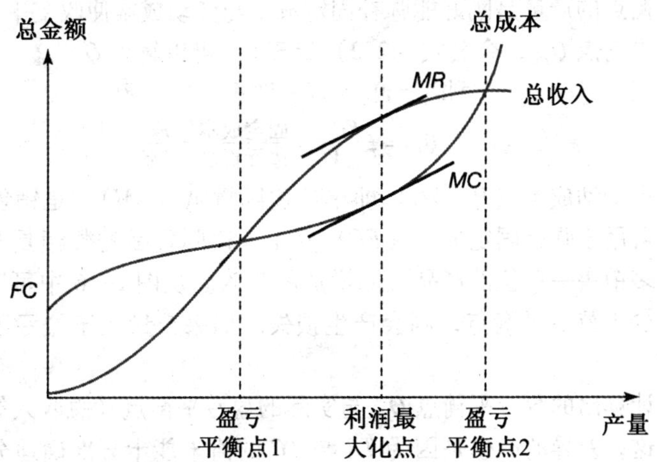

MC：边际成本，为总成本曲线的斜率。
MR：边际收入，为总收入曲线的斜率。
在利润最大化点，*MC*和*MR*相等。

图 2—5　总成本和总收入曲线

求数量的变动而变动，为恒定的 *P*，则总收入函数 *TR* 可通过下式计算求得：

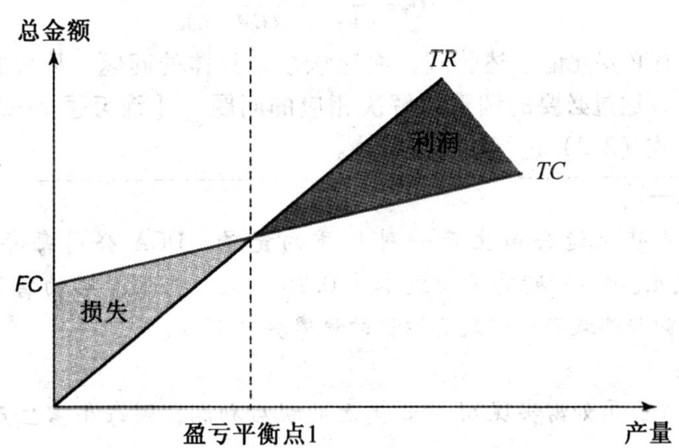

FC：固定成本。
TR：总收入($P \times Q$)。
TC：总成本($FC + VC \times Q$)。

图 2—6　成本、收入曲线与本量利分析的线性近似

$$TR = P \times Q$$

此处，*Q* 是产出的数量。如果假设公司能以一定的价格销售任意数量的产品，则假设总收入线为一直线也并不会影响分析的结果。同样的，总成本的数额可以通过下述线性方程式求得：

$$TC = FC + VC \times Q$$

FC 是固定成本，*VC* 是单位变动成本。这里忽略所得税的影响。

运用线性方程，可以简化管理人员有关利润与产出之间关系的分析，特别的，

$$利润 = 总收入 - 总成本 = P \times Q - VC \times Q - FC \tag{2.1}$$

$$利润 = (P - VC) \times Q - FC \tag{2.2}$$

盈亏平衡点的产量是刚好能弥补固定成本与变动成本使收支平衡的产量，为找出生产的盈亏平衡点 Q_{BE}，令公式（2.2）等于0，可以解出 Q。

$$\text{利润} = 0 = (P - VC) \times Q_{BE} - FC \tag{2.3}$$

$$Q_{BE} = \frac{FC}{P - VC} = \frac{\text{固定成本}}{\text{边际贡献}} = \frac{FC}{CM}$$

售价减去变动成本（$P - VC$）即单位边际贡献（CM），是销售单位产品可获得的利润，并可用于弥补固定成本（FC）支出。边际贡献的数额是非常重要的，这一数额代表每多销售一单位的产品可能增加的收入。从图2—6中可以看出，如果生产的产品数量少于盈亏平衡点，则会产生损失。如果产量大于盈亏平衡点，则会产生收益。

注意，计算出的盈亏平衡点 Q_{BE} 与实际的盈亏平衡点（总收入等于总成本）并不完全一致。这一差异的产生是因为 TR 与 TC 的值未能十分准确地分别描述总收入与总成本。

假设我们设定了税后目标利润 Profit_T，同时所得税率为 t。此时，我们可以对公式（2.2）进行相应的修改，计算出要实现税后利润 Profit_T 时的产量 Q_T，即目标产出：

$$\text{利润}_T = [Q_T \times (P - VC) - FC] \times (1 - t) \tag{2.4}$$

$$Q_T = \frac{\text{利润}_T}{(1 - t) \times CM} + \frac{FC}{CM} \tag{2.5}$$

我们没有必要死记上述公式，而应该根据具体的问题，从公式（2.1）或公式（2.2）开始，通过必要的调整来解决相应的问题。**［练习题2—2］**给出了对公式（2.1）和公式（2.2）进行调整的思路。

［练习题2—2］

DGA瓷砖制造公司生产一种陶质的瓷砖。DGA公司每年的固定成本为740 000美元。单位瓷砖的变动成本为0.25美元，每块瓷砖的售价为6.50美元。DGA公司向联邦政府和州政府纳税的税率共为45%。

要求：

a. DGA公司如需实现85 000美元的税后利润，则每年需生产并销售多少块瓷砖？

b. 如果DGA公司必须在税前利润中提取10%的专利使用费给其创造者，那么公司要实现85 000美元的税后利润，每年需生产并销售多少块瓷砖（专利费支出不是可抵税的支出）？

解答：

a. 以 Q 代表DGA公司要实现85 000美元的税后利润需生产的瓷砖的数量，根据已知的数据，可以写出下式：

$$(6.50Q - 0.25Q - 740\,000) \times (1 - 0.45) = 85\,000$$

$$(6.25Q - 740\,000) \times 0.55 = 85\,000$$

解出 Q：

$$3.4375Q = 85\,000 + 740\,000 \times 0.55$$

$$Q = 143\,127 \text{（块）}$$

因此，要产生 85 000 美元的税后利润，需生产并销售大约 143 000 块瓷砖。

b. 如考虑到专利费用 R，则公式为：

$$(6.25Q - 740\,000) \times 0.55 - R = 85\,000$$

其中：

$$R = (6.25Q - 740\,000) \times 0.10$$

将 R 式代入第一个等式，可得：

$$(6.25Q - 740\,000) \times (0.55 - 0.10) = 85\,000$$

$$Q = 148\,622\text{（块）}$$

下一个例子是关于边际贡献值的另一项运用。讨论当生产能力一定时，如何选择生产获利能力最高的产品。

[练习题 2—3]

拉尔斯顿（Ralston）公司生产 3 种运动服。每天，该公司的生产能力是 200 机器小时，以下是相关成本与产品的信息：

	普通型	豪华型	超级型
售价	\$ 7.50	\$ 9	\$ 13
产品的变动成本	\$ 6.00	\$ 7	\$ 7
单位生产耗费的机器工时	0.6	2	3
每日需求量（件）	50	50	50

公司每天的固定成本为 75 美元。每种产品各应生产多少件？

解答：

由于生产某种运动服而未能运用此机器生产另一种运动服构成了生产这种运动服的机会成本。在这一问题中，企业利润的最大化受生产能力的限制，我们必须选择生产在单位生产能力下边际贡献最大的产品。首先，应求出每件运动服的边际贡献，然后还需将此数值分配到每一机器工时上。

	普通型	豪华型	超级型
售价	\$ 7.50	\$ 9	\$ 13
产品的变动成本	\$ 6.00	\$ 7	\$ 7
单位边际贡献	\$ 1.50	\$ 2	\$ 6
单位生产时间	÷0.6	÷2	÷3
每机器小时边际贡献	\$ 2.50	\$ 1	\$ 2
每天需求量（件）	50	50	50
生产计划（件）	50	10	50
×单位生产时间	0.6	2	3
生产共需的机器小时	30	20	150

为达到利润最大化，进行相应的生产决策的方法是利用稀缺资源（机器工时）生产单位边际贡献最大的产品。这是机会成本原则在生产决策中的一个运用。

尽管超级型运动服的单位边际贡献最大，但普通型运动服的单位机器工时创造的边际贡献最大。因此，为达到利润的最大化，公司应做出如下生产决策：首先，生产50件普通型运动服，将花费30个机器工时（50件×0.6小时/件）；其次，生产50件超级型运动服，将耗费150个机器工时的生产能力；再次，用剩余的20个机器工时的生产能力生产豪华型的运动服10件。

根据上述的分析，认为公司应生产能满足市场需求量的普通型与超级型运动服，而非生产豪华型运动服。在这一分析中，不必运用固定成本资料。根据固定成本的有关概念，固定成本的数值与决策无关，因此决策只需考虑售价、变动成本与生产能力因素。*

*在本例中，有一个假设，是假设产品的需求数量与售价是常量。很显然，在售价较低的前提下，产品的需求量将较高。在此，为简化问题，并使注意力集中在对成本行为的分析上，我们假设产品的需求量不变。

拉尔斯顿公司的案例说明了一种最简单的情形，即只有一种约束条件。如果存在多重约束条件，就需要运用线性方程法来求解使利润最大化时各产品的产量组合。在本书的下一部分，将进一步讨论本量利分析方法的一些局限性。

3. 本量利分析的局限性

[**练习题2—4**]

试运用公式（2.2）解出利润最大化时的产品产量。

解答：

根据公式（2.2），当产量趋于无穷时，利润可能达到最大化。这也就是说，公式（2.2）不能用来估算使利润最大化时产品的产量。

[**练习题2—4**]说明，当假设收入线与成本线都是直线时，本量利分析对于求解最大化的利润毫无帮助。那么，本量利分析法有什么好处呢？本量利分析法为分析企业有关的经营问题提供了一个有效的开端。它为企业的管理人员进行敏感性分析提供了依据，同时可以协助管理人员解出在某些特定情况下未知的数据。正如我们在有关复印机的案例中看到的一样，有时盈亏平衡点的数值对于某些特定决策的制定是十分有帮助的。然而，本量利分析存在着下述局限性：

1. 单位售价与单位变动成本必须不随产量的变化而变化。

2. 本量利分析只能进行单期间分析，所有相应的收入与成本指标必须是同一期的。

3. 本量利分析假设企业只生产一种产品，所有的固定成本都是由于生产此产品而发生的。如果企业生产多种产品，则企业的固定成本，如财产税，是由于生产所有的产品而产生的。此时，任何一种产品的盈亏临界点与目标利润都取决于其他产品的产量。在企业生产多种产品而又不知道各项产品具体的固定成本数值时，就任一产品讨论盈亏临界点都是无意义的。

尽管本量利分析具有种种局限性，然而这一方法对于帮助企业的管理人员理解产量变动情况下企业成本与收入的变化仍是十分有用的。事实上，在一次调查中，被调查的 219 家美国大型企业中有 55% 的企业运用了这一方法。①

在前面提到的施乐公司出租复印机的案例中，在计算产品的盈亏平衡点时，这一假设条件并未被打破：

· 售价未随产量的变动而变动。

· 产品的单位变动成本不随产量变动。

· 已知固定成本数值。

· 公司只生产一种产品（复印件）。

· 所有的产品均被售出。

4. 生产多种产品的情况

由上述的分析我们知道，本量利分析的一个局限性是，只适用于生产单一产品的公司。克服这一局限的方法是，假设所生产的几种产品的产量是按照固定比例组合的，则可以计算确定这些组合产品的盈亏平衡点和目标利润。

例如，假设一个葡萄酒厂生产两种类型的葡萄酒：merlot 和 chablis，其中每年的固定成本为 500 000 美元。

	merlot	chablis
每箱的价格	$ 30	$ 20
每箱的变动成本	20	15
每箱的边际贡献	$ 10	$ 5

如果生产 1 箱 merlot，就要生产 3 箱 chablis，这样，就可以确定每组葡萄酒包括 4 箱，即 1 箱 merlot 和 3 箱 chablis。每一产品组合的收入是 90 美元（1 × $ 30 + 3 × $ 20），变动成本是 65 美元（1 × $ 20 + 3 × $ 15），边际贡献是 25 美元（1 × $ 10 + 3 × $ 5），则需要生产的产品组合为：

$$\text{产品组合的盈亏平衡点} = \frac{\text{固定成本}}{\text{边际贡献}} = \frac{500\ 000}{25} = 20\ 000\ (\text{组})$$

即要达到生产的盈亏平衡，一共需要生产 20 000 单位的产品组合，也就是 20 000 箱 merlot 和 60 000 箱 chablis。因此，如果一家公司生产的各种产品的产量比例是固定的，那么盈亏平衡点分析可以通过建立一个标准的产品产量组合来进行。

[练习题 2—5]

运用上面葡萄酒厂的例子，试确定如果公司要实现的税后利润是 100 000 美元，则各需生产多少箱 merlot 和 chablis（假设税率为 20%）?

解答：

税后利润的计算如下：

$$\text{税后利润} = (1 - \text{税率}) \times (\text{收入} - \text{变动成本} - \text{固定成本})$$

$$\$\ 100\ 000 = (1 - 20\%) \times (\$\ 90B - \$\ 65B - \$\ 500\ 000)$$

其中，B 是需要生产的产品组合单位。

由此解得 B 为：

① W. Cress and J. Pettijohn (1985), p. 68.

$$\$\ 100\,000 = 0.8 \times (\$\ 25B - \$\ 500\,000)$$
$$\$\ 100\,000 = \$\ 20B - \$\ 400\,000$$
$$B = \$\ 500\,000 / \$\ 20$$
$$B = 25\,000\ (\text{组})$$

换言之，要达到盈亏平衡点，需要销售 25 000 箱 merlot 和 75 000 箱（3 × 25 000）chablis。在此生产能力水平下，可以创造 100 000 美元的税后利润，可以参见下面的利润表：

收入——merlot	25 000 × $ 30	$ 750 000
收入——chablis	75 000 × $ 20	1 500 000
总收入		$ 2 250 000
减：变动成本		
merlot	25 000 × $ 20	$ 500 000
chablis	75 000 × $ 15	1 125 000
固定成本		500 000
总成本		$ 2 125 000
税前利润		$ 125 000
税费		25 000
税后净利润		$ 100 000

本节复习思考题

Q2—10 本量利分析法最基本的假设是什么？

Q2—11 本量利分析法的优势与局限各有哪些？

5. 经营杠杆

将成本区分为固定成本和变动成本两类，对于计算盈亏临界点是十分有用的。而计算某产品的边际贡献则对产品的定价决策和是否接受某项订单的决策有帮助。深入理解某产品的固定成本与变动成本，有助于企业进行战略决策。

企业的固定成本数额越大，其相应的经营杠杆也就越大。经营杠杆，是固定成本与总成本的比值。经营杆杆是衡量利润随着销售的变化而变化的敏感程度。企业的固定成本金额越大，企业的经营风险也就越大。如在一家杠杆值很大的企业中，则很小百分比的数量变化（如销量的变化），都将引致企业净现金流（与利润）的剧烈变化。因此，在经营杠杆较大的企业，一般现金流的变动也较大。同时，企业的风险对于固定成本与总成本比率较低的企业而言，明显较高。

为说明经营杠杆的重要性，请参见表 2—2。表中列出了两家公司，高杠杆公司（HiLev）与低杠杆公司（LoLev），每家公司均以每单位 8 美元的价格售出 10 000 单位的某种产品。

表 2—2　　**经营杠杆（产、销量均为 10 000 件）**

		低杆杆公司	高杠杆公司
收入	10 000 件@ $ 8	$ 80 000	$ 80 000
变动成本	10 000 件@ $ 4	40 000	
	10 000 件@ $ 2		20 000
固定成本		30 000	50 000
净利润		$ 10 000	$ 10 000

在这一产量水平上，两家公司的总成本都是 70 000 美元，并且两家公司的利润均为 10 000 美元。但是，两家公司也存在差异，如低杠杆公司 3/7 的成本都是固定成本，而高杠杆公司有 5/7 是固定成本。显然，高杠杆公司的经营杠杆值较高。

现在假设产量与销量均下跌 25%。表 2—3 说明了这一变动对企业净利润造成的影响。在低杠杆公司中，净利润下降至 0，而高杠杆公司则产生了 5 000 美元的净损失。

表 2—3　　**经营杠杆（产、销量均为 7 500 件）**

		低杆杆公司	高杠杆公司
收入	7 500 件@ $ 8	$ 60 000	$ 60 000
变动成本	7 500 件@ $ 4	30 000	
	7 500 件@ $ 2		15 000
固定成本		30 000	50 000
净利润		$ 0	$ (5 000)

在表 2—4 中，我们给出了如果产、销量上升 25% 的情况。由表可见，高杠杆公司利润的升幅明显大于低杠杆公司。由此，我们可以得出这样一个结论，经营杠杆的值放大了一定百分比的产、销量变动对企业收益的影响。

表 2—4　　**经营杆杆（产、销量均为 12 500 件）**

		低杆杆公司	高杠杆公司
收入	12 500 件@ $ 8	$ 100 000	$ 100 000
变动成本	12 500 件@ $ 4	50 000	
	12 500 件@ $ 2		25 000
固定成本		30 000	50 000
净利润		$ 20 000	$ 25 000

当竞争加剧时，单位变动成本较低的公司能够承受短期产品价格更大幅度的下降。如有一家企业以每单位 10 美元的价格出售某产品，则生产这一产品的变动成本为每单位 7 美元。这家企业在短期内最多可将产品售价下降到 7 美元，以弥补企业的变动成本支出。而有另一家公司生产同样的产品，但其生产的单位变动成本为 8 美元，此时公司的最低定价应至少为 8 美元，如售价低于 8 美元，则公司每多售出一件产品都将对企业的现金流产生负面的影响。在设计企业营销战略时，了解竞争对手的成本结构状况将有助于企业建立自身的战略决策。同时，在评价某企业面临的风险程度时，也需对经营杆杆有一个正确的理解。

[练习题2—6]

两个互联网零售商的数据如下（单位：百万美元）：

	BuyEverything. com	SportsWhere. com
销售收入	120	186
变动成本	70	150
固定成本	40	24
净利润	10	12

要求：

a. 哪家公司的经营杠杆较高？

b. 假设两家公司的销售收入都增加1倍，则哪家公司的净利润增加的比例更大？

c. 如果销售收入都下降50%，计算两家公司的净利润的变化比例。

解答：

a. BuyEverything. com 的经营杠杆（固定成本与总成本的比率）是0.36（\$ 40/ \$ 110），Sports where. com 的经营杠杆是0.14（\$ 24/ \$ 174）。因此，BuyEverything. com 的经营杠杆较高。

b. 下表中列示了如果销售收入增加1倍，净利润的变化情况（单位：百万美元）：

	BuyEverything. com	SportsWhere. com
销售收入	240	372
变动成本	140	300
固定成本	40	24
净利润	60	48
原来的净利润	10	12
变化的百分比	500% *	300% **

*（\$ 60 - \$ 10）/ \$ 10。

**（\$ 48 - \$ 12）/ \$ 12。

因此，BuyEverything. com 的净利润增加的百分比较高。

c. 下表中列示了如果销售收入下降50%，净利润的变化情况（单位：百万美元）：

	BuyEverything. com	SportsWhere. com
销售收入	\$ 60	\$ 93
变动成本	35	75
固定成本	40	24
净利润	（\$ 15）	（\$ 6）
原来的净利润	\$ 10	\$ 12
变化的百分比	-250% *	-150% **

*（- \$ 15 - \$ 10）/ \$ 10。

**（- \$ 6 - \$ 12）/ \$ 12。

因此，BuyEverything. com 的净利润的下降比例较大。

新经济公司与高经营杠杆

高科技企业开发知识产权，如进行软件开发和网站建设，会耗费大量的固定成本和较低的变动成本。这样的成本组合会导致高的经营杠杆，从而导致这类企业的经营风险相对较高。在经济繁荣时期，它们飞速发展；然而，在经济衰退时期，它们却无力调整成本费用。

Inktomi 公司是一家高速发展的软件公司。它花费 1 000 万美元开发管理网站的软件。一旦那些固定成本发生了，增加的销售几乎就是纯利润。该公司总裁曾经说过，“我们的产品没有成本。我们甚至不再需要运送物理磁盘。这是这个国家除联邦政府外，唯一将印钞票作为主要业务的企业”。但是，现在这一切都改变了。

软件开发的成本在增加，而收入却在下降，这已经导致 Inktomi 公司在 2001 年第一季度发生了 5 800 万美元的损失。研究、开发、设计、测试和软件的销售都需要大量的固定成本。激烈的竞争和快速老化，使得每年都需要高额的开支。结果导致财富发生戏剧性逆转，销售下降时，利润、股价甚至员工数量都出现了大幅波动。

雅虎的高杠杆导致其 2001 年第一季度利润下降了 8 700 万美元，第二季度亏损 3 300 万美元，因为收入下降了 42%，而费用大部分是固定的。

资料来源：G. Ip, “Blame the Profit Dive on a Marked Change in Companies’ Costs,” *The Wall Street Journal*, May 16, 2001, P. A1; *http: //en. wikipedia. org/wiki/Inktomi.*

D. 机会成本与传统会计成本的比较

从理论上讲，进行经营决策之前需要对产品的机会成本有一定的了解。正确地估算某产品的机会成本，要求决策制定者洞悉所有可能的选择（机会集合）、每项可能选择的净流入，以确定机会集合中净现金流入最高的选择，这就是决策方案的机会成本。这一过程需要对所有可能的选择进行一个深入的研究，而这将花费大量的时间与金钱。即使在完成这一研究以后，机会成本还将随着机会集合的变动而变动。正由于机会成本计算存在这些局限性，企业的管理人员往往会寻找一种较为方便的方法来估算机会成本。传统的会计成本实际上就是这样一个近似值。

制定了决策以后，会计系统要记录成本。会计系统将记录企业资产的变动情况。当公司取得某类资产如原材料时，企业的会计人员将以货币形式予以记录（如历史成本估价）。当投入该原材料并被加工成半成品（intermediate product）时，企业的会计人员将在原材料的历史成本的基础上对半成品予以估价。那些从生产部门流转过来的在制品（in-process）或部分完工的零部件，将按历史成本予以记录。假设生产某半成品需花费两个小时，人工成本为每小时 12 美元，则企业的会计系统将在原历史成本的基础上增加 24 美元作为该半成品的成本。当产品完工并销售后，与之相应的历史成本将由存货账户转到费用账户中的“产品销售成本”一项中。会计成本与带有预测意味的机会成本不同，它是以产品生产所耗费的资源的历史成本为基础计算的。会计系统生成会计成本数据，而非机会成本数据。但是，在某些情况下，会计成本数据可为机会成本提供一个合理的近似值。在短期内，价格和成本变动都不大，因此会计成本可以合理地用于估计机会成本。

除了为企业的经营决策提供相应的资料外，企业的内部会计系统还需为组织内部人员行为的控制和对外财务报表的编制提供数据。比如说，生产这本书所要耗费的资源，可能不同于生产一本新的教科书。但是，对该书历史成本的准确估计，将为企业的高层管理人员提供生产本书的员工完成其职责情况的信息。对本书期末存货的估价、应交税金以及净利润的确定，都需要先得到本书历史成本的数值。

企业的成本系统不是、也不能建立在机会成本概念的基础上，因为机会成本的计算建立在决策的基础上，会计系统不能预计未来所有的决策。举个例子，假定上个月，你花了100万美元在一条繁华的商业街买了一块土地。如果利用这块地开一家快餐店，你估计快餐店价值160万美元；而如果开的是加油站，其价值估计为170万美元。因此，用这块地建加油站的机会成本为160万美元，这160万美元即为所放弃的次优机会（快餐店）所能带来的收益。对于这块地100万美元的历史成本，即使是1个月之前的，它也不是机会成本。这样，成本可以指会计成本（历史数据），也可以指机会成本（因未选择某些决策而放弃的利润），它们是两个完全不同的概念。在一些情况下，使用者的意图很明确，然而在许多情况下，明白成本是机会成本还是会计成本将十分重要。

1. 期间成本与产品成本

为了进一步理解传统的会计成本与机会成本的区别，我们要对期间成本与产品成本的概念进行区别。所谓**产品成本（product costs）**包括为生产该产品发生的所有会计成本。产品成本将被计入存货的价值，只在存货被售出时才被计入费用。**期间成本（period costs）**是指在一定的期间内发生的且被费用化的成本，包括为最终销售产品发生的所有非生产性的会计成本。举例来说，管理费用、分销费用、储存费用、销售费用及广告费用均属期间成本。研究与开发费用也是期间成本的一种。期间成本不计入存货的成本。

产品成本包括固定成本和变动成本两个部分。同样的，期间成本，如产品的分销与销售费用，也包括固定成本和变动成本两个部分。固定的期间成本包括销售人员的工资、广告和营销费用，而变动的期间成本则包括运输成本和销售佣金等。

企业的会计系统，包括为内部经营服务的会计系统，都会对产品成本与期间成本进行区分。在绝大多数情况下，产品的单位成本是指扣除了期间成本后的产品成本。假设某产品的单位生产成本为23美元，销售和分销这一产品每件需再花费4美元，这4美元的期间成本包括固定和变动的期间成本，所以生产和销售该产品的总成本为每件27美元。许多企业将每件23美元作为产品的单位生产成本（unit manufacturing cost，UMC），但在进行决策制定时，期间成本（4美元）、产品成本（23美元）都应被纳入考虑范围，所以我们必须注意的是在单位生产成本（UMC）中并不包括期间成本。

期间成本与产品成本均为历史成本。它们都不是机会成本，因为它们代表的是由于过去的决策而使用的资源的价值，而机会成本则与未来的决策有关。但是，从某种意义上说，未来的情况总是与过去有许多相似之处，这些历史成本对于预测机会成本有很大的帮助。

2. 直接成本、制造费用与机会成本

会计学中直接成本与制造费用这两个概念的不同，同样体现了传统的会计成本与机会成本概念的不同。直接成本与制造费用这两个概念是本书的核心内容，在本书的以后章节中我们还将对其进行讨论，尤其是在第 9 章至第 13 章中，我们要对其进行重点讨论。但为了以后讨论的方便，我们将在此先对这几个概念进行介绍。

直接成本（direct costs）是指那些较容易归集到具体产品或服务上的成本项目，如直接人工与直接材料都是直接成本。一名员工如果生产某一产品所发生的人工费用是直接人工，则其为直接成本；而如果机器出现故障，该员工因此而浪费的时间则属非直接人工支出，而不应将其归为直接成本。非直接材料支出主要包括那些由于保养、测试机器所耗费的材料以及那些由于机器出现故障而浪费的材料的支出。**制造费用（overhead）**中包括非直接人工与非直接材料支出，以及其他一些由于生产而发生的难以归集到具体产品的一般生产性支出，如企业采购部门的支出、土地税支出、维持保养支出、固定资产折旧费用、保险费用、安全保卫支出和一些其他工程技术服务支出等。制造费用也可称为间接成本。

直接成本通常也是变动成本。比如说，生产更多的书本（如本书），需要更多的纸张与油墨（直接材料支出）和更多的人来操作印刷机（直接人工支出）。但在某些情况下，直接成本也可能是固定成本。比如说，与生产某一产品的机器设备直接相关的成本（折旧、电耗和日常维护与保养）是这一产品的直接成本，但这其中的大部分是固定成本。或者，如果一家企业拥有一支相对稳定的员工队伍，则企业不会因为产量等的变动而相应地调整员工的人数。此时，直接人工也是固定成本（出现这样的情况往往是因为企业与工会签有“不得裁员”的协议）。如果企业与其材料供应商有一定数量的供货合同，则在合同期内，直接材料支出也是一项固定成本。如 家炼钢厂与供应商订立了每年购入一定数量天然气的合同，则这部分直接材料支出（天然气支出）的大部分是固定成本。当企业对天然气的需求量减少时，企业可以将多订购的部分转售或支付一定数额的罚金而不再购入过量的天然气，则这部分的天然气支出属于变动成本。制造费用中包括固定成本，也包括变动成本。

有时，很难对制造费用（包括非直接成本）与直接成本进行区分。举例来讲，一个耗费 9 美元材料支出、30 美元直接人工支出的书箱所用的胶水价值仅为 10 美分，该胶水支出应被计入直接成本还是制造费用？根据成本—效益的原则，我们首先应指出将这部分胶水支出划入直接成本或非直接成本将会对决策产生怎样的影响。在绝大多数情况下，我们将金额很小的直接成本划为制造费用，因为对金额如此之小的成本单独进行归类与报告的成本将超过相应的收益。因此，绝不要认为，所有的直接成本都是变动成本，而所有的制造费用都是固定成本。

下图总结了各类会计成本的概念及其相互关系：

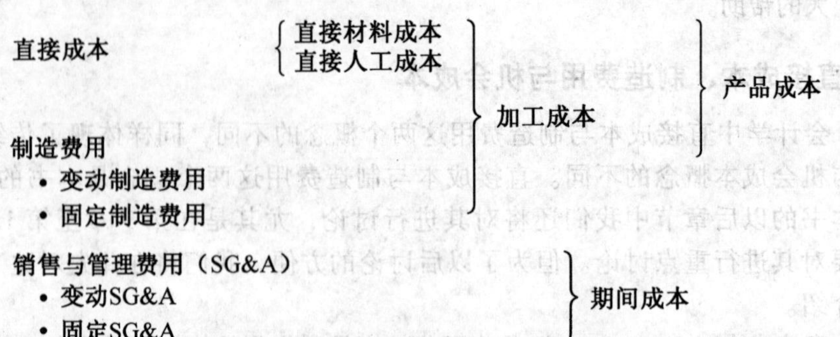

产品成本包括直接材料成本、直接人工成本与制造费用。**加工成本（conversion cost）**则是指直接人工成本和制造费用之和。期间成本包括产品的销售和管理费用。

下面以一个具体的例子来说明这些成本概念。玛丽是在曼哈顿第 47 大街与派克大道的转角处经营热狗的小商人。她只销售热狗。每天她需要为其热狗摊支付 200 美元的租金，而且每销出一只热狗，她还要支出 0.10 美元的费用。每天她工作 10 个小时，以每只 2 美元的价格售出 1 000 只热狗。玛丽生产这些热狗的直接材料费用是每只热狗 0.70 美元，每个小圆面包 0.15 美元，每袋芥末酱 0.035 美元。她每小时领取工资 5 美元。玛丽由于在她的摊点使用了荷氏热狗公司（the Healthy Hot Dog Company）的标志，她每销出一只热狗，还需向荷氏热狗公司支付 0.18 美元的特许经营费。除了上述费用以外，她每天还要向纽约市政府缴纳 125 美元的许可费，才可从事热狗销售。表 2—5 为玛丽每日收益表。

表 2—5　**玛丽每日收益表**

收入（1 000@ $ 2）			$ 2 000
直接成本			
直接材料			
热狗（1 000@ $ 0.70）	$ 700		
小面包（1 000@ $ 0.15）	150		
芥末酱（1 000@ $ 0.035）	35		
直接人工（10 小时@ $ 5）	50		
总的直接成本		$ 935	
制造费用			
变动制造费用			
摊位使用费（1 000@ $ 0.10）	$ 100		
固定制造费用			
摊位租金	200		
总的间接费用		300	
SG&A 费用			
变动 SG&A			
荷氏热狗公司商标使用费（1 000@ $ 0.18）	$ 180		
固定 SG&A			
纽约市经营许可费	125		
总的 SG&A		305	
总成本			1 540
净收益			$ 460

注：@ 表示每单位，下同。

根据定义，制造费用无法直接归集到产品，而是要被分摊到各产品成本中去。最常见的分配基础是直接人工工时、直接材料、机器工时和直接人工成本。管理人员根据与制造费用的长期变化最符合的分配基础，对制造费用进行分配。

试以下例说明在传统会计成本与机会成本概念中制造费用的区别：某部门拥有10台完全相同的机器设备，该部门所有费用都归集到这10台机器设备上。辅助设备、监管人工、场地占用成本、固定资产折旧和工程技术支持均由该部门自己负责。将总成本除以机器工时可以得出该部门每小时的成本率。例如，假设该部门的全部总成本为525 000美元，每台机器每周工作35小时，每年工作50周，也就是每年工作1 750小时（35×50）。这样，10台机器每年在正常情况下将工作17 500小时。此时，该部门的每机器工时需负担的制造费用为30美元（525 000 ÷17 500）。如果某项工作需使用该部门的机器9个小时，则将分摊到270美元（9×30）的成本。但完成该项工作是不是真的花费了270美元呢？我们无从得知。每机器工时负担的成本（30美元/小时）只代表平均耗费的成本值，它是固定成本与变动成本的混和值，但往往给人一种变动成本的错觉。这一数额无法告诉我们进行某项工作是否有利可图。在对未来的工作进行招标时，每机器工时30美元并不能为我们提供何类竞争对手将参与竞标及将产生多少额外的成本的信息，也不能告诉我们边际制造费用将大于还是小于每机器工时30美元。

当产量上升时，拥挤成本也将随之上升。这样，一系列问题就出现了。需要雇用更多的质检人员对产品进行检验。机器生产时间的安排也将变得更为困难。但每机器工时30美元，既无法反映设备利用率，也无法反映工作的种类。

从长期来看，如果企业产品的销售收入无法高于所有制造成本的数额（包括资产的重置成本），则企业将没有能力对自身的资产进行更新。而企业如果以弥补所有制造成本为唯一的标准来制定产品的价格，则它很有可能被完全挤出市场。但相应的制造成本（固定与变动成本）数据仍具有一定的作用，管理者根据这一数值可以判断企业当前的经营处于何种状态。除此之外，运用产品的制造成本数据的另一原因是，它可以用来对组织问题进行控制。如果本年每机器工时所负担的成本为30美元，明年升至35美元，则企业管理人员就应留心企业中发生的某种变化。通过了解制造费用的上升情况，管理人员将调查发生这种改变的原因，并有可能选用正确的措施。

本节复习思考题

Q2—12 为何说对机会成本进行估算的成本较高？

Q2—13 试对直接成本进行定义。

Q2—14 试对制造费用进行定义。制造费用是如何进行分摊的？

02—15 何谓期间成本？

E. 成本的估算

到现在为止，我们已介绍了有关机会成本的概念，以及机会成本如何随产品的变化而变化。所有这些内容都应被运用到实践中去。我们不论是根据会计记录还是其他方法，都必须对企业的成本数值进行估算。在本节中，我们将介绍两种进行成本估算的方法：账户归类法和动作与时间分析法。

1. 账户归类法（Account Clarification）

最简单、最常用的对固定成本和变动成本进行估算的方法是账户归类法。会计系统中的每个账户都被归入固定成本账户或变动成本账户。将所有变动成本账户余额的总数除以有关数量指标（如产量），则会得出每单位变动成本。同样，所有固定成本账户余额的总和即为固定成本总额的估计值。这一方法十分简便快捷，但并不是十分准确。这一方法的准确程度将取决于，对账户进行固定与变动分类的人员的知识水平和分类动机。

2. 动作与时间分析法（Motion and Time Studies）

在动作与时间分析法中，将由行业技术人员确定运用最优方法进行某项生产所花费的时间。动作分析将涉及对生产方法，如原材料选择、产品与生产过程设计、生产过程与顺序、工具的选用，以及每步骤活动的系统分析。除了估算某一具体活动所需的时间外，行业技术人员往往还重新设计产品和生产过程，以减少可能花费的生产时间。时间分析运用许多技术方法，以确定在一定的标准环境中完成某项活动所需的时间。工作抽样法（时间分析法的一种）以随机的方法抽取大量的样本，观察和统计员工履行各项工作花费的时间。使用这种方法可以为管理人员提供员工现在正如何分配其时间的情况，而不是员工可以多有效或应该如何使用其时间的资料。在此，并没有一个用于评价员工绩效的标杆，而是通过工作抽样法从某种程度上将企业现存的一些低效行为制度化（institutionalize）。由于需花费大量的时间，动作与时间分析法是一种成本高昂的方法。使用这一方法时，在实施分析的期间内，员工们倾向于低效生产以降低额度，导致很可能产生一些系统性偏误。

对一些标准的估算方法的讨论，为我们提供了有关成本信息获取方法的背景资料。本书与其他一些相关书籍广为讨论的问题，是如何运用一些必要的数据来解决相应的问题。然而，获取相关的成本资料，比取得成本资料进行决策要困难得多。除了上述成本数据的估算方法之外，会计记录是获取成本信息最主要的来源。本书第9章将进一步分析会计系统是如何产生产品成本信息的。

铁路部门创造了单位成本数据的计算方法

19世纪70年代，铁路部门的成本计算系统已十分先进与准确。运用这一系统，可以计算出将每一吨货物运出一英里的成本，即每吨英里的成本。这一计算首先要将有关会计记录分别计入4类不同的账户：不随交通数量的变化而变化的成本（管理支出）、随所选货物数量的变化而变化但不随运输距离长短变化的成本（站台支出与代理商支出）、随运行火车数量变化而变化的成本（司机、技师和燃料支出）以及投入资本的利息。这4类成本都将折算成单位承担比率。每一次货物运输的成本则根据所运货物的重量与运输的距离来计算。

这些成本数据使得高层管理人员能够对成本支出进行管理，同时可以对分管不同路段的管理人员的工作业绩进行评价。每吨英里成本的指标被用来考查下级的工作业绩。根据不同时间以及不同路段每吨英里成本的不同数据，管理层就可以对不同路段及其管理人员的业绩进行评价了。铁路部门创造上述成本系统的例子，是早期的同时也是十分先进的运用账户分类法对单位成本进行估算的例子。

资料来源：A. Chandler, *The Visible Hand* (Cambridge, MA: Harvard University Press, 1977), pp. 116 – 19.

本节复习思考题

Q2—16 试述何谓行为与时间分析法？这一方法的目标是什么？

F. 本章小结

本章强调了企业进行经营决策需要掌握有关的机会成本，或者说由于采用某项经营决策而放弃的其他选择方案的利润。机会成本只在特定的决策内容下和在确定可选择方案之后才能确定。机会成本在理论上并非企业经营决策所应选用的成本概念，而且对机会成本数值进行准确的估算十分困难，必须要对所有可能的其他决策进行仔细的分析，同时还要预测这些选择可能导致的结果。会计成本可以近似地代替机会成本，它既有用，也经济。但不论如何近似，会计成本也不是机会成本。机会成本具有前瞻性，在会计系统中往往没有与此相关的记录。

会计成本是用货币来计量某项活动所耗费的资源，它为机会成本的估算提供了必要的基础。会计成本同样也对企业员工和管理人员的行为有着十分重要的影响。如企业的会计系统可以提供企业本月生产沙发的成本和上月生产同样的沙发所花费的成本。企业的高层管理人员可以根据这些资料，评价沙发生产的经营业绩，并据以制定有效的激励机制，使负责沙发生产的人员更多地关注生产成本。假设本月生产沙发的会计成本为 208 美元，这一数值并非生产沙发的机会成本。但如果上月生产同类沙发的会计成本是 150 美元，那么我们可以知道在这两个月中企业的生产状况发生了某种改变，企业的高层管理人员应对此进行分析。本书的第 4 章详细讨论了组织内部的控制问题。

管理人员的一项重要决策是生产多少的问题，这时需要运用机会成本。在此类决策中，估算机会成本的方法之一，是假设总成本是线性的，亦即总成本由固定成本和单位变动成本两部分构成。线性成本还将有助于企业进行本量利分析。这类分析使得企业管理人员关注成本与利润如何随产量的变化而变化。然而，这类分析也需花费一定的成本，同时还必须先做出一些不现实的前提假设。例如，仅进行一个生产期间的分析，并假设企业生产一种产品，企业的成本和收益曲线均为直线等。

在考虑某项产品的成本时，我们首先应了解这一成本数据将被用于何种目的。如这一成本数据是为决策制定服务，则决策制定者就要列出所有可能的相关决策，并在这一基础上计算出进行决策所需的机会成本。如果这一成本数据要用于财务报告或纳税目的，则计算出的成本数据可能不尽一致。如果该数据要被用于控制公司中的行为，则很可能计算出的数据与前面两种都不一致。简言之，成本数据会因为目的不同而存在显著的差异。①

附录：成本与定价决策

管理人员需要做的重要决策包括如何对公司的产品或服务定价。很显然，在定价决策中，产品或服务的成本是一个关键的因素。本节附录将讨论管理人员如何利用成本信息进行定价。要考虑的情形包括以下两种：（1）企业是价格的接受者，不具有影响市场价格的力量；（2）企业具有影响市场价格的力量。

价格接受者

有些市场的竞争是十分激烈的，同一种产品有许多的供应商和买家，任何一位生产者或者顾客都不能影响市场的价格。例如，有许多的小麦农场主，没有任何一位农场主能够通过改变自己生产的小麦数量来影响市场上小麦的价格。在这种情况下，小麦农场主就是价格接受者，他们没有制定价格的能力。但是，他们确实在决定生产多少小麦时运用了小麦的成本信息。

即使企业已意识到价格是给定的，他们仍然需要决定如果要生产产品的话，应该如何定价。在这里，成本数据显得极其重要。假设小麦农场主每年的土地和机器设备的租金是220万美元，预计生产100万蒲式耳（1蒲式耳等于8加仑），变动成本为每蒲式耳小麦1.60美元。等到小麦丰收的时候，小麦的预期市场价格为3.90美元1蒲式耳，则小麦所创造的利润预期为10万美元（100万×（3.90－1.60）－2 20万）。若这些利润足够弥补农场主的时间成本和风险，则他会租赁土地和机器设备生产小麦。因此在这种情况下，在农场主决定租赁土地和机器设备前，他利用了成本的相关信息来判断是否生产小麦。

假设在小麦种植和变动成本发生之前，已经租赁了土地和机器设备，则小麦的预期市场价格是3.65美元1蒲式耳。考虑到固定成本已经发生了，农场主现在预期会损失15万美元（220万－100万×（3.65－1.60））。但是，这些租金是沉没成本，已经无法改变。虽然农场主还能获得205万美元的边际贡献，尚不足以弥补固定成本，但是他还是会种植小麦。因为如果不种植，所有固定成本220万美元都无法收回。如果他认为明年小麦的市场价格还是3.65美元1蒲式耳，那么他将不再租赁土地和机器设备。

综上所述，价格接受者主要利用成本信息来决定是否生产产品，而不是制定价格。在此生产决策中，尚未发生的固定成本是与此项决策有关的。一旦发生了，固定成本与此项决策就没有关系了。

市场力量

当生产者有影响市场价格的能力时，产品的定价情形会更加复杂。如果市场上没有能够威胁企业产品的替代品存在，则说明企业拥有市场支配力。这意味着，企业可以提高价格而不会失去顾客。举例来说，高露洁（Colgate）和佳洁士（Crest）虽然

① 我们在很久以前就已了解到，单一的成本概念是无法满足所有目标的需要的。J. 克拉克曾指出："我们对成本概念的理解是从一种一般的、普遍的角度开始的，我们对于成本概念的此类理解往往会让我们产生许多的困惑。我们无法选出或定义出某一成本概念使它能满足各种要求。事实上，也并不存在这样一种成本定义，成本的定义应随经营状况与所面对的问题的不同而有所改变。"

是直接的竞争者，但是许多顾客却不认为这两个牙膏品牌相互之间是替代品。因此，这两家公司都可以提高价格，而不会使他们的顾客流失，并投入对方的阵营。这不同于价格接受者的情形。如果小麦农场主想要以比市场价格更高的价格出售小麦，则没有顾客会愿意接受，因为他们可以以更低的价格买到相同的小麦。

当企业有影响市场的能力时，管理人员不仅要决定是否生产产品，还要考虑应该如何定价。以下的例子分析了管理人员如何利用成本信息进行产品定价。

假设一家生产网球拍的公司，拥有一项生产独特的、高性能的网球拍的专利。网球拍的销售数量取决于网球拍的销售价格。价格越低，销售数量越多；价格越高，销售数量越少。通过对竞争对手的高性能球拍的价格进行深入的研究，管理人员得出结论，即球拍的销售数量和销售价格之间的关系同表2—6所列示的关系。例如，如果每个球拍的定价为1 050美元，则销售数量仅为500只；如果销售价格下降到100美元，则销售数量为1万只。

表2—6　**在不同的价格水平下网球拍的销售价格和销售数量之间的关系**

销售价格	销售数量	销售价格	销售数量
$ 1 050	500	$ 550	5 500
1 000	1 000	500	6 000
950	1 500	450	6 500
900	2 000	400	7 000
850	2 500	350	7 500
800	3 000	300	8 000
750	3 500	250	8 500
700	4 000	200	9 000
650	4 500	150	9 500
600	5 000	100	10 000

球拍的成本包括每年的固定成本190万美元和每只球拍的变动成本100美元。固定成本包括所有固定的销售费用、生产费用、利息费用和管理费用，变动成本包括所有变动的生产成本和分销成本。因此，每年的总成本TC可以表示为：

$$TC = \$\ 1\ 900\ 000 + \$\ 100 \times Q \text{（}Q\text{ 是球拍的数量）}$$

从上面的线性成本方程可以看出，边际成本（最后一个球拍的成本）和变动成本都是100美元。

运用表2—6中的数据和总成本曲线图，管理人员可以制定出使网球拍利润最大化的价格。表2—7是具体的计算过程。

见表2—7，如果每只球拍的价格为1 050美元，则销售数量为500只，总收入为525 000美元（1 050美元×500），总成本为195万美元（190万美元+100美元×500），损失为1 425 000美元。通过计算所有其他销售价格和销售数量下的成本情况，我们可以得出当销售价格为每只600美元时，销售数量为5 000只，此时可获得最大利润60万美元，总成本为240万美元（190万美元+100美元×5 000）。注意到当收入最大时，利润并不是最大的。当销售价格和销售数量分别为550美元和5 500只时，销售收入最大，这时的销售价格低于利润最大化时的价格，而销售数量则高于利润最大化时的销售数量。

表 2—7　**利润最大化时的销售价格和销售数量之间的关系**

销售价格	销售数量	总收入	总成本	总利润（损失）
$ 1 050	500	$ 525 000	$ 1 950 000	$（1 425 000）
1 000	1 000	1 000 000	2 000 000	（1 000 000）
950	1 500	1 425 000	2 050 000	（625 000）
900	2 000	1 800 000	2 100 000	（300 000）
850	2 500	2 125 000	2 150 000	（25 000）
800	3 000	2 400 000	2 200 000	200 000
750	3 500	2 625 000	2 250 000	375 000
700	4 000	2 800 000	2 300 000	500 000
650	4 500	2 925 000	2 350 000	575 000
600	5 000	3 000 000	2 400 000	600 000
550	5 500	3 025 000	2 450 000	575 000
500	6 000	3 000 000	2 500 000	500 000
450	6 500	2 925 000	2 550 000	375 000
400	7 000	2 800 000	2 600 000	200 000
350	7 500	2 625 000	2 650 000	（25 000）
300	8 000	2 400 000	2 700 000	（300 000）
250	8 500	2 125 000	2 750 000	（625 000）
200	9 000	1 800 000	2 800 000	（1 000 000）
150	9 500	1 425 000	2 850 000	（1 425 000）
100	10 000	1 000 000	2 900 000	（1 900 000）

下面，我们进一步学习固定成本和变动成本是如何影响定价决策的。我们会分析两种价格变动的情形：固定成本增加和变动成本增加。

固定成本增加

表 2—8 反映了固定成本从 190 万美元增加到 240 万美元的情况。假设 240 万美元的固定成本还没有发生，则增加的 50 万美元会改变价格决策吗？

从表 2—8 中我们可以看到，固定成本的变动不会改变价格最大化的决策。管理人员依然制定销售价格为 600 美元，预期销售数量为 5 000 只。一般而言，固定成本不会影响价格决策，固定成本只能决定企业是否生产产品。如果利润最大化时产品的边际贡献不能弥补固定成本（并且固定成本还没有发生），则企业不应该投入生产。例如，如果固定成本增加到 255 万美元，利润最大化时的销售价格和销售数量还是 600 美元和 5 000 只，则此时企业将损失 5 万美元，故不应该生产球拍。

变动成本增加

现在我们分析一下变动成本是如何影响价格决策的。假设固定成本为 190 万美元，如果变动成本从每只球拍 100 美元上升到 200 美元，则利润最大化时的销售价格从600美元一只上升到650美元一只，而销售数量为4 500只而不是5 000只，具体参见表2—9。注意到所增加的100美元的变动成本中，只有50美元被转嫁到消费者身上，而销售数量和销售收入的下降程度大于成本的上升程度。

表2—7到2—9从经济学的角度说明了一个结论：只有变动成本（在线性的成本方程中，等于边际成本）才会影响企业的定价决策，而固定成本与企业的定价决策无关，它只决定企业是否应生产产品。在经济学中已证明了当边际成本等于边际收入时达到利润最大化。

表2—8　**当固定成本增加50万美元时，利润最大化时的销售价格和销售数量之间的关系**

销售价格	销售数量	总收入	总成本	总利润
$ 1 050	500	$ 525 000	$ 2 450 000	$ (1 925 000)
1 000	1 000	1 000 000	2 500 000	(1 500 000)
950	1 500	1 425 000	2 550 000	(1 125 000)
900	2 000	1 800 000	2 600 000	(800 000)
850	2 500	2 125 000	2 650 000	(525 000)
800	3 000	2 400 000	2 700 000	(300 000)
750	3 500	2 625 000	2 750 000	(125 000)
700	4 000	2 800 000	2 800 000	0
650	4 500	2 925 000	2 850 000	75 000
600	5 000	3 000 000	2 900 000	100 000
550	5 500	3 025 000	2 950 000	75 000
500	6 000	3 000 000	3 000 000	0
450	6 500	2 925 000	3 050 000	(125 000)
400	7 000	2 800 000	3 100 000	(300 000)
350	7 500	2 625 000	3 150 000	(525 000)
300	8 000	2 400 000	3 200 000	(800 000)
250	8 500	2 125 000	3 250 000	(1 125 000)
200	9 000	1 800 000	3 200 000	(1 500 000)
150	9 500	1 425 000	3 350 00	(1 925 000)
100	10 000	1 000 000	3 400 000	(2 400 000)

表2—9　**当每只球拍的变动成本增加100美元时，最大利润化时的销售价格和销售数量之间的关系**

销售价格	销售数量	总收入	总成本	总利润
$ 1 050	500	$ 525 000	$ 2 000 000	$ (1 475 000)
1 000	1 000	1 000 000	2 100 000	(1 100 000)
950	1 500	1 425 000	2 200 000	(775 000)
900	2 000	1 800 000	2 300 000	(500 000)
850	2 500	2 125 000	2 400 000	(275 000)

续表

销售价格	销售数量	总收入	总成本	总利润
800	3 000	2 400 000	2 500 000	(100 000)
750	3 500	2 625 000	2 600 000	25 000
700	4 000	2 800 000	2 700 000	100 000
650	4 500	2 925 000	2 800 000	125 000
600	5 000	3 000 000	2 900 000	100 000
550	5 500	3 025 000	3 000 000	25 000
500	6 000	3 000 000	3 100 000	(100 000)
450	6 500	2 925 000	3 200 000	(275 000)
400	7 000	2 800 000	3 300 000	(500 000)
350	7 500	2 625 000	3 400 000	(775 000)
300	8 000	2 400 000	3 500 000	(1 100 000)
250	8 500	2 125 000	3 600 000	(1 475 000)
200	9 000	1 800 000	3 700 000	(1 900 000)
150	9 500	1 425 000	3 800 000	(2 375 000)
100	10 000	1 000 000	3 900 000	(2 900 000)

成本加成定价法

企业中更常用的定价方法是成本加成定价法，其原理是按商品的成本加上若干百分比的加成（预期利润）来定价，即

销售价格 = 成本 + （加成率 × 成本）

为了求出销售价格，管理人员首先要求出单位商品成本：

单位商品成本 = 变动成本 + 固定成本/销售数量

使用网球拍的例子，假设生产5 000只球拍，管理人员将加成率定为25%，则销售价格为：

销售价格 = 480 + 25% ×480 = 600（美元）

在这个例子中，所计算的销售价格和表2—7中利润最大化时的价格是一样的。但是，我们是从利润最大化的数量和加成率开始的，因此我们要将利润最大化时的销售价格作为结束。

假设固定成本增加至200万美元，变动成本下降为80美元，管理人员还是预计能销售5 000只网球拍，则此时单位成本是480美元（80美元 + 200万美元/5 000）。如果管理人员还是将加成率定为25%，则销售价格将定为600美元。但是，这已经不再是利润最大时的销售价格了。变动成本已经下降，因此管理人员应将价格降至590美元，此时销售数量为5 100只。①

确定使利润最大化的销售价格只需考虑变动（边际）成本，以及顾客对销售价格的敏感性。然而，成本加成定价法忽略了这两个因素。成本加成定价法考虑了平均

① 为了得到这个新的价格产量组合，我们注意到在表2—6中，价格产量组合基于下面这个公式：价格 = 1 100 − 0.1 × 产量。这个等式可用于计算产量每变化100个球拍的价格产量组合。

总成本（包括固定成本和变动成本），却忽略了顾客对产品的需求，因为管理人员将加成率定为25%并不意味着顾客一定会在这个隐含的价格下购买这么多产品。

一直使用较差定价技术的公司会发现，其所创造的利润低于使用较好的定价技术的公司，甚至会被市场淘汰。如果说成本加成定价法有这么多缺陷，那为什么它还会被广泛运用呢？其中一个原因是，管理人员在确定加成率和计算销售数量的时候，已经考虑了市场的需求。如果管理人员认为竞争不激烈，销售量会很高，则加成率会定得比较高；相反，如果管理人员认为竞争很激烈，销售数量会受到影响，则加成率会定得比较低。

管理人员确定的加成率和销售数量，是建立在他们使用成本加成定价法时对现有市场力量的考量的基础之上的。以一个典型的杂货店使用成本加成定价法确定加成率为例。一个有经验的杂货店管理者会注意到“在定价时价格的敏感性是最主要的影响因素”。[①] 主要产品，如面包、汉堡包、牛奶和汤相对而言顾客对其价格较为敏感，并且其利润较低（加成率在10%以下）。利润较高的（加成率在50%以上）产品大多是顾客对其价格不太敏感的产品，如香料、季节性的新鲜水果和非处方药品。

本节复习思考题

Q2—17 固定成本对定价决策有何影响？

自测题

[自测题1]　Exclusive 台球公司

Exclusive 台球公司每月生产4到10张球桌。该公司实行的是40小时轮班制，每轮一次班可以生产7张球桌。如果要增加产量，工人们就要加班。加班就要支付更高的工时工资。该公司每个月最多可加班生产10张球桌。下表列示了每月生产4到10张球桌的总成本。

球台数量	总成本
4	$ 62 800
5	66 000
6	69 200
7	72 400
8	75 800
9	79 200
10	82 600

a. 计算生产4到10张球桌所需的平均成本。

b. 估算 Exclusive 公司每个月的固定成本。

c. 假设 Exclusive 公司每张球桌的售价为13 200美元，则要达到盈亏平衡需要生产多少张球桌？

① J. Pappas and M. Hirschey, *Managerial Economics*, 6th ed.（Chicago: Dryden Press, 1990）.

d. 假设 Exclusive 公司下个月有一张生产 8 张球桌的订单，且又接受了一张生产两张球桌的订单，则该公司后生产的两张球桌最低应该买多少钱？

解答：

a. 平均成本的计算情况见下表：

球台数量	总成本	变动成本	平均成本
4	$ 62 800	—	$ 15 700
5	66 000	$ 3 200	13 200
6	69 200	3 200	11 533
7	72 400	3 200	10 343
8	75 800	3 400	9 475
9	79 200	3 400	8 800
10	82 600	3 400	8 260

b. 因为 4 到 7 张球桌的变动成本都是 3 200 美元，所以可以假设最初的 4 张球桌的变动成本也是 3 200 美元，由此可以估算出固定成本是：

$$FC = TC - VC = 62\ 800 - 4 \times 3\ 200 = 50\ 000\text{（美元）}$$

c. 如果生产 7 张或少于 7 张球桌，则变动成本是 3 200 美元。当符合以下条件时可以达到盈亏平衡点：

$$(13\ 200 - 3\ 200) \times Q - 50\ 000 = 0$$

即 $Q = \frac{50\ 000}{10\ 000} = 5$（台）

d. 另外两张球桌的最低售价 $= 2 \times 3\ 400 = 6\ 800$（美元）。

［自测题 2］　桑德尔公司（Sandler）

桑德尔公司主要为各种产品生产线路板。在将产出的线路板运出以前，每一块线路板都将受到严格的测试，以确保其能满足客户的需要。桑德尔公司生产 6 400 块线路板，在测试中约有 10% 的线路板报废。剩下的 5 760 块线路板全部出售，总收入为 124 800 美元，目前材料费约为 42 000 美元。企业的管理人员可通过下述两种方法来购入较为昂贵的高质量原料以提高产品的合格率。其一，公司每月花费约 44 000 美元的材料费，相应的报废率约为 7%。其二，公司每月花费 54 000 美元的材料费，而废品率则仅为 1% 左右。公司能够售出所有合格的产品，公司的生产能力而非客户对产品的需求决定了公司每月所能售出的产品的总量。

分别对上述两种降低废品率的方法进行评价，并指出公司应采取哪一种方法？

解答：

首先，我们注意到每块线路板的售价是 21.67 美元（124 800 ÷ 5 760）。在当前的情况下，公司的废品率约为 10%，当前的边际收益为 82 800 美元，具体计算情况如下：

	当前情况（10% 的废品率）
线路板数	5 760
销售收入	$ 124 800
原材料成本	42 000
边际收益	$ 82 800

桑德尔公司目前售出 5 760 块线路板。在第一种方案下，以 7% 的废品率可以生产 5 952 块合格的线路板（6 400 × 93%）。在 1% 的废品率下，能生产 6 336 块（6 400 ×99%）合格的线路板。在 7% 和 1% 的废品率下，边际收益的计算情况如下：

	7% 的废品率	1% 的废品率
线路板数	5 952	6 336
销售收入	$ 128 960	$ 137 280
原材料成本	44 000	54 000
边际收益	$ 84 960	$ 83 280

根据利润最大化的原则，公司应该选择花费 44 000 美元购入原材料，相应的废品率为 7%。由于公司的废品率降为 7%，因此公司的边际收益将上涨到 84 960 美元。如将废品率降低到 1%，则公司的边际收益将高于在原有情况下的边际收益，但低于在废品率为 7% 时公司的边际收益。

[自测题 3]　法斯特加油站（Fast Oil Franchise）

Mike Hurst 在某购物中心的一家宠物店当经理助理，他每小时的工资为 10 美元。每周，Mike 可以尽情工作，但不得工作超过 72 个小时。Mike 的叔叔 Paul——纽约西部加油大王在遗嘱中，将位于杰夫逊大街（Jefferson Road）的法斯特加油站留给了 Mike。为了推广其加油站，法斯特公司承诺任意一家法斯特加油站都可以以 15 万美元的价格进行回售。如果考虑出售，没有其他公司会提出超过 15 万美元的价格来购入位于杰夫逊大街的加油站，因此 Mike 只需考虑该选择。

如果继续经营该加油站，则协议中规定，法斯特加油站每周必须保持 72 小时的营业时间。而且，加油站必须以 1 年为周期向母公司租用所有的设备，同时还必须从公司购入所用的油品等。与此同时，母公司还要求每一个加油站都应以设计的全部生产能力维持经营。并要求位于杰夫逊大街的加油站，经营时配备 2 个负责加油的技工和 1 个经理。

法斯特加油站只提供一种服务，即加油并为汽车加润滑剂，每提供一次服务收费 22.95 美元。每年，加油站设备的租金为 50 000 美元。从母公司购入的油品价格如下：油每夸脱 0.75 美元，过滤器每只 1 美元，润滑剂每 16 盎司 1 美元。每次提供加油和上润滑剂的服务要耗费 5 夸脱油、1 个过滤器和 4 盎司的润滑剂。每个从事加油工作的技工每小时的工资是 8 美元，经理的工资是 10 美元。平均下来，每次提供加油、上润滑剂的服务要耗费 1 个工时。

根据可靠的研究，任意加油站的顾客量只随通过该地点的汽车的数量的变化而变化。平均 1 723 辆路过的车中，有一辆会到法斯特接受加油和上润滑剂的服务。根据海里塔（Henrietta）商业部门的权威统计，在杰夫逊大街加油站的经营时间内，每周有 289 464 辆汽车以某一恒定的速度通过加油站。如果 Mike 继续经营这家加油站，则将作为经理他每周要工作 72 个小时。他唯一关心的是加油站的利润，因为他将专职经营加油站。如果他售出了加油站，则 Mike 将把获得的款项投资于 1 年期、利率为 7% 的债券。

假设不考虑税收问题，同时所有的现金流均是无风险现金流。设每年为 52 周，以1年为期对以下问题做出评价：

a. 每年，杰夫逊大街可提供多少服务？假设迈克继续经营加油站，如不考虑机会成本，则加油站提供服务的盈亏平衡点是多少？

b. 对 Mike 的两项选择进行区分。如果考虑机会成本，则 Mike 的加油站提供的服务的年盈亏均衡点是多少？

c. 不考虑机会成本，计算 Mike 的损益情况。在考虑机会成本的情况下，损益情况如何？Mike 应做出怎样的选择？

解答：

a. 根据题中所给的数据，每周有 289 464 辆汽车路过加油站，每 1 723 辆路过的汽车中有 1 辆会接受其服务。这样，每年加油站提供的服务为 8 736 次（289 464 ÷ 1 723 ×52)。对本题第二问进行解答，需要对加油站成本中的固定成分与变动成分加以区分。

加油站最为明显的固定成本是每年 50 000 美元的租金。同时，由于工人只要上班即需付酬，工人的数量又是经协商确定的，人工费用并不随提供服务的数量的变化而变化，人工费也是固定的，因此实现服务的时间只与设计经营能力有关（既然每周需要 216 个工时，每年有 52 周，同时每次服务平均花费 1 个工时，所以该加油站的设计经营能力为每年提供 11 232 次服务）。因为 Mike 自己将担任经理，所以只需支付两个加油技工的工资并将其作为人工费用（2 技工 ×8 美元/小时 × 72 小时/周 × 52 周/年 =59 904 美元/年）。

在此，唯一的变动成本是材料成本。每次提供服务的成本计算如下：

每次提供服务的变动成本

油品成本：	
$ 0.75/夸脱 ×5 夸脱	$ 3.75
润滑剂成本：	
$ 1/磅 ×4/16	0.25
过滤器	1.00
	$ 5.00

每次服务收取的价格为 22.95 美元。下面的表格给出了对盈亏平衡点的分析：

固定成本（每年）		
租金	$ 50 000	
技工费用	59 904	
总固定成本		$ 109 904
÷边际贡献（每单位）		
服务价格	$ 22.95	
变动成本	5.00	
单位边际贡献		$ 17.95
盈亏平衡点（服务量）		6 123

b. 机会成本是“由于做出一项选择而放弃了的其他方案可能带来的利润”。为了对某一项特定的决策的机会成本进行评估，首先要对该项决策存在的所有其他选择加

以考虑。Mike 面临以下两种选择：

· 放弃他现在的工作，担任加油站的经理，获取加油站的利润。

· 继续他现在的工作，将加油站回售给母公司，并将取得的款项投资于债券。

如果 Mike 继续经营加油站，他将放弃下述利润：

· 在宠物店工作的收入以及放弃的闲暇时光的价值——Mike 每小时的工资为 10 美元。因此，Mike 在加油站工作的机会成本是每年 37 440 美元（10 × 72 × 52）。

由于放弃了售出加油站并将所得款项投资于债券而发生的损失——按每年 7% 的利率计算，150 000 美元每年将产生 10 500 美元的收益。

继续经营此加油站总的机会成本为：

Mike 工作时间的机会成本	$ 37 440
售出加油站进一步投资的收益	10 500
	$ 47 940

这一机会成本应被视为一项固定成本，从而使盈亏平衡点（服务量）提高到 8 794次（（109 904 + 47 940）÷ 17.95）。

c. 如果不考虑 Mike 的机会成本，则每年经营的固定成本可以由 6 123 次服务弥补。加油站的“利润”，是由经营中所谓“额外”的服务的边际贡献创造的。对于 Mikc 而言，利润是 46 907 美元（（8 736 − 6 123）× 17.95）。由于 46 907 美元远远超过了 Mike 在宠物店工作的工资，因此 Mike 应继续经营这家加油站。然而，如果考虑到机会成本，对于 Mike 而言，将加油站回售给母公司将是更好的选择。由于机会成本是 47 940 美元，Mike 如继续经营加油站，会损失 1 033 美元。

上述分析忽略了 Mike 在做出最终的决策时还应考虑的一些额外的因素：

· 加油站经营可能的增长率是多少？

· 失去宠物店工作的可能性大小是多少？

· 技术和市场的变化，是否会导致加油站价值的下降？

· 这些选择面临风险的差异如何？

· Mike 本人是喜欢在宠物店打工，还是喜欢经营加油站的工作？

习　题

［习题 2—1］　达能工业（Darien Industries）

达能工业公司为其员工开设了一家咖啡店。经营该咖啡店每月的固定成本为 4 700 美元，变动成本是销售收入的 40%。现在，该咖啡店每月平均的销售收入为 12 000美元。

达能公司可以用咖啡自动贩售机来代替咖啡店。由于自动贩售机随时可用，因此咖啡自动贩售机的总销售额将超过咖啡店销售额的 40%。如果关闭咖啡店，以咖啡自动贩售机作为替代，则达能公司可收取总销售额的 16%，同时，不用支出任何成本。以贩售机替代咖啡店的决策将对公司每月的经营收入产生怎样的影响？

资料来源：《注册管理会计师》。

［习题 2—2］　负的机会成本

机会成本可以为负吗？请举出一个例子。

[习题 2—3]　**NPR**

全国公共广播电台（NPR）在其筹款活动中表示："无线电会员活动是最具成本效益的，为了制作出你们期望看到的节目，我们有必要进行资金筹集。" NPR 是无商业广告、由会员支持的电台，其大部分的运营资金都来自个人、企业和创办者的捐赠。每两年，电台会中断其定期节目，进行筹款认捐运动，听众会从这一运动中受到鼓舞，从而踊跃参与捐款。

客观地评价上文中所引述的内容。

[习题 2—4]　**丝柔润滑洗液（Silky Smooth Lotions）**

丝柔润滑洗液一共有 3 种不同容量的包装，分别是 4 盎司、8 盎司和 12 盎司。以下是关于各种洗液每箱的售价和变动成本的资料（单位：美元）：

每箱	4 盎司	8 盎司	12 盎司
售价	$ 36.00	$ 66.00	$ 72.00
变动成本	13.00	24.50	27.00

固定成本是 771 000 美元。目前的产量和销量情况为：2 000 箱 4 盎司一瓶的，4 000 箱 8 盎司一瓶的，1 000 箱 12 盎司一瓶的。通常这 3 种容量的洗液都是按照前面所列示的固定比例销售的。

要求：

如果要达到盈亏平衡点，公司要分别生产并销售多少箱 4 盎司、8 盎司和 12 盎司的洗液？假设这 3 种容量的洗液的销售数量成固定比例。

[习题 2—5]　**J. P. 马克斯百货公司（J. P. Max Department Stores）**

J. P. 马克斯是一家百货公司。公司的经理层正在考虑是否要以 72 美元每平方英尺每年的价格将部分经营面积租给一家珠宝公司。打算租出的是家用设备销售部（1 000平方英尺）或电视机部（1 200 平方英尺）。在扣除了每平方英尺 7 美元的费用后，家用设备销售部每年创造利润 64 000 美元，电视机部每年创造利润 82 000 美元。占用这些经营面积需分摊的固定成本包括财产税、抵押贷款利息、保险费以及百货公司的外部维修费用。

要求：

考虑所有的相关因素，公司应将哪个部门租出，为什么？

[习题 2—6]　**执行股票期权**

一家大型的会计师事务所报告了一项关于公司董事的补偿问题的调查结果，报告中说，"由于规模较小的公司往往有较高的增长率，因此股票期权为董事们提供了一个零成本对公司进行投资并获取收益的好机会。"

股票期权有以下的特性。假设公司的董事拥有 3 年期的股票期权，今天股票的价格是 10 美元。那么，在未来 3 年内的任何时点，这些董事都可以以 10 美元 1 股的价格购入公司的股票。如果明年股票的价格涨到 14 美元，则董事可以执行股票期权，以 10 美元的价格买入公司的股票，然后在市场上以 14 美元的价格售出，从而实现 4 美元的收益。

当公司为董事发行这些股票期权时，公司发生的成本是多少？

[习题 2—7]　比德威尔公司（Bidwell）

比德威尔公司的相关资料如下：

	固定成本	变动成本	
销售收入			$ 1 000 000
成本	固定成本	变动成本	
原材料	$ 0	$ 300 000	
直接人工	0	200 000	
生产成本	100 000	150 000	
销售与管理成本	110 000	50 000	
总成本	$ 210 000	$ 700 000	910 000
经营收入			$ 90 000

要求：

a. 根据上述资料，求出盈亏平衡点。

b. 假设比德威尔公司的所得税税率为 40 %，要令公司的税后利润达到 90 000 美元，公司应销售多少件产品？

c. 如果固定成本上升为 31 500 美元，同时其他的成本收益指标不变，试求盈亏平衡点。

资料来源：《注册管理会计师》。

[习题 2—8]　Vintage Cellars 公司

Vintage Cellars 公司生产一种可以容纳 1 000 瓶葡萄酒的窖藏系统，该系统可以为贮藏陈酿葡萄酒维持最佳的温度（55°F ~57°F）和湿度（50% ~80%）。这个系统还装有备用电池以防出现停电的状况，而且该系统还能为贮藏红葡萄酒和白葡萄酒控制不同的温度。下表列出了每月生产这种系统的平均成本与产销量之间的关系：

产量	平均成本
1	$ 12 000
2	10 000
3	8 600
4	7 700
5	7 100
6	7 100
7	7 350
8	7 850
9	8 600
10	9 600

要求：

a. 编制表格计算出各产量（从 1 到 10）下的总成本和边际成本。

b. 说明平均成本和边际成本之间的关系。

c. 如果该公司目前生产并销售 4 个单位的产品，那么多生产一个单位的产品，其机会成本是多少？

d. Vintage Cellars 公司产品的单位售价为 9 000 美元，并且该价格不随着销量的变化而变化。请问 Vintage Cellars 公司每个月必须生产并销售多少单位产品？

[习题 2—9]　桑尼布洛克杂货店（Sunnybrook Farms）

桑尼布洛克是一家只在周一至周六营业的当地杂货店。该店正在考虑是否要在周日正常营业。如在周日正常营业，则每年增加的成本将为 24 960 美元。桑尼布洛克杂货店的边际毛利率为 20%。同时，在周日的潜在销售中有 60% 是现在一周中其他日子的转移销售。试求，桑尼布洛克杂货店若要维持与当前一周 6 天营业时同样的经营收益，每天要达到的销售量是多少？

资料来源：《注册管理会计师》。

[习题 2—10]　Taylor Chemicals 公司

Taylor Chemicals 公司生产一种特殊的化学用品，每天生产的固定成本为 1 000 美元。下表列示了边际成本如何随着产出的变化而变化：

产量	边际成本
1	$ 500
2	400
3	325
4	275
5	325
6	400
7	500
8	625
9	775
10	950

要求：

a. 根据上述资料，绘制表格计算出产出水平从 1 到 10 的情况下的总成本和平均成本。

b. 产量水平为多少时，平均成本最低？

c. 在平均成本最低时，边际成本是否总与平均成本相等？为什么？

[习题 2—11]　艾姆里奇零配件处理公司（Emrich Processing）

艾姆里奇是一家小型的、传统的不锈钢零部件处理厂商。客户们会将全新的或是使用过的不锈钢零件送到艾姆里奇公司。在艾姆里奇公司，这些零件将在多种酸液池中加工处理，从而除去零件表面的瑕疵与氧化层。被送来处理的零件的用途十分广泛，有用于核反应堆的，有用于化学生产的或医用的。艾姆里奇公司则根据零件上需要除去的异质的种类，选择适当的酸洗液和处理过程。

这种化学清洗过程，需要十分熟练的技术人员来配制并使用那些具有危险性的酸。艾姆里奇公司的生产严格遵循环境保护协会（EPA）和职业安全与健康管理委员会（OSHA）的有关规定。当零件被适当的化学制剂清洗过以后，公司在原制剂中添加其他的化学药物，从而使这些溶液变得无害，并通过城市的下水管道将其排放出去。

在 5 月 12 日，艾姆里奇公司为 5 月 15 日的一项工作订购了一桶 50 加仑的专用的 GX-100 酸液。15 日的工作耗费了其中 25 加仑酸液。这 50 加仑的酸液总价值为 1 000 美元。与此同时，GX-100 酸液一旦开桶，如 30 天内不使用即会失效，必须废弃。由于艾姆里奇公司所使用的化学物质，如 GX-100 是十分危险的，因此公司的生产必须严格遵循排放这些物质的有关环保要求。公司设有专门的部门负责有害废品的排放。在公司订购 GX-100 酸液时，公司预计在 5 月到 6 月之间不会再接到其他的订货使用剩余的 25 加仑 GX-100 酸液。因此，公司将 1 000 美元 GX-100 的成本全部计入本次工作，同时还加上额外的 400 美元的按环保要求处理的 25 加仑 GX-100 的成本。

在 6 月 1 日，公司的一位客户要求公司提供一份要在 6 月 5 日完成的紧急工作的预算。该项工作将使用 25 加仑的 GX-100。艾姆里奇公司将拟写这份预算，那么公司在预算中应计入的 GX-100 的成本是多少呢？请仔细求出答案，并予以证明。

［习题 2—12］　原油价格

在 1990 年 8 月伊拉克入侵科威特以后，由于大家预期原油供应量会减少，因此世界原油价格达到 30 美元 1 加仑。相应的，石油公司也提高了其石油精加工产品的零售价格，即使这些产品是石油公司用以前购入的低价原油生产的。媒体指责石油公司利用不正当的手段牟取暴利对消费者进行价格欺诈，政府当局承诺立刻进行调查。

要求：

客观地估计石油公司由于伊拉克的入侵获取的利润。你对石油公司有何建议？

［习题 2—13］　潘纽利公司（Penury）

假设你作为刚刚进入波士顿咨询公司的一名咨询顾问，被派到潘纽利公司从事咨询工作。公司新近刚从国外引进一条生产流水线 L，正在考虑是否将其投入使用。这条生产线与其原有备用的旧生产线 K 一起被放置在一个新装修的厂房中。公司的管理当局对于购入的生产线 L 十分满意，认为更大的生产规模以及随之而来的成本降低，将使公司能够获取更大的利润。根据管理部门最乐观的估计，在当前市场价格下，在最大的市场需求的基础上，1 个月的生产计划如下：

	生产线 K		生产线 L		
	总额	每单位	总额	每单位	总额
销售收入	$ 120 000	$ 1.2	$ 80 000	$ 0.80	$ 200 000
变动费用	60 000	0.60	60 000	0.60	120 000
边际贡献	$ 60 000	$ 0.60	$ 20 000	$ 0.20	80 000
固定费用					50 000
净收益					$ 30 000

要求：

a. 在原来的生产中，只有生产线 K 投入生产，发生的固定费用为 40 000 美元。如果仅仅使用生产线 L，则发生的固定费用为 20 000 美元。试分别求出当两条生产线独立生产时，销售收入以及产量的盈亏平衡点。

b. 试解释为什么当两条生产线同时生产时，发生的固定费用之和小于两条生产线独立生产时发生的固定费用之和。

c. 假设每售出 1 件生产线 K 产出的产品，就同时也售出 1 件生产线 L 产出的产品，试分别求出两条生产线的销售收入与产量的盈亏平衡点。

资料来源：kenneth Gartrell.

［习题 2—14］　高校学费福利

以下是最近从《华尔街日报》摘录的一篇文章：

Joseph Mercurio 有两个孩子就读于波士顿大学，每年的学费是 21 970 美元。但是他并不担心这些费用，因为他的雇主会替他负担这些费用。

这些额外的津贴比最初的时候好很多，因为是免税的。他估计可以获得 80 000 美元的税前收入以支付孩子的学费。“这对于我来说是一笔可观的收入”，他说。

那么，他是如何获得这样一笔并不寻常的收入的呢？他是波士顿大学的执行副总裁，波士顿大学是数百所为员工的子女和配偶补贴教育费用的高校中的一所。

高校中长期都在争论，说其需要福利来留住有价值的应聘者和员工，否则这些应聘者和员工可能会被吸引到竞争机构或私营部门从事待遇更为优厚的工作。

宾夕法尼亚大学（the University of Pennsylvania）去年为送员工的孩子上宾夕法尼亚大学和其他大学一共花费了 700 万美元。对于斯坦福大学（Stanford University）来说，其学费从 4 年前的 350 万美元至少上升到 450 万美元。

有一些高校现在正在讨论削减福利的计划。

面对预期逐年下降 100 万美元联邦补助金的现状，凯斯西储大学（Case Western）最近将进入其学校的员工的孩子的学费比例，从 100% 减少到 50%。

资料来源：Steve Stecklow，“How Can You Beat High Cost of College? Become a Professor,” *The Wall Street Journal*, April 15, 1997, p. A1.

要求：

a. 客观评价这一陈述，“宾夕法尼亚大学去年为送员工的孩子上宾夕法尼亚大学和其他的大学一共花费了 700 万美元”。

b. 你认为凯斯西储大学减少员工孩子学费的决策是明智的吗？

［习题 2—15］　产量与利润

假设公司能全部售出已生产的产品，并且单位变动成本不随着产量的变化而变化，则总利润会随着产量的增加而增加，因为固定成本会随着产品数量的增加被进一步分摊。

要求：

a. 上述陈述对否？

b. 解释你在（a）中给出的答案。

［习题 2—16］　美国影院（American Cinema）

美国影院举办电影首映式。其每星期的费用包括 1 000 美元的固定费用，和每周一定比例的票房收益支出。最开始的两周有一部电影首映，电影院要支付给电影公司的费用包括每周 1 000 美元的固定成本，加上两周内票房收益的 90%。如果在第三、第四周继续播放这部电影，则电影院每周要支付 1 000 美元的固定费用，以及两周内票房收益的 80%。美国影院放映的所有电影的票价都是 6.5 美元，包括那些公映两周和公映四周的电影。

在电影公映前，美国影院要决定公映什么电影，每部电影公映多少周（只公映两周还是四周）。对于大多数电影来说，观众的热情程度在前两周比后两周要高。

美国影院现在有两部情况很相似的喜剧片。其中一部是 *Paris is for Lovers*，计划于10月1日公映。另外一部是*I Do*，计划于10月14日公映。美国影院已经决定租*Paris is for Lovers*，但是必须决定是公映4周还是只公映两周然后改成公映*I Do*。基于和电影相关的所有信息，如电影中的明星、制作成本、公映前的宣传，管理层预计在最开始的两周，观众对这两部电影的热情都是一样的，在第三和第四周的热情也是一样的（都低于前两周）。

要求：

a. 如果10月14日只公映一部电影*I Do*，则管理层应租电影*Paris is for Lovers*四周还是租两周然后换成*I Do*？换言之，如何制定关于租电影*Paris is for Lovers*两周还是四周的决策？美国影院的税率是0。要有具体的分析来证明你的意见。

b. 如果美国影院的税率是30%，则（a）中的答案有什么变化？

c. 美国影院还出售汽水、爆米花和糖果，平均放映每场电影在扣除人工费用和材料成本后能获得2美元的利润。这些特许权经营项目对（a）中的答案有何影响？

[习题2—17]　宏汽车配件公司（Home Auto Parts）

宏汽车配件公司是一家大型汽车配件零售商。它在销售各类汽车零配件的同时，还向愿意自己动手修理汽车的人提供各类工具。该公司设置了三个主要展示区：前门、结账台和走廊的末端。这些展示区能够容纳绝大多数客户，同时还拥有十分引人注目的陈列着其商品的柜台。每个展示区都是周一时设立的，并维持一周。下周，将在专门展示区中展示下述三类产品：Texcan油、挡风玻璃的雨擦和地毯垫。在下表中，将给出在下周进行促销的三个展示区的有关信息：

下周展示计划

	走廊末端	前门	结账台
产品	Texcan油	雨擦	地毯垫
售价	69美分/罐	9.99美元/个	22.99美元/块
每周预计销售量	5 000罐	200个	70块
单位成本	62美分	7.99美元	17.49美元

根据以往的经验，管理人员发现，事实上在展示区购物的顾客属冲动型购物的顾客，其往往会因被此类展示区吸引而购入所展示的产品。在公司部门制定了上表，但尚未布置三个展示区时，阿玛迪奥（Armadillo）汽车蜡的销售人员到店拜访。该销售人员告知该公司，希望其产品能在三个展区中的一个进行展示，并打算以2.50美元的单位价格提供产品。如果以2.90美元的零售价进行销售，则管理人员预计若对汽车蜡进行专门的展示，一周将售出800单位产品。

要求：

a. 如果宏汽车配件公司尚未为下周的促销购入任何商品，试问管理人员是否应接受阿玛迪奥汽车蜡作为下周三项专门促销的产品之一？如果接受，试问汽车蜡将替代何种产品进行展示？

b. 在通常的情况下，产品生产商要向零售商提供一定数量的免费产品，用以摆放货架或进行促销展示。如果阿玛迪奥公司的销售人员答应，该公司的产品得以展示，则其将提供50单位的免费产品，试问在这样的情况下，你对（a）题的回答是否会有所不同？

[习题2—18]　米瑟公司（Measer Enterprises）

米瑟公司是生产标准电话键盘的厂家。它面对着一个高度竞争的市场，其产品的单位售价为4.50美元。由于生产技术的限制，米瑟公司每月的产量只能介于10 000~13 000件之间，并以1 000件为变动单位。米瑟公司的成本结构见下表：

产品与成本数据

	产量			
	10 000	11 000	12 000	13 000
制造费用（变动）	$ 37 000	$ 40 800	$ 44 600	$ 48 400
制造费用（固定）	9 000	9 000	9 000	9 000
销售费用（变动）	6 000	6 600	7 400	8 200
管理费用（固定）	6 000	6 000	6 000	6 000
总计	$ 58 000	$ 62 400	$ 67 000	$ 71 600
平均单位成本	$ 5.80	$ 5.67	$ 5.58	$ 5.51

要求：

公司应选择多大的产量，为什么？

[习题2—19]　购买混合型汽车

随着汽油价格涨到一加仑3美元，消费者越来越倾向于购买混合型汽车（将汽油和电力相结合作为动力）。这种混合型汽车每耗用一加仑汽油可以行驶50公里。租入一辆混合型汽车3年，每个月需要支付租金499美元；而租用一辆普通的、等价的传统汽车，每个月需支付租金399美元，且传统汽车每耗用一加仑汽油只能行驶25公里。租赁这两种汽车时，都要一次性支付1 500美元用于缴纳税款、牌照费以及支付给经销商的佣金。除此之外，两种汽车的租赁条款的内容都相同，包括残值、最高行驶公里数等规定。

要求：

a. 计算消费者1年必须行驶多少公里，才能使租入混合型汽车比租入传统汽车更划算？

b. 假如汽油的价格是4美元一加仑，则（a）题中的答案会有何不同？

[习题2—20]　迅捷照相图片公司（Fast Photo）

迅捷照相图片公司在纽约的北部经营4家图片冲印社。这4家冲印社是连锁经营的，它们运用同样的产品技术，用同样的药水冲印胶卷，以同样的价格从同一厂家购入原材料。在这4家冲印社中，工资水平也是一致的。在对9月的有关经营成果进行回顾分析时，公司新上任的总裁助理Matt Paige对下述数据感到十分困惑：

	A 冲印社	B 冲印社	C 冲印社	D 冲印社
冲印的胶卷数量	50 000	55 000	60 000	65 000
收入（以千美元计）	$ 500	$ 550	$ 600	$ 650
减：				
变动成本	(195)	(242)	(298)	(352)
固定成本	(300)	(300)	(300)	(300)
利润（损失）	$ 5	$ 8	$ 2	$ (2)

根据进一步的分析，马特发现每家冲印社的固定费用是 300 000 美元。马特根据他以前在管理会计课上学到的知识，知道随着产量的上升，每件产品的平均固定成本将会有所下降。由于 D 冲印社平均的固定成本远低于 A 冲印社与 B 冲印社，因此马特以为 D 冲印社的获利能力更强。但是事实并非如此，实际的结果恰好与此相反。请写出一个简洁但明确的备忘录以解答马特的困惑。

[习题 2—21]　麦德威（MedView）

麦德威的产品销售说明书中这样写道："假设每次检查收费 475 美元，则每月只需进行 45 次检查即可支付每月 18 000 美元的租金。"

麦德威是一种新型的射线成像系统，每月的租金为 18 000 美元。每次检查的费用包括为患者注射一支药品的价格，以及将 X 光底片冲印出来所需的费用。

要求：

a. 在上述计算中，认为每月进行 45 次检查即可支付租金。这一计算是在假定每次检查的变动成本金额为多少的基础上做出的？

b. 麦德威的产品销售说明书，是否已经将整个财务状况反映清楚了？其中省略了哪些情况？

[习题 2—22]　制造成本分类

一家公司生产 DVD 播放器，发生了一系列不同的成本。判断各成本是产品成本还是期间成本，并填入相应的栏里。另外，将产品成本分为直接材料、直接人工和制造费用。

	期间成本	产品成本	直接人工	直接材料	制造费用
广告费用					
营销部电脑的折旧					
总部的火灾保险费					
工厂的火灾保险费					
制造 DVD 的皮革					
电机驱动（外购）					
装配工人的加班费					
厂房维修部					
工厂的保安					

续表

	期间成本	产品成本	直接人工	直接材料	制造费用
制造 DVD 的塑料					
总部的财产税					
公关部人员的工资					
企业控制人员的工资					
质量控制工程师的工资					
流水线工人的工资					
产品仓库工人的工资					

[习题 2—23]　澳洲船运

在 19 世纪 80 年代，澳大利亚是英国的殖民地，其大部分贸易都是和英国进行的。澳大利亚主要出口的是小麦等农产品，进口的是制造品，如钢铁、机械和纺织品。在澳大利亚，以英镑衡量的贸易总量在一定程度上反映为出口大致等于进口（由于澳大利亚有净投资，因此进口较大）。但是，若以立方尺（体积）计算，航运出口到英国的货物多于进口。因为 1 英镑的小麦比 1 英镑的制造品占用更大的空间，所以存在航运的不平衡。由于没有制造品运回，大量的船将农产品运到英国后要空船返回澳大利亚。

大帆动力的船舶需要大量压舱物（重量）压在船舶中，以保证船舶的正常航行，尤其是在风大浪急的海面。在空船离开英国前，人们主要在当地的矿场购买石头作为压舱物。然而，一旦到了澳大利亚，这些石头就没有了使用价值，但还是要将它们运离海港。

以下是一艘托运着澳大利亚货物的船舶的具体情况，它正从澳大利亚驶向英国。

1. 该船舶签订了一份合同，将驶向澳大利亚并运回澳大利亚的小麦，但是没有预定的货物要从伦敦运往悉尼。

2. 小麦航运合同中规定，往返一趟一共要支付船长和船员 4 900 英镑。小麦卖方将在悉尼安排并支付 250 英镑给装运小麦的澳大利亚码头工人，而买方将在伦敦安排并支付一定的酬劳给卸下小麦的码头工人。船舶的船员不参与装卸货物。

3. 从伦敦驶往澳大利亚，船舶需要 10 吨的压舱物。

4. 在英国购买石头并运到码头，再搬运到船上作为压舱物，平均每吨石头要花费 40 英镑。到了悉尼，平均每吨石头要花费 15 英镑请人将其从船上卸下并运离海港。

5. 10 英寸长的锻铁条也可以用作压舱物，在英国可以以 1. 2 英镑每条的价格购入。每条铁条重 20 磅。铁条在悉尼可以卖 0. 9 英镑每条。装运铁条的成本是每吨 15 英镑，而卸载铁条并运往悉尼市场的成本是每吨 10 英镑。

要求：

a. 写张备忘录给该船的船长，告诉他应该选择石头还是铁条作为压舱物。假定利率为 0，所有的价格和数量都是已知的。

b. 你为什么认为铁条在悉尼的价格低于在伦敦的价格？

［习题 2—24］　爱将 3（iGen3）

施乐爱将 3（DC iGen3）是一款高产量且能满足高需求的全彩色打印机，每小时能打印 6 000 页。它重约 3 吨，长约 30 英尺，并能装多于 40 磅的干油墨。其主要使用者是制作邮购目录的打印店（如 L. L. Bean）。施乐公司提供两种租赁爱将 3 的方案。方案 A 是每月租金为 10 000 美元，加上每页 0. 01 美元的费用，租期为 3 年。方案 B 是（租期也是 3 年）不收取每月的租金，但是每页收取 0. 03 美元的费用。

ColorGrafix 是一家彩色打印店，店主打算租一台施乐爱将 3 以制作邮购目录。除了租赁施乐爱将 3 之外，ColorGrafix 估计还要为爱将 3 购买相应的墨水，支付每页 0. 02 美元的费用，并每月花费 5 000 美元聘用一个经营商来制作彩色邮购目录。该店预计每页彩色邮购目录的价格为 0. 08 美元（注：彩色邮购目录制作所需要的纸张原料由顾客提供）。

要求：

a. 如果 ColorGrafix 租用爱将 3，并选择方案 A，则要达到盈亏平衡点该公司每月需要打印多少页？

b. 如果 ColorGrafix 租用爱将 3，并选择方案 B，则要达到盈亏平衡点又需要每月打印多少页？

c. ColorGrafix 应该选择方案 A 还是方案 B？为什么？

d. ColorGrafix 是一家刚成立的公司（只有 3 年），并且欠下一大笔用于启动公司的债务。但是，自公司成立以来，股东并不认为应该撤回公司的资金，除了他们应得的工资。你会建议公司选择哪种租赁方案？为什么？

［习题 2—25］　Adapt，Inc.

假设你在 Adapt 公司的战略部工作，Adapt 公司是一个设计和生产数码相机记忆卡的公司。你的任务是收集公司的竞争对手 DigMem 的相关情报，DigMem 是一家私人控股公司。你的老板要求你预计 DigiMem 的固定成本。业内人士（如行业协会）提供了以下关于 Digemem 公司的资料：

DigMem	上一会计年度
收入（百万美元）	$ 6. 200
税后净利润（百万美元）	$ 1. 700
所得税税率	40%
经营边际利润*	70%

* 收入减去变动成本再除以收入。

要求：

a. 用前面的数据，估算 DigiMem 每年的固定成本。

b. 你的老板为什么会对 DigiMem 的固定成本感兴趣？

［习题 2—26］　Exotic Roses

由 Margarita Rameriz 经营的 Exotic Roses 公司为当地的花圃提供各式珍贵的玫瑰花，并将 Rameriz 的玫瑰花卖给最终的消费者（园林设计师和零售消费者）。Rameriz 种植这些由她精心培育的玫瑰花，这些玫瑰花有着独到之处（颜色、大小、品种以及抗病性）。人们对 Margarita 的玫瑰花有着很大的市场需求，这通过她卖给当地花圃的零售价——一盆 15 美元，可以看出。Exotic Roses 公司的成本结构（每盆花的变动成本）如下：

	固定成本（每年）	变动成本
花卉材料		$ 0.50
花盆		0.30
人工	$ 8 000	0.70
水电	9 000	
租金	7 500	
其他	2 500	

要求：

a. Exotic Roses 公司每年必须销售多少盆玫瑰花才能达到盈亏平衡？

b. 假如 Rameriz 想要达到每年 10 000 美元的税前利润，则她必须卖出多少盆玫瑰花？

c. 假如 Rameriz 想要达到每年 10 000 美元的税后利润，则她必须卖出多少盆玫瑰花？假定所得税税率为 35%。

[习题 2—27]　Oppenheimer Visuals

Oppenheiner Visuals 公司生产顶尖水平的平面等离子屏幕，许多大型的计算机公司，如 Dell 和 Gateway，用其产品组装计算机的显示器。Oppenheiner 只生产显示板，不生产构成完整产品所需的其他电子配件。该公司目前正在考虑推出一款新产品，该产品使用具有单一显微镜开槽的 TN 极化玻璃。现在有两种技术可以用于生产。运用第一种技术，每天生产的固定成本为 34 000 美元，每块显示板的变动成本为 200 美元。运用第二种技术每天的固定成本为 16 000 美元，每块显示板的变动成本为 400 美元。这两项技术的固定成本里面都包含了 3 年期的租入生产设备的租金。而且，这两种技术同样可靠，生产出来的产品质量也基本相同。唯一不同的地方在于，它们的成本结构不同。

由于 Oppenheiner 拥有一项关于生产新的 YN 极化玻璃平面显示器技术的专利，因此该公司拥有一定的市场实力，并期望把产品卖给计算机公司（基于下述需求计划）：

单位价格	产量（每天）
$ 760	60
740	65
720	70
700	75
680	80
660	85
640	90
620	95
600	100
580	105
560	110

也就是说，如果 Oppenheiner 对单位产品的定价为 760 美元，则预计一天能卖出 60 件产品。如果定价为 560 美元，则每天估计能卖出 110 件产品。

要求：

a. 为了最大化公司价值，Oppenheiner Visuals 应该选择技术 1 还是技术 2 来生产新的平面显示器？

b. 基于你在（a）题中做出的选择，Oppenheiner 应如何对新产品定价？

c. 利用 Oppenheiner Visuals 公司的例子，解释何谓“从长期来看，所有成本都是变动的”。

[习题 2—28]　东部大学停车场（Eastern University Parking）

东部大学现在停车位不足，开始收取停车费。学校的教职员工如需在附近停车（如在商学院后）则每年需支付 180 美元。若在从商学院步行 10 分钟可到达的学校外南、北两个停车场 Z 区和 B 区停车，则每年需支付 124 美元。学校试图通过设定这样的价格来弥补停车场的成本支出，同时也将想要在校园内停车的人分流出去。当前收取的 180 美元与 124 美元的停车费用弥补了占地的成本。在 B 区和 Z 区，由于离校较远，需步行，同时也为了鼓励人们将车停在校外，因此收费较低。学校有关官员介绍说，将现行的收费与每种停车场的车位相乘所得数额，能够支付这些停车场的运行成本，同时还能用于兴建其他的停车场。

提供停车场所需的成本包括建设停车场及维护与雇用保安的成本。其中，建设成本是每年用于建坡、排水和铺设柏油道路的成本。维护成本则包括铲雪、划线、修复被愤怒地寻找停车位的教职员工撞坏的门把以及修补柏油路面的费用。保安成本则主要包括为非法停车的员工及学生开罚单的停车场管理人员的工资成本。

学校最近正在考虑建设一个室内多层停车场。根据设计，每个室内场地的建设成本为 12 000 美元。相应的露天停车场的建设费则为 900 美元。学校以 10% 的利率借入资本（假设 10% 是一个适当的利率）。为了弥补学校用于修建停车场所花费的资金，每个车位每年的收费要达到 1 200 美元，而非露天停车场的每年 90 美元。由于学校认为没有教职员工或学生会愿意每年花费 1 200 美元用于停车，因此没有采纳该项修建停车场的计划。

要求：

仔细计算东部大学获得停车许可权所需支出的成本。你认为是什么原因导致校方不愿建设多层的停车场？

[习题 2—29]　威廉公司（William Company）

威廉公司拥有并经营着数家遍及全国的连锁电影院。威廉公司拥有的这 500 家电影院从小型的小镇上的单荧幕电影院，到大城市的大中型多荧幕的电影院，种类繁多。

管理层正在考虑是否应在这些影院安装能够加工爆米花的机器。若安装这些机器将使得电影院可以出售新鲜的爆米花，而不再需要从市场上购买事先炸好的一袋袋的爆米花。另外，公司将对这一设施进行宣传，以期提高电影院的上座率。

根据机器大小的不同，每年的租金成本和营运成本也不相同。有关该种机器的生产能力及成本的资料如下：

	经济型	标准型	豪华型
每年生产量（盒）	50 000	120 000	300 000
成本			
每年的租金	$ 8 000	$ 11 000	$ 20 000
每盒爆米花的成本	13 ¢	13 ¢	13 ¢
每盒爆米花的其他成本	22 ¢	14 ¢	5 ¢
每个盒子的成本	8 ¢	8 ¢	8 ¢

要求：

a. 试计算经济型和标准型爆米花机生产多少盒爆米花时能达到同样的损益？

b. 管理部门能够估算出每家电影院售出的爆米花的盒数。试找出一条决策原则，使得威廉公司的管理部门在不必分别计算各个电影院的成本的前提下选出最具获利能力的机器。

c. 公司的管理部门是否能够根据电影院每张席位平均售出的爆米花的盒数，以及每个电影院的容量就整个连锁网络制定这条决策原则呢？试解释你的答案。

资料来源：摘自《注册管理会计师》。

［习题 2—30］　马斯休西柜台公司（Mastich Counters）

马斯休西柜台公司生产一种专门用于装配厨房柜台的材料。这是一种经久耐用、高档昂贵的材料，适用于家庭的豪华装饰。鉴于其生产过程十分复杂，需要有高级技工、监工以及工程师。马斯休西公司雇用 450 名员工来从事这一生产，其中绝大多数生产工人接受过多种训练，能胜任多种生产任务。

公司的休假政策规定，工人每工作一周可享受 3 小时的带薪休假。一名员工如工作 52 周可积累 156 小时或 3. 9 周（156 ÷40）的带薪假期。在过去，马斯休西公司允许其职员无限制地积累其休假时间。有一些长期在此工作的员工甚至已积累了 6 个月的假期。如此时他们从公司退休，公司还需继续支付其 6 个月的工资。

管理部门以为，如果允许员工无限制地积累假期，那么在员工离开公司时，公司的花费会很高。公司不仅需向该退休员工支付费用，还要向他的接替者支付费用。为了解决这一问题，管理部门决定采用一种新的休假政策，即员工不能积累超过 156 小时的假期。如果一名员工的积累假期超过了 156 小时，则超出部分就不再计入其账下。与此同时，公司还规定，对于那些原有账户中累计休假时间超过 156 小时的员工，公司将允许其在两年内休假，以将累计休假时间降到 156 小时以下。在这两年的适应期以后，公司的“要么享受，要么放弃”的休假政策将被强制执行。

由于很多员工对新推行的“要么享受，要么放弃”的休假政策心存抱怨，因此在两年的适应期后，人事部门组织了一个专门小组以对该项政策做出评价。

·经理 A：“在某些情况下，这一政策是十分有利的。我们有一些在高强度职位上持续工作的人几乎快要累垮了。他们从未充分享受公司提供的休假。有一名女员工利用整整 6 个月的时间在每周的周五进行休息，才用掉了她多余的休假时间。这样，在她每周工作的其他四天，她简直像换了一个人似的，精神焕发，充满活力而且干劲十足。”

·经理 B："是啊，你说得可能很对。但是这一项新政策，尤其是在过渡时期，对我这个部门而言简直是场灾难。在那些时候，尤其是接近周末或节假日时，我们部门中有 30% 的人在休假。你认为这将对我们的生产计划以及质量检测有什么样的影响呢？"

·经理 C："我已经查过有关资料，发现极少会有员工放弃他们积累的假期。在过渡时期结束以后的 1 年中，只有不到 1% 的休假时间是由于员工放弃而取消的。"

要求：

评价这项限制累积假期不超过 156 小时的新政策的成本与收益。

[习题 2—31]　验光检查（Optometry Practice）

请你对下述有关扩大验光检查的方法以及获利能力进行评价。验光法是通过对眼睛进行检查，找出适当的镜片（眼镜片或隐形镜片），同时销售适合的镜片的过程。一种扩展验光实践的方法是租入一台新的验光机。验光机每年成本（包括工资、利润及个人所得税）总计 63 000 美元。估计运用此机器每小时可进行两例检查，每次检查平均收费为 45 美元。这架新的验光机每年能工作 48 周，每周工作 40 小时。然而，由于时间冲突、预约的病人未能如约前来、培训以及其他原因，这架验光机并不能 100% 地利用其能力进行检查并收取费用。

根据以前的经验，每次的眼部检查都会导致额外的产品销售。每进行一次眼部检查可能售出净利润（销售收入减销售成本）为 90 美元的眼镜或是净利润（不包括检查费）为 65 美元的隐形眼镜。平均而言，在进行了 60% 的检查后会售出一副眼镜，20% 的检查后会售出一副隐形眼镜，此外 20% 的检查并不导致进一步的销售。

除了支付给验光师的工资以外，使用新的验光机需花费的额外成本有：

占用办公室的成本	1 200 美元/年
租用设备租金	330 美元/年
办公人员费用	23 000 美元/年

要求：

试计算新的验光机需在其工作时达到百分之多少的利用率，才能完全弥补由于运用这一新验光机而新增的所有成本？

[习题 2—32]　JLE 电子公司

JLE 电子公司是一个独立的、生产复杂的印刷电路板并进行组装的制造商。许多电脑公司和其他的电子公司都请 JLE 电子公司为它们组装电路板。通过利用计算机来控制生产和测试机器设备，JLE 电子公司提供运用表面贴装（SMT）和针孔（PTH）的互连技术。顾客通常先购买组件，然后再按电路板块数支付 JLE 组装费。

JLE 拥有一条全新的全国最先进的电路板组装线。这条组装线在每 3 周（21 天）的生产期内，每天能运行 20 个小时，一周工作 7 天。在未来的 3 个星期内，已经有 4 个顾客要求用这条组装线为他们组装电路板。下表列示了需要的电路板的数量、JLE 收取的每块电路板的价格、JLE 的每个电路板的变动成本和固定成本。每个电路板的固定费用是由财产税、火灾保险费和会计折旧等分配得来的。

	顾客			
	A	B	C	D
需要电路板的数量	2 500	2 300	1 800	1 400
售价	$ 38	$ 42	$ 45	$ 50
单位变动成本*	23	25	27	30
单位固定成本	9	10	10	15
单位工时	3	4	5	6

*以机器工时和直接人工成本为基础进行分配。

我们提出几个假设：

·这4个顾客的订单只能由JLE电子公司这条新的组装线来完成。

·如果JLE电子公司拒绝这4个顾客中任何一个订单，都不会影响该顾客以后的订单。

·转入下一张订单进行生产时没有调整和停机的时间。

·顾客所需要的电路板最多为以上所说的数量。例如，顾客A预定在未来的21天中组装2 500个电路板，但是可能只接受比这少的电路板。

·这4个顾客已全部包含了在未来21天内采用这一新的组装线的潜在客户。

要求：

公司应该接受哪个顾客的订单？请完成下表。

	顾客			
	A	B	C	D
未来21天需要的电路板的数量	2 500	2 300	1 800	1 400
未来21天内计划要生产的电路板数量	?	?	?	?

[习题2—33]　新闻网（News. com)

新闻网是一个为使用者提供国内外新闻故事的网站。新闻网没有向网站的用户收取任何的费用，但是向广告商收取点击一次0.05美元的广告费用。用户登陆该网站一次，即会“点击一次”。

新闻网现在有两个可以选择的互联网供应商——网通（NetCom）和美国全球通（Globalink)，可以将新闻网的电脑系统连接到万维网。这两家公司在使用户连接到网络的读取速度和允许容纳的最大用户数量方面是一样的。两个供应商都是可靠的。网通向新闻网提出要收取每月3 000美元，以及点击一次0.01美元的费用。而美国全球通则提出每月收取2 000美元，以及0.02美元点击一次的费用。假设新闻网的成本只包括互联网供应商收取的费用。

要求：

a. 如果新闻网选择网通，则为达到盈亏平衡，网站的点击率要达到多少次？

b. 如果新闻网选择美国全球通，则要达到盈亏平衡，网站的点击率要达到多少次？

c. 你会建议新闻网选择哪个互联网供应商？为什么？

d. 如果经济持续低迷，则新闻网预计网站的需求（以点击率计算）为每月50 000 次;如果经济蓬勃发展，则预计点击率为 150 000 次，两者出现的概率是一样的。新闻网应该选择哪个供应商？为什么？

［习题 2—34］ Kinsley & Sons

在高度竞争的高档男士商务休闲服装市场中，Kinsley & Sons 是一家大型的、成功的、直接邮寄目录的公司。销售额为 1. 85 亿美元，盈利为 0. 13 亿美元。大多数销售都是顾客收到 Kinsley 的目录后，通过拨打免费电话（1-800）达成的。剩下的销售则是顾客通过登录公司的网站 *www. kingsley&sons. com* 直接达成的。Kinsley 的组织分为 4 个部门：采购部、目录销售部、网上销售部和分销部。目录销售和互联网销售的售价和利润都是一样的。

网上销售部正在考虑一个主要的广告及市场推广活动，以实现更多的网上销售量。Kinsley 的主要顾客是介于 25 ~ 45 岁之间的富有的职业男性，他们都是网购的积极推动者。网上销售部预计这个广告会增加 0. 56 亿美元的销售额和 400 万美元的利润（不包括广告的成本）。每年，活动的广告费用和市场调查成本是 280 万美元。该活动也会对通过拨打 1-800 免费电话进行订购的目录销售，并会有一个良好的溢出效应，因为网上销售会迅速推动目录销售的增加。由网上销售导致的增加的目录销售的利润预计为 60 万美元。

在审查方案的过程中，管理层预测网上销售增加的利润有一半是以牺牲目录销售为代价的，即网上销售增加的 0. 28 亿美元的销售额和 200 万美元的利润是因为销售原目录而获得的。假设以上所有的数据都经过精确客观的估计。

要求：

a. Kinsley 是否应该为网上销售增加这一项广告和市场推广活动？用数据来支持你的结论。

b. 在（a）的建议中，哪个假设是最重要的？

［习题 2—35］ 利特尔顿影像（Littleton Imaging）

纳古医生（Dr. Na Gu）打算开一家提供 CAT 扫描的医学放射扫描店。她可以以每月 1 200 美元的价格租入一台 CAT 扫描仪，并且每扫描一张图还要交 45 美元。除了每张扫描图要交 45 美元外，纳古医生还要自己买底片，每张需花费 55 美元。她打算每张收取 250 美元。纳古医生已经找到了一间合适的办公室，每月租金为 1 400 美元。请了一位接待员，每月薪水为 2 400 美元，还请了两名放射技术人员，每月薪水均为 3 200 美元。办公室的家具、电话和机器设备每月的成本为 600 美元。她预计自己每月的工资为 15 000 美元。

要求：

a. 为达到盈亏平衡，利特尔顿影像店每月需扫描多少张图？

b. 为获得 5 000 美元的税后利润，利特尔顿影像店每月需要扫描多少张图？假设税率为 40%。

c. 纳古医生预计每月能扫描 200 张图，为达到盈亏平衡，每张图应该收取多少钱？

[习题 2—36]　肯迪斯公司（Candice company）

肯迪斯公司打算推出一种新产品，该产品能用两种方法生产，不同的生产方法不会影响产品的质量。使用两种方法预计所需的生产成本如下：

	方法 A	方法 B
原材料	$ 5.00	$ 5.60
直接人工	6.00	7.20
变动制造费用	3.00	4.80
每年可归集的累计固定制造成本	$ 2 440 000	$ 1 320 000

肯迪斯公司的市场研究部门建议产品的单位售价为 30 美元，累计的销售费用为每年 500 000 美元。同时，无论使用哪种方法，每销售一件产品还需加上每件 2 美元的销售费用。

要求：

a. 试求肯尼迪公司如运用：

（i）A 生产方法时，该产品的盈亏平衡点。

（ii）B 生产方法时，该产品的盈亏平衡点（以年销量来表示结果）。

b. 公司应采用哪一种方法进行生产，为什么？

资料来源：《注册管理会计师》。

[习题 2—37]　玛特机器设备公司（Mat Machinery）

玛特机器设备公司接到德威（Dewey）销售公司开出的一张关于某种特殊机器的订单。德威公司支付了数额约占本次订货售价 10% 的订金。就在本次订货即将完成时，德威公司宣布破产。玛特公司对交易所做的详细记录如下：

售价	$ 80 000
发生的成本：	
直接材料	15 000
直接人工	25 000
制造费用	
变动费用	12 500
固定费用	6 250
固定管理成本	5 875

拉泰尔（Raytell）公司提出，如果玛特公司能按其特殊要求改造机器，它们将以 68 000 美元的价格购入机器。改造机器需花费的额外成本有：

材料——5 000 美元　　　　人工——6 000 美元

另一种选择是将机器改装为通用型的，其价格为 64 500 美元。这一改造要花费额外的人工成本 2 000 美元和材料成本 6 500 美元。

第三种选择是将该机器以折价的方式以 55 000 美元的价格售出。根据销售委托的目标，该机器被当作“通用型”售出。

在收取销售佣金时，特殊机器要收2%的佣金，销售通用型机器要收取1%的佣金。公司的销售被认为是一项特殊销售。所有的销售佣金是根据折扣后的销售价格计算的。普通型机器的销售将在售价基础上给予2%的折扣。

生产中有关制造费用（包括改造工作和改型工作）的比率如下：

变动费用	直接人工成本的50%
固定费用	直接人工成本的25 %
管理费用	固定管理费用、直接人工成本、材料和制造费用的10%

要求：

试问公司应选择上述3个方案中的哪一个？

［习题2—38］ Internal Support Services

T. Q. Jones是一家大型公司机器设备设计部门的经理。他手下的工程师和机器设计人员每工时向其国际公司客户收取50美元的费用，这也是该部门在全力工作时平均每小时的人工成本。假设每位工程师每年的工作时间为1 800小时，每小时50美元的费用是工资和福利总数除以1 800小时以及支取薪金的总人数后所得的结果。公司不论员工的工资、职位以及工程师或设计师的技术水平，一概向客户收取每小时50美元的费用。所有的大型项目（超过50 000美元的项目），都将根据上述标准进行估价并订立合同。但在以往，一旦超出预算，客户们将不再支付任何费用。

由于最近整个公司面临着竞争压力，使得许多T. Q. Jones的客户开始在公司外寻找更具竞争力的报价。T. Q. Jones发现当外部的设计公司赢得合同后，他们就会变得无所事事。

T. Q. Jones声称他所得到的待遇并不公平，因为他除了收取较高的价格以外别无选择。很多时候，T. Q. Jones发现他的下属技术高超，一流的员工将时间花费在帮助客户建立设备需求报告和调查技术的可选择方案上。而实际上，一旦主要的设计和技术决策做出以后，主要的工作就可以由一个小型公司来承担，每小时的收费仅为30美元。

认真对这一状况进行讨论，并列出尽可能多的解决方法。

资料来源：L. McGinn.

［习题2—39］ G. 德蒙普罗斯父子公司（G. Dempoulos & Son Inc.）

G. 德蒙普罗斯父子公司（GDS）从事食品批发业务。这家公司正计划通过购入更多的运输用卡车来扩展它当前的经营业务。GDS现在拥有8辆卡车，向货仓以及各种餐馆、旅店以及食品市场送货。

每位卡车司机平均每天能售出并送达250件/车的食品一次，每周工作5天。每辆卡车都已得到充分利用。GDS公司除其产品的成本以外，还向其客户加收每件2美元的服务费。

GDS正在考虑如何使用备用车，该车在8辆运货车中有一辆车出现故障时使用。如在某一天中，有两辆或两辆以上的卡车出现故障，则租用卡车的成本为每天90美元。公司可以以10 000美元的价格卖出该备用车（预计使用寿命为5年）。公司想知道将该车用于拓展其业务是否能令公司的获利能力有所增强。货仓现在只达到40%的利用率，增加一条线路所增加的管理费用是极少的。公司现在每月8辆卡车花费的成本如下：

货仓租金	$ 6 000
设备	325
司机报酬	14 000
保险	200
总费用	3 700
汽油费	2 400
汽车保养费	4 000

新增加的线路是一条多样化的、小批量的、客户分散的线路，每天能多销售115件食品。如增设新的线路，则每年支付给司机的工资为21 000美元。公司正在犹豫是否要将备用车投入使用，因为公司现有的车队已经老化，每辆卡车每年平均有20天不能正常运行。如将备用车售出，则所获的资金将以5年期每年12%利率借给公司的一个客户使用。

要求：

认真评价GDS公司所面对的这几种选择。

资料来源：G. Demopoulos，P. Frocchi，S. Koerner，N. Marks.

[习题2—40]　成本性态样式（Cost Behavior Patterns）

根据下述的每一个问题，做出一幅成本随产量变动的图表，并对图表的横、纵坐标进行标注。

a. XXX工厂每周生产40小时。管理部门可以改变工人的人数。当前，工厂有200名工人，每人每小时的工资为10美元。工厂生产能力已接近饱和，为增加产量，正在考虑制定另外一个40小时的轮班计划。为吸引工人参加轮班时间的工作，在轮班时间，每小时的工资将提高20%。试以每周的总人工时间为横轴，画出总人工成本的图形。

b. YYY工厂与德州天然气公司（Texas Gas Company）订有合同，每月以平均150万美元的价格购买1.5亿立方英尺的天然气。如超出这一数量，每立方英尺天然气的售价为0.0175美元。YYY工厂生产铝罐，每生产1 000只铝罐要耗费10立方英尺天然气。试以铝罐产量为横轴，画出天然气总成本的图形。

c. 条件同（b），试以铝罐产量为横轴，画出平均每只铝罐花费的天然气成本的图形。

[习题2—41]　荷兰皇家航线（Royal Holland Line）

荷兰皇家公司是一家航运公司。现在，该公司拥有6艘船，计划还要购入2艘船。它们主要提供到加勒比海、阿拉斯加和远东的豪华航行。管理部门现在正在考虑如何处理被换下的S. S. 阿姆斯特丹号。

S. S. 阿姆斯特丹号是20年前花费1亿美元建造的。根据会计目标，其预计航行寿命为20年，现在已全部计提折旧。重置S. S. 阿姆斯特丹号需花费5亿美元，但其市价为3.7125亿美元。荷兰公司可以以10%的利率借入资金。

S. S. 阿姆斯特丹号现在担负到加勒比海的航行任务，明年这一航线将由一艘新船接替。S. S. 阿姆斯特丹号可能会被转移到地中海地区，担负一项新的到希腊的7日航行。这7日航程从周日晚离开雅典开始，到下周日返回雅典结束，沿途停靠4个港口。在周日的下午，它将为下次航行做准备。S. S. 阿姆斯特丹号能运载1 500名乘客。

下面的资料是这7日航行的有关经营成本信息。

7日航行的估计经营成本（S. S. 阿姆斯特丹号）

	变动成本*	固定成本**
人工费	$ 60 000	$ 80 000
食品	236 000	10 500
燃料		177 000
港口停靠费及服务费		62 000
营销广告费		240 000
设施费	28 000	38 000
总计	$ 324 000	$ 607 500

*以1 200名乘客计算。

**每周航行的固定成本。假设每年有50周（即航行50次）。

要求：

a. 假设希腊7日游的平均价格为1 620美元，试运用上述数据计算每次航行至少要运载多少名乘客才能达到盈亏平衡？

b. 在上述管理部门的预测中，未包括哪一项重要的成本项目？

c. 如果考虑在（b）中找出的被遗漏的成本项目，试对S. S. 阿姆斯特丹号希腊7日游的盈亏平衡点进行重新计算。

d. 乘客们在航行时要购买啤酒、纪念品，还需要其他服务。轮船通过这些销售能获取利润。如果在船上进行销售的边际毛利率为50%，试求如果盈亏平衡点为900名乘客，则乘客所需进行的船上购买活动要达到多少金额？

［习题2—42］　卡斯公司（Cards Unlimited）

卡斯（Cards）公司从交换卡制造商处购入职业运动员（棒球、篮球、橄榄球与曲棍球运动员）的交换卡，并对其进行重新分包再向大型的零售连锁店销售。它与一家交换卡制造商NBA产品公司订有合同。NBA产品公司是全国篮球联合会（NBA）的全资下属机构。NBA产品公司主要生产并销售与全国篮球联赛有关的体育纪念品，它的产品之一是印有NBA球员像的交换卡。

卡斯公司以每张卡0. 08美元的价格从NBA产品公司购入卡片，在包装后销售给沃尔玛（Wal-Marlt）公司。卡斯公司与沃尔玛公司订立的合同要求卡斯公司在美国境内仅向沃尔玛公司销售NBA卡。

卡斯公司承诺每年至少从NBA产品公司购入75万张卡片，同时至多购入100万张卡片。NBA产品公司则承诺每年生产并销售的卡片总数不超过150万张（以维持卡片价值）。沃尔玛公司与卡斯公司订立了为期3年的合同。每年向卡斯公司购入90万张NBA卡片，每张卡片的价格为0. 31美元。

对卡片进行包装的变动成本为 0.04 美元，销售与运输卡片的单位变动成本为 0.09 美元。卡斯公司的固定成本为 120 万美元，包括管理费用、厂房与设备费用以及其他生产、管理和运输成本。其厂房每年能处理 1 400 万张卡片，但现在每年只处理 1 000 万张卡片。

有几家海外零售公司表示，对卡斯公司每年能向 NBA 产品公司购入另外 10 万张卡片感兴趣。下面是公司与澳大利亚、英国和意大利的零售商商谈之后所得的结果。

· 澳大利亚：澳大利亚的零售商愿以每张 0.43 澳元的价格购入剩下的 10 万张卡片。卡斯公司销售与运输的变动成本为 0.14 澳元（在美销售为 0.09 美元）。澳元与美元的汇率是 1 美元兑换 1.34 澳元。

· 英国：英国零售商愿以每张 0.21 英镑的价格购入剩下的 10 万张卡片。卡斯公司的销售与运输的变动成本为 0.06 英镑（在美销售为 0.09 美元）。英镑与美元的汇率为 1 美元兑换 0.65 英镑。

· 意大利：意大利零售商愿以每张 0.55 意大利里拉的价格购入剩下的 10 万张卡片。卡斯公司的销售与运输的变动成本为 0.16 意大利里拉。里拉与美元的汇率为 1 美元兑换 1.6 里拉。

要求：

a. 卡斯公司是否应以 NBA 产品公司购入额外的卡片用以向国际销售？如果应该，应向哪一国的零售商销售？试写出分析过程并预测这一行为对卡斯公司财务状况的影响。

b. 卡斯公司决定再购入 10 万张卡片用以向国际销售。在做出此决定并签订了合同以后，沃尔玛公司威胁说要削减它们的订货至 80 万张卡片，除非卡斯公司将卡片的单价降为 0.30 美元。卡斯公司应如何应对这一情况？试用数量分析支持你的建议。

[习题 2—43]　罗伯茨加工公司（Roberts Machining）

罗伯茨加工公司专门生产放置电子设备用的金属架，如电话交换器、电力供应设备等。该公司设计并生产了用于制作行李架的金属冲压模具。目前正在用这一模具为 GTE 生产行李架。现在又在计划生产一个新的行李架，即 1160 号行李架。要设计并生产用于生产这个行李架的模具需要花费 49 000 美元。模具上周已经完成生产，并将于下周开始生产 1160 号行李架。1160 号行李架只是为 GTE 公司专门订做的产品。GTE 和罗伯茨加工公司签订了 1 年的合约，双方达成协议，在未来的 12 个月内，罗伯茨公司将生产一定数量的 1160 号行李架，而 GTE 公司将以固定的单位价格购买这些行李架。这一合约为罗伯茨公司创造了 358 000 美元的利润（减去模具的成本 49 000 美元之后）。罗伯茨公司的会计系统将生产 1160 号行李架所发生的所有支出予以资本化（确认为使用年限为 1 年的固定资产）。如果该模具在今天或者 1 年内报废，则报废时的剩余价值为 6 800 美元。

艾斯顿公司（Easton）是另外一家金属制造商，它愿意以 588 000 美元的价格从罗伯茨公司购入 1160 号行李架，并将其卖给 GTE 公司。GTE 公司已经答应了这个替代的供应商。罗伯茨公司估计，如果将 1160 号行李架的工具和模具都卖给艾斯顿公司，则将不再从 GTE 公司获得现值为 192 000 美元的利润，并且还会失去类似于 GTE 公司这样的客户（忽略所有税务的影响）。

要求：

a. 列出罗伯茨公司关于 1160 号行李架的机会集合。

b. 计算（a）中所列出的各个备选方案的净现金流量。

c. （a）中的各个备选方案的机会成本各为多少？

d. 罗伯茨公司应该选择哪一种关于 1160 号行李架的方案？

［习题 2—44］ 多拉的出租店（Doral Rentals）

阿莫斯·多拉拥有一家小店，专门出租碗、碟子、银器、玻璃器皿、桌子和椅子等给别人以用于举办大型聚会。阿莫斯自己经营着这家店。他正在考虑是否承办出租电力油漆喷雾器的业务。电力油漆喷雾器是一种用于房屋喷漆的电动空气压缩机和油漆喷雾器。阿莫斯可以从一个供应商处以一星期 27 美元一台的价格租得喷雾器。他预计能将喷雾器以 38 美元一台的价格租出去。每次出租收回之后，都要对喷雾器进行清洗，清洗每台喷雾器用的溶剂的原材料成本为 2 美元。每个客户都要给阿莫斯留下信用卡号码，以防喷雾器没有归还或者毁坏。一旦喷雾器经过其他租赁公司的鉴定，因为偷窃或损坏造成了不可忽略的损失，就要用信用卡作为担保。假设喷雾器的租期都是一星期，而且都在周末归还（注：阿莫斯从别的公司租入喷雾器，然后再租出去）。

要求：

a. 为达到盈亏平衡，阿莫斯一周要出租多少台喷雾器？

b. 如果阿莫斯只专注于考虑每台喷雾器 27 美元的租赁费用和 2 美元的清洁费，则他是否考虑了所有的相关因素？他在分析时还应该考虑其他哪些成本和效益？

c. 在阿莫斯签订租赁合约前，他做了更深入的研究和调查，以确定在这一城市中是否还有其他公司出租这种喷雾器。他打算每星期支付 25 美元购买黄页广告，并且聘请兼职员工清洗机器，且每周的薪水为 40 美元。阿莫斯预计每周都有 90% 的喷雾器能租出去。为达到盈亏平衡，他每周要出租多少台？

d. 作为当地小镇的独家供应商，阿莫斯意识到他有影响市场的力量，在与其他小镇租赁公司沟通后，他总结出每周喷雾器的出租需求和价格之间的关系，如下面的方程式所示：

每台喷雾器的出租价格 = 69 美元 − 出租喷雾器的数量

如果多拉依上述方程式来作决策，则他每周能将它租来的喷雾器全部租出去。换言之，如果阿莫斯每周出租 50 台喷雾器，则每台喷雾器每周的收费应该为 19 美元。运用上面价格和数量之间的关系和前面提供的成本信息（每周租赁费用为 27 美元，清理费用为 2 美元，广告和人工费用为 65 美元），并且假设他租来的所有喷雾器每周都能全部租出去，则阿莫斯每周应该租多少台喷雾器，每台租金为多少？

［习题 2—45］ 富勒溶剂（Fuller Aerosols）

富勒溶剂公司在它的供给线上生产 6 种不同的气雾罐产品（房间除臭剂、头发喷雾剂、家具擦亮剂等）。在一个连续的生产过程中，供给线包括混合配料，增加推进剂，填充并密封瓶罐和包装瓶罐。然后，将这些溶剂产品卖给各个销售部。下表列示了每个产品每周的经营数据。

富勒溶剂每周的经营数据

	AA143	AC747	CD887	FX881	HF324	KY662
售价/箱	$ 37	$ 54	$ 62	$ 21	$ 34	$ 42
填充时间/箱（分钟）	3	4	5	2	3	4
每周每件产品的固定成本	$ 900	$ 240	$ 560	$ 600	$ 1 800	$ 600
每周订购产品的箱数	300	100	50	200	400	200
变动成本/箱	$ 28	$ 50	$ 48	$ 17	$ 28	$ 40

每件产品的固定成本只属于它本身。如果产品于下周停售，那么该产品在这一周并不发生固定费用。

要求：

a. 计算每件产品的盈亏平衡点。

b. 假设溶剂供给线每周只能工作 70 小时，则应该生产哪种产品？

c. 假设溶剂供给线每周只能工作 50 小时，则应该生产哪种产品？

[习题 2—46]　艾米的滑雪板出租店（Amy's Boards）

Amy Laura 是一家滑雪板出租店的经营者。租出的靴子以及滑雪板每周收取 75 美元的租金。滑雪季节会持续 20 周的时间。Amy 购入一双滑雪板与靴子要花费 550 美元，出租一季后，在季末能以 250 美元的价格售出。

该店的租金为每年 7 200 美元。在非滑雪季节，Amy 可以以 1 600 美元的价格将店面转租出去。每年的工资、广告以及办公费用为 26 000 美元。

平均而言，在某一周中，有 80% 的滑雪板可被租出。在每次租出后，滑雪板需要重换新面，靴子则要进行除臭。因此，为下次出租整理滑雪板与靴子需花费人工费用（未包括在 26 000 美元中）和材料费共计 7 美元。

要求：

a. 为达到盈亏平衡，Amy 需购入多少块滑雪板？

b. 假设 Amy 购入 50 块滑雪板，则可获利多少？

c. Amy 购入了 50 块滑雪板，要达到盈亏平衡（包括弥补滑雪板的成本），Amy 每周滑雪板的出租率要达到多少？

d. 试解释为何你在计算（c）时所用的出租率与期望出租率 80% 不尽一致？

[习题 2—47]　蓝塞奇山（Blue Sage Mountain）

蓝塞奇山生产铰链滑雪板。滑雪板的销售价格受销售数量的影响。以下方程式反映了每月的销售价格和销售数量之间的关系：

$$销售价格 = 530 - 0.2 \times 销售数量$$

换言之，如果每月要销售 500 块滑雪板，则销售价格必须定为 430 美元（$530 - 0.2 \times 500$）。生产这些滑雪板的固定成本为每月 70 000 美元，每块滑雪板的变动成本为 90 美元。

要求：

a. 编制一张表以反映当销售量介于 100 ~ 20 000 块之间时，每增加 100 块滑雪板所对应的价格、总收入、总成本和总利润。

b. 确定利润最大化时的销售量和销售价格。

c. 若固定成本从每个月 70 000 美元下降至 50 000 美元，则蓝塞奇山是否应该改变它的定价决策?

d. 若变动成本从每单位 90 美元下降到 50 美元，则蓝塞奇山是否应该改变它的定价决策?

[习题 2—48]　金山滑雪度假村（Gold Mountain Ski Resort）

你现在为一个风险投资家工作，有些投资者送来了一份投资方案，该方案与拟在科罗拉多州（Colorado）金山滑雪胜地建立一个新的滑雪度假村有关。现在，人们对滑雪的需求越来越多，滑雪场的收费也越来越高，因此滑雪场的利润也随之越来越高。金山的经营策略是，要使顾客获得最好的滑雪体验——短程雪梯、宽敞的滑雪场和壮观的景色。它可以提供一个非常宽敞的滑雪胜地，有 2 500 英尺的垂直落差，10 条滑道和一条三重（3 人）滑雪梯。计划中的三人滑雪梯可以每 20 秒钟提供一张椅子，也就是每小时提供 180 张椅子（每分钟 3 张椅子 × 每小时 60 分钟），或每小时有 540 滑雪者（每小时 180 张椅子 × 每张椅子 3 个人）。这样，10 条滑雪道，平均每条滑雪道每小时只有 54 个滑雪者。有些滑雪道可能会比别的滑雪道更受欢迎，但是这个平均数仍低于行业的平均数。

建立滑雪道、停车场、建筑物以及空中索道的成本为 5 200 万美元。要筹集这么多的资金，每年需要负担的（利息和股利）融资成本为 830 万美元。每年的固定经营费用为 410 万美元。因为每天会有 100 个滑雪者，所以必须在检票厅、滑雪巡逻场地、停车场等地雇用额外的员工。

典型的滑雪者每天滑两次（滑雪者用滑雪梯两次）。滑雪场每天经营滑雪梯 8 小时，每年 120 天。金山打算每天向每一位滑雪者收取 60 美元（购买一张票），且不提供季度套票。

要求：

a. 写张备忘录给负责这一项目的风险投资家的搭档，向他们提出以下三个建议之一：非常赞成这个方案、收集更多的信息、立刻拒绝这个方案。以简洁、合理和以事实为基础的分析来证明你的建议是正确的。

b. 在你已经完成（a）中的建议方案，但尚未将其递交给你的老板之前，接到金山的通知，其打算将三人椅电梯换成四人椅。这新的四人椅会增加额外的融资费用，即每年 75 000 美元。但是，新的四人椅电梯可以每小时搭乘 720 个人，而不是 540 人。这些将怎样影响你在（a）中的结论?

案　例

[案例 2—1]　老图基 · 马什（Old Turkey Mash）

老图基 · 马什是一种将麦汁和谷汁蒸馏后放入 50 加仑的橡木桶中保存 5 年方可制成的威士忌酒。蒸馏过程需要一周的时间，同时还要在一个严格控制的货仓中进行。在储存以前，这些威士忌酒太苦了，是不能出售的。储存一段时间可以使酿出的酒甘甜芳香并最终出售给消费者。在进行储存以前，产品的成本是每加仑 100 美元（直接成本加上由于蒸馏而发生的非直接成本）。在储存过程中，每个月都要对酒的质量进行检查。在储存过程中，发生直接人工和材料（不包括橡木桶的成本）成本为每年每加仑 50 美元，全部为变动成本。在储存的过程中，由于蒸发与泄漏，每桶 50 加仑的威士忌只能剩下 40 加仑用于装瓶。新的橡木桶每只要花费 75 美元，且不可重复使用。在储存以后，这些橡木桶将被一切为二作为花盆出售。出售这些花盆获取的收入仅仅只能弥补处置用过的木桶时的支出。当这些威士忌储存了 5 年以后，将被装瓶销售给批发商。

由于国内对威士忌酒的消费量下降，因此激烈的市场争夺将在新的国际市场中展开。该公司现在正处在为期 5 年的产量翻番的进程中的第 3 年。由于公司要经过 5 年的时间来增加产量（现在额外生产的威士忌酒并不需经过 5 年的储存过程），因此公司每年要增加 10 万加仑的蒸馏后产品。在增产以前，公司每年生产 50 万加仑的蒸馏后产品，蒸馏后的威士忌在此后 5 年中将每年增产 10 万加仑，直至 100 万加仑。现在，蒸馏后威士忌的产量大约为 80 万加仑，并计划于下年增加到 90 万加仑。在下表中给出了有关储存过程中的产量、销售和存货资料。

	基准年	第一年	第二年	第三年
产量（蒸馏后加仑）	500 000	600 000	700 000	800 000
储存后威士忌的销量	400 000	400 000	400 000	400 000
在起始年货仓中的存货情况				
4 年期存货（桶）	10 000	10 000	10 000	10 000
3 年期存货（桶）	10 000	10 000	10 000	10 000
2 年期存货（桶）	10 000	10 000	10 000	12 000
1 年期存货（桶）	10 000	10 000	12 000	14 000
新增存货（桶）	10 000	12 000	14 000	16 000
当年总计储存的存货的加仑数	50 000	52 000	56 000	62 000

用于储存基准年产量 50 万加仑蒸馏产品的货仓的租金为每年 100 万美元，每增加生产 10 万加仑蒸馏后产品，要多花费每年 4 万美元的租金。货仓储存的所有成本都被视作处理和运输成本，并在发生时予以抵消。瓶装后的老图基威士忌以每加仑 15 美元的价格销售给分销商。在下面的利润表中对公司当前的经营业绩进行了总结。

	基准年	第一年	第二年	第三年
销售收入	$ 6 000 000	$ 6 000 000	$ 6 000 000	$ 6 000 000
减：				
产品销售成本				
（每桶 100 美元，销售 10 000 桶）	1 000 000	1 000 000	1 000 000	1 000 000
橡木桶	750 000	900 000	1 050 000	1 200 000
货仓租金	1 000 000	1 040 000	1 120 000	1 240 000
货仓直接成本	2 500 000	2 600 000	2 800 000	3 100 000
税金净收入（损失）	$ 750 000	$ 460 000	$ 30 000	$ （540 000）
所得税（30%）	225 00	138 000	9 000	（162 000）
税后净收益	$ 525 000	$ 322 000	$ 21 000	$ （378 000）

管理部门对实施扩张计划的第三年（当年）出现的损失十分关注。公司总裁安排了与当地银行的会谈，以讨论该公司目前的财务状况。这家银行向公司提供了生产扩张所需的资金。

要求：

a. 不是将货仓与橡木桶的成本直接抵消，而是将其计入产品成本，试编制第一年到第二年此种方法下的利润表。

b. 公司总裁在与银行进行会谈时，应将哪一种利润表（书中给出的或是新编制的）给银行作参考？请证明你的答案。公司总裁约见了当地的银行主管，共同讨论公司当前的财务业绩问题。

[案例 2—2]　莫威尔逊分公司（Mowerson Division）

布朗（Brown）公司的莫威尔逊分公司为汽车行业生产测试设备。莫威尔逊的设备被安装在汽车装配线的周围，用来对部件进行检测，还在上路测试中用于记录与测试。莫威尔逊的销售稳步增长，在 2001 年，销售收入首次超过 2 亿美元。

莫威尔逊分公司自行设计并生产了在其测试设备中使用的印刷线路板（PCBs）。这些印刷线路板在安装车间中由人工来安装。这个车间雇用了 45 名技术工人。由于生产能力不足和缺乏熟练工人，莫威尔逊分公司正在考虑让专业生产印刷线路板的厂家三星公司来生产其所需的印刷线路板。由于质量控制的限制以及供应商的要求，使得莫威尔逊分公司所需的线路板要么全部由其自行生产，要么全部从外部购入。虽然在公司外生产该印刷线路板的单位成本高于公司自行生产印刷线路的成本，但是管理部门认为，通过这一转变同样可以节约一些费用。

Jim Wright 是公司刚雇用的成本分析师，他正在为从公司外购入印刷线路板的提议准备一份财务分析。在 Wright 的报告中，包括了他在分析中所运用的假设前提及他的建议。他的财务分析如下，在分析后还附有他的注释与假设前提。

要求：

a. 讨论 Jim Wright 是否应仅仅分析莫威尔逊分公司在 2002 年实现的节约项目及发生的成本。

b. 就 Wright 报告中列出的 10 个项目中的每一项，指出：

（i）该项目被包括在此报告中是否恰当？如不恰当，试解释此项目被包括在该报告中为什么不恰当？

（ii）各项目的全部金额是否准确？如金额不准确，试写出正确的金额。

c. 关于三星公司的何种补充信息将对莫威尔逊分公司此次的生产决策评估有所帮助？

每年成本节约分析

节约项目	
1. 装配技术工人工资的节约额	
（$ 28 500 ×40）	$ 1 140 000
2. 装配监督工作转向的节约额	35 000
3. 场地占用费的节约额	
（1 000 × $ 9.50 +8 000 × $ 6.00）	57 500

续表

4. 采购职员的成本，1/2 的工作时间用于特别项目采购	6 000	
5. 采购量减少的节约额		
(2 000 个订单，每次 1.25 美元)	2 500	
6. 减少的货物费用	7 500	
节约项目合计		$ 1 248 500
成本		
7. 增加的生产成本		
($ 60.00 - $ 52.00) ×100 000	$ 800 000	
8. 雇用初级工程人员	20 000	
9. 雇用质量控制检查员	22 000	
10. 为安全库存增加的仓储费		
(4 200 块，2.00 美元/块)	8 400	
成本合计		850 400
净节约额		$ 398 100

注释与假设前提

人事

公司将解雇 40 名装配工人，每人每年将节约（包括工资与福利）28 500 美元。5 名装配工人将予以保留，并协助服务部门从事印刷线路板的维修工作。事实上，装配工人一贯都在协助服务部门从事维修工作。安装部门的监督人员将继续留在莫威尔逊公司工作，因为距离他退休仅剩两年的时间了。他将在机器部门获得一个职位，在那里他将充当一名特别的顾问人员。

由于不再需要为装配印刷线路板而购入并存储相应的零件，因此有一名采购人员将只保留一半的工作时间为一个专门的项目进行采购。这样的状况将维持到他的工作量达到全职时为止。

公司将雇用一名初级工程人员充当莫威尔逊分公司和印刷线路板的生产厂家之间的联络人。与此同时，公司还需要雇用第三名质量控制检查员，令其负责检查从供货商处购入的产品是否符合质量标准。

场地占用

在过去的两年中，莫威尔逊分公司以每月订立合同的方式，从一个邻近的大厦中以每平方英尺 9.50 美元的价格租入总面积达 1 000 平方英尺的房间，在其中进行一些超出定额的安装工作。而现在莫威尔逊分公司的主厂房中的安装部门占地 8 000 平方英尺，此后这些场地将用作临时的存货储存室。然而，如果不在这一场地堆放货品，则其仍可作为生产场地使用。这些场地的价值为每平方英尺 6 美元。

产品成本及产量

莫威尔逊分公司生产印刷线路板的成本信息如下：

直接材料成本	$ 24.00
直接人工成本	12.50
变动制造费用	6.25
固定制造费用	9.25
总成本	$ 52.00

直接材料成本包括正常的残值以及其他的与新购入的货物材料相关的成本。莫威尔逊分公司每年花费在购入的货品上的成本为 7 500 美元。三星公司对每块印刷线路板收取 60 美元的费用，其中包括运费。

莫威尔逊分公司在过去的两年中生产的印刷线路的产量分别为 80 000 块和 90 000 块。在其后 3 年计划的产量为（单位：块）：

2002 年	100 000
2003 年	120 000
2004 年	130 000

储存成本

由于莫威尔逊分公司无法对印刷线路板的生产进行直接的控制，因此当前的安全存货量（1 800 块）就不够了，需要增加。公司安装部门的主管就三星公司减产并影响运输印刷线路板的数量的可能性做出如下预测：

三星公司运输印刷线路板可能会推迟交货时间的百分比	可能性（1）	印刷线路板的安全存货量（2）	期望价值（1）×（2）
4%	0. 30	2 500	750
6%	0. 40	4 000	1 600
8%	0. 25	6 000	1 500
10%	0. 05	7 000	350
		新的安全存货水平	4 200

存储印刷线路板的变动成本是每年每块 2 美元。

其他

在莫威尔逊分公司，每执行一次订货任务要花费 1. 25 美元，其中包括邮资、填表费用以及电话费。由于莫威尔逊分公司不必再购入生产印刷线路板所需的零件，因此公司每年可以减少 2 000 次订货。

建议

根据上面分析，外购印刷线路板每年可节约 398 100 美元。莫威尔逊分公司应与三星公司订立合同由三星公司来生产印刷线路板。

资料来源：《注册管理会计师》。

[案例 2—3]　Puttmaster

创新体育公司（Innovative Sports）出售一款高尔夫球训练机叫作 Puttmaster。这个装置的售价为 69. 95 美元，包括一条与高尔夫球推杆和电动带子相连接的金属带，该金属带被放在地板上。通过将球杆连接到该装置上推杆击球，购买者可以体会到应该如何推杆。

该 Puttmaster 装置是通过经销商销售给零售商（高尔夫球店和体育用品网点）并通过商业信息栏目销售给大众的。经销商每台装置支付给创新体育公司 30. 85 美元。创新体育公司也通过 30 分钟电视商业信息栏目和高尔夫频道（有线电视频道）销售该装置，每台售价为 69. 95 美元再加上 15. 95 美元的运输费和操作费。虽然每次播放商业信息栏目都会提高产品的知名度，但是同时也抢占了零售业的销售量。经销商销售了大量的产品，通过商业信息栏目每销售 10 台装置，零售商就少售出 2 台。

每通过商业信息栏目销售一台装置，创新体育公司就要支付运输公司 5. 80 美元的运输费，以及2美元给电话接听公司，以支付提供免费电话号码和进行订单处理的费用。创新体育公司从厂商处购得该装置，该装置的生产成本为9.55美元。其被直接运送到经销商处或者运输公司。

高尔夫频道的30分钟商业信息栏目的成本为845 000美元。创新体育已制作好电视录像带，现在正考虑在未来3个月内购买这一栏目后的播出次数。高尔夫频道在90天内推进半小时时段。根据以前的经验，创新体育公司预计第一次播放30分钟商业信息栏目就能带动22 000美元的销售量。以后每次栏目的播出则只会带动90%的销量（与第一次播放带动的销量相比）。

创新体育公司在未来90天内应该购买多少次30分钟商业信息栏目的播出权？

第3章 资本的机会成本与资本预算

本章提要

A. 资本的机会成本
B. 关于利率的数学计算
  1. 终值
  2. 现值
  3. 现金流的现值
  4. 永续年金
  5. 年金
  6. 每年中存在多次现金流的情况
C. 资本预算：基础
  1. 获取 MBA 学位的决策
  2. 开设录像带出租店的决策
  3. 资本预算的基本要点
D. 资本预算：复杂的情形
  1. 风险
  2. 通货膨胀
  3. 税收及折旧的避税效应
E. 不同的投资评价标准
  1. 回收期法
  2. 会计收益率法
  3. 内含报酬率法
  4. 实践中运用的方法
F. 本章小结

本书前一章将“机会成本”定义为由于选择某项决策而放弃的利润。机会成本概念是现有决策制定过程中最基本的分析框架。如果选择某项决策并不需放弃另一项更优的决策，则所做的决策是在相应的机会集合中最优的决策。

第2章关于机会成本的讨论主要集中在同一时段机会集合的选择上。在有关职位选择的案例中，所有的职位机会都被假设是在同一个期间提供的。在关于原材料用途的案例中，原材料的其他用途被假定很快就能实现。然而，这样将所有与当前决策相关的可选择决策都假设为在同一个期间发生，是没有什么科学依据的。如一名应届大学毕业生可以立即工作，也可以在一年以后工作或继续上学。企业现存的原材料既可被用于当前的生产，也可将其存放并留到第二年再使用。做出有关的决策时，必须考虑时间因素。在接受并做出一项即将实施的决策之前，决策制定者拥有选择已做决策或是放弃当前所有选择并等待更好的选择的权利。事实上，“推迟决策”（procrastination decision）也是所有决策中的一种，它将等待更好的选择的出现。

许多经营决策都与对收入与支出的权衡有关。举例来说，对研究和开发进行投资的决策意味着，要延期支付投资者现金报酬以投资于企业的研究与开发项目，并且希望通过这一投资决策在未来（当 R&D 项目开发出获利水平较高的产品后）支付投资者更高的现金报酬。又如，做出购买政府储蓄债券的决策意味着，要将部分当期消费推迟到以后期间。事实上，绝大多数的经营决策都涉及不止一个会计期间，因此将涉及跨期现金流量的问题。

以是否考入商学院以获取 MBA 学位的决策为例，这将涉及不同期间现金流量的比较。首先分析有关金钱方面的问题。如继续完成学业以获取一个 MBA 学位，则该学生不但不能工作并挣取工资，还需缴纳一定的学费。但在获得 MBA 学位后可望获得一份薪金较高的工作。也就是说，牺牲了现在的收入，用于支付书本费和学费，当作对人力资本的投资并且将在未来为该学生带来更高的收入。收入的牺牲发生在实施决策后的头两年，而相应的收益则体现在该学生今后的职业生涯中。是否做出继续学习以获取 MBA 学位的决策，还需比较是否取得其他高等学位。获取 MBA 学位的机会成本就是，如果没有得到这一学位而放弃的最大收益。然而，不同选择下的现金流量将在不同期间发生。

对各种决策方案的机会成本的计算，涉及不同时点现金流量的问题。今天的1美元与明天的1美元的价值并不相等，使得这一问题变得复杂起来。时间就是金钱！今天收到的1美元还可用于投资并获得利息，因此其价值将大于明天的1美元。

本章我们将主要讨论如何计算那些现金收入与支出发生在不同期间的可选决策的机会成本。在第1节中，将讨论资本的机会成本。在第2节中，将进一步讨论如何比较并加总于不同期间发生的现金流。在第3节中，将对有关资本投资项目分析的基本概念进行说明。对于可选择的投资方案在各期的现金流入与流出的分析，就是**“资本预算”（capital budgeting）**。一些关于如何在复杂条件下进行资本预算的讨论详见第4节。本章的第5节提供了对资本投资项目进行估价的各种方法。最后，第6节对本章的内容进行了总结。

攻读 MBA 学位的成本与收益

考虑到相应的学费、书本费以及放弃的两年的工资，获取 MBA 学位的成本可能高达 150 000 美元甚至更高。对获得 MBA 学位的人所进行的一项大样本统计研究表明，拿到 MBA 学位能带来四项经济收益：更高的工资起点、更大的薪酬增长幅度、更稳定的长期就业以及更高的参与工作的可能性。在将上述因素量化之后，该研究还发现，拥有 MBA 学位的毕业生的工资，显著高于没有 MBA 学位的毕业生。同时，这一差额将足以弥补他们用于获取 MBA 学位所花费的成本。事实上，MBA 学位的价值（它的净现值）超过 500 000 美元，这其中包括机会成本，即攻读 MBA 学位两年时间内所放弃的工资。

资料来源：A. Davis and T. Cline, “The ROI on the MBA”, *BizEd*, January/February 2005, pp. 42 – 45.

A. 资本的机会成本

财务学一条基本的规则是：今天1美元的价值大于明天1美元的价值。今天持有的资金可用于投资并开始赚取投资利得。如果银行的年利率为5%，那么1 000美元的存款在年底将变为1 050美元。因此，借给朋友的1 000美元至少应收取50美元的利息，否则就有可能使资金拥有者发生机会损失。事实上，借款的朋友应对借入的这1 000美元支付更多的利息，因为将钱借给朋友的风险比存放在银行的风险（联邦存款保险能减少这一风险）大，所支付的利息也应更多。在此，为简便起见，我们假设所有的投资都是无风险的。

如果所有的投资都是无风险的，那么所有的投资都将要求同等的收益率。否则的话，就有可能出现以较低的利率借入资金，再将这部分资金存入利率较高的银行或投资于收益率较高的项目，以赚取利息差额的现象。如果真的出现这一情况，则每个人都能发现这一获利机会，并竞相从低利率的银行借款，再到高利率的银行存款。最后，低利率银行的利率将会上升，高利率银行的利率将会下降，直至相等。同时，我们还假设在借贷行为发生时，无交易费用。由这些假设及无风险假设可推导出财务学中的"一价原则"（The Law of One Price），即在一个无风险、无交易费用的环境中，只可能存在一种利率水平（在以后的讨论中，我们将放宽这些约束）。

假设我们现在能以1 000美元的价格购入一批盆景树，以每年145美元（预付）的费用雇人对之进行管理，在1年以后可以以1 200美元的价格将其售出。该投资无风险，该投资的会计利润为55美元（1 200 - 1 000 - 145）。但注意到该投资决策导致的现金流入、流出发生在不同的期间，也就是说购树与对树进行管理的维护成本支出发生在当期，而债权的收入则要在年底才能收到。如果年利率为5%，则年初的1 000美元实际上在年终时将价值1 050美元（1 000 + 0.05 × 1 000 = 1 000 × 1.05，即存入银行可获得50美元的利息），而145美元在年底时将价值152.25美元（145 × 1.05）。表3—1列出了在这一情况下做出购树决策可能带来的收益。

表3—1　**考虑机会成本的前提下盆景树投资项目获利能力分析**

（以年末的美元购买力为标准）

	年初的金额		转换率	年末的金额
收入				$ 1 200.00
购树成本	（$ 1 000.00）	×	1.05	→（1 050.00）
管理维护成本支出	（145.00）	×	1.05	→（152.25）
总成本	（1 145.00）	×	1.05	→（1 202.25）
经济损失				$（2.25）

尽管关于盆景生意的财务报表显示，该项业务能够获利55美元，但实际上，该项目将承受2.25美元的经济损失。造成这一差异的原因在于，计算会计利润时未将该项目的机会成本纳入考虑，而在计算经济利润时则考虑了这一成本。在表3—1中的箭头代表着年初的现金流向年末的现金流的转化。这一转化率是由"1"加上利率得到的，即为1.05（基准加利率）。

由表3—1可见，年末现金流的价值低于年初现金流的价值。如果不经过任何转换而直接将年初的现金流加到年末的现金流上，就无异于将苹果与桔子直接相加一样。如果可供选择的决策方案将在不同的时点产生现金流的话，就需要将这些现金流都转化成相对等的现金流，就像所有这些现金收支都发生在同一时点一样。在表3—1中，已将所有的现金流都转化为第一年年末的等值现金。我们也可以将所有的现金流都转化为期初的等值现金，这与为在1年后获得1美元而求现在需要支付多少美元的意义相似。即当前需要投资多少美元，才能在1年后获得1美元？下面这些等式说明了年初现金与年末现金之间的关系：

$$年初金额 \times (1+利率) = 年末金额$$

将相应的数据代入，我们可知：

$$年初的金额 \times 1.05 = \$\ 1.00$$

解出未知的变量：

$$年初的金额 = \frac{1}{1.05} \times \$\ 1.00$$

$$年初的金额 = \$\ 0.9524$$

如在利率为5%的情况下，投资0.9524美元，则1年后其价值就会涨为1美元。在这里，0.9524美元被称为1美元的现值。这样，我们可以对表3—1中的数据进行重新计算，转化后的数据被记录在表3—2中。在表3—2中，与表3—1一样，将所有的现金流转化为年初的金额而非年末的金额。在表3—2中的箭头表示由年末的现金流向年初的现金流转化。

表3—2　**考虑了机会成本以后对盆景项目进行投资的项目获利能力分析**

（以年初金额表示）

	年初的金额		转换率		年末的金额
收入	\$ 1142.86	←	$\frac{1}{1.05}$	×	\$ 1 200.00
购树成本	(1 000.00)				
管理维护成本支出	(145.00)				
总成本	(\$ 1 145.00)				
经济损失	(\$ 2.14)				

此项关于盆景的项目仍然存在经济损失。但此时经济损失较小，为2.14美元而非2.25美元。为什么会产生这样的差异呢？我们应该记住，2.14美元是年初的金额，而2.25美元则是年末的金额，事实上：

$$2.14 \times 1.05 = 2.25\ (美元)$$

这两个数据从这个意义上说是相等的。这就如同摄氏温度与华氏温度，是对同一事物使用的不同的衡量方法。

由上我们可以发现以下两点：（1）在不同时点发生的现金流必须转化成对等的现金流，就像这些现金流是同时发生的一样；（2）不论我们将现金流转化为年初的金额还是年末的金额，其答案都是等价的。然而，将现金流一起转化为年初的金额较为简单。假设存在三种备选方案：第一种只在当前产生现金流，第二种会在当前及下年产生现金流，第三种则只在第二年与第三年产生现金流，那么我们如选择年末的金额进行比较，则应选择哪一年年末呢？是第二年年末还是第三年年末？如果我们将所有的未来现金流都折算为当前金额，就能简化我们的分析。

本节复习思考题

Q3—1 为什么当前的 1 美元与未来的 1 美元价值不相等?

Q3—2 在怎样的情况下会出现存在经济利润但不存在会计利润的情况?

B. 关于利率的数学计算

本节将进一步讨论在不同的时点进行现金收付转化的数学关系，并推导各种能使计算中的逻辑关系以及基本的概念清晰的等式。我们将首先推导与年初金额及年末金额相关的基本等式。

1. 终值

我们继续假定所有的现金流都是无风险的，同时也不存在交易成本。这两项假设就决定了不论是借出款项还是借入款项都只存在一个利率。我们现在假设利率为 5%，而初始的投资金额为 1 000 美元。投资期为两年，每年的利率为 5%，则两年以后，投资的终值将为多少? 在第一年年底，投资的金额价值 1 050 美元（或 1 000 美元的价值基本金加 50 美元的利息）。将这笔资金用于再次投资，将得到 1 102.50 美元（或 1 050 美元的本金加上 52.50 美元的利息）。在第二年产生的 52.50 美元的利息中，有 50 美元是由初始投资 1 000 美元创造的，另 2.50 美元的利息是第一年利息的利息（50×5%）。或者说，在第二年年底：

$$1\,000+2\times(0.05\times1\,000)+0.05\times(0.05\times1\,000)=1\,000+100+2.50=1\,102.50\text{（美元）}$$

第二年中由利息而产生的利息被称为复利。**复利（compound interest）**是指将利息再投资所得的利息。为了简化计算，表 3—14（本章结尾）包括了复利系数，例如在表 3—14 中，期数为 2、利率为 5% 的系数为 1.103。也就是说，1 美元在 5% 的年利率下，2 年后的终值为 1.103 美元，亦即投资 1 000 美元就会变为 1 103 美元(1.103×1 000)。

现在，我们将前面的例子一般化。令 PV 代表以 r 为利率每年进行投资的金额，令 FV 代表在两年以后投资可能达到的金额。关于投资的当前金额与以 r 为年利率投资两年以后所得金额之间关系的总方程式为：

$$PV\,(1+r)^2=PV\,(1+2r+r^2)\ =FV$$

此处，2r 代表初始投资 PV 投资 2 年所得的利息，r^2 则是利息的利息（复利）。

图 3—1 说明了在 5% 的年利率下，1 000 美元的投资是如何增长的。在第一年年末，它增长为 1 050 美元，在第二年年末，1 000 美元增长为 1 103 美元（实际上是 1 102.50 美元）。在第十年年末，1 000 美元本息累计为 1 629 美元，注意到图 3—1 中的值与表 3—14 中 5% 利率下的复利系数相对应。如将一笔钱存放在银行几年，并将利息进行累计，可得总方程式如下：

$$PV\,(1+r)^n=FV \qquad \text{（终值公式）}$$

上述这些关于利息计算的公式都是对基本等式的算术变形。下一个推导的公式将是用来计算**现值（present value）**的。

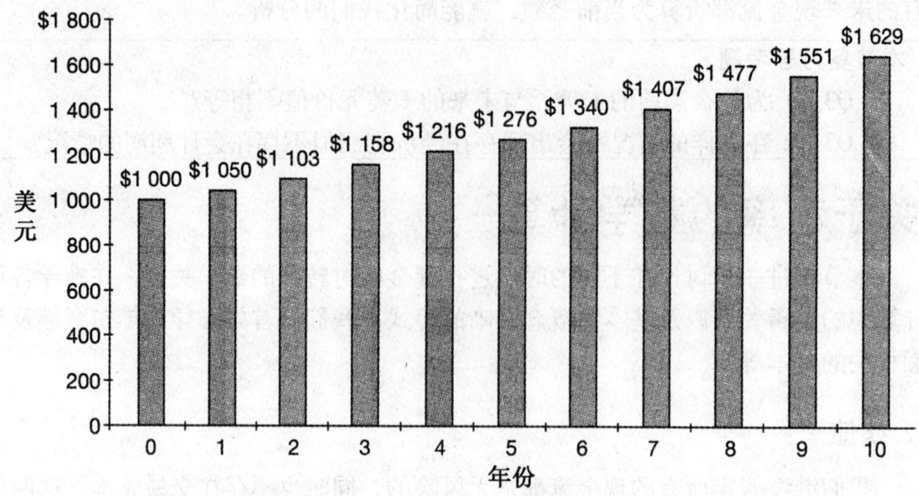

图 3—1　在 5% 的利率下 $ 1 000 的终值

2. 现值

假设所需回答的问题不是现在所做的一笔投资在几年后的价值是多少，而是如需在将来达到价值 FV，则以 r 为利率，现在要投资多少现金？举例来说，如在 6 年后要购买一艘价值 25 000 美元的船只，则现在要投资多少钱？FV 的值和利率 r 都是已知的，但 PV 未知。这个等式有 3 个变量。给定任意两个变量，都可以通过等式求出第三个：

$$PV = \frac{FV}{(1+r)^n} \qquad \text{（现值公式）}$$

以该公式解答购船的例子：

$$PV = \frac{25\ 000}{(1+0.05)^6}$$

$$= \frac{25\ 000}{1.3401}$$

$$= 18\ 655.38 \text{（美元）}$$

在利率为 5% 的情况下（允许计算复利），现在要在银行存入 18 655.38 美元，才能在 6 年以后得到 25 000 美元。我们暂时不考虑税收的影响。又有一个表可以简化计算。表 3—12（本章结尾）包含了复利现值系数 0.746，是指在 5% 的利率下，6 年以后所收到的 1 美元的现值。25 000 美元乘以 0.746 等于 18 650 美元，与我们所求的答案相同（不考虑近似误差）。

3. 现金流的现值

直到现在，我们都只解决有关当期投入的或是今后收到的单笔现金流量的问题。假设，在今后 n 年内每一年的年末都存在一笔现金流量。例如，第一年年末收到 FV_1，第二年年末收到 FV_2，第 n 年年末收到 FV_n，则这一系列现金流的现值是多少？我们可以运用上述计算 PV 的公式来计算这一系列现金流的现值：

$$PV=\frac{FV_1}{(1+r)^1}+\frac{FV_2}{(1+r)^2}+\frac{FV_3}{(1+r)^3}+\cdots+\frac{FV_n}{(1+r)^n}$$

举例来说，假设有一个投资者在第一年年末能收到500美元的报酬，在第二年年末能收到1 000美元，在第三年年末能收到1 500美元，则这一系列现金流的现值是多少？运用上面的公式，可得：

$$PV=\frac{500}{(1+0.05)^1}+\frac{1\,000}{(1+0.05)^2}+\frac{1\,500}{(1+0.05)^3}$$
$$=2\,678.98\ (\text{美元})$$

因此，如果利率为5%，那么在未来将分别收到500美元、1 000美元和1 500美元，且等价于现在收到2 678.98美元。图3—2描述了收到的现金流的情况，在金额上等价于现在收到2 678.98美元，在利率为5%的情况下。

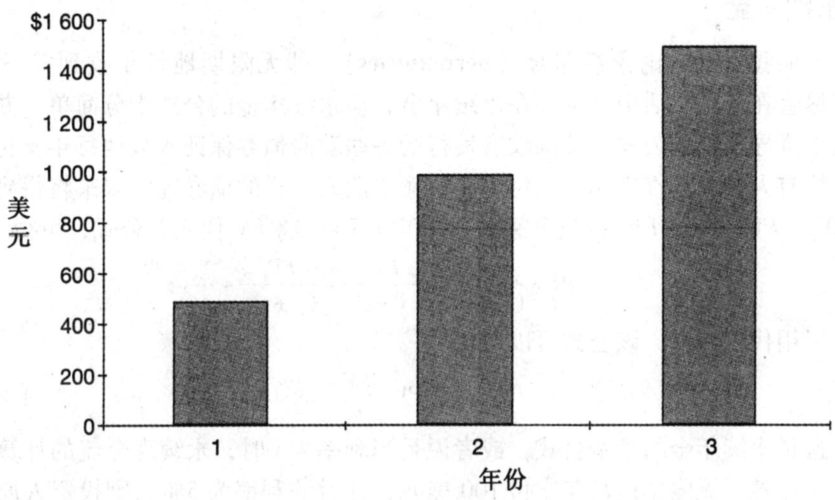

图3—2　收到的现金流情况

利用表3—12能得到同样的答案，在5%的利率下，最先三个数分别为0.952、0.907和0.864，这些系数与先前计算出的2 678.98美元所用的系数相一致，以下说明了如何用表3—12的系数来计算现金流的现值。

年份	现金流	×	表3—12的系数	=	贴现现金流
1	$ 500		0.952		$ 476
2	1 000		0.907		907
3	1 500		0.864		1 296
总数					$ 2 679

每一笔现金流 FV_t 都要除以 $(1+r)^t$ 进行折现。此处，t代表产生现金流的时点。我们注意到 $1\div(1+r)^t$ 对于任何一个正数利率而言，其结果都小于1。因此，在任意的正数利率下，未来收到的现金的价值都小于现在等额现金的价值。我们可以看到，折现的方法涉及在不同时点产生现金流的不同的备选方案的核心内容的比较。通过将每一种方案未来的现金流折现为现值（即当前的金额），我们就可以进行比较，并选出最优的方案。

一系列现金流的**净现值（net present value）**代表如公司接受某项投资计划，将使公司的价值增加的金额。例如，假设某公司的现值为4亿美元，这是考虑公司所有外部负债与权益后所得的当前的市场价值。如果公司做了一项净现值为1 700万美元的投资，那么该公司的现有负债与权益的价值就上升为4.17亿美元。现金流的净现值体现了公司接受某项计划后公司价值的变动。在充分竞争的资本和产品市场上，所有投资项目的净现值应为零。在完全竞争的情况下，公司不可能获得经济利润，所有的投资回报率均为市场利率，因此只有在公司能够使其产品定价高于公司长期的边际成本（即市场非完全竞争）的情况下，才有可能使投资获得正的净现值。当对某一拥有正的净现值的投资项目进行分析时，要理解获取经济利润的来源是十分重要的（是什么因素使得公司能获得高于其资本成本的回报率）。

4. 永续年金

下面我们将讨论**永续年金（perpetuities）**，即无限期地每年收到等量现金的情况。尽管在现实生活中极少存在永续年金，但永续年金的公式十分简单，并在后面还将用于推导其他的公式。英国政府发行的一些政府债券保证永久地每年支付固定的金额给持有人，那么投资人应支付多少金额来购入这样的债券呢？未来将得到的所有回报 FV_1、FV_2、…、FV_n 都是等额的，并等于FV。将FV代入总公式，可得：

$$PV = \frac{FV_1}{(1+r)^1} + \frac{FV_2}{(1+r)^2} + \frac{FV_3}{(1+r)^3} + \cdots$$

运用代数知识，该公式可以简化为

$$PV = \frac{FV}{r} \quad \text{（永续年金公式）}$$

这是永续年金的基本公式，或者说是当利率为r时，永续现金流的计算公式。如有一种债券，无限期地每年支付100美元，此时的利率为5%，则投资人愿意支付的债券价格为：

$$PV = \frac{100}{0.05}$$

$$= 2\,000 \text{（美元）}$$

5. 年金

下一个基本公式是在许多情况下都十分有用的**年金（annuity）**现值公式，即在一定年数中发生的一系列等额现金的现值。许多金融工具实际上都是年金。例如，购车贷款与抵押贷款都是在一定年月中支付等量金额予以偿还的。公司债券在债券有效期中（通常为20年）每年两次支付固定的金额给投资者。要推导年金的公式，首先仍以FV代表在今后的几年中每年发生的现金流，下图表示了几笔金额为FV的现金流发生的时间：

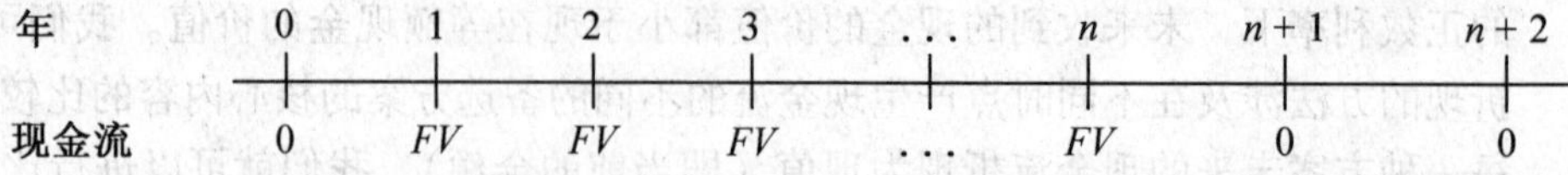

年金现值公式为：

$$\frac{FV}{r}\left[1-\frac{1}{(1+r)^n}\right] \qquad \text{（年金现值公式）}$$

为说明上述公式的运用，我们假设有一个借款人能在今后10年中每年支付1 000美元。如利率为5%，则现在能给予其多大金额的贷款？运用我们的年金公式，可得：

$$PV=\frac{1\ 000}{0.05}\left[1-\frac{1}{(1.05)^{10}}\right]$$
$$=20\ 000\times 0.386087$$
$$=7\ 721.73\ \text{（美元）}$$

因此，银行现在可以借出7 721.73美元，并使其在今后10年每年偿还1 000美元。除了利用公式，我们还可以利用年金现值系数表。在表3—13中，在5%的利率下，期间为10年的行所对应的系数为7.722，这个系数表示在5%的利率下10年年金的现值。如果每年现金流是1 000美元，则现金流的现值为7 722美元（7.722 × 1 000），这与我们利用公式得到的答案一致。

另一个十分有用的公式是年金终值公式。例如，18年每年投入1 000美元，则能积累多少子女的教育费？我们从年金的现值入手，并将现值公式乘上$(1+r)^n$将现值转化为终值：

$$\frac{FV}{r}\left[1-\frac{1}{(1+r)^n}\right](1+r)^n$$
$$=FV\left[\frac{(1+r)^n-1}{r}\right] \qquad \text{（年金终值公式）}$$

要求能积累多少子女的教育费用，可将数据代入上式，得到：

$$1\ 000\times\left[\frac{(1.05)^{18}-1}{0.05}\right]=1\ 000\times 28.13238$$
$$=28\ 132.38\ \text{（美元）}$$

因此，如果存款的利息仍存在银行并计算复利，且每年存入1 000美元，共存18年，则在利率为5%的情况下，18年后的存款总额将超过28 000美元。表3—15简化了年金终值的计算过程。对于前面的例子，表3—15中利率为5%、期数为18年所对应的系数为28.132，这表示在利率为5%的情况下，每年年金为1美元于18年后的终值。同样的，18年中每年投资1 000美元，在利率为5%的前提下得到的终值是28 132.38美元。

6. 每年中存在多次现金流的情况

直到现在，我们讨论的都还仅仅是每年只发生一次现金流的情况。如果现金流发生得更为频繁，如每月都会发生，我们将如何处理？我们可以将这些每月发生的现金流简单地相加，并将之视作是在年末发生的。但如果这样做，就忽略了由每月流入现金所产生的利息。试考虑下述两个选项的差异：（1）一年中每月收到1 000美元；（2）在年末一次性收到12 000美元。在我们计算上面两个选项哪一个价值更高以前，我们首先必须弄清楚月利率与年利率的关系。

年利率只关系到单个复利期间，而月利率则关系到12个复利期间。如果年利率为6%，那么每月的利率是多少？很容易会写成0.06 ÷ 12 = 0.005，但这是不对的。

为推导出月利率，我们要运用“等利率法则”（law of one interest rate）。在不存在交易成本和风险的前提下，市场上只存在一个利率。月利率与年利率必须能够满足：当投资者按月利率投资时的收益与按年利率投资时所得的收益相等。如以月利率 r_m 投资1美元，则在年底其积累的金额要等于1美元以年利率 r 投资到年底的金额。以月利率进行投资的机会成本要与以年利率进行投资的机会成本相等，否则的话，就存在从中渔利的机会。因此，下面的等式必须成立：

$$(1+r_m)^{12} = (1+r)$$
$$1+r_m = (1+r)^{1/12}$$
$$r_m = (1+r)^{1/12}-1$$
$$= (1.06)^{1/12}-1$$
$$=0.004868$$

现在，我们可以回到原来的问题，对两种选项进行估价了。刚刚求出的月利率为0.004868，年利率是6%。运用年金的现值公式来计算1年12个月每月收入1 000美元的现值：

$$\frac{FV}{r}\left[1-\frac{1}{(1+r)^n}\right]=\frac{1\,000}{0.004868}\left[1-\frac{1}{(1.004868)^{12}}\right]$$
$$= 205\,423\times 0.056609$$
$$= 11\,628.79\text{（美元）}$$

于年末一次性支付12 000美元的现值是：

$$\frac{FV}{(1+r)^n}=\frac{12\,000}{(1.06)^1}=11\,320.75\text{（美元）}$$

因此，分12次，每月支付1 000美元的现值要比年末一次性支付12 000美元的现值高308.04美元。12个月每月支付1 000美元的现值要比年末一次性支付12 000美元的现值高的原因是，每月支付的部分可以在该年剩下的期间获得利息收入。

上面的例子告诉我们，越早收到一笔收入，其价值也就越高。这里涉及复合分期（compounding interval）的问题。其核心内容是，如果现金流发生的频率大于每年一次的话，就不能用年利率对现金流进行贴现。有些银行以年利率，如每年5%的利率为公开利率，但其后又将年利率分解为月利率，并计复利。在这样的情况下，实际的（effective）年利率是：

$$1+\frac{r}{12}-1=\left(1+\frac{0.05}{12}\right)^{12}-1$$
$$= (1.0041666667)^{12}-1$$
$$=0.05116$$

因此，如果某银行公布其年利率为5%，而实际上按月计算复利，则其实际的利率为5.116%。如果银行公布的年利率为5%，而按天进行复利计算，则实际的利率为5.127%。[①] 存款人要获得最高的实际利率，也就是说如果各银行都提供一样的年利率，就应选择分期最短进行复利计算的银行。

我们并不一定要记住将现金流转化为现值或终值的公式。附在本章后的表3—12

---

① $0.05127=\left(1+\frac{0.05}{365}\right)^{365}-1$。

到表 3—15 根据公式给出了贴现率及终值金额。这些表格将极大地简化现值的计算。同时，绝大多数电子计算机的电子报表软件以及计算器都提供了现值与终值的计算功能。如在表 3—3 中计算了下述现金流的现值（利率 r = 5%）：头 10 年每年 2 000 美元，第二个 10 年每年 1 000 美元，在第 21 年年底 3 000 美元。

表 3—3 **运用复合利率表的例子**

（利率 = 5%）

	现金流入	贴现率	贴现率来源	现值
第 1 ~ 20 年	$ 1 000	12.462	表 3—13	$ 12 462
第 1 ~ 10 年	1 000	7.722	表 3—13	7 722
第 21 年	3 000	0.359	表 3—12	1 077
总现值				$ 21 261

请注意这一计算过程是如何被简化的。在本例中，第 1 年到第 10 年，每年流入 2 000 美元，而从第 11 年到第 20 年每年流入 1 000 美元，与前 20 年每年流入 1 000 美元，而前 10 年中每年又流入 1 000 美元相等。对这两类现金流进行贴现的贴现率是从年金表（表 3—13）中查出的。在第 21 年单独一笔 3 000 美元的现金流入是用表 3—12 中的贴现率计算的。将这三个贴现的现金流加总即可得到现值 21 261 美元。与其他情况一样，这 21 261 美元能体现当这些现金流确定并且市场利率为 5% 时，这些现金流的机会成本或现值。

本节复习思考题

Q3—3 试述什么是未来某一金额的现值？

Q3—4 试述什么是当前某一金额的终值？

Q3—5 试述什么是复合利率？

Q3—6 试述永续年金与年金的区别？

C. 资本预算：基础

本章第 1 节提出了资本的机会成本的概念（当前的 1 美元与未来的 1 美元并不等值）。第 2 节则讨论了如何将不同时点的金额折算为同一时点的等值金额。本部分我们将这些关于机会成本的概念用于资本预算。

1. 获取 MBA 学位的决策

假设 Sue Koerner 正在考虑是否要回学校攻读一个 MBA 学位，她现在的工资是 50 000 美元。学费、书费和其他的费用在两年的学习期间各计为 35 000 美元。在她取得 MBA 学位以后，Sue 的起薪将为 100 000 美元。也就是说，获得 MBA 学位每年能使其年薪增加 50 000 美元。然而 Sue 为了获取这个学位必须在学习期间放弃两年的薪水，还要支付学费、书费和其他费用。Sue 现在的年龄为 31 岁，预计其退休年龄为 60 岁，Sue 是否应去攻读 MBA 学位？假定市场利率为 5%，表 3—4 计算了获取 MRA 学位的净现值——现金流出与现金流入的现值之差。

表3—4　　获取 MBA 学位的决策

		净现金流	贴现率	现值
第 1 ~ 2 年	放弃的薪水加上学习的成本	$（85 000）	1.859	$（158 015）
第 1 ~ 30 年	由于获取 MBA 学位而增加的薪水	50 000	15.372	768 600
第 1 ~ 2 年	在头两年不能赚到较高的获得 MBA 学位以后能拿到的薪水*	（50 000）	1.859	（92 950）
总现值				$ 517 635

*在此减去两年每年收入为 30 000 美元的现值，因为在上一笔折算的现金流的现值中包括头两年每年 30 000 美元的收入，但是较高的薪水收入从第 3 年才开始。

表 3—4 将从第 1 年起每年增加的 50 000 美元的薪水视作一种年金，同时再从第 1 年起减去为期两年的每年 50 000 美元的年金，这是进行此项计算最简便的方法。表 3—4 的计算假设所有的现金流入（出）都发生在年末。为使这个例子简单化，我们假设在 Sue 获得 MBA 学位以后，增加的工资恒定为每年 50 000 美元。根据上述这些假设，获取 MBA 学位的决策的现值为 517 635 美元。这也就是说，获得 MBA 学位增加的工资的现值大于其由于攻读学位所放弃的金额（两年的薪水加上学校的费用），其价值超过了 500 000 美元。

MBA 学位的例子说明了如何对在不同时点产生现金流的选择方案进行比较，下面我们将考虑一个稍微有些复杂的投资决策。

固定成本与机会成本

长期来看，所有的成本都是变动的。当经理们决定要建起一个具有一定生产能力的厂房时，他们就使公司面临着一次投资决策。所有投入厂房建设的成本都成为一种沉没成本（假设其不具有重新出售的价值）。然后，会计师们再在厂房的存续期内，对之计提折旧。在财务报告中，这些折旧费用都是固定成本。

资本预算是决定要投资多少以在今后若干期内产生现金流量的过程。在完成一个资本项目以前，该项目的所有成本都是机会成本。一旦该项目已建成，只要产量未超出需要追加设备弥补耗损的程度，这些机会成本就会变成固定成本。

2. 开设录像带出租店的决策

假设 Pall Woolf 正在考虑是否要开设录像带出租店。对录像带及设备等的初始投资是 500 000 美元，假设该店能经营 4 年，在第 4 年年底能以 200 000 美元的价格售出。在表 3—5 中，对此店每年的经营获利能力进行了分析。

表 3—5　　录像带出租店第 1 年至第 4 年的预计利润

	第 1 年	第 2 年	第 3 年	第 4 年
1. 销售收入	$ 300 000	$ 450 000	$ 500 000	$ 500 000
2. 经营成本	180 000	200 000	220 000	220 000
3. 折旧	71 450	122 450	87 450	62 450
4. 税前利润（1 - 2 - 3）	$ 48 550	$ 127 550	$ 192 550	$ 217 550
5. 税收（税率为 34%）	16 507	43 367	65 467	73 967
6. 税后净利润（4 - 5）	$ 32 043	$ 84 183	$ 127 083	$ 143 583

录像带出租店的收入都采用现金的形式，因此所有的现金收入都代表现金流入。表3—5中列示的折旧金额是，联邦政府相关规定中计算应税收入时允许计提的加速折旧。表3—5中所列的税后利润与录像带出租店的净现金流并不一致。这种差异主要是由会计累计折旧造成的。这500 000美元的初始投资在第1年中并未转销，而是将其资本化后，再通过会计上的累计折旧将其逐步计入费用。为了计算这次投资的净现值，我们必须把表3—5中的会计利润数据转化为现金流。在表3—6中给出了转化后的现金流及净现值数据。

表3—6　**录像带出租店第1年到第4年的净现值**

	初始投资	第1年	第2年	第3年	第4年
1. 销售收入（现金流入）		\$ 300 000	\$ 450 000	\$ 500 000	\$ 500 000
2. 经营成本（现金流出）		180 000	200 000	220 000	220 000
3. 税收，税率为34%（现金流出）		16 507	43 367	65 467	73 967
4. 经营产生的现金流（1－2－3）		103 493	206 633	214 533	206 033
5. 投资产生的现金流	\$ （500 000）				
6. 资产处置产生的现金流					185 108*
7. 净现金流（4＋5＋6）	\$ （500 000）	\$ 103 493	\$ 206 633	\$ 214 533	\$ 391 141
8. 贴现率［$1\div(1.05)^n$］	1.000	0.952	0.907	0.864	0.823
9. 现值（利率为5%）	\$ （500 000）	\$ 98 565	\$ 187 422	\$ 185 322	\$ 321 793
10. 净现值					\$ 293 102

*资产处置产生的现金流＝\$ 200 000－\$ 200 000超出应付折旧账面价值的部分应交的税
＝\$ 200 000－0.34×（\$ 200 000－\$ 156 200）
＝\$ 185 108

该录像带出租店的净现值为293 102美元。每年的净现金流（第7行）是由经营产生的现金流（第4行）、初始投资（第5行）以及资产处置产生的现金流（第6行）构成的。经营产生的现金流（第4行）是销售收入（第1行）减去经营费用（第2行）再减去税收（第3行）后得到的数据。在第4年年底，该店面以200 000美元的价格出售。在美国税法的计税规则下，计算折旧时不计残值金额，所有由于资产处置而产生的收入都在收到时像一般收入一样计税。这也就是说，处置资产产生的现金流（第6行）是处置的价值减去对收益按34%计税后所得数值得到的结果，此处的收益是残值减去资产账面价值后得到的结果。初始的现金流500 000美元被假设是即刻发生的，因此以1.000的贴现率进行贴现。在第1年到第4年中发生的现金流都假设是在每年的年末发生的。

如果我们不像在表3—6中那样，不是将各现金流的值加总得到年度净现金流的数据，而是将折旧加回到净收入上并减去新的投资数值得出年度净现金流的值，在表3—7中反映了上述计算过程，这一计算将产生与在表3—6中反映的完全一样的现金流。[①]

表3—7　以净收益为起点计算录像带出租店第1年到第4年的年度现金流

	初始投资	第1年	第2年	第3年	第4年
1. 税后净收入（表3—5）		$ 32 043	$ 84 183	$ 127 083	$ 143 583
2. 折旧（表3—5）		71 450	122 450	87 450	62 450
3. 投资活动产生的现金流	$ （500 000）				
4. 资产处置产生的现金流		0	0	0	185 108
5. 净现金流（1+2+3+4）	$ （500 000）	$ 103 493	$ 206 633	$ 214 533	$ 391 141

3. 资本预算的基本要点

对现金流贴现而非对会计收益贴现

我们从表3—6中学到重要的一课，即要对现金流进行贴现，而非对会计收益。将注意力集中在现金流上是因为会计收益中包含应计项目。同时，会计处理方法的本质使得会计收益并不包括某些现金流的数值，如投资额被资本化，在会计收益中并未包括投资支出，而是要等到收到该项投资的经济利润时才将其计入。同样，销售收入是在责任产生法律效力时确认的，而不是在收到现金时。因而，会计收益所计算的金额，并不能反映实际收到的金额。表3—7反映出会计收益与现金流之间之所以存在差异，主要是由折旧和投资的分期分摊造成的。

我们对现金流而非对会计收益进行贴现的原因是，现金流可存入银行产生利息，而会计收益则不能用于存入银行。你不能走进商店用会计收益来购买苏打和椒盐脆饼。

在资本预算中，要包括营运资本的需求量

录像带出租店的例子比较简单，没有包括营运资本所需的现金金额。然而，在许多生产经营中，应收账款与存货账户的金额都较大。这些存货的金额如果用于投资将能产生利息。因此，在分析中也应计入这部分投入存货的金额。此外，很多企业允许顾客赊购营运资本，但同时这需要其为这些应收项目投入更多的现金。另外，公司也能以赊购的方式购入货物或支付服务费，这部分应付账款将能抵消用于流动资产投资的现金额。

在资本预算中，要包括机会成本而非沉没成本

在关于MBA的例子中，由于上学而放弃的当前工资是获取MBA学位的机会成本。这部分成本应被纳入分析之中，同时作为放弃的现金进行贴现。然而，在分析中，是不考虑沉没成本的。例如，分析中并未考虑为申请MBA学位而必须达到学士学位所需花费的成本（放弃的工资、本科的学费以及住宿费等）。获取学士学位发生的费用是沉没成本，因为这些成本是在做出继续攻读工商管理硕士这一决策以前发生的。

剔除融资成本

资本预算中，不应包括为该项目融资借入的负债的利息费用。项目资金的成本是

① 一般而言，将所有不减少现金流的费用，如折旧费用加回到净收入上，然后再从净收入中减去所有不增加现金流的收入，如累计债券利息收入。经过这样的计算，可得经营活动产生的现金流。

暗含在未来现金流的贴现之中的。如果该项目具有正的净现值，则其产生的现金流入将超过该公司的资本成本，即在补偿了资本成本支出以后仍有剩余收益。

在关于获取 MBA 学位以及录像带出租店的例子对贴现现金流的分析中，都未包括关于此项目是如何进行融资的情况。到底是以存款还是以学生贷款的方法来资助学生？对录像带出租店的投资是通过银行贷款得到的，还是该店引入了新的合伙人？所有这些，在分析中都未加考虑。这是因为，贴现率即能反映项目的融资成本。在充分确定和完备的资本市场前提假设下，市场中只存在唯一的利率，企业能以该水平借入所有需要的资金，而项目的融资方法是不相关的。

D. 资本预算：复杂的情形

上一部分提供了两个简化的有关资本预算的例子：关于获取 MBA 学位的例子和关于是否开设录像带出租店的例子。这些例子反映了**贴现现金流（discounted cash flow，DCF）**分析法的基本原理。DCF 分析的基本要素包括运用现金流而非会计收益数据进行分析，对经营资本需求和机会成本进行分析，同时并不考虑沉没成本与财务成本。本部分将涉及风险、通货膨胀以及折旧的避税效应等，从而使分析变得更加复杂。

1. 风险

我们此前的一条假设是所有的现金流都是无风险的。这一假设与零交易成本假设决定了在市场上只有唯一的利率水平，所有的未来现金流都将以这一无风险利率进行贴现。然而，很少存在无风险的现金流，因此我们必须掌握风险现金流的处理方法。首先要对用于贴现的利率进行调整。

一旦我们承认风险的存在，唯一利率的法则就不再成立了。相反，每一级别的风险水平，有其相应的利率。不同风险水平的投资，其利率水平也将发生相应的变化。风险较高的项目为了吸引投资，也会给予投资者较高的回报。这就是财务学中的另一条法则：无风险的 1 美元比有风险的 1 美元的价值更高。有风险项目所运用的贴现率高于无风险项目的贴现率。

何谓风险？如何衡量？如何选择风险调整贴现率？这些都是公司财务研究的主题。我们自己不必推导出风险调整贴现率。对于任意一个给定风险的现金流，我们都假设存在一个相应的风险调整贴现率。

想到在前面提到的关于 Pall Woolf 对录像带出租店投资的案例。Pall 的一项选择是以 5% 的利率投资于美国国库券，美国国库券几乎不会出现不能清偿的可能性。如果该录像带的现金流是有风险的，则 5% 就不是对录像带出租店投资的机会成本。由于存在风险的 1 美元的价值低于无风险的 1 美元的价值，因此 Pall 在对录像带出租店的现金流进行贴现时，要运用一个与风险水平相对应的利率。假设对全国性录像带连锁店进行权益投资可以获得每年 13% 的回报，而这些公司股票的风险与 Pall 的录像带出租店的风险相对应，那么 13% 即为对这家录像带出租店的现金流进行贴现的适当的风险调整利率。①

令 r_i 代表第一个投资项目经过风险调整后的贴现率，令 r_f 代表无风险的政府债券的利率。下面的等式给出了无风险利率与有风险利率之间的关系：

$$r_i = r_f + \text{风险补贴率}_i$$

该等式表明在风险水平 i 下，一项投资回报的风险调整利率是由两部分构成的。第一部分是在无风险的情况下，由于对某项资产投资而必须支付的报酬 r_f；第二部分是与风险水平 i 相对应的风险补贴率。因此，当我们要对一项存在风险的现金流进行估价时，首先要做的调整就是要决定一个与内含于投资项目的现金流的风险相对应的较高的贴现率。

第二项调整就是要对预期现金流进行贴现。由于现金流是不确定的，存在好几种可能出现的现金流。我们不是对可能发生的金额最大的现金流或是金额最小的现金流进行贴现，而是要对现金流的期望值或平均值进行贴现。例如，下一年的现金流可能为 100 美元或 200 美元，两种情况出现的可能性相等，我们将对现金流的期望值 150 美元进行贴现。对存在风险的现金流进行贴现的总公式为：

$$PV = \sum_{t=0}^{n} \frac{E(\widetilde{CF_t})}{(1 + r_t)^t}$$

$\widetilde{CF_t}$是在第 t 年的风险现金流，而 E（$\widetilde{CF_t}$）则是不确定的现金流的期望值。这一公式说明，要运用与项目内在风险程度相适应的风险调整利率来对期望现金流进行贴现。例如，在今后的 5 年中，每年产生现金流不是 100 美元就是 200 美元，且这两种情况出现的概率相等，则期望现金流为 150 美元。假设同等风险投资条件下的贴现率为 30%，则查表 3—13 可知，该风险性 5 年期年金的现值是 365. 40 美元（150 × 2. 436）。

2. 通货膨胀

直到现在，我们都还未考虑通货膨胀的影响。事实上，我们假设不存在通货膨胀的情况。在关于是否申请 MBA 学位的例子中，Sue Koerner 当前的工资（50 000 美元）与她获得了 MBA 学位后的工资（100 000 美元）之间的差额 50 000 美元，被假定在以后将保持不变。然而，即使每年存在极小的通货膨胀率，如 3%，也会使在此后 20 年中的现金流与在没有通货膨胀情况下的现金流不大一样。如果每年的通货膨胀率为 3%，则 1 美元在 20 年后将增值为 1. 81 美元。因此，在进行贴现现金流分析时，通货膨胀是不可忽略的因素。

如果不考虑任何通货膨胀因素，人们会更倾向于在现在获取一定金额的现金而非在将来获取同等金额的现金。在无通货膨胀的情况下，利率是对延迟消费的补偿。令 r_{real} 代表**真实利率（real interest rate）**，或是不存在通货膨胀情况下的利率。真实利率是由无风险收益率加上风险补贴率构成的。这是在一定的风险水平下，令市场上的资本供求平衡所得到的市场价格。

---

① 只有当此录像带连锁店没有负债时，股票的收益所面临的风险与 Pall 的录像带出租店所面临的风险相当。如果该连锁店有负债，则其股票的期望收益就高于该公司的资本成本了。

如果每年的通货膨胀率为 i，并且将 1 美元的消费推迟 1 年，则在该年年底，要花费（1 + i）美元才能购入与年初时花 1 美元能购入的同样的商品。如每年的通货膨胀率为 7%，则在年底购入与年初时价值 1 美元的货物同样的货物要花费 1.07 美元。**名义利率（nominal interest rate）** $r_{nominal}$，反映了在通货膨胀率为 i 的情况下，对推迟消费 1 年的补偿：

$$1 + r_{nominal} = (1 + r_{real})(1 + i)$$

名义利率是在市场中能观察到的利率值。其包括真实利率 r_{real} 和预期的通货膨胀率。如真实利率为 3%，而预期的通货膨胀率为 7%，则名义利率为 1.03 × 1.07 − 1 = 0.1021 = 10.21%。从银行贷出的款项将在今后偿还，而今后的货币购买力由于通货膨胀将有所下降。因此，当借出款项时，银行将通货膨胀率计入利息。

如果贴现率是以名义利率的形式给出的，则被贴现的现金流也是以名义货币的形式加以反映的。亦即，这些现金流还应就通货膨胀率进行调整。如果名义利率被用作现值公式的分母，而分子上的现金流又未做调整，那么就会产生不一致的结果。为了说明如何对现金流进行通货膨胀调整，请参见有关录像带出租店例子的表 3—5 与表 3—6。没有任何说明能指出表 3—6 中的现金流是真实的还是名义的。假设这些现金流是真实的，则这些现金流并未考虑通货膨胀的情况。在表 3—8 中，对通货膨胀做了如下假设：销售价格每年的膨胀率与资产处置价格每年的膨胀率为 2%，经营成本每年的价值膨胀率为 3%。首先我们要以名义货币的方式对现金流进行重新表述，然后用名义利率对这些货币进行贴现。假设名义利率为 9%。

表 3—8　　**录像带出租店第 1 年到第 4 年的净现值**

	初始投资	第 1 年	第 2 年	第 3 年	第 4 年
1. 销售收入（真实）		\$ 300 000	\$ 450 000	\$ 500 000	\$ 500 000
2. 通货膨胀率$(1.02)^n$		1.020	1.040	1.061	1.082
3. 销售收入（名义）(1 × 2)		\$ 306 000	\$ 468 180	\$ 530 604	\$ 541 216
4. 经营成本（真实）		180 000	200 000	220 000	220 000
5. 通货膨胀率$(1.03)^n$		1.030	1.061	1.093	1.126
6. 经营成本（名义）(4 × 5)		\$ 185 400	\$ 212 180	\$ 240 400	\$ 247 612
7. 折旧		71 450	122 450	87 450	62 450
8. 税前利润（3 − 6 − 7）		\$ 49 150	\$ 133 550	\$ 202 754	\$ 231 154
9. 税收（税率为 34%）(8 × 34%)		16 711	45 407	68 936	78 592
10. 经营产生的现金流（3 − 6 − 9）		\$ 103 889	\$ 210 593	\$ 221 268	\$ 215 012
11. 投资产生的现金流	(500 000)				
12. 资产处置产生的现金流					195 989*
13. 净现金流（10 + 11 + 12）	(\$ 500 000)	\$ 103 889	\$ 210 593	\$ 221 268	\$ 411 001
14. 贴现率 1 ÷ $(1.09)^n$	1.000	0.917	0.842	0.772	0.708
15. 现值（贴现率为 9%）	\$ (500 000)	\$ 95 311	\$ 177 252	\$ 170 859	\$ 291 163
16. 净现值					\$ 234 585

*资产处置产生的现金流 = 名义销售收入 −（名义销售收入 − 账面净值）× 税率

$= 200\ 000 \times (1.02)^4 - 0.34 \times [200\ 000 \times (1.02)^4 - 156\ 200]$

$= 195\ 989$（美元）

销售收入（第1行）是以每年2%的通货膨胀率进行重新表述的，经营成本（第4行）是以每年3%的膨胀率进行重新表述的。这样就可得出经过通货膨胀调整后的销售收入（第3行）和经过通货膨胀调整后的经营成本（第6行）。由于税法不允许用通货膨胀率对以历史成本计提的折旧费用进行调整，我们未对折旧费用进行调整。经营活动产生的名义现金流，即名义销售收入减去名义经营成本再减去税收后得到的数值。在表3—8中的其余数据，除了是以9%的贴现率进行贴现的以外，均是直接从表3—6中得到的。还存在的一个差异是，资产处置价值从200 000美元上涨了2%（由于通货膨胀因素）。在进行了通货膨胀调整以后，录像带出租店的净现值为234 585美元，而前面的净现值是293 102美元。净现值的金额有所下降，这是因为，虽然未来现金的流入由于通货膨胀的存在而有所增加，但是对其进行贴现的贴现率却上升得更快（现在为9%，而在表3—6中仅为5%）。

本部分中需要记住的一个重点是，要以名义利率来对名义现金流（经过通货膨胀调整的）进行贴现。

3. 税收及折旧的避税效应

在大多数贴现现金流的分析中，税收是一项十分重要的现金流项目。34%的公司所得税税率显示，一个项目获利的1/3都要用于交税。因此，税收的计算以及如何使税收最小化，成为资本预算中的一个重要因素。

会计折旧是用来使税收最小化的一个重要工具。假设公司一辆成本为25 000美元的汽车，在可预期的未来的应税收入将超过25 000美元。为达到税收最小化的目的，公司最希望能在当年的应税收入中将购车的总成本25 000美元计为折旧费用予以抵扣。然而，政府并不允许采用这样的处理方法，而是坚持要在汽车的使用寿命内分期对其计提折旧，如按5年计提折旧。汽车已经购入，25 000美元已经支付，现在剩下的唯一问题是能以多快的速度用汽车的成本来抵扣应税收入。会计折旧可抵扣部分的收入，使之不必缴税，而且公司通常更愿意在当期即将这部分成本予以抵扣，而非在将来抵扣。这是因为在当前节约的1美元的税收支出，其未来的价值将大于1美元。因此，该汽车在今后5年中计提的折旧分别为10 000美元、6 000美元、3 600美元、2 160美元和3 240美元。比5年中每年计提5 000美元的折旧更为有利。两种折旧计划，其折旧总金额均为25 000美元，但是在第一种方案下计提折旧的速度更快，从而可以减少税收支付的现值。

许多公司在向其股东和美国国内税务局（IRS）提供的对外报告中，运用的折旧方法是不一样的。IRS允许公司在对股东提供的报告中运用直线法计提折旧，而在计税时运用加速折旧法计提折旧。同时，还存在其他的会计方法会造成提供给股东的税收费用报告与公司实际的税收单不一致。例如，在提供给股东的财务报表中，包括产品售出时产品担保的预期成本。然而，在计税时，只有当这部分担保成本实际发生时，它才会被纳入计算。在计算一个项目的净现值时，我们应运用税务会计规范而非向股东提供信息时运用的会计规范。税收是一种现金流，用来计算税收的特殊会计方法会影响税收现金流。会计上的普通方法只用于编制向股东提供的报告，并不会影响税收现金流。

正如在录像带出租店的例子中所显示的，我们需要对会计折旧的处理方法予以特别的关注。下面是应予以关注的要点：

· 折旧费用不是一种现金流。

· 扣除折旧费用以后的净收益不是现金流。

· 折旧是税法允许计入的费用。

· 折旧费用能对税收产生影响，从而通过税收对现金流产生间接的影响。

· 当考虑折旧对现金流的影响时，要运用税法允许使用的折旧方法。

一些简单的代数公式能够反映折旧费用对现金流的间接影响。令：

τ = 税率；

R = 收益；

E = 所有的现金费用（不包括折旧）；

D = 税法允许计入的折旧。

运用上述这些符号，我们可写出以下这些熟悉的公式：

$$\text{净收入} = NI = (R - E - D)(1 - \tau)$$

$$\text{税收} = TAX = (R - E - D)\tau$$

$$\begin{aligned}\text{现金流} = CF &= R - E - TAX \\ &= R - E - (R - E - D)\tau \\ &= (R - E)(1 - \tau) + D\tau\end{aligned}$$

注意在最后一个现金流等式中的最后一个变量 $D\tau$。$D\tau$ 代表每年的折旧费用 D 乘上税率 τ。这一结果被加到每年的税后经营净现金流 $(R - E)(1 - \tau)$ 上得出税后净现金流。根据最后一个公式，我们可以清楚地看出，折旧费用越高，则公司的税收负担越低，从而公司的现金流越大。从这个角度讲，折旧可以用于避税，因为它可以产生较低的税收支出和较高的税后现金流。能从应税收入中予以抵扣的折旧的总金额，不能超过资产的原始成本。因而，折旧计提得越快（假设公司拥有大于零的应税收入），折旧避税的现值也就越高。计税时，加速折旧法能在较早期间对折旧费用加以确认，从而会增加一个项目的净现值。

为了说明较早计提折旧的重要性，试分析下面这个既能体现税收法规的特点，又免除了许多技术上的复杂性的例子。以 500 000 美元的价格购入一项资产，该资产无残值，使用寿命为 5 年，税率为 34%。在表 3—9 中，对直线折旧法和双倍余额递减折旧法下避税金额的现值进行了计算。

表 3—9　**折旧避税效应的净现值***

年度	直线折旧法			双倍余额递减折旧法				
	折旧费用	避税金额（$D\tau$）	避税金额的现值	DDB 率**	年初的账面价值	折旧费用	避税金额（$D\tau$）	避税金额的现值
1	$ 100 000	$ 34 000	$ 32 381	0.4	$ 500 000	$ 200 000	$ 68 000	$ 64 762
2	100 000	34 000	30 839	0.4	300 000	120 000	40 800	37 007

续表

年度	直线折旧法 折旧费用	避税金额（$D\tau$）	避税金额的现值	双倍余额递减折旧法 DDB率**	年初的账面价值	折旧费用	避税金额（$D\tau$）	避税金额的现值
3	100 000	34 000	29 370	0.4	180 000	72 000	24 480	21 147
4	100 000	34 000	27 972	0.4	108 000	43 200	14 688	12 084
5	100 000	34 000	26 640	0.4	64 800	64 800	22 032	17 213
	$ 500 000		$ 147 202			$ 500 000		$ 152 263

*资产价值500 000美元，无残值，使用寿命为5年，税率为34%，利率为5%。

**DDB率（双倍余额递减率）是直线法折旧率的2倍，即40% =2 ×1/5。

在双倍余额递减折旧法下，500 000美元的原始成本能以比直线折旧法下更快的速度被抵扣。因此，其避税金额的现值多5 061美元。换句话说，如果在计算税额时，以双倍余额递减法来计算折旧，而不是用直线法计算（假定税法允许这一做法），则项目的净现值可以增加5 061美元，这是资产成本的1%。

本节复习思考题

Q3—7 试给出净现值的定义。

Q3—8 试解释，为什么1年期的银行存款，其月利率（如银行每月支付利息）不是按年支付时年利率的1/12。

Q3—9 在对资本项目进行估价时，说折旧费用是一项避税工具有什么意义？

Q3—10 真实利率由哪些成分构成？

Q3—11 名义利率由哪些成分构成？

E. 不同的投资评价标准

直到这里，我们一直在就贴现现金流（DCF）分析法进行讨论。贴现现金流法也称净现值分析法（NPV），是对在不同时点发生现金流入（或出）的各种情况进行比较的正确方法。由于当前1美元的价值大于未来1美元的价值，因此不同时点收入或支出的金额不能简单地相加。也就是说，来来的金额一定要经过贴现才能与当前的金额相加。然而，DCF分析法并不是唯一的解决方法。有些公司还运用回收期法、会计收益率法或内含报酬率法来对投资项目进行评估。我们将先介绍这些方法，然后再对其进行严格的评价。在最后一部分中的调查数据则反映了这些方法在实践中被运用的频率。

1. 回收期法

一种十分简便的对项目进行评估的方法是**回收期法（payback method）**。回收期是收回原始投资所花费的年数或月数。假设一个项目的初始投资为700 000美元，同时，其后5年里每年的现金流入为200 000美元。这一项目的回收期为三年半（700 000美元÷200 000美元）。在三年半的回收期内，现金流入额等于初始投资700 000美元。回收期法的最大长处就是简单。回收期法的计算很简单，也易于理解。

不需要针对特定项目使用的适当的资本机会成本做出任何假设。

然而，回收期法忽略了货币的时间价值。因此，当两个项目的回收期一致时即被认为是相对等的，即使有一个项目所有投资的回收都发生在回收期的最后一年，而另一个项目的投资回收则均衡地发生在回收期各年之中。例如，假设有两个项目，每个项目需要投资 300 000 美元，其中一个项目 3 年中每年回收 100 000 美元，而另一项目在前两年中没有任何回收，而在第 3 年中回收了 300 000 美元。每一个项目的回收期都是 3 年，但第一个项目却更有价值，因为在第 1 年与第 2 年回收的 100 000 美元能产生利息。

与此同时，回收期法还忽略了回收期后的现金流状况，即忽略了项目的“获利能力”。两个投资额相等的项目，如直到回收期满每年产生的现金流状况都一致，其回收期也就一致。但如果一项投资在回收期后不再有现金流入，而另一项目仍有现金流入，则很显然后一投资项目的净现值较高。

另外，回收期法还缺乏一种是否应接受某项目的评价标准。公司应选用何种回收期值作为项目选择的标准？3 年的回收期是长还是短？相比之下，贴现现金流法用资本的机会成本来对现金流进行贴现。如果一个项目用资本的机会成本贴现后，净现值大于零，则项目是可接受的。在 DCF 分析中的标准是净现值大于零；而在回收期法中，并不存在这样的标准。

回收期法的倡导者们认为，净现值法即使在对未来的现金流进行贴现以后，仍对在将来收到的现金流予以过多的关注。有些管理人员认为要对三四年以后的现金流状况进行准确的预计是十分困难的。因此，他们给予这些现金流极少的关注。在回收期法中，不考虑现金流的状况。然而，根据现值计算法，内在风险越大的未来现金流，应以越大的贴现率进行贴现。在第 t 年发生的现金流，应以 $1/(1+r)^t$ 进行贴现。此处，r 是经风险调整后的适当的贴现率。随着 t 的增加，贴现率将逐渐变小。严格运用回收期法来对投资项目进行估价也容易使公司过度关注短期现金流而忽略了长期收益。

2. 会计收益率法

对项目进行评估的另一种方法是会计收益率法。一个项目的会计收益率——**投资收益率（return on investment，ROI）**的公式是：

$$ROI=\frac{\text{项目的平均年收入}}{\text{项目的平均年度投资额}}$$

试分析下述对一个项目投资 1 000 万美元的情况，该项目的经营寿命为 5 年，无残值。在以后的 5 年中，该项目每年的收入为：

经营收入	\$ 3 500 000
折旧（直线法）	(2 000 000)
税前净收入	\$ 1 500 000
税收（税率为 40%）	(600 000)
净收益	\$ 900 000

表3—10计算了平均净收入和平均年投资额。如平均净收入和平均年投资额给定，我们就能计算出该项目的 *ROI*：

$$ROI = \frac{\text{项目产生的平均年收入}}{\text{项目的平均年投资额}}$$

$$= \frac{900\ 000}{5\ 000\ 000} \times 100\%$$

$$= 18\%$$

表3—10　　**平均净收入与投资的平均账面价值**

年度	净收入	投资的平均账面价值
1	\$ 900 000	\$ 9 000 000
2	900 000	7 000 000
3	900 000	5 000 000
4	900 000	3 000 000
5	900 000	1 000 000
平均	\$ 900 000	\$ 5 000 000

会计收益率法的长处在于易于计算，而且与管理人员所熟悉的公司财务报表有关。但其问题在于，运用这一方法常会导致错误的投资决策。例如，假设当前以100美元购入一项公债，该公债在50年后将偿付2 000美元，则该债券的 *ROI* 为：

$$\text{平均每年现金流入} = \frac{2\ 000}{50} = 40\text{（美元）}$$

$$ROI = \frac{40}{100} \times 100\% = 40\%$$

该债券的会计收益率为40%。假设市场收益率为10%，运用会计收益率作为我们的投资标准，则该投资十分具有吸引力，但其净现值为：

$$NPV = -\text{初始投资额} + \frac{FV}{(1+r)^n}$$

$$= -100 + \frac{2\ 000}{(1+0.10)^{50}}$$

$$= -100 + \frac{2\ 000}{117.391}$$

$$= -100 + 17.04$$

$$= -82.96\text{（美元）}$$

事实上，该项目的净现值为负。而如以10%的利率投资100美元，50年后将成为11 739美元。

会计收益率法会导致错误的决策结果，是由于会计收益率法忽略了货币的时间价值。计算 *ROI* 的值时，要计算项目产生的平均年收入。在这一过程中，当前收入的1美元与未来收入的1美元被同等对待。而事实上，这2美元的价值是不一样的。但在计算会计收益率时，这种差异被忽略了。

3. 内含报酬率法

从表面上看，用**内含报酬率法**（**internal rate of return，IRR**）对不同的项目进行比较与 DCF 法十分相似。IRR 法要找出一个适当的利率，令初始支出等于未来的贴现现金流。如某项目的内含报酬率大于某一给定的利率（如项目的资本成本率），则应选择该项目。例如，假设当前投资 1 000 美元，1 年后将成为 1 070 美元。我们可以解出内含报酬率（IRR），即能令两种现金流相等的利率：

$$PV=\frac{FV}{(1+IRR)}$$

$$1\ 000=\frac{1\ 070}{(1+IRR)}$$

$$(1+IRR)=\frac{1\ 070}{1\ 000}$$

$$IRR=0.07=7\%$$

在这个十分简单的例子中，当前投资 1 000 美元，1 年后成为 1 070 美元的内含报酬率为 7%。如资本成本率为 5%，则很显然该投资产生的收益超过机会成本。该项投资的净现值是：

$$\begin{aligned}NPV&=-1\ 000+\frac{1\ 070}{1.05}\\&=-1\ 000+1\ 019.05\\&=19.05\text{（美元）}\end{aligned}$$

既然项目的内含报酬率高于资本成本率，同时项目的净现值为正，可见这两种投资评价标准下的答案一致，即该投资是可取的。

IRR 法的优点在于，一个投资项目的收益以利率的形式加以反映。有人认为，一个项目的收益率为 14% 要比一个项目的净现值为 628 623 美元更易于理解。

但是，IRR 法与 DCF 法（或净现值）所给的答案并非永远一致。试考虑下面两种相互矛盾的投资情况：

投资 1：在当前投资 1 000 美元，1 年后获得 1 070 美元。

投资 2：在当前投资 5 000 美元，1 年后获得 5 300 美元。

我们知道投资 1 的内含报酬率为 7%，净现值为 19.05 美元。对于投资 2：

$$5\ 000=\frac{5\ 300}{(1+IRR)}$$

$$(1+IRR)=\frac{5\ 300}{5\ 000}$$

$$IRR=0.06=6\%$$

$$\begin{aligned}NPV&=-5\ 000+\frac{5\ 300}{1.05}\\&=-5\ 000+5\ 047.62\\&=47.62\text{（美元）}\end{aligned}$$

哪一项投资较优？运用 IRR 法的标准则会认为投资 1 较优，因为投资 1 的内含报酬率较高。而运用净现值法（DCF）的标准则会认为投资 2 较好，因为投资 2 的净现值较大。那么，收益率与现金相比，哪一个更重要？净现值法能显示一项投资以当前金额反映的价值，或投资收益的大小。而 IRR 法则只能反映一项投资的相对收益。或许，1 000 美元20% 的回报率（20 美元）好于 1 美元 200% 的回报率（2 美元）。

使用 IRR 法与 DCF 法可能会得到不一致的结论，并非仅仅是 IRR 法的问题。在

IRR 法下，也可能会对相同的现金流求出不同的利率。试分析下述投资：如现在收到 72 727 美元,但在下一年必须投入 170 909 美元。在第 2 年年底，可再收入 100 000 美元。为计算该项投资的 IRR，需求解下列等式：

$$PV = 72\ 727 - \frac{170\ 909}{1 + IRR} + \frac{100\ 000}{(1 + IRR)^2} = 0$$

令 $x = \frac{1}{1 + IRR}$，则等式可写成：

$$PV = 100\ 000x^2 - 170\ 909x + 72\ 727$$

图 3—3 给出了上述净现值的贴现率函数的图形。我们注意到，当利率为 10% 与 25% 时，净现值均为零。曲线与 x 轴相交于两点。[①] 这也就是说，在这一特定的投资中，存在两个贴现率能使投资的现金流入等于现金流出，即 10% 与 25%，那么哪一个是对该项目进行评估的适当的贴现率呢？正如该例中反映出来的，当资本成本低于 10% 或高于 25% 时，该项目的净现值大于 0，该项目可以接受。如果资本成本率介于 10% 与 25% 之间，则项目的净现值小于零，该项目不可以接受。

图 3—3 为净现值与内含报酬率（IRR）的函数关系图。现在收到 72 727 美元，两年后收到 100 000 美元，但是下一年需支付 170 909 美元。

到目前为止，这个例子说明了，当有两笔或三笔现金流的情况下如何计算内含报酬率。当有不止三笔现金流时，试误法被用于计算内含报酬率。除了你不知道的折现率外，将问题看作标准的现金流折现问题来计算。首先猜测一个初始的折现率（如 15%），并用这个折现率来计算 NPV。如果计算出的 NPV 为正值，则提高折现率（20%），并重新计算 NPV。如果在修正的折现率下，新计算出的 NPV 为负值，就试一个较低的折现率（18%）。继续这个试误程序，直到这个项目的 NPV 值非常接近于 0，这个使 NPV 为 0 的折现率就为这个项目的内含报酬率。

图 3—3 说明，运用 IRR 法可能会产生多个内含报酬率。在其他的情况下，即使一个项目的净现值大于零，也可能根本无法得出一个内含报酬率。所有这些问题都导致运用 IRR 法将会遇到困难。

但可能与内含报酬率法最为相关的问题是，再投资利率的问题。再投资利率是在

---

① 可用下述二次方程式求出 IRR 的确切数值：

$$ax^2 + bx + c = 0$$

可得，

$$x = \frac{-b \pm \sqrt{b^2 - 4ac}}{2a}$$

$$a = 100\ 000(\text{美元})$$
$$b = -170\ 909(\text{美元})$$
$$c = 72\ 727(\text{美元})$$

将 a、b、c 的值代入二次方程求解公式，可解出 x：

$$x = \frac{170\ 909 \pm 10\ 913}{200\ 000}$$

或

$$x_1 = 0.90911$$
$$x_2 = 0.79998$$
$$\because x = \frac{1}{1 + IRR}$$
$$\therefore IRR = \frac{1}{x} - 1$$
$$IRR_1 = \frac{1}{0.90911} - 1 = 0.10 = 10\%$$
$$IRR_2 = \frac{1}{0.79998} - 1 = 0.25 = 25\%$$

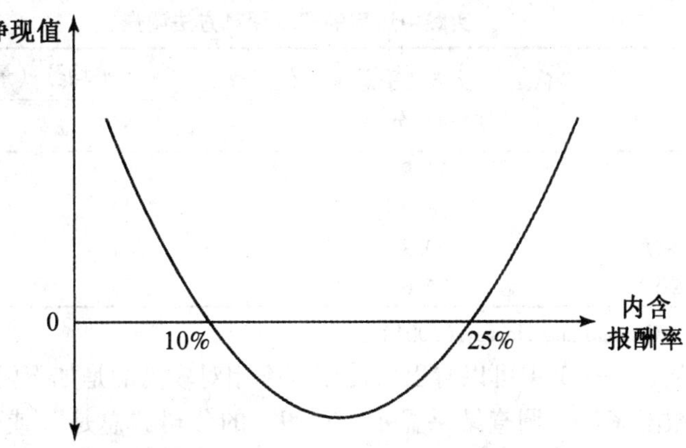

图 3—3　净现值与内含报酬率的函数关系图

项目的使用寿命内用来对收到的现金流与支出的现金流进行利率计算的利率。在贴现现金流法下，各现金流都是用资本的机会成本贴现的。在 DCF 法中，暗含着这样一个假设，即在项目期内产生的现金流是以市场利率重新投资的。如今后市场利率上涨或下降，就不能运用不变的贴现率了。在 IRR 法下，则需假定所有在项目期内产生的现金流入都自动地以该项目不变的内含报酬率投资于该项目了。这也就是说，在 IRR 法中隐含着下述假设：项目期内的现金流能投资于与当前考虑的这一项目类似的投资项目，同时可获得同样的内含报酬率。如果该项目是一个比较特殊的项目，则将来该项目产生的现金流将无法投资于一个与之相似的项目。因此，如果将来不存在具有同等再投资利率的投资项目，则运用内含报酬率法可能会高估一个项目的收益率。

在上面对内含报酬率法、回收期法和会计收益率法进行讨论的基础上，我们发现，对在不同时间点上发生的现金流入与流出进行比较的正确方法是贴现现金流法（净现值法）。

4. 实践中运用的方法

本节将介绍对在实践中运用的资本预算方法所做的一次调查。① 调查选取了大约 400 家大型和小型的美国上市公司作为调查的对象，在表 3—11 中列示了这些调查的结果。本次调查所使用的资本预算评估方法有：净现值法、回收期法、会计收益率法以及内含报酬率法。该调查要求每家被调查的公司都要对各项资本预算方法的使用频率打分，分值从 0 到 4，0 表示“从未使用”，4 则表示“总是使用”。公司可以，而且通常会使用多种方法。

① J. Graham and C. Harvey, “The Theory and Practice of Corporate Finance: Evidence from the Field,” *Journal of Financial Economics* 60 (2001), pp. 187 – 243.

表 3—11 **实践中运用的资本预算方法调查**

	"总是"或"几乎总是"使用的百分比	平均分（最高 4 分）	
		小公司	大公司
净现值法	74.9	2.83	3.42
回收期法	56.7	2.72	2.25
会计收益率法	20.3	1.41	1.25
内含报酬率法	75.6	2.87	3.41

资料来源：Graham and Harvey (2001).

首先，从表 3—11 中可以看出，使用频率相对较高的是如下两种贴现方法：净现值法和内含报酬率法。调查结果显示，74.9% 的公司"总是"或"几乎总是"使用净现值法，75.6% 的公司"总是"或"几乎总是"使用内含报酬率法。经常使用回收期法的公司有 56.7%，而仅有 20.3% 的公司经常使用会计收益率法。有些让人意想不到的是，尽管回收期法有着种种缺陷，它竟然还能达到这样的使用频率。第二点值得注意的是，大公司（销售收入不低于 100 万美元）相对于小公司而言，更倾向于使用净现值法（平均分值：大公司为 3.42，小公司为 2.83）。对于内含报酬率法而言也有着相同的结论，大公司更倾向于使用内含报酬率法。但是，不同于大公司，小公司更喜欢使用回收期法（平均分值：大公司为 2.25，小公司为 2.72）。至于会计收益率法，大公司和小公司的使用频率大致相同。

本节复习思考题

Q3—12 运用内含报酬率法进行投资决策的三个问题是什么？

Q3—13 为什么投资于建筑物的 1 美元的原始投资的价值大于投资于土地或经营资本上的 1 美元的原始投资的价值？

Q3—14 为什么在资本预算分析中要对现金流而非会计收益进行贴现？

F. 本章小结

在第 2 章中讨论了由于选择某一特定决策而放弃的利润，即某项目的机会成本。将当前 1 美元的收入递延为今后的收入，放弃的利润是这 1 美元可能获得的利息。当前的 1 美元的价值大于未来 1 美元的价值，这是一项基本的财务准则。要做出一项能够影响今后一段时期现金流的决策，需要有一个能对当前现金流和未来的现金流进行比较的机制。本章已阐明了贴现现金流（净现值）分析法从理论上讲是评估多期现金流决策的正确方法。因此，复利公式是一套用于比较多年度现金流的重要方法。

为简化概念的表述，在最初的分析中假设通货膨胀率为零，无风险且无交易成本。在这种情况下，只存在单一的无风险收益率，这一无风险收益率是资本的机会成本。所有的现金流都是以这一无风险收益率进行贴现的。只要一项现金流的净现值大于零就可以接受，因为其利润大于机会成本。

但在现实环境中总是存在着通货膨胀和风险。因此，要对简单的贴现机制做下述调整：

· 运用一个风险程度相当的投资项目的收益率来对期望现金流进行贴现。这个风险程度相当的投资项目的贴现率，是承受所评估项目风险的机会成本。

· 运用名义贴现率对名义现金流进行贴现。市场利率表现为名义利率，考虑了真实利率和通货膨胀因素。因此，在运用名义（市场）贴现率预测现金流时，就一定会在未来现金流的基础上考虑预期的通货膨胀因素。然而，有些未来的现金流由合同约定，如购房、购车的贷款，或者对政府或公司债券的偿付，这些现金流都不应因通货膨胀的存在而有所增加。

在对未来现金流进行估价的过程中，需要考虑的另一项重要因素就是税收的作用，尤其是运用税法允许计入的折旧费用抵扣初始投资金额，从而抵减未来的应付税款金额，即折旧费用的避税效应。在此，应采用税法允许的折旧方法，而不是用于编制向股东提供的外部财务报表所采用的折旧方法。

应该注意，增加某投资项目的净现值即意味着增加了该公司的价值。例如，假设公司能投资 1 000 万美元于某项目，该项目能产生的贴现现金流为 1 300 万美元，则该项目将使公司的价值上涨 300 万美元。

最后一个主题是各投资项目的评价方法：回收期法、会计收益率法、净现值法和内含报酬率法。回收期法与会计收益率法比净现值法简单，但由于这两种方法没有结合资本的机会成本，因此常常会导致错误的投资决策。内含报酬率法与净现值法非常相似，但也同样存在着一些问题。首先，人们追求的是价值最大化，而非收益率最大化。其次，采用内含报酬率法对某些项目而言可能会求出多个或零个利率。这种情况将造成混乱，并在决定是否接受某个项目时造成失误。但内含报酬率法最为严重的问题是，假定存在着与所评估项目的内含报酬率一样的其他投资项目，能将原始项目存续期中产生的现金流投资其中。这一假设可能会扭曲项目的获利能力，导致错误的决策。

如果公司能遵循下述的净现值法则，就可以避免上述的所有问题：运用风险水平调整后的名义利率对预期的名义税后现金流贴现，如净现值为正，则接受该项目。

自测题

[自测题 1]　阿弗罗兰德（Avroland）

阿弗罗兰德是加利福尼亚州的一个娱乐公园。现在，该公园运用计算机来执行一般的会计职能，包括门票收入统计、工资表处理以及制定雇员及维护时间表等职能。两年前，购入该系统的原始成本为 300 000 美元，此系统已按照税法要求运用直线法计提折旧，预期使用寿命还有 4 年，无残值。然而，由于公司最近的经营扩张，该电脑系统的容量已不够大了。对系统升级以提高储存能力和处理速度并满足增加的数据处理要求，要花费 65 000 美元。同时，升级后的系统在 4 年后也将被淘汰。这一系统新添置的部件同样用直线法计提折旧，无残值。公司的会计师预计，公司以后每年由于数据处理、工资处理（包括阿弗罗兰德公司的职员）以及每年更新升级系统软件而要多支出 28 000 美元（税后经营支出）。或者，公司可将工资表的处理工作外包给当地一家工资表处理公司，每年的税后成本是 40 000 美元。这将占用电脑更少的容量，从而避免对电脑进行升级。假定真实的资本成本为 4%，税率为 40%。

阿弗罗兰德公司应怎样决策？

解答：

如果阿弗罗兰德公司仍在内部自行对工资表进行处理，就必须支付电脑升级的成本以及减去因升级折旧产生的节税数额之后用于信息处理的变动成本。如将工资表外包处理，则每年要花费40 000美元。在其后的4年中，阿弗罗兰德的现金流情况存在以下两种可能性：

	初始投资	第1年	第2年	第3年	第4年	净现值
内部处理工资表						
升级成本	\$ 65 000					
人工软件费用		\$ 28 000	\$ 28 000	\$ 28 000	\$ 28 000	
折旧节税*		(6 500)	(6 500)	(6 500)	(6 500)	
总现金流出	\$ 65 000	\$ 21 500	\$ 21 500	\$ 21 500	\$ 21 500	
贴现率	1.000	0.962	0.925	0.889	0.855	
现值（利率为4%）	\$ 65 000	\$ 20 683	\$ 19 878	\$ 19 113	\$ 18 383	\$ 143 067
外包处理工资表						
年服务成本		\$ 40 000	\$ 40 000	\$ 40 000	\$ 40 000	
贴现率		0.962	0.925	0.889	0.855	
现值（利率为4%）		\$ 38 480	\$ 37 000	\$ 35 560	\$ 34 200	\$ 145 240

*$\frac{65\ 000}{4}\times 40\%$（税率）=6 500（美元）。

注意：不论原有的系统是否升级或是否将工资表处理活动外包出去，都将计提折旧。因此，这与现在考虑的决策并不相关。

既然工资表处理活动由公司自身完成的现金流出量的净现值低于将此活动外包的净现值，所以应对电脑进行升级。

[自测题2]　汽车出租

就在《赛车手》第8期的封面上，刊登了英格兰德尔（Englander）HRM新款汽车的照片！这简直是梦之杰作！而且只需80 000美元就能买下它！Jonathan的手中还攥着那本杂志，一路小跑就冲到了英格兰德尔汽车行。

Jonathan知道自己一定会买下那辆汽车。毕竟，还有谁会像他一样渴望得到它呢？现在唯一的问题就是如何付款了。Jonathan可以支付全款，或者他也可以先支付20 000美元的头期款，余下的款项通过银行贷款来支付。"如果支付20 000美元的头期款，则以后每月要偿还多少钱？"他问。"大约每月为1 200美元"，销售人员答道。

这可不是一笔小数目。但Jonathan还未来得及感到沮丧，那个销售人员又接着补充说："您有没有考虑过英格兰德尔公司提供的双五双胜佳节特别租车活动？它只需您支付一半的头期款项，以后每月只需付800美元。这听起来太好了，简直不像是真的！实际上这是由英格兰德尔公司财务部提供的一次难得的特别促销活动。您只需部分付款而不需再付全款，因此比买车要便宜很多。以这种方式付款十分便宜，但是得到的享受却与付全款一样。"

现在 Jonathan 面临的选择已经十分清楚了。他可以付 20 000 美元的头期款，然后以 10% 的年利率从银行借入余款，并在以后的 66 个月中予以偿还。或者，他也可以租入汽车。租金看起来比较便宜，但较难理解。它要求在首期支付 10 000 美元的资本成本抵扣费，然后在其后的 36 个月中每月支付 800 美元。在广告中，还有一排小小的印刷字指出了“追加费”，为 60 000 美元。这说明，如果在 36 个月以后，Jonathan 想购入此车，价格为 60 000 美元。当然，他也可以只在租期结束后将汽车交还，这就不必再支付任何其他费用。或者，他也可以用他个人存款来支付这 80 000 美元，这些存款每年能获得 10% 的利息。

a. 如果 Jonathan 向银行贷款，试计算每月需偿付多少钱？如以此种方法购入汽车，他总计支出现金的金额是多少？Jonathan 如果以存款支付车款，是否会有所节约？如果是，为什么？如果不是，为什么？

b. 试比较租车与买车两种决策的现值。何种决策较佳？假定 Jonathan 有足够的理由认为他的双五汽车在第三年底至少值 65 000 美元。这一情况是否会影响分析的结论？如果预计汽车在第三年底值 55 000 美元，分析结果又将如何？根据上述假设条件及所做的分析，应如何评价英格兰德尔公司租车计划的经济价值？

解答：

a. 为计算 Jonathan 每月需偿还的贷款金额，我们必须将给定的年利率 r 换算为月利率 r_m。根据本章中对于 1 年中发生多次现金流情况的讨论，公式应为：

$$r_m = (1+r)^{1/12} - 1$$

当 $r = 10\%$ 时，月利率为：

$$\begin{aligned} r_m &= (1+0.1)^{1/12} - 1 \\ &= (1.1)^{1/12} - 1 \\ &= 0.007974 \end{aligned}$$

贷款的现值很显然就是多期借入的金额之和，即汽车的价格减去头期付款所得到的数额（即 $PV = 80\,000 - 20\,000 = 60\,000$ 美元）。在该问题中，给出的偿还期为 66 个月。根据这些数据，我们可以运用年金现值的公式解出每月需要偿付的金额：

$$PV = \frac{FV}{r}\left[1 - \frac{1}{(1+r)^n}\right]$$

$$60\,000 = \frac{FV}{0.007974}\left[1 - \frac{1}{(1.007974)^{66}}\right]$$

$$FV = \frac{60\,000}{51.162}$$

$$= 1\,172.74 \text{（美元）}$$

Jonathan 在贷款期间每月需偿付 1 172.74 美元。他按月偿付金额的总额是每月偿付的金额乘上偿付的月数。加上头期所付款项后，以借款方式支付汽车贷款总共需支出的金额为：

$$1\,172.74 \times 66 + 20\,000 = 97\,401 \text{（美元）}$$

这一数值大于汽车售价 80 000 美元的事实，使得人们认为即期全额支付货款比从银行贷款进行分期支付更合适。实际上这种看法是错误的，因为它忽略了货币的机会成本，所以不能作为成本节约的一种证明。实际上，假如 10% 是这一类贷款的公允市场价格，那么就没有任何理由认为 Jonathan 在即期付款与银行贷款付款这两种支付方式中有所偏向。

b. 尽管租借的条件与贷款的条件有所不同，但在对租借方案以年利率 10%，也就是月利率 0.7974% 进行贴现以后发现，应当接受该方案。运用年金现值公式，在这样的条件下，$n=36$，$FV=800$ 美元：

$$PV=\frac{FV}{r}\left[1-\frac{1}{(1+r)^{n}}\right]$$

$$=800\times\frac{(1.007974)^{36}-1}{0.007974\times(1.007974)^{36}}$$

$$=\frac{800}{0.007974}\times\left[1+\frac{1}{(1.007974)^{36}}\right]$$

$$=24\ 950\ (\text{美元})$$

通过双五租借的方式购入汽车，Jonathan 在租借期满时要支付追加费用 60 000 美元。正如文中所给：

$$PV=FV\div(1+r)^{n}$$

租借期是 3 年，年利率为 10%（当然也可运用月利率与月数代入 r 和 n，但在这样的情况下，运用年度数据较为简单）。FV 是一次支付的 60 000 美元。相应的：

$$PV=\frac{60\ 000}{1.1^{3}}$$

$$=\frac{60\ 000}{1.331}$$

$$=45\ 079\ (\text{美元})$$

进一步讲，前面所付的 10 000 美元的头期费用也应考虑在内。既然这笔费用是在取得汽车之时支付的，就不必加以贴现了。考虑到所有通过租借方式购入汽车发生的现金流，公式如下：

$$PV_{\text{租借}}=24\ 950+45\ 079+10\ 000$$

$$=80\ 029\ (\text{美元})$$

从表面上看，似乎 Jonathan 采用租借还是购入的方式并没有太大的差别。然而，上面的分析并没有包括所有的情况。假设 Jonathan 所居住的地区对英格兰德尔的汽车十分推崇。如果在租赁期满时，汽车的市场价值为 65 000 美元，则 Jonathan 就能以比市场价值低 5 000 美元的价格购入汽车。这一期望也具有价值，同时可以将这一价值适当地记为 3 757 美元（$5\ 000\div1.1^{3}$）。如果在这一情况下，租借就比直接买入要合适：

$$PV_{\text{租借}}=80\ 029-3\ 757=76\ 272\ (\text{美元})$$

在这里最有趣的情况是，即使“追加费用”被高估，也能得到同样的结论。假设 Jonathan 与英格兰德尔的交易商进行交易是建立在预计 3 年后他的双五汽车的价值为 60 000 美元的基础上。但实际上，在租借期满时，汽车的真实市场价值只有 55 000 美元。如果 Jonathan 购入汽车，则他将承受不可预期的汽车贬值的风险。然而，如果他只是租入汽车，他就不必承担不可预期的汽车价值下跌的风险。在租借期满后，拥有以“追加费用”的价格购入汽车的选择权使得借入者能享受其收益，而其风险由出借者来承担。

很显然，这样的选择权也具有经济价值，理应成为对 Jonathan 的各种选择进行评估时予以考虑的因素。尽管确定这样一个选择权的价值几乎超出了这一问题研究的范畴，但可以想象，其价值应超过 29 美元。如果考虑这一选择权，而其他的条件又保持不变，则 Jonathan 将更倾向于选择租借而非购入。

习　题

[习题 3—1]　内含报酬率

当前投资 50 000 美元，预计在今后 7 年中，每年能收到 8 330 美元。试求该项投资的内含报酬率（写出计算过程）?

[习题 3—2]　加速折旧法

考虑税收的因素时，用加速折旧法计提折旧是否比运用直线法更加有利?

[习题 3—3]　捷士普（Jasper）公司

捷士普公司正在考虑两项互不相容的投资计划。选择 A 需在当前支出 300 000 美元，在其后的 5 年中每年回收 100 300 美元；而选择 B 则需在当前支出 150 000 美元，在其后的 5 年中每年回收 55 783 美元。

要求：

a. 试就每种选择计算内含报酬率。

b. 如果在资本市场上对相似项目要求的回报率为 15%，捷士普公司应选择何种投资决策?

[习题 3—4]　唯一公司（Just One. Inc）

唯一公司有两个互不相容的投资项目 P 和 Q（假设市场利率为 10%），相关资料如下：

项目	初始投资	第 1 年	第 2 年	*IRR*	*NPV*（$r=10\%$）
P	− $ 200.00	$ 140.00	$ 128.25	22.4%	$ 33.26
Q	− 100.00	80.00	56.25	25.0	19.21

对于项目的排名由于运用 IRR 法还是 NPV 法而有所差异。应选择哪一个项目?为什么运用 IRR 进行的排名会产生误导?

[习题 3—5]　权益公司（Equity Corp.）

权益公司聘请一名顾问对安装某一新型设备的可行性进行分析。该顾问最近递交了下述分析：

新型机器的成本	$ 100 000
经营产生的税后收益的现值	90 000
税后经营费用的现值	20 000
折旧费用的现值	87 500
顾问费用	750

公司的税率为 40%。该公司是否应接受该项目?

[习题 3—6]　迪卡林（Declining）营销公司

迪卡林营销公司正在考虑应在何时停止生产其生产线上的一种特定产品。该产品的销售收入已经开始下降，并且所有的预期都表明这一数值还将持续下降。用来生产该产品的固定设备是一种专用的设备，但现在可以当作使用过的设备出售。在这种情况下，有一条决策准则为："只要该产品对净收益的贡献值为正，就应维持生产。"这条准则是否存在错误？

注：对净收益的贡献为：$(1-\tau)$ ×（销售收入－变动成本－生产设备的折旧费）。其中，τ 为税率。

[习题 3—7]　北方太阳公司（Northern Sun，Inc.）

北方太阳公司是一家食品加工公司。在第 1 年年初，该公司考虑要购入两条新的冷冻食品线，下面的表格给出了该项目的现金流入与现金流出情况：

	第 1 年	第 2 年	第 3 年	第 4 年	第 5 年
研究与开发费用	$（200）				
包装与设计费用	（55）				
产品测试费用	（100）				$（50）
市场营销费		$（15）	$（10）	$（10）	（10）
分销费		（30）	（50）	（50）	（50）
现金流入	—	100	250	300	300
净现金流	$（355）	$ 55	$ 190	$ 240	$ 190

假定所有的现金流入和现金流出都是在期末发生的。

要求：

该公司的资本成本率为 10%，试计算下述数值：

a. 净现值。

b. 回收期。

[习题 3—8]　Ab 地产公司

Ab 地产公司在洛杉矶拥有一幢已建造 30 年的濒临倒塌的公寓楼。去年出租公寓的净现金流量为 200 000 美元。据预测，由于通货膨胀的缘故，出租公寓收到的现金流将以每年 10% 的速率上涨（下一年的净现金流量将为 220 000 美元，再下一年为 242 000 美元，依次类推）。该公寓楼剩余的使用年限为 10 年。有一家开发商想从 Ab 地产公司购入此公寓楼，推倒后重建一幢豪华大厦，其出价为 150 万美元。

假设不考虑税收因素的影响。此类投资的市场收益率为 16%，并预计将维持这一水平。16% 的利率中包括预计的通货膨胀率 10.5%。真实利率为 5%：

$$1.16 = 1.05 \times 1.105$$

要求：

a. 试评估该开发商所提出的条件，并向 Ab 地产公司提出建议。尽量用逻辑清晰的计算支持你的结论。注意，开发商会立即支付 150 万美元的出价，而保留公寓所获得的租金收入直到年底才会收到。

b. 假设洛杉矶正在强制推行租房控制政策，则 Ab 地产公司不能根据维护等费用的增加相应提高房屋的租金。这样由于出租公寓而获取的未来现金流将保持在每年 200 000 美元的水平上。这一租房的强制控制是否会改变 Ab 地产公司对开发商所提条件的态度？尽量用逻辑清晰的计算支持你的结论。

［习题 3—9］　彩票

假设市场利率为 10%。你刚刚中了彩票，奖金数额为 100 万美元，这将使你在今后 10 年每年年末能够获得 100 000 美元。

要求：

a. 你愿意于现在获取的、用以替代 10 年年金的最少的奖金总额是多少？

b. 在第 10 年年末，你愿意用以替代 10 年年金式奖金的一次性奖金的总额至少是多少？

c. 假设已过去了 3 年，你已收到 3 期的奖金，还有 7 期奖金未领。彩票的销售人找到你要求就奖金的支付达成一项协议。在第 3 年年末，若你愿意将剩余的 7 期奖金一次性领取，则该笔奖金的总额至少为多少？

d. 如果第一期奖金现在即可领取（t＝0），而其他各期奖金也放在期初而非期末领取，则你是否会改变对（a）问的回答？

［习题 3—10］　琼斯先生的退休计划

琼斯先生计划在 20 年后他 65 岁时退休。直到现在，他尚未为退休金做准备。现在，他试图建立定期的存款计划以进行退休金的准备工作。假设每年他向一个存款账户中存入相等金额的存款，年存款利率为 4%。如果他希望退休后直到 80 岁，每年均能从账户中提出 30 000 美元，则他现在每年至少要存入多少钱？

［习题 3—11］　净现值与回收期

被考查的投资项目的回收期为 5 年，成本为 1 200 美元。如要求的收益率为 20%，则在最坏的情况下，净现值为多少？请全面解释。

资料来源：R. Watts.

［习题 3—12］　简单的投资

一项投资机会要求在当前投资 1 000 美元，那么在其后 5 年每年会收到 300 美元的收益，之后则会维持每年 140 美元的收益。

该项投资的净现值是多少（假设利率为 14%）？

资料来源：R. Watts.

［习题 3—13］　DVD 播放机的需求

近年来，DVD 播放机的需求量上升得很快，但这一行业仍存在着激烈的竞争。建立一个生产 DVD 播放机的工厂的成本为 4 000 万美元，年生产能力为 100 000 单位，其存续寿命无限长，产品的变动成本为每件 20 美元，而且将保持不变。如资本成本率为 10%，则 DVD 播放机的价格是多少？

资料来源：R. Watts.

［习题 3—14］　清齿公司（Clean Tooth）

几年前，你的公司花费 25 000 000 美元购入了清齿公司，一家小型的高科技公司，该公司是生产激光洁齿设备的。然而不幸的是，由于生产线的广泛投产以及产品销售渠道受阻，总公司打算将该子公司作为“现代化计划”的一部分售出。根据当前的信息，下述是如果公司继续经营该部门的预期会计数据：

今后10年的预计销售收入	500 000 美元/年
今后10年的预计现金费用	450 000 美元/年
另一公司欲购入该部门的开价	250 000 美元

假设：

1. 公司不必缴税（无所得税）。
2. 售出该子公司不会产生附加的费用。
3. 在10年以后，该子公司的销售收入（费用）为零。
4. 所有的预测都很确定。

公司是否应以250 000美元的价格售出该子公司？

[习题3—15] 购买新车

你正在考虑是否要以50 000美元的价格购入一辆汽车。交易商向你提供年利率为13.6%的贷款，需用30个月的时间等额偿还。在向交易商咨询时，你发现，利息费用17 000美元（0.136×50 000 ×2.5）被加到50 000美元上，总额为67 000美元。每月需偿还的金额为2 233.33美元（67 000÷30），试问真正的年利率为多少？

[习题3—16] 全国纳税人联合会

运用你已掌握的关于通货膨胀与名义利率关系的知识，并假设存款投资于政府债券，试对下述由全国纳税人联合会提供的分析做出简洁的评论：

亲爱的朋友们：

您知道如果您加入全国纳税人联合会每年需要缴纳的会费为15美元，则您可能会想，如果不必缴纳会费，每个月您就能节省1.25美元。但您真的打算这样做吗？省下一笔钱但时常要为相关事务奔波，真的值得吗？

试考虑下面这个很简单的算术题，在税收水平达到当前的水平以前，每个家庭平均每年将节省下1 000美元。在过去，您可能也节约了这些钱。在您45年的工作生涯中，这笔存款按复利计算将达到230 000美元。在不取出本金的前提下，每年能产生13 800美元的收入。

但当通货膨胀率上升到6%时，它就会抵消掉利率，使您存款的价值下降到您实际存入的金额——45 000美元。

在当今这样的通货膨胀率水平下，这笔存款的最终金额为16 000美元，这笔存款每月只能产生区区70美元的收入。这反映出，您每月将直接承担超过1 000美元的退休收入以及超过200 000美元的资本被无风险的政府所占用。

仔细地考虑一下吧！庞大的政府机构给您带来的成本是金额巨大的，并且还将不断上升。即使您认为您并不拥有太多，也不怕失去，但事实上您还是承担了这样的损失。您手中剩下的一切都将被吞噬，除非拥有一个大型的"纳税人"联合组织能够对通货膨胀和税率加以控制。您为了做出回报每月需支付1.25美元，但如果考虑到您可能会沦落到身无分文的境地以及发生全国性破产，该费用真是太低廉了！

[习题3—17] 联邦政府大坝计划

当大雨使得河水泛滥时，山谷中的农民经常要遭受突发性的洪水袭击。于是，他们要求联邦政府在河边筑起一条大坝以抵挡洪水。这一项目的建设费用将在一定期限内由农场主以无息贷款的方式予以偿还。成本为每英亩300美元。如有一农场，占地

100 英亩，就需偿付 30 000 美元。在最初的 5 年中，不必偿还任何金额。在其后的 30 年中，每年年底要偿付 1 000 美元，直至付完 30 000 美元。

农民们是否应接受这个方案？为什么？如果利率为 10%，则这笔偿付金适当的资本化价值为多少（如存在）？请写出所有的计算过程。

［习题 3—18］　南美开采矿石

假设一家矿产经营公司已经花费了 800 万美元在南美开采矿石。根据当前的预计，开采该矿需要 2 年的时间，到时可实现的现金流将会高达 1 000 万美元。公司的工程师发现了一种新的方式来开采矿石，只需花费 1 年，但这一过程在当时即需支出 100 万美元。

要求：

a. 请计算这笔新的费用的内含报酬率（注意此处有两个解！其中一个解为 787%，试求出另一个解）。

b. 在对（a）问做出解答的基础上，运用 IRR 标准判断该公司是否应支出该笔费用。假设一年与两年债券的市场利率为 15%。

［习题 3—19］　房屋抵押贷款

如你刚刚购入一所房子，并取得了年利率为 10%、期限为 30 年、总额为 200 000 美元的抵押贷款。

要求：

a. 试求每年需偿还的金额为多少？

b. 若你在 1 月 1 日购入房屋，试问在 1 年后，其本金为多少？10 年后呢？

c. 在 4 年后，30 年固定利率的抵押贷款年利率将下降为 8%。你仍然持有 4 年前签订的老的抵押贷款合同，并且你计划在该房屋中再住 5 年，则试图重新贷款所需支付的总成本为 3 000 美元，其中包括法律费用、结算费用以及贴水费用。现在 5 年期的现金存款的利率为 6%，则你是应该重新贷款，还是应将这 3 000 美元存为现金存款？6% 的现金存款利率是你的资本机会成本。

［习题 3—20］　花市的杂货店

花市的杂货店正面临着如下一项资本预算决策。该店的冷藏展示柜亟待维修，维修的成本为 1 000 美元，维修后该系统还可用 5 年。或者，该公司可以购入一套全新的冷藏展示系统，价格为 5 000 美元，同时以 500 美元的价格售出旧的展示柜。由于新的冷柜展示的空间更大，从而会使冷冻食品的利润上升 30%。在上个财务年度中，该部门的利润为 5 000 美元。该公司的资本成本率为 9%。如不考虑税收情况，公司应如何行动？

［习题 3—21］　特乐多（Toledo）体育场

特乐多市收到一份关于新建一个室外多功能体育场的提议。体育场的预期使用寿命为 20 年。将进行年利率为 8%、期限为 20 年的债券融资。该体育场的主要主顾是该市的 3A 棒球队——红热队。该计划的支持者预计该体育场还可用于开办摇滚音乐会，以及为大、中学生提供运动场所。该市不必支付任何税费。该市的资本成本率为 8%，预期的成本与收益情况如下：

现金流出	
建设成本	12 000 000 美元
总维护成本（包括人工费）	250 000 美元/年
现金流入	
红热队租金	650 000 美元/年
音乐会租金	600 000 美元/年
大、中学运动会租金	50 000 美元/年

要求：

a. 该市是否应该修建该体育场（假设偿付行为发生在每年年末）？

b. 红热队威胁说如果不新建体育场，他们将搬出该市，该市的总会计师预计如红热队搬离该市，该市今后 10 年将每年损失 350 000 美元，其中包括税收收入、停车费以及其他费用收入。该市是否应修建体育场，请写出你的推理过程。

[习题 3—22]　PQR 煤业公司

PQR 煤业公司拥有几套常规型的和临时型的采矿设备。最近，由于临时矿井开采的煤炭含硫量过高导致获利能力下降，因此上述采矿设备将被禁止使用。不幸的是，PQR 公司刚在两年前以 100 万美元的价格购入可在地面移动的设备以用于临时采矿，而该设备并不能满足常规采矿的要求。

公司总裁 Big 女士认为，既然该设备可以以 500 000 美元的价格售出，就应不再使用该种设备。她说："在很久以前，我就已经认识到，当你犯了错误时，最好承认这一错误并承受由此带来的损失。如不考虑沉没成本，你不会将可用的资金再投入已失败的项目，只是损失投资设备的原始价值罢了。"

有一名新雇员，Embeay 先生则建议对这一设备进行改造，并用于常规采矿。他说："我们还将花费 800 000 美元在新的常规设备上。然而，只要花费 250 000 美元的费用，我们就可以改装旧设备使其完成同样的工作。当然，在今后 10 年的使用期内，改造设备每年的经营费用将要多支出 20 000 美元。但如果假设利率为 10%，即使将 10 年每年 20 000 美元的现值加上初始支出的 250 000 美元，其金额也小于购入新设备要花费的 800 000 美元。如上述分析正确，我们应忽略沉没成本，则至少我们可以通过这一方式来减少我们的损失。"

试问谁的意见正确？为什么？PQR 公司将采取怎样的措施？为什么？

[目题 3—23]　学生贷款计划

全国学生直接贷款（NDSL）计划使得大学生们可以从联邦政府处借得资金。合同规定，直到学生完成其正式教育（即至少是半日制）的 12 个月后，贷款的利率为 0。此后，年利率上涨为 4%。最长的还款期限为 10 年。假设学生在进入大学的第 1 年初借入了 10 000 美元，花费 4 年完成了教育，毕业 1 年后开始偿还贷款。

要求：

a. 假定学生选择最大期限还款，则每年统一的还款金额是多少（假定所有的偿付行为都在年末发生）？

b. 如存款的利率为 6%，则该学生在毕业后 1 年中至少应拥有多少存款，才能支付（a）中计算出的还款金额？

c. 参加 NDSL 计划的学生是否会得到资助？如果会得到，则当贷款发完时，资助的现值是多少？

[习题 3—24]　杰可公司（Geico）

杰可公司计划在其拥有的土地上扩建一家工厂。在 15 年前，公司花费 325 000 美元购入此地，其现在的市场评估价格为 820 000 美元。一项有关的资本预算分析显示，该厂房扩建项目的净现值为 130 000 美元。扩建将花费 173 万美元，与此同时，贴现现金流入为 186 万美元。在 173 万美元的扩建成本中，并未包括任何土地使用补偿金。编制该分析的管理人员认为，土地的历史成本已是一项沉没成本，既然公司还将继续拥有该片土地，则不论是否进行扩建，土地的现值与此并不相关。

在分析中是否应考虑土地的因素？如果是，应怎样考虑？

[习题 3—25]　节约成本的设备

一种用于节约成本的设备的安装成本为 59 400 美元。按税法要求，将在今后 3 年中按直线法计提折旧（无残值），而其实际使用寿命为 5 年。税率为 34%，同样的投资项目要求收益率为 10%。

如采纳该项投资，每年能节约多少税前成本？假设在 5 年后，该设备的残值为零。

资料来源：R. Watts.

[习题 3—26]　折旧抵税

有一投资项目要购入成本为 1 亿美元的设备。根据税法要求，该设备的使用寿命为 5 年，将以直线法计提折旧。预计通货膨胀率为 5%，而真实利率也为 5%，税率为 40%。

该机器折旧抵税的现值为多少？

资料来源：R. Watts.

[习题 3—27]　房屋市场

如在你家周围，与你的房屋相似的一幢房屋上周以 150 000 美元售出。你的房屋还承担着 120 000 美元、利率为 8% 的可传递抵押贷款（每年以复利计算），抵押贷款的期限为 30 年。所谓可传递抵押贷款是房屋的新买主可以根据原有的协议，根据初始利率继续偿还贷款的一种方式。最近售出的那幢房屋没有可传递抵押贷款，因此房屋的购买人必须以目前的市场利率 15% 来筹集购房资金。那么，你的房屋的售价应为多少？

另一幢房屋，也与第一幢以 150 000 美元售出的房屋相似，也正在寻求买主。这幢房屋与以 150 000 美元的价格售出的房屋之间存在的唯一的差别即是财产税。以 150 000 美元售出的房屋每年要交付 3 000 美元的财产税，而这幢房屋每年只需支付 2 000 美元的财产税。这一差异完全是由财产税收评估师在房屋建成时进行评估时所遇到的某些偶然因素造成的。在这一税收管辖区域内，一旦确定了年应缴税额，其在房屋的使用寿命内将保持不变。假设市场利率仍为 15%，那么该幢房屋的售价应为多少？

[习题 3—28] **抵押信贷部**

假设你是一家存款银行抵押信贷款部的管理人员。根据该州的《反暴利法令》，法律允许的抵押贷款的最高年利率为10%（复利）。

要求：

a. 如果向你提供一笔还款期限为30年、利率为10%的50 000美元的抵押贷款，试问每年平均的偿付金额应为多少？

b. 如果在当前市场上，类似的抵押贷款的内部利率为12%，如银行提供（a）中所描述的抵押贷款，则银行的损失是多少？

c.《反暴利法令》并未禁止银行收取贴水。1个贴水即为借款人借入50 000美元贷款的同时，返还1%的金额给借款机构。这也就是说，如银行收取1个贴水，贷款的偿付情况与（a）中的计算结果一样，但借款人实际只收到49 500美元。银行的贷款利率为10%，要使银行的收益率达到12%，要收取几个贴水？

[习题 3—29] **发电机**

某公司从当地的能源公司购入电能，现在该公司正在考虑是否自行发电。目前从当地能源公司购入所需电力的成本为每年42 000美元。安装一个蒸汽发电机的成本为140 000美元，每年的维护费用以及燃料费用预计为22 000美元。发电机的使用寿命为10年，使用寿命期满时，该设备的价值为零。资本成本率为10%，而且公司不需缴纳税款。

要求：

a. 公司是否应安装发电机？为什么？

b. 经工程师计算，如多投资40 000美元，则发电机产生的多余的蒸汽就可用来为公司的大楼供暖。现在，每年从外面购入蒸汽供暖的成本是21 000美元。如果公司的发电机除发电以外还要供暖，则每年要多花费10 000美元的燃料与维护成本。公司是否应对此发电机和供暖系统投资？请写出所有的计算过程。

[习题 3—30] **沃特森·拜（Watson's Bay）公司**

沃特森·拜公司正在考虑是否签订一项生产迪吉里杜管（didgeridoos）的合同。生产迪吉里杜管要购入价值100 000美元的设备，每生产一个迪吉里杜管要花费15美元的经营成本。根据合同，公司在其后的4年中每年要生产3 000个产品，单位价值为30美元。在第4年年底，设备能以10 000美元的价格售出。下面给出的是设备使用寿命周期中每年的折旧系数：

年度	折旧系数
1	0.3333
2	0.4445
3	0.1481
4	0.0741

折旧的系数用于与设备的总成本相乘（例如，在确定折旧时，未考虑残值）。税率为33%，在这样的风险水平下投资的市场收益率为20%。沃特森·拜公司是否应签订生产迪吉里杜管的合同？

资料来源：R. Watts.

[习题 3—31]　琳达·赖恩（Linda Lion）公司

琳达·赖恩公司有一个投资机会，要求在当前支出 1 000 美元购入设备。这一投资将持续 4 年产生净现金流入。在第 1 年年底的净现金流入为 400 美元，其后每年的现金流入则因总通货膨胀率而不断增加。该设备将用直线法计提折旧，直至设备的价值为零。在 4 年后，该设备无残值。税率为 40%，这样风险程度的投资要求的真实收益率为 10%。

要求：

a. 如总通货膨胀率为 5%，琳达·赖恩公司是否应采取此项投资计划？

b. 如总通货膨胀率为 15%，则答案是否会有所不同？试解释为什么。

资料来源：R. Watts.

[习题 3—32]　达柯塔（Dakota）矿业公司

达柯塔矿业公司正在考虑是否经营一个临时矿井。其成本为 440 万美元，现金收益为 2 770 万美元，全部在第一年年末发生。所占用土地的成本 2 500 万美元应交还给其所在的州，款项将在 2 年后支付。该项目的内含报酬率是多少？

要求：

a. 如市场收益率为 8%，那么是否应接受该项目？

b. 如市场收益率为 14%，情况又如何？

试解释推理过程。

资料来源：R. Watts.

[习题 3—33]　欧兰德（Overland）钢铁公司

欧兰德钢铁公司在纽约州经营着一家燃煤炼钢工厂。由于该州《空气质量控制法令》所发生的变化，如该厂继续生产则每天将被罚款 1 000 美元（在年终时支付）。现在，该工厂每天都维持生产。

该工厂于 20 年前建造，成本为 1 500 万美元，现在的未折旧账面价值为 300 万美元。该工厂预计的剩余使用寿命为 30 年。

公司可将该工厂出售给一家开发商。该开发商想在这个地方建起一家商业中心。如公司能推倒工厂并做好相应的准备，则开发商将以 100 万美元的价格购入该地皮。推倒工厂以及进行相应的准备预计将花费 65 万美元。

或者，公司可以为该工厂安装污染控制设备以及其他现代化设备，这需要初始投资 275 万美元。这些改造并不能延长工厂的使用寿命，也不能增加工厂的残值。但这些改造每年可以削减 25 000 美元的经营成本，还可避免每天 1 000 美元的罚款。当前，支付罚金前该工厂的净现金流入为每年 450 000 美元。

假设：

1. 市场利率为 14%。

2. 无税收。

3. 在今后的 30 年中，预计的年现金流将维持不变。

4. 到第 30 年年底，不管是否安装了污染控制设备，该工厂的预计残值均为 200 万美元。

要求：

试评价可供管理当局选择的各种方案，并提出相应建议。尽可能以逻辑清晰的计算支持该结论。

[习题 3—34] 黑羽印第安领地（Black Feather Indian Nation）

黑羽印第安领地位于北达科他州，占地 900 平方英里，这块领地拥有合法出售汽油不需收取或支付州和联邦税的权利。汽油在北达科他州的售价为每加仑 1.20 美元，其中包括 0.50 美元的税费。这块保留地位于北达科他州的乡村，并且离附近的 5 个小城市分别有 3 到 20 英里的距离，每个小城市的人口为 20 000 至 60 000 人。

黑羽印第安领地向你的咨询公司咨询关于开展汽油的零售业务方面的意见。它可以以批发价每加仑 0.65 美元的价格购买汽油，并且正在考虑在其领地的周边建设 5 个加油站，以便向不是黑羽印第安领地内的消费者出售免税汽油，售价为每加仑 0.70 美元。5 个加油站、新的路标以及营运资本的总成本为 400 万美元。

你的公司的咨询部合伙人负责这项任务，现正准备向该领地提出建议。他要求你准备一份简短的备忘录，用以概述并分析这个你认为有必要回答的问题："黑羽印第安领地是否应投资 400 万美元开展汽油的零售业务？"

要求：

你的备忘录应该包括以下几点：

a. 你所提出的方案的概述。

b. 为实施在（a）中你所提出的方案，应该收集各种数据的详细清单。对于每个数据项目而言，详细阐述你将如何使用。

[习题 3—35] 斯柯蒂（Scottie）公司

a. 斯柯蒂公司刚收到一份合同，在今后 5 年中每年将生产 100 个铸件，单价为 200 美元。生产这些铸件需对工厂投资 35 000 美元，单位生产成本为 50 美元。根据计税要求，将在 5 年中用直线法计提折旧。在起始年和最后一年中也都计提全年的折旧。税率为 40%，对于此类投资而言市场要求的收益率为 10%。斯柯蒂公司是否应签订该项合同？

b. 假设（a）中的合同还提出需使用部分货仓，事实上这些货仓为闲置的，如未被使用也不能租出。就在斯柯蒂公司打算做出接受还是拒绝该项合同的决定之前，卡普梅尔（Kampmeier）资产公司提出如斯柯蒂公司能对闲置的场地进行修缮，则将以每年 3 000 美元的价格租用 5 年。修缮成本为 10 000 美元。该项修缮也将在 5 年中用直线法计提折旧，该租借项目要求的收益率也是 10%。

（i）此项租借的要求是否会改变生产铸件的合同的净现值？请写出计算过程。

（ii）该场地每年收取的租金是否为铸件生产合同的一项机会成本？为什么？

资料来源：R. Watts.

[习题 3—36] 韦尔（weil）公司

韦尔公司正在考查一个新的项目。韦尔公司希望能在今后的 10 年中每年销出 500 件产品，每件产品带来的净现金流入为 20 美元。换句话说，预计每年的经营现金流入为 10 000 美元（20 × 500）。相应的贴现率为 20%，初始投资为 45 000 美元。

要求：

a. 净现值为多少？

b. 假设在第 1 年后，可放弃该项目，并以 40 000 美元的价格售出。如果在余下的 9 年中，每年预计可售出的产品数量与第 1 年一样，那么第 1 年的销售量为多少才应放弃该项目？

c. 假设只存在两种可能的销售水平：750 件或 250 件。如在第 1 年中售出 750 件，则在第 2 年到第 10 年都将销售 750 件。如在第 1 年售出 250 件，则在今后每年也将售出 250 件，如在第 1 年出现上述两种销售量的可能性相等，则该项目的净现值为多少？在回答问题时，请考虑放弃该项目的可能性（残值为 40 000 美元）。

d. 在（c）中，选择放弃该项目的选择权的价值是多少？

资料来源：R. Watts.

［习题 3—37］　冲压机

现在正在使用的冲压机的账面价值为 1 800 美元，需要对该机器进行设计改造，共需花费 16 200 美元。这笔费用将在发生当期予以资本化，并计提折旧。现在，该冲压机可以以 2 600 美元的价格售出，但如果进行了适当的改造还可使用 3 年，在使用寿命期满时，机器无残值。

要取代现有的设备可购入新的冲压机，其账面价格为 26 900 美元，运费为 800 美元，安装成本为 500 美元。在机器的使用寿命内计提折旧。出于生产产品的特征，新机器的预计使用寿命也为 3 年，在使用期满时无残值。

如使用旧机器，在缴税和计提折旧费用以前的经营利润（收入减去成本）在第 1 年为 10 000 美元，在其后的两年为 8 000 美元。如使用新机器，在缴税和计提折旧费用以前的经营利润（收入减去成本）在第 1 年为 18 000 美元，在其后的两年为 14 000美元。

公司的所得税税率为 40%，售出设备的利得或损失也适用同样的税率。当前的设备与计划购入的设备都将在 3 年中用直线法计提折旧。假设公司希望在税后获得 10% 的收益率，则应对旧机器进行改造还是应购入新的机器？

［习题 3—38］　阿潘克斯（Apex）公司

在阿潘克斯公司中，要完成一项特殊的工作，可选用两种不同的工具。对于工具 A，所需的初始投资为 52 000 美元，每年的经营成本为 26 000 美元，工具的经济使用寿命为 12 年，在期满后，残值为 6 000 美元。对于工具 B，所需的初始投资为 41 000 美元，每年的经营成本为 32 000 美元，使用寿命为 12 年，期满时残值为 4 500 美元。税率是 40%，运用年数总和法计提折旧时，税法要求的折旧年限与使用寿命相等。

要求：

a. 假设资本成本率为 8%，应购入何种工具？

b. 如运用双倍余额递减法，对（a）问的回答是否会有所不同（假设可以在资产使用寿命内的任意时点改用直线法计提折旧）？

［习题 3—39］　东部教育服务公司

东部教育服务公司正在考虑有关教学机器的卖旧买新计划。下面是其部门主管提供的数据：

	现有的机器	新机器
购入日期	1999 年 1 月 1 日	2005 年 1 月 1 日
原始成本及安装费用	$ 100 000	$ 140 000
残值	$ 20 000	$ 40 000
使用寿命	10 年	4 年
折旧方法	直线法	直线法
当前市价（扣除资产处置成本）		
（账面价值为 52 000 美元）	$ 60 000	–
财产税和保险	原价的 5%	原价的 5%
每年的维护成本及其他固定成本		
（不包括折旧费用）	$ 10 000	$ 4 000
单位变动成本	$ 5	$ 2

其他信息：

1. 公司预计不论运用哪一种机器，都将以 10 美元的单价每年生产 10 000 件产品。

2. 公司所有收入与费用的税率均为 40%。

3. 假设收入与费用都在每年年末发生。

4. 公司的税后资本成本率为 12%。

5. 该公司设在一个欧洲国家，当地的资本利得要按 40% 的税率纳税。资本利得是销售价格与账面价值（原始成本减累计折旧）的差额。

要求：

a. 试提供有关这一计划的财务分析，并做出清晰的表述。

b. 在下述条件下，公司购入新机器的可能性将增大、减小还是不变？

（i）如公司的贴现率上升。

（ii）如新机器可以使用双倍余额递减法计提折旧。

表 3—12

复利现值系数表

期数	3%	4%	5%	6%	7%	8%	9%	10%	12%	14%	16%	18%	20%	25%	30%	35%	40%
1	0.971	0.962	0.952	0.943	0.935	0.926	0.917	0.909	0.893	0.877	0.862	0.847	0.833	0.800	0.769	0.741	0.714
2	0.943	0.925	0.907	0.890	0.873	0.857	0.842	0.826	0.797	0.769	0.743	0.718	0.694	0.640	0.592	0.549	0.510
3	0.915	0.889	0.864	0.840	0.816	0.794	0.772	0.751	0.712	0.675	0.641	0.609	0.579	0.512	0.455	0.406	0.364
4	0.888	0.855	0.823	0.792	0.763	0.735	0.708	0.683	0.636	0.592	0.552	0.516	0.482	0.410	0.350	0.301	0.260
5	0.863	0.822	0.784	0.747	0.713	0.681	0.650	0.621	0.567	0.519	0.476	0.437	0.402	0.328	0.269	0.223	0.186
6	0.837	0.790	0.746	0.705	0.666	0.630	0.596	0.564	0.507	0.456	0.410	0.370	0.335	0.262	0.207	0.165	0.133
7	0.813	0.760	0.711	0.665	0.623	0.583	0.547	0.513	0.452	0.400	0.354	0.314	0.279	0.210	0.159	0.122	0.095
8	0.789	0.731	0.677	0.627	0.582	0.540	0.502	0.467	0.404	0.351	0.305	0.266	0.233	0.168	0.123	0.091	0.068
9	0.766	0.703	0.645	0.592	0.544	0.500	0.460	0.424	0.361	0.308	0.263	0.225	0.194	0.134	0.094	0.067	0.048
10	0.744	0.676	0.614	0.558	0.508	0.463	0.422	0.386	0.322	0.270	0.227	0.191	0.162	0.107	0.073	0.050	0.035
11	0.722	0.650	0.585	0.527	0.475	0.429	0.388	0.350	0.287	0.237	0.195	0.162	0.135	0.086	0.056	0.037	0.025
12	0.701	0.625	0.557	0.497	0.444	0.397	0.356	0.319	0.257	0.208	0.168	0.137	0.112	0.069	0.043	0.027	0.018
13	0.681	0.601	0.530	0.469	0.415	0.368	0.326	0.290	0.229	0.182	0.145	0.116	0.093	0.055	0.033	0.020	0.013
14	0.661	0.577	0.505	0.442	0.388	0.340	0.299	0.263	0.205	0.160	0.125	0.099	0.078	0.044	0.025	0.015	0.009
15	0.642	0.555	0.481	0.417	0.362	0.315	0.275	0.239	0.183	0.140	0.108	0.084	0.065	0.035	0.020	0.011	0.006
16	0.623	0.534	0.458	0.394	0.339	0.292	0.252	0.218	0.163	0.123	0.093	0.071	0.054	0.028	0.015	0.008	0.005
17	0.605	0.513	0.436	0.371	0.317	0.270	0.231	0.198	0.146	0.108	0.080	0.060	0.045	0.023	0.012	0.006	0.003
18	0.587	0.494	0.416	0.350	0.296	0.250	0.212	0.180	0.130	0.095	0.069	0.051	0.038	0.018	0.009	0.005	0.002
19	0.570	0.475	0.396	0.331	0.277	0.232	0.194	0.164	0.116	0.083	0.060	0.043	0.031	0.014	0.007	0.003	0.002
20	0.554	0.456	0.377	0.312	0.258	0.215	0.178	0.149	0.104	0.073	0.051	0.037	0.026	0.012	0.005	0.002	0.001
21	0.538	0.439	0.359	0.294	0.242	0.199	0.164	0.135	0.093	0.064	0.044	0.031	0.022	0.009	0.004	0.002	0.001
22	0.522	0.422	0.342	0.278	0.226	0.184	0.150	0.123	0.083	0.056	0.038	0.026	0.018	0.007	0.003	0.001	0.001
23	0.507	0.406	0.326	0.262	0.211	0.170	0.138	0.112	0.074	0.049	0.033	0.022	0.015	0.006	0.002	0.001	0.000
24	0.492	0.390	0.310	0.247	0.197	0.158	0.126	0.102	0.066	0.043	0.028	0.019	0.013	0.005	0.002	0.001	0.000
25	0.478	0.375	0.295	0.233	0.184	0.146	0.116	0.092	0.059	0.038	0.024	0.016	0.010	0.004	0.001	0.001	0.000
26	0.464	0.361	0.281	0.220	0.172	0.135	0.106	0.084	0.053	0.033	0.021	0.014	0.009	0.003	0.001	0.000	0.000
27	0.450	0.347	0.268	0.207	0.161	0.125	0.098	0.076	0.047	0.029	0.018	0.011	0.007	0.002	0.001	0.000	0.000
28	0.437	0.333	0.255	0.196	0.150	0.116	0.090	0.069	0.042	0.026	0.016	0.010	0.006	0.002	0.001	0.000	0.000
29	0.424	0.321	0.243	0.185	0.141	0.107	0.082	0.063	0.037	0.022	0.014	0.008	0.005	0.002	0.000	0.000	0.000
30	0.412	0.308	0.231	0.174	0.131	0.099	0.075	0.057	0.033	0.020	0.012	0.007	0.004	0.001	0.000	0.000	0.000
35	0.355	0.253	0.181	0.130	0.094	0.068	0.049	0.036	0.019	0.010	0.006	0.003	0.002	0.000	0.000	0.000	0.000
40	0.307	0.208	0.142	0.097	0.067	0.046	0.032	0.022	0.011	0.005	0.003	0.001	0.001	0.000	0.000	0.000	0.000
60	0.170	0.095	0.054	0.030	0.017	0.010	0.006	0.003	0.001	0.000	0.000	0.000	0.000	0.000	0.000	0.000	0.000

表 3—13

年金现值系数表

期数	3%	4%	5%	6%	7%	8%	9%	10%	12%	14%	16%	18%	20%	25%	30%	35%	40%
1	0.971	0.962	0.952	0.943	0.935	0.926	0.917	0.909	0.893	0.877	0.862	0.847	0.833	0.800	0.769	0.741	0.714
2	1.913	1.886	1.859	1.833	1.808	1.783	1.759	1.736	1.690	1.647	1.605	1.566	1.528	1.440	1.361	1.289	1.224
3	2.829	2.775	2.723	2.673	2.624	2.577	2.531	2.487	2.402	2.322	2.246	2.174	2.106	1.952	1.816	1.696	1.589
4	3.717	3.630	3.546	3.465	3.387	3.312	3.240	3.170	3.037	2.914	2.798	2.690	2.589	2.362	2.166	1.997	1.849
5	4.580	4.452	4.329	4.212	4.100	3.993	3.890	3.791	3.605	3.433	3.274	3.127	2.991	2.689	2.436	2.220	2.035
6	5.417	5.242	5.076	4.917	4.767	4.623	4.486	4.355	4.111	3.889	3.685	3.498	3.326	2.951	2.643	2.385	2.168
7	6.230	6.002	5.786	5.582	5.389	5.206	5.033	4.868	4.564	4.288	4.039	3.812	3.605	3.161	2.802	2.508	2.263
8	7.020	6.733	6.463	6.210	5.971	5.747	5.535	5.335	4.968	4.639	4.344	4.078	3.837	3.329	2.925	2.598	2.331
9	7.786	7.435	7.108	6.802	6.515	6.247	5.995	5.759	5.328	4.946	4.607	4.303	4.031	3.463	3.019	2.665	2.379
10	8.530	8.111	7.722	7.360	7.024	6.710	6.418	6.145	5.650	5.216	4.833	4.494	4.192	3.571	3.092	2.715	2.414
11	9.253	8.760	8.306	7.887	7.499	7.139	6.805	6.495	5.938	5.453	5.029	4.656	4.327	3.656	3.147	2.752	2.438
12	9.954	9.385	8.863	8.384	7.943	7.536	7.161	6.814	6.194	5.660	5.197	4.793	4.439	3.725	3.190	2.779	2.456
13	10.635	9.986	9.394	8.853	8.358	7.904	7.487	7.103	6.424	5.842	5.342	4.910	4.533	3.780	3.223	2.799	2.469
14	11.296	10.563	9.899	9.295	8.745	8.244	7.786	7.367	6.628	6.002	5.468	5.008	4.611	3.824	3.249	2.814	2.478
15	11.938	11.118	10.380	9.712	9.108	8.559	8.061	7.606	6.811	6.142	5.575	5.092	4.675	3.859	3.268	2.825	2.484
16	12.561	11.652	10.838	10.106	9.447	8.851	8.313	7.824	6.974	6.265	5.668	5.162	4.730	3.887	3.283	2.834	2.489
17	13.166	12.166	11.274	10.477	9.763	9.122	8.544	8.022	7.120	6.373	5.749	5.222	4.775	3.910	3.295	2.840	2.492
18	13.754	12.659	11.690	10.828	10.059	9.372	8.756	8.201	7.250	6.467	5.818	5.273	4.812	3.928	3.304	2.844	2.494
19	14.324	13.134	12.085	11.158	10.336	9.604	8.950	8.365	7.366	6.550	5.877	5.316	4.843	3.942	3.311	2.848	2.496
20	14.877	13.590	12.462	11.470	10.594	9.818	9.129	8.514	7.469	6.623	5.929	5.353	4.870	3.954	3.316	2.850	2.497
21	15.415	14.029	12.821	11.764	10.836	10.017	9.292	8.649	7.562	6.687	5.973	5.384	4.891	3.963	3.320	2.852	2.498
22	15.937	14.451	13.163	12.042	11.061	10.201	9.442	8.772	7.645	6.743	6.011	5.410	4.909	3.970	3.323	2.853	2.498
23	16.444	14.857	13.489	12.303	11.272	10.371	9.580	8.883	7.718	6.792	6.044	5.432	4.925	3.976	3.325	2.854	2.499
24	16.936	15.247	13.799	12.550	11.469	10.529	9.707	8.985	7.784	6.835	6.073	5.451	4.937	3.981	3.327	2.855	2.499
25	17.413	15.622	14.094	12.783	11.654	10.675	9.823	9.077	7.843	6.873	6.097	5.467	4.948	3.985	3.329	2.856	2.499
26	17.877	15.983	14.375	13.003	11.826	10.810	9.929	9.161	7.896	6.906	6.118	5.480	4.956	3.988	3.330	2.856	2.500
27	18.327	16.330	14.643	13.211	11.987	10.935	10.027	9.237	7.943	6.935	6.136	5.492	4.964	3.990	3.331	2.856	2.500
28	18.764	16.663	14.898	13.406	12.137	11.051	10.116	9.307	7.984	6.961	6.152	5.502	4.970	3.992	3.331	2.857	2.500
29	19.188	16.984	15.141	13.591	12.278	11.158	10.198	9.370	8.022	6.983	6.166	5.510	4.975	3.994	3.332	2.857	2.500
30	19.600	17.292	15.372	13.765	12.409	11.258	10.274	9.427	8.055	7.003	6.177	5.517	4.979	3.995	3.332	2.857	2.500
35	21.487	18.665	16.374	14.498	12.948	11.655	10.567	9.644	8.176	7.070	6.215	5.539	4.992	3.998	3.333	2.857	2.500
40	23.115	19.793	17.159	15.046	13.332	11.925	10.757	9.779	8.244	7.105	6.233	5.548	4.997	3.999	3.333	2.857	2.500
60	27.676	22.623	18.929	16.161	14.039	12.377	11.048	9.967	8.324	7.140	6.249	5.555	5.000	4.000	3.333	2.857	2.500
120	32.373	24.774	19.943	16.651	14.281	12.499	11.111	10.000	8.333	7.143	6.250	5.556	5.000	4.000	3.333	2.857	2.500
360	33.333	25.000	20.000	16.667	14.286	12.500	11.111	10.000	8.333	7.143	6.250	5.556	5.000	4.000	3.333	2.857	2.500

表3—14

复利终值系数表

期数	3%	4%	5%	6%	7%	8%	9%	10%	12%	14%	16%	18%	20%	25%	30%	35%	40%
1	1.030	1.040	1.050	1.060	1.070	1.080	1.090	1.100	1.120	1.140	1.160	1.180	1.200	1.250	1.300	1.350	1.400
2	1.061	1.082	1.103	1.124	1.145	1.166	1.188	1.210	1.254	1.300	1.346	1.392	1.440	1.563	1.690	1.823	1.960
3	1.093	1.125	1.158	1.191	1.225	1.260	1.295	1.331	1.405	1.482	1.561	1.643	1.728	1.953	2.197	2.460	2.744
4	1.126	1.170	1.216	1.262	1.311	1.360	1.412	1.464	1.574	1.689	1.811	1.939	2.074	2.441	2.856	3.322	3.842
5	1.159	1.217	1.276	1.338	1.403	1.469	1.539	1.611	1.762	1.925	2.100	2.288	2.488	3.052	3.713	4.484	5.378
6	1.194	1.265	1.340	1.419	1.501	1.587	1.677	1.772	1.974	2.195	2.436	2.700	2.986	3.815	4.827	6.053	7.530
7	1.230	1.316	1.407	1.504	1.606	1.714	1.828	1.949	2.211	2.502	2.826	3.185	3.583	4.768	6.275	8.172	10.541
8	1.267	1.369	1.477	1.594	1.718	1.851	1.993	2.144	2.476	2.853	3.278	3.759	4.300	5.960	8.157	11.032	14.758
9	1.305	1.423	1.551	1.689	1.838	1.999	2.172	2.358	2.773	3.252	3.803	4.435	5.160	7.451	10.604	14.894	20.661
10	1.344	1.480	1.629	1.791	1.967	2.159	2.367	2.594	3.106	3.707	4.411	5.234	6.192	9.313	13.786	20.107	28.925
11	1.384	1.539	1.710	1.898	2.105	2.332	2.580	2.853	3.479	4.226	5.117	6.176	7.430	11.642	17.922	27.144	40.496
12	1.426	1.601	1.796	2.012	2.252	2.518	2.813	3.138	3.896	4.818	5.936	7.288	8.916	14.552	23.298	36.644	56.694
13	1.469	1.665	1.886	2.133	2.410	2.720	3.066	3.452	4.363	5.492	6.886	8.599	10.699	18.190	30.288	49.470	79.371
14	1.513	1.732	1.980	2.261	2.579	2.937	3.342	3.797	4.887	6.261	7.988	10.147	12.839	22.737	39.374	66.784	111.120
15	1.558	1.801	2.079	2.397	2.759	3.172	3.642	4.177	5.474	7.138	9.266	11.974	15.407	28.422	51.186	90.158	155.568
16	1.605	1.873	2.183	2.540	2.952	3.426	3.970	4.595	6.130	8.137	10.748	14.129	18.488	35.527	66.542	121.714	217.795
17	1.653	1.948	2.292	2.693	3.159	3.700	4.328	5.054	6.866	9.276	12.468	16.672	22.186	44.409	86.504	164.314	304.913
18	1.702	2.026	2.407	2.854	3.380	3.996	4.717	5.560	7.690	10.575	14.463	19.673	26.623	55.511	112.455	221.824	426.879
19	1.754	2.107	2.527	3.026	3.617	4.316	5.142	6.116	8.613	12.056	16.777	23.214	31.948	69.389	146.192	299.462	597.630
20	1.806	2.191	2.653	3.207	3.870	4.661	5.604	6.727	9.646	13.743	19.461	27.393	38.338	86.736	190.050	404.274	836.683
21	1.860	2.279	2.786	3.400	4.141	5.034	6.109	7.400	10.804	15.668	22.574	32.324	46.005	108.420	247.065	545.769	1 171.356
22	1.916	2.370	2.925	3.604	4.430	5.437	6.659	8.140	12.100	17.861	26.186	38.142	55.206	135.525	321.184	736.789	1 639.898
23	1.974	2.465	3.072	3.820	4.741	5.871	7.258	8.954	13.552	20.362	30.376	45.008	66.247	169.407	417.539	994.665	2 295.857
24	2.033	2.563	3.225	4.049	5.072	6.341	7.911	9.850	15.179	23.212	35.236	53.109	79.497	211.758	542.801	1 342.797	3 214.200
25	2.094	2.666	3.386	4.292	5.427	6.848	8.623	10.835	17.000	26.462	40.874	62.669	95.396	264.698	705.641	1 812.776	4 499.880
26	2.157	2.772	3.556	4.549	5.807	7.396	9.399	11.918	19.040	30.167	47.414	73.949	114.475	330.872	917.333	2 447.248	6 299.831
27	2.221	2.883	3.733	4.822	6.214	7.988	10.245	13.110	21.325	34.390	55.000	87.260	137.371	413.590	1 192.533	3 303.785	8 819.764
28	2.288	2.999	3.920	5.112	6.649	8.627	11.167	14.421	23.884	39.204	63.800	102.967	164.845	516.988	1 550.293	4 460.109	12 347.670
29	2.357	3.119	4.116	5.418	7.114	9.317	12.172	15.863	26.750	44.693	74.009	121.501	197.814	646.235	2 015.381	6 021.148	17 286.737
30	2.427	3.243	4.322	5.743	7.612	10.063	13.268	17.449	29.960	50.950	85.850	143.371	237.376	807.794	2 619.996	8 128.550	24 201.432
35	2.814	3.946	5.516	7.686	10.677	14.785	20.414	28.102	52.800	98.100	180.314	327.997	590.668	2 465.190	9 727.860	36 448.688	130 161.112
40	3.262	4.801	7.040	10.286	14.974	21.725	31.409	45.259	93.051	188.884	378.721	750.378	1 469.772	7 523.164	36 118.865	163 437.135	700 037.697

表 3—15

年金终值系数表

期数	3%	4%	5%	6%	7%	8%	9%	10%	12%	14%	16%	18%	20%	25%	30%	35%	40%
1	1. 000	1. 000	1. 000	1. 000	1. 000	1. 000	1. 000	1. 000	1. 000	1. 000	1. 000	1. 000	1. 000	1. 000	1. 000	1. 000	1. 000
2	2. 030	2. 040	2. 050	2. 060	2. 070	2. 080	2. 090	2. 100	2. 120	2. 140	2. 160	2. 180	2. 200	2. 250	2. 300	2. 350	2. 400
3	3. 091	3. 122	3. 153	3. 184	3. 215	3. 246	3. 278	3. 310	3. 374	3. 440	3. 506	3. 572	3. 640	3. 813	3. 990	4. 173	4. 360
4	4. 184	4. 246	4. 310	4. 375	4. 440	4. 506	4. 573	4. 641	4. 779	4. 921	5. 066	5. 215	5. 368	5. 766	6. 187	6. 633	7. 104
5	5. 309	5. 416	5. 526	5. 637	5. 751	5. 867	5. 985	6. 105	6. 353	6. 610	6. 877	7. 154	7. 442	8. 207	9. 043	9. 954	10. 946
6	6. 468	6. 633	6. 802	6. 975	7. 153	7. 336	7. 523	7. 716	8. 115	8. 536	8. 977	9. 442	9. 930	11. 259	12. 756	14. 438	16. 324
7	7. 662	7. 898	8. 142	8. 394	8. 654	8. 923	9. 200	9. 487	10. 089	10. 730	11. 414	12. 142	12. 916	15. 073	17. 583	20. 492	23. 853
8	8. 892	9. 214	9. 549	9. 897	10. 260	10. 637	11. 028	11. 436	12. 300	13. 233	14. 240	15. 327	16. 499	19. 842	23. 858	28. 664	34. 395
9	10. 159	10. 583	11. 027	11. 491	11. 978	12. 488	13. 021	13. 579	14. 776	16. 085	17. 519	19. 086	20. 799	25. 802	32. 015	39. 696	49. 153
10	11. 464	12. 006	12. 578	13. 181	13. 816	14. 487	15. 193	15. 937	17. 549	19. 337	21. 321	23. 521	25. 959	33. 253	42. 619	54. 590	69. 814
11	12. 808	13. 486	14. 207	14. 972	15. 784	16. 645	17. 560	18. 531	20. 655	23. 045	25. 733	28. 755	32. 150	42. 566	56. 405	74. 697	98. 739
12	14. 192	15. 026	15. 917	16. 870	17. 888	18. 977	20. 141	21. 384	24. 133	27. 271	30. 850	34. 931	39. 581	54. 208	74. 327	101. 841	139. 235
13	15. 618	16. 627	17. 713	18. 882	20. 141	21. 495	22. 953	24. 523	28. 029	32. 089	36. 786	42. 219	48. 497	68. 760	97. 625	138. 485	195. 929
14	17. 086	18. 292	19. 599	21. 015	22. 550	24. 215	26. 019	27. 975	32. 393	37. 581	43. 672	50. 818	59. 196	86. 949	127. 913	187. 954	275. 300
15	18. 599	20. 024	21. 579	23. 276	25. 129	27. 152	29. 361	31. 772	37. 280	43. 842	51. 660	60. 965	72. 035	109. 687	167. 286	254. 738	386. 420
16	20. 157	21. 825	23. 657	25. 673	27. 888	30. 324	33. 003	35. 950	42. 753	50. 980	60. 925	72. 939	87. 442	138. 109	218. 472	344. 897	541. 988
17	21. 762	23. 698	25. 840	28. 213	30. 840	33. 750	36. 974	40. 545	48. 884	59. 118	71. 673	87. 068	105. 931	173. 636	285. 014	466. 611	759. 784
18	23. 414	25. 645	28. 132	30. 906	33. 999	37. 450	41. 301	45. 599	55. 750	68. 394	84. 141	103. 740	128. 117	218. 045	371. 518	630. 925	1 064. 697
19	25. 117	27. 671	30. 539	33. 760	37. 379	41. 446	46. 018	51. 159	63. 440	78. 969	98. 603	123. 414	154. 740	273. 556	483. 973	852. 748	1 491. 576
20	26. 870	29. 778	33. 066	36. 786	40. 995	45. 762	51. 160	57. 275	72. 052	91. 025	115. 380	146. 628	186. 688	342. 945	630. 165	1 152. 210	2 089. 206
21	28. 676	31. 969	35. 719	39. 993	44. 865	50. 423	56. 765	64. 002	81. 699	104. 768	134. 841	174. 021	225. 026	429. 681	820. 215	1 556. 484	2 925. 889
22	30. 537	34. 248	38. 505	43. 392	49. 006	55. 457	62. 873	71. 403	92. 503	120. 436	157. 415	206. 345	271. 031	538. 101	1 067. 280	2 102. 253	4 097. 245
23	32. 453	36. 618	41. 430	46. 996	53. 436	60. 893	69. 532	79. 543	104. 603	138. 297	183. 601	244. 487	326. 237	673. 626	1 388. 464	2 839. 042	5 737. 142
24	34. 426	39. 083	44. 502	50. 816	58. 177	66. 765	76. 790	88. 497	118. 155	158. 659	213. 978	289. 494	392. 484	843. 033	1 806. 003	3 833. 706	8 032. 999
25	36. 459	41. 646	47. 727	54. 865	63. 249	73. 106	84. 701	98. 347	133. 334	181. 871	249. 214	342. 603	471. 981	1 054. 791	2 348. 803	5 176. 504	11 247. 199
26	38. 553	44. 312	51. 113	59. 156	68. 676	79. 954	93. 324	109. 182	150. 334	208. 333	290. 088	405. 272	567. 377	1 319. 489	3 054. 444	6 989. 280	15 747. 079
27	40. 710	47. 084	54. 669	63. 706	74. 484	87. 351	102. 723	121. 100	169. 374	238. 499	337. 502	479. 221	681. 853	1 650. 361	3 971. 778	9 436. 528	22 046. 190
28	42. 931	49. 968	58. 403	68. 528	80. 698	95. 339	112. 968	134. 210	190. 699	272. 889	392. 503	566. 481	819. 223	2 063. 952	5 164. 311	12 740. 313	30 866. 674
29	45. 219	52. 966	62. 323	73. 640	87. 347	103. 966	124. 135	148. 631	214. 583	312. 094	456. 303	669. 447	984. 068	2 580. 939	6 714. 604	17 200. 422	43 214. 343
30	47. 575	56. 085	66. 439	79. 058	94. 461	113. 283	136. 308	164. 494	241. 333	356. 787	530. 312	790. 948	1 181. 882	3 227. 174	8 729. 985	23 221. 570	60 501. 081
35	60. 462	73. 652	90. 320	111. 435	138. 237	172. 317	215. 711	271. 024	431. 663	693. 573	1 120. 713	1 816. 562	2 948. 341	9 856. 761	32 422. 868	104 136. 251	325 400. 279
40	75. 401	95. 026	120. 800	154. 762	199. 635	259. 057	337. 882	442. 593	767. 091	1 342. 025	2 360. 757	4 163. 213	7 343. 858	30 088. 655	120 392. 883	466 960. 385	1 750 091. 741

第4章　组织架构

本章提要

A. 基本构件
  1. 自利行为、团队生产和代理成本
  2. 决策权力与权力系统
  3. 知识的作用和决策制定
  4. 市场还是公司
  5. 影响成本（influence costs）

B. 组织架构
  1. 三条腿的板凳
  2. 决策管理和决策控制

C. 会计在组织架构中的作用

D. 关于会计作用的例子：高管薪酬合约

E. 本章小结

第2章给出了重要的机会成本定义，还给出了这一成本与其他成本之间的关系。正确理解成本的本质，对于制定决策（包括设计成本系统的决策）而言是至关重要的。内部会计系统不仅对决策的制定有用，而且还将影响组织中的个体行为。

本章将讨论有关控制行为这一问题，并描述企业的组织结构是如何影响行为的。在公司中工作的个人都想使自身的利益最大化，但有时，这会不利于组织目标的实现，除非组织能激励他们不这样做。会计系统就是用来提供这一类激励的。例如，激励性奖金（incentive bonus）常常是基于会计盈余拟定的。在本章第1节中，将讨论若干作为分析基础的基本要素。在第2节中，将分析公司的组织结构是如何对员工产生激励效应，从而使组织的目标最大化的。在第3节和第4节中，将描述组织内部会计控制与利益相冲突的几种情形。下一章还将介绍解决组织问题的另外两项会计工具：责任会计和转移价格。

A. 基本构件[①]

在对如何激励和控制组织中的行为（组织经济学）进行分析之前，本节先讲述几个基本的概念：

1. 自利行为、团队生产和代理成本。
2. 决策权力及权力系统。

---

① 下两节中的大部分是依据 M. Jensen 和 W. Meckling，"Specific and General Knowledge and Organizational Structure," *Contract Economics*, ed. L. Werin and H. Wijkander（Oxford：Blackwell，1992）pp. 251 – 74. 也可以参考 J. Brickley，C. Smith and J. Zimmerman，*Managerial Economics and Organizational Architecture*，4th ed.（Boston：McGraw-Hill/Irwin，2007）.

3. 知识的作用和决策制定。
4. 市场还是公司。
5. 影响成本。

1. 自利行为、团队生产和代理成本

经济学中有一条基本的原则，即个人会为其自身的利益采取行动，以使其自身的效用最大化。员工、管理人员以及所有者都被假设为理性的、追求自身效用最大化的人。个人需要的东西很多，不仅是商品与服务，还需要一些无形的东西，如声望、爱情和尊敬。同时，人们还会拿其中一件事物换取另一件事物。人们将对其所面临的机会进行评估，选出能使其生活变得更好的机会。进一步讲，一个人并不能使自身所有的需求都得到满足。有限的资源（时间、金钱或技能）迫使人们必须做出选择。如面临限制或有限的可选择范围时，个人将运用较为充足的资源以放宽制约并创造更多的机会。例如，当高速公路的速度限制下降到每小时55英里时，CB电台以及雷达探测器行业开始兴起，以帮助足智多谋、追求自利的人们规避新出台的法规。[①]

行为的几种类型

经济学家针对行为做出一系列特定的假设，即个体是自利的，并会偏爱许多事物。这并非唯一的行为模式。心理学家就个人如何做出选择提出了另外一系列的假设。像经济学家一样，马斯洛在1954年假设个体是自利的，并拥有自己的目标。他将这些目标按需求的满足程度划分为不同的层次。根据马斯洛的理论，个人首先会追求生理的需要（如食物或庇护所），其后将依次追求安全的需要（安全性），以及爱情与归属的需要（在群体中的地位），被尊重的需要（自尊）和自我实现的需要（创造性表述）。

没有任何一种模式能完全概括各种行为。在选择行为模式时，将面对行为的预测能力和模式的复杂性孰轻孰重的选择。在通常情况下，越复杂的模型，能解释越多的情况。此处为了便于讲解，选用了一个十分简单的经济模型。虽然并不是十分精确，且忽略了许多重要的复杂因素，但它可以简明地表述其基本的内容。

资料来源：A Maslow, *Motivation and Personality*（New York：Harper & Row，1954）。为了对行为选择模型有一个全面的回顾，包括对经济理论的批评，可以参见C Perrow，*Complex Organizations：A Critical Essay*，3th ed（New York：Random House，1986）。

个体联合在一起组成一个公司，是因为这样的联合或团队能够：（1）就总体而言，集体生产比个体单独生产能生产更多的产品，提供更多的服务；（2）可以创造更多的机会。团队生产是公司之所以存在的关键原因。公司被定义为一组资源所有者自愿与团队中的个体签订一系列契约，从而使组织中的各个成员获益的这样一个组织。[②] 人们选择签订契约，是因为通过契约可获得更大的收益。在契约结构中，每一个集团均可获利。

---

① W. Meckling，"Values and the Choice of the Model of the Individual in the Social Sciences，" *Schweizerische Zeitschrift für Volkswirtschaft und Statistik*，December 1976.

② C. Barnard，*The Functions of the Executive*（Cambridge，MA：Harvard University Press，1938），p. viii 定义组织为"一个有意识地协调两个或两个以上的人的活动或力量的体系"。也可以参见M. Jensen和W. Meckling，"Theory of the Firm：Managerial Behavior，Agency Costs and Ownership Structure，" *Journal of Financial Economics* 3（1976），pp. 305－60.

团队生产理论暗示，任何一种资源所有者的生产能力都将受到所有其他团队成员的影响，因为产出是所有投入的综合产品。假设，Sally Flax 与 Terry Green 在一起工作时比分别工作时能生产出更多的产品，因为他们在生产时可以相互协助。因此，Sally 使 Terry 的产出提高了，反之亦然。这种相互依赖性使得组织与内部会计之间存在着极大的关联性。其一，在衡量某一团队成员的生产能力时，需要知道团队中所有其他成员的投入情况。然而，投入（如努力程度）情况是很难考查的。如有两个人一起抬一只巨大、笨重的箱子，箱子滑落了，你该责备谁呢？是他们其中一人有意放手？还是由于一人失手而使箱子从另一人的手中滑出去了呢？

由于在绝大多数情况下，我们并不能对资源所有者的投入情况进行直接的考查，同时还由于团队生产的存在，团队成员会有规避责任的动机。例如，很难对 Sally 的努力程度进行考查，她在与 Terry 一起工作时就有偷懒的动机。她可以将一起生产时总产量较低的责任推到 Terry 身上或是随机发生的不可控的事件上（如恶劣的天气或零件短缺）。如 Sally 和 Terry 是按其联合产量获得报酬的，则他们仍有偷懒的动机，因为他们每个人都只承担由于产量减少而需负担的一半成本。随着团队规模的扩大，偷懒的动机也会越来越强烈，因为产量减少造成的成本将由更多的团队成员来分担。在团队生产中，这种偷懒的动机被称为“搭便车问题”。而团队则试图通过运用团队忠诚度——通过其他的团队成员施加压力——以及监督的方式来克服这一“搭便车问题”。团队生产很显然具有其优势，但也造成了许多组织性问题，尤其是“搭便车问题”。[①]

在 RJR-Nabisco 中的代理问题

“这绝不是夸张。RJR 的主管人员活得简直像皇帝一样。31 名最高主管每年的年薪总额高达 1 420 万美元，平均每人 458 000 美元。他们其中的一些人已成为威弗利的传奇人物，因为他们付给擦鞋的小女孩 100 美元的小费！Johnson 的两个女仆也由公司支付工资。新的总部装潢得十分漂亮，尤其是那些高层主管中的第一流主管人员的办公室！俗话说得不错，生活是甜蜜的。这些主管们就过着这种‘甜蜜’的生活。每天两次，一辆甜点车会在各楼层的接待处那里留下各种食品。不是一般的小吃，而是精制的法式蜜饯。即使是一个低级的中层管理人员，其所享受的额外的待遇至少也是公司为其支付一个俱乐部的会费，同时还可享受一辆价值 28 000 美元的公司汽车。而这种待遇的最高程度，简直与任何人想象得一样，Johnson 拥有 24 个俱乐部的会员资格，而 John Martin 还拥有价值 75 000 美元的奔驰车。”

资料来源：B. Burrough and J. Helyar, *Barbarians at the Gate*（New York: Harper Perennial, 1990）.

委托人雇用代理人代其执行任务时，另一个组织问题就产生了。如企业的首席执行官是董事会的代理人，而董事会则是由股东选出的代理人。公司的副首席执行官是首席执行官的代理人，经理们是副首席执行官的代理人，雇员是其上级的代理人。在一个命令过程中，绝大部分雇员既是那些向他汇报工作的雇员的委托人，又是那些他向其汇报工作的雇员的代理人。在所有的组织中，都存在这种委托—代理关系：不论

① A. Alchian and H. Demsetz, “Production, Information Costs, and Economic Organization,” *American Economic Review* 62 (1972), pp. 777–95.

是在营利性还是非营利性组织中，是在军队还是其他政府部门中，甚至是在教堂中，都存在这种委托代理关系。

在被雇用从事某项工作的过程中，代理人追求自身效用的最大化，这有可能会使委托人的效用最大化，也有可能不会使委托人的效用最大化。代理人追求自身的利益，而非委托人的利益，这就是“委托代理问题”，或简单地叫作“代理问题”。① 有一个关于代理问题的极端例子，那就是雇员盗窃公司的财物。如此类行为未被发现，则会使代理人获利而使委托人蒙受损失。代理人们更愿意将公司的资源用于那些能够直接提高代理人的福利的活动，即使这些费用并不能使得委托人获得同样的利益。例如，代理人喜欢享受过度的额外福利，如由美食公司提供的午餐及其他的在职享受。由于员工的风险承受能力、工作水平以及要求的职业额外补贴不同，导致了**“代理成本”(agency cost)**——由于代理人追求自身的利益而使委托人的利益受到损害，从而令公司价值下降的金额——的出现。当代理人由于要增加其工作的安全性或工资数额（许多公司按照代理人员管辖的员工人数来计算管理人员的工资）而寻求管理更大型的组织时（如帝国大厦），代理成本将会上升。

通常，信息不对称会引发代理问题。委托人比代理人掌握更少的信息。在经典的委托—代理问题中，委托人雇用代理人执行某些任务，如管理委托人的投资组合。如果代理人工作很努力，相比于代理人偷懒，投资组合将获利更多。但是，委托人无法观察到代理人工作的努力程度（信息不对称）。并且，投资组合的业绩不仅仅取决于代理人的努力工作，还会受随机事件的影响（如一般的市场动荡、公司经理的占用行为）。如果委托人可以观察到代理人的努力程度，一个简单的依据努力程度付薪的合同可以激励代理人努力工作。但是，既然代理人的努力程度是无法观察的，因此委托人必须依据其他基础来设定合约。一种合约是将投资组合增量的部分付给代理人作为报酬。既然投资组合的部分业绩受随机因素的影响，也就是说代理人可能会努力工作，但超出代理人控制范围的不利的随机事件所带来的不利影响可能抵消了代理人的辛勤工作。这个合约要求代理人努力工作，但它同样会给代理人带来必须得到补偿的风险。因此，大部分的代理问题需要平衡如下两方面。一方面代理人会有更强的动机去努力工作，另一方面代理人会要求更高的风险溢价以补偿他们所承担的额外风险。

试考虑有关代理成本的另一个例子，即高层主管的固定年薪。由于并不完全拥有公司的所有权，主管人员要使股东利益最大化的动机较弱，则公司的激励性报酬计划就应使主管人员的福利更紧密地与股东的福利联系在一起。由于代理人比委托人更不愿意承担风险，因此他们倾向于选择更为保守的行为。绝大多数的上级，就其个人而言，都不愿意对经营业绩不佳的下属加以约束或提出辞退，但这会引发委托代理问题。对这些职员，上级们不是采取那些不受欢迎的行动，而是让业绩不理想的下属继续留在其岗位上，然而这会降低公司的价值。在存在这些经营业绩不佳的职员的情况下的公司价值与在不存在这些经营业绩不佳的职员情况下的价值的差额，即为不尽职责的上级强加给公司所有者的代理成本。

---

① M. Jensen and Meckling (1976); H. Simon, "A Formal Theory of the Empolyment Relationship," *Econometrica* 19 (1951), pp. 293-305; S. Ross, "The Economic Theory of Agency: The Principal's Problem," *American Economic Review* 63 (1973), pp. 134-39; and O. Williamson, The Economic Institutions of Capitalism (New York: The Free Press, 1985).

如果代理人预计自己会比委托人更早离开这一组织，则代理人将倾向于关注短期行为。这就导致了“短期行为问题”：准备近期离开该公司的管理人员对于在其离开后才发生的结果给予的重视要低于委托人。试考虑有关短期行为问题的一个例子。如有一个部门经理，Henry Metz 将在 3 年后退休。Henry 的工资金额是固定的，然后再加上其部门利润的 5%。为简化这一例子，我们做出一个不符合实际情况的假设，即 Henry 只关心自己的现金报酬。如他在当年与下一年每年花费 100 000 美元用于研究与开发，则在其后的 4 年中每年能节约成本支出 150 000 美元。在表 4—1 中反映了有关的现金流情况。

代理问题及巴林银行的倒闭

始建于 1762 年的英国伦敦巴林银行是一家注重信誉的机构，在其投资者中不乏英国皇室的成员。在 1995 年的上半年，巴林银行损失了 14 亿美元。巴林银行在新加坡所设办事处的一名明星交易员 Nick Leeson 试图利用大阪证券交易所和新加坡国际货币交易所*的证券价格之差进行套利活动。在套利过程中，Leeson 应该以一个无风险的利率在交易所中以较高的价格售出证券，并且同时再以较低的价格买进该证券。尽管这其中的价差十分小，但如果大量地交易以进行套利活动，就可获得可观的利润。在这种套利活动中，尽管巴林银行在两个证券交易市场的累计交易量很大，但其购入与售出的证券总量应该相等，因此这本不该直接暴露于价格变动的风险之下。

然而，Leeson 在两个证券交易所都只是购入证券。事实上，他下了很大的赌注，认为证券的价格会上涨。但是证券的价格下跌了。这样，英国最老牌的商业银行巴林银行落得了仅以 1 英镑的价格被出售给 MC 集团（荷兰的一家大型金融机构）的命运。巴林银行的所有者们血本无归。Leeson 本人也因伪造记录和违反证券法律而受到新加坡政府的逮捕并被判刑 6 年。

怎么会发生这样的事情呢？是因为银行的报酬体系鼓励 Leeson 投机，而对银行的高层管理人员又不施以足够的激励，让他们对所谓的“明星”交易员的行为进行严格的控制。巴林银行通常约以每年收入总额的 50% 作为年度奖金。在这样的系统中，管理人员可分享年度的盈余，却不必承担损失，这种方法鼓励管理层过度冒险。这种激励使得当员工在一次判断失误而造成损失后，会以双倍的赌注再赌第二次，以试图赚回以前的损失。而如果第二次也输了的话，他们还将进一步加大赌注，直至破产。

显然，Leeson 避开了银行的内部控制。新加坡办事处的规模很小，Leeson 不论是在交易还是在银行的后台办公系统（如簿记、结算和清算）中都享有较大的权威性。他运用这一权力对损失加以隐瞒，并对其交易的实质进行粉饰。这样他就能随心所欲地操纵记录了。

* Leeson 所交易的确切的证券是日经 225（主要的日本股票市场指数）股指期货。

资料来源：M. Branchli，N. Bray and M. Sesit，“Barings PLC Officials May Have Been Aware of Trading Position”，*The Wall Street Journal*，March 6，1995，p. 1.

表 4—1 **短期行为问题举例**

年度	研究与开发支出	成本节约	对 Henry Metz 奖金报酬的影响
1	$ 100 000	–	– $ 5 000
2	100 000	–	–5 000
3	0	$ 150 000	+7 500
4	0	150 000	0
5	0	150 000	0
6	0	150 000	0

很显然，这项研究计划是盈利的，应予以采纳。① 但是，亨利将会拒绝该项目，因为，以 3 年期限为标准，这一项目使其奖金金额下降。如他采纳该项目，则他将承担大部分的成本，而其后任则能在第 4、5、6 年中收到绝大部分收益。经理人员的非金钱利益，如同伴的压力，将有助于减少短期行为问题。然而，这一问题的基本点仍然存在：代理人都面临一个可知的离开公司的日期，他们对在他们离开后才发生的事件的关注程度，低于对他们仍在公司时发生的事件。当前决策的长期结果，对他们而言远比不上短期结果重要。

公司喷气机飞行员的代理问题

公司喷气机在飞国际航线时经常需要在堪萨斯或者内布拉斯加补给燃料。因为竞争，某些机场的补给人员会免费为飞行员提供冻牛排、葡萄酒、顶级的高尔夫装备。只有飞行员放弃燃料的折扣，才能得到这些免费的赠品，并且这些赠品通常是私下里给的，因此公司所有者从来不知道飞行员选择某个特定的补给者的原因。假设一个飞行员选择了一个多收 150 美元的补给者，那是因为飞行员得到了 80 美元的礼物。财富从航空公司所有者那里转移到飞行员那里，这就是有关代理问题的一个例子。

资料来源：S McCartney，"We'll Be Landing So the Crew Can Grab a Steak," *The Wall Street Journal*，1998 - 09 - 08，p. A1.

为降低如雇员偷盗、搭便车以及短期行为等问题造成的代理成本，公司就需支付相应的成本。② 这些成本用于聘请保安人员以防止偷盗行为的发生，聘请管理人员对雇员实施监督，设立会计和报表系统以对产出进行衡量和奖励，支付法律费用以保证合同得到执行等。然而，只要监督代理人的行为需要花费成本，在代理人与委托人之间就会存在差异。要完全消除这种差异，是不符合成本—效率原则的。

由于存在经理人员市场、公司控制权市场以及其他公司的竞争，代理成本会受到相应的限制。经理人员市场的存在，会使经理人员尽量减少高代理成本的行为，以免被其他（外部）经理人员所取代。③ 只要董事会能进入这一人才市场，并有动机要替换经理人员，则替换行为就会发生。如果董事会不能降低公司的代理成本，公司的价

① 该研究计划的内含报酬率超过 45%。因此，在绝大多数的市场贴现率下，这是一个有利可图、净现值大于零的项目。

② P. Milgram and J. Roberts，*Economics*，*Organizations & Management*，（Englewood Cliffs，NJ：Prentice Hall，1992）；Jensen and Meckling（1976）.

③ E. Fama，"Agency Problem and the Theory of the Firm," *Journal of Political Economy*，April 1980，pp. 288 – 307.

值就会下降。公司控制权市场则将通过非善意的接管来降低在位管理层的代理成本。最后，如果人才市场与公司控制权市场都失效了，则同类商品市场的其他公司由于能以更低的价格提供更好的产品，将迫使代理成本高的公司停止经营。然而，由于在这些市场上都存在交易成本，因此要将代理成本降至零并不符合成本—效益原则。例如，如果接管一个公司的交易成本，包括法律、会计以及担保费用，则估计其为公司价值的3% ~4%。而该公司试图消除的代理成本低于3% ~4%，公司外部的集团就不会购入该公司。这样，这一代理成本水平将会存续下去。

代理人追求其自身效用的最大化，而非委托人效用的最大化。通常，这一问题被称为**目标的不一致性（goal incongruence）**，即个体代理人与其委托人具有不同的目标。这一定义存在误导性，因为这一观点认为可以通过改变个人的偏好（如效用函数）来确保目标的一致性，这样在组织中的所有人都将采用同一个目标。然而，人的自利性偏好是难以改变的。因此，如果不是由于目标不一致而引发代理成本过高，公司就可以适当地设置代理人的激励指标，从而使代理人的效用（主要基于激励指标的报酬）达到最大化时，委托人的效用（或财富）也达到最大化。换句话说，通过代理人的激励方案使委托人与代理人的目标一致，而非通过改变代理人的偏好来达到这一目标。

逆向选择与道德风险问题

有两种代理问题已被赋予特定的名称。逆向选择是指对于某些与潜在的交易伙伴的利益相关的事项拥有私人信息的个人，做出对该交易伙伴不利的行为的趋向。举例来说，如某一个人对自己的健康情况掌握的信息多于人寿保险公司。如不存在任何限制，则购买人寿保险的个人的健康程度往往比保险公司在设立赔率时假定的平均健康程度差。保险公司在平均水平的基础上设定一个赔率后，具有逆向选择的人来购买此类保险就会使保险公司蒙受损失。由于存在这样的逆向选择，为保护其自身的利益，保险公司就要求个人在购买人寿保险时要进行体检或提供病历报告，从而拒绝健康状况过差的客户，或对风险较大的客户（如吸烟者）收取更高的费用。

道德风险的发生是由于在契约的其他方对契约是否被遵循无充分信息的情况下，个人具有违反契约规定、采取自利行为的动机。此类道德风险的例子常见于交通事故的索赔。如投保人检验说车门的凹陷也是在事故中造成的，而事实上这个凹陷早已形成，而此次事故只是撞坏了汽车的保险杠而已。有许多的解决方法能减少道德风险问题的出现，如调查和监督。

决策权的分派：斑马队

伊斯特曼·柯达生产了用途各异的黑白胶片，如用作X光片。柯达公司以一种十分集权化的决策制定过程来生产胶卷。生产过程被划分为感光乳剂的生产（用于涂抹胶片）、胶片涂抹以及胶片的安装等。

经营业绩不佳促使柯达公司对黑白胶卷的生产进行改组。整个工作流程中的主要责任都被分派给一组经理人员。这一新型组织的一个关键特征在于，运用了自律型的生产团队。这些改组的结果是十分显著的。“斑马队”削减了约4 000万美元的产品成本，削减了约5 000万美元的存货。

关于“员工授权”的另一个例子是“考拉奇运输车”的例子。Accumax是一种胶片产品，用于生产集成线路板。在胶片上的任何灰尘都将导致集成线路板上的短路，从而导致该胶片报废。Accumax是在高科技无尘房间中生产并组装的。但不幸的是，原有的用来运输这类胶片到存储场所的车子却不防尘，这造成了许多胶片的浪费。Bob Cholach是一个剪切机操作人员，他掌握相关的专业知识，知道这一问题可以通过利用不透风的运输来解决。通过他的努力，设计生产出这样的运输车。这给公司带来了极大的经济效益。在比较新的授权工作环境与原有的系统时，Cholach先生说：“在过去，总有人对我说，‘这不关你的事，别去管它了。’但现在，我被授权，还领取了专门的资金来从事设计和生产对我的团队成员有利的产品。这和向建议箱中投一张纸片不同。他们让我从头到尾参与了此事。”

资料来源：S. Frangos with S. Bennett, *Team Zebra* (Essex Junction, VT: Oliver Wight Publications, 1993).

2. 决策权力与权力系统

所有的经济资源或财产都是一系列有关如何使用或不能如何使用的决策权力的集合。例如，对一辆汽车的所有权就包括一系列关于使用汽车的决策权力，尽管这些权力也不能无限制地加以运用。汽车的所有者可以驾驶、出售、油漆这辆汽车，甚至也可以销毁这辆汽车，但是如超速驾驶这辆汽车就是不合法的。与资产相关的决策权是受国家法律保护的，同时当个人损害了他人的权力时，就将受到法律的惩罚。如某人偷走了您的汽车，从而使您无法行使驾驶的权力，则偷车贼将被关入监狱。包括法庭与警察在内的私有财产权体系，保证并同时限制个人的决策能力。

管理就是将公司资产的决策权分派给公司中的个人，从而使其对结果承担责任的过程。如果给予个人某些决策的制定权（对特定产品制定价格），则那个人有决策产品价格的权力。在本书的其后部分，我们将进一步讨论将决策权分派给组织中的各个团体与个人的重要性，以及会计在这一分派过程中所扮演的角色。在组织中，哪个团体或个人拥有制定价格、雇用员工、接受订单以及售出资产的决策权？实际上对于很多管理人员而言，有一项关键的决策就是保留某项决策的权力还是将这项权力授予他人。公司是集权化管理还是分权化管理，就是决策权分派的一个议题。**“员工授权”（employee empowerment）**的定义是向员工授予更多的决策权（如分权化管理）。会计预算可根据费用的发生情况将决策权分派给特定的员工。

苹果电脑公司对于专门知识的运用

苹果公司的笔记本（PowerBook）是最早出现的便携式电脑之一。它拥有许多铃声和哨声发音器，因此重达17磅。这一产品的市场业绩并不是很好。1990年，苹果公司开始根据客户的观点彻底地重新设计电脑。整个产品开发组是由软件设计师、工业工程师、市场营销人员以及工业设计人员构成的，他们全部被派出去观察潜在用户使用其他产品的情况。产品开发组发现，人们在飞机上、汽车中，甚至在家里的床上都使用手提电脑。因此，人们需要的是便于移动的电脑，而非仅仅是小型电脑。相应的，苹果公司将笔记本设计成易于使用也具有个性的

> 样子。销售额也因此上升了。
>
> 有关客户到底需要手提电脑具有怎样的功能的信息，是由一组与客户联系密切的员工共同获得的。这些团队成员同样具有十分重要的科学与装备方面的知识，以使他们能接受这些新知识，并将其运用到适合市场销售的产品设计工作中去。最后，他们拥有根据上述信息发现、修改产品设计的权力。如果在大型的集权式计划经济中，专业知识就不太可能运用到产品的设计中去——在这种经济条件下，一个主管部门掌握着成千上万的产品的决策权。
>
> 资料来源："Hot Products, Smart Design Is the Common Thread," *BusinessWeek*, June 7, 1993, pp. 54 – 57.

3. 知识的作用和决策制定

尽管个体是理性而又自利的，但他们掌握并处理知识（knowledge）的能力却是有限的。由于信息（知识）的取得、储存和处理要花费很高的成本，个人的决策制定能力也会因此而受到限制。比尔·盖茨并不能做出有关微软公司的所有决策，因为他获取制定决策所必需的信息的能力也是有限的。获取制定某些决策所必需的知识信息，并将其转化以用于公司的过程推动了决策权力的分派。①

由于在决策制定过程中，知识十分宝贵，因此知识和决策制定息息相关；制定决策的权力和制定决策所需的知识往往由同一个人所掌握。事实上，组织结构研究中的一个重要问题就是，是否以及如何将知识与决策权相联系。有些知识，如价格、数量，是很容易（成本不高）传递的。在这样的情况下，此类信息会被提供给拥有决策制定权的个人。而有些知识很难传递或传递成本高昂。技术性知识，如如何设计电脑芯片，其传递成本就十分高昂。而那些更新得很快的知识，如在下一小时某机器是否被闲置，要及时传递以保证其有用性，其传递成本也是十分高昂的。因此，对机器编排工作时间表的任务就交由具有此项知识的人来完成了。

在理想的情况下，知识和决策制定权是联系在一起的，但这两项并非总是由同一个人所拥有。假设传递知识是十分困难的，监督掌握知识的人也是十分困难的。进一步讲，假设掌握知识的人也拥有决策权，将会导致代理成本的大幅上升，那么由一个并不掌握这么多相关知识的管理人员来做出此项决策，公司的价值可能会更高一点：如果掌握较少知识的管理人员决策失误导致的成本小于将决策权授予掌握知识较多的人员而造成的代理成本，即会如此。例如，在许多公司中，即使销售人员对于客户的需求状况十分了解，他们也无权与客户直接商议价格。价格是由掌握较少信息的管理人员统一制定的，这一做法可以减少销售人员故意降低价格，然后再从客户处谋得回扣这一现象的出现。

在所有的组织中，必须将决策权与知识授予专人。其最终的目的在于，将这两项行为联系起来。正如我们将看到的，会计系统，尤其是预算（第 6 章）和标准成本系统（第 12 章），是将知识传递给拥有决策权的个人或将决策权授予掌握知识的个

① M. Jensen and W. Meckling, *Contract Economics*, ed. L. Werin and H. Wijkander (Oxford: Blackwell, 1992) pp. 251 – 74.

人的重要工具。

4. 市场还是公司

生产要么是在企业内进行，要么就是在市场上进行。例如，有些计算机软件是由计算机的硬件厂家生产的，并与计算机配套出售。而同时，其他一些软件则是由独立的软件公司生产并销售的。又如，消费者可以购入整套的立体声音响。这种成套出售的音响，是由生产厂商设计、安装，并将完整的功放、CD 播放机、扩音器及磁带播放机运出以安装成成品。同样的，消费者也可购入单独的器件，并自行组装一个完整的音响系统。

1991 年的诺贝尔经济学奖获得者罗纳德·科斯认为，公司之所以存在，是因为公司的交易成本低于通过一系列的市场交易行为获得的同样的产品或服务的成本。① 根据他的推论，当公司的成本低于市场成本时，公司就应存在。在前文中讨论过的团队生产，是使公司的成本低于市场成本的一种方式。当公司能以在公司内部发生的一个交易来替代一系列的外部市场契约时，其发生的契约成本就较低。

某一契约的期限越长，协商并明确各参与方任务的成本就越高，难度也越大。公司可以消除市场上大量的短期合约，代之以单一的长期合约。例如，如果公司有一个长期项目，计划开发一个复杂的计算机软件，则通常会在公司内部进行，而不是向外部程序公司购买。

获取知识和执行合同等所需的成本会导致某些生产在公司内部进行，另外一些生产则在市场层面发生。如果知识的获取、处理是无成本的，交易也是无成本的，那么就不会存在多人的公司。为了购买一辆汽车，消费者将必须面对上千种不同部件的供应商，单独签订上千份合同。如果知识是无成本的，那么这些合同也是无成本的。但是，知识不是无成本的，我们获取和处理知识的能力也是有限的，于是为了不再大量重复订立合同，企业就出现了。例如，与单个消费者购买少量劳务服务相比，企业可以用更低的成本来雇用、监督员工（包括交易成本）。

科斯的分析引出经济学的一个重要命题。能在竞争中存活的公司，必须在组织内具有契约成本的比较优势。能生存下来的公司，其交易成本低于市场水平。这是经济学达尔文主义的一种运用（在第 1 章中曾讨论过）。

尽管如此，市场所能发挥的作用仍远远大于公司。说到底，市场是因交换财产的所有权以及收取收入的需要而存在的。正如在前文中曾讨论过的，个人与公司都对其拥有的资源具有决策权，其中包括使用（他们认为适当的）资源的权力（在法律许可的范围内）、出售这些资源的权力，以及对销售收入进行分配的权力。市场的法则迫使掌握这些资源的人以利益最大化的方式来利用这些资源。如果一项资产的所有者由于未能妥善地维护其资产，而使资产的价值下降，则市场将以降低其资产售出价格的方式对其进行惩罚。这样，市场不仅要对决策制定者的经营业绩进行衡量，而且还将对这类行为实施奖惩。事实上，市场能够自动地完成以下三项组织（或公司）必

---

① R. Coase, "The Nature of the Firm" *Economica* 4（1937）pp. 386－405. 也可以参见 R. Watts, "Accounting Choice Theory and Market-Based Research in Accounting," *British Accounting Journal* 24（1992）pp. 242－46，总结了公司所承担的各种成本。这些讨论包括合约中的经济规模，团队生产和监督，签订合约后的机会主义，以及知识成本。

须通过复杂的管理系统才能予以实现的职能：（1）进行业绩的考评；（2）根据业绩情况进行奖惩；（3）对各项权力加以分配，从而达到最优状态。当亚当·斯密在描绘市场看不见的手以及市场应如何配置资源从而达到最优化配置时，他实际上就是在描述市场是如何影响并分配决策权的。①

由于一项资产的当前价格能够反映与这一资产相关的未来现金流的情况，因此决定该资产在未来用作什么用途的决策权，常被分配给那些对该项资产估价最高的人。在市场上，决策权与知识是息息相关的。对某项资产的用途拥有更多知识的个人或公司，往往愿意为该项资产支付更高的价格，这样一来知识与决策权就紧密地联系在一起了。

斯柯达

捷克一家大型的汽车制造商斯柯达公司的一些供应商的生产点，实际上就建立在斯柯达公司的装配车间中。为提高质量并降低成本，在斯柯达公司的装配车间中就有一家独立的汽车仪表板供应商。就市场而言，这是两家各自独立的公司，但这两家公司事实上又十分紧密地联系在一起。

资料来源：H. Noori and W. Lee, "Fractal Manufacturing Partnership," *Logistics Information Management*, 2000, pp. 301 – 11.

在市场为主导的情况下，市场与公司之争

当经济活动发生在公司组织中的成本低于在市场中进行时，经济活动将在公司中发生，反之亦然。在今天，世界上许多的经济活动都是在公司中发生的。事实上，如果大型公司在生产与产品的分销工作中并未扮演举足轻重的角色，那么很难想象这个世界将会怎样。然而，公司的重要性相对而言，也是最近才提出的。事实上，在19世纪中期以前，世界上几乎不存在什么大型公司。几乎所有的生产都是由小型的业主在经营的作坊中进行的。这些作坊的生产活动又几乎完全是由市场交易与价格联系在一起的。阿尔弗雷德·钱德勒是这样描述1950年以前的经营组织的：

"传统的美国商业是以个体公司为主的，在这类公司中，个人或少数几个所有者独立地经营商店、工厂、银行以及运输线。通常而言，这类公司只执行单一的经济职能，运行单一的生产线，坐落在单一的地区中。在现代公司出现以前，这种个人拥有并管理的小型公司所从事的活动主要是由市场和价格进行协调与管理的。"

在能源、交通和通讯事业有了极大的发展以后，才存在出现大型公司的可能性。尤其是煤作为一种能源被加以利用，使得工厂能够不再依靠手工技工和小型磨坊。而铁路的运行也使得公司能将其产品大量地运往新兴的都市中去。同时，由于电报的运用，公司能在很大的地理范围中对其员工的行为加以协调。正是由于这些发展，运用管理控制来对生产和分销进行协调所花费的成本大大低于依靠市场系统中的中介进行无数的市场交易所花费的成本。

资料来源：A. Chandler, *The Visible Hand: The Managerial Revolution in American Business* (Cambridge, MA: Harvard University, 1977).

① A. Smith, *The Wealth of Nations*, 1776, Cannan edition (New York: Modern Library, 1937).

市场与公司之争：出租汽车案例

为了说明市场是如何协助控制人们的行为的，我们来看下面这个关于个人所有并经营的出租车与出租车公司所有并由不同薪资水平的驾驶员驾驶的出租车的案例。在都行驶了 50 000 英里以后，这两种出租车中，哪一种的市场价值更高？个人所有的出租车车主比起为出租汽车公司开车的驾驶员来，会更加注意对汽车的保养。将汽车再出售的价格就能体现出，这些汽车的磨损程度和对其的维护力度的差异。私营出租车的车主是汽车唯一的驾驶员，他要承担与该车有关的一切活动所带来的财务后果。因此，他们愿意对汽车进行适量的维护，而且在驾驶时也总是考虑要使汽车在出售时的价格最大化，从而提高其自身的福利水平。而出租汽车公司的驾驶员们则不用承担由于胡乱驾驶以及不注意维护而造成的后果。除非出租汽车公司在每更换一名驾驶员后，对汽车的状况进行全面的监管，但这一过程的成本将十分高昂。为了防止驾驶员们损害车辆，出租汽车公司必须安装监督设备，但是这种监督设备并不能探测出所有对汽车的滥用（如传输设备的损坏等）。

5. 影响成本（influence costs）

根据我们前面的假设，一旦将某些决策权授予公司内部的某个个人或团队，该代理人或团队就会主动地进行有关决策制定的活动（如对其他人的行为进行监管与批准）。有时，公司也会运用一些制度化的规章有意地对决策制定活动进行限制。例如，有些航空公司根据资历来安排飞行人员的航线，公司没有一个主管有权决定航线的安排。同样的，有些公司仅根据在本公司工作的年限来决定升迁。

减少决策主观性的一个潜在收益，就是可以减少其他个人试图影响决策而花费的资源。员工们都很关注公司决策对个人的影响。例如，飞行员很关心他们将飞行的航线。经济衰退时，员工担心将会被裁员，这种担心促使他们从事政治或其他非生产性活动。例如，员工们可能会浪费宝贵的时间试图对决策制定者施加影响。而在竞争提升机会时，员工们甚至会不惜采用有悖常理的行为来破坏其他员工的形象。

决策权不授予某一特定的个人，导致无对象可游说，将会降低这些影响成本。然而，这种政策也将给组织带来一定的成本。例如，当一批员工都在竞争一次升迁机会时，他们都具有向其上级证明他才是最佳人选的动机。这种信息在制定更优的提升决策时，是十分有益的。然而，要获取这一信息也要花费一定的成本。员工们更愿意花费时间以使其上级相信他才是最佳的人选，而不是从事其他的活动（如销售产品）。

在有些情况下，公司的利润并不会受那些会显著影响员工个人福利的决策的影响。例如，公司的利润并不会因为哪一个飞行员得到了夏威夷航线而非苏福尔斯航线而有所变动。这是最有可能出现根据制度化规章进行决策的情况。公司不但可以降低影响成本，而且并不会因为决策结果的不同而受到影响。

本节复习思考题

Q4—1 什么活动会产生代理成本?

Q4—2 怎样才能减少代理成本，什么活动能限制代理成本的产生?

Q4—3 试给出目标不一致性的定义。

Q4—4 怎样才能达到目标的一致性?

Q4—5 在公司中，为何知识与决策制定紧密相连?

Q4—6 试列举三项市场能自动执行，而在公司中则必须以周密的管理系统加以替代的职能。

Q4—7 何谓影响成本?

Q4—8 公司为什么会存在?

B. 组织架构

当公司不断地执行某些特定的交易行为，而不是在外部市场中以契约的方式来完成这些交易时，公司内部运用这些资源的市场价格也就不再存在了。例如，公司可被认为是为生产某一产品而组合在一起的、一组资源的联合。假设在生产中运用的资源组合中有一项是冲压机，而在公司内使用的这种冲压机并无一个特定的市场价格。由于公司并不按时或按件对冲压机的使用收取费用，因此在公司中不存在使用冲压机的小时价格。当然，可以获得如租用其他公司的冲压机而需要付费的数额的信息，但是如果从外部购入冲压机的价格低于运用公司内的冲压机的话，则公司内就不必存在冲压机了。[①] 外购服务的价格不仅包括外部价格，还包括利用市场的交易成本。即使市场中的交易价格与公司中的交易价格大致相等，这一数据也往往未能对在公司中进行交易的机会成本加以反映。一项交易在公司内部发生，而不是在市场中发生，是因为公司可以以更低的成本来完成这项交易。因此，冲压机的外部市场价格，尽管能说明公司可以以怎样的价格售出其冲压机，但是这一数据中也并未包括在公司内部运用冲压机的机会成本。外部的市场价格未能充分地体现由于拥有冲压机而节省的交易成本的金额。[②]

1. 三条腿的板凳

公司也不能总是利用外部的市场价格（即使存在）来对内部交易进行指导。更为重要的是，当市场规则不发挥作用时，公司中的各个团体就必须设计出管理系统来，以:（1）衡量经营业绩;（2）对经营业绩进行奖惩;（3）划分决策权力。这三项职能（被称为**组织架构，organizational architecture**）在市场中是自发执行的，而在公司中则必须通过成本高昂的管理系统加以推行。[③]

经营业绩的评估，不仅涉及对客观性或主观性业绩的评价，也涉及对这两者结合体的综合评价。客观性的标准包括明确的、可验证的指标，如对雇员按件计酬或按其

① R Ball, "The Firm as a Specialist Contracting Intermediary: Applications to Accounting and Auditing," manuscript (Rochester, NY: William E. Simmon Graduate School of Business Administration, University of Rochester, 1989).

② "观察所得的市场价格并不能直接地用于指导投入资源的所有者如何处理此交易，就像其所有的活动都已被计量并计价了一样。" S. Cheung, "The Contractual Nature of the Firm," *Journal of Law & Economics* 26 (April 1983), p. 5.

③ Jensen and Meckling (1992), p. 265.

销售量来计酬。主观性的指标则主要关注那些难以准确衡量的多元化因素。例如，一个经理人员的主观性指标就包括大量的因素，如提高团队精神、赶超先进、平衡预算、符合时间进度，以及对正面行为的肯定。由于工作往往具有多维性，因此在绝大多数的公司中都还存在着这些并不明确的主观性经营业绩指标。如果只选择一些明确的特征来反映经营业绩，员工们往往就会忽略其工作中那些难以计量的领域。尽管公司必须对其经营业绩加以衡量并据以实施奖惩，但这些经营业绩指标并不一定是客观的。大多数的公司运用客观性经营业绩指标，并将主观性指标作为补充，从而确保公司的员工并非完全地关注于客观性标准而妨碍他们履行其他职责。

除了对经营业绩进行衡量以外，组织还应对较优的经营业绩给予奖励，在某些情况下，还要对那些不应出现的行为进行惩罚（包括解雇员工）。达到或超过预期指标的代理人将获得提薪、奖金、升迁以及临时津贴等多种形式的奖励。对于突出业绩的奖励，不仅有物质性的，也有非物质性的。物质性的奖励包括薪金、奖金和退休福利；非物质性的奖励则包括受人尊敬的职位、更好的办公地点以及办公设施、特许停车位以及乡村俱乐部的会员身份等。

公司中的另一个管理机制是划分决策权。在组织中，所有的决策权最初都是由董事会掌握的。这些权力的大部分被授予企业的总裁，当然其中并不包括更换新的总裁和确定其薪金的权力。总裁保留其中的部分权力，然后将剩余的权力分别授予其下属。在组织中，这种不断向下分授决策权的行为，导致形成了一种金字塔型的层级结构。而集权化和非集权化管理，实际上都围绕着分配决策权的问题。在组织中分不同情况将决策权分配给组织中较高的层级或较低的层级，以使知识与决策权紧密相连。

最终，所有的组织都必须建立起这三个体系：

1. 衡量经营业绩的体系。
2. 根据经营业绩进行奖惩的体系。
3. 分派决策权的体系。

这三个体系构成了公司的组织架构。它们就像一张三脚凳的凳腿一样不可或缺，同时这三者之间还必须维持平衡。同样的，构成组织的这三个体系也必须是相互协调的。经营业绩衡量体系要对代理人被授予决策权的领域的业绩进行衡量。另外，奖惩体系也必须对那些进行了业绩衡量的领域实施奖惩。显然，常为人们忽略的是，一个体系的调整往往也会导致另外两个体系的变动。

内部会计系统是业绩衡量体系一个十分重要的部分。人们常常对这一系统进行调整，却很少考虑这一调整对经营业绩的奖惩系统以及决策授权系统的影响。对会计系统进行调整以后，经理人员往往会十分惊讶地发现，企业的组织不那么协调了。这是因为组织结构中的一个系统与另外的两个系统不相适应。

业绩衡量系统往往要将财务性经营业绩指标和非财务性经营业绩指标相结合。既然本书是一本会计类的书籍，我们将把重点放在财务指标上。尽管现在绝大多数的公司在其经营中也提出并运用了一些关键的非财务性指标来考查其经营状况。这些指标包括：及时发货的百分比、订货的完成情况、符合生产计划的生产能力、超额存货数、员工流失率、生产质量、残次品的百分比、经营业绩的列表以及客户的投诉等。

财务指标是由公司的会计师收集并审核的，而非财务性指标则往往是自行报告的。因此，财务指标对于管理决策而言往往更为客观，主观性也更低。非财务指标往往与重要的战略性因素有关。例如，航空公司的利润与航线的上座率紧密相关，因此客运量因素是航空公司重要的战略指标。非财务性指标可以为决策制定提供信息，而衡量经营业绩的财务指标则往往为决策控制服务。

运用非财务性指标的另一个问题是，往往存在过多的非财务性指标以至于管理人员无法在各个指标中指出最重要的影响因素。太多的非财务性指标往往会分散注意力；而如果只运用几个关键性指标的话，则高层管理人员必须对各项指标在业绩评价中的作用给出比较精确的相对权重。在评价经营业绩时，哪一个指标是重要的？如果高层管理人员未对各个指标给出权重，则其下属就无法确定应对哪个特定的目标给予最大的关注。本书第 14 章将介绍平衡计分卡的内容，将会具体讨论使用多个业绩衡量指标存在的问题。

2. 决策管理和决策控制

市场能自发地进行行为控制并分派决策权；而在公司中，则必须设计管理系统来完成市场的这一职能。这些管理机制包括将决策管理与控制相区分的层级结构、预算体系、分期经营业绩评估体系、标准经营准则以及政策手册、奖金计划、主管报酬计划以及成本会计系统。这些管理体系，如层级结构和经营业绩的评价体系，将在下文中更为详细地加以描述。预算体系和成本会计系统则要在以后的章节中讨论（标准经营准则和政策手册在本书中不进行讨论）。

也许，解决代理问题最为重要的机制就是将决策管理和决策控制加以区分的层级结构。① 在所有的组织中，都存在高级管理人员对下级雇员进行监管的层级结构。**决策管理（decision management）**是指管理人员在制定或执行一项决策的过程中所涉及的领域。而**决策控制（decision control）**则是指管理人员在审批或监督一项决策的过程中所涉及的领域。具体请参考图 4—1。管理人员很少会被授予制定某一特定决策的所有决策权力。相反的，在组织中总存在一套精密的审批与管理系统。现在我们来考虑要雇用一名员工的常规决策。首先，管理人员要向主管部门申请增设一个职位。这一请求将由高层管理人员予以审批。一旦批准增设职位，就要由提出申请的管理人员与高层管理人员进行招募和面试工作，这样就可雇入一名新的员工。经过一段时间，将对这个员工的经营业绩进行评估。总体而言，决策过程包括以下几个步骤（根据是决策管理行为还是决策控制行为加以分类）：（1）制定（管理）；（2）审批（控制）；（3）执行（管理）；（4）监督（控制）。制定是指提出雇用一名新员工的申请；审批是对此申请的批准；执行即雇用新员工；监督是在一定的期间内对雇用的员工的经营业绩进行评估，并对雇入此员工的管理人员的行为进行评价。

通常，某个管理人员无权执行决策过程中的所有步骤。申请增设一个新职位的管理人员无权对该申请予以审批，这就是决策管理与控制的分离。在美国的宪法中也运用了同样的原则，将权力在政府的各个部门中加以划分。政府部门提出的开支申请，要由立法机构加以审批，并且将由政府部门支付这部分经费，而最终由司法机构对政

① 参见 E. Fama and M. Jensen， “Separation of Ownership and Control,” *Journal of Political Economy*, June 1983, pp. 301 – 25.

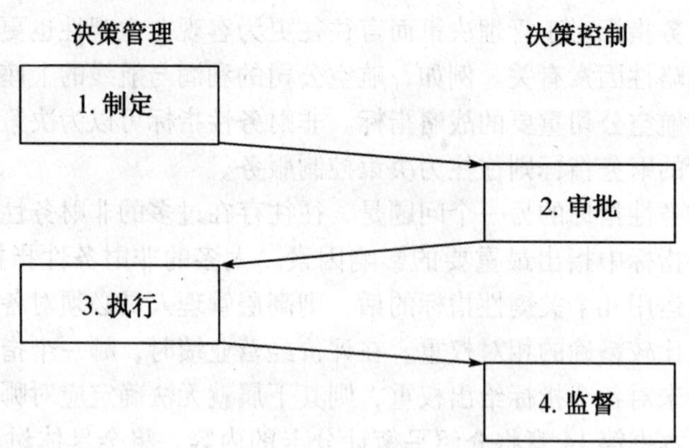

图 4—1　决策制定过程的步骤

府部门和立法部门加以监督。

关于知识如何与决策的制定权相联系，以及层级结构如何将决策管理与决策控制相区分，我们可以看另一个有关获取资本资产决策的例子。建立一家新工厂的决策往往是由部门管理人员提出并且做出正式的计划提交高层管理人员的，这就是此项决策的制定。提出这项初始申请的管理人员需对其生产过程与需要的产品拥有专业知识，所提交的正式计划往往采用资金预算申请的形式。接下来，高层管理人员就会要求财务部门计算出这项资金预算申请贴现现金流的金额。财务部门将运用其关于风险和收益的专业知识对贴现率进行调整后，再对计划中的现金流进行分析。高层管理人员在审批过程中还将运用人力资源、不动产以及法律部门的专业知识。然后，开始建设项目是该决策的执行阶段，这将是提出申请的管理人员的职责或是公司内一个独立的实施部门的职责。在建设期结束以后，会计师将根据经营资本项目部门的要求提供月度、季度和年度报表。这即是监督过程的一部分。

绝大部分的组织将决策管理与决策控制相区分。在执行某项决策以前，必须由在组织中地位较高的人进行审批。然而，当将管理与控制分离花费的成本过高时，就不必将管理与控制相分离了。例如，管理人员往往被授权在进行小额采购（如低于 500 美元的采购）时，不必经过审批，因为此时将管理与控制相分离的成本超出了收益。由于审批过程要花费一段时间，因此有可能会失去机会或产生其他不好的结果。对这一延误成本最生动的说明即为军事行动。进行非军事状态飞行的战斗机飞行员，无权决定向在非授权状态下进入领空的或潜在的敌机进行攻击。他们必须首先向其上级报告并请求授权进行攻击。但处于军事飞行状态时，决策管理与决策控制就不再相分离了，因为如果这样做将妨碍飞行员就当前状态做出反应，这时发生的延误甚至有可能带来致命的灾难。因此，在军事飞行状态中，飞行员有权做出向敌方飞机开火的决定。延误可能带来致命灾难的另一个例子是：在美国的一些州，护理人员在生死攸关的紧急时刻，可以支配某些药物的使用权而不需事先征得医生的同意。

本节复习思考题

Q4—9 试给出决策管理与决策控制的定义，并分别举例说明。

Q4—10 试描述为解决控制代理问题，所有的组织都必须建立的三个体系。

Q4—11 试描述管理决策过程中的四个主要步骤。在这一过程中，是如何减少代理问题的？

目标业绩评价体系博弈

这个例子说明了一个本地管理团队的成员，为保住工作，是怎样成功地和公司所使用的业绩评估系统博弈的，而该评估系统决定着是否关掉并不盈利的矿山。

在这个特殊的公司里，当每吨矿石的收益低于某个水平时，矿山就要被关掉。因为经理的决策，一个老的处于关闭边缘的矿山仍旧开了好几年。幸运的是，该矿山有一个高品位的矿堆。经理不是一次性将其开发完，而是将其作为储备。每次当矿石的收益下降到一个还可以接受的水平时，经理便会混合一些高品位的矿石，因此这个矿仍然开着。

资料来源：E. Lawler and J. Rhode, *Information and Control in Organiaztions* (Santa Monica, CA: Goodyear Publishing, 1976), pp. 87 – 88.

林肯电子公司客观性和主观性的业绩评价标准

林肯电子公司生产电子弧光焊接机和焊接条。公司获得成功的核心在于，它以比竞争对手更低的成本生产高质量的产品。同时，公司还一直维持着较低的价格从而使客户因节约开支而受益。林肯电子公司之所以能推行这一战略，部分是因为公司的员工激励机制能在将工资与业绩相挂钩的报酬计划的基础上，鼓励人工生产率的提高。

林肯电子公司的经营业绩评价公式的两个构成项目是产量与分配率。第一项是一个客观的、可获得的关于每个生产员工的数量性经营业绩指标（如生产出合格产品的数量）。员工的工资等于单位产品工资乘上员工生产的合格产品的件数（不包括残次品）。员工们通过辛勤的劳动（有时甚至在午饭和休息时间仍然继续工作），能使其工资翻番，甚至达到原工资的3倍。

林肯电子公司的评价公式中的第二个项目是员工的分配率。这个比率将决定一个员工在奖金总额中分享的份额。奖金总额大致等于工资的金额，是林肯电子公司税后净收益的两倍，尽管每年的奖金都会有较大的变动。每个员工的分配率将根据员工的可靠性、素质、产量、设想以及合作精神加以评定，这一评定主要是由员工的直接上级做出的。

从林肯电子公司的案例中，可以得出下述两项结论。其一，经营业绩评价体系产生的结果，是奖惩体系的基础，这两个系统是相联系的。其二，公司不仅运用了高度客观性的、精确的业绩指标（产量），也运用了主观性的业绩指标（员工的设想与合作精神）。

资料来源：N. Fast and N. Berg, "The Lincoln Electric Company," Harvard Business School Case 376 – 028 (1975).

通用汽车公司的决策管理与决策控制

1908 年，别克汽车公司兼并了另外几家生产汽车配件及其他附件的厂家以后，成立了通用汽车公司。通用汽车公司的创始人 William Durant，更愿意收购其他的公司，而不是自己建起一个工厂。同时，他也不愿意将为数众多的公司都纳入严格的集团控制之中。在经历了 20 世纪 20 年代发生的多次严重的财务危机以后，公司新一代的管理人员，包括 Alfred P. Sloan Jr.，都决定要对公司进行改组。他们认为，公司的经营活动和地理分布过于分散，不利于集中管理。他们按照其市场服务的领域对公司进行了重组，将公司划分成汽车、卡车和零配件等几个部门。每个独立的部门都设有生产、分销和市场营销部门。同时，每个部门还需根据其细分市场上供应商和客户的供求变化相应地调整生产和销售。这些部门需按月、按季提交销售与成本预算表，这些预算表将由集团管理人员进行审批，并作为以后对部门业绩考评的标准。

经过一段时间的发展以后，通用汽车公司成为一家现代化的多部门的、分权性管理的企业。一组财务专家与咨询顾问协助公司的高层管理人员对每个部门的当期经营情况进行分析评价，这样，集团总部就能将其注意力集中于制定整个公司的总策略上，而将绝大部分的经营决策交由各部门去完成。这时，这种集团的总策略是由“有时间、有信息并对公司的整体而非公司的某部分具有义务的”总裁级管理人员制定的。

资料来源：A. Chandle，*The Visible Hand：The Managerial Revolution in American Business*（Cambridge，MA：Harvard University Press，1977）pp. 457－63.

财务性与非财务性业绩指标的运用

一项研究发现，非财务性的物理指标，如员工人数、产量、存货量以及残次品数在每日的日常生产经营中得到了广泛的运用。这些选出的非财务性指标都与管理人员的业绩财务报告密切相关，同时在日常生产经营中每天甚至每小时都可获得此类数据。而且这些非财务性数据往往是管理人员能加以控制的变量。然而，当问及“从总体上讲，何种报告最具价值”时，回答是每月的收益或费用表。

资料来源：S. Mckinnon and W. Bruns，*The information Mosaic*（Boston：Harvard Business School Press，1992）.

退伍军人事务部津贴过度支付

大多数联邦政府机构通过发放与业绩挂钩的行政津贴来提高政府工作人员的责任感。行政津贴是用来留住并奖励那些有知识的、有专业技能的政府工作人员的。然而，尽管行政津贴对留住关键的雇员有一定的帮助，但那些不以绩效为基础的津贴会产生相反的效果。

美国联邦政府的退伍军人事务部，主要负责退伍军人的医疗保障。2007 年，该事务部的高层主管收到的平均津贴为 16 700 美元。其中，一位副助理部长和几位地区主管每人得到 33 000 美元，这大约占他们工资的 20%。发放的津贴数额想必是由事务部的各个部门主管决定的，津贴的数额部分取决于绩效评估的结果。

高达十亿美元的缺口，使得华盛顿州瓦尔特·里德医院的退伍军人无法得到应有的医疗保障。这样的事件出现后，津贴数额的曝光证实了这场政治上的尴尬。

参议院退伍军人事务部委员会主席 Daniel Akaka 指出，这种报酬是给那些身居要职的或者是有后台的官员的不恰当的津贴，奖励必须与业绩相挂钩。

Steve Ellis，TCS 的副主席说道："尽管退伍军人事务部的本意是想让津贴与业绩相挂钩从而提高政府工作人员的责任感，但是当这种报酬变成与业绩无关的自动派发时，危害就显现出来了。"

这个例子说明了绩效薪酬系统，如津贴，是如何被利用从而导致了不良的结果。

资料来源："VA Officials' Bonuses Raise Eyebrows," May 3, 2007.

何时企业的三个体系无法平衡

下面这个例子说明了企业的三个体系不平衡将会导致决策失误。有一架飞机正停在机场上等待维修，离该机场最近的合格的技师正在另一个机场工作。允许该技师对此飞机进行维修的决定权掌握在机场管理人员手中，管理人员的报酬与其自身预算的执行情况有关，而与企业的利润无关。该管理人员拒绝立即派该技师前往维修飞机，因为该技师必须在外过夜，这部分住宿费将从该管理人员的预算中列支。直到第二天的早晨，技师才被派出，这样他在当天就可返回了。一架价值几百万美元的飞机停放在那里，这花费公司好几千美元。而这个管理人员，仅仅为了节约 100 美元的旅馆费。如果这个管理人员能够从公司增加的利润中获得奖励，或者可由其他人做出这一决策，这个技师可能早已被及时派出了。

资料来源：M. Hammer and J. Champy, *Reengineering the Corporation* (New York: Harper Business, 1993).

Caterpillar 公司的资本项目监管

Caterpillar 公司对于每一项战略性的资本项目，都会在该项目的生命期中进行监管。一项资本项目一旦获得批准并开始执行，就会由一支专门的监管小组负责，每6个月对之进行一次考评。公司仅对大型的战略性项目（往往由几项资本性资产构成），如轮轴厂或一条装配线，进行评估。项目的监管小组是由来自工业工程、生产、材料采购和成本会计等部门的代表所组成的。他们要撰写一份报告，将关于该项目的实际情况与预算情况进行比较，找出差异并分析原因，包括对该项目当前的结果与该资本项目获得批准时预测的结果不尽一致的原因做出解释的详细报告。除此之外，监管小组还要针对如何改善项目的经营业绩提出一系列建议。监管小组的发现将被提交给被评估项目的管理人员、建设指挥人员、工厂管理人员、集团总裁以及公司的董事会。

资料来源：J. Hendricks, R. Bastian and T. Sexton, "Bundle Monitoring of Strategic Projects," *Management Accounting*, February 1992, pp. 31-35.

C. 会计在组织架构中的作用

前一节描述了决策管理和决策控制的分离。降低代理成本的一个方法是将决策制定和决策执行（决策管理）以及决策审批和决策监督（决策控制）分离。作为业绩评估体系的一部分，会计系统在监督方面起了很大的作用。会计数字在决策监督上可能是比较有用的，但是在决策制定和决策执行上是最没有用的。对于决策管理，管理人员要的是机会成本（参见第 2 章）。会计数据因在决策管理上的无用性而备受批评，但是其在决策控制上的有用性常被忽视。

作为一种监督机制，会计职能通常独立于其业绩要被会计报告给营运经理们。这种独立是很显然的。会计作为公司实施监控的部门之一，是用来减少代理成本的，包括偷窃和占用。既然财务报告将下属的业绩表现报告给上司，那么这种报告当然不应该在下属的控制之内。内部财务报告通过提供高级经理合理客观和独立的信息，使其能全面地看到下属的业绩表现。股东和董事会用会计系统衡量 CEO 和高级经理的业绩表现。因为公司主计长（controller）最终还是向 CEO 报告，所以 CEO 通常会对会计系统有实质性的影响。一些公司让主计长直接向董事会的独立审计委员会报告。为使用会计信息监控 CEO 和高级经理，股东和外部董事坚持聘请外部第三方对财务报告进行审计。①

在某种程度上，财务指标被用于决策控制，而非财务指标则被用于决策管理，下面给出了一些原因：

1. 财务指标没有被被监督者（如营运经理）完全控制。

2. 非财务指标（如顾客投诉和次品率）经常比会计指标要及时。会计数据通常是按季度和月份呈报的，而非财务数据则报告得更频繁一些。

3. 不是每一个决策都需要审批和监督的。决策控制可以基于整体的数据，以平滑随机波动现象。与其监督每台机器的启动情况，综合该星期内所有的机器启动情况，并确保平均启动时间和成本在可接受的水平，更加符合成本—效率原则。

4. 营运经理做决策管理时常常对财务指标不满。会计数据对营运决策来说常常不及时，它们经常过于概括而没有提供有关特殊决策的足够细节。作为回应，这些营运经理们开发了他们自己的——非财务的——信息系统，以提供对决策管理而言很及时的信息。但是与此同时，他们依靠会计信息来监督向其报告的下层经理。

很多专门的内部会计程序，如标准成本、预算和成本分配（在后面章节讲述），有助于减少代理成本问题。许多会计程序作为控制机制，相比其用于决策管理更易于理解。例如，经济学家长久以来就反对在制定短期决策时，运用固定成本的分配来计算平均单位成本。这些单位成本和短期可变成本关系不大，而正是短期可变成本对短期利润最大化的产出水平起决定作用。但是，平均单位成本作为一种控制机制，可以用于监测各子产品的成本变化情况。

经济学的达尔文原则（土拨鼠和大灰熊）表明，这些看起来不理性的会计程序是收益超出成本的。当使用会计平均成本而非可变成本时，经济学家认为会做出错误的产出/价格决策。这些错误的决策是会计程序的间接成本。减少公司的代理成本有

① R. Watts and J. Zimmerman, "Agency Problems, Auditing and the Theory of the Firm: Some Evidence," *Journal of Law & Economics*, October 1983, pp. 613 – 33.

力地解释了大量使用“不理性”的会计程序所带来的益处。另外，还有其他的益处以及组织方面的原因，如会计程序可以提供有关收益（或成本）的外部报告、税收报告，或者用作一种成本控制机制（如图1—1所示）。

下一节通过一个具体的例子，来讲述会计收益是怎样用于高管薪酬合约，以更好地协调股东和经理的利益的。

零售业的业绩衡量

在19世纪后期，美国出现了大型的卖场（1858年的Lord & Taylor，1870年的Macy's）。这些商店有多条商品线，如衣服、家具、珠宝、玻璃制品。这些商店位于大城市，因为这些大城市能提供其所需的存货。这些成功的零售商通过低价销售和只赚取低的利润率，带来了很高的销量和存货流转率。他们对滞销的产品降价，并且大量做区域性的广告。

在农村区域，大量的市场营销是通过邮购商行来做的。1872年，蒙哥马利·沃德开业了，1887年，西尔斯和罗巴克开业了。1887年，蒙哥马利·沃德的邮购目录长达540页，包括24 000种商品。和大型卖场的成功一样，邮购商行的成功源于低价和大量销售。邮购商行一天能处理100 000个订单。

处于这些大型卖场和邮购商行中心地位的是营运部门（如女性和儿童的衣服、家具和家用器具）和他们的采购员。这些采购员不得不获取有关顾客偏好的专门信息。在他们知道商品是否能卖出去之前，他们命令其部门采购数以百万计的商品。

两种类型的会计信息用来评估营运经理及其采购员的业绩情况：毛利率和存货流转率。毛利率等于收入（销售收入减去销售成本和营运费用）除以销售额。存货流转率等于销售额除以平均存货量，它衡量了现有存货1年内销售和更新的次数。存货流转率高的部门更高效地使用其投资在存货上的资本。例如，大型的芝加哥经销商，马歇尔菲尔德，1880年其存货周转率为5。毛利率和存货周转率的发展，表明了基于会计基础的信息评价－衡量指标是怎样将决策权分配给特定的经理的。这些大型销售商能够取得成功的关键在于，将决策权分给那些有着专门知识的采购员，并用其决策权来评价和奖励他们。

资料来源：A. Chandler, *The Visible Hand: The Managerial Revolution in American Business* (Cambridge, MA: Harvard University Press, 1977), pp. 223－36.

通用电气公司的高管薪酬合约

通用电气公司1997年的奖金计划如下：

公司董事会有权确定适当的激励性报酬基金。每年，这一基金的金额不得超过企业合并净收益减去公司平均合并资本投资总额的5%后的10%。

在通用电气公司的计划中，如果公司收益达不到资本金额的5%，企业主管就不能获得任何奖金，这即为下限。有些公司还对奖金的支付金额设置了上限，一种典型的奖金支付金额的上限被描述如下：“激励性报酬基金的总额不可超过公司支付的股利总额的10%。”这类上限，与企业支付的股利有关，可以防止企业资金的过度流失。如果该企业的获利能力极强，则公司的主管人员想要增加其奖金金额的唯一方法就是增加股利分派。

资料来源：GE公司报表（2007-02-28）。

D. 关于会计作用的例子：高管薪酬合约

从企业高管的薪酬合约可以看出，会计数据是如何降低代理成本的。为了更好地协调公司股东与公司高层管理人员的利益，绝大多数的大型美国企业都制定了激励性的报酬合同。本部分简要地分析了这些合同的设计及其对会计数据的应用情况，而这一分析从某一方面说明了会计数据（尤其是提供了业绩指标考评）是如何被用来解决代理问题的。

典型的美国大型企业中的高管人员的报酬，是由薪金和年度奖金两个部分构成的。平均而言，年度奖金占薪金总额的100%。董事会的薪酬委员会通常是由公司外部的、不参与公司管理的董事组成的，负责管理高管的年度奖金并调整年度薪金。薪酬委员会每年都会对每名高层主管提出业绩目标，并根据其目标的完成情况确定其奖金额度。通常，业绩目标包括部门利润增长率、市场占有率、新产品问市时间进度、平权雇用目标①以及其他与特定的管理人员有关的战略指标。如果管理人员实现了预期目标，则可以获得现金、股票期权、限制性或其他递延报酬。

为了保护股东的利益，避免向高管过度支付酬金，同时也为了让企业的高层管理人员能从整个组织的角度出发，而非仅仅考虑自身的利益，支付给所有这些高层主管的年度奖金的总额往往被限定为会计收益的一部分。每三年，高管人员的报酬合同都必须提交股东大会审批。在这类合同中，除了要对谁有权获得这类奖金以及如何管理高管人员并支付其薪金做出规定以外，还要对在年度基金中支付的年度奖金的总额进行限制。

这样，会计数据会从以下两个方面对高管的报酬产生影响：首先，会计收益指标可被用作一个单独的业绩衡量指标（如部门利润）；其次，会计收益指标限制了支付给主管们的报酬总额。

对上市公司主管报酬所做的调查发现，几乎所有的上市公司都依据某些会计利润指标来衡量和奖励高级经理层。② 大规模的实证研究均发现，会计利润变化和高管报酬变化之间存在很强的正相关性。这里的高管报酬被定义成向首席执行官支付的工资加上奖金。在这些研究里，会计利润在公司规模、股票回报、行业类别这些对高管报酬的解释变量中，是最重要的一个。因此，似乎会计利润要么直接用来设定高管报酬，要么和衡量高管业绩的指标高度相关。

企业高管的会计盈余管理

一次对《财富》杂志排名前250位的公司的奖金计划（有的公司甚至追溯至1930年）所做的研究分析表明，企业的高管能对企业的会计盈余进行管理。对从94家公司获取的1 527个样本进行研究后发现，当公司盈余金额处于上、下限之间时，管理人员倾向于采用能增加会计盈余的会计行为；而当盈余金额落在上、下限之外时，管理人员则会更多地采用降低盈余金额的会计行为。尽管根据上述

① 英文原文为 affirmative action hiring targets。其中，affirmative action 字面译为平权行动，是美国政府专门推出的、旨在提高妇女和少数民族就业水平的专门政策——译者注。

② K. Murphy, "Executive Compensation," in *Handbook of Labor Economics* 3, ed. O. Ashenfelter and D. Card (Amsterdam: North Holland, 1999).

研究，我们发现管理人员会选择不同的会计方法来对报表中的盈余数据加以控制，以增加主管奖金。但是，这种以会计数据为基础的奖金计划的广泛运用，也从一个侧面说明了这些奖金计划有助于解决代理问题。

会计盈余数据同时也可被用来对低级管理人员进行业绩考评。一项对美国12家上市公司的54个利润中心所做的研究表明，所有这12家公司都将其奖金金额与利润中心的会计业绩联系在一起。利润中心管理人员的年度奖金额基于其是否能达到预算目标，达到目标后的奖金金额占基本薪金的20% ~100%，最常见的比例为25%。

资料来源：P. Healy, "The Effect of Bonus Schemes on Accounting Decisions," *Journal of Accounting & Economics* 7（April 1985），pp. 85 – 107. 进一步的资料，见J. Gaver, K. Gaver, and J. Austin, "Additional Evidence on Bonus Plans and Incone Management," *Journal of Accounting & Economics* 19（February 1995）；R. Holthausen, D. Larcker, and R. Sloan, "Annual Bonus Schemes and the Manipulation of Earnings," *Journal of Accounting & Economics* 19（February 1995）.

所有的高管奖励计划都设有会计收益数值的下限，同时有些奖金计划还设有上限。图4—2说明了企业高管奖金总额是如何随着企业会计收益的变动而变动的。如果会计收益低于下限，则奖金总额为零，将不支付任何奖金；当收益介于下限与上限之间时，奖金总额将随收益数值的增加而增加；当收益高于上限时，则奖金总额不再增加。对于这种设有上、下限的奖金计划来说，当会计收益介于下限与上限之间时，能激励管理人员提高企业收益。可以通过增加净现金流或选用能使收入数值变大的会计方法，来增加会计收益的数值。例如，通过选用直线折旧法或选用更长的折旧期，来降低每期的折旧费用以增加每期的净收益。但如果企业的收益指标低于图4—2中的下限或高于上限时，管理人员就会倾向于选用会令会计收益指标下降的会计方法。如在当期核销报废的存货、厂房和设备等。这类会计费用的出现减少了企业资产负债表中相应的将在未来会计期间列支的资产的金额，并减少本期的收益，但却会使未来年度的收益指标得到增长。

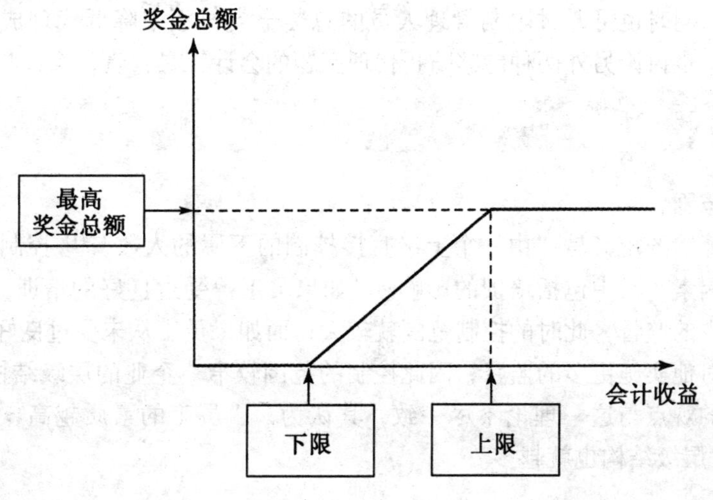

图4—2　典型的高管奖金计划

E. 本章小结

会计数据除了能为经营决策的制定提供信息以外，还能被用于控制所有者（委托人）与员工（代理人）之间的利益冲突。代理问题的出现是因为自利的员工希望最大化自身的利益，而非使委托人的利益最大化。而同时，委托人也无法直接对代理人的行为进行观察。

搭便车是一个特殊的代理问题，它的出现是因为代理人以团队的形式工作，而随着团队规模的扩大，对各代理人的激励程度也会有所下降。通常，当团队的规模扩大时，更加难以对某个代理人的个体行为进行监督。同时，单个代理人逃避责任的利益会随代理人人数的增加而增加，这是因为每个代理人都只需承担由于其逃避责任而造成的产量下降所导致的损失的很小一部分。

在市场上发生的交易，其代理问题较少。这是因为市场和市场价格的存在，使得某项资产的所有者获得通过将知识与决策权相联系从而使其资产价值最大化的激励。但是，一旦交易发生在公司内部时，就必须以管理措施来替代市场导向性的激励。尤其是，公司应试图使决策权与知识相联系，同时还要设置激励体系使拥有知识和决策权的人主动追求公司价值的最大化。

为了使公司价值最大化（其中包括使代理成本最小化），管理人员设计出组织架构——相互联系又协调一致的用来衡量、奖惩经营业绩和分派决策权的三个子系统。将这三个系统看成一张凳子的三条腿，说明了这三个系统间要相互协调的重要性。改变其中的一个系统，往往需要对其他两个系统也进行相应的调整。

内部会计系统（用来衡量代理人的业绩）提供了一个重要的监督职能。因此，会计系统通常不在代理人（其业绩被监督）的控制之下。会计主要执行控制职能，它对决策制定的用处有限。

三系统之一——业绩评价体系，是由财务性业绩指标和非财务性业绩指标构成的。在高管薪酬合约中，通常用会计收益作为业绩评价指标来对管理人员的经营业绩进行评价，同时也可通过限制管理人员的总奖金支付额来降低代理成本。在第5章中，将进一步讨论另外两种能够防止代理问题的会计工具：责任会计与转移定价。

自测题

控制范围

控制范围的定义是“由一个上级直接控制的下属的人数”。[①] 控制范围的大小取决于许多因素，其中包括培训的影响。“如果员工曾受过良好的培训，那么他（她）就需要较少的监督，此时的控制范围就较大；而如果员工从未受过良好的培训，就需要其上级对他实施更多的监督，因此控制的范围较窄，企业的层级结构也较多。”但有些理论的观点与这一理论不尽一致，其认为，“员工的素质越高，控制的范围越小”，同时层级结构也就越多。[②]

---

① C. Perrow, *Complex Organization: A Critical Essay*, 3rd ed. (New York: Random House, 1986), p. 30.
② Perrow (1986), p. 31.

在某些情况下，我们发现控制的人数可以多达 40 ~ 50 人（如商学院的教职员工）。在另一些情况下，控制的人数则仅为 2 ~ 5 人（如游乐场中的发牌人）。你认为，在决定理想的控制范围时，何种因素的作用最为重要？试举出适当的例子加以说明。

解答：

控制范围（或组织结构图的高度与形式）是组织所面临的控制问题的一部分，公司中每个人要求的监管数量会影响企业的控制范围。高层次的监管由于监管者的处理能力有限，将缩小控制的范围。

以下一系列因素将对控制范围产生影响：

1. 知识：尽量将知识与决策权相联系，这对于扩大控制范围而言十分有益。如果某些决策管理权被授权由他人行使，则本部门往往会同时保留该决策控制权，这种分离将导致控制范围的缩小。

2. 其他情况不变，如监管成本下降，则控制的范围会扩大。能使监管成本下降的一种方式是对下属分组，使其与上级的关系更为紧密。此外，能削减代理成本（包括监管成本）的业绩评价体系与奖惩体系，也将促使控制范围扩大。其他情况不变，如果由于剩余损失的金额较大（如银行出纳员与游乐场的发牌员）而使代理成本较高，则控制的范围较小。

3. 佩罗认为，可以通过培训使员工自觉地维护组织的利益，从而改变一个人的行为方式。这一理论与假设所有个体是自利的、理智的、追求自身利益最大化的理论不尽一致。

习　题

[习题 4—1]　授权

有这样一种观点认为，如果要促进某些工作，管理人员就必须"放弃控制权"，同时适应让其下属制定相关决策的状况。试对上述观点进行评价。

[习题 4—2]　激励报酬机制

通常社区成员十分关注警员在执勤时是否保持警惕。有几个社区成员就警员的激励报酬机制进行了试验。在通常情况下，在某些城市，警员的收入是依据其个人所实施的逮捕次数来衡量的。试对这种激励报酬机制可能产生的影响进行讨论。

[习题 4—3]　课程材料

某一流的商学院的教员收到一笔预算，以支付其研究支出、软件和硬件购买费用、出差费用和上课使用的复印费用等。每多出一个任课班级，预算就会增加 250 元，而不论该班级有多少个学生。例如，一个教员今年收到基本的 14 000 美元的预算并且他教 3 门课，则该教员的总预算为 14 750 美元。

金融学教授比其他专业领域（如会计）的教授讲授更多门课，并且他们通常给每个学生较多的课程材料。教员们可以复印他们的课程材料，通过复印，他们可以节省预算。或者是将课程材料传到学校的网络上去，这样学生就可以下载了，并用他们自己的打印机打印出来。

要求：

a. 哪些教员比较可能将其课程材料传到网上去？哪些教员比较可能复印课程材

料并将其分发给学生?

b. 这种区分网络分发材料的教员和复印材料的教员的方式有效吗?

[习题4—4]　联合货物运输公司

为什么从事市内运输的运输公司往往雇用司机作为公司员工，而长途运输公司（跨国性运输，如联合货物运输公司）则往往对其司机授予特许经营权？这些拥有特许经营权的司机往往拥有自己的卡车，并且他们不从公司领取固定的薪水，而是向授予特许经营权的公司支付一定费用后参与分配每次运输的利润。

[习题4—5]　财务报表的自愿披露

在1933年和1934年颁布相应的证券法规以前，上市公司并不需要公开其财务报表，但仍有许多公司主动公开其利润表与资产负债表。试讨论企业主动披露相应信息的优缺点。

[习题4—6]　东部大学医院的医生薪酬

东部大学医院的内科医生的有关报酬协议如下：每位医生可以根据其服务向病人（或蓝十字会—蓝新月会）收取费用。医生必须支付在其诊所中发生的所有的直接费用，包括护士薪金、医疗事故保险、秘书薪金、医疗用品以及设备的费用。每位医生都有一个收入上限（如10万美金），如其收取的诊费超过医生薪金的上限，则医生可保留扣除费用后的超额净诊费的30%。例如，收取的诊费为15万美元，支付了4万美元的费用后，医生可以保留超额诊费中的3 000美元（（150 000 - 40 000 - 100 000）×30%），而东部大学则收取7 000美元。如果收取的诊费为12万美元，费用为4万美元，则该内科医生的净现金流入为8万美元，而东部大学不收取任何费用。

要求：

试对现存的报酬计划进行认真的评价，指出需对该计划作何改动?

[习题4—7]　沙漠风暴邮件寄送

在1990年的圣诞节期间，寄给驻沙特阿拉伯执行“沙漠风暴”行动的美军的邮件突然增多了。在节日中，寄往沙特阿拉伯的信件与包裹如此之多，以至于作为向沙特阿位伯邮寄的中间站的联邦德国的仓库都塞满了这类信件与包裹。通常，信件要在几周后才被发出，而包裹耽搁的时间则会短一点。在联邦德国与沙持阿拉伯之间飞行的飞机不仅有其容积的限制，同时对运载货物的总重量也有限制，而1立方英尺的信件比同等体积的包裹重。

要求：

试分析该邮件寄送体系，并找出寄送信件的时间不同于包裹的原因。

[习题4—8]　美国内联公司Ⅰ

美国内联公司是一家大型的通讯公司。在该公司，员工的满意度是一项重要的业绩衡量指标。该公司的所有员工都可获得一定金额的奖金收入，公司的低层员工平均获得的奖金金额为其基本薪金的20%，而公司的高层管理人员的奖金金额则高达其基本薪金的80%。所有员工的奖金金额都是根据其团队当期在下述领域的业绩决定的：收入、收益的增长、顾客满意度和员工满意度。对于管理者而言，则还可使用其他一些专门指标对此进行补充，包括任期目标和其他一些针对具体管理而言的专门指标，如是否在限期内推出一项新产品或完成市场份额目标等。

在决定员工的总体奖金额时，员工满意度指标的权重介于15% ~20%之间。为衡量员工的满意度，团队中的每个成员每季度都要填写一张两页长的调查表，该调查表针对员工满意度提出了一系列问题。在该项调查中的一个典型的问题是，员工要对职业满意度以满分为7分的形式进行打分（7分为非常满意，1分为非常不满意）。某团队中所有员工对该问题的打分的平均值，被用来计算该团队成员的总体满意度分值。

要求：

试描述在美国内联公司中可能出现的行为方式。

[习题4—9]　涨工资

某公司最近将其员工的薪金水平提高了20%，但其员工的生产能力并未随之提升。于是，企业的总裁指出："这说明了金钱并不能对人们产生激励作用"。试对该观点给出恰当的评价。

[习题4—10]　经济决策分散化

有些经济学家，如海耶克认为，经济决策的分散化能导致有效的资源配置。而在企业中，在这种分散与效率的联系比较模糊的情况下，会存在怎样的区别呢？

[习题4—11]　范德奇米德的餐馆

简·范德奇米德是一家遍及欧洲的著名餐饮连锁店的创始人。他在上周（55岁），出人意料地去世了。简是该公司公众股的唯一持股人，同时他在公司以独裁管理而著称。公司中绝大多数的人事任免决策都是由他亲自制定的，他还亲自参与菜单制定，并制定有关食品供应商、广告计划等的决策。全公司的雇员薪金固定，并接受范德奇米德先生的严格监督。简的儿子，乔伯在其青年时代就喜欢开着他的宝马跑车在荷兰与德国间飞驰，他很少与其父亲一起管理餐馆。然而，乔伯十分聪明，并刚刚从某著名商学院获得MBA学位。乔伯决定继承其父亲的事业，自己担任公司总裁，管理该连锁餐馆。试分析当乔伯接手管理公司时，公司的组织结构可能发生的变化。

[习题4—12]　销售佣金

Sue Koehler管理某大型国有制造企业的一个收入中心，该制造企业向底特律的本地企业销售办公家具。她有定价的决策权。她的报酬是每年固定的23 000美元，加上其分公司总销售额的2%。用批评的眼光来评估Koehler的收入中心的组织结构。

[习题4—13]　409

我过去经营一家公司，这个公司生产一种名为409的泡沫清洁器。从一个小型企业做起，我们走向了全国，冲出了宝洁、高露洁、黛凯特（Drackett）和其他业绩骄人的巨人的包围圈。一开始，我使用了一个简单的激励计划，该计划依据于销售额：每个月，每个销售人员和经理会收到一张支票，支票的数额取决于他卖出多少箱409。甚至连辅助部门职员的奖金也取决于其该月的销售额。那是一段快乐的时光，每个人（包括我）都赚了很多钱。

我们放弃了月度销售额奖金计划，实行年度利润共享计划，该计划以个人评估为基础。没过很长时间，新的计划就出结果了。

资料来源：Wilson Harrell，"Inspire Action：What Really Motivates Your People to Excel?" *Success*，September 1995.

要求：

你认为开始年度利润共享计划后，该公司将会发生什么变化？

[习题 4—14] 卜纳特惠特尼工厂

《华尔街日报》上刊登的一篇文章（1996-12-26）描述了缅因州的卜纳特惠特尼工厂的一系列变化，该工厂生产飞机发动机零件。1993 年，因为很高的运营成本和很低的效率，它濒临关闭。一个新来的经理对工厂的运营进行了全面的变革。他拓展了工作范围，因此巡视员比其 5 年前多做了 15% 的工作。如果工厂超额完成目标，如节约成本、准时交货，那么一个“结果共享”计划将向小时工支付更高的薪酬。现在，每个人都想节约成本。

小时工也帮助设计新的支付方案，该方案和培训的数量有关，而不是员工的资历。工厂经理挑出 22 个工厂级别的员工，给他们一间会议室，并让他们草拟一个和学习相关的薪酬支付计划。

车间工人工资在每小时 9 元到 19 元之间变化，最多的钱被给予那些进行特别成本研究和从事质量项目研究的员工。

这篇文章强调了保持企业三种职能的稳定的重要性。请指出卜纳特惠特尼所做的使其缅因州工厂的各种职能保持均衡的改变。

[习题 4—15] X 理论—Y 理论

一本有关组织理论的书中这样写道：

利用 Maslow 的作品，McGregor 提出了他的 X 理论—Y 理论的二分法，用来描述人类行为的两种不同的概念。X 理论假设人天生是懒惰的，不喜欢工作，并且尽一切可能回避上班。那些相信 X 理论的领导者倾向于通过压迫、惩罚和财务奖励来控制其下属。使用外部控制是必须的，因为大多数人被认为是不能自己把握方向和承担责任的。相反，Y 理论假设工作是快乐的，如果同时给其机会实现个人目标，人们将努力工作并且承担责任。①

使用本章的框架评述 X 理论—Y 理论。

[习题 4—16] 美国内联公司 Ⅱ

大型通讯公司——美国内联公司的员工的奖金金额要根据其完成一系列目标的情况来确定。这些目标的其中一项是收益目标，如果某一团队在该年完成或超额完成某收益目标，即可获得一定金额的奖金。除此之外，奖金金额的确定还与其他目标，如收入、员工满意度、任期目标以及与特定团队或管理者相关的具体目标的完成情况有关。

在美国内联公司中，有几个产品开发小组，每个小组都为公司的特定部门开发新产品。新产品开发小组的成员主要是工程师和市场营销人员，他们主要从事某项新产品的开发工作。其后，他们将加入另一个新产品开发小组或回到其原来的部门。有时，这些新产品开发小组的成员会成为新产品经理。一般来说，产品开发小组需花费 18 个月开发一项新产品。例如，网络解决方案组是美国内联公司销售部门的一个产品开发小组，其成员的奖金与其产品在该年能否达到收益目标有关。

---

① V. K. Narayanan and R. Nath, *Organization Theory: A strategic Approach* (Burr Ridge, IL: Richard D. Irwin, 1993), p. 403.

通常情况下，美国内联公司从建立一个新产品开发小组到将产品投放市场需要花费3年的时间。一旦确定了一种新产品的构想，并开始对其进行研究，就需建起一个样板并进行测试。最终，还要对该新产品进行介绍。除此之外，还需花费18个月来获得审批，进行产品设计，以及进行进一步测试和营销。这些职能都是在该新产品开发小组解散后履行的。

要求：

公司当前产品每一个开发者的部分奖金是根据正在销售的产品的收益状况决定的，试分析该制度的激励作用。

[习题4—17]　私人乡村俱乐部

"私人乡村俱乐部往往愿意进行低质量的食品经营，因为该俱乐部的成员到俱乐部来不是为了享用食物，而是为了参加高尔夫运动或进行社交。"

（注：私人乡村俱乐部收取入会费和按期缴纳的会费。会员要为其享用的食品和饮料付款，同时还需缴纳年度性会费。在会员一致同意接纳新会员的前提下，有些俱乐部的会员可以转让其会籍；或当会员去世时，其继承人可转让其会籍。而另一些俱乐部则重新将会籍售出，并再次收取入会费。）

试对上述引用的评论进行认真地评价。

[习题4—18]　小费

在进行经济分析时，一条主要原则认为人们都是追求自身利益的。然而，人们为什么在餐馆用餐后要支付小费呢？如果比较在州际高速公路旁餐厅的服务人员所获得的小费的金额与那些开设在居民区餐厅的服务人员所获得的小费，将会得出怎样的结论？为什么？

[习题4—19]　怀特百货商店

经观察发现，怀特百货商店的员工往往会做出下述行为：（1）他们会将顾客交给代售的商品藏起来；（2）他们不愿意花费力气对商品进行陈列设计。员工之间也不愿合作。你认为造成这一情况的原因是什么？怎样行动才能改善当前的状况？

[习题4—20]　科斯农场

科斯农场在Taggart铁路旁种植大豆。Taggart可以在科斯农场附近修建0、1或2条铁路，其净现值分别是0、900万美元、1 200万美元。

作为铁轨数量函数的Taggart铁路的价值（在发生任何环境损害之前）	
0条	$ 0
1条	9
2条	12

科斯农场可以选择在0、1、2块地上种植大豆，且能在Taggart的火车没有造成任何环境损害之前分别获得0、1 500万美元、1 800万美元的净现值。Taggart的火车造成的环境损害是每块地每条铁路400万美元。科斯农场的盈利作为其种植大豆土地的块数和Taggart所建的铁路数的函数，被呈现如下：

	0 块地	1 块地	2 块地
0 条铁路	$ 0	$ 15	$ 18
1 条铁路	0	11	10
2 条铁路	0	7	2

对 Taggart 铁路和科斯农场来说，签订一个长期的关于使用对方的土地的合同，所需付出的代价是极大的，以至于不可能签订。

要求：

a. 假设 Taggart 铁路不必对其修筑铁路给科斯农场造成的损害负责，证明 Taggart 将建造两条铁路，科斯农场将种植一块土地的大豆。

b. 假设 Taggart 铁路要就其修筑的铁路给科斯农场造成的损害负全责，证明 Taggart 将建造一条铁路，科斯农场将种植两块土地的大豆。

c. 假设现在 Taggart 铁路和科斯农场合并，证明合并后的公司将建造一条铁路，种植一块土地的大豆。

d. 合并对新设合并公司的组织结构方面的决策权、业绩衡量和雇员报酬，有什么影响？

资料来源：R. Sansing.

[习题 4—21]　罗斯威尔公司

罗斯威尔公司是生产由电脑控制的设备的顶尖企业，它生产自动化产品并提供相应的服务。根据其产品的功能和主要的加工地点，罗斯威尔公司将其产品分为 15 个品种。

罗斯威尔公司的销售部门销售其生产的所有品种的产品，并在全美设有 25 个地区分销机构。该公司的管理相当松散，公司的地区分销机构可以根据自身情况制定产品的售价、产品组合以及其他变量。

公司的地区分销机构根据其实现的销售收入来获取收益。公司的有些大客户甚至在多个罗斯威尔公司的销售区中设有分厂。在向这些大客户进行营销时，不同地区的分销机构会联合起来参与这一工作，并一起分享这一销售的成果。

根据公司的创始人，L. L. 罗斯威尔，所设计的销售部门的薪酬计划，职员们会追求公司 15 种产品中任何产品销售收入的增加。其销售计划具有下述特点：

· 每名销售代表可以根据其创造的销售收益获得一定比例的佣金。

· 每个销售地区（大约有 160 名销售代表）都要分担每种产品一定比例的销售定额。

· 除了佣金以外，销售代表还可获得年度奖金。公司将个人目标奖金金额乘上该员工完成的奖金指标数，即可算出该各员工应得的奖金金额，而该奖金指标数是根据该员工所在地区的总体情况确定的。

· 为使某一销售地区的所有销售代表都能有资格获取年度奖金，该销售地区对所有 15 种产品至少要完成 50% 的销售定额，对其中 13 种产品则至少要完成定额的 85%。

· 完成了定额 85% 以上的销售时，可获奖金。

·有5种产品对罗斯威尔公司具有战略性意义，这些公司“荣誉出品”的产品的销售金额在计算奖金指标时享有较高的权重。

在过去的3年中，罗斯威尔公司创造了惊人的销售业绩，并支付了公司有史以来数额最为可观的奖金。然而，在此期间，公司的利润状况却并无太大的改观，罗斯威尔先生为此感到十分困惑。

要求：

a. 试根据罗斯威尔公司的具体情况，对该公司的薪酬计划进行评价。

b. 试指出现存的系统可能会引发哪些行为，以及这些行为将对公司最终的获利能力产生怎样的影响。试提出改进方法。

[习题4—22]　工分

“那是在1969年的德阳，我想起了中国的农民是怎样生活的。每天的工作开始于生产队队长分配任务。所有的农民都必须工作，他们每个人都可以从每天的工作中得到一个固定的工分。在年终分配的时候，累计工分的数量是一个很重要的因素。农民从生产队那里得到一些食物、燃料和其他生活必需品外加很少的现金。收割粮食之后，生产队向国家交一部分作为税收，剩余的部分被分掉了。首先，一个基本的数量被平分给每个男的，比这个大概少1/4的数量被分给每个女的。3岁以下的小孩子只能得到一半。”

“剩余的庄稼依据每个人的工分来分配。一年两次，农民将聚集起来给每个人设定日常的工分。没有一个人可以缺席这样的会议。最后，大部分的青年和中年男子每天分得10个工分，女人8个工分。一或两个那些整个村子都认为非常强壮的人将得到多一些的工分。‘阶级敌人’像村子的前地主和他的家庭成员，得到的工分比其他人要少，尽管他们不比其他人少干活，并且经常要干那些很艰苦的活。”

“既然同性别的人之间在每日的工分上没什么差别，那么累计工分的数量取决于一个人工作多少天，而不是他（她）怎样工作。”

资料来源：J. Chang, *Wild Swans: Three Daughters of China* (New York: Anchor Book, 1991), pp. 414-15.

要求：

你预期中国的农业制度将导致哪些可以预见的行为？

[习题4—23]　国际电脑公司（1CC）

国际电脑公司（1CC）每年的收益水平可达到20亿美元，这些收益主要来源于向商业企业或大学销售或出租大型网络工作站系统。其生产部门生产硬件设备，营销部门负责将这些硬件设备售出或租出。在租赁期满后，租出的设备会被退回ICC公司。公司将这些设备予以分拆后，将零部件交由公司的生产服务机构进行维修或交由国际部出售。根据公司的内部研究，某设备在4年的租赁期满后，其价值等于零件原生产成本或原产品销往海外的价值的36.67%。在ICC公司中，有一半的产品用于销售，一半的产品用于租赁。但在ICC公司的总销售额中，租赁收入所占的份额正在逐年下降。

公司的租赁部门的业绩情况是根据其创造的利润来评估的。该部门的年利润金额为该年新签租赁合同产生的租金收入减去：

1. 该设备的单位生产成本。

2. 直接销售、运输以及安装成本。

3. 该服务协议成本的现值。

每件租出的设备在其使用寿命内，都将由ICC公司的现场服务机构提供维护等服务。公司的出租业务部门为其租出的每一件设备都与现场服务机构签订了有关的服务合同，而公司的现场服务机构则有义务根据设备租出时的标准，以固定的年度成本为公司租出的设备服务，而出租业务部门则将这一服务成本计入年度租金。

公司的出租业务部门与公司各个客户单独订立出租设备的条件。就总体而言，出租业务部门要设立一个年度租金标准，以支付三项主要的成本以及25%的附加费(税前)。在过去，ICC公司在工作站市场上占有主导地位时，这25%的附加费运作得很好，在这一基础上公司制定了一个能够保证公司维持一定的年度投资收益水平的年度租金定额。然而，在近几年中，由于新的竞争对手开始进入这一市场，迫使ICC公司的出租业务部门将其附加费率降低到10%。由于出租业务的毛利如此之低，ICC公司的高层管理人员开始考虑要完全退出设备出租市场，而仅仅经营设备销售业务。

下面提到的向基因科技公司出租设备的合同，其价格是由公司的出租业务部门拟定的。该笔业务涉及出租一个拥有三个工作站的小型网络4年。该网络的单位生产成本为30 000美元，在租期内每年年初应付给公司现场服务机构的服务成本分别为2 000美元（安装设备时支付)、3 000美元、4 000美元及5 000美元，销售、运输以及安装成本为7 000美元，公司出租业务部门的资本成本为8%。

为简化分析，不考虑税收因素。

要求：

a. 假定附加费率为成本的25%，贴现率为8%，试计算ICC公司在4年的出租期中应向基因科技公司收取的固定租金金额是多少？

b. 试举出在出租设备时很难继续维持25%的附加费率的可能原因，ICC公司是否应放弃出租业务？是否还存在其他选择？

[习题4—24]　雷普诺公司

雷普诺公司是一家生产和销售办公用品的公司，在相关市场占有领先的地位。该公司最具获利能力的业务是生产和销售大型复印机。该公司的现行组织结构分为两个部分：生产及销售。生产部门生产各种产品，销售部门则负责将所有产成品销售给最终的客户。每个部门的业绩根据其创造的利润进行评价。根据市场研究，市场上存在对设备管理服务的需求。因此，雷普诺公司在其客户的所在地安装了设备并安排人手，负责经营客户的文印中心。为满足这一需求，雷普诺公司正在考虑一项计划以拓展其业务，其中包括组建一个专门的服务部门负责与有意安装雷普诺公司设备的公司签订有关文印服务的合约。该种文印服务被称作设备管理（FM）服务。

一份设备管理的合同内容包括：从公司的服务部门租入全套的文印中心（包括全套设备，并配备人员)，客户负责提供实施该项业务的地点。

由服务部门提供的该项服务可带来3倍的利润。公司的服务部门还将在每个城市组建一个基础中心，一方面提供独立的文印服务，另一方面作为与当地客户签订设备管理合同的后备力量。一旦在提供设备管理服务的过程中，由于设备故障或是业务量突然增多而导致提供设备管理服务的文印中心疲于应付，将转交部分的工作由基础中心来完成。除此之外，对于公司的客户而言，由于提供设备管理服务的设备是租入的而非购入的，因此在计算公司的资产收益率时，不必将这部分资产的价值（允许根据客户的需求情况，调整租入的设备）纳入其中。同时，客户公司也不必负责对设备进行维护、保养。最后，提供设备管理服务的人员是雷普诺公司服务部门的雇员而非客户公司的员工，因此客户公司也不必将其视作公司的员工。对于此项增值型服务，客户公司需要根据预计的每月复印业务量支付费用。如果实际的复印业务量超出了合同约定的数量，则该客户公司需根据其与公司约定的条件支付超额费用。

由于需要设立这一新部门，雷普诺公司将对其公司进行重组，设立生产部门、产品部门和服务部门。销售各种商业设备（如复印机、传真机等）的责任将由产品部门承担，而服务部门则负责提供设备管理服务（产品部门与服务部门均可执行不同的销售职能，而这两个部门都需要以同样的成本向生产部门购入硬件设备）。

当前，在雷普诺公司完成的销售收入中，有80%是由老客户实现的（以类似的设备替代原有设备或是对原有的设备进行更新），另外20%的销售是由新客户实现的。根据预测，当前的客户中，有30%会倾向于选择设备管理服务而非购入设备。

雷普诺公司当前给予其销售人员的报酬为，固定的工资金额加上随销售金额变动的佣金。平均而言，销售人员的报酬为25 000美元的基础工资以及2%的销售佣金。在过去的4年中，雷普诺公司售出的复印机的平均单价为80 000美元，每个销售人员平均售出了价值100万美元的设备（通货膨胀调整后）。如果设立服务部门的提议被通过，则在产品与服务部门两个部门将运用相同的报酬计付方式。

要求：

a. 试讨论如果设立服务部门将可能引发的冲突。

b. 试找出解决这些冲突的方法。

资料来源：D. Holahan，D. Lee，W. Reidy，A. Tom，and E. Tufekcioglu.

案　例

［案例4—1］　基督教徒儿童基金

基督教徒儿童基金（CCF）成立于1938年，是一个国际化的、无宗派的非营利机构，致力于帮助儿童。通过遍布全球的项目办公室，它在30个国家（包括美国）参与了超过1 000个项目，向460万儿童和家庭提供卫生和教育援助。通过提供医疗护理、安全饮水、防疫、更好的营养、教育援助、文化课程、技能培训和其他专注于儿童福利的服务，基督教徒儿童基金的项目促进了各地的长期发展，打破了贫困的恶性循环。

大部分基督教徒儿童基金的收入来源于那些和特殊儿童有关的个人捐赠者。75%的捐赠人来自美国，2003年，基督教徒儿童基金有大约1.43亿美元的收入（见表1）。

1995年，基督教徒儿童基金开始开发一个评估系统，名为AIMES，用来评估项目的绩效和检查它们是否给儿童的生活带来了积极的、可衡量的变化。一个由国家官员、项目经理、基金会的财务和审计经理以及外部咨询师组成的工作组设立了一系列的指标，使得基金会对其捐赠人更加负责，其同样可以作为评估的工具来持续评估项目对儿童的影响。工作组想要找寻的指标是：（1）能够促使项目成功的关键因素；（2）集中于项目的影响，而不是活动本身；（3）测量项目对儿童的影响；（4）能够衡量和追踪。

以下几个指标被选出来：

5 岁以下儿童的死亡率

5 岁以下儿童的中度和重度的营养不良率

成人的文化水平

一到两岁儿童的防疫情况

破伤风防疫保护存活率

知道如何正确处理痢疾的家庭

知道如何正确处理急性呼吸道感染的家庭

有安全饮水的家庭

有安全卫生设施的家庭

参加正式或非正式教育项目的儿童

参加基金会项目的每个家庭都会得到一个家庭卡片，这个卡片是用来追踪上述十个指标的。1997 年，也就是实施的第一年，AIMES 收集到 18 个国家的大约 850 个项目的 190 万儿童的健康状况。项目人员或志愿者会在年度回访时更新每个家庭的卡片。家庭卡片先在社区积累，然后在国家积累，最后总计到基金会那里，并且还提供报告体系。基金会经理然后追踪整个趋势，分别在社区、国家、组织水平上，比较绩效。

基金会花了两年时间来开发这些指标，然后测试，并且在所有的国家培训员工怎么使用这套体系。AIMES 没有强制命令每个社区都要采用，而是允许每个社区设计一些能在该社区促进儿童福利的项目。项目经理可以使用 AIMES 的数据作为工具来监督和管理他们的项目。如果儿童的死亡率太高，则本地项目经理有权决定如何降低死亡率。这 10 个 AIMES 指标使得项目经理更能集中资源，并将其投放在有关儿童健康的可测量的领域。基金会使用这些信息在社区层级制定项目并分配资源。因为现在有了基金会员工，志愿者和家庭之间有了更为直接的接触，家庭卡片通过正确的喂养和儿童护理实践提高了儿童的营养水平。

要求：

使用本章的组织架构框架，讨论 AIMES 项目的优缺点。

资料来源：D. Henderson，B. Chase，and B. Woodson，“Performance Measures for NPOs，” *Journal of Accounting*（January 2002），pp. 63 – 68，也可以登录 www. christianchildrenfund. org.

表 1

基督教徒儿童基金会

活动和净资产变化合并报表

2003－06－30 和 2002－06－30

	合计	
	2003 年	2002 年
公众支持		
捐赠：		
美国捐赠	$ 76 838 477	$ 74 077 556
国际捐赠	22 086 375	18 151 969
给孩子的特别礼物	12 351 284	11 838 912
总捐赠	$ 111 276 136	$ 104 068 437
贡献：		
一般贡献	$ 13 657 676	$ 13 642 476
主要礼物和遗产	4 712 032	4 751 059
好心礼物	804 247	637 977
总贡献	$ 19 173 955	$ 19 031 512
让与：		
让与和合约	$ 10 164 264	$ 7 768 755
总的公众支持	$ 140 614 355	$ 130 868 704
收入		
投资和流动交易	$ 264 893	$ 350 841
服务收费和其他	1 636 717	1 522 652
总收入	$ 1 901 610	$ 1 873 493
从受限制的资产中解限的净资产		
项目满意和时间限制	——	
总的公众支持和收入	$ 142 515 965	$ 132 742 197
费用		
项目：		
基础教育	$ 41 263 708	$ 40 964 478
健康和卫生设施	28 767 904	29 442 196
营养	13 824 871	15 635 046
早期儿童发展	11 850 954	10 717 133
微观企业	14 555 029	9 183 004
突发事件	2 802 575	2 861 528
总项目支出	$ 113 032 041	$ 108 803 385
支持服务		
基金筹集	$ 16 777 149	$ 15 484 634

续表

	合计	
	2003 年	2002 年
管理和一般费用	12 651 014	11 156 134
总的支持服务	29 428 163	26 640 768
总的运营费用	142 493 204	135 444 153
净营运资产的变化	$ 22 761	$ (2 701 956)
非营运收入（支出）		
实现的投资收益（损失）	$ (602 619)	$ 387 223
未实现的投资收益（损失）	696 584	(1 967 114)
总的非营运收入（支出）	93 965	(1 579 891)
净资产变化	$ 116 726	$ (4 281 847)

[案例 4—2]　伍德海文服务公司

背景资料

伍德海文服务公司是位于昆士伍德海文区的一家小型的、独立的加油站。该加油站有三个汽油泵以及两个服务区，其维修部门专门从事汽车的维护保养工作（如换油、调试等）以及一些细微的修理工作（如消音器及防撞杆的维修等）。伍德海文公司往往会建议其客户将维修的主要工作（如重建传输器或电子元件等）交由拥有更好设备的专门维修站来完成，这些专门的维修站能更好地完成工作。只有当客户和公司的技师都认为最好能在本公司内完成该项工作时，主要的维修工作才在公司内完成。

Harold Mateen 是伍德海文服务公司的所有人。在他掌握公司所有权的 20 年中，Harold 以其能力和公正性在公司附近的居民中赢得了一批忠诚顾客。事实上，对其服务的需求已超出了其能适当地予以履行的程度，但伍德海文公司的维修服务仍不具有较高的获利能力。伍德海文公司的绝大多数竞争对手的盈利主要来自修理业务，而伍德海文公司的利润则几乎全部来自汽油销售。如果伍德海文公司在其修理业务上能赚取更多的利润，则该公司就将成为该地区同类公司中最为成功的一家。Harold 认为，其公司经营维修业务的获利能力低下，主要是因为其技师效率低下。公司每周付给此类技师 500 美元的薪金，但 Harold 并不认为这一工资水平过高，他觉得公司的付出并未得到相应的回报。

Harold 的儿子 Andrew，是一名大学生。在学校里，他学到了苏格拉底的名言："认知的过程即是追求的过程"。Andrew 交给他父亲一份由 Weisbrotten 博士撰写的经典的员工道德教育文献——《勤奋工作并沿着正确的道路前进》。在这两个月的每个早晨，Harold、Andrew 以及公司的技师都要花 1 个小时来学习这篇文献。尽管在学习的过程中曾经出现过关于员工的权利、责任的种种生动而有趣的讨论，但是公司的生产效率并未得到提高。Harold 认为，他只能从公司外再去招募能努力工作的技师了。

Weisbrotten 的方法未能行得通，Harold 的女儿 Lisa 觉得一点也不奇怪，她早就觉得 Andrew 的方法只是自欺欺人。她认为，所有严肃地对待自己的经营活动的人都应知道，提高公司生产力及公司的人力资源管理水平的真谛都在 von Drekken 教授所撰写的著名的《通过提高员工的奉献精神改变组织行为》一书中。是的，提高员工的奉献精神是解决一切问题的关键！Harold 遵循书中的方法进行了实践，但除了向员工颁发金星奖章、赠送彩球并给其戴上刻有笑脸的奖牌，Harold 发现 Lisa 的方法并不比 Andrew 的有效。

报酬计划

此时，Harold 想到了他的邻居，Jack Myers。Jack 是杰克二手车店的所有者。如果其没有丰富的实践经验，是不可能做得那么成功的。Harold 想，Jack 的方法可能对他有帮助。或者，Jack 事业的成功得益于他在广播上所做的出色的广告。但 Jack 对 Harold 说：

“这不关广告的事，老兄！关键是我向我的员工支付工资的方式在发挥作用。你的技师不论工作状态如何，每周都能得到 500 美元的薪水。那么，他们为什么要为你拼命干活呢？就为了你颁发给他们的那些愚蠢的奖牌吗？而我的员工将根据他们的工作量获得报酬，没有任何的固定工资。他们如果干得好，拿得就多。如果不是这样，他们就会饿死！

你看，这个方法十分简单：根据员工创造的销售收入的一定百分比计付其工资。如果你想做得漂亮一点的话，你可以找出一个百分比，使得公司的销售收入情况正常时，技师们仍能获得他们以前的薪金水平 500 美元。但如果销售状况有所改进的话，你则需支付他们额外的工资。这样，既不会损害技师们的利益，也会帮你走出困境。”

Jack 的这番话伤害了 Harold，因为 Harold 的确很喜欢那些刻有笑脸的扣状奖牌。然而，Jack 指出了解决问题的关键。将薪金与工作直接挂钩，这种方式在 Harold 看来仍有点过激。如果某一周的经营状况很糟，那该怎么办？这种方法会有损技师们的利益。

Harold 认为，每周付给技师们 300 美元的基本工资，然后再根据其工作情况计付附加工资，最后在通常的经营状况不能使附加工资达到 200 美元时，仍付给技师们 500 美元工资的方法更加适合他的公司。在这种方式下，当经营状况很糟时，公司的技师不会受到太大的影响，在经营状况一般时能维持其收入，而且仍能对其形成一种激励，使技师们尽力改善销售状况。的确，这种方法看起来要合理得多。

另外，Jack 可能只了解二手车经营的情况，但他并不了解所有行业的经营状况。Harold 认为，他应该找出一种更适用于汽车修理行业的激励性工资计付方式。或许，他应该根据客户向其付费的方式来计付技工们的工资，即根据业务量计付工资。在通常情况下，一个维修站往往根据一个核定的费用率对其提供的服务中涉及的人工时间向客户收费。用来计算面向客户的收费标准——公司所花费的工时，是从一本列出了各种车型、各种维修活动预计的时间的手册中查出的。客户根据手册中查出的工时付费，而与实际修理工作花费的时间无关，许多其他的修理站也是根据业务状况计付技师的工资的。Harold 认为，这一方法具有实际意义，因为这一方法将技师的工资与向客户收费的人工支出直接联系在一起。

要求：

a. 在该案例中提出了几种降低代理成本的常见方法，尽管这些方法的某一方面与在本章正文部分中提出的观点是一致的，但没有一个方法是成功的。试讨论本章的各种观点的异同，并评价：

(i) Weisbrotten 博士的方法。

(ii) Harold Mateen 关于雇用“勤奋工作”的技师的方法。

b. 试讨论伍德海文公司新型的报酬计划对代理成本将产生怎样的影响？这一计划将会对伍德海文公司改变现状的努力产生多大作用？假设 Harold 希望在今后很长的一段时间中，能使其公司经营得更成功，在新型的报酬计划下将会出现怎样背道而驰的行为？这类新行为将对像伍德海文公司这样的公司的经营产生哪些损害？同时，试举出能支持下述提议的理由：

(i) Harold 的计划对于那些背道而驰的行为的刺激程度小于 Jack 的计划。

(ii) 如对技师每周的工资设定一个上限 750 美元，将有可能消除导致背道而驰的行为的刺激因素。

c. 假设 Harold 拥有在市区的一个热闹的商场的柜台提供汽车维修服务的授权。该商场是全国著名的连锁店之一，该商场一贯以其优良的信誉以及便利的贷款消费方式而著称。此时，Harold 应如何修改其激励性报酬计划？如果 Harold 并不拥有该经营许可权，而只是商场负责此项经营的经理，则他会怎么做？

d. 在这个问题中，假设知识与决策权是联系在一起的，提供某项维修服务的技师应决定怎样的服务是必需的。试针对伍德海文公司以及在连锁商店中设立维修部这两种情况，讨论这一方式的利弊。

e. 如伍德海文的问题并非是由代理成本造成的，试简要描述，根据该问题的背景可以看出的可能存在的问题。

第5章　责任会计与转移定价

本章提要

- A. 责任会计
  1. 成本中心
  2. 利润中心
  3. 投资中心
  4. 经济增加值（EVA®）
  5. 可控原则
- B. 转移定价
  1. 国际税收
  2. 转移定价的经济意义
  3. 转移定价的常用方法
  4. 重组：最后的选择
  5. 总结
- C. 本章小结

第4章讨论了关于激励以及激励方式对个人行为影响的一般性问题，即代理问题。在第4章中还讨论了公司的组织架构是如何减少代理问题的。公司的组织架构由三个相互关联的系统构成：业绩评价系统、业绩报酬系统以及决策权划分系统。在绝大多数公司的业绩评价系统中，会计系统扮演着一个不可或缺的角色。本章将进一步讨论另外两种运用会计系统减少代理问题的方法：责任会计与转移定价。

A. 责任会计①

除最基层的部门外，所有的部门都有分部门。这些分部门都被赋予了决策权，并依照各分部门的业绩目标进行评价。例如，一个公司可能会设有营销部门、生产部门和分销部门，而生产部门又被进一步划分为零配件生产部门和安装部门，安装部门又可根据其安装的产品加以组织并做进一步的分类。这些组织结构中的基本部分构成了公司中不同的工作团队，从而可以根据这一划分对公司的每个部分所从事的工作加以区分与确认。将相关的决策权分配给企业中的各个分部门，是解决在本书的第4章中讨论过的有关个人的处理能力有限问题的关键所在。**责任会计（responsibility accounting）**开始于正式确认这些分部门为“责任中心”，而责任会计系统是衡量各责任中心经营成果的业绩评价系统的一部分。

---

① 本节主要参考了 M. Jensen and W. Meckling, “Divisional Performance Measurement,” manuscript（Boston: Harvard business School, 1986）; J. Brickley, C. Smith, and J. Zimmerman, *Managerial Economics and Organizational Architecture*, 2nd ed.（New York: McGraw-Hill/Irwin, 2001）.

责任会计不是新事物

1922年，麦肯锡咨询公司的创建人 James O. McKinsey 是这样描述责任会计的：

“在现代商业组织中，控制是通过构成该组织的个体来实现的。如果对费用的控制要受组织中各类成员的影响，那么就必须对各成员进行划分以明确责任。如果在进行费用分类时，将责任作为控制因素，那么组织中的每个部门都必须承担由其部门主管实施控制的费用。除此之外，这些部门可能还要承担一些固定费用，或至少不受任何人控制的费用项目。

我们知道，生产部门要承担用于生产各项设施的相关费用，这些费用受生产部门经理的控制。除此之外，生产部门还需承担生产设备的折旧费用，而这一折旧费用往往不是由生产部门经理确定的。”*

值得注意的是，McKinsey 提倡使用责任会计，且认为一个部门不仅应承担其管理人员能够直接控制的费用，而且还应承担一些他们并不能直接控制的费用，如折旧费用等。

* J. McKinsey, *Budgetary Control* (New York: Ronald Press, 1922), p. 281.

根据分配给企业的一个分部门的决策权的差异，可将该部门划分为成本中心、利润中心或投资中心。由于分配给某一部门的决策权是决定这一部门的业绩评价和报酬的主要因素，因此这些分类的不同，就暗示着决策权分配的不同，以及相应的业绩评价指标体系的不同。在每种情况下，决策权都是与执行这些权力所必需的专门知识联系在一起的。责任会计表明，业绩评价体系（会计系统）是为了对将决策权分配给责任中心后的经营业绩进行衡量而设计的。例如，某代理人被授权向纽约的客户销售产品，则该代理人的业绩评价指标中就不应包括其向缅因州客户行销而产生的销货收入。①

将每个分部门分配到的决策权与其业绩考核相挂钩，可以降低第4章中提到的代理问题。授予分部门某一决策权后，用来评价这些权力执行好坏的业绩评价指标也应运而生，从而可以据以实施奖惩。通过使用这种方法，分部门会对其所承担的任务更加负责。表5—1列出了各中心之间存在的差异（在列出的所有情况下，业绩评价指标体系中都运用了会计数据）。②

---

① 在某些情况下，将缅因州的销售收入并入纽约销售人员的补偿中是有用的。如果两者是相关的，那么用缅因州的销售收入替代总体经济情况就可以降低由纽约的推销员所承担的总风险水平。有关业绩评价的讨论可参阅 J. Brickley, C. Smith, and J. Zimmerman, *Managerial Economics and Organizational Architecture* (Boston: McGraw-Hill/Irwin, 2004) pp. 426 – 28.

② 在本章中，我们将主要关注成本中心、利润中心和投资中心，除此之外还存在其他形式的中心，如投资费用中心等，但这些中心都不如上述讨论的三种中心使用广泛，有关其他形式的责任中心的讨论可参照 Jenson and Meckling (1986); Brickly et al (2007).

表 5—1 **成本、利润及投资中心的总结**

	决策权	业绩指标	适用条件
成本中心	选择投入的资源组合（人力、材料及其他物资）	·产出量一定时，最小化总成本金额 ·预算一定时，最大化产出量	·核心经理层能够衡量产出情况，了解成本属性，同时能确定理想的产量并实施适当的奖惩 ·核心经理层可以获知成本中心产出的质量 ·成本中心的经理掌握最优投入资源组合的专门知识
利润中心	·选择投入资源组合 ·选择产品组合 ·选定售价（或产出数量）	·真实利润 ·真实利润与预算利润的比较	·利润中心的经理拥有选定适当的价格、产量方面的知识 ·利润中心的经理拥有选择最优产品组合的知识
投资中心	·选择投入资源组合 ·选择产品组合 ·选定售价（或产出数量） ·决定投入该中心的资本	·真实投资收益率 ·真实剩余收益 ·真实投资收益率与剩余收益或预算投资收益率的比较	·投资中心的经理拥有选定适当的价格、产量的知识 ·投资中心的经理拥有选择最优产品组合的知识 ·投资中心的经理拥有关于投资机会的知识

1. 成本中心

当企业中的一个分部门被授权生产规定数量的某种产品，同时该部门实现其目标的效率将被予以考核并据此进行奖惩时，它就成为一个**成本中心（cost center）**。成本中心的经理被授予选择用来进行生产的投入资源组合（人力、外部服务及原材料）的权力。对成本中心经理的评价正是基于其运用投入资源生产产品的效率。由于成本中心的经理并不负责销售最终的服务或产品，因此也不能运用收益或利润指标对其进行评价。

要想评价一个成本中心的经营业绩，其产出量必须是可衡量的。另外，在组织中某些层次较高并掌握了专门知识以及决策权的部门，必须对其部门的产出及预算情况加以详细地说明。生产部门——如某工厂中的零配件生产部门——通常都是成本中心。零配件部门的产出是根据对其生产的零配件进行计数而得到的。成本中心还存在于服务性组织中，履行某些职能，如银行中的支票处理（根据其处理的支票数确定其“产出”数量）或旅馆中的餐饮服务（根据其提供餐饮的次数确定其“产出”数量）。除主要考查产出的数量以外，其产出的质量也需考查，否则的话，根据成本进行业绩评价的成本中心的经理们就可以通过降低质量来达到提高产出的目标。

对成本中心经营业绩的考评，具有多重的目标。一个是要在产出量一定的情况下使成本最小化，另一个是要在预算金额一定的情况下使产出量最大化。只要企业的核心管理层选定了能使利润达到最大化的产出数量，在给定的产量下使成本支出最小化的目标就与实现利润最大化的目标相一致了。例如，某生产金属冲压件的部门经理的任务是每天安排员工以恒定的规格和质量生产 10 000 个冲压件，企业将根据该部门完成生产计划以及其在不降低产品质量的前提下，生产这 10 000 件产品节约成本的情况，对该部门经理的业绩进行评价。成本中心的经理无权制定产品的售价以及经营的范围。

只要企业所做的预算是当产量达到利润最大化时所需花费最小的预算，则第二项潜在的评价标准，即在预算金额一定的情况下使产出最大化的目标，也能像第一项标准一样，产生同等的激励作用。例如，该经理的预算金额一定（如每周 27 500 美元），对他（她）的绩效评价则是建立在预算金额一定时，在满足质量和规格要求的前提下，所能生产的冲压件数量的基础之上的。

在前面两项目标中，管理人员不是受到总产出的限制，就是受到预算金额的限制。如果企业的核心管理层选定了使利润最大化时的产出水平，或拟定了在这一产出水平进行有效生产的适当的预算金额，则前面两项目标也能达到最优。但在上述两种情况下，成本中心的经理都有通过降低质量来削减成本（或增加产出）的倾向。因此，必须对在成本中心中生产的产品的质量进行监督。

有时，成本中心的管理者是根据最小化的平均成本对其进行业绩评价的。在这种情况下，管理人员倾向于选择能使平均成本达到最低的产量，并有效地进行生产。我们必须指出，在平均成本达到最低时，并不一定能使利润达到最大。总之，最小化单位平均成本并不等同于最大化利润。例如，假设某成本中心具有几项固定成本，同时单位变动成本的金额不变，则随着产量的增加，单位平均成本的数值会持续下降。例如，假设总成本为：

$$TC = \$\ 300\ 000 + \$\ 6Q$$

此时，固定成本为 300 000 美元，单位变动成本恒为 6 美元。根据所给的总成本计算公式，可以通过在等式两边都除以 Q 得到平均成本的计算公式：

$$AC = \frac{TC}{Q} = \frac{\$\ 300\ 000}{Q} + \$\ 6$$

由于变动成本不变，随着产量的增加，平均成本将不断降低。在这样的情况下，根据其最小化的单位平均成本进行业绩评价的管理人员就会要求提高产量，即使令存货积压也在所不惜。就总体而言，将注意力集中在最小化平均成本上，可能会造成成本中心的经理过量生产或者生产不足；这主要取决于利润达到最大化时的产出水平与平均成本达到最低时的产出水平之间的关系。

表 5—2 中给出的简单例子也表明平均成本最小化并不等于利润最大化。在此例中，销售 6 件产品时可使利润达到最大化；然而，在生产 9 件产品时，才使单位平均成本达到最低。

表 5—2　　**单位平均成本达到最低时并不能保证利润达到最大化的证明**

数量	价格	收益	总成本	总利润	单位平均成本
1	\$ 35	\$ 35	\$ 78	\$ −43	\$ 78.0
2	33	66	83	−17	41.5
3	31	93	90	3	30.0

续表

数量	价格	收益	总成本	总利润	单位平均成本
4	29	116	99	17	24.8
5	27	135	110	25	22.0
6	25	150	123	27	20.5
7	23	161	138	23	19.7
8	21	168	155	13	19.4
9	19	171	174	-3	19.3
10	17	170	195	-25	19.5

成本中心的工作若要达到最高的效率，必须做到：（1）企业的核心管理层对于成本的属性具有充分的认识，能对有关数量进行衡量，并能够选定令利润最大化的产量水平，制定适当的奖惩方法；（2）企业的核心管理层能对成本中心产出的质量进行考查；（3）成本中心的经理掌握关于最优投入组合的专门知识。表5—1总结了不同的中心所对应的决策权、用来进行业绩考评的指标及其适用条件。

利润中心的使用频率

一项关于400家美国最大的公司和医院的研究显示，其利润中心的使用频率如下：*

行业	利润中心使用频率百分比（%）
商业银行	94
各种金融公司	71
各种服务公司	95
医院	27
人寿保险	77
大型制造企业	97
中型制造企业	95
批发商和零售商	97
运输业	76
公用行业	61
其他	92

可见，利润中心在美国的大多数大型公司中十分普遍，但医院除外，其使用频率仅为27%。

*这项研究并没有区分利润中心和投资中心，所以其显示的百分比包括了利润中心和投资中心。

资料来源：S. Umapathy，*Current Budgeting Practices in U. S. Industry*（New York：Quorum Books，1987），p. 20.

2. 利润中心

利润中心（profit center）通常是由几个成本中心构成的。利润中心的管理人员往往会进行给定金额的资本预算，对投入组合、产品组合以及产品售价（或产出数量）具有决定权。当某一部门拥有制定产出组合、确定产出数量、掌握为产品定价和做出质量决策必需的专门知识，并且这些专门知识难以转化为其他部门或个人所接受的知识时，该部门即会成为利润中心。

高级管理人员运用内部会计系统对利润中心的业绩进行衡量。通常情况下，根据该部门预算的会计利润与实际实现利润的差额来对利润中心进行业绩评价。对利润中心创造的利润进行衡量看起来十分简单，但另有两个较为复杂的情况将会分散管理人员的注意力：如何对在企业内各个部门之间转移的产品和服务定价（转移定价）？何种制造费用（如果存在）应在企业的各部门中加以分摊？每个企业的管理人员都在不停地就这两个问题进行争论，我们将在下一节中讨论产品转移定价的问题。在本书的第 7 章及第 8 章中，还将对如何向企业的责任中心分摊制造费用进行讨论。

当一个企业的各个部门之间存在着互相依赖的关系时，使每个利润中心都达到利润的最大化也并不能保证使该企业的利润达到最大化。例如，单个的利润中心仅仅关注其自身的利润，往往会忽略其行为对于其他部门的销售和成本状况的影响。[①] 某一部门可能搭另一部门产品质量声誉的便车，从而在他人支出费用的基础上获取短期的收益。例如，雪佛莱与别克是通用汽车公司中的两个利润中心，假设雪佛莱为使其利润最大化，决定提高其产品的质量。这一措施将影响消费者对于通用汽车公司生产汽车的质量的总体看法，同时也会影响消费者以前形成的对别克汽车的看法。这种认为通用汽车公司生产的汽车的质量普遍有所提高的观点，对于生产别克汽车的利润中心将产生有益的影响。如果生产雪佛莱汽车的利润中心，并不能分享别克汽车产生的利润的话，则管理人员往往不会考虑其对别克汽车产生的有益的影响，从而将减少其用于提高产品质量的投资。为了帮助管理人员内化其行为对其他利润中心的管理人员正面或负面的影响，企业往往并非仅仅根据某一管理人员创造的利润数值来计算其激励性报酬，而是根据一组相关的利润中心的利润或是全公司的利润来计算。除非整个企业能达到一定的利润目标，否则没有任何一个利润中心的经理能够获得奖金。

英特尔的重组

2005 年，英特尔进行了重组。从原来的职能组织变成生产线组织。以往，英特尔的组织结构是围绕着各个职能部门展开的，比如工程技术部门、生产部门和销售部门。如今，取而代之的是融合了芯片与软件技术的所谓的平台，可用于完成某项具体的功能，比如在家庭电脑上播放电影。公司 CEO 在描述这些变化时这样说道："在公司成立的前 30 年，我们主要生产的是独立的芯片，但并没有把它们设计成可用于配套使用……同样的，它们也是分开销售的。"新的组织结构汇集了工程师、软件编写人员以及销售人员，将其划分成五个以市场为导向的单元：企业计算模式、数字家庭模式、移动计算模式、医疗保健和频道产品。每一市场导向的单元都是一个利润中心，都包括工程设计、生产和销售。重组的目的是增加反馈、弹性和客户的关注度。

除了改变组织结构图（同时改变了决策权），英特尔还进行了分权，将决策权分配给每个市场单元。新的业绩指标代替了旧的指标。对管理人员的考核和奖惩将取决于他们的工作业绩，团队的业绩则取决于其利润水平。

---

① 从概念上讲，其他的部门可通过支付（收取）一定金额的费用，将这一影响纳入考虑。然而实际上，由于交易成本的存在，上述情况很少发生。

英特尔的例子说明了上一章的重点：绩效评价系统很少单独变动，成功的组织结构改变经常要求所有三个方面都要随之改变，英特尔改变了所有的3条腿：决策权分配（从成本中心到利润中心的转变和对市场单元的授权）、业绩评价指标（采用市场单元的利润水平）和薪酬计划（将报酬与利润相联系）。

资料来源：C. Edwards, "Shaking Up Intel's Insides," *BusinessWeek*, January 31, 2005. (http://www.businessweek.com/magazine/content/05_05/b3918074_mz011.htm).

3. 投资中心

投资中心（investment center）与利润中心极为相似，然而其拥有利润中心所未拥有的对资本性支出的决策权。同时，对投资中心的评价还需要用到像投资收益率（ROI）这一类指标。当某部门的经理掌握了关于投资机会以及制定该部门经营决策的相关信息时，建立投资中心将是十分有用的。

投资中心通常是由几个利润中心构成的，投资中心既具有成本和利润中心所拥有的所有决策权，同时还对投资规模享有决策权。例如，假设某电子公司的家用电器分部是由三个利润中心构成的：电视机部门、DVD部门及立体声音响部门，同时家用电器分部还有权决定投入该分部的资金数量。

公司如何组织成本、利润和投资中心

一项基于121家大型上市公司的调查中，研究人员关注CEO与CEO直接负责的生产线之间的报告关系。调查显示，21%的公司CEO负责的生产线仅是成本中心，54%的公司仅是利润或投资中心，剩下的25%的公司是利润中心、投资中心和成本中心的混合体。这项研究并没有区分利润中心与投资中心。这些发现表明公司的组织结构存在着很大的差异。

资料来源：A. Christie, M. Joye, and R. Watts, "Decentralization of the Firm: Theory and Evidence," *Journal of Corporate Finance* (January 2003), pp. 3-36.

投资中心的管理者经常受他们所销售产品的质量以及能够进入的细分市场的约束，这些限制使得投资中心的管理人员不敢损害公司的声誉（也叫品牌资本，brand name capital）。例如，Eastman Kodak通过建立投资中心——Kodak Ultra技术中心，进入日用消费品电池市场。Kodak在产品质量方面有很好的声誉。Ultra技术中心的管理者达到其利润及ROI目标的方式之一，可以是通过提供比消费者预期的质量低的电池来降低成本。但时间一长，消费者将会觉察到电池质量的下降。Ultra技术中心的管理者可能使利润超过了预算，但市场会降低对所有Kodak产品质量的认可度。为了控制这一问题，Kodak的高层管理者不断监控所生产电池的质量，以使它们满足Kodak公司的质量标准。①

降低产品质量而毁损公司声誉是一责任中心对另一责任中心所产生的不利影响的一个例子。责任中心间可以通过很多方式相互作用，并相互产生好的或坏的影响。如生产车间的生产效率会受其从营销部门取得订单数量和时间的影响，而采购部门也可

① 1989年，柯达公司对超级技术中心进行了重组，并重新进入消费品市场。1990年，柯达公司将部分电池产业出售给一组私人投资者。

以通过其购入原材料的时间和质量从而对生产部门的运作产生影响。一责任中心与其他中心分享新型的节约成本的方法或R&D发展是一责任中心对另一责任中心所产生的有利影响的一个例子。是否能够管理好这些交互影响（消除不好的影响，加强好的影响），关键在于能否成功地将决策权分配给掌握专门知识信息的个人。正如我们将在后续章节讨论的，公司的内部会计系统可以在管理这些交互影响上起到十分重要的作用。

在表5—1的所有责任中心中，业绩评价指标是与管理层拥有的决策权相联系的。投资中心业绩可以通过至少三种方式进行评价：净利润、投资收益率和剩余收益。下面我们将分别介绍。

净利润

这三种业绩评价指标中最简单的一种就是由投资中心所产生的会计**净利润（net income）**（收入－费用）。然而，净利润并没有考虑投资中心产生收益过程中用到的所有投资。净利润中含有因筹资而发行的负债的利息，但却不包含任何的权益筹资费用。用净利润法衡量投资中心绩效会使投资中心产生过度投资的倾向。只要新投资产生正的净利润，不管其与投资相比有多小，管理者都有过度投资的动机。两投资中心可能有相同的净利润，但如果其中一个拥有的投资实质上比另一个多，则那个拥有较少投资的中心的实际回报率更高。如果投资中心管理者有资本投资决策权但却不用为资本使用的有效性负责，那么他们很可能会过度投资。

投资收益率

投资收益率（ROI）是最常用的投资中心业绩评价指标。ROI代表投资中心产生的净会计收益除以投入投资中心的总资产金额所得到的比例。ROI另外的变形有ROA（总资产报酬率）和RONA（净资产报酬率，净资产是指总资产减去流动负债）。分母不会对理解这一概念的实质产生太大的影响。因此，在下面的讨论中，ROI、ROA和RONA可以交换使用。

ROI通过让投资中心的管理者为投资收益负责解决了净利润法的过度投资问题。这是因为这一指标可以用来与外部市场条件下的产出进行比较，并为经营部门业绩考评提供一个基准。然而，使用ROI指标也会带来一些问题。ROI并非考查部门经济收益率的指标，因为用于计算该指标的会计净利润（分子）不包括某些价值增值，如会计净利润中并未计入土地价值的增值，除非到土地售出时才予以计入。会计净利润是比较保守的，它要对所有未实现的损失加以确认，而不计入任何未实现的利得。而总投资资产金额（分母）不包括很多无形资产，如专利和品牌资本。

杜邦公司的投资收益率法

20世纪初，杜邦火药公司是制造极度易爆品的公司中的领军企业，后来成长为世界最大的化学公司之一。为控制与评价其经营情况，该公司的管理者提出了一整套关于投资收益的指标。

财务人员跟踪所生产产品的收入与成本，这些指标可以为管理人员提供关于利润的精确信息，掌握这些信息有利于准确地进行财务业绩评价。他们还发现，生产线利润指标是一个不完整的业绩指标，因为该指标不能反映投入资本的收益状况。

有一名公司的管理人员这样说："要真正考查某项利润指标是大还是小，要看相应的投入经营的资金收益率的大小，而非该利润数值占所花费成本金额的百分比。"

企业的财务工作人员要在企业和每一个部门中建立起一套投资收益指标体系，就需要掌握对固定资产投资的准确信息。杜邦公司对其厂房、设备、存货都进行了极其认真的估价。这些数据加上利润指标，就能满足管理人员计算某生产线的ROI指标的要求。除此之外，管理人员们还将ROI指标（利润÷投资金额）分解为多个构成指标，从而对影响ROI指标的内在因素进行了深入的分析。下图反映了这一分解过程：

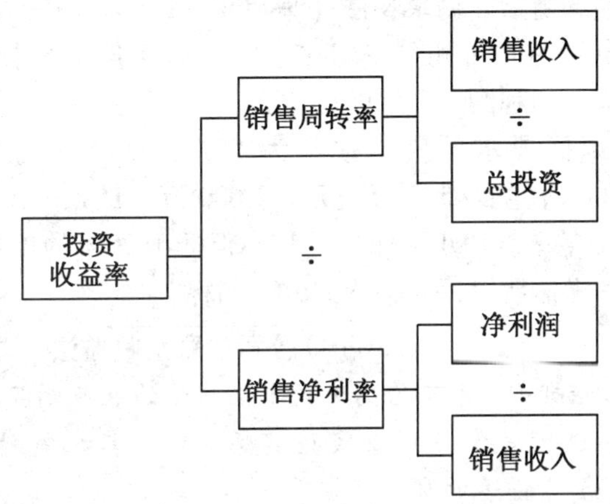

ROI可分为销售周转率（销售收入/总投资）和销售净利率（净利润/销售收入）。利用这些数据，管理者可以看出ROI变化的原因。杜邦公司运用上述指标对新拨出使用的资金的运作情况进行了评估，并建立了下述政策："如果一笔资金能在公司的其他部门中得到更好的运用，那么它就不应用作对该部门的投资。"

资料来源：A. Chandler，*The Visible Hand：The Managerial Revolution in American Business*（Cambrige，MA：Harvard University Press，1977），pp. 445－49.

前面讲过，将净利润作为投资中心业绩评价指标会导致过度投资，而使用ROI却会导致投资不足问题。管理人员通常倾向于拒绝ROI指标低于本部门的平均ROI指标的项目，因为如果接受这样的项目就可能使本部门总体的ROI水平降低。例如，假定某部门的平均ROI指标为19%，高于其资本成本（15%）4个百分点。① 如有一个新技术的投资项目，其规模占到该部门现有投资的10%。该项目的ROI指标为16%，高于资本成本15%。因此，如接受该项目将增加公司的价值。然而，如果接受该项目，将会令本部门的ROI指标下跌到18.7%（0.90×19%+0.10×16%）。如果是根据ROI指标对该部门的经营情况进行评价的话，管理人员就不会接受该项目，尽管该项目的收益超过其资本成本。但有时使用ROI也会导致过度投资。例如，假设一部门的资本成本是15%，但ROI只有10%，那么这一部门就有动机接受ROI为

① 资本成本是公司为筹集资本必须向市场支付的收益率，如果企业能够以15%的利率筹措到资金，并投资于收益率为16%的项目，则会增加企业的价值。

12%的项目。这样虽提高了这一部门的ROI，但显然这一项目无利可图，因为它的盈利小于资本成本。

风险越大的项目其资本成本也越高，用以弥补资本市场所承担的风险。如果仅仅依据其创造的ROI指标对管理人员进行奖惩，而不考虑其项目给公司带来的风险情况，管理人员就会积极地参与风险性项目。同样的，如果一个将ROI指标作为评价指标的管理人员追求短期效应的话，他可能会选择那些在近期内使ROI指标上升的项目，即使这些项目并不盈利。

剩余收益

为了避免ROI指标的一些不足，如投资不足问题，有些企业运用剩余收益指标来进行经营业绩的衡量。**剩余收益（residual income）**通过从部门利润（不包括分支机构任何的利息费用）中扣除一定比率的资本机会成本来对部门的业绩进行考评。例如，假定某部门的利润为2 000万美元，其投资（总资产）金额为10 000万美元。进一步讲，该部门要求的资本成本为15%，其ROI为20%，超过其资本成本（15%），则其剩余收益为500万美元（2 000万－15%×10 000万）。在运用剩余收益法时，如果放弃一个ROI指标高于15%但低于20%的项目，将会降低剩余收益的指标，尽管这一做法能够提高平均的ROI指标。

Universal公司的剩余收益法

Universal公司是一家市值高达数十亿美元的农业制品企业，它采用剩余收益法对内部业绩进行评价并据以实施奖惩。正如其征集股东投票权的报告（the proxy statement）中描述的那样：

在2007会计年度，公司给予任命的执行总裁的现金激励，有50%是基于产生的经济利润，另外50%是基于调整后的每股收益。我们使用经济利润和调整后的每股收益，是因为这些业绩衡量指标能够有效地监督资本的运作、优化投资决策并且带来更高的现金流入……为了执行激励计划，我们将经济利润定义为，调整后的息税前合并收益减去资本使用费用（加权平均资本成本乘以平均占用的资金额）。调整后的每股收益则被定义为，普通股完全稀释的每股收益（不包括非正常收益或损失，以及在激励计划下的应计年度现金奖）。

资料来源：Universal公司2006年征集股东投票权报告（2007-06-28）。http：// sec. gov/Archives/edgar/data/102037/000119312507144467/ddef14a. htm.

尽管如此，剩余收益指标自身也具有一些问题。剩余收益指标是一个绝对值，因此通常规模大的部门比规模小的部门的剩余收益高。这一情况的存在使得难以在规模不同的投资中心之间进行业绩的比较。而且，为运用剩余收益指标，高层管理人员还需对每个部门的资本成本进行估测。原则上讲，为了更为精确地反映部门的经营业绩，对风险水平的差异进行控制，每个部门的资本成本都各不相同。

与ROI指标一样，剩余收益衡量的是一年的业绩指标，它并不能衡量当前的行为对未来公司价值的影响。例如，减少维护支出会增加当期的剩余收益（及ROI指标），但将会减少公司未来的现金流入并降低公司的价值。

为了说明ROI指标与剩余收益指标的差异，我们列出了表5—3。B部门的投入资本为A部门的10倍，而其净收益为A部门的8倍。哪个部门的经营业绩较好？B

部门的剩余收益是A部门剩余收益的5倍，但A部门的ROI指标较高。这是否意味着A部门的经营状况较好？规模较大的B部门对于企业而言较为重要，因为公司更多的资本收益来自于B部门。而A部门如果设立的时间较短，则A部门拥有较高的ROI指标部分是因为其先采纳了ROI指标较高的项目。随着公司（或部门）的发展，其ROI指标也将趋于下降。因此，A部门的ROI指标较高也并不一定意味着它的经营业绩较好或其具有更好的投资前景。

表5—3　　**剩余收益与ROI（百万美元）的比较**

	A部门	B部门
投资资本	$ 100	$ 1 000
净收益	30	250
资本成本（20%）	20	200
剩余收益	10	50
ROI	30%	25%

要指出哪个部门的经营状况更好，首先要建立一个比较的基准。如果A部门预算的剩余收益目标为1 200万美元，而B部门的预算剩余收益目标为4 500万美元，则我们就可以指出B部门的经营状况要优于A部门的经营状况。因为B部门实现的剩余收益比其目标剩余收益多出500万美元，而A部门实现的剩余收益还低于其目标剩余收益指标200万美元。当然，这一结论是否成立还取决于在年末时，我们是否认为在年初制定的目标（1 200万美元与4 500万美元）仍然是有效的业绩考核基准。

4. 经济增加值（EVA®）

有许多的大型公司包括美国电报电话公司、百思买（Best Buy）公司、可口可乐公司、Directv公司、Kaiser Aluminum公司以及惠而浦（Whirlpool）公司，都开始运用**经济增加值**或EVA®指标作为它们的业绩指标。[1] 在各类商业杂志上，EVA指标被广泛宣传。很多大的咨询公司也在帮助其他公司实施EVA。[2] 还有其他一些与EVA相像的术语，如经济利润、股东价值增加值、总营业收入、投资现金回报。同EVA一样，这些指标也是剩余收益指标的一个变形。计算EVA的公式为：

$$EVA = 调整后会计收益 - （加权平均资本成本 \times 总资本）$$

这一公式与计算剩余收益的公式是完全一致的。EVA，像剩余收益一样，是衡量某一部门或公司扣除资本成本后的总回报的指标。虽然这两个公式完全相同，但EVA与剩余收益有三点不同。

第一，为了求得“调整后会计收益”指标，必须使用不同于向股东进行报告时所使用的会计过程。[3] 例如，美国会计准则规定，要将每年用于研究和开发的费用从收益中扣除。这一做法可能会造成追求短期效果的管理人员减少用于研究和开发的支

① EVA是Stern Stewart公司的注册商标。

② S. Tulle, “The Real Key to Creating Wealth,” *Fortune*, September 20, 1993, pp. 38－50; R. Myer, “Metric Wars,” *CFO*, October 1996, pp. 41-50; S. Stern, J. Shiely, I. Ross, *The EVA Challenge* (New York: John Wiley & Sons, 2001); A. Ehrbar, EVA: *The Real Key to Creating Wealth* (New York: John Wiley & Sons, 1998).

③ 对EVA更详细的介绍见B. Stewart, *The Quest for Value* (New York: Harper Business, 1991) 及D. Solomons, *Divisional Performance: Measurement and Control* (Homewood, IL: Richard D. Irwin, 1968) 对剩余收益的讨论。

出，因此在计算“调整后会计收益”指标时，其中一项调整就是要将支出的研究和开发费用加回去，并将之视为需计提折旧的一项资产，通常在3~7年内计提折旧。上述公式中的总资本数值，包括企业的所有资产，其中还包括研发费用资本化后的数额以及其他资本化的收益项目调整后的数额。然而，很多使用EVA的公司不对收益进行调整。

［练习题5—1］

一家公司在过去的3年中分别投入了120万美元、150万美元、180万美元的研发费用，今年投入了240万美元。试用两种会计方法计算今年的研发资产和研发费用。方法一：将当年发生的所有研发费用全部费用化；方法二：将研发费用资本化并在以后3年摊销（假设每年所有的研发费用都发生于当年的第一天）。

答案：

若用方法一，那么资产负债表上的研发资产是0，当期费用是240万美元。下表显示了如何将研发费用在3年内摊销。例如，3年前的研发费用为120万美元，如果将它资本化了，那么年摊销额就是40万美元。但这120万美元在今年已经摊销完毕，所以今年的摊销额中就没有这一项了。今年190万美元的摊销额包括前两年及今年发生的研发费用的1/3（1/3×570万美元）。

	研发费用	研发费用摊销额				今年总研发费用
		前三年	前二年	前一年	今年	
前三年	$ 1.2	$ 0.4				
前两年	1.5	0.4	$ 0.5			
前一年	1.8	0.4	0.5	$ 0.6		
今年	2.4		0.5	0.6	$ 0.8	$ 1.9

依据上表中的摊销数，下表计算了今年年末研发的资产数。

	研发资产账户余额				今年总研发资产
	前三年	前二年	前一年	今年	
前三年年初	$ 1.2				
前两年年初	0.8	$ 1.5			
前一年年初	0.4	1.0	$ 1.8		
今年年初	0.0	0.5	1.2	$ 2.4	
今年年末	0.0	0.0	0.6	1.6	$ 2.2

今年年末220万美元的研发资产包括，去年的研发费用中未摊销的部分（60万美元）以及今年的研发费用中未摊销的部分（160万美元）。3年前发生的120万美元的研发费用及两年前发生的150万美元的研发费用已经摊销完毕，今年年末的研发资产余额中没有它们的摊销额。

［练习题5—2］

［练习题5—1］中的公司研发前EVA为1 520万美元，加权资本成本率为20%。用两种会计方法计算其EVA：（1）将当年发生的所有研发费用全部费用化；（2）将研发费用资本化并在以后3年摊销。

答案：

1. 如果将当年发生的所有研发费用全部费用化，那么公司研发后EVA就是1 280万美元（1 520万－240万）。

2. 若将研发费用资本化并在以后3年摊销，那么公司研发后EVA就是1 286万美元（1 520万－190万－220万×20%）。

第二，在计算EVA指标时还会用到的一个变量是加权平均资本成本，其包括权益资本成本和债务资本成本。权益资本成本是对使用该笔资本所需付出的代价的评估，是股东如果将该笔资金投资于风险相同的其他企业时可能获得的股利，是股东购买本公司的股票而承担的机会成本。债务资本成本是当前市场相同风险下的债券的市场收益率。权益资本成本及债务资本成本根据权益资本与债务资本的相对金额予以加权平均。假设权益资本成本为18%，债务资本成本为10%，企业的资本结构为40%的债务和60%的权益，则加权平均的资本成本为14.8%（0.60×18%＋0.40×10%）。①

第三，很多公司实施EVA时不仅仅将它作为业绩评价指标，还会将用EVA考量的业绩与报酬挂钩。例如，只有在管理者达到预定的EVA目标时，其才会获得奖金。一般来说，采用EVA的公司的管理者的薪酬变动幅度更大。奖金是基本工资的30%，而非10%，也就是说管理者为获取奖金而付出的代价是极大的。因此，在采用EVA的公司，管理者的薪酬与绩效联系得更为紧密。以EVA为基础的薪酬计划要求管理者分担风险，也增加了他们最大化企业价值的动机。

将EVA作为业绩评价指标并将评价结果与薪酬相联系，是一个复杂的过程。获取以EVA为基础的奖金的员工必须接受培训，以明确EVA是如何衡量的以及他们的行为会对EVA产生何种影响。例如，EVA使管理者产生减少未使用的资产、厂房、设备和存货的动机。通过限制在使用的资产就会减少这些资产的资本费用，从而提高EVA。② 那些帮助公司采用EVA的咨询公司会为公司雇员提供培训，以使其了解EVA的计算方法及提高EVA的方法。

Georgia Pacific 和 EVA

Georgia Pacific，一家销售收入超过100亿美元的大型林木产品公司，使用EVA作为其所有项目（包括环境投资）的评价指标。每一个环境项目都依其在降低咨询费、减少资本成本、增加收入、降低罚金等方面的表现情况来评价。这样，一个负责复杂环境项目审批的内部环境团队就建立起来了。通过加快许可过程和减少外部咨询，产生了210万美元的EVA。

资料来源：M. Epstein and S. Young, “Greening with EVA”, *Management Accounting, January* 1999, pp. 45－49; Georgia Pacific Corp., Economic Value Incentive Plan, Form: DEFA filing date 3/29/2001.

将EVA（和剩余收益）作为业绩评价指标与将盈余作为业绩评价指标相比有很

① 经济附加值的计算基于税后基础。特别的，调整会计盈余是税后收益，其加权平均成本的计算公式如下：税后债务资本成本＝（1－公司边际税率）×当前市场相同风险下的债券的市场收益率。例如，如果当前市场相同风险下的债券市场收益率为15%，公司边际税率为38%，那么税后债务资本成本率就是9.3%（0.15×（1－0.38））。如果权益资本成本率是20%，负债与权益值相同，那么税后加权平均资本成本率就是14.65%（0.5×9.3%＋0.5×20.0%）。

② 参照J. Wallace, “Adopting Residual Income-Based Compensation Plans: Do You Get What You Pay For?” *Journal of Accounting and Economics* 24（1997）, pp. 275－300.

多优点。这种方法更易使资产得到有效的使用。然而，像 ROI 和剩余收益一样，EVA 仍然只关注短期会计盈余。一些会计调整，如研发费用资本化，可以帮助我们解决这一问题。然而，研发导致的未来现金流量在取得前并未计入 EVA（或 ROI 或剩余收益）。因此，一个公司可以进行利润率很高的投资，但投资所得在此投资项目的现金流取得前并不会反映在 EVA 中。

5. 可控原则

责任会计试图对组织中的每一个部门都确定一个目标，然后再找出能够反映这些目标的实现状态的业绩指标。例如，负责处理客户投诉的部门的业绩，可以通过客户等候公司代表接待所花的时间，或是被挂断的投诉电话数来进行评价。使管理人员仅对他们拥有权威性影响的决策负责，这一原则被称为**可控原则**（**controllability principle**）。而**可控成本**（**controllable cost**）即为受管理人员决策影响的所有成本。不可控成本为那些不受管理人员行为影响的成本。

有人指出，只应根据管理者能够控制的项目对管理者的经营业绩进行评价，而不应考虑其不能影响的成本。然而，如果狭义地执行可控原则，将会带来两个主要的问题。其一，使管理者仅对能直接控制的变量负责，不能激励其采取行动以对他们不可控的事件的结果产生影响。例如，码头的管理人员不必对由于暴风雨造成的损失负责，因此就不会对这些管理人员就码头抵御强暴风雨的能力实施激励。尽管这些管理人员无法对暴风雨发生的可能性产生影响，但他们的确能够对遭受暴风雨袭击时发生的成本产生影响。①

制造企业重要的可控指标

一家销售额达数十亿美元的全球性生产企业运用下述指标来进行经营业绩评价和对管理人员实行控制与激励：

· 产品设计。

1. 新产品投放市场的平均时间。
2. 新产品的销售金额占总销售的百分比。

· 产品生产。

3. 产品质量一次通过质检的百分比。
4. 计划产量与实际产量。
5. 单位成本。

· 产品分销。

6. 从订货到发出产品的时间。
7. 每日可供销售的产成品数。

· 产品营销与销售。

① G. Baker, M. Jenson, and K. Murphy, "Compensation and Incentives: Practice vs. Theory," *Journal of Finance* 43 (July 1988), p. 611. K. Merchant, *Rewarding Results: Motivating Profit Center Managers* (Boston: Harvard Business School Press, 1989), pp. 87–141.

8. 销售预测的准确性。

9. 销售额与销售增长率。

10. 市场占有率。

· 管理和开发人员。

11. 员工满意度。

· 满足顾客需求。

12. 顾客满意度。

· 满足股东要求。

13. 经营现金流。

14. 获利能力。

15. 净资产收益率。

资料来源：B. Birchard，"How Innovative Companies Use the New Metrics，" *CFO*，October 1995，p. 50.

考虑这样一个问题，即利润中心的管理人员应根据其创造的税前利润还是税后利润进行经营业绩的评价。有一种观点认为，既然利润中心的管理人员并不能对国家或州政府制定的税收政策产生影响，则不应根据税后利润进行业绩考评。然而，利润中心经理的决策能在许多方面对公司税收的支付方式产生影响，如企业的出口行为会影响应付税款的金额，慈善性捐款以及冲销存货的行为都会对企业的税收状况产生影响。某企业在其开始向各利润中心的管理人员收取税收费用之前，企业的所得税一般在其利润的46% ~48%之间变动。而在企业将税收分摊给各利润中心的管理人员以后，平均的税率下降到40.5%。① 这个例子说明了一个重要的观点，即应根据管理人员能够产生影响的项目，即使他们无法控制（如公司的税收），对其进行经营业绩的评价。这一做法还将改变管理人员对这些项目的关注程度。

系统博弈

某信用卡公司根据其员工每天接听有关用户对其账户情况的询问电话的个数，对其工作进行评价。这样，当持卡人的问题较为复杂或者需要一点时间来理解有关信息时，他们的电话就会被转到其他部门，从而导致客户对该公司服务的满意度有所下降。

资料来源：R. Simons，*Levers of Control*（Boston：Harvard Business School Press，1995），p. 84.

可控原则的第二个缺陷是，其忽略了通常情况下十分有用的相关业绩评价。所谓相关业绩的评价是根据几个可比团体的经营状况对本部门业绩进行评价，而非将相应的评价建立在绝对标准的基础上。运用对比的方法有助于对接受评估的对象及其参照团体都会产生影响的随机事件进行控制。例如，许多教师会按照比例给出考分，他们并不是将考试分数介于94 ~100分之间的学生的成绩记为"A"，而是将某个班级中分数最高的15%的学生的成绩记为"A"。这一方法能够在试题出现过难或过易的情

① Merchant（1989），p. 99.

况下，对学生的成绩进行控制，从而消除学生将要承担的部分风险。①

只要运用可控原则，使得管理人员仅对其行为负责，就会引发某些不计后果的行为。在表5—1中列出的所有衡量业绩的指标，都很容易引发以会计操纵形式出现的经营管理机会主义。管理人员可以选择能降低当期费用、提高当期收益的折旧方法或预计值来操纵利润指标（如运用直线折旧法或选用较长的固定资产使用寿命的预期值），这些会计方法的选择只是在表面上提高了ROI指标的数值，而且投资中心的经理还可以通过拒绝（或放弃）ROI指标低于部门平均ROI指标的可盈利项目来操纵ROI指标。在表5—1中列出的所有的会计指标都是易受管理人员影响的短期性的业绩评价指标。在这些指标下，管理人员会不惜牺牲长期收益来提高短期的经营业绩。因此，企业的高层管理人员需要对每一个指标进行认真的监督，从企业所有者利益的角度出发减少其下属的那些影响企业所有者利益的“不理想”行为的发生。

关于可控原则，我们必须重视以下两点：

1. 业绩评价指标（包括会计方法），如果只是机械地加以运用或与其他的指标相脱离，就有可能造成误导性的后果或引发不负责任的行为。例如，前苏联通常运用行驶的公里数对莫斯科的出租车司机进行工作评价，这一评价方式使得出租车集中在城市外部不拥挤的环行高速公路上不断转圈，而在最需要出租车的莫斯科市中心，却很少看得到出租车。

2. 没有一个业绩评价和奖惩系统能保证毫无缺陷，总存在一些通过损害股东的利益来提高管理人员福利的管理行为。我们必须放弃只能追求最佳状态的谬见。这一谬见会导致我们仅仅由于某一系统中还存在经营管理的机会主义而不能实现最佳的、遥不可及的目标而放弃它。但关键问题是该系统在考虑了所有的成本和利润因素后，能否实现次优的选择。

本节复习思考题

Q5—1 什么是责任会计？

Q5—2 在解决企业有关组织的问题时，企业的内部会计系统扮演了一个什么样的角色？

Q5—3 试举出三种不同的责任中心，并加以描述，同时对这些中心可能具有的不足加以描述。

Q5—4 EVA与剩余收益有什么区别？

Q5—5 何谓可控原则？它具有哪些局限性？

Q5—6 在对某一业绩评价指标体系进行考查时，必须注意的两点是什么？

B. 转移定价

当产品从某个利润中心（或投资中心）转移到另一个时，要对被转移的产品制定内部价格（**转移价格，transfer price**）。例如，雪佛莱生产的汽车引擎被安装到别克汽车上时就会产生转移定价问题，在这种情况下的转移价格就是通用汽车公司别克汽车生产部门支付给通用汽车公司雪佛莱汽车制造部门的内部价格。实际上，转移价

① Milgrom and Roberts (1992), p. 219.

格在组织中存在的广泛程度远远超出了绝大多数管理人员的想象，如公司的广告部门需向公司的后勤维护部门支付的看管维护费、每月应支付的电话费、安全保卫费、数据处理费、法律及人事服务费等都涉及转移价格问题。在绝大多数的企业中，运用成本分配的方式对企业的某一部门运用另一部门的产品与服务收取费用，这种成本分摊正是内部转移定价。因此，转移定价和成本分摊是两个紧紧联系在一起的概念（关于成本分摊的详细情况将在本书的第 7 章和第 8 章中讨论）。

在企业中存在转移定价问题，主要有下述两个重要原因：国际税收问题及对利润中心和投资中心经营业绩考评的需要。本文的以下部分将对之进行详细的介绍。

1. 国际税收

当产品在不同的国家之间转移时，进口国与出口国企业的公司税务负担都将受到影响。例如，有一台复印机是在美国纽约罗切斯特的施乐公司生产的，将该复印机运往英国销售。此时，施乐公司应向美国政府以及英国政府缴纳的税费都受到了影响。该复印机的转移价格在美国税制中应计为收益，而在英国则应计为可抵税费用。公司将在税法允许的范围内制定出一个能令在这两国中总税负最小的价格作为转移价格。如果在这两个国家中，所得税的税率并不相等，则公司制定转移价格时会在税务机关有关规定许可的情况下，将尽可能多的利润转移到税率较低的国家。

采用内部转移的频度

根据一项对美国的 400 家大型公司和医疗机构的研究得到下面关于采用内部转移的频度数据：

公司内部销售额占总销售额的百分比（%）	占被调查公司的百分比（%）
0	31
1 ~ 5	43
6 ~ 10	11
11 ~ 20	6
21 ~ 40	6
41 ~ 60	2
>60	1

上述数据表明，在 70% 的样本企业中，公司内部销售在公司总销售额中所占的比重较小（低于 5%）。然而，仍有 15% 的企业，其发生的内部转移销售超过了其总销售额的 10%。很显然，对于这些企业而言，转移定价对部门利润产生了极大的影响。

尽管在美国的大型企业中，内部转移销售在销售总额中所占的比例不大，但转移定价问题仍然对企业内部的部分部门的利润具有极大的影响力。

资料来源：S. Umapathy，*Current Budgeting Practices in U. S. Industry*（New York：Quorum Books，1987），p. 136.

例如，假设博士伦公司在荷兰生产一副隐形眼镜，并将之运到公司设在澳大利亚的分支机构，以 85 澳元的价格售出。生产该副隐形眼镜的变动付现成本是 50 欧元，汇率为 0. 70 澳元等于 1 欧元。假设荷兰公司的税率为 30%，而澳大利亚公司的税率为 40%。博士伦公司打算在可能的范围内将隐形眼镜的转移价格定得尽可能地高，从而将最大部分的利润在税率较低的国家（如本例中的荷兰）确认。隐形眼镜的转移价格将根据其分担的固定成本项目及分担方式的变动而变动。假设澳大利亚和荷兰的税收法规要求博士伦公司将隐形眼镜的转移价格定在 80 ~ 110 欧元之间，表 5—4 反映了公司的税收负担随着转移价格的变动而变动的情况。

表 5—4　**博士伦公司的转移价格对其联合税收的影响**

		转移价格为 80 欧元		转移价格为 110 欧元
在荷兰应支付的税费				
收入（转移价格）		80 欧元		110 欧元
变动成本		-50		-50
应税所得		30 欧元		60 欧元
税率		30%		30%
荷兰税负		9 欧元		18 欧元
在澳大利亚应支付的税费		85 澳元		85 澳元
收入*	80 欧元		110 欧元	
以欧元计的转移价格 × 汇率 0.7 澳元/欧元	×0.70		×0.70	
以澳元计的转移价格		-56 澳元		-77 澳元
应税所得		29 澳元		8 澳元
税率		40%		40%
澳大利亚税负		11.6 澳元		3.2 澳元
转换成欧元（÷0.7）		16.57 欧元		4.57 欧元
荷兰与澳大利亚税负合计		25.57 欧元		22.57 欧元

如果选用可能的最高价格作为转移价格，即 110 欧元，则公司可以将其创造的大部分利润在公司税率最低的国家确认；而如果澳大利亚的税率较低的话，博士伦公司就会选择可能的最低价格，将 80 欧元作为转移价格。这样，博士伦公司在荷兰的税务负担会有所下降，而在澳大利亚的税务负担则会有所上升，但在澳大利亚支付的较高的税收对公司的不良影响可以与在荷兰支付的较低的税收相抵消。

在每个国家中，都有关于公司如何计算其出入境商品的转移价格的税收规定。美国国税法案的第 482 条授权国税局对企业收益和成本的分摊进行管理，从而防止国家税收的流失。国际税收法规还规定了允许采用的制定转移价格的方法。[①] 由于各国有关的税收法规各不相同，在本章中我们不讨论国际税收法规对转移价格制定的影响，而将注意力集中在组织内部的问题上。然而，在许多企业中，国际税收问题是决定企业的转移定价政策的重要因素，因为即使只存在极小的税率差异也能通过转移价格产

① R. Tang, "Transfer Pricing in the 1990s," *Management Accounting*, February 1992, pp. 22 - 26; and A. King, "The IRS's New Neutron Bomb," *Management Accounting*, December 1992, pp. 35 - 38.

生大量的现金流差异。①

企业通常有两套转移定价方案：一种是为了满足税收的需要，另一种是为了满足企业内部目标的需要。然而，维持这两套方案的花费是很大的，不仅要支付额外费用，而且还会使其使用者产生混淆。除此以外，如果根据企业的内部目标而制定的转移价格对应的税收高于根据税收目标制定的转移价格所对应的税收，则有些国家的税收法规会要求采用根据内部目标制定的转移价格。

2. 转移定价的经济意义

正如在前文中所讨论的一样，企业是由各种责任中心构成的。当在责任中心之间转移产品与服务时，就需要为这些产品和服务建立一个“转移价格”用于经营业绩的考评，如在某家大型的化学公司中设有利润中心。企业除了要为公司外部的客户生产并出售其产品外，公司的利润中心还需向公司内部的其他利润中心出售中间产品。为了对利润中心的经营业绩进行评价，这种公司内部的交易行为都需要对应一个“转移价格”。购入产品或服务的部门要以“转移价格”向售出产品或提供服务的部门支付货价。

两套转移定价体系？

一些咨询公司提倡使用两套转移定价体系，一个是出于税收的目的，一个是为了内部决策的制定，即使同时使用这两种方法的成本很大。Solutions for *AnswerThink* 咨询集团的 CEO，Jay Tredwell 说：“有独立的体系可以使高层管理者更好地理解真实的利润，[而不是]‘依税收计算的获利能力’。”然而，安永的合伙人 Michael Patto 则反对这种说法：

“有独立体系的本质问题是转移价格已经反映了某一部门或项目的获利能力。你如果想为一新方法作决策，并判断其投资资本收益，那你需要好的基准来判断它，好的转移价格就是基准之一。本质上，问题是你现在的转移价格是否反映了经济现实。如果是，就不需要新体系。否则，你将在以后几年的审计中面临税务问题。”

资料来源：I. Springsteel，“Separate But Unequal，” *CFO*，August 1999，89－91.

有些企业的高层管理人员并不将转移定价问题视作企业整体经营管理的一个重要问题。他们认为，不同的转移定价方式只会改变公司各部门的利润，除了用于进行相关的业绩评价之外，并不能产生太大的影响。但这是错误的：对于转移定价方法的选择并非只是将公司的利润在各部门之间进行重新分配的过程，这一过程还将对公司的总利润金额产生影响。如果将公司的总利润视作一块馅饼的话，那么不同的转移定价方法不仅会影响这块馅饼在各个责任中心之间的分配，而且还会影响这块馅饼的大小。

管理人员根据其所面对的转移价格做出投资、采购以及生产方面的决策。如果从企业的总体来看，这些转移价格未能反映相应资源的真实价值，则管理人员就有可能

① M. Scholes, M. Wolfson, M. Erickson, E. Maydew, and T. Shevlin, *Taxes and Business Strategy: A Planning Approach* 3rd ed. （Englewood Cliffs, NJ: Prentice Hall, 2004）, Ch. 12.

做出不恰当的决策，使公司的价值下降。例如，公司生产的某种中间化学药剂的真实成本为每公斤20美元，而转移价格却定为每公斤30美元，那么那些需要购入这种中间化学药剂的部门就会减少对该药剂的采购，从而导致公司总体利润的降低。那些需要购入这种中间化学药剂的部门的管理人员会倾向于使用其他替代品，而实际上对于公司而言，这些替代品的价格更高。同时，由于转移价格还将对部门经理的经营业绩评价产生影响，因此不适当的转移价格还将导致做出不适当的晋升和奖金决策。

由于转移价格（包括内部收费体系）问题在许多公司都很普遍，同时还由于转移价格会影响经营业绩的评价并进一步影响对经理人员的奖惩，因此在不同的部门之间发生关于转移价格的争端也就不足为奇了。因此，转移定价问题往往是造成公司紧张气氛的常见原因之一。由此可见，在一个拥有多个部门的企业，管理人员在其职业生涯中往往要陷入一连串有关转移定价问题的争端中，也是很常见的事。

其实使企业价值最大化的转移定价原则十分简单，理想的产品或服务的转移价格是它的机会成本，即由于未能将转移的产品用在次优的选择上而放弃的收益。然而不幸的是，正如我们将会看到的一样，这个简单的原则在实践中是很难运用的。

转移定价与税费

英国的GSK公司同意向美国国税局支付31亿美元，以解决该公司的转移定价问题。问题的关键在于，GSK公司生产其畅销药物Zantac时，是如何将销售费用和研发费用作为转移价格的一部分的。实际上，美国30%的公司每年的税务调整都涉及转移定价问题。20世纪80年代起，美国开始对转移定价导致的少缴税企业征收20%~40%的罚金。结果，公司税务部门很快发现，如果其少缴美国的税，则将支付巨额的罚金，但少缴别国的税所处罚款金额却较少。但其他国家很快跟上了美国的步伐。加拿大将转移定价监管人员的数量增加了一倍，澳大利亚、巴西、日本、法国也制定了新的罚金标准。

为提高转移定价协商过程的效率，美国国税局制定了Advance Pricing Agreement（APA）Program。纳税人与国税局的人一起确定纳税人将使用的转移定价方法。只要纳税人服从这一协定，国税局就不再过问纳税人下一年的转移价格。截至2003年年末，国税局已签订了500个APA合同。

资料来源：S. Wrappe, K. Milani, and J. Joy, "The Transfer Price Is Right," *Strategic Finance* (July 1999), pp. 39–43. www. IRS. GOV/pub/irs-utl/apa03. pdf and R. Fink, "Haven or Hell," *CFO Magazine*, March 1, 2004.

充分信息条件下的转移定价

为了说明用机会成本进行转移定价的概念，假设某公司中有两个利润中心——生产部门及分销部门，同时公司的高层管理人员正在考虑生产一种产品并将产品转移到分销部门。假设生产部门生产该产品的变动成本为3美元，同时生产部门的生产能力尚有剩余。如果将该产品转移到分销部门，分销部门可以以5美元的单价售出该产品（不考虑分销部门的成本）。同时，两个部门相互了解对方部门的有关成本和收益数据。

如不生产该产品，则公司将丧失5美元的销售收入，但可省下3美元的成本，从而造成2美元的净损失。如该公司决定生产该产品并转移该产品，则该公司将要花费3美元的成本（生产的变动成本），但可获得5美元的销售收入，从而创造2美元的净收入。可见，生产并转移该产品是较优的选择。而从生产部门将产出转移到分销部门而放弃的资源——该内部转移活动的机会成本——为每件3美元，与生产部门从事生产的变动成本相等。

正如这个例子所表现出来的一样，生产的单位变动成本常常就是机会成本，但事情并非总是如此。有时，机会成本是将某项中间产品在公司外部进行销售而得的收益。例如，假定生产部门能以3美元的单位成本生产某产品，并且将其转移给公司的分销部门，或者以5.5美元的单价在公司外售出——但是，由于生产能力的限制，生产部门不能在为分销部门进行生产的同时生产外部销售的产品，反之亦然。在这样的情况下，如将产品转移到分销部门，就要放弃对外出售中间产品带来的收益。尽管生产的变动成本为每件3美元，但该项内部转移的机会成本是每件5.5美元。所以，现在最好对外销售而非在部门间转移。对外销售会产生2.5美元的利润（\$5.50－\$3.00)。由于分销部门的销售价格为5美元，因此在部门间转移只有2美元（\$5－\$3)的利润。

当运用机会成本概念进行内部转移定价时，生产部门将持续生产直至其生产的最后一件产品的单位成本与转移价格相等为止。同样的，分销部门也将不断地从生产部门购入产品，直至其单位净收入正好可以弥补转移价格。当用机会成本制定转移价格、生产部门与分销部门这两个部门同时实现利润最大化时，并且假设两个部门之间不存在相互影响（这一情况将在以后讨论)，则此时公司的利润达到了最大化。如果转移价格高于或低于机会成本，则说明分销部门购入了太多或太少的产品，公司的利润都不可能达到最大化。

信息不对称情况下的转移定价

前面的讨论假设每个人都了解：(1）生产部门生产该产品的单位变动成本为3美元；(2）中间产品的外部价格为每件4美元；(3）分销部门的单位收益为5美元；(4）生产部门是否还拥有剩余的生产能力。如果所有上述信息都是可知的，则不必在公司中将相关决策的制定分散化。企业的核心管理层即掌握制定决策所需的信息，他们或者可以保留决策权，或者将相关决策权授予下级的管理人员，以极低的成本对这一过程进行监督。但在实际情况中，企业的核心管理层并不能掌握许多相关的信息，尤其是在那些大型的多部门的企业中，这类信息通常存在于企业较低的层级中，而且通常这种信息是不公开的。公司的高层管理人员要掌握这些信息或对之进行验证的成本都很高昂，而且在某些情况下，较低层的管理人员在向高层管理人员汇报有关信息时还会有意加以扭曲。为了说明这种现象，我们首先要考虑市场力量发挥的作用。

假设在某种情况下，生产部门经理Burt Brown是唯一了解其部门变动成本信息的人，同时假设Burt希望能使其部门的利润最大化。即使分销部门有可能从公司外购入相同的产品，生产部门也会试图制定一个高于其变动成本的内部转移价格（假设其具有造市能力，确定转移价格)，从而促进生产部门可衡量利润的提高。当出现这种情况时，公司生产并销售的产品的数量过少，而生产部门由于独占了制定相关决策必需的信息，因此其行为也将与经营寡头相似。就像经营寡头通过提高价格、降低产量来获取“垄断利润”一样，生产部门也通过生产低于理想产量的产品来获得较高的部门利润，但却损害了公司的总体利润。[**练习题 5—1**]① 就说明了当不用机会成本进行转移定价时公司利润是如何降低的。

[**练习题 5—1**]

假设存在两个利润中心：售出部门与购入部门，售出部门生产并销售一种中间产品（电动机）给购入部门，购入部门运用购入的中间产品来制造玩具汽车。上述部门都是利润中心，都要追求部门利润的最大化。下表列出了两个部门有关成本结构的主要指标：

两部门的成本结构

	售出部门	购入部门
固定成本	150 美元/天	100 美元（每天生产的前 100 件产品）
变动成本	0.10 美元/件	0.20 美元/件（产量超过 100 件时）

对于购入部门的最终产品（玩具汽车）的需求曲线是一条递减曲线，其中产品的产量与价格的关系如下：

购入部门最终产品的需求表

售出的数量	单位价格	总收益
100	\$ 2.00	\$ 200
200	1.80	360
300	1.50	450
400	1.30	520
500	1.20	600
600	1.04	624

假设将内部转移价格定为每件 0.95 美元，并转移了 200 件中间产品。这每件 0.95 美元的转移价格是将售出部门每件 0.10 美元的变动成本加上 0.75 美元（单位固定成本 = \$ 0.75 = \$ 150 ÷ 200）的固定成本和 0.10 美元的利润后得到的。售出部门的利润为 20 美元（200 × \$ 0.1）。

购入部门购入 200 件产品，并使其利润达到最大化 50 美元。在下表中对相关的关系进行了总结。

购入部门的成本及收益

产量（件）	购入部门的成本（\$ 100 +0.20/件 <当产量超过 100 件时>）	从售出部门转入的成本（\$ 0.95/件）	总成本（购入部门的成本 + 转入的成本）	总收益（售价 × 数量）	利润（收益 – 成本）
100	\$ 100	\$ 95	\$ 195	\$ 200	\$ 5
200	120	190	310	360	50
300	140	285	425	450	25
400	160	380	540	520	–20
500	180	475	655	600	–55
600	200	570	770	624	–146

① 本例基于 D. Solomons, *Divisional Performance: Measurement and Control* (Burr Ridge, IL: Richard D. Irwin, 1965), pp. 167 – 71.

由上可见，当产量为200件时，购入部门的利润可以实现最大化，为50美元，而其他的产量水平都会降低购入部门的利润。

售出部门的成本及收益

产量	收入	成本	利润
100	$ 95	$ 160	$ -65
200	190	170	20
300	285	180	105
400	380	190	190
500	475	200	275
600	570	210	360

看起来两个部门的运作状况都很良好，两个部门都有盈利。购入部门达到了最大化的利润50美元。而售出部门也创造了20美元的利润，而且只有当购入部门购入更多的中间产品时，才会创造更多的利润。但此时，就整个公司而言，并未实现利润的最大化。

公司利润达到最大化是在产量达到500件时。下表给出了就整个公司而言，在不同的产出水平上公司的总成本及总收益。

公司利润

产量	售出部门成本	购入部门成本	总成本	总收入	公司利润
100	$ 160	$ 100	$ 260	$ 200	$ -60
200	170	120	290	360	70
300	180	140	320	450	130
400	190	160	350	520	170
500	200	180	380	600	220
600	210	200	410	624	214

企业的利润从产量为200件时的每天70美元上升到产量为500件时的每天220美元。在本例中，适当的转移价格为变动成本金额（0.10美元），以0.10美元/件作为转移价格能使企业的利润达到最大化。当转移价格超过变动成本时，购入部门就会降低购入的数量。但在公司利润最大化时，售出部门出现了损失（如以变动成本为转移价格，售出部门要损失其支出的固定成本）。

为什么制定转移价格如此困难？

“关于转移定价，经济学家的第一个反应就是要令内部转移价格等于边际成本。但要找出边际成本的数值是比较困难的。在通常情况下，企业中没有人知道关于边际成本的确切信息，因为边际成本取决于机会成本，而机会成本会随着产量的变化而变化。而且，即使已知边际成本的金额，也不能确保在制定理想的内部转移价格时，这一信息能得到真实地披露。”

资料来源：B. Holmstrom and J. Tirole，“Transfer Pricing and Organizational Form，” *Journal of Law，Economics，& Organizations* 7（1991），pp. 201-28.

3. 转移定价的常用方法

适当的内部转移价格应与机会成本相等。但是，正如我们曾经提到过的，确认机会成本金额要花费高昂的成本。部分是因为计算该成本数据所需的信息被企业的经营部门经理所掌握，而他们有对之加以歪曲的利益动机。为了解决这一问题，企业有时会聘请外部的专家对公司的成本结构进行专门的研究。然而，这种研究不仅成本高昂，而且一旦企业的经营情况发生了变化，其结论也就过时了。另外，如果公司的高层管理人员运用决策权制定了生产部门或分销部门的内部转移价格，则这一价格不是过低就是过高，内部转移产品的数量会偏少，而公司也不能达到其可能达到的最大利润。

由于确定机会成本的金额这项工作本身就会花费很多的成本，管理人员会转向寻求各种获取成本较低的近似数来替代。至少通过如下四个数值可以得到在公司内部转移的产品的近似机会成本：市场价格、变动生产成本、总成本以及协商价格。正如在本书以下部分中所讨论的，这四个数值中的某一种在某些情况下会优于其他的数值。例如，公司的部门在不同的国家、不同的税率条件下经营，则对定价方法的选择部分地取决于税收方面的考虑。在本节的以下部分中，将对每种转移定价方法的优劣进行分析，从而使经理人员能够根据其特定的情况，选择一种最优的转移定价方法。

以市价为基础的转移定价

绝大部分的教科书提供的关于转移定价的标准方法，是以被转移商品在公司外部竞争市场上的价格为公司内部的转移价格。如果以这种外部价格为转移价格时，公司的生产部门仍不能获得长期的利润，则该公司就应停止生产这种产品，而转为直接从市场上购入。如果采购部门在以这一外部价格为转移价格的情况下不能获得长期的利润，则公司就不应在公司内部对中间产品进行处理，而应将中间产品直接在外部市场上进行销售。

以被转移的商品或服务在公司外部市场上的价格为公司内部的转移价格，通常是一种客观的确定转移定价的方法。这一外部价格不会像以会计为基础的转移价格一样被销售部门管理者所操纵（将在下文中讨论）。

简而言之，运用以市场为基础的转移价格通常被认为有助于制定正确的生产—采购决策。然而在许多情况下，市场价格并不能准确地反映机会成本的金额。如果公司与市场都在从事中间产品的生产，则问题就来了："从长期来看，公司与市场都能维持如此的经营吗?"其实，不论其中的哪一方能以更低的长期平均成本进行该产品的生产，另一方就不应再生产这一中间产品了。

然而，我们应该记住的很重要的一点是，交易通常发生在内部而非外部，因为签订不断重复的内部契约比与外部利益相关者签订契约要便宜。[①] 例如，当某些产品之间存在极强的相互依赖、相互协同的关系时，同一个公司就会出现生产多种产品的倾

① 从事内部交易的优点包括消除信用风险、降低营销成本以及可进行生产中的学习，参见 R. Coase, "The Nature of the Firm," *Economica* 4 (1937), pp. 386 - 405. 关于公司能降低的成本种类的相关讨论总结，参见 R. Watts, "Accounting Choice Theory and Market-Based Research in Accounting," *British Accounting Journal* 24 (1992), pp. 242 - 46. 在这些讨论中，涉及契约理论、团队生产理论、监管、契约机会主义以及信息成本等经济学领域的知识。

向。并且，在这些产品之间存在的相互协同的关系越有价值，则公司越有可能继续在公司内进行生产。

然而与此同时，这也正是导致内部转移定价如此困难的原因之一，当公司更倾向于在内部进行生产时，外部的市场价格就不太能准确地反映公司内部生产的机会成本了。举例来说，其他公司通常并不会生产本公司的中间产品，或者说在公司外生产的中间产品与公司自己生产的中间产品不尽相同。在第一种情况下，不存在什么市场价格；而在第二种情况下，市场价格并不能可靠地反映机会成本。即使市场上真的存在完全一样的“更为便宜”的外部产品可以替代企业内部生产的中间产品，但是由于在企业内部生产能提供更强的质量控制、更及时的供货或对专有信息更有力的保护，因此其更受欢迎。如果将上述因素都纳入考虑的话，外部市场的价格也就不再“便宜”了。

这样，运用市场价格作为内部转移价格可能会低估产品的获利能力，以及它对公司价值的贡献。举例来说，假设存在一种中间产品，能以每件 3 美元的价格从市场上购入，但不能以每件 3 美元的价格在市场上售出。协同关系（如高昂的市场交易成本）使得继续在公司内进行生产仍是有利可图的。在公司内部生产可以避免签订合约以及强制执行合约的成本。假设在产品的价格中，每件 0.50 美元的价值为上述合约签订及强制执行等的成本，则此时，恰当的转移价格为每件 2.50 美元，即每件 2.50 美元是公司的机会成本。如果运用每件 3.00 美元的市场价格作为转移价格，公司的销售部门愿意购入的产品的数量就少于转移价格为每件 2.50 美元时愿购入的数量，这样就不能达到企业价值的最大化。

以变动成本为基础的转移定价

如果某中间产品并不具有外部市价，或是在企业的各责任中心之间存在着密切的相互协同关系使得市场价格不能准确地对机会成本进行衡量，则变动生产成本就是内部转移价格的最佳选择了。正如我们在前面看到的一样，变动成本反映了由于多生产一件产品而放弃的资源的价值。

然而，与其他转移定价方法一样，用变动成本来衡量机会成本时同样存在着一些问题。其一是生产部门不能弥补其支出的固定成本。如果生产部门生产的所有产品都用于内部转移，变动成本当然低于总平均成本，但此时生产部门的固定成本未能得到弥补，这样一来生产部门就会表现为亏损。①

运用以变动成本为基础的转移定价方法的一个调整是，用变动成本对所有用于转移的产品进行计价，同时还要向分销部门收取一定金额的服务费用。分销部门以变动成本为单价购入产品，并根据使企业价值最大化的准则确定购入的数量。与直接的变动成本定价不一样，这一调整使得生产部门不仅能够弥补其固定成本，还可以获得一定的利润。生产部门收取固定金额的服务费用代表分销部门具有以变动成本购入产品的权力，这一金额是生产部门根据固定成本加上一定的权益收益后制定出来的。

随着产量的变动，产品单位变动成本的金额也会随之变动，运用以变动成本为基

---

① 当然，如果企业的核心管理层能了解固定成本的金额，则其就能够对这一亏损进行预算。同样的，如果企业的核心管理层能掌握固定成本的金额，也就能掌握变动成本的金额，在这样的情况下，企业就不必设立一个独立的责任中心以及转移定价体系了。

础的转移定价方法就会存在另一个问题。假设产品的单位变动成本随产量的提高而提高（如晚上生产时每小时的工资金额会有所提高），如果变动成本金额高于平均成本金额，同时所有的使用者都必须支付较高的变动成本，则所有使用者支付的总金额就高于公司的总成本额。在生产量有所提高的前提下，即使并未扩大购入量的用户也会发现其成本正在不断上升。在这样的情况下，在公司中就会引发关于如何恰当地计量变动成本金额的争论，是所有的用户都需按增加了的变动成本付费，还是仅那些扩大了采购量的部门需提高付费，从而支付由于夜班增加而导致增加的总成本。

Teva 放弃采用以变动成本为基础的转移定价法

以色列的 Teva 医药实业有限责任公司过去使用以变动成本为基础的转移定价来定义原材料成本。由于以色列雇用与解雇的成本很高，因此人工成本可以看作是固定的。生产部门生产各个不同地域的销售部门所需的药品。这些销售部门也销售其他厂商的药品。因为 Teva 的很多产品不在中间产品市场销售，所以并不采用以市价为基础的转移定价法。高层管理者也不采用协商转移定价法，因为他们相信那会导致生成无休止的合同。

以变动成本为基础的转移定价法的使用率并不高，高层管理者担心销售部门会因不负担人工和资本成本而得到极高的利润。他们也担心生产部门没有了控制人工及其他所谓固定费用的动机。最终，如果生产部门不如外部供应商效率高，以变动成本为基础的转移定价将使销售部门不愿购买内部产品。

最终，Teva 用以完全成本为基础的转移定价体系，包括材料、人工、制造费用，代替了以变动成本为基础的转移定价体系。

资料来源：R. Kaplan, D. Weiss, and E. Desheh, "Transfer Pricing with ABC," *Management Accounting*, May 1997, pp. 20 – 28.

当生产部门的产量接近其生产能力时，也会出现相似的问题。为了更好地说明这个问题，我们假设生产部门打算支出 250 万美元用于扩大生产能力。从长期来看，这 250 万美元的额外成本是变动成本；但从短期来看，这一成本是固定的（折旧费以及较高的维护及设施费）。在关于这笔额外的成本是否应计入转移价格的问题上，生产部门与销售部门产生了意见冲突。由于并不存在一种公认的理想方法来进行变动成本的计量，同时在《华尔街日报》中也不会刊登相应的变动成本指标，因此这一冲突很难协调。这样，他们不得不依赖会计记录进行变动成本的估测。尽管变动成本的一些组成部分是很容易得到的（如直接人工与直接材料费），但仍有一些组成部分是难以估测的。例如，当生产出额外数量的产品时，估测采购部门的额外成本就会变得十分困难。

以变动成本为基础的转移定价方法使得生产部门会有意地虚增变动成本的金额，比如将固定成本计入变动成本。举例来讲，在电费中，有多少属于固定成本，又有多少属于变动成本，是难以区分的。从某种程度上讲，这种分类具有一定的任意性，因此生产部门的经理与销售部门的经理往往会就各种成本及其应用达成并不统一的意见。此时，企业的高层管理人员不得不花时间来解决这一争端，于是就产生了影响成本。

进一步讲，在以变动成本为基础的转移定价法下，生产部门甚至会有意将 1 美元的固定成本转化为不止 1 美元的变动成本。例如，采用从外部购入的高价零配件而不选用价格较低的内部生产的零配件。很显然，这一做法会损害公司的利益。对于生产部门而言，运用外购的零件能使本部门不必承担任何固定成本，而销售部门及整个公司就必须承担由于这一决策而带来的额外成本。

[练习题 5—3]

全球油漆公司的斯柯夫分公司最近出现了亏损，公司的高层管理人员正在考虑是要售出该分公司还是将其关闭。斯柯夫分公司只生产一种产品——一种叫作 Binder 的中间化学药剂粘合剂，它的这一产品的主要用户是公司的乳胶漆生产部门。如果将斯柯夫分公司售出，则乳胶漆部门可以在市场上购入足量的高质量的粘合剂以满足其生产的需求。全球油漆公司要求其所有部门将向公司内部的其他部门提供产品放在第一位，有剩余产品时可向外部市场出售。

上季度斯柯夫分公司的经营报表如下：

斯柯夫分公司

上季度利润表

单位：千美元

收入		
内部收入	$ 200	
外部收入	75	$ 275
经营费用		
变动成本	$ 260	
固定成本	15	
分担的公司制造费用	40	315
税前净收益（亏损）		($ 40)

说明：

1. 全球油漆公司规定，在公司内部转移产品的转移价格均采用变动成本的形式。对于斯柯夫分公司而言，其产品变动成本是市场价格的 80%。

2. 如将斯柯夫分公司售出或使其终止经营，则可避免斯柯夫分公司现在所有固定成本的发生。

3. 对于斯柯夫分公司分担的 40 000 美元的公司制造费用，如分公司被售出或被终止经营，将可避免发生 4 000 美元的制造费用。

要求：

试计算全球油漆公司售出或终止斯柯夫分公司的经营时每年创造的净现金流。

解答：

解决这个问题的关键在于，要认识到公司的内部转移价格对乳胶漆生产部门非常有利，同时也是导致斯柯夫分公司出现亏损的原因。如果斯柯夫分公司被终止经营或售出，乳胶漆生产部门则必须按照高于现行转移价格的市价来购买粘合剂 Binder。同样的，使其终止经营或售出斯柯夫分公司并不能节省所有的公司制造费用。

使其终止经营或售出斯柯夫分公司会改变公司内部潜在的协同作用。对于产品 Binder，全球油漆公司能否维持同样的质量或相同的配送时间？这里要提出的一个问题是，在什么情况下，这样做是值得的。只有当外部的供应商所带来的价值高于售出斯柯夫分公司所放弃的现金流入时，分析这些无形的考虑因素才是必要的。下表表明尽管斯柯夫分公司报告其为经营亏损，它还是能给全球油漆公司带来正的现金流入。

斯柯夫分公司

全球油漆公司（关闭斯柯夫分公司）季度净现金流

上季度末

单位：千美元

节省的经营费用：		
变动成本	$ 260	
固定成本	15	
分担的公司制造费用	4	
节省的斯柯夫分公司的经营费用		$ 279
放弃的收入		
外部收入		(75)
乳胶漆生产部门从市场购买 Binder（$ 200 ÷ 80%）		(250)
每季度减少的现金流入 × 一年 4 个季度		($ 46)
		×4
全球公司一年减少的现金流入		($ 184)

以完全成本为基础的转移定价

通过以上关于信息与激励问题的分析，我们发现运用简单、客观、稳定的内部转移定价方法，可以使得公司的价值高于当管理人员对转移价格具有决定作用时所采用的转移定价方法下的公司价值。客观的转移定价方法，如以完全会计成本为基础的转移定价方法的运用，主要是为了避免关于如何划分变动成本的无谓争论。完全成本既包括直接人工、直接材料，也包括制造费用。既然完全成本是固定成本与变动成本之和，就不可能简单地通过对变动成本与固定成本的重新划分来影响这一金额的大小。

贝尔核心实验室（Bellcore）采用以完全成本为基础的转移定价法

贝尔核心实验室是 AT&T 公司的一个研究机构，需要就相关的文书服务制定一个转移价格。当科学家或工程师们需要打印一份文件或信件时，文书服务部门就会完成这项工作。要对此项工作收取的费用中既包括文书服务部门的人工支出也包括管理成本（办公地点的租金、设备和税收），所有这些成本将根据提供服务的时间来分摊，以确定每个服务工时的完全成本的转移价格。

在制定了有关的转移价格以后，那些享受着高额薪金的研究人员都开始自己处理自己所需的文件了，其原因是打印一页文件的转移价格高达 50 美元。因为大部分的管理成本和薪金是固定的，所以当需要打印服务的用户开始自己打印手稿以后，文书服务部门的成本并未下降，且每页文件服务的转移价格正在上升。

> 贝尔核心实验室通过从文书服务的转移价格中扣除一些固定成本解决了这一问题。
>
> 资料来源：E. Kovac and H. Troy，"Getting Transfer Prices Right：What Bellcore Did，" *Harvard Business Review*（September-October 1989），pp. 146－54.

然而，运用完全成本作为内部转移价格也会带来问题，即使得公司的分销部门购入的产品数量过低。在完全成本法下，往往会高估企业内部生产并转移的产品的机会成本，尤其是在生产部门的生产能力还有富余的情况下，分销部门就会倾向于从内部购入较少的产品。同时，完全成本法还允许生产部门将其所有非有效生产的后果全部转嫁给分销部门，所以在以完全成本法为基础的转移定价方法下，很难激励生产部门进行高效的生产。①

尽管存在上述所有这些问题，以完全成本为基础的转移定价方式的运用仍然十分普遍。在多次关于公司实践的调查中，我们都发现完全成本转移定价法的运用率高达40%～50%。以完全成本为基础的转移定价法之所以会得到广泛运用的另一个原因是，它可以解决由生产能力改变而带来的问题。当一个工厂开始接近其生产能力时，因为生产的阻塞以及生产能力可能发生的不足，其机会成本的金额就会有所上升。从而，机会成本将有可能超过直接人工与直接材料成本，在这样的情况下，完全成本比变动成本更接近于机会成本。

尽管如此，以完全成本为基础的转移定价方法拥有的最大优点可能在于它的简便性，以及实施成本较低。这就是说，由于企业的经营经理操纵完全成本比操纵变动成本要难得多，因此企业的高层管理人员就不必常常去协调关于什么样的成本项目应计入转移价格的争端。但无论如何，管理人员还需根据其具体情况仔细考虑以完全成本为基础的转移定价方法是否为最佳选择。如果公司的机会成本与完全成本之间存在的差异较大，则公司也会因此而放弃很大的利润。

协商转移定价法

内部转移价格也可以通过生产部门与分销部门之间的协商来制定。运用这种方法制定的转移价格十分接近于机会成本，因为生产部门不会接受低于其机会成本的价格，而分销部门则不会同意高于其可以从其他地方购入同样产品所需支付的价格。

在这样的情况下，两个部门都有追求使两部门的总利润最大化的产量的动机。一旦就能使利润实现最大化的产量达成了一致，则转移价格就能决定总利润在这两部门之间的分配。如果两个部门对于有关的价格与数量经过协商达成了一致，它们就会具有使总利润金额最大化的动机。然而，如果两个部门仅就价格进行了协调，则不能保证其达成的转移价格是能使企业的价值最大化的价格。

尽管协商定价是一种十分常用的方法，然而这一方法也有一些缺陷。这一方法会耗费大量的时间，并且还会造成部门之间的冲突。部门的经营业绩指标将与两个部门经理的相对谈判水平密切相关。另外，如果两个部门仅就转移价格达成了协议，却未对按此价格转移的产品数量达成协议，则无法保证它们能以该转移价格实现公司价值

① 同样的，以变动成本为基础的转移定价方式也会使得售出部门将其部分非效率生产的后果转嫁给购入部门，但这一情况并不像在以完全成本为基础的转移定价法下那么严重。然而，如果购入部门既能从售出部门购入产品也能从公司外部购入产品，就可以避免售出部门将这种非效率转嫁给购入部门。这一情况也使得售出部门必须维持其竞争力。

的最大化。

4. 重组：最后的选择

在有些情况下，由于转移定价问题在责任中心之间造成的冲突可能相当大，因此公司需承担巨额的成本。当指定的价格不能使企业的价值最大化时，就会出现上述成本，包括影响成本和机会成本。通常，当在两个部门之间进行转移交易的相对数量较大时，往往会出现关于转移价格过多的争论。在这样的情况下，转移价格所发生的极小变化都会给部门的利润带来极大的影响。从而，经营经理选择机会主义型的转移价格的可能性（及其破坏效果）也将变大。

如果转移定价的过程会产生副作用，则其解决方法就是要对公司进行重组。举例来讲，公司的高层管理人员可以将存在较大数量的内部转移的两个利润中心合并为一个部门。或者，可以将生产部门改组为一个成本中心而非一个利润中心，并根据其生产的效率对其管理人员实施奖惩。甚至可以将这两个部门都改组为成本中心，而将制定有关价格和数量的决策权留给企业的核心管理部门。

最后的一种可能就是要对决策权进行重新分配，使生产部门和分销部门都拥有生产该种被转移产品的权力。然而，采用这种方法需付出很大的代价（由于要付出双倍的努力）。

5. 总结

由上述关于转移定价的讨论可知，公司通过组建责任中心，利用部门经理掌握的关于其部门的一些专门知识，进行分权性管理。然后，通过激励使这些管理者利用他们的专业知识为公司做出能使利润实现最大化的决策。激励是通过建立责任中心并将绩效评价与其决策权（见表5—1）相联系来实施的。当某责任中心从另一责任中心购买或向另一责任中心销售商品或服务时，为了评价各中心的绩效，如盈余，就必须为这种内部交易制订转移价格。这促使每一中心都参与到内部交易这一使公司获益的活动中去。因此，转移价格允许管理者利用他们拥有的关于各个部门机会的专门信息。① 制定转移定价有多种方法，表5—5总结了各种方法的优缺点。

表5—5　　**常用转移定价方法的优缺点**

方法	优点	缺点
以市价为基础的转移定价	·客观 ·不易操纵 ·一般有助于制定正确的长期生产—采购决策	·对某些特殊项目可能不适用 ·可能没考虑各部门间的相互依赖

① 关于转移价格的详细讨论，参见 R. Eccles, "Analying Your Company's Transfer Pricing Practices," *Journal of Cost Management*, Summer 1987, pp. 21－33; and R. Eccles, *The Transfer Pricing Problem: A Theory for Practice* (Lexington, MA: Lexington Books, 1985). B. Holistrom and J. Tirole, "Transfer Pricing and Organizational Form," *Journal of Law, Economics, & Organizations* 7 (1991), pp. 201－28，进行了更多的数学分析。

续表

方法	优点	缺点
以变动成本为基础的转移定价	·接近转移单位产品的机会成本 ·在卖方有剩余生产能力时促使买方购买适当数量的产品	·卖方不能弥补其固定成本 ·变动成本会随产出数的不同而变化 ·卖方有将固定成本转化为变动成本的动机
以完全成本为基础的转移定价	·避免了关于成本属于变动成本还是固定成本的争论 ·简单	·卖方可以将其无效率的业绩转嫁给买方 ·买方购买的产品数量少
协商转移定价	·买卖双方都有转移部分产品使总利润最大化的动机	·费时 ·依赖于两部门相对的谈判水平
重组	·避免了转移定价时关于成本的争论	·拥有两个责任中心的优势减弱了

没有一种方法适用于所有的情况。由于各种方法都有其优缺点，因此管理者在选择使用方法时就需要在决策、控制以及特定环境下的不同税率间进行权衡。以市价为基础的转移定价法比较客观，但可能没有考虑公司中存在的相互依赖。以变动成本为基础的转移定价接近于当有剩余生产能力时多生产一单位产品的机会成本，但其在实际中并不常用。以市价为基础的转移定价与以完全成本为基础的转移定价方法是应用最广的。每一种使用率都在40%左右。① 虽然我们并不知道以变动成本为基础的转移定价法使用频率不高的确切原因，但我们可以推测一些可能的原因。以完全成本为基础的转移定价接近于增加固定产量的成本（在没有通货膨胀和产量改变的情况下）。采用以变动成本为基础的转移定价法难以区分固定和变动成本。最后，如前所述，变动成本法会使卖方通过将固定成本划为变动成本而改变转移价格。

在制定转移定价的过程中还要考虑，在第1章所讨论的在决策制定和控制之间的权衡。能够最准确地反映在公司内部转移一件产品的机会成本的转移价格，有可能并非是能够激励公司的内部管理人员使企业利润达到最大化的转移价格。举例来说，如果要制定精确反映转移产品的机会成本的转移定价，就应要求企业的生产经理公开那些其个人掌握的、难以验证的关于其部门的成本信息。这些管理人员对转移价格的制定具有决定性的影响作用。如果这一价格对于管理人员的业绩评价及其奖惩也十分重要的话，则企业的部门经理还有可能为了其自身的利益而对有关信息故意加以歪曲。因此，即使某种转移定价方法对机会成本的衡量并不十分准确，较少受到管理决策的影响，这样的转移定价也可能会创造出比在更接近机会成本金额的转移价格下更高的公司价值。

管理者一般拥有从公司外部获得相关资源的权力。可以从外部买卖产品对转移定

① R. Tang, "Transfer Pricing in the 1990s," *Management Acounting*, February 1992, pp. 22－26; R. Benke, Jr. and J. Edwards, *Transfer Pricing*: *Techniques and Uses* (New York: National Association of Accountants, 1980); D. Keegan, *Transfer Pricing Practices of American Industry* (Price Waterhouse, March 31, 1984); R. F. Vancil, *Decentralization*: *Managerial Ambiguity by Design* (Homewood, IL: Dow Jones-Irwin, 1979), p. 114.

价是一项重要的控制方法。不论内部转移价格是如何制定的，从外部买卖降低了一责任中心在另一责任中心获取垄断利润的可能性。

改变转移定价方法不仅能够调整各责任中心的收益，整个公司的产出水平和公司的获利能力也会随之变化。不同的转移定价方法不仅会对整个公司利润在各个责任中心之间进行分配的方式产生影响，而且还会对公司的利润总额产生影响。

最后，转移定价在组织中的使用范围远比管理者想象得广泛。大多数组织让内部使用者为信息技术、远程通讯、看门服务、维修等付费。实际上，这些基于成本分摊的付费是以成本为基础的转移定价。由于管理会计和成本会计的很多内容都涉及成本分摊，因此转移定价中的很多问题还会在后面章节中出现。

本节复习思考题

Q5—7 公司内要制定转移价格的两个主要原因是什么？

Q5—8 试举出决定转移价格的四种方法。

Q5—9 对转移定价方法的选择是不是一项零和博弈？

C. 本章小结

除了进行相关的经营决策，如定价决策、营销决策和融资决策外，企业的管理人员还必须确保公司员工所执行的活动能增加公司的价值。本书的第 4 章讨论了代理问题以及公司的组织架构将如何促进自利的员工采取那些能增加公司价值的行动的问题。尤其是企业的组织架构，它是由经营业绩评价系统、奖惩系统以及决策分权系统三个系统构成的。这三个系统就好像是一个凳子的三条腿一样，缺一不可，它们帮助企业协调员工与所有者的利益。会计系统是企业组织结构中不可或缺的一部分，本章讨论了运用会计系统的两个主要方式：责任会计以及转移定价。

在责任会计中，公司的决策权被分配到各成本、利润和投资中心。成本中心通常对生产产品和服务使用的投入资源组合具有决策权，因此要根据成本中心在给定的成本下能达到的最大的产出量，以及在一定的产量下能达到的最低成本数额对成本中心进行业绩评价。利润中心通常对投入组合和定价方法具有决定权，应根据利润指标进行评价。投资中心不仅具有利润中心拥有的所有决策权，而且还对投入该中心的资本金额拥有决策权，因而应根据投资收益指标或剩余收益指标对投资中心进行评价。

在转移定价中常常要用到会计数据。只要企业的责任中心之间存在产品或服务的转移，同时又要对这些责任中心进行经营业绩评价，就必须计算出这些转移的产品或服务的内部转移价格。可以运用市价法、成本法及协商定价法来制定转移价格。成本法中包括变动成本法与完全成本法（变动成本及固定成本）两种。每种转移定价方法的运用都要根据各个企业的特定情况来执行，因此每个企业都要选择最适合其条件的转移定价方法。总而言之，没有一种转移定价法，就像没有一种组织架构，是适用于所有企业的，甚至不存在一种转移定价法能在各个时期都适用于特定的企业。同其他内部会计方法一样，在转移定价计划中，在决策制定和控制之间需要做出权衡。最适于决策制定的转移定价法并不一定最适用于企业的控制，反之亦然。

在本书的第 6 章中将对如何运用会计系统来避免代理问题的另一种工具——预算系统——进行讨论。

自测题

[自测题1]　谭·布格（Tan Burger）公司

在过去的5年中，谭·布格公司成长为一家拥有200家分店的公司。在其分店中，80%是公司特许经营的。两家直接由公司经营的分店——北方分店与南方分店——在所有分店中属于成长最快的公司，这两个分店都在考虑要增加比萨饼的经营。购入必需的炉具和设备，每家分店要花费180 000美元。当前，对北方分店的总投资额为890 000美元，收益为1 100 500美元，而费用为924 420美元。扩大经营、进军比萨饼的市场，将为公司带来新增的利润30 600美元。当前，对南方分店的总投资额为1 740 000美元，分店的收益为1 760 800美元，费用为1 496 680美元，南方分店如增加比萨饼的经营将新增30 600美元的利润。

谭·布格公司根据投资收益率对其管理人员进行经营业绩的评价。另外，每家分店的管理人员有权决定是否新增比萨饼的经营。

a. 试计算在未增加比萨饼的经营以前这两家分店的投资收益率，该增加比萨饼的经营项目的投资收益率，以及这两家分店增加了比萨饼的经营后各自的投资收益率。

b. 假设资本成本率为14%，试分别计算在进行潜在的扩张前和扩张后，两家分店的剩余收益。

c. 谭·布格公司是否应接受扩张计划？如果这两家分店为特许经营的分店，其结果将有什么变化？

解答：

a. 在增加比萨饼经营前后，两家分店的投资收益率指标如下：

	北方分店	南方分店
增加比萨饼经营前		
收益	\$ 1 100 500	\$ 1 760 800
费用	924 420	1 496 680
净收入	\$ 176 080	\$ 264 120
÷资产	890 000	1 740 000
ROI	19.78%	15.18%
比萨饼项目		
可增加的利润	\$ 30 600	\$ 30 600
÷扩张成本	180 000	180 000
项目 ROI	17.00%	17.00%
增加比萨饼经营后		
总收入	\$ 206 680	\$ 294 720
÷总资产	1 070 000	1 920 000
总 ROI	19.32%	15.35%

b. 增加比萨饼经营前后的剩余收益指标：

	北方分店	南方分店
资本成本率	14.00%	14.00%
增加比萨饼经营前		
净利润	$ 176 080	$ 264 120
减：资产×14%	(124 600)	(243 600)
剩余收益	$ 51 480	$ 20 520
比萨饼项目		
可增加的利润	$ 30 600	$ 30 600
减：14%×扩张的成本	(25 200)	(25 200)
剩余收益	$ 5 400	$ 5 400
增加比萨饼经营后		
净收入	$ 206 680	$ 294 720
减：14%×资产	(149 800)	(268 800)
剩余收益	$ 56 880	$ 25 920

c. 在当前情况下，两家分店的 ROI 指标并不相等。规模较小的北方分店的 ROI 略低于 20%，而规模较大的南方分店的 ROI 略高于 15%。由于比萨饼项目的 ROI 为 17%，如北方分店接受该项目将降低该店平均的 ROI，如南方分店接受了该项目将会使该店的平均 ROI 指标有所提高。因此，北方分店的经理将不会增加比萨饼的经营，因为这会造成分店 ROI 指标的下降；而南方分店的经理会增加比萨饼的经营，因为这一决定将较大地提高分店的 ROI 指标。

如果这两家分店为特许经营的分店，则其所有者必定会选择增加比萨饼的经营。项目的 ROI 高于资本成本率，这就保证了该项目具有正的剩余收益指标。只要某项目的剩余收益指标为正，特许经营的分店的所有者就不会放过这个机会。特许经营分店的所有者并不关心 ROI 指标会否下降，而只关心剩余收益指标是否会增加。

[自测题 2]　生物科学公司

土豆甲虫是危害土豆生长的一种主要的害虫，现在可以通过一种有毒的杀虫剂将它们杀死。生物科学公司在过去的 5 年中花费了 500 万美元的研究开发费用，终于生产出一种运用基因工程学的专利微生物制造的新型杀虫剂 MK-23。这种杀虫剂以一种更符合环保要求的方式来对土豆甲虫进行控制。生物科学公司建起了一家每月能生产 10 000 磅 MK-23 的工厂，建设工厂的成本为 1 200 万美元，使用寿命为 10 年。生产 MK-23 的变动成本为每磅 3 美元，每月用于工厂管理、保险、税收以及保安的固定成本为 50 000 美元，其中尚未计入折旧费用。

在下表中，对生产 MK-23 的完全成本进行了总结：

每月的折旧费用（$ 1 200 万/120 个月）	$ 100 000
其他固定成本	50 000
总固定成本	$ 150 000
÷每月的产量（磅）	10 000
单位产量（磅）分担的固定成本	$ 15.00
每磅变动成本	3.00
每磅总成本	$ 18.00

MK-23 每磅的售价为 30 美元，生物科学公司现在每月向生产土豆的农场销售 8 000磅 MK-23。

生物科学公司的另一个部门——家居生活公司，希望每月能确保购入 1 000 磅 MK-23。这一部门将对产品做进一步加工，使之成为向园丁销售的另一项产品——土豆安全保护剂。家居生活公司将支付每磅 5 美元的内部转移价格。在进行进一步加工时，家居生活公司还需对产品进行包装并减轻 MK-23 的药力使之更适于家庭使用，这将产生每磅 4 美元的额外成本。含有 1 磅 MK-23 的土豆安全保护剂的售价为 20 美元。

a. 是否应同意该项内部转移？

b. 如果转移价格为完全成本——18 美元，情况将会如何？如果转移价格为变动成本——3 美元，情况又会如何？

c. 在决定了运用变动成本作为内部转移价格以后，又收到了每月以每磅 30 美元的价格购入 2 000 磅 MK-23 的订单。假设生产 MK-23 的工厂，只能投资 1 200 万美元，每月设计生产能力为 10 000 磅，试对生物科学公司面对的各种选择进行分析。

d. 在生产 MK-23 用于土豆安全剂的生产以前，工厂的剩余生产力的机会成本是多少？

e. 对于开发出 MK-23 的 500 万美元的研究开发费用应如何处理？

解答：

a. 根据下表可以看出，假设不放弃以每磅 30 美元的价格直接向农场主售出 MK-23，生物科学公司每转移 1 磅 MK-23 给家居生活公司用于土豆安全剂的生产，就将增加 13 美元的现金流入。

MK-23 与土豆安全剂的贡献毛利

	MK-23	土豆安全剂
售价	$ 30.00	$ 20.00
变动成本		
生产 MK-23	3.00	3.00
进一步加工	—	4.00
贡献毛利	$ 27.00	$ 13.00

很显然，如果生物科学公司每月拥有 2 000 磅 MK-23 的剩余生产能力，那么在公司内部转移 1 000 磅 MK-23 有助于企业利润的提高。

b. 如果以每磅 18 美元的完全成本对内部转移的 MK-23 进行定价，则家居生活公司不会接受这一转移价格。因为在此时，其总成本高达 22 美元（18 美元的转移价格加上 4 美元进一步处理的成本），已超过产品的市场价格 20 美元。如公司还拥有剩余生产能力，则以完全成本的方式进行转移定价会使公司放弃生产销售土豆安全剂，从而放弃了利用剩余生产能力每磅带来 13 美元收益的机会。而如以变动成本为转移价格（3 美元），则可保证土豆安全剂的生产。在企业拥有剩余生产能力的情况下，运用完全成本进行转移定价将会导致错误的决策。

如果运用变动成本进行转移定价，则每月有 1 000 磅 MK-23 转移给家居生活公司。

c. 在收到农场主每月以每磅 30 美元的价格购入 2 000 磅的 MK-23 的订单后，管理层面临着三种选择。其一，完成 2 000 磅订货中的 1 000 磅，因为公司向家居生活公司转移了 1 000 磅产品后只剩下 1 000 磅的生产能力；其二，取消向家居生活公司的 1 000 磅用于土豆安全剂生产的 MK-23 的转移，而将 2 000 磅的产品全部用来完成农场主的订货；其三，建造一家新工厂以增加生产能力。取消对家居生活公司的 1 000磅的 MK-23 的转移来满足农场主的订单，将增加生物科学公司的现金流入：

新订单创造的贡献金额	2 000 × ＄ 27	＄ 54 000
放弃生产土豆安全剂而放弃的贡献金额	1 000 × ＄ 13	13 000
增加的贡献金额		＄ 41 000

在公司的生产能力尚不能满足农场主的订货时，每多向农场主销售 1 磅 MK-23 而不是向家居生活公司转移，会对生物科学公司的现金流增加贡献金额 14 美元（＄ 27 - ＄ 13）。第三种方案虽然能同时满足农场主和家居生活公司的需要，但不能盈利。每磅，包括新增的 MK-23 的生产能力的成本为 18 美元，而土豆安全剂的售价并不能完全弥补其生产成本。因而，将完全成本作为转移价格时要包括新增的生产能力的成本。

家居生活公司的管理人员将会反对取消这一内部转移，因为如果这样做，会使其部门的利润额下降。他们极可能会提出这一决策会对他们的其他产品产生不良影响的证据。取消内部转移 MK-23 的决策的执行将使公司的高层管理人员不得不花费时间与耐心进行协调，因此将有可能产生影响成本。在通常情况下，内部转移交易是永久性的，很难改变。

d. 在接受转移 1 000 磅 MK-23 用于土豆安全剂的生产以前，生物科学公司拥有 2 000 磅剩余生产能力。如果对 MK-23 的需求量上升，则运用这一生产能力来满足内部转移的需要就会使得公司放弃由于销售 MK-23 而获得的贡献毛利，否则公司必须扩大其生产能力。关于固定生产能力永久性消耗的决策不应建立在内部转移增加的短期成本的基础上，除非内部转移很可能是对公司剩余生产能力的唯一长期选择。运用完全成本进行转移定价，包括对新增的生产力成本的预测，同时还将反映出单位生产能力过去的（历史）成本。如果建设成本上涨，则新增生产能力的单位成本会高于历史成本。然而，如果建起第二家生产工厂能带来生产效率的提高或协同性的提高的话，新增生产能力的单位成本将低于历史成本。

e. 这些成本并不包括在 MK-23 的生产成本中。会计系统在这些成本发生时即做了冲销，此时公司拥有一项未予记录的、但却真实存在的经济资产：生产 MK-23 的专利权。每磅 MK-23 创造的 12 美元（$ 30 - $ 18）的利润反映了这一投资的收益。

习　题

[习题 5—1]　加拿大子公司

下述数据对某公司拥有的加拿大全资子公司 1994—1996 年的经营业绩状况进行了总结，该分公司的资本成本率为 10%。

	（单位：百万美元）		
	2009 年	2010 年	2011 年
分公司净收入	$ 14.0	$ 14.3	$ 14.4
分公司总资产	125	130	135
分公司的净投资*收益率	20%	22%	24%

*净投资 = 总资产 - 总负债。

要求：

试认真分析该分公司的经营业绩。

[习题 5—2]　菲普斯公司

菲普斯公司在所在国所得税税率为 30% 的初级部门生产印刷集成电路板，然后将其转移到所在国所得税税率为 40% 的高级部门。所有进口产品的进口关税为转移价格的 15%，进口关税不能抵扣相应的应税收入。该印刷集成电路板的完全成本为 1 000 美元，变动成本为 700 美元，高级部门将之出售时的售价为 1 200 美元。两个国家的税务机关都允许公司选择完全成本或变动成本进行转移定价。

要求：

试分析当分别运用完全成本及变动成本进行转移定价时，对菲普斯公司现金流状况的影响。

[习题 5—3]　Sunder Properties

布赖顿控股公司拥有一些非上市公司，并雇用职业经理人来经营这些公司。其中一家公司是 Sunder Properties，该公司拥有并经营公寓大楼，下表是其利润表。

Sunder Properties

上一年度

单位：百万美元

收入	$ 86.50
成本费用*	(72.30)
税前盈余	$ 14.20

*包括 260 万美元的利息费用。

布赖顿控股公司估计 Sunder Properties 公司的税前加权平均资本成本为 15%。布赖顿控股公司对其下属经营公司管理人员的奖励是基于该公司的税前资产收益率

(税前收益率越高，Sunder 公司管理人员的薪酬越高)。上一年度末，Sunder Properties 的总资产为 6 400 万美元。

要求：

a. 计算 Sunder 公司上一年度的 ROA。

b. Sunder Properties 的管理人员正在考虑购买一座新的公寓大楼“山谷风光”，其经营业绩如下（单位：百万美元）：

收入	$ 16.60
成本费用*	$ 13.30
新公寓的总资产	$ 20.00

*包括 71 万美元的利息费用。

Sunder Properties 的管理人员会购买该楼“山谷风光”吗？

c. 假如布赖顿控股公司的股东对“山谷风光”经营情况的了解与 Sunder Properties 的管理人员掌握的信息完全一样，布赖顿控股公司的股东会接受（b）中的项目吗？

d. 你会给予布赖顿控股公司的管理团队怎样的建议？

[习题 5—4]　经济盈余

一家大的咨询公司现在希望扩展其业务。公司刚发明了一种叫作“经济盈余”（EE）的新业绩评价方法。这种业绩评价方法被认为在评价部门业绩和总体业绩方面都是一种好方法，从而使建立在此基础上的管理者与雇员的薪酬计算更合理。这一咨询公司正在努力说服其客户相信这一方法比现在采用的业绩评价方法（如会计净收益、ROA、EVA 等）都好。

EE 始于传统的会计净收益，但对其进行了调整。调整首先是转回折旧，然后是减去投资资本收益。咨询公司认为之所以会转回折旧是因为它是一项沉没成本，并不代表当期现金流量。例如，假设客户的会计净收益如下：

客户的传统利润表

收入	$ 5 700
销售成本	(2 000)
边际毛利	$ 3 700
折旧	(900)
销售、管理及其他费用	(700)
利息费用	(500)
税前盈余	$ 1 600
所得税（40%）	(640)
净收益	$ 960

假设客户的总资产为 6 000 美元，经风险调整后的加权平均资本成本（WACC）为 25%，则公司的 EE 计算如下：

客户的经济盈余

净收益	$ 960
折旧	900
资本费用*	(1 500)
经济盈余	$ 360
* 总资产	$ 6 000
WACC	25%
资本费用	$ 1500

评价业绩评价指标经济盈余，指出其优缺点。

[习题 5—5]　随意成本

所谓随意成本是指：(1) 由于那些定期做出的（通常为一年一次）拨款决策而可能发生的最大金额的成本；(2) 与生产的投入（用成本衡量）和产出（通过收益或其他指标，如学生的知识水平或病人的康复状况进行衡量）无任何关系的成本。这一类成本包括由于广告、公共关系、主管人员培训、教育、研究、健康检查以及进行管理咨询而发生的成本。随意成本的一个最重要的特征就是无法确认支出的“准确”金额。①

随意成本中心是指公司中那些拥有较大金额的随意成本的部门。企业中这些部门的成本中的较大一部分是用于人力资源管理的，这些部门执行的是非重复性的、非常规的职能，而其主要产出是信息或服务。随意成本中心产出的价值较难衡量，同时其产出的质量也难以确认。企业的研究开发部、法律服务部、公众关系部以及内部咨询组织等都属于随意成本中心。

Max Javis 是一家中型钢铁公司的总裁，他刚刚参加了一次关于随意成本中心的研讨会。他决定在对公司总部的几个部门，包括市场研究部和环境保护部，制定预算和进行控制时运用这一方法，目前这些部门是属于成本中心的。

要求：

a. 随意成本中心与成本中心以及利润中心的区别何在？

b. 你认为如 Max Javis 采用了随意成本中心的概念，公司将会产生怎样的改变？

[习题 5—6]　钢铁冲压机

如果公司运用资产收益率指标（ROA）对投资中心的经营业绩进行评价，并且该公司正在考虑用现值法替代公司原来运用的历史成本法进行资产价值的评估。在对历史成本进行更新时，要运用一个价格指数对之进行调整，使之与重置价格大致相等。例如，有一台能够对钢铁进行冲压成型的钢铁冲压机，在 7 年前购入时价格为 522 000 美元，则公司将在这一成本的基础上再加上 19% 的金额，以反映这 7 年来该种机器批发价格的变化。这一新的、较高成本的机器仍然运用直线折旧法在机器预计的 12 年使用寿命期中计提折旧（无残值）。

① C. Horngren and G. Foster, *Cost Accounting: A Managerial Emphasis*, 6th ed. (Englewood Cliffs, NJ: Prentice Hall, 1987), p. 378.

要求：

a. 试分别在历史成本法以及在基于价格水平调整后的历史成本法下计算该钢铁冲压机的折旧费用和账面价值。

b. 就总体而言，由历史成本法改用现值法对于 ROA 指标有什么影响？

c. 由于上面提到的钢铁冲压机已经过时了，拥有该冲压机的投资中心的经理正在考虑是否换掉它。如果公司对资产价值的评价方法由原来的历史成本法变为现在提出的基于价格水平调整后的现值法的话，试问该部门经理置换该冲压机的激励因素有何变化？

[习题 5—7]　ICB 公司

ICB 公司设有 4 个生产部门，每个生产部门生产某种特定的美容化妆品，然后这些产品被转移到 5 个分管着不同地域的市场营销部门。生产部门与市场营销部门可以自由地就其内部转移产品的转移价格进行协商。某生产部门，生产各种护发用品，希望其开发生产的一种专供亚洲市场的特种护发素，可以以完全成本加上 5% 的利润后的金额作为转移价格，即每盒 105 美元。

公司的南美洲市场营销部门认为，只要对该产品的商标略作修改，即可在南美洲进行销售。然而，由于大多数南美洲的货币对美元的汇率走低，这就使得美国制造的产品承受了更大的价格压力。南美洲市场营销部门认为，只有当它们能以每盒 85 美元的价格从生产部门购入该护发素时，其销售这一产品才有可能赚钱。

生产部门提出，以每盒 85 美元的价格进行销售，其根本无法获利。而且进一步讲，如果它们以每盒 85 美元的价格向南美洲市场销售部出售该产品的话，将会使得 ICB 公司中其他以每盒 105 美元价格购入该产品的部门要求重新商定转移价格。

如果你正在为 ICB 总公司的财务主管工作，她要求你准备一份简短的、非技术性的备忘录，列示在制定转移价格中她应予考虑的几个重要因素，便于她与两个部门经理进行协商。你不必建议使用何种转移定价方法，而只需列出公司财务主管在会议中应予关注的主要问题。

[习题 5—8]　Shop and Save

Shop and Save（S&S）是一家拥有 350 家超市的大型食品连锁杂货店。28 家 S&S 商店位于底特律都市圈内，并由一家中心面包店 S&S Detroit Bakery 提供服务。该面包店生产所有新烤的食品（面包、面包卷、炸面圈、蛋糕和馅饼等），在底特律地区的 28 家 S&S 分店销售。除了销售 S&S 烘烤食品，这些商店还在其店内的烘烤食品区和冷冻食品区出售其他全国商业品牌的烘烤食品。但这 28 家分店销售的所有新烤食品都出自于中心面包店 S&S Detroit Bakery。每家分店提前一天向中心面包店 S&S Detroit Bakery 订购所需数量的烘烤食品。与 28 家分店相同，中心面包店 S&S Detroit Bakery 也是一个利润中心，而且其产品仅对 28 家分店出售。每家分店支付给中心面包店 60% 的零售价格。因此，打个比方，假如其中某家分店的经理向中心面包店订购一个零售价为 5 美元的全麦面包，则该店需支付 3 美元（60% ×5 美元），同时中心面包店确认 3 美元的收入。

每家分店都被视为一个利润中心以对其管理人员进行业绩评估和激励，并且管理人员对其分店进货的具体食品有一定的决策权。但是，大约 85% 的分店持有的库存单位以及每个库存单位的零售价格都是由 S&S 底特律地区总部统一决定的，该总部监督所有 28 家分店和中心面包店的经营运作。每家分店的经理有权决定其从中心面包店订购的各种烘烤食品的数量，而中心面包店生产的并在连锁杂货店销售的各种烘烤食物的定价则是由底特律地区总部做出的，S&S 各个分店并没有定价权。

中心面包店的经理抱怨，导致其面包店亏损的原因在于 60% 的比例太低了，以至于无法收回成本。而各个分店的经理人员又抱怨，他们从中心面包店订购的烘烤食品的质量和种类无法与底特律地区其他高档的私人专业烘烤店竞争。

要求：

a. 评价 S&S 对其分店的定价政策（每家分店向中心面包店支付其所购烘烤食品零售价的 60%）的优势与弊端。

b. 就如何改进 S&S 分店与中心面包店的关系给出建议。

[习题 5—9]　微电子公司

微电子公司是一家大型的电子公司，拥有多个部门。其生产部门生产的印刷集成线路板，既向公司内也向公司外进行销售。电话生产部门安装手提电话，直接向外部消费者进行销售。对这两个部门都按照利润中心的方式进行评价。该公司的政策规定，所有的内部转移均将市场价格作为转移价格。

手提电话的售价是 400 美元，而手提电话的印刷集成线路板的外部市场价格为 200 美元。电话生产部门生产一部电话的总成本（不包括印刷集成线路板的成本）为 250 美元，印刷集成线路板的变动成本为 130 美元。

要求：

a. 电话部门是否应向印刷集成线路板部门购入印刷集成线路板？请写出分析计算过程。

b. 假设印刷集成线路板部门现在每月生产并向公司外销售 10 000 块印刷集成线路板，而该部门的生产能力为每月能生产 15 000 块印刷集成线路板。从微电子公司的角度出发，是否应再生产 3 000 块印刷线路板用于内部转移？

c. 试讨论，在（b）的情况下，应如何制定转移价格？

d. 试列举出在进行（b）、（c）中的分析时，你所依据的 3 条最重要的假设。

[习题 5—10]　US Copiers

US Copiers 的一款复印机的零售价低于 500 美元。复印机中的主要部件是墨盒，它装有黑粉末以便在纸上成像。一个墨盒可以用于复印 1 万张纸，然后就需要换掉。一般来讲，一台 SCD 生产的复印机在使用寿命期间共需 4 个可换墨盒。

SCD 从 US Copiers 的墨粉部门（TD）购买打印机原装墨盒。TD 向分销商销售可换墨盒，并通过其将墨盒销售给零售商。最终消费者购买墨盒时的售价为 50 美元。TD 卖给分销商的价格大约是这一价格的 70%。TD 的管理人员坚持要求 SCD 以市价 35 美元（70% ×50）向 TD 公司支付转移价格。

要求：

a. 为什么 US Copiers 既生产打印机又生产墨盒？为什么不像 Intel 只生产计算机芯片、Gateway 只组装并销售 PC 一样按生产打印机或墨盒划分部门？

b. 假设你是 SCD 的经理，写一份备忘录给你的老板，列明在讨论 SCD 应支付给

TD 的墨盒的价格时的关键问题。

［习题 5—11］ Cogen

Cogen 的涡轮车间生产发电用燃气涡轮并向供热系统提供热水。涡轮的单位变动成本是 15 万美元，固定成本是每月 180 万美元。车间有剩余生产能力。Cogen 的发电车间从涡轮车间购买燃气涡轮，并用来组装发电蒸汽机组。这两个部门的管理者都作为利润中心管理者进行业绩考核与奖惩。

发电车间单位变动成本为 20 万美元，不包括涡轮成本。固定成本为每月 140 万美元。发电车间每月对完全发电单元（发电机加涡轮）的需求数量及价格信息见下表：

数量	价格	数量	价格
1	$ 1 000	5	$ 800
2	950	6	750
3	900	7	700
4	850	8	650

要求：

a. 如果涡轮的转移价格为其变动成本（15 万美元），那么发电车间为最大化其利润会购买多少台涡轮？

b. 涡轮车间预计每月销售 20 台涡轮（包括对内和对外），计算在这一销售量下一台涡轮的平均完全成本（固定成本 + 变动成本）。

c. 如果涡轮的转移价格按（b）中的平均完全成本计算，那么发电车间会购买多少台涡轮？

d. Cogen 应该采用变动成本还是完全成本作为涡轮的转移价格？为什么？

［习题 5—12］ 略

［习题 5—13］ 略

［习题 5—14］ 零件安装与生产部门

某大型企业的生产部门拥有 40 个零件生产分部和 20 个安装分部。零件生产部门能生产出产品所需的绝大部分零件，安装部门则负责将这些零件（包括从公司外购入的零件）安装为产成品。该企业有 70% 的生产经营集中在某一地区，其余的则遍及世界各地。该企业生产数百种的产品，有些产品的产量很大，这些生产用的零配件的品种高达数千种。该企业的产品既有价格低廉的日用消费品（售价 50 美元），也有十分昂贵的商业产品（售价 50 万美元）。

市场营销部门要在 6 个月前进行市场销售状况的预测，生产部门将根据这些预测资料进行生产。一旦生产部门生产出产品，即转交给市场营销部用于销售或储存。

生产部门的生产定额将被分解为对各种零配件的需求，各零配件生产部门根据要求生产用于安装的零配件。为了使产成品达到生产标准，用于安装的零配件一种都不能短缺。对于安装部门而言，差了一只价值 0.0001 美元的弹簧与差了一只价值 500 美元的马达一样，都会使安装部门的生产陷于停顿。

如果缺少某种零配件，安装部门就会转而安装另外一种产品。并且还常常强迫某一零配件生产部门改变其生产计划，生产安装所需的零配件。

安装与零件生产部门都是成本中心。对零配件生产部门生产业绩的评估是依据其在达到质量要求的前提下，是否能以比上年更低的成本生产该种零配件而进行的。它们必须在规定的时间内达到规定的产量，因为如果零配件的短缺造成安装部门生产停顿，那么会使安装部门承担高额成本。对安装部门业绩的评价是依据以下两点进行的：（1）安装产品的实际人工成本与预算人工成本的对比；（2）完成的产量定额。

为了降低平均成本，零配件生产部门试图将某种零配件6个月的需求量一次性生产出来。每种零配件主要的随意性固定成本是安装所耗费的时间成本。也就是说，当调整机器，从生产一种零配件转向生产另一种零配件的这段时间内，不会实现任何的产出。通常情况下，用于安装的时间为半天。因此，为降低单位平均成本，往往会大批量地进行某种零配件的生产。生产出的零配件即被运往安装部门。在零配件生产部门没有任何产成品存货，只有原材料储备。

由于安装部门与零配件生产部门都是成本中心，因此没有必要对零配件进行转移定价，也就不存在什么转移价格。公司的一位高层管理人员认为，由于公司将注意力集中在部门经理能加以控制的成本上，从而避免了关于转移价格的一系列争端。有一项改革提案提出，应对每个部门持有的存货计提一定的持有成本（存货成本的12%）。这也就是说，安装部门现在不仅要支付直接人工成本、制造费用，还要承担所有零配件存货12%的持有成本。安装部门的经理们认为这一措施是很不合理的，因为他们无法控制零配件生产部门何时以及生产多少产品。安装部门宁愿只持有一个月的安装工作所需的所有零配件，而不是6个月安装工作所需的一种零配件。

而零配件生产部门的经理则认为对安装部门计提存货持有成本是合理的，否则安装部门的经理就会不断地要求持有更多的存货，从而确保其安装流水线的正常运作。对其计提存货持有成本，将迫使安装部门自己承担由于保存过于大量的存货而强加在公司身上的成本。零配件生产部门的经理还指出，按每月生产的用量生产零配件会使生产效率低下。

要求：

试对当前的管理控制系统进行认真的评价，并对当前以及提议的系统的优缺点进行分析。在现行和改革提案提议的系统中，分别存在哪些不合理的行为？

[习题5—15]　美国泵业公司

美国泵业公司是一家拥有多个分支机构的生产企业，生产并安装化学管道及机泵系统。公司的制阀部门生产某种单独的标准型阀门。现在，公司的制阀部门与安装部门之间存在着一场关于转移定价的争议。去年，制阀部门生产的阀门中，有一半以单价40美元的价格出售给了公司的安装部门，另一半则以单价60美元向公司以外的单位出售。

现行的转移价格为40美元，这一价格是通过两个部门一系列的协商并在公司高层管理人员的参与下才最终设定的。现在，有一家阀门生产企业向公司的安装部门提出愿意以35美元的单价向其提供同样的阀门。

而制阀部门的经理则提出，如果公司的安装部门要接受35美元的外部价格，则制阀部门在进行内部销售时就会产生亏损。

制阀部门上一年的有关经营数据如下：

制阀部门

去年经营报表

	向安装部门销售		向公司外部销售	
销售收入	20 000@ $ 40	$ 800 000	20 000@ $ 60	$ 1 200 000
变动成本	20 000@ $ 30	(600 000)		(600 000)
固定成本		(135 000)		(135 000)
毛 利		$ 65 000		$ 465 000

试对上述情况进行分析，并建议应采取的措施。安装部门经理应采取什么样的行动？制阀部门的经理应采取怎样的行动？美国泵业公司的高层管理人员应采取怎样的行动？

[习题 5—16]　CJ Equity Partners

CJ Equity Partners 公司是一家私企，它通过购买小型家庭企业，请专业管理人员来经营这些企业，然后在 3 ~ 5 年后将其卖掉，从中赚取利润（一般会盈利）。CJ Equity Partners 由 4 个合伙人共同拥有，这些合伙人从富有的投资者那里融资然后将其投入不相关的公司。其目的是在支付了 CJ Equity Partners 的合伙人的管理费用后，可以向其投资者支付 15% 的资本收益率。CJ Equity Partners 目前拥有 3 个经营公司：一家工具与模具公司（Jasco Tools）、一家化学分装瓶公司（Miller Bottling）和一家门房提供公司（JanSan）。经营这些企业的专业管理人员的薪酬由固定工资加基于绩效的奖金构成。目前，CJ Equity Partners 以这 3 个管理人员各自公司的税后净收益评价其绩效从而实施奖惩。下表总结了今年 3 个公司各自的经营情况（单位为百万美元）。

	Jasco Tools	Miller Bottling	JanSan
加权平均资本成本	14%	12%	10%
CJ Equity Partners 管理费用*	$ 0.200	$ 0.200	$ 0.200
雇员数量	84	120	85
利息费用*	$ 1.600	$ 1.800	$ 0.800
所得税税率	40%	40%	40%
经营费用	$ 33.600	$ 36.800	$ 18.200
收入	$ 38.600	$ 42.900	$ 21.200
总资产	$ 20.1	$ 31.2	$ 16.3

*不包括 3 家公司的经营费用。

3 家公司每年分别支付 20 万美元的管理费用给 CJ Equity Partners，其中包含填各种纳税申报单的费用。加权平均资本成本代表了 CJ Equity Partners 对公司所在行业相似公司经风险调整的税后收益的估计。

假设你被 CJ Equity Partners 公司雇为顾问，为公司是否应改变其对 3 家公司的绩效评价指标（税后净收益）提建议。这一指标被用来计算专业管理人员的奖金。

要求：

a. 用你认为能最好地评价这 3 家公司的业绩并用来计算专业管理人员的奖金的方法为这 3 家公司设计并准备一份业绩报告。换句话说，用你的业绩评价指标评价 3 家公司的业绩。

b. 写一份备忘录解释你认为（a）中的方法可以最好地评价企业业绩的原因。

[习题 5—17]　太阳星公司

太阳星公司出售各种小型的家用厨房用具，如烤箱、咖啡机、搅拌机和面包机。该公司有一个生产部门和一个市场营销部门。公司生产部门拥有几家下属的工厂，每个工厂都是一个成本中心，专门从事某项厨房用具的生产。生产烤箱的工厂生产各种型号的烤箱及烤炉，而生产使用的绝大部分零配件，如加热器件以及每只烤箱的支架是从公司外直接购入的。只有极少的零配件是由工厂自己生产的，如构成烤箱箱体的金属薄板等。生产烤箱的工厂，又分为好几个部门，有金属薄板生产部门、采购部门、安装部门、质保部门、包装部门和运输部门。

对于每一型号的烤箱，都设有一名产品经理专门负责该产品的生产，而每个产品经理还同时负责几种相似型号产品的生产。产品经理在采购部门的协助下，与公司外的零配件供应商进行有关价格和供货期的谈判，而各种型号的烤箱的售价及其使公司利润达到最大化时的月产量都是由太阳星公司的总部直接制定的。每个产品经理的报酬及其提升计划是根据其降低的产品的单位成本，以及其实现公司总部的生产计划的情况而定的。

产品经理负责制定各种产品的生产进度计划，并且还要保证太阳星公司的每一个分销部门都拥有适当的烤箱存量。产品经理有权制定属于其控制的特定产品的关于对外采购、生产方式、进行生产的人工安排等决策。例如，他们并不一定要在每个季度都生产出公司总部要求的产量，产品经理有权决定多生产一些还是少生产一些，只要能保证公司的各个分销部门的存货数量足以满足需求就可以了。

下面是关于某种特定的 CVP-6907 型烤箱的数据，这些数据是关于随着公司日产量和销量的变化，CVP-6907 型烤箱的价格及总生产成本将如何变化的资料。

CVP-6907 在各种产量下的总成本及价格资料

数量	总成本	售价
100	$ 1 450	$ 120
105	1 496	116
110	1 545	112
115	1 596	108
120	1 650	104
125	1 706	100
130	1 765	96
135	1 826	92
140	1 890	88
145	1 956	84
150	2 025	80

除了在上表中列出的生产成本之外，每生产一只烤箱还要发生 10 美元的变动性销售和物流成本。

要求：

a. 你认为 CVP-6907 型烤箱的产品经理会制定的日产量是多少？为什么？

b. 试对太阳星公司对产品经理经营业绩进行评估的系统进行评价。试问这样一种系统会使产品经理做出怎样的行为？

c. 试提出太阳星公司对其产品经理的经营业绩评估系统的调整建议。

[习题 5—18]　斯特尔—玛特公司

Joan Chris 女士是斯特尔—玛特公司丹佛地区的经理。斯特尔—玛特公司是一家拥有 100 多所百货商场的老牌连锁店。Joan 负责的地区公司在丹佛的商业区中拥有 8 家商店，其中一家商店——百老汇店的店龄已超过 30 年。当这家商店刚刚开张时，Chris 女士就来到这家商店担任采购经理助理一职了，Chris 女士对这家店印象极好。使得百老汇店一直维持获利能力的部分原因在于这家店几乎已经计提了全部的折旧，而且尽管这家店很小，但它坐落在一个不必承受飞涨的地价的地区，而且也不担心销售量的降低。

斯特尔—玛特公司并不拥有其商店所在地的地产以及建筑，而只是从开发商处租入这些场所，租金是在“折旧前的经营收入”中划支的。每家商店都需要进行大量的，诸如内部装修、陈列柜以及设施等的租赁改进。这些费用将被资本化，并像固定资产一样由斯特尔—玛特公司计提折旧。对这些租赁改进的折旧运用加速法，折旧所用的预期使用寿命远远短于该商店的经济寿命。

这 8 家商店直接向 Chris 进行报告，并且 Chris 和斯特尔—玛特公司的其他地区经理一样，她的 50% 的报酬是根据对这 8 家商店投资的平均收益计算而得的（8 家商店获得的总利润除以对 8 家商店的总投资）。对每一家商店的投资金额是存货、应收账款、进行租赁改进支付的金额以及累计折旧的净额的总额。

她正计划在离百老汇店 3 英里的一个新型的大型商业中心再开办一家新店——豪斯瀑布购物中心。如果该项计划被采纳，则百老汇店将被关闭。下面是关于这两家商店的有关数据（单位：百万美元）：

	百老汇店（实际数据）	豪斯瀑布店（预测数据）
年度平均存货及应收账款金额	\$ 2. 100	\$ 2. 900
租赁改进及累计折旧净额	0. 900	4. 600
折旧前经营收入	1. 050	3. 300
租赁改进累计折旧	0. 210	1. 425

假设对豪斯瀑布店的有关预测数据很准确，只存在极少的预测错误，同时还假设关于百老汇店的数据在其后的 4 年中将很少发生变化。

斯特尔—玛特公司发现其一些市场份额存在被新兴的连锁商业机构（如沃尔玛公司）抢占的风险。这些新兴的商业连锁机构将其经营机构设在城市的成长地区。斯特尔—玛特公司的股本收益率低于同行业的其他零售百货商店，其资本成本率为 20%。

要求：

a. 试分别计算百老汇店和豪斯瀑布店的总投资收益率和剩余收益金额。

b. Chris 女士将在 5 年内退休，你认为她是否会接受开设豪斯瀑布店并关闭百老汇店的建议？解释原因。

c. 试举出斯特尔—玛特公司正在丧失其市场占有率的原因，并解释为什么其公司的股价及经营业绩之间的联系十分薄弱。你认为斯特尔—玛特公司怎样才能解决这些问题？

[习题 5—19]　R&D Inc.

R&D Inc. 今年有以下财务数据（单位：百万美元）：

研发支出前盈余	$ 21.5
利息费用	$ 0.0
研发支出	$ 6.0
总投资资本（不包括研发资产）	$ 100.0
加权平均资本成本	14%

假设税率为 0。

要求：

a. R&D Inc. 不将研发支出计入经营费用。计算 R&D Inc. 今年的 EVA。

b. R&D Inc. 决定将研发费用资本化，并在 3 年内摊销。过去 3 年的研发支出为每年 600 万美元。计算在将今年及过去 3 年的研发费用资本化并摊销资本化后的研发账户余额后 R&D Inc. 今年的 EVA。

c. 在 R&D Inc. 的特殊例子中，采用将研发费用资本化并摊销的方法而不是将研发费用费用化的方法是否会使即将退休的管理人员产生少花费研发费用的动机。

[习题 5—20]　略

[习题 5—21]　略

[习题 5—22]　荷奇斯特德公司

荷奇斯特德公司是一家德国公司，并且拥有一家全资的美国分公司。在德国的母公司从事生产并向其美国分公司出口产品，用于其在美国的销售。荷奇斯特德公司在其他的国家还拥有 14 家全资子公司。对于其海外子公司，公司的资本需求成本率为 35%。在 3 年以前，荷奇斯特德公司向美国子公司投入 580 万美元，投资包括地产、房屋、设备和经营资金。现在，该投资的账面价值（原始成本减去累计折旧金额）为 600 万美元。下面是美国分公司的资产负债表：

荷奇斯特德公司美国分公司

当年资产负债表

单位：百万美元

现金资产		$ 0.5		
房屋、设备成本	$ 3.0		母公司权益	$ 6.0
累计折旧	0.6	2.4		
土地		3.1		
总资产		$ 6.0	总权益	$ 6.0

在对美国分公司进行现金投资时，要以当时的汇率（1.4 欧元换 1 美元）将投资折算成 840 万欧元（6 × 1.4 × 100）。

当开始在美国从事其经营活动时，荷奇斯特德投入了 812 万欧元（$ 5.8 × 1.4）的资金，当时的汇率为 l.4 欧元兑换 1 美元。而在当年，汇率维持在 1.57 欧元兑换 1 美元。

美国分公司当年的经营状况见下表：

荷奇斯特德公司美国分公司

当年经营状况

在美国的销售收入	1 400 万美元
在美国的费用（包括折旧费用）	800 万美元
从母公司进口产品在全年的销售收入	620 万欧元

美国分公司从母公司进口了 620 万欧元的产品，在美国的销售收入为 1 400 万美元，发生的费用为 800 万美元。不考虑税收问题。

要求：

a. 荷奇斯特德公司的高层管理人员对比较其海外全资分公司的经营业绩十分感兴趣，试为美国分公司准备当年的业绩报告。

b. 试举出几个公司在制定海外分公司的经营业绩评价指标时必须关注的观点，并分别加以讨论。

［习题 5—23］　Savannah Products

Savannah Products，一家集成化木材及木材产品公司，有两个部门：林木部与木材部。林木部负责锯木保持以及土地、树木与果树的保持。在过去的 50 年，它取得了各种林木；其资产负债表显示的资产总值是 22 亿美元。林木部的锯木大都卖给了木材部，剩下的可以对外销售。去年，林木部以每板英尺 4.5 美元的价格卖了 2 亿板英尺。板英尺是锯木交易中的标准单位。同时，林木部还销售了 8 亿板英尺给木材部。林木部去年的经营费用总计为 20 亿美元。

木材部只从林木部买木材。买价是按林木部的经营费用乘以木材部所购木材在林木部所产木材中占的比例计算的。木材部从林木部取得木材后，将其加工成锯木，然后卖给分销商。木材部的总收入、其他经营费用及资产分别为 76 亿美元、35 亿美元和 27 亿美元。木材部的经营费用是 35 亿美元，不包括分担的林木部的部分经营费用。

Savannah Products 使用经济增加值（EVA）来评价这两个部门的高层管理者的绩效，并在此基础上进行奖惩。风险调整后的林木部与木材部的加权平均资本成本率分别是 15% 与 20%。

要求：

a. 计算林木部与木材部的 EVA。

b. 基于（a）中的计算，说明哪一部门获利能力更强。

c. 通过（a）中的计算，能不能准确指出哪一部门获利能力更强？解释原因。

d. 你认为 Savannah Products 公司的绩效评价体系有何可改进之处？

［习题 5—24］　西屋电子公司供应合同

为了说服公用事业公司将建设核反应堆的合约交给自己，西屋电子公司与这些公用事业公司签订了合约，同意在20年内以每磅9.50美元的平均价格向这些公司提供铀。1966年，西屋电子公司在其年报中这样写道：

“西屋电子公司与许多公用事业公司签订了长期合约，将向它们销售总计8 000万吨铀，从而促进核反应堆的建设并确保铀的销售。对于采购者而言，这样的固定价格合约并非是强制性的。合约的平均价格约为每磅9.5美元，而目前的市场价格为每磅8.00美元。由于这些合约是非强制性的，因此我们无法对在这一协议下将发生的采购量进行合理的预期。”①

截至1976年，铀的市场价格已超过每磅40美元。西屋电子公司无力履行其供货协议，并面临着22.75亿美元的潜在亏损，这一亏损金额是公司1976年创造的净收入的6倍。1976年，西屋电子公司雇入一名新任的铀供应部（USD）经理，该部主要负责采购并将铀售给那些拥有西屋电子建设的核反应堆或其他公司建设的核反应堆的公用事业公司。USD在世界市场上购入铀原料，然后将之加工成核反应堆用的能源块。该部门是一个利润中心，新任的部门经理提出，由于那些长期供货协议是在他加入公司之前签署的，因此此后USD对这些旧合约的供货销售收入应按市价进行计算而不应按原始成本价进行计算。

要求：

a. 应怎样对铀供应部的经营业绩进行评价？

b. 公用事业公司，包括那些核能生产工厂，都是由州委员会进行管理的。州规章委员会根据成本加上“合理资本收益”的金额来制定公用事业公司生产的电力价格。成本取决于交易价格，根据本题中提供的情况，此时合约中铀的价格为每磅9.50美元，而当前市场上铀的价格为每磅44.50美元，原来与西屋电子公司有铀供货协议的公用事业公司的经理将采取怎样的行动？

[习题5—25]　XBT键盘

一家个人电脑生产公司XBT的键盘部门为XBT内部及外部提供50-键键盘装配服务。XBT的键盘既可以作为XBT的PC机的配件，也可以单独销售。键盘部门是一个利润中心。作为零部件的键盘会以变动成本（60美元）加20%的利润转移到PC部门。当单独销售（作为配件）或卖给非XBT的机器使用时，定价为100美元。预计内部转移5万个键盘，外部销售15万个键盘。

键盘的键是由XBT公司租来的注塑成型机器生产的，然后放置在买来的键盘插口上。键与插口装在一起形成底座，接头与电缆相连。为了每年能生产出预定的20万个键盘，必须用这4台机器生产出1千万个键。注塑机器每年的租金为每台机器50万美元，每台机器每年的最大生产容量是250万美元。变动制造费用包括所有键的生产及组装引起的变动制造成本。研究表明，与其他产量衡量指标相比，变动制造费用与直接人工美元联系得更紧密。

① 引自M. Dugan and W. Hughes，“Why Not Disclose Supply Commitments?” *Management Accounting*，July 1991，pp. 34–36.

每个 XBT 键盘的成本数据

变动成本		
材料		
键	$ 3.00	
底座	11.00	
插口	13.00	
连接线与电缆	9.00	
直接人工（键）	4.00	
直接人工（组装）	12.00	
变动制造费用*	8.00	$ 60.00
固定成本#		
注塑成型	$ 10.00	
固定制造费用	18.00	28.00
单位生产成本		$ 88.00

* 基于直接人工美元。

#键盘预计产量为 20 万个。

Sara Litle，键盘部门的管理者，正在考虑从外部买键来代替内部生产的建议。这些键（不含插口）将用于 XBT 的 PC 键盘的制作，而不对外单独销售或用在其他品牌的电脑上。公司租来的注塑成型机器中的一台已经快到期了，从外部购买键恰好可以代替它的生产能力。

外部买键的买价是 0.39 美元每个，每年至少可以提供 250 万个键。Litle 的薪酬是基于键盘部门的利润。她正在考虑当其中一台注塑成型机器到期时，将其还回去，并从外部购买键。

要求：

a. 如果 XBT 从外部买 250 万个键而非自己生产，每个键将节约多少钱？

b. 你希望 Sara Litle 做出何种决定？解释原因。

c. 假如你是 XBT 的大股东，知道所有事实，你会做出与 Sara Litle 一样的决策吗？解释原因。

d. 基于本例中的事实，你会对 XBT 的会计系统或组织系统提出何种改良建议？解释原因。

［习题 5—26］ Infantino Saab

Infantino Saab 是一家有 40 年历史的销售及提供新旧萨博汽车的经销商。两年前，Infantino Saab 将其 40 年没有发生改变的占地 20 英亩的展示厅及服务中心用新技术进行了改建。当 Infantino 夫人的父亲创立该公司时，该公司所在地还属于该镇的郊外。现在，随着城镇的扩大，该公司已被其他经销商、餐馆及购物中心所包围，成为坐落在繁忙的商业街附近的公司了。

由于很多购车者会在买车前先逛网上商铺，因此新车销售市场的竞争十分激烈。一旦客户决定从经销商那儿买一辆新车，他们往往会将旧车卖给经销商以避免卖车时的讨价还价，并希望因此降低新车的售价。由于旧车已用里数、使用状况等不同，因此它并不像新车一样面临巨大的竞争，故而利润更大。假设新车售价为 45 000 美元（其中包括高于 500 美元的经销商成本），购车者以 8 000 美元的价格向经销商卖出他的旧车并为新车支付差价。这款旧车卖了 10 800 美元。那么经销商就赚取了 500 美元（从新车）加 2 800 美元（从旧车）。Infantino 还为它销售的新车与旧车提供零部件及售后服务。

Infantino Saab 由 3 个部门组成：新车部门、旧车部门、售后服务部门。这 3 个部门都在新旧车展示厅所在大楼办公。Infantino 夫人以剩余收益考量她的 3 个部门经理的业绩。在经过财务总管的分析后，其决定让这 3 个部门各自分担其部门投资资本的 16%。

新建大楼成本为 1 200 万美元，土地为 90 万美元。下表总结了各部门对土地与大楼的使用情况、各部门净收益及投资于各部门的其他资产。

	新车	旧车	零部件及售后服务	总计
以前的土地	50%	40%	10%	100%
以前的建筑物	30%	10%	60%	100%
部门收益	$ 600 000	$ 1 725 000	$ 1 813 000	$ 4 138 000
其他净资产	$ 2 500 000	$ 6 700 000	$ 1 300 000	$ 10 500 000

例如，新车部门占用了 50% 的土地及 30% 的大楼空间。它有 60 万美元的净收益及 250 万美元的其他净资产。其他净资产包括投资于这一部门的所有存货及所得（外部筹资净额）。例如，新车部门有新车存货。但其新车存货大多通过短期银行贷款取得。所以他们就要为这些贷款支付利息，这些利息将从新车部门的净收益中扣除（当然其包含在净收益中）。每一生产部门的收益包括所有可直接划归该部门的收入及费用，自然包括上述贷款利息。所得税并未计入上表中各部门的净收益。Infantino Saab 以卖新车时买入的旧车作为计算新车部门与旧车部门间净收益的转移价格。

要求：

a. 计算 Infantino Saab 每一部门的剩余收益。

b. 比较这 3 个部门的获利能力。哪一个获利最多，哪一个最少？

c. 讨论这 3 个部门的剩余收益是否真正反映了各自的获利能力。在 Infantino 夫人对这 3 个部门经理及公司总体绩效的评价方法上，你发现了什么问题？

[习题 5—27]　大学医学检验部

一所大学有一个医学院经营着一家大型的教学医院（University Hospital）。这一地区的其他小医院独立于 University Hospital，它们是由非附属的非营利组织所有并经营的。

University Hospital 有一个提供一系列包括血液检验、活体检验、镜检、免疫检验、毒物检验、滤过性微生物检验等在内的医学检验的部门——Medical Laboratory Department（MLD）。当地其他的小医院很少可以提供像 MLD 一样广泛综合的医学检验。结果，当地其他医院依赖 MLD 来做医学实验。

为了保证质量及记账目的，MLD 追踪了实验技术人员做实验的时间。根据这一时间表和实验人员的工资，我们发现，70% 的实验技术人员的工资费用（直接人工成本）来源于为 University Hospital 的病人所做的检验，剩下的 30% 来源于为其他医院的病人所做的检验。直接人工成本包括工资及实验技术人员做检验时得到的津贴。①

MLD 对 University Hospital 的其他部门按变动成本收取检验费。变动成本是实验技术人员的实际工资成本（工资 + 津贴）加直接材料。直接材料（实验材料、供给、化学药品及其他消费品）是直接人工的 40%。若一实验技术人员的一次检验的直接人工是 120 美元，则会对 University Hospital 要求检验的部门收取 168 美元（＄120 + 40% × ＄120）的检验费。对其计提变动（直接）成本是为保持实验室可以运营下去。绝大多数 University Hospital 的病人有 HMO 或其他第三方保险机构向 University Hospital 付费以确保 University Hospital 好好照顾其客户。如果治疗方案得到第三方机构的批准（包括检验），他们才会付费。否则，他们是不会付费的。由于保险机构是否批准治疗方案一定程度上取决于对治疗成本的估价（包括实验工作），因此医院想降低检验成本以提升检验数。

在外部的医院需为每个检验支付直接人工成本的 200%。所以如果外部医院送来一个需花费 120 美元直接人工成本的待检验标本，则需支付 336 美元（（＄120 + ＄120 ×40%） ×2）的费用。

下表列示了 MLD 今年发生的费用。

Medical Laboratory Department

University Hospital

费用

（今年）

直接人工	＄1 400 000
直接材料和供给	560 000
固定制造费用	900 000

900 000 美元的固定制造费用包括监管成本、入住费用、折旧及设备租赁费、培训费等。

要求：

a. 就现在的内外部使用者的收费标准，做出 MLD 今年的利润表。

b. 根据（a）中的利润表，讨论 MLD 的财务状况及导致这一财务状况的原因。

c. MLD 的管理人员认为，在现在的收费标准下 University Hospital 的其他部门向 MLD 支付的检验费并不合理。所以他们正提议让内部使用者按完全成本（直接人工 + 直接材料 + 固定费用）付费。也就是说，由于 MLD 的固定成本是 90 万美元，直接人工成本是 140 万美元，因此对于每次检验中 1 美元的直接人工成本，内部使用者都需支付 0. 6429 美元（＄900 000/＄1 400 000）的固定制造费用（另外还有＄0. 40 直接材料和＄1 直接人工）。而对外部使用者收取的价格不变。假设这一建议被采纳

① 假设一个技术人员每小时的工资为 25 美元，并且在某一工作日（工作 8 小时——2 小时培训、6 小时做检验）会有数额为工资的 30% 的津贴，那么这个技术人员的直接人工成本就是 195 美元（6 小时 × ＄25 × 1. 3），另外 65 美元（2 小时 × ＄25 × 1. 3）计入固定制造费用。

了，为 MLD 公司重新编制今年的利润表。

d. 简要解释（a）与（c）中净收益不同的原因。

e. 描述（c）中的建议实施后的可能结果。

［习题 5—28］　略

［习题 5—29］　斯旺系统公司

斯旺系统公司开发并生产出一种安装在下水道中的居民用水过滤器，该过滤器可以除去饮用水中的氯和其他化学成分。在过去的 12 年中，这家荷兰公司成功地开拓了其产品在欧洲的销售市场。6 年前，斯旺公司在美国设立生产和销售部门。3 年前，在澳大利亚设立生产和销售部门。下面是在上个财政年度，公司有关经营数据的总结资料：

斯旺系统公司

上个财政年度的经营情况总结　　单位：百万欧元

	澳大利亚	荷兰	美国	总计
销售收入	€50	€55	€75	€180
部门费用	38	33	58	129
净利润	€12	€22	€17	€51

公司的高层管理人员正在对各个分支部门的相对经营业绩情况进行评估。设在荷兰的分公司创造出的利润金额最大，但公司对其投资金额也是最多的，参见下表数据。

斯旺系统公司

上个财政年度多种经营数据　　单位：百万欧元

	澳大利亚	荷兰	美国	总计
部门净资产	€80	€195	€131	€406
分担的公司制造费用*	€4	€4	€6	€14
资本成本率	8.0%	8.0%	8.0%	

* 根据各部门的销售收入分担公司的制造费用。

经过仔细的考虑以后，公司的高层管理人员决定运用以下几个不同的经营业绩指标对 3 个部门的相对经营业绩进行评估：ROI 指标（投资收益中的投资金额为净资产金额，或为总资产金额减负债后的金额）、剩余收益指标（净收入减去资本成本除以净资产金额）以及从部门的收益中扣去分担的公司制造费用后的上述两个指标。每个部门预计的资本成本为 8%（假设 8% 的估计值是准确的）。

关于是否应将公司的制造费用分摊到各个部门并从收益中减去分摊的制造费用，存在着许多的争论。公司决定将支持及管理某部门所发生的费用摊回到该部门，在摊回的公司制造费用中包括全球性营销费用、法律费用以及会计和管理费用。公司选用销售收入作为分摊的基础，因为运用销售收入这一指标比较简单，并且能够最好地反映各部门之间的因果关系以及公司制造费用的产生情况。

要求：

a. 分别在下述情况下计算各部门的 ROI 指标和剩余收益指标：（1）在分担公司

制造费用之前；（2）在分担公司制造费用之后。

b. 试讨论各种经营业绩评价指标之间的差异。

c. 试在本题提供的数据的基础上，对3个经营部门的相对经营业绩进行评价，你认为哪个部门的经营状况最佳，哪个部门的经营状况最糟？

案　例

[案例5—1]　特洛伊工业设计公司

Susan Willard 是特洛伊工业设计公司（TID）的总裁。她正打算召开一次会议，讨论公司设在华盛顿和罗切斯特的办事处与创意设计集团（CDG）所提供的联合服务的现有收费方式。她希望对公司当前的转移定价系统进行讨论，并找出更适合公司的新系统。

在工业设计领域，TID 公司享有极高的声誉，它通过投标的方式从许多不同的公司那里得到设计合约。一旦投标成功，TID 公司就会根据客户的计划设计出初稿，并根据原有的设计设计出新产品或将客户正在考虑的产品设计出来。TID 公司为其工作向客户收取一定金额的费用，同时还要在客户运用 TID 公司的设计或生产 TID 公司设计的产品的前7年收取销售收入的1%。

TID 公司的两个办事处是由不同的经理管理的独立机构，都是利润中心。每位经理都会指定其项目主管及会计人员。项目主管的工资是固定的，但其收入大部分来自奖金，奖金金额的计算是依据他们管理的项目产生的收益。一旦他们接到一个项目，他们就将通知 CDG 的主管 George Scott。他们将会见客户，并讨论关于这一项目的细节问题，如专业性、要求条件以及期望的完工时间等。当项目主管收到初步设计后，他们将再次向客户进行咨询。一旦工作完成，项目主管就会做出一个详细的报告说明工作的情况，如为该项目聘请的设计人员数、总计工作时间数、应向客户收取的金额以及其他后续工作情况。设计工作是一次性的，很少存在后续工作。项目主管要继续管理其负责的项目的后续工作，但如果同一客户提供了另一个项目，则应被视为又一项独立的工作。

TID 公司对两个办事处设计部门进行集中性管理，从而能充分利用每位设计师的专业知识。尽管 CDG 才成立了5年，但其聘请了最具天分的设计师，同时还运用了最新的技术。这些给客户留下了良好的印象，因此 TID 公司在过去的5年中成长迅速。公司的两个办事处对 CDG 十分信任，并在其项目中全部运用 CDG 的设计。公司的迅猛成长使得公司的高层管理人员开始重新考虑关于转移定价的过程以及企业组织领域中其他的相关问题。

CDG 全权负责公司有关项目的设计工作，它只在设计阶段与客户合作，其他事项均由相应的项目经理处理。CDG 设有小型的工作组，每个工作组都设有一名组长，每天要向 Scott 汇报工作情况。公司根据 CDG 从两个办事处收到的收入超过 CDG 的成本的金额对 Scott 的经营业绩进行评价。在 CDG 接受设计任务以前，就需制定出对每个办事处应收取的转移价格。在与客户进行讨论以前，项目主管就要与 Scott 达成协议，确认 CDG 将向办事处收取哪些费用。CDG 通过向两个办事处收取预定的费用来获得销售收入。

Susan Willard 建议 CDG 不必对其服务收费。在这一建议下，Scott 将享有固定金额的工资，同时他的奖金将以公司的总体利润状况为计算基础（如两办事处的利润总额）。Willard 认为由于各部门的成本最终要归入公司的成本，因此在公司内的部门之间不应存在什么转移价格。不再使用转移价格将减轻公司会计部门的工作负担，并使各部门与公司的高速发展保持一致。Willard 说公司致力于设计最好的产品，确定转移价格并不重要。

要求：

在新计划下，CDG 的资源能否被有效地利用？为什么？现行的系统存在哪些优点和不足之处？新计划是否优于现行的计划？试解释原因。

[案例 5—2]　西太克斯公司

西太克斯公司是一家大型的、非常成功的分散化的专业化工产品制造商，公司拥有 5 个独立的投资中心。这 5 个投资中心可以随意地决定是从公司内部购入产品还是从公司外部购入产品，公司根据其剩余收益指标对其进行经营业绩的评价。每个部门的产品主要都售给公司外的客户。西太克斯公司在其每一个市场领域中都被认为是最领先的几个公司之一。

Don Horigan 是合成化工产品部的总裁，Paul Juris 是公司消费产品部的总裁，两个人卷入了一场纠纷。这场纠纷是从两年前开始的，当时 Juris 要求 Horigan 将某种合成化工产品改装成一种新型的家用清洗剂。与此同时，消费产品部会向合成化工产品部支付相应的成本。当合成化工产品部花费了大量的时间对产品进行了改良后，Juris 却开始公开招标，最后将这一合约交给开价最低的一家外部公司。这一做法激怒了 Horigan，因为他希望 Juris 应对他的投标予以特别的考虑，是他的部门花费了大量的成本才开发出这种新的化工产品，而那些外部的竞争者却利用了他的研究开发成果。

冲突的焦点是合成化工产品部生产的 Q47 型化工产品，这是一种用于生产日用产品的标准化工产品。由于经济的衰退，几乎所有的合成化工产品生产商都面临着生产不足的困境。消费产品部要求合成化工产品部对供应 Q47 用于日用品生产的合约进行投标，该日用品将由一条新型的、试验性的生产流水线进行生产，Q47 是其主要成分。尽管这项 Q47 的供货合约与合成化工产品部的总体经营的关系很小，但 Q47 的价格将直接影响试验的生产流水线的获利能力。Horigan 提出的标价为每加仑 3.20 美元。一家外部公司，米斯化工公司，提出的标价为每加仑 3.00 美元。Juris 被气疯了，因为他知道在 Horigan 的标价中包括了大量的固定制造费用和利润。合成化工产品部以每加仑 1.00 美元的价格从西太克斯公司的另一个部门，有机化工产品部购入基本的生产原料 Q4。有机化工产品部因为生产 Q4 而发生的成本（如变动成本等）是售价的 80%。购入这些原料后，合成化工产品部进一步将 Q4 加工成为 Q47，发生的变动成本为每加仑 1.75 美元。固定成本的分摊将使每加仑增加 0.30 美元的产品成本。

Horigan 坚持他生产 Q47 的成本为每加仑 3.05 美元。如果要他放弃这一立场，以低于每加仑 3.20 美元的价格销售 Q47，这与让他放弃当前阻止自己的销售人员不断降价，而只以完全成本价开价的努力并无二致。Horigan 正在试图提高其产品的质量，但他担心，一旦不得不用 Q47 来制造日用产品，他上个月所做的努力又都白费了。

他认为，因为生产日用产品他已使其部门面临了一次困境，他不想让同样的情况再发生一次。他质问道："如果我的标价都不能弥补完全成本，公司的高层管理人员怎能指望我的部门能创造出正的剩余收益?"

Juris 在机场偶然遇见了西太克斯公司的副总裁 Debra Donak，他向 Donak 介绍了当前的情况，并要求 Donak 出面干预。Juris 认为这一次 Horigan 是在对上次的事件进行报复，Juris 指出其新产品能否获得成功，主要取决于是否能得到可靠的、低成本、高质量的 Q47 供应。

要求：

a. 试分别列表反映两种 Q47 供货方式下西太克斯公司的主要现金流状况。

b. 你将向 Debra Donak 提出怎样的建议?

［案例 5—3］ Executive Inn

Sarah Adams 管理 Executive Inn of Toronto，一个有 200 间适合管理人员使用的房间并可以按月提供出租服务的公司。它的主要客户是刚搬来多伦多正在找永久性住房的人。Adams 的薪酬包括固定部分及基于经营净现金流量的奖金。她想使薪酬最大化。Adams 喜欢这份工作，在工作中学到了很多东西。但她想在 5 年内转到财务机构工作。

Adams 的出租率是98%，她正想将大楼扩建以便提供更多房间以备出租。她拥有关于未来现金流量的信息。在第一年，现金流量将是 200 万美元，然后每年降低 10 万美元。下表总结了扩建后的现金流量：

年份	净现金流量（百万美元）	年份	净现金流量（百万美元）
0	$（10.0）	6	1.5
1	2.0	7	1.4
2	1.9	8	1.3
3	1.8	9	1.2
4	1.7	10	1.1
5	1.6		

基于以前的数据，Adams 计算出了折现后的现金流量，具体见下表。

年份	净现金流量（百万美元）	折现率	净现金流量现值（百万美元）
0	$（10.0）	1.000	$（10.00）
1	2.0	0.893	1.79
2	1.9	0.797	1.51
3	1.8	0.712	1.28
4	1.7	0.636	1.08
5	1.6	0.567	0.91
6	1.5	0.507	0.76
7	1.4	0.452	0.63
8	1.3	0.404	0.53
9	1.2	0.361	0.43
10	1.1	0.322	0.35
总计			$（0.73）

折现率是基于12%的加权平均资本成本的，这一加权平均资本成本准确反映了公司的不可分散风险。

Adams 的老板，Kathy Judson，管理 Inn Division of Comfort Inc.，Inn Division of Comfort Inc. 在全北美有包括 Executive Inn of Toronto 在内的15处房产。Judson 不如 Adams 对多伦多宾馆及租赁市场了解。她的知识储备无论从细节上还是从准确性上都不如 Adams（在下面的讨论中，忽略税收）。

要求：

a. Inn Division of Comfort Inc. 的会计系统十分粗糙，未将旅店的折旧分摊给单独管理者。结果，Adams 的年度净现金流量表是基于经营收入减经营费用。那么扩建成本与扩建折旧都不会计入经营报表。在上述假设下，你认为她会做出何种关于扩建的决定？解释原因。

b. Adams 向 Judson 提供了下表以说明这一扩建项目：

年份	净现金流量（百万美元）	折现率	净现金流量现值（百万美元）
0	\$（10.0）	1.000	\$（10.00）
1	2.0	0.893	1.79
2	1.9	0.797	1.51
3	1.9	0.712	1.35
4	1.8	0.636	1.14
5	1.8	0.567	1.02
6	1.8	0.507	0.91
7	1.8	0.452	0.81
8	1.8	0.404	0.73
9	1.7	0.361	0.61
10	1.7	0.322	0.55
总计			\$ 0.42

Judson 认为 Adams 在预计现金流量时可能比较乐观，但她并不知道这种高估到了何种程度，甚至这一项目会有正的还是负的现金流量她也不知道。她打算改变 Adams 与奖金相关的绩效评价指标。Adams 的薪酬将基于剩余收益（EVA）。Judson 还改变了会计系统以便记录资产扩张和折旧。Adams 的经营利润现在要扣除扩建折旧，折旧将在10年内按直线法摊销（假设残值为零）。计算 Adams 在扩建后10年每年与扩建所得有关的预计剩余收益。

c. 基于（b）中的计算，Adams 是否会建议扩建项目？为什么？

d. 如果 Judson 没有用（b）中使用的将剩余收益作为评价 Adams 绩效的指标，而是用经营净现金流量减去用直线法计算的折旧。Adams 还会希望扩建吗？为什么？

e. 调节（c）和（d）中求得答案的不同。

[案例5—4]　Royal Resort and Casino

Royal Resort and Casino（RRC），一家公共贸易公司，提供可以迎合大量追求高档环境、高质量食品及娱乐和所有与娱乐相关的奢侈品的客户的需求的商品。RRC 包括3个部门：宾馆部、游戏部、娱乐部。宾馆部管理预订系统并提供临时住宿服务。游戏部又包括经营、证券及旅游部门。旅游部门为那些已知的高收入客户提供RRC的飞机票赠送、在RRC临时住宿及娱乐的服务。娱乐部提供餐饮、休闲、承办酒席及表演服务。公司剧院设有休闲表演及最流行的娱乐活动。虽然很多来看表演及用餐的顾客在RRC住宿，但住在本地其他宾馆的顾客也经常光顾RRC的餐馆及游戏场所。下表展示了RRC总EVA（1 200万美元）的来源。

RRC各部门的EVA

单位：百万美元

	娱乐部	宾馆部	游戏部	总计
调整会计利润	$ 5	$ 10	$ 30	$ 45
投资资本	$ 40	$ 120	$ 60	$ 220
加权平均资本成本	15%	15%	15%	15%
EVA	$（1）	$（8）	$ 21	$ 12

由于来源于一家公司，各部门的加权平均资本成本率都为15%。

RRC周围有3家经营不同业务的商业公司：Big Horseshoe Slots & Casino、Nell's Lounge and Grill和Sunnyside Motel。但它们的顾客相对较少。

要求：

a. 为什么RRC以一家公司经营多项业务而不像Big Horseshoe Slots & Casino、Nell's Lounge and Grill和Sunnyside Motel一样分成3家公司分别经营？

b. 列举RRC的3个部门中可能有的相互依赖关系。

c. 列举RRC的高层管理者用来控制（b）中相互依赖关系的内部管理策略、会计指标及/或组织结构。

d. 评价你在（c）中建议的解决方法。

第 6 章　预　算

本章提要

A. 通用预算系统
   1. 乡村俱乐部
   2. 私立大学
   3. 大型公司
B. 决策管理与决策控制职能之间的权衡
   1. 专业知识的交流与经营绩效的评估
   2. 预算中的棘轮效应
   3. 参与型预算
   4. 预算的新方法
   5. 职能权衡的管理
C. 解决特定的组织问题
   1. 短期预算与长期预算
   2. 项目预算
   3. 预算销蚀
   4. 静态与弹性预算
   5. 增量预算与零基预算
D. 本章小结
附录：综合性预算案例分析

本书的第 4 章对公司的组织结构进行了分析。公司的组织结构是由决策分权系统、经营绩效评估系统及奖惩系统这三个部分构成的。公司的组织结构能够减少公司各方的利益相关者之间的利益冲突。本章描述了预算是怎样用于决策制定以及控制利益冲突的。预算体系是公司会计系统的一个组成部分。**预算（budget）**是管理者对其组织在未来一段时期内有关经营活动的正式定量标准。预算要对所有可能发生的交易进行总体的预测。

如给予某管理人员的广告预算为 800 万美元，也就是说该管理人员被授权将价值 800 万美元的公司资源用于广告。换句话说，也就是将花费 800 万美元进行广告活动的决策权授予该管理人员，该管理人员有权决定如何使用这笔资金。在当年年底，将用于广告的实际支出与预算数进行比较，这两者之间的任何差异是对管理人员的经营业绩进行衡量的指标，同时也是决定对管理人员实施奖惩的依据。因此，预算是公司组织结构的一部分，它能够对决策权进行划分并进行相关的行为控制。

第二次世界大战期间欧洲联军的最高司令、美国第 34 任总统，德怀特·艾森豪威尔，曾这样说过：“在准备战争的过程中，我常常觉得制定出的机会方案往往不能派上用场，但是计划行动本身却是必不可少的。”[①] 预算是计划的一种形式。正如艾森豪威尔所言，在许多情况下，它们的价值存在于制订计划的过程中，而非最终形成的实际预算中。很多时候，预算在尚未执行之前就被淘汰了，因为事情的发展往往出乎人们的意料。但是尽管如此，预算过程仍至关重要。

预算通过汇总知识和信息并将这些知识和信息传达给有决策权的管理人员来形成一个完整的决策系统。企业的预算要建立在被公司广泛接受的各类战略性元素的预期值的基础上，并运用一些关键性假设的基本预测因素。通常的计划假设包括产品售价、部门销售收入、外币汇率和一些关键性投入要素的外部价格等。预算有助于归集这些关键性的计划和估计量，并向相关人员传递这些信息。而公司的各类管理人员都必须接受这些计划假设的合理性和可行性。关键性计划假设在某种程度上反映了那些超出管理人员控制能力的因素，并且对公司的总体活动设定了一个限制范围。

对每一项关键性计划假设进行预测时，都必须运用以往的经验、各生产部门的预测值以及统计分析结果。在做这些预测时，通常要将公司中所有个人掌握的有关知识与信息集中起来。例如，没有一个管理人员能掌握有关总销售量的详细信息，但公司的销售人员却可以较为准确地预测其负责的地区的可能销售量。由于每个销售人员了解各自所负责的领域，因此公司可以通过将销售人员的预测数相加来汇总得出一个较准确的假设（公司层面的销售量）。根据这些关键性的计划假设，可以建立起涉及原材料的采购、劳动力的需求、融资计划以及分销和市场营销预算的一整套管理计划。

图 6—1 总结了预算的各种功能。麦肯锡咨询公司的创始人詹姆斯·麦肯锡认为，预算性控制应包括以下几个方面：

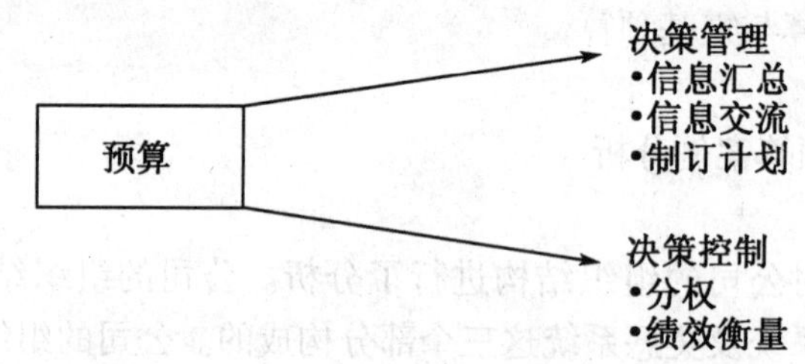

图 6—1　预算的功能

1. 根据公司的所有部门在未来一段期间的预测数值列出有关的计划报表。

2. 协调这些预测数据，精心计划企业的整体项目。

3. 编制报告，将公司实际的经营业绩与预期的经营业绩进行比较，必要时对原计划进行修正。[②]

在本章中，首先要讨论不同的组织运用的几种不同的预算体系（6.1 节），然后讨论预算与决策管理和决策控制之间的替代效应的关系（6.2 节）。在 6.3 节中将分析预算如何有助于避免企业所有者与管理人员之间的利益冲突。附录提供了一个综合的预算案例。

---

① 引自 Richard Nixon in *Six Crises* (Garden City, NY: Doubleday, 1962)，见 http: //en. wikipedia. org/wiki/Dwight_ D. _ Eisenhower#_ note-34.

② J. McKinsey, *Budgetary Control* (New York: Ronald Press, 1922), p. 8.

通用电气的预算体系

通用电气通过全球并购而逐步发展壮大。一旦收购了一家公司，通用电气就在该公司建立管理系统。对意大利新比隆公司（Nuovo Pignone，NP）的收购说明了这一过程。1994 年，通用电气收购了新比隆，一家生产油气行业机器设备的公司。在完成了收购之后，新比隆经历了组织文化的重大转变，建立起基于预算的绩效评估系统。新的预算系统致力于加强新比隆的内部沟通与控制。最先来到新比隆的三位通用电气高管分别是首席财务官、财务计划经理和公司审计师，他们在新比隆建立了一套新的预算和绩效评估系统，该系统使得及时、准确的财务信息与组织目标相一致，并把新比隆与通用电气的全球战略统一起来。新比隆的这一整合过程导致了绩效评估的重大改变。整合一开始，公司就花费了很大的力气用于为具体部门创建使得新比隆与通用电气公司战略相一致的财务预算。目前，在新比隆实行一个新的项目之前，该项目的成本和收益都能在预算中予以量化，该量化的信息被用于项目的选择和排序。但更为重要的是，衡量、沟通与责任，贯穿于通用电气管理系统在新比隆的应用。

资料来源：C. Busco，M. Frigo，E. Giovannoni，A. Ricdaboni，and R. Scapens，“Integrating Global Organizations through Performance Measurement Systems，” *Strategic Finance*，January 2006，pp. 31 – 35；http：//www. geoilandgas. com/businesses/ge _ oilandgas/en/our _ brands/nuovo _ pignone. htm.

广泛应用的预算

一项对美国 400 家大型公司的研究发现，在这些公司中运用预算的频率如下：

行业	使用预算公司的百分比
商业银行	98%
各种金融机构	93%
各种服务机构	100%
医院	100%
人寿保险公司	96%
大型制造企业	100%
中型制造企业	98%
批发商与零售商	97%
交通运输企业	94%
公用事业公司	96%
其他	83%

上述数据表明，几乎所有的大型美国公司都运用预算这一方法。

资料来源：S. Umapathy，*Current Budgeting Practices in U. S. Industry*（New York：Quorum Books，1987），p. 20.

A. 通用预算系统

下面依次讨论在简单的组织形式下（一个虚拟的私人乡村俱乐部）、较为复杂的组织形式下（大学），以及复杂的企业组织形式下所运用的预算方法的基本情况。在这 3 个例子中，预算是进行决策分权、经营绩效评价以及实施奖惩的系统的一部分。

1. 乡村俱乐部

这个例子表明如何使用预算来分权，以及如何制定激励机制使雇员的行为符合雇主的利益。

海景乡村俱乐部（Bay View Country Club）是一家私人俱乐部，拥有350名会员。会员在入会时要一次性缴纳45 000美元的会费，另外每月还需支付385美元的会费。会员有权享受俱乐部的高尔夫球场、游泳池、网球场及餐厅提供的各项服务。

海景乡村俱乐部设有3个部门（每个部门都由一名专职雇员进行管理）：餐厅、高尔夫球场以及会员购物中心。餐厅是由俱乐部经理直接管理的，高尔夫球场的维护则是由高尔夫球场的监管人员负责。此外，会员购物中心是由精通高尔夫球的职业选手经营的。俱乐部将餐厅视作一个利润中心，而高尔夫球场及会员购物中心则被视为成本中心。俱乐部的经理在经营餐厅时要对创造的收益和发生的费用负责，而高尔夫球场的监管人员和经营会员购物中心的高尔夫球职业运动员则只需对其控制的经营费用负责。

表6—1是这个虚构的海景乡村俱乐部的经营报表。海景乡村俱乐部主要进行的是现金性交易。所有会员都要按时支付会费，而俱乐部中的食品与饮料的存货却少到可以忽略不计。由于乡村俱乐部的业务为现金性交易，因此俱乐部的收益即等于其收到的现金，而费用则等于其现金支出。表6—1列出了俱乐部2007年9月到2008年9月间的收益及费用数据，而且列出了2008年9月相应的预算数据以及这些数据与实际数据之间存在的差异。括号中的数据为负值或预算数的不利差异。当实际发生的费用超过预算费用，或实际创造的收益小于预算收益时，就会产生这种预算数的不利差异。与绝大多数的组织一样，海景乡村俱乐部所运用的主要控制工具为年度经营预算和每月的经营报表。

表6—1　　**海景乡村俱乐部经营结果**

2008年9月

	实际数	预算数	有利（不利）差异	上年数
收益				
会费	$ 133 350	$ 134 750	$（1 400）	$ 129 600
来宾费用	2 900	2 500	400	2 200
食品及酒水销售收入	46 000	44 500	1 500	45 000
高尔夫球推车租金收入	2 200	1 900	300	2 100
其他	1 600	1 800	（200）	1 700
总收益	$ 186 050	$ 185 450	$ 600	$ 180 600
费用				
食品及酒采购费用	$ 57 000	$ 51 300	$（5 700）	$ 49 700
高尔夫球场的费用	79 500	80 000	500	75 000
管理和维护费用	47 050	45 350	（1 700）	45 600
债务利息	8 500	8 500	0	9 000
总费用	$ 192 050	$ 185 150	$（6 900）	$ 179 300
净经营剩余（损失）	$（6 000）	$ 300	$（6 300）	$ 1 300

每年年初，俱乐部董事会向全体会员提交一份经营预算以供核准。在该计划中列出了预期的收益（包括会费）及预期的费用项目。为拟定该项预算，管理人员与俱乐部的董事们一起对上一年中发生的每一个收益和费用项目进行了仔细的研究，并根据预期通货膨胀情况和经营计划中的调整对这些项目进行了相应的调整。例如，高尔夫球场的监管人员对上一年度用于人工和设施的费用进行了分析。该监管人员决定在预算年度对高尔夫球场的维护时间做出调整，他将预测相应的变动，并调整价格，从而得出当年的总体经营预算。在掌握了每月要实施的维护方案的基础上，该监管人员就可以对一年的费用在各月中的分布情况进行预测了。

该年度预算在得到会员的认可后，将由俱乐部的董事会和管理人员在预算的限制下对俱乐部进行下一年度的经营管理。例如，2008 年 9 月，用于高尔夫球场的预算金额为 80 000 美元。会员（俱乐部的所有者）会通过授权董事会以及管理人员在计划的条件下运用俱乐部的资源，来控制俱乐部的经营。如果在当年发生了一笔金额较大的偶然性成本（例如，游泳池的加热器损坏了），则董事会可以用俱乐部以前年度创造的累计盈余支付这笔费用，或者召集全体会员召开一次特别会议，从每个会员那里提取部分资金以支付这笔费用。

表 6—1 反映了 2008 年该俱乐部实际收到与支出的金额。9 月，该俱乐部发生了 6 000 美元的净经营损失，而按照预算应有 300 美元的剩余。因此 9 月的经营与预算数据间存在 6 300 美元的不利差异。在上一年的 9 月，实际创造的收益比实际支付的费用高出 1 300 美元。将预算与实际发生的数据值进行逐一的比较，我们发现 9 月出现的这 6 300 美元的不利差异主要是由食物与酒水的采购费用高出预算金额 5 700 美元造成的。因此需要进一步的信息以确认该不利差异产生的原因。经营报表只显示存在这样的预算差异，但并未表明造成这一差异的真正原因。因此，就需要对造成这种状况的原因进行进一步的分析，找出解决这一问题的纠正措施。

表 6—2 提供了关于俱乐部食品与酒水的经营情况的详细资料。由表中数据可以看出，实际费用比实际收入高出 11 000 美元，而在预算中估计仅会出现 6 800 美元的亏损。因此，在俱乐部的净经营损失中包括这笔 4 200 美元的不利预算差异。在 9 月的经营中产生这样的不利差异的原因还包括俱乐部举办聚会创造的收益低于预算数 3 200 美元，而由于聚会而支付的费用却高于预算数 5 000 美元。经过进一步的调查，我们发现负责聚会业务的经理助理 8 月已经辞职，9 月有一场大型聚会已被取消，但是俱乐部中竟未有一人将原先为这次聚会而增设的人员、食品和鲜花取消。董事会严厉批评了俱乐部的经理，因为在缺少专门管理此项活动的经理助理的情况下，他未能更细致地对这些工作进行管理。俱乐部又聘请了一名经理助理，上述的问题都得到了解决。①

① 在私营俱乐部（或其他非营利组织）中，普遍存在的一个代理问题就是缺少财务激励因素，促使董事会对俱乐部的经营情况进行监督。董事会的成员参加董事会的工作并不收取任何报酬。因此，如果要解雇一名管理人员，其还必须花费时间重新寻找一名代理人。所有的成员都能分享新聘经理（更合适的人选）使俱乐部经营水平提高而带来的收益，而这些董事会成员在分享 1/350 的收益的情况下（如果会员人数为 350 人），却要承担 1/15 的成本（如董事会人数为 15 人）。会员制乡村俱乐部的经营效率通常低于所有者管理的营利性俱乐部的一个原因就是这种搭便车问题。但是，由于会员制的俱乐部的会员享有较高的声望，同时对俱乐部拥有所有权，而且可以与比较稳定的会员进行社会交往，因此这些会员愿意支付这类较高的代理成本。

表6—2　**海景乡村俱乐部食品及酒类经营**

2008年9月

	实际数	预算数	有利（不利）差异	上年数
收入				
聚会收入	$ 8 300	$ 11 500	$（3 200）	$ 11 000
食品销售收入	24 000	22 000	2 000	21 500
酒类饮料收入	12 700	10 500	2 200	10 500
其他	1 000	500	500	2 000
总收入	$ 46 000	$ 44 500	$ 1 500	$ 45 000
费用				
聚会费用	$ 9 000	$ 4 000	$（5 000）	$ 5 000
食品费用	44 000	43 000	（1 000）	40 000
酒类饮料费用	4 000	4 300	300	4 700
总费用	$ 57 000	$ 51 300	$（5 700）	$ 49 700
净经营剩余（损失）	$（11 000）	$（6 800）	$（4 200）	$（4 700）

本书的第4章讲述了企业的组织结构是由进行决策分权、业绩评价及实施奖惩的管理体系构成的。海景乡村俱乐部的预算体系反映了这三种管理体系是如何帮助海景乡村俱乐部避免代理问题的发生的。最初由全体会员掌握的决策权后来被划分给了董事会，董事会聘请擅于俱乐部运营的职业经理人来经营俱乐部。例如，俱乐部经理、高尔夫球场的监管人员、高尔夫球专职运动员。这些人通过预算提交其下一年的有关经营计划。

他们所做的预算将其下年的工作计划用财务的语言表达了出来：用执行他们的计划时预计将发生的收益和费用的金额来反映其计划的内容。董事会将对这些预算进行审核和修改，使其更好地反映会员的要求，同时确保俱乐部有充足的资金执行这一计划。一旦俱乐部的所有会员认可了该项预算，这三个经理就有权在预算范围内自主决定资金的使用。决策权与知识和信息是紧密相连的。如高尔夫球场的监管人员掌握着关于高尔夫球场的专业知识，以及现行的进行高尔夫球场维护、保养的化学及物理手段方面的专业知识。因此，在预算中授予高尔夫球场监管人员开展特定的一系列活动的决策权。

请注意预算过程中自下而上的性质，经营经理将其预算提交给董事会，董事会调整预算数据后，将预算草案提交给全体会员——会员们享有对预算的最终审批权。

同时，预算还是一个业绩评价体系。经理们每月都要编制一份经营报表。表6—2为俱乐部经理提交的关于食品及酒类饮料的经营报表，这一报表反映了俱乐部的部分经营业绩，它能反映出俱乐部经理是否达到了收入及费用目标。衡量俱乐部经理的另一项经营业绩指标，是会员们对俱乐部提供的食品及酒类饮料的满意程度。事实上，会员们的满意程度最终能在收入和费用指标上反映出来。如果经营质量下降，会员们就不会再光顾这一餐厅。同样的，如果高尔夫球场的状况持续恶化，则对于要达到其财务目标的监管人员来说也不会有什么好处。在对高尔夫球场监管人员的经营业绩进行评价时，该球场的状况与本地区其他球场状况的比较，也是必须加以考虑的一个重要因素。

预算差异可以反映经理人员是否完成了期望的业绩指标，并且也可以作为企业的业绩奖惩系统，以相应提高工资或在出现极端不利差异时解雇相关负责人。在某项经营中出现大额的不利差异，会促使俱乐部的董事会寻找造成这一差异的原因。最后发现俱乐部经理未能很好地履行职责，董事会将就经理疏于监督管理的情况给予严厉的批评。如果继续产生不利差异，而且董事会认为这是由经理的过失造成的，则他们将解雇该名经理或不向该经理提供任何加薪的机会以示惩罚。然而从另一方面讲，实际数与预计数之间存在着有利差异并不一定意味着经理人员创造了骄人的经营业绩。因为如果支出的金额少于预算金额，则有可能是以牺牲质量为代价的。

在年度预算工作中，内含着一项危机。正如在海景乡村俱乐部的例子中所表现出来的一样，年度预算使其管理人员的注意力仅仅集中于下一年的经营状况而忽略了组织的长期利益。例如，如果预算费用超过了预算收益，组织就会面临减少维护费用支出的压力。减少维护修理费的支出，可使下一年的预算达到平衡，但有可能损害组织的长期利益。为避免短期预算使管理人员过分关注短期经营业绩，许多组织在编制短期预算的同时，还要编制 3 ~ 5 年的长期预算。相对于 1 年期的预算，5 年期的预算更有可能反映出过分减少短期维护支出的结果。在本章第 3 节中，我们还将更为详尽地讨论短期预算与长期预算之间的差异。

海景乡村俱乐部的预算体系将决策管理（提出决策建议及执行某些决策）和决策控制（决策的审批和监督）区分开来：

1. 决策建议（编制预算）是由各经营管理人员提出的。

2. 决策的审批（预算认可）是由董事会成员及会员完成的。

3. 决策（经营决策）是由管理人员负责执行的。

4. 对决策的监督（对每月的经营报表进行审批）则是直接由董事会以及间接由会员执行的。

管理人员拥有决策管理权，他们负责编制预算并在其管理的领域中制定日常经营决策。董事会享有决策控制权，负责对预算进行审批并对经营活动进行监督。董事会不仅要对实际发生数与预算数之间存在的财务经营差异（经营报表中的有利差异和不利差异）进行分析考查，而且还要对会员们对于俱乐部提供的食品以及高尔夫球服务的满意程度进行考查。

在上述海景乡村俱乐部的案例中，预算和每月编制的经营报表是使俱乐部避免发生组织问题的各种管理工具中不可或缺的一部分。下面，我们将对一种较为复杂的组织形态，即私立大学的有关情况进行分析。同样的，预算是解决组织问题的关键所在。

绝大多数的大型公司每月都要对预算进行检查

绝大多数的组织每月都要将实际经营的结果与预算数据进行对比。通常由企业的首席执行官来进行这一对比。一项对 120 家大型上市公司进行的调查，研究了企业将预算和实际数据进行对比的频率。该项研究的结果表明，90% 直接向首席执行官报告的部门经理每月进行一次比较，4% 的经理每周进行一次甚至两次比较，而 6% 的经理则每季度进行一次比较。在 83% 的企业中，首席执行官每月将预算数和实际发生数进行比较，15% 的首席执行官每季度进行一次比较。

资料来源：A. Christie, M. Joye, and R. Watts, "Decentralization of the Firm: Theory and Evidence," *Journal of Corporate Finance* 118 (2001).

2. 私立大学

私立大学的例子将说明预算被怎样用于分权以及如何使管理人员对其行为负责。图 6—2 反映了东部大学（非营利组织）的组织结构。东部大学设立了 4 个独立的学院：文学艺术学院、工程学院、医学院及商学院。在文学艺术学院和工程学院都设有本科及研究生课程，工程学院的本科生入校第一、第二年在文学艺术学院学习，第三、第四年再转入工程学院学习。医学院及商学院只设有研究生课程。学校的辅助服务部门主要负责提供住宿、保安和饮食服务。

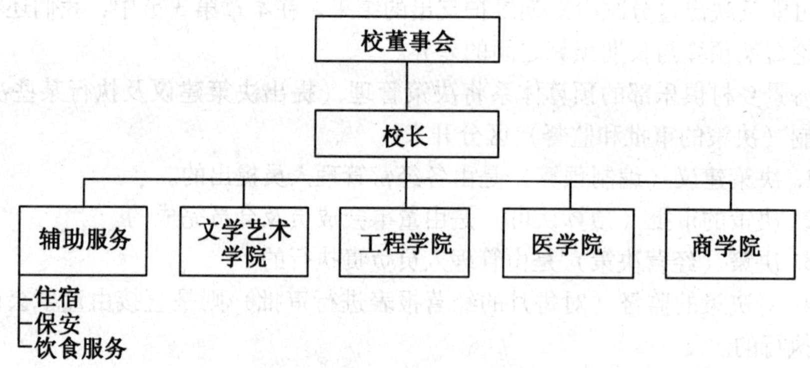

图 6—2　东部大学的组织结构

在东部大学，有关预算的制定，首先是由首席财务官（CFO）根据其掌握的关于当地市场的专门知识对下一年中将发生的总体通货膨胀状况及其他的关键因素做出预测。然后，负责提供饮食服务、住宿和保安工作的管理人员将运用这一信息及与其工作相关的专门知识做出其下一年度的预算。

各学院的院长掌握着关于其学院教师的薪金，以及与学生的学费、报名人数相关的需求曲线等方面的详细信息。在不同的学院中，教职员工薪金的涨幅是不一样的，且对每一项课程的需求曲线也各不相同。各项供需状况随市场的变化而变化，因此对于在不同领域中工作的教职员工的成本的影响也各不相同。

在这所大学中，文学艺术学院和工程学院被视作成本中心。在上述学院，院系对其费用而非收入拥有决策权。造成这一状况的原因主要是，这两所学院的主要收入源自其本科生的学费。这些学生首先进入文学艺术学院，然后可以选择继续留在文学艺术学院还是转到工程学院。大学的管理层认为，不论是文学艺术学院还是工程学院，都不能对本科生的报名情况完全负责，要计算由于本科教育而创造的学费收益实在是太复杂了。与此同时，医学院和商学院则要“自负盈亏”。也就是说，医学院与商学院被视为利润中心，它们的收入包括拨款、校友捐赠、费用收入和学费收入。①

作为利润中心，医学院和商学院除了要对成本进行预测之外，还需要对收入进行预测。同样的，CFO 也需对文学艺术学院及工程学院的收入进行预测。对收入进行预测，需要有关的学生报名人数、学费金额以及经济资助预算等预测数据。获取的净收入金额为预计的报名学生人数乘上设定的学费金额再减去提供的经济资助金额。在一个学年开始以前，每个学院都要公布下一年的学费标准。根据当年就读于商学院并且下一年还将继续学习的学生人数，可以十分简便而合理地预测下一年商学院的全体学生人数中的一部分。这部分学生的人数随学费的上调不会有太大的变动。然而，新入学的学生人数相对这些已入学的学生人数而言，受学费金额的影响更明显。如果学费金额有了较大幅度的提高，而学校又仍想维持学生的素质与数量的话，就必须相应地提高可以提供经济资助的预算金额。因此，在对收入金额进行预测时，必须从总收入中扣除为提高学生素质而支付的经济资助的金额。如果入学学生的素质降低的话，势必在将来影响到高素质学生对于该校提供的课程的需求状况。

院长们在编制好下一年的预算以后，会将这些预算提交给 CFO。CFO 在综合各项预算后要确保预期的总收入能弥补预期发生的总费用。CFO 和校长还必须确保各个学院的计划与学校的总体战略相一致。例如，如果校长认为学校应主要从事研究生教育，则那些在本科教育中增加投入大量资金的学院的预算就与这一取向不尽一致，校长将削减其本科教育的资金需求。由于校长掌握着关于学校的计划战略的具体信息，而各学院院长和学校各部门经理就其所管理的领域掌握着专门的信息，因此通过这种在校长和学院院长及学校各部门管理层之间进行的反复的协调磋商，最终能在校长及各学院院长及各部门管理层之间达到一致，并制订出学校的总体预算计划。

此时，即可将制订出的学校总体预算计划提交校董事会审批。该私立大学的校董事会是由校友代表、当地领导人及赞助人构成的。校董事会的成员并不从学校取得任何报酬。这些校董事会的成员任期一定，同时负有保护和发展学校的重大责任。校董事会要仔细审查预算，以确保与学校的宗旨相一致，并且保持财务上的谨慎性，也即从长期来看，有助于学校的生存。

当预算方案通过审批以后，部门管理层与学院院长在其负责的领域工作时，拥有决策权。聘教职员工、购入食品及维护宿舍等工作都要与预算相一致。每月及每年都需编制报告，见表 6—1 及表 6—2，反映各部门对预算方案的执行情况。编制这些报告是决策监管工作中的一部分。在这个案例中，又一次反映了知识信息与决策权的联系，以及企业通过运用层级结构造成的决策管理与决策控制的分离。正如绝大多数组

① 非营利性机构，如大学，都不愿承认它们也会追求利润最大化，或者说大学实质上是一个利润中心。因此，他们创造出了自负盈亏（tubs on their own bottoms）这个名词，而避免用“利润中心”这个定义。事实上，所有的组织都必须避免产生负的现金流的状况，否则它们就不能在一个高度竞争的环境下生存下来。它们的经营预算可以通过赠与或捐赠的形式得到补贴，但这些也是由非营利机构提供的其他服务创造的。非营利组织同样追求创造利润，从而使组织进一步成长并得以生存。但从法律的角度来说，它们不能将创造的利润分配给其“所有者”。在非营利性组织中，对其创造的剩余现金流并不存在任何合法的所有者。

织中的预算体系一样，这里的预算过程是由下而上逆向进行的。组织中的下层机构由于掌握着许多的专项知识与信息，负责准备最初的预算计划。这些预算计划进入决策阶段时，要由组织中的较高层机构对预算进行复查，同时还要运用高层人员特有的专业知识对之进行修改。

从这个案例中，我们可以看出下述两点。

首先，部门管理层及各学院的院长编制的预算计划倾向于“金额过大”。例如，学校文学艺术学院的院长要面对学生及其教职工要求提供更多培养计划、提供更多的学生服务的压力，他们所能做的，就只有向学校争取更多的资金了。而医学院的院长也面临着在医院中提供更多的医疗服务及更多医疗知识教育的压力。尽管在该校中，医学院被视作利润中心，但只有在能获取额外的收益的条件下才会提供额外的服务。即使如此，医学院的院长仍倾向于在其编制的预算上反映出“亏损”的存在（费用超过收益）。他希望通过这种方式，使校长运用其他部门创造的盈余来填补这一“亏损”，也即医学院希望获得其他部门的盈利补助。

其次，在编制预算时，文学艺术学院及工程学院的院长倾向与医学院和商学院的院长倾向不同。由于学校将文学艺术学院和工程学院当作成本中心对待，因此在通过吸收更多的学生创造的收益中，它们只能分享到极少的利益。由于他们并不直接掌握新增加的学费，因此两个院长并不像医学院和商学院的院长那样热衷于出台具有获利能力的培养计划。这两个院长都有游说学校为新的培养计划增加投入的倾向，但由于他们不必承担新的培养计划导致的收益不足无法弥补其成本的任何后果，因此他们与医学院和商学院的院长相比，会更倾向于增设一些非获利性的培养计划。

至于医学院和商学院的院长提交的预算，令校长最为头疼的问题就是他们会倾向于利用学校的声誉，搭便车开设一些质量不高的培养计划。例如，该学校素来享有教学质量高的声誉，医学院的院长可以通过开设低水平的培养计划创造出额外的收益，但这一举措将损害学校整体的声誉。学院的院长们的这种降低质量的倾向，要通过校长对教职员工聘任及培养计划实施的监督来加以控制。

棒球队的预算

芝加哥白袜队有一个5 000万美元到1亿美元的年度预算。预算的假设条件在8月或9月设定，到10月下年的预算就已经制定出来了。球队老板制定了所有球员工资预算的大政方针，这是一笔数额最大的费用项目。部门经理对一些包含预算假设条件的小册子进行评估，这是一些1 500页到2 000页的书，包含总账中的每一个账户。小册子中包含诸多细节，如在预期的观众水平下，每场球赛所需安保人员的数量、他们的工资率、联盟合约等。这些小册子可以解释从去年起任何被提及的变化。然后，分管财务的副总经理、会计经理、总监和每个部门经理一起审核这些预算。通过这些会议，确保了预算假设在各个部门的一致性以及预算要求的可实现性。部门经理被要求对预算做出必要的修正。然后球队老板审核所有的预算要求。一旦制定了预算，部门经理必须对成本的超出与节约做出解释。

资料来源：A. Dennis, “Budget for Curve Ball,” *Journal of Accountancy*, September 1998, pp. 89 – 92.

3. 大型公司

在前面两个案例所分析的预算制定过程中，知识和信息是以一种垂直的方式加以汇集的，这些知识和信息主要来自于组织层级结构中的低层次机构和高层次机构。但在企业公司中，预算也是水平地汇集专业知识和信息的一种重要工具。在一个大型的复杂的公司中，公司所面临的一个主要挑战就是如何进行专业知识和信息的传播。如何使得公司中的管理人员与其上、下级一起分享现有的知识和信息（垂直性），同时也与企业中其他部门的同事一起分享知识和信息（水平性），以及如何激励管理人员去获取有价值的知识和信息，都是预算体系中涉及的重要领域。下面将对施乐公司的案例进行分析。

施乐公司主要从事各种不同的复印机的生产、销售和租赁业务。同时，施乐公司还要提供各种复印服务。这些复印机的复印工作效率及特征各不相同，相应的销售和租赁计划也各不相同。在公司的专项管理部门（field organization）中设有销售、服务和人力资源管理这几个办公室，而公司的生产部门（manufacturing organization）则要在设在世界各地的工厂中生产各种复印机，并且该部门被认定为一个成本中心。除生产复印机以外，施乐公司还进行耗材的销售，如硒鼓。公司各个专项的管理办公室是市场营销部门的一部分，是成本中心；而耗材分部则是利润中心。

每年，施乐公司都要对投放多少台各种型号的复印机用于公司提供的复印服务进行计划，并且还要对收回多少台旧复印机进行计划。这些数据将为下一年的生产计划提供必要的信息。用于提供复印服务的各种复印机，即所谓的“服务基地”的数量，将影响参与提供复印服务工作的员工人数、其需要的培训以及这些“基地”服务所需的零配件存货的数量。这类服务基地的情况还将影响公司耗材的销售。

施乐公司中的每个部门都必须与公司中的其他部门进行沟通。生产部门要知道市场营销部门计划销售的各种型号的复印机的数量，市场营销部门则要了解应怎样对各种复印机进行定价。各种复印机的生产计划安排取决于市场对新产品的期望程度。在进行预测以前，公司生产和市场营销部门的管理人员都需对新产品进行深入的了解。同样，硒鼓分部需要了解服务基地的规模及其构成，以便于计划来年耗材的产量。

施乐公司的各个部门不仅必须分享专业知识和信息，而且它们必须具有获取这些信息的动机。公司的销售人员必须获取关于那些即将出售（出租）的特定的复印机的预期销售数和售价的信息。这些销售估测数则必须提前足够的时间传递给公司的生产部门，使其能够根据预测的数量生产出新的复印机。

在预算过程中，有一项重要的工作就是要对一些关键的计划假设，如单位安装率、价格以及收回的复印机数等信息，进行归集和共享。与这些数据相关的信息分散在公司的各个部门。在对此类信息进行归集的过程中，人们有可能根据其获得的信息来修正对这些关键计划假设的预期。进一步讲，受这些关键计划假设影响的所有管理人员通常要确认这些假设，并在制定预算时运用这些假设。每名管理人员对这些假设的确认将有助于确保公司内预测数的一致性。

就整体而言，公司的预算系统也是公司用来传递某些专业知识和关键计划假设的交流工具。同时，这一系统中还包括在组织中垂直地或是水平地组织在一起的个人与组织中的其他部门进行有关交易条件协商的过程。举例来讲，如价格已定，企业市场营销部门根据价格对各种复印机的需求做出预测，而生产部门则需根据市场营销部门要求的数量相应地生产复印机并对生产成本进行预测。但在通常情况下，价格并非事先确定的，需要通过不断的调整使生产部门（供应）与市场营销部门（需求）达成一致意见。就总体而言，一旦制订了销售预期计划和生产计划，关于产品成本（由生产部门提供）和收入（由市场营销部门提供）的信息就被提供给拥有定价决策权的代理人，并由其根据上述信息制定出能使利润达到最大化的每种产品的售价。同样的，公司的耗材生产部门和提供服务的部门也要接受这一目标。在整个过程中，由公司的高层管理人员来确保公司中各个部门预算的协调一致。市场营销部门与生产部门达成共识，在需要的情况下进行适当的融资，使零配件存货的数量足以满足提供复印机服务的需要等。而且，公司的高层管理人员往往还掌握着关于某些预测的专门信息，并能够在预算过程中对部门间发生的冲突进行仲裁和调解。

许多的预算都包括由下而上、再由上到下的过程。通常，首先要公布一些关键性的假设，然后处在公司决策层级中最底层的部门会提出关于下一年生产经营的第一轮预测（预算）。如在开始制定预算时，预算制定办公室要公布关于下一年的产品价格或下一年总体通货膨胀率的数据。而由企业层级结构中最底层的组织制定的第一轮预测将被提交给其上一级组织，并经过归集调整后再提交给上一级组织，以保证不断向上一级提交。在进行预算的每一个层次，管理人员都必须确保制定预算的假设在其部门中是一致的，并且各部门的预测也都是合理的。而且如果管理人员掌握了特定的信息，他们也会对其下属的计划进行修改。在一次对 219 家上市公司的调查中发现，有 79% 的企业认为，企业中较低层的管理人员不论是在提出初始化预算方案还是在对预算进行调整的过程中，都扮演着一个十分重要的角色。①

当预算在组织中由一个层次提交到其上一个层次时，潜在的瓶颈在未发生影响之前往往不会被发现。举例来说，如某一部门要求生产 10 000 件零配件，而零配件生产部门却只能生产 7 500 件该零配件，则这一瓶颈在进行实际生产以前就可以确认了。同样的，关键性假设的制定还要求管理人员更好地掌握有关的特定信息，有时还需要管理人员对这些假设进行调整并更新预算。

在公司高层机构调整了预算数以后，这些预算将重新分到组织的各个部门。掌握着相应知识和信息的公司底层管理人员可以接受所做的调整并使自己适应公司的新战略，也可以提出反对意见。如果组织中的反对意见过多，就需要向公司的高层管理人员报告这一情况，然后再进行下一轮的预算调整工作。

大型公司使用预算来：

1. 决策分权。
2. 垂直及水平地传递信息。
3. 通过协调、磋商与签订内部契约来制定目标。
4. 评价经营业绩。

① W. Cress, and J. Pettijohn, “A Survey of Budget-Related Planning and Control Policies and Procedures,” *Journal of Accounting Education* 3 (Fall 1985), p. 65.

本节复习思考题

Q6—1 怎样制定预算?

Q6—2 关键计划假设是如何提出的?

Q6—3 试给出预算差异（budget variance）的定义。

Q6—4 预算系统是构成企业业绩评价系统的一部分，还是企业业绩奖惩系统的一部分?

Q6—5 在一个大型企业中，预算能为企业带来哪些协调作用?

Q6—6 预算系统如何实现在公司中的决策分权?

Q6—7 在一个大型企业中，预算要达到怎样的目标?

雀巢矿泉水部门的预算体系

雀巢矿泉水部门的主要职责是管理两种雀巢矿泉水的交易经营：法国品牌毕雷、维特尔和矿翠矿泉水，意大利品牌圣培露和无气天然矿泉水。这些品牌的矿泉水将通过雀巢矿泉水部门的分销系统（雀巢矿泉水北美、雀巢矿泉水英国等）销往世界各地。预算过程开始于公司在法国与意大利的分部制定了一个长期的全球品牌战略，包括产品定位、产品定价以及品牌推广。雀巢矿泉水总部审核通过该全球战略后，以此为基础形成了各个经销商的经营计划，包括市场优先、产品产量、价格目标以及执行该计划的预算。各个经销商为完成各自在全球战略中的目标编制预算，与法国和意大利的雀巢矿泉水生产商进行讨论，直到各方达成一致意见。一旦法国和意大利的分部和经销商协商通过，该第一年计划即成为经营计划（预算）。

公司月度、季度和年度报告提供了实际的销售数据、品牌前景展望、品牌实际利润以及与预算的差异。在执行新的组织和预算系统之前，只有有限的信息在法国和意大利生产商之间传递，并且也没有完整的国际品牌战略。新的组织结构和预算系统促使雀巢矿泉水生产商和经销商从公司整体战略出发，将各方视为追求共同利润的属于同一全球组织的平等合作伙伴。圣培露矿泉水分部的一个财务经理这样说道：“新的业绩评价与职责……引入了一种全新的端对端的心态，在生产者与销售者之间通过共同的目标培养起公司经营部门间的整合统一。一方面，这加强了生产商对销售者行为的控制；另一方面，它用一个共同的信念将生产者与销售者连接起来，因为它们要完成共同的目标，这样做同样也有利于公司国际品牌的建立。”

资料来源：C. Busco, M. Frigo, E. Giovannoni, A. Riccaboni, and R. Scapens, “Integrating Global Organization through Performance Measurement Systems,” *Strategic Finance*, January 2006, pp. 31 –35.

预算系统的不断改善

许多日本汽车公司都在运用一种精巧的不断改善成本预算的系统——改善成本系统（Kaizen costing）。丰田公司将其定义为使企业员工不懈地追求持续改进，通过不断的测量来改善生产程序和设备的工作流程和行为准则。这种方法通常涉及利用员工团队来修正他们的生产流程和标准，不断地改进生产效率、产品质量和工作条件。改善成本系统利用了各种各样的计划文件，包括生产计划、市场计划和销售计划，还包括部门销售和边际贡献、资本项目以及固定费用计划等。该系统还要求各个工厂和工厂里的各个部门不断降低其变动成本。每月的差异报告反映出实际数与预算成本降低额的差额，每个部门的管理人员要对其差异负责。

资料来源：Y. Monden and J. Lee, "How a Japanese Auto Maker Reduces Costs," *Management Accounting*, August 1993, pp. 22－26. Note that cost reduction goals are used by non-Japanese firms as well. http://www.toyota.com/htm/help/glossary.html.

[练习题 6—1]

Shocker 公司的销售预算反映出公司下一年度每个季度的销售量：

第一季度	10 000 件
第二季度	8 000 件
第三季度	12 000 件
第四季度	14 000 件

该公司的政策是使每季度末的产成品的数量等于下季度销售数量的 20%。

要求：计算下一年第二季度预算的产品数量。

解答：

第二季度销售量	8 000 件
＋期末存货：第三季度销售量的 20%（12 000×20%）	2 400 件
－期初存货：第二季度销售量的 20%（8 000×20%）	（1 600）件
预计生产量	8 800 件

B. 决策管理与决策控制职能之间的权衡

预算过程是组织中行为控制系统的一部分。事实上，在一次对 219 家上市公司的高层管理人员的调查中，我们发现有 75% 的高层管理人员将预算视为一项管理职能而非会计职能。①

1. 专业知识的交流与经营绩效的评估

正如在前面的案例中所分析的，预算体系在公司中履行一系列有用的职能，其中包括决策管理和决策控制。在决策管理活动中，预算履行将组织中某一部门的专有知

① W. Cress and J. Pettijohn (1985), p. 64.

识和信息传递到另一部门的职能。在决策控制活动中，预算则是企业经营业绩评价体系的一部分。由于预算体系要为几种不同的目标服务，因此在设计和改变一个预算体系时，要均衡各方面的职能。预算成为对实际实现的经营业绩进行评价的标准。但如果过于强调预算作为经营业绩的评价标准的话，则掌握着专门知识和信息的管理人员就将不再不偏不倚地对未来事件进行预测并加以揭示了，他们将倾向于报告保守的预算数据，从而达到使其经营业绩看起来更佳的目的。

在决策管理和决策控制之间进行的权衡，在市场营销部门体现得最为明显。企业的销售人员通常掌握关于未来的销售状况的专门知识和信息，这类信息在制订生产计划时是十分重要的。但如果预算的销售收入的数值要在年末时用于对企业销售代表的经营业绩进行评价（如用实际实现的销售收入与预算数相比较），则企业销售代表在编制预算时就会有意低估未来的销售收入，从而有利于对其所做的业绩评价。然而，如果销售人员低估销售收入，就会造成生产计划数量的减少，从而导致企业的生产无法达到效率最高的状态。① 例如，假设销售人员低估了20%的销售收入。当实际销售额高于工厂预期的数值时，必须加班生产多出的数量。如果开始就增加工厂的长期劳力，则会节省很多成本。

2. 预算中的棘轮效应

制定下年预算常用的方法是利用经营的历史数据，然而不幸的是，这通常会导致不当的激励，称之为棘轮效应。棘轮效应是指以今年的实际业绩表现作为下年预算的标准，但是下年的预算目标只往向上的方向调整。经营业绩很差的年份并不会导致来年预算目标的降低。例如，如果今年的销售预算为100万美元，而销售人员实际实现的销售额为130万美元，那么下年的销售预算就是130万美元。但是，如果实际销售额仅为90万美元，则下一年的预算也不会削减到90万美元。

为决策管理及决策控制进行的预算

一项对美国400家大型公司的调查研究反映了预算用于决策管理（计划和协调）与用于业绩评价的情况差异：

	相应的公司所占的百分比
运用两个独立的预算	7%
只用一个预算，同时用于计划、协调和业绩评价	75%
只用一个预算，该预算仅用于业绩评价	5%
只用一个预算，该预算仅用于计划和协调	13%

上述数据反映出，大部分接受调查的公司（75%）运用一种预算来满足决策管理和决策控制两种需要。

资料来源：S. Umapathy, *Current Budgeting Practices in U. S. Industry* (New York : Quorum Books, 1987), p. 29.

① 在某些情况下，可以通过设置一套激励性契约，来促使管理人员能够不偏不倚地揭示其所掌握的信息。参见J. Gonik, "Tie Salesmen's Bonuses to Their Forecasts," *Harvard Business Review*, 1978. pp. 116 – 23; M. Weitzman, "The New Soviet Incentive Model," *Bell Journal of Economics*, Spring 1976, pp. 251 – 57; A Kinby, S. Reinchelstein, P. Sen, and Y. Paik, "Participation, Slack, and Budget-Based Performance Evaluation," *Journal of Accounting Research*, Spring 1991, pp. 109 – 28.

H. J. Heinz，一位加工食品的生产商（其生产的番茄酱最为出名）以超出上年的预算或者实际经营结果的115%来设定下年利润中心的预算。例如，如果在一个特定的利润中心里，去年的预算盈余为1 000万美元，而实际的盈余为1 100万美元，那么今年该利润中心的预算为1 265万美元（1 100×115%）。但是，如果去年的盈余只有900万美元，则下年的预算将是1 150万美元（1 000×115%）。因此，Heinz的预算盈余只能增长。一项对一个大型国际巨头的研究发现，当某个分公司的实际盈余超出预算100 000美元时，下一年的预算将增加90 000美元。但是，如果实际盈余低于预算100 000美元时，下一年的预算只会削减40 000美元。[①] 因此，相对于不利的预算差异所导致的预算减少额，有利的预算差异更有可能导致更大的预算增加额。

百思买公司的预算

在美国、加拿大和中国，百思买公司（Best Buy）有着1 100多家专卖店，主要销售家用电子产品、家庭办公用品、游戏软件、配件，并提供其他相关服务。在百思买，预算可谓是一场噩梦。预算会耗费大量的时间，而且对收集知识信息帮助不大。公司层面的计划人员对每家商店的销售量以及需要多少资源完成既定目标做了大致的推断。百思买花了4年的时间改进它的预算和计划系统。首先，百思买将计划职能下放给地区经理，然后是各个商店。地区和商店的管理人员掌握着顾客需要什么产品或服务、如何能节约成本等第一手信息。百思买的一名高级财务分析师这样说道：“商店经理对于其经营状况的了解与公司之间存在差距。”

资料来源：D. Durfee, “The Last Mile,” *CFO*, January 2007, pp. 49 – 55.

这种向上的“棘轮效应”使得员工调节今年比预算要好的业绩，以避免未来更高的业绩标准。棘轮效应引发了许多混乱的行为，例如：

· 在前苏联，中央的计划人员依据以前的经验来设定工厂的产量配额。达到目标的工厂经理会得到各种的奖励，而没有达到目标的将受到惩罚。这就使经理们仅仅超出配额一点点即可获得奖励。

· 公司常常依据销售人员是否完成销售目标来决定他们的奖金，而销售目标的设定又是依据上年的销售业绩。如果销售人员今年的销售业绩特别好，那么他们将递延一些销售额到下一财年。他们可能已经收到客户的订单，但是直到下一财年才处理这个订单。

· 在一个公司里，每个部门的目标是部分依据去年的经营业绩和业绩增长来确定的。这样会使经理们不会在任何单独的一年里大幅提高生产率，而是将其分散到不同的几年里。[②]

既然产生了负的激励，为什么公司还要不断提高预算呢？一个可能的理由是：如果其不这样做，可能会产生更多负激励。例如，一个简单的用于解决棘轮效应引起的负激励的方法是：取消那种完全并且简单地用实际销售额确定销售人员工资从而确定预算目标的做法。假设下年的预计销售额是100万美元。不是以超过100万销售额的

① A. Leone and S. Rock, “Empirical Tests of Budget Ratcheting and Its Effect on Managers' Discretionary Accrual Choice,” *Journal of Accounting and Economics*, February 2002.

② R. Kaplan and A. Sweeney, “Peoria Engine Plant (A)”, Harvard Business School Case 9-193-082 (Revised June 29, 1993).

那部分的10%作为佣金，而是以全部销售额的2%作为佣金。假设两种佣金方案都能达到同样的预期补偿标准。10%的佣金使得雇员有5倍的动力去创造更多的销售额（10%对比2%）。因此，取消这个100万美元的目标降低了佣金比率，并减少了对雇员的边际激励。

不是依据今年的实际销售额，然后制定高于此的下年销售目标，而是向销售人员询问，并且估计下年的目标，这样做可以消除棘轮效应的负激励。但是，这样做产生了另外一个问题。特别是，销售人员将给出一个低于其期望销售额的预测值，因此可以增加他们的预期补偿，并且向生产部门传递一个很低的销售预测的信号。

或者是，取消通过向上滚动来制定下年预算的做法，而是依据过去的销售和成本模型、宏观经济趋势和客户调查，中心计划部门制定一个从上而下的预算。但是，这个中心预测部门所需的成本可能比简易的通过向上滚动来制定下年预算的做法要高得多。制定这样一个中心预算的直接成本（人员和空间占有成本）可能超过了棘轮效应所引致的混乱决策制定所带来的间接成本。

更加频繁的轮岗是另一种减少向上滚动每年的业绩目标所带来的问题的方法。如果你知道下年将不得不完成你今年实现的销售目标，那么你将在今年干得更卖力。但是职位轮岗破坏了专职的人力资本，如特定客户关系。

总之，虽然棘轮效应导致了混乱的行为，但是其他方法的成本太高。本质上是，一种代理成本被另一种所取代。面对具体情况，高级经理必须做到两害相权取其轻。

改进预算

预算是很多高层管理人员的心头之恨。45%的管理人员认为，传统的预算是有争议的且与公司权位利益有关，72%的管理人员认为预算产生了不切实际的数字，还有53%的管理人员认为预算会引发经理的不当行为。一位经理这样描述多次的预算调整，“我们从上到下多次仔细检查这个预算，一直调整直到某人觉得满意为止。”在北电网络（Nortel），预算包含每个单元多达100个项目，并且要花费4~5个月的时间来制定。通过使预算更好地适应公司的战略目标，简化了预算流程，北电网络只需在滚动的季度基础上报告8个项目。

科技正在改进预算。基于网页的软件正取代由营运部门提交的数量庞大的、非标准的电子表格，这种表格经常要重新输入，并且要和其他分部的表格合并。例如，在一个有着28个运营单位的公司里，每个单位都要发电子邮件或用磁盘来传递本单位的电子表格，这就导致公司不得不重新输入或者上传来制定一个合并的预算。即使做一些简单的改变也会推迟进程，维护所有这些电子表格每年需要花费10万美元。基于浏览器的预算软件使得各个分部能在很远的地方以一种标准的格式输入和修改数据，并且使得公司经理能即刻获取合并的数据。科胜讯系统公司（Conexant Systems Inc.），一个半导体产品供应商，使用基于网页的预算工具来管理1 200个成本中心，每个成本中心使用高达500个账目。成本中心经理能在财务分析员较少的协助下输入他们的预算数据。

资料来源：R. Banham, “The Revolution in Planning,” *CFO*, August 1999, pp. 46–56; and T Reason, “Building Better Budgets,” *CFO*, December 2000, pp. 91–98; D. Dufee, “Alternative Budgeting”, *CFO*, June 2006, p. 28.

3. 参与型预算

在决策管理和决策控制之间存在的这种职能权衡，在通常情况下，也被视为由下而上的预算体制及由上而下的预算体制之间的一种权衡。由下而上的预算是由组织中较低层次的机构编制预算，并提交给上级机构审批的形式，在这种预算体制下编制的预算通常更多地体现决策管理的内容。关于由下而上的预算的一个例子是，各分支销售机构将其对一年销售情况的预测提交给公司的市场营销部门。而在由上而下的预算体制中，公司的市场营销部门可能运用关于销售趋势的总计数对整个公司的销售情况进行预测然后再将这个全公司的销售预算数分解到各个分支销售机构层面，作为其销售的目标。这种由上而下的预算体制，更多地体现了决策控制的影响。在由下而上的预算体制中，要由最终承担实现这一目标责任的个人来提出初始的预算，故称之为参与型预算。①

通过运用参与型预算方法制定预算，可以促进公司的底层参与人员更好地接受预算目标。至于运用由下而上的预算体制还是由上而下的预算体制，则主要取决于掌握了相关知识信息的人是谁。如果，公司的各分支销售机构的销售人员掌握了相关的知识信息，则制定预算的决策权就应授予与这些知识信息相联系的各分支销售机构的相关人员。如果企业的市场营销部门掌握着更多的知识信息，则运用由上而下的预算体制的效果会更好。至于经营业绩评价体系及业绩奖惩体系的设计方式，将在根本上决定何种预算体制能提供更好的激励作用。

一次对98家标准普尔（Standard & Poor's）评级的美国公司的调查发现，当企业的底层管理人员比企业的高层管理人员掌握了更多的知识和信息时，这些公司更倾向于运用参与型预算方法。② 当管理人员的奖惩建立在与预算相关的经营业绩上时，参与型预算的运用也较为常见。同样的，对建立在预算基础上的激励机制的运用，与企业中下层管理人员掌握专门知识和信息的程度是正相关的。这与将决策制定权和专业知识及信息联系在一起的经营业绩评价体系和预算体系中的情况也是一致的。

一旦制定了某项预算，这项预算数据就将成为一项目标，并将据以进行经营业绩的评价和奖惩。有些专家认为，预算数据既要比较“严格”，但又要是可实现的。如果预算指标可以很轻易地实现，则不能激励员工付出额外的努力；而如果预算目标根本无法实现，则同样不能提供任何激励。正如前文所讨论的，绝大多数的预算是在底层管理人员与高层管理人员不断协调、磋商的过程中制定的。底层管理人员倾向于将目标定得比较低，从而确保他们能实现预算指标，并获得有利的报酬；而高层管理人员则倾向于将目标定得较高，从而激励底层管理人员花费额外的努力去实现这些目标。一项对12个公司中的54个利润中心的管理人员的研究发现，企业所制定的预算利润指标使得这些经理在10年中有8～9年可以实现目标。③ 接受调查的管理人员认

---

① 关于参与型预算的文献，请参见 J. Birnberg，M. Shields，and S. Young，“The Case for Multiple Method in Empirical Management Accounting Research（with an Illustration from Budget Setting），” *Journal of Management Accounting Research*，1990，pp. 33-66.

② M. Shields，and S. Young，“Antecedents and Consequence of Participative Budgeting：Evidence on the Effects of Asymmetrical Information，” *Journal of Management Accounting Research*，1993，pp. 265－80.

③ K. Merchant and J. Manzoni，“The Achievability of Budget Targets in Profit Centers：A Field Study，” *Accounting Review* 64（July 1989），pp 539－58.

为，这种松散型的预算体制能促进企业的资源计划、控制和激励的顺利执行。

4. 预算的新方法

预算中决策管理和决策控制之间的权衡使得这两大职能之间互相牵制，并且这种牵制会招致很多的批评。预算因为各种各样的原因而备受批评，最经常是因为：

· 制定预算要耗费大量的时间。
· 没有什么价值增加。
· 开发和更新的速度太慢。
· 建立在没有根据的假设和猜测之上。
· 制约了及时的响应，并且成为变革的障碍。
· 很少关注公司战略，经常互相矛盾。
· 加强了垂直的命令和控制。
· 关注成本削减。
· 纵容了赌博和不当的行为。
· 不能反映渐成气候的网状结构组织。
· 增加了部门之间的障碍，而不是鼓励信息共享。
· 使员工感到被轻视。

对预算的普遍不满，部分是因为预算被使用的范围太广泛了。如果预算没有被如此普遍地被使用，那么将有很少的抱怨。许多公司都在积极改进它们的预算过程，而其他的公司则放弃了预算。公司保留预算的一个原因是：预算仍然是公司里唯一的中央协调机制。

两种不同的方法被推荐以改进预算过程。① 一个方法是：将预算的制定分为两个截然不同的步骤。第一步和组织中的最低层级密切相关，就是使用业务项目而非财务项目来制定预算。在这一步，预算需要有关估计的资源需求的数据以及用非财务项目表示的产出数据，例如单位产出、各种类型的劳动小时和资源消耗率。当资源消耗需求等于可用于经营公司的可用资源时，业务预算就达到了平衡。第二步，根据第一步中制订的业务计划来编制财务计划。这两步使得预算过程更能够代表一个组织实际上是怎样通过平衡业务需求来运营的。第一步提供了一个更为复杂的平衡生产力的模型。低层经理更容易通过业务项目而非财务项目来理解和交流信息。低层经理的专有知识通常通过非财务项目来表达，而第一步则直接利用了他们的专有知识。

但是，这个方法比传统预算（仅仅用财务项目来表达）的成本要高，因为有更多的有关个体资源的具体信息需要收集和管理。另外，这个方法，就像它的支持者描述的那样，没有包含第三步。在第三步，组织不断地在第一步和第二步之间调整重做，直到解决各种矛盾。例如，考虑一个包裹邮递公司。假设某种特殊的资源，如邮车数量和预期的订单数量，是平衡的。在预算编制期，高级营销经理认识到出货的平均体积预期会有所增加。这种平均出货体积会增加的信息必须传递给负责管理车队的经理。因为如果是更大的平均包裹体积，公司可能没有足够的运力来运送同样数量的

① S. Hansen, D. Otley, W. Van der Stede , "Practice Developments in Budgeting : An Overview and Research Perspective," *Journal of Management Accounting Research* 15 (2003), pp. 95 – 116.

包裹。也就是说，公司不得不决定是否要增加车队的规模，获取更大的卡车，提高送货的价格（为了减少货量），或者是前面三者的结合使用。在公司里必须考虑成本效益的均衡。更准确地说，两步法的支持者并没有详细说明这样的分析和决定应该如何以及在何时做出。

第二种改进预算的方法是回避所谓的“年度业绩陷阱”。这个方法不使用预算作为业绩目标。仍然为财务计划编制预算（决策管理），但是不使用预算进行绩效评估。相反，公司使用其他单位和公司的相对绩效目标，并且将这些同等级单位的业绩与被评价单位的实际业绩做比较。首先，为每一个预算单元设定一个同级别的基准集合。这些基准要么是同一家公司的不同单位，要么是它们的主要竞争对手。然后，将该单元的实际业绩和基准单元的实际业绩相比较。主观决定实际奖金的时候不仅要考虑基准单位的业绩，还要考虑其他财务和非财务业绩衡量指标。这种方法通过分离财务计划、信息交流、协调（决策管理）与绩效评估和绩效奖励（决策控制），改进了预算过程。这个方法的支持者宣称，通过分离决策管理和决策控制，有效改进了决策管理，因为管理层有较少的动机在初始预算估计上和公司博弈。但是，利用相对绩效评估和主观评估也不是不会出问题。经理们仍然有动机在如何选择基准单位上进行博弈。不能保证做出主观评估的经理是大公无私的，因此也不能保证只是部分依据基准业绩而接受评估的人员将接受一个没有不正当控制或者是没有施加不正当影响的评估。

没有一种简单的适合一切的万能药可以用于解决预算中出现的决策管理和决策控制之间的冲突，也没有这样一种解决措施曾被大家发现。预算扮演了决策管理和决策控制的角色，每一个公司必须及时找到最适合其独特环境的解决措施。预算过程（和补偿计划联系在一起）将随着公司所处环境的改变而有所发展。

5. 职能权衡的管理

在许多组织中，为了对决策管理和决策控制之间的职能权衡进行管理，由企业的首席执行官直接负责预算过程。尽管收集数据并编制预算是企业的财务总监或总会计师的正式职责，但企业的总裁或首席执行官却掌握着最终的决策权。企业的首席执行官出于以下原因掌握着最终的控制权。首先，这体现了预算过程的重要性；其次，企业的首席执行官就整个企业而言掌握着专门的知识信息，并且能从整个公司的角度制定适当的职能权衡措施，从而解决企业各个部门之间由于关键性计划假设或活动协调而造成的争议。麦肯锡（1992）这样写道：

“在有些情况下，企业的销售部门可能会认为，其销售的产品数量多于生产部门在考虑其生产的获利能力的前提下愿意生产的数量。而在另一些情况下，企业的生产部门有可能会生产某些产品，企业的销售部门却认为他们无法对之进行销售。甚至于，也有可能企业的销售部门和生产部门都愿意增加其生产或销售，但企业的财务部门却不愿提供相应的资金。企业的各部门之间总存在各种各样的争端。很显然，在企业中能决定上述问题的唯一权威就是企业的首席执行官。因为只有他，才能对争端可能涉及的所有管理人员进行控制。”①

在许多公司中，除了让企业的首席执行官直接管理预算过程以外，还设置了预算委员会来参与预算活动。预算委员会是由主要的职能经理（如分管销售、生产、财务和人力资源的副总裁）组成的，由企业的首席执行官担任主席。这个委员会的工作是，使公司内专门知识信息的交流更为方便，并使各部门就关键计划假设达成一致意见。从根本上说，除非经过预算委员会的审批，否则不能接受一项预算或预测数据。得到预算委员会的审批后，组织中的各个不同部门即会接受组织中各个部门之间的信息交流。预算就是组织中各个不同部门之间进行有关交流的非正式契约。

本节复习思考题

Q6—8 当管理人员制定预算时，为什么会有意扭曲反映其预测数？

Q6—9 论述何为由下而上的预算体制。

Q6—10 论述什么是棘轮效应。

Q6—11 请描述参与型预算。

微软公司的新预算系统

微软公司，在99个国家有着6万多名员工，通过改组成为7个不同的商业实体。预算系统也随之改变。改组前，微软的集权管理很不灵活，并且它的工程技术团队（用于开发软件）并不对销售负责。改组后，每个商业团队的CFO都要对本团队的战略、预算、市场分析以及经营费用负责。每个商业实体都要根据自身的产品开发战略和公司整体的战略制定预算。

预算过程包括以下步骤：

1. 在6月底，每个商业实体的负责人与CEO一起回顾其战略、预计的变化和进行的投资。

2. 7月将进行一个“深入的年中回顾”，按地区、产品线和分销渠道分析经营的趋势。基于上述评估，公司开始为各个团队设定经营目标。

3. 一旦公司设定了初步的目标，CEO与每个商业团队会面以谈论下一年的经验目标。该目标是微软CEO对商业团队的期望，通过销售增长率、盈余和产品开发等指标来体现。

4. CEO与每个商业团队就总体目标达成一致意见后，开始制定具体的预算，这通常要花费大概8周的时间。

“为什么预算对企业经营有害?”

1990年6月4日的《财富》杂志发表了一篇题为《为什么预算对企业经营有害?》的文章。文中这样写道：

“专家们认为，预算关注一些不必要的项目，如人数，却忽略了真正重要的内容，如质量、客户服务，甚至是利润。更糟的是，预算在企业的各部门之间以及企业和其客户之间建立起高墙，阻隔了它们之间的联系。

当一个人被预算控制的时候，他就不控制企业的经营了。

① McKinsey（1922），pp. 44－45.

对预算的依赖是美国管理的一个根本缺陷。这是因为，预算认为任何重要的事项都可以通过本季度的或是本年度的金额表达出来，从而管理人员就能通过对资金的管理实现对企业经营的管理。然而，这种观念是十分错误的，仅仅指出发生的费用没有超出预算的金额并不一定意味着这笔费用用得恰当。

在追查资金运用的方向时，预算能发挥一流的作用。但是，如果面临更多的任务时，预算就可能不再公正了。一旦预算成为管理人员对经营业绩进行评价的主要工具时，即是如此。管理人员为了制定预算，会做出令人难以置信的蠢事，尤其是当存在相应的激励时更是如此。为了讨好边缘性的客户，他们可能把价格降得过低。

预算最为严重的缺陷在于它所没有衡量的内容。一项预算可能能反映为客户提供服务所花费的金额，但却不能反映出客户对这一服务的评价。”

上述的引文似乎没有认识到预算体系正得到广泛的运用，并且成功地生存下来。因此，这一体系所产生的收益必然不少于其产生的成本。在某些公司中，预算体系可能会产生使管理人员过于谨慎的激励或“为了制定预算而做出令人难以置信的蠢事”。但问题在于，如果没有运用预算，在公司中是否会出现更多的不良行为呢？有许多公司在运用预算这一事实说明，放弃预算并不意味着一定成功。

尽管在上面的引文中对预算体系中存在的一些问题进行了分析，但是它并未能指出使得这一体系生存下来的长处所在。

参与预算审核的个人

一项对美国400家大型企业的调查研究表明，下述的个人参与了预算的正式审核工作：

个人	相应的企业占被调查企业的百分比
董事会成员	58%
经理委员会	29%
董事长	54%
总裁	74%
执行副总裁	39%
财务副总裁	57%
总会计师	42%
管理委员会	22%
计划委员会	8%
预算委员会	14%

上述的百分比加总后大于100%，这是因为企业中预算的正式审核可能不只涉及一个团体或个人。从上述数据得出下述两个重要的结论：(1) 多层次的预算审核是十分必要的；(2) 企业的最高层主管参与预算的审核工作，有58%被调查公司的董事会参与了此项工作。

资料来源：S. Umapathy, *Current Budgeting Practices in U. S. Industry* (New York: Quorum Books, 1987), p. 23.

C. 解决特定的组织问题

正如本章第 1 节中的三个例子所描述的，预算体系是用来解决组织问题的一个管理工具。通常，这些体系将有助于：（1）将知识信息与决策权相联系；（2）对经营业绩进行评价并据以做出奖惩决定。海景乡村俱乐部的例子说明了预算是如何提供经营业绩的评价指标的；东部大学的例子则给出了成本中心和利润中心的定义，并指出预算是如何进行决策分权的；在施乐公司的例子中，我们对知识信息与决策权的联系进行了分析。本节将进一步分析各种预算工具，如短期与长期预算、项目预算、预算中止、弹性预算以及增量预算和零基预算。

1. 短期预算与长期预算

本章第 1 节提供的有关预算案例主要描绘了年度预算过程。年度预算的制定往往从上一年度开始，公司要就希望销售的各种产品的产量、价格、进行此类销售要花费的成本以及生产经营所必须融入的资金等情况制订详细的计划。以后，这些预算将成为公司各个责任中心（成本、利润和投资中心）之间的内部“契约”。由于这些年度预算每次只对以后 1 年的经营状况进行预测，因此可以视之为短期预算。但绝大多数的企业还会对其后 2 年、5 年，有时甚至是 10 年的情况进行预测。这种长期预算是制订组织战略性计划的关键内容。

所谓**战略性计划（strategic planning）**是指管理人员选择企业的总体目标以及实现这一目标的战略过程。其中既涉及进入哪个市场、生产何种产品的问题，也涉及应采用怎样的价格—数量组合的问题。举例来说，时代华纳（Time Warner）传播公司正面临着在其有线电视市场中是否应提供本地电话服务的战略性问题。制定这一决策需要掌握关于时代华纳公司及其竞争对手所面对的各类技术的专业知识，除此之外还要掌握关于对各种未来的产品的需求情况的信息。在战略性计划中，还要回答组织将以什么样的结构（包括未来的研究与开发、资本性支出及财务结构）来支持企业战略的实现。

像短期预算一样，长期预算也会促使掌握了专门知识信息的管理人员在各种情况下就其未来事件的预期状况进行交流。在长期预算中，还应包括实施企业的战略所必需的资本预算的预测（即融资计划）。研究与开发预算是一项长期的计划，主要是对公司在多个年度中为实现公司的战略、外购或开发技术要花费的资金做出的计划。

在短期预算中，关键的计划假设在于对数量和价格的预测。组织中的每一个部门都必须接受这些年度的关键性假设。在长期预算中，关键的计划假设是应进入哪一个市场以及应获取何种技术。

第 3 章讲述了资本预算。在决定一个新的投资之前，该投资的未来现金流已被估计出来。资本预算相对于每个项目来说是长期预算。

通常情况下，公司会将制定短期预算和长期预算合并为一个过程。在制定了下年预算的同时，也将制定出一个为期 5 年的预算。该 5 年预算中的第一年计划即为下一年的计划；第二、第三年的预算仍是相当详细的，并且第二年的预算将成为下一年编制 1 年期预算的基础；第四、第五年的预算相对比较粗略，但开始寻求新的市场机会。在其后的每一年，5年期的预算将依次向前推进1年，并重新执行上述过程。

在制定短期（年度）预算的过程中，既涉及决策管理也涉及决策控制职能，以及在这两种职能之间的权衡。长期预算几乎从来不被用作决策控制（经营业绩评价）的工具，而被主要用于决策管理。制定5年期及10年期的预算要求管理人员必须仔细考虑企业的战略，并提出其掌握的关于公司的潜在未来市场和技术的专门知识信息并进行交流。因此，由于在管理中较少地运用长期预算作为经营业绩评价的工具，长期预算比决策控制更加注重决策管理。

长期预算将减少管理人员对于短期经营业绩的关注。如果不存在长期预算，管理人员将倾向于削减用于如维护保养、广告及研究与开发费用等的支出，从而以损害公司的长期利益为代价提高其短期经营业绩，或令公司的短期预算达到盈亏平衡。而制定5年期的预算将提醒公司的高层管理人员及公司的董事会，关注短期目标与实现长期目标之间的均衡。

有些公司采用滚动性的预算体制。一项滚动性预算往往涉及一个固定的时段，如一年或两年。当前的时段结束了以后，就相应地增加一个新的时段的预算。举例来说，如有一项为期两年的滚动性预算则需按季编制，当前季度一结束，就要增加一个季度的预算（两年后）。通过这一方法，管理人员将始终能获得今后两年的计划。

放贷人需要5年期的预算

临近制定年度预算时，CFO最担心的是制定5年的计划。这样的计划需要几个月来制定，并且不大可能准确。超过两年后，那些数字都是猜测的。那么他们为何还做这些呢？

一个原因是：银行需要看到提供给其贷款的公司的预算，这些预算需涵盖贷款的期限。许多银行贷款是3年到5年期的。美洲银行的一个高级副总裁说，银行需要借款人提供贷款所需的几乎任何期限内的各种预测，“我们需要有关现金流的预测以及我们该如何得到回报方面的信息。我们依据这样的信息签订贷款协议和契约。为了了解该笔交易的风险，显而易见，我们需要这样问。”

一个发现这种预算很有用的公司CFO说：“我们制定5年期的预算，以便给我们自己一个远景来实现长期的增长目标。”

资料来源：K. Frieswick, “The Five-Year Itch,” *CFO*, February 2003, pp. 68 – 70.

滚动预算

许多公司，如思科（Cisco），正在用为期18个月的滚动预算来取代年度静态预算。因为年度静态预算会很快过时，所以它们经常没什么用。在财年的年末，当销售目标没有达到时，会使用大规模的销售折扣以促进销售。公司（如思科）不是制定1年的静态预算，而是制定18个月的预算，然后每个月进行更新。因此，在1月底，剩下17个月的月度预算会被修订，并且第二年的7月也会被编进预算。实际上，该年所剩月份的整个预算和下年头5个月的预算会被重新计算，然后再加入一个新的第十八个月。不像静态年度预算，在滚动预算前提下，经理被鼓励根据变化的经济和商业环境做出快速调整。滚动预算要求经理更好地完成计划与执行。

但是，将静态预算过程转变为滚动预算过程，通常需要进行规模很大的并且成本高昂的软件更新。公司正在配置基于互联网的软件系统，这套系统可以无缝地整合多个成本和利润（预算）中心。以前，每个预算中心向预算办公室提交它的Excel表格，然后预算办公室不得不再将这些数据转化成一个总的预算。一个公司声称合并独立的130个预算需要450个小时。现在每一个利润中心将其修订后的月度预算输入一个单一的标准化网页，该网页能自动将各个修订后的预算汇总成公司的预算。

资料来源：R. Myers, "Budgets on a Roll," *Journal of Accountancy*, December 2001, pp. 41 - 46; and M Astley, "Intranet Budgeting ," *Strategic Finance*, May 2003, pp. 30 - 33.

[练习题6—2]

有两家基于互联网的电子商务公司在两年前成立，都于上个月上市。它们有相同数量的员工，但提供不同的服务（它们不是竞争者）。两家公司都采用1年期的预算系统，唯一不同的是其中一家公司还采用了3年期的预算作为补充。

要求：为何一家公司仅采用1年期的预算而另一公司采用1年期和3年期的预算，试给出合理解释。

解答：1年期（或短期）的预算可作为决策管理和决策控制的工具。它们有助于为决策制定收集信息，它们同样可作为绩效评估的标准。显然，这两项职能需要权衡。3年期的预算可以专门用作计划文件，为决策制定收集信息。同时，采用1年期和3年期预算的公司管理者必定认为，首先，他们（和他们的同事）对长期（3年）的公司现金流和趋势拥有足够的专业知识信息；其次，收集这些信息所带来的好处多于编制3年期预算花费的成本。在其他公司，管理人员掌握的知识信息的持续期较短。

另外，采用3年期预算的公司会担心，仅仅采用1年期预算可能诱发管理者的短期行为，例如研发费用和广告费用的削减。

2. 项目预算

项目预算是指授权企业的管理人员对于特定项目其花费的费用不能超过所确定的金额的预算方式。举例来说，在表6—3所示的预算中，管理人员在本年度中有权用于办公用品的预算金额为12 000美元。如果在该年中，购买办公用品花费了11 000美元。由于公司所执行的是项目预算，因此管理人员并不能将节约下来的这1 000美元用于其他的项目，如购置额外的办公设备等。由于在没有事先取得批准的情况下，管理人员不能将某一项目上节约的金额用在其他项目，因此在这样的预算体制下，管理人员很少愿意追求成本节约。如果本年度的节余会减少下一年的预算，则管理人员更不愿意去追求任何形式的节约。

项目预算可避免代理成本的发生。负责某一项目的管理人员不能削减某一项目的支出，并将节约下来的资金用于其他增加自身福利的项目。通过对花费于特定的项目的资金金额的严格控制，组织可避免出现可能的管理机会主义。

在市级及州级政府中，项目预算的运用十分普遍。这一方法同样也适用于某些公司，但其限制条件却少得多。项目预算提供了一种极端的控制模式——管理人员在情况发生变化时也并不拥有在各个项目之间重新进行资源分配的决策权。在当年的经营条件下，如要做出这样的变动，需要先征得组织中高层管理人员的批准。

通过项目预算可以反映预算系统是如何通过决策分权来控制企业行为的。尤其是，当一名管理人员拥有在办公设备项目上支出 3 000 美元的决策权时，其并未拥有以邮资费替代办公设备的决策权。

一项对 120 家大型上市公司的研究发现，在直接向企业首席执行官报告的部门中，有 23% 的部门无权调整各项目预算数之间的金额分配，有 24% 的部门在得到授权的前提下可以调整各项目预算数之间的金额分配，另有 26% 的部门在特定的限制条件下才可以进行这种调整。① 其余 27% 的部门可以根据部门财务目标的需要在各项目预算数之间任意进行再分配。这一调查结果说明，即使在以盈利为目标的公司的较高层级中，项目预算的运用仍十分广泛。

在政府部门中，除了项目预算，还要运用**保留会计（encumbrance accounting）**。当签订一项采购合同，或发出一项采购订单时，甚至在产品未发运之前，在对求购产品及服务并无任何法律义务的情况下，保留会计都要求在特定的保留账户中对这类产品及服务的金额加以记录。当产品发运或是服务开始执行时，要作一个反向分录冲销保留账户中的金额，并将采购的费用计入相应的科目。通过将实际发生的采购数与这些尚未完全发生的保留数相加，负责对预算的完整性进行监督的管理人员就可以确保所有的费用都包括在项目预算的限额之中。②

表 6—3　**项目预算的例子**

项目	金额
薪金	$ 185 000
办公用品	12 000
办公设备	3 000
邮资费	1 900
维护保养费	350
设施费	1 200
租金	900
总计	$ 204 350

3. 预算销蚀

预算的另一项常见特征是**预算销蚀（budget lapsing）**，是指在年末尚未支付的资金不能转记到下年。预算销蚀使得管理人员倾向于将其所有的预算额度统统花完。否则的话，不但管理人员会损失这些未支付的资金所能够带来的利益，而且在下一年的预算中很有可能将这笔未支付的资金予以扣除。

采用销蚀方式的预算与不采用销蚀方式的预算相比，更能对管理人员实施严格的

① A. Christie, M. Joye, and R. Watts (2001).
② S. Sunder, *Theory of Accounting and Control* (Cincinnati, OH: South-Western Publishing, 1997), pp. 196 – 97.

控制。然而，由于预算销蚀而发生的机会成本可能会使经营效率下降。在年末，管理人员会花费大量的时间进行研究，从而确保其预算额度已经完全使用。为了用完预算额度，他们甚至会去购买一些价值低、成本高的产品，而这些产品本应于下年度购买。[①] 在通常情况下，若在年末发生这类额外的采购事项，公司还需支付大量的仓储成本。例如，有一名海军舰艇官员为了用完其剩余的预算，一下子购入了足够 18 个月使用的纸张。由于这些纸张很沉，因此只能将之平摊在船舱中，才能使船不至于倒向一边。

进一步讲，如果采用预算销蚀方式，在当年管理人员有可能无法迅速做出调整以适应不断变化的经营条件。举例来说，如果一名管理人员已花完了预算，但其又获得了一次以极低的价格进行采购的机会，这时在未得到特殊批准的条件下，管理人员并不能提前取用下一年的预算。

如果不采用预算销蚀的方式，则管理人员可能会在其预算中保留部分余额。当结束其职业生涯或在同一公司中转换职位时，这些管理人员会运用其以前的积累来支出大量的费用。举例来讲，他们可能会带上他们的下属到夏威夷进行一次“培训式休假”。采用预算销蚀的方式，可以防止规避风险的管理人员保留部分的预算额度以供情况不佳之时运用。如果某个管理人员为某项特定活动花完了其限定的金额是一种最佳选择，那么保留其中的部分金额作为后备资金就不是最佳的选择了。避免发生这类代理问题的一种方式就是采用预算销蚀。

存在预算的棘轮效应的情况下，使用（或不使用）预算销蚀需要在两种弊端下做出选择。代理成本不可能为零，只能尽可能地减小。

4. 静态与弹性预算

本章前面讨论过的案例反映的都是静态预算。这一预算不随数量的变化而变化，每个项目的预算数是一个确定的金额。与之不同，弹性预算则通过几个数量指标的函数形式来表现，将随数量的变化而变化。弹性预算所提供的激励作用与静态预算所提供的激励作用是不一样的。

下面讨论一个关于弹性预算的例子。假设某音乐会聘请了一支乐队进行演出，报酬为 20 000 美元外加门票收入的 15%。租用音乐厅的费用为 5 000 美元以及门票收入的 5%。每 200 名观众需聘请一名保安人员，其成本为 80 美元。广告、保险及其他固定成本总计 28 000 美元，票价为每张 18 美元。在表 6—4 中给出了该音乐会的弹性预算。

表 6—4　　**音乐会的弹性预算**

	公式	门票收入		
		3 000	4 000	5 000
收入	$ $18N^{*}$	$ 54 000	$ 72 000	$ 90 000
乐队	$ $20\,000 + 0.15 \times 18N$	(28 100)	(30 800)	(33 500)

① J. Zimmerman, “Budget Uncertainty and the Allocation Decision in a Nonprofit Organization,” *Journal of Accounting Research* 14 (Autumn 1976), pp. 301 – 19.

续表

公式		门票收入		
		3 000	4 000	5 000
音乐厅	$ 5 000 + 0.05 × 18N	(7 700)	(8 600)	(9 500)
保安	$ 80 × N/200	(1 200)	(1 600)	(2 000)
其他成本	$ 28 000	(28 000)	(28 000)	(28 000)
利润（损失）		$ (11 000)	$ 3 000	$ 17 000

*N 为售出的门票数量。

上述预算中的每一个项目都是以不同的数量（本案例为售出的门票数）对应不同的预算金额加以反映的。预算是根据不同的数量水平分别编制的：当售出 3 000 张门票时，预计会发生 11 000 美元的亏损；当售出 4 000 张门票及 5 000 张门票时，预计将分别创造 3 000 美元及 17 000 美元的利润。

运用弹性预算而非静态预算最主要的原因就是，它能够在控制了数量变化的影响后（当然在此假设被评价的个人不需要对这一数量的变化负责），更好地对某个人或某项目的真实经营业绩进行评价。举例来说，若有 5 000 名观众参加了此次音乐会，在表 6—5 中，将实际情况与在弹性预算下售出 5 000 张门票时的情况进行了对比。总利润比预期数少了 4 100 美元，这一差额中的大部分 3 000 美元是由于未能按 18 美元的价格出售门票而造成的。在售出的 5 000 张门票中，部分门票是打折出售的。租用音乐厅的实际成本为 9 900 美元，而非弹性预算中计算的结果 9 500 美元，增加的 400 美元费用被用于赔偿。当售出了 5 000 张门票时，租用音乐厅的预算自动上升为 9 500 美元，管理人员并不必对此数量变动负责。然而，管理人员却需要对由于损坏物品而发生的 400 美元的赔偿金负责。最后，其他成本金额中又多出了 700 美元，这是因为演唱会的组织者在编制预算时漏记了租用音响系统的成本。

表 6—5　**音乐会经营成果**

	售出 5 000 张门票时的弹性预算	实际数据	有利（不利）差异
收入	$ 90 000	$ 87 000	$ (3 000)
乐队	(33 500)	(33 500)	0
音乐厅	(9 500)	(9 900)	(400)
保安	(2 000)	(2 000)	0
其他成本	(28 000)	(28 700)	(700)
利润（亏损）	$ 17 000	$ 12 900	$ 4 100

关键的问题是：如果导致数量变动的因素并不在管理人员的控制范围内，那么管理人员是否应对这些数量变动负责？对此问题的第一反应是“不”。持这一观点的人认为，管理人员只在他们对数量具有某种程度的控制能力时，才需对数量变动的影响负责。然而，这一理由并不充分。我们曾在第 5 章中讨论过关于控制力的原则问题，应该说，如果管理人员的行为会对数量变化的结果产生影响，则该管理人员就应该对

数量变动负一定的责任。[①] 举例来说，如果管理人员可以在经济萧条时减少公司不易贮存的存货的数量，则他们应对整个存货的数量负责。这一措施可能会激励企业的管理人员采取一些行动，从而削弱或加强其难以控制的数量指标对组织的影响。

在怎样的情况下，公司或部门应运用静态预算指标？在怎样的情况下，又应运用弹性预算指标呢？由于在静态预算中未能根据数量的影响对预算进行相应的调整，因此就忽略了数量波动的影响，而只是在实际数据与预算数的差异中反映了这一影响的结果。由此可见，在静态预算中，管理人员不得不对数量的波动负责。如果管理人员对于数量或数量的结果进行某种控制的话，静态预算就应被视作进行经营业绩评价的标准。与此同时，在编制弹性预算时必须对数量的变动加以考虑，因此在弹性预算中并未忽略数量的变动，但数量的变动并未反映在实际数与预算数的差异中。弹性预算体制下，管理人员不一定要对数量的变动负责。因而，如果管理人员对数量及数量的变动并不具有任何的控制能力，则弹性预算可被视为对管理人员的经营业绩进行评价的标准。运用弹性预算可以减少管理人员由于数量变动而承受的风险。

在对 219 家美国上市公司进行调查后发现，有 48% 的公司对生产成本采用了弹性预算，但仅有 27% 的公司对分销、市场营销、研究与开发、管理费用采用弹性预算。[②] 这些数据说明，在生产部门，弹性预算得到了广泛的运用，在这里数量指标是已知的，而成本将随数量的变化而变化。

在前面的例子中，对预算是怎样根据不同的数量加以调整的进行了说明。但事实上，弹性预算涉及的范围更为宽泛，也可以随数量以外的其他变量的变化对其进行相应的调整，如市场占有率、外币波动、不同的通货膨胀率及其他的管理人员不能控制的并会造成预算变动的变量所发生的变化。

[练习题 6—3]

八月公司（August Company）刚结束的月份预算显示，公司需要生产并销售 5 000 件产品，售价为每件 8 美元。公司实际生产和销售的产品数量为 5 200 件，收入为 42 120 美元。变动成本预算数为每件 3 美元，固定成本预算数为每件 2 美元。实际变动成本为 3.3 美元，固定成本为 12 000 美元。

要求：

a. 编制一份经营报告以反映公司该月份的经营状况。

b. 写一份简短的备忘录分析公司该月份的经营业绩。

解答：

a. 该月份的经营报告如下：

---

① G. Baker, M. Jensen, and K. Murphy, "Compensation and Incentives: Practice vs. Theory," *Journal of Finance* 43 (July 1988) pp. 593 – 616.

② W. Cress and J. Pettijohn (1985), pp. 65 – 66.

八月公司

经营报告（本月）

	Ⅰ 静态预算	Ⅱ 实际数	Ⅲ 差异（Ⅱ－Ⅰ）	Ⅳ 弹性预算（5 200）	Ⅴ 差异
收入	$ 40 000	$ 42 120	$ 2 120F	$ 41 600*	$ 520F
减：					
变动成本	15 000	17 160	2 160U	15 600**	1 560U
边际贡献	$ 25 000	$ 24 960	$ 40U	$ 26 000	$ 1 040U
减：					
固定成本	10 000	12 000	2 000U	10 000	2 000U
利润	$ 15 000	$ 12 960	$ 2 040U	$ 16 000	$ 3 040U

说明：F为有利差异，U为不利差异。

*5 200 × $ 8。

**5 200 × $ 3。

b. 要解决的问题是业绩应该与静态预算还是弹性预算相比较。上表第Ⅲ列将静态预算作为基准来评估实际业绩，结果表明尽管收入高于预算，变动成本的增加额却超过了收入的有利差异。当考虑了固定成本的不利差异时，利润比预算少了2 040 美元（13.6%）。

上表的最后两列从另一个角度考虑问题。参考的标准不再是产量为5 000 件时的静态预算了，而是当产量为5 200 件时的情形。在这个例子中，利润比采用弹性预算下降了3 040 美元（19%）。如果我们的成本结构保持不变，那么当产量为5 200 件时，产生的利润应该为16 000 美元。但是每件产品的变动成本的增加高于价格的增加，导致了不利的边际贡献差异1 040 美元。当考虑2 000 美元的不利固定成本差异时，会发现在采用弹性预算时，会出现3 040 美元的不利的利润差异。

因此，问题在于：经理是否应该对产量的变动负责？

5. 增量预算与零基预算

绝大多数的组织是以当年的预算为起点来编制下一年度的预算的，并运用预期的价格和数量的变化对当年预算的各个项目进行调整。由于有关公司的详细的专门知识和信息主要存在于企业较低的层级中，因而绝大多数组织的预算是由下而上拟定的。组织中的底层管理人员通过对当年预算的各个项目进行增量的调整，来编制下一年的预算。举例来说，管理人员在上一年采购预算的基础上综合考虑由于通货膨胀、数量变化而增加的采购金额以及新的项目中的采购计划，即可得出下一年的采购项目的预算数。只有对上述增量进行了充分的详细说明，才可以将其作为预算过程的一部分予以提交。在组织的较高层级，要对这类增量预算进行复核和调整。但在复核时，上级部门往往只对预算中增量的部分加以详细地分析，而对其所依据的核心预算（如上一年的基础预算）则不会进行过多的分析。

在运用**零基预算（zero-based budgeting，ZBB）** 时，组织的高层管理人员则认为每年都要对预算中的每一个项目进行重新复核与调整。每年，首先要将所有的项目重新设定为零，然后再彻底地重新设定。组织中的部门每年都要证明支付的全部费用（或项目费用）都是必须的，而不是仅仅说明改动的情况。在对零基预算进行复核时，通常会提出下述问题：是否应从事该项作业？如取消该项作业会发生怎样的情况？达到怎样的质量与数量水平，才可以从事该项作业？是否可通过其他方式，如聘用一个外部公司提供相应的产品与服务（或从外采购）来完成该项作业？与本公司相似的企业用于这一作业的费用是多少？

总体而言，零基预算可以使管理人员认识到那些总成本超过总利润的费用，并消除这些成本从而达到公司价值的最大化。增量预算是在基础预算上加上变动金额而得出的新的预算。当某项费用的成本超过其收益时，即将增加的费用扣除，但效率不高的基础预算仍被保留下来。

实践中，零基预算并未得到广泛的运用。大家都认为零基预算比传统的增量预算优越，但实际上在运用时，人们往往还是会选择增量预算。在运用零基预算法的每一年中，编制预算的理由和前提与上一年基本相同，然后在此基础上再对增量加以相应的调整。由于在零基预算法下比在增量预算法下报告得更为详细，因此公司的高层管理人员就会将注意力集中在本年预算与上年预算的变化比较上。另外，公司常常从内部提拔人才而非直接从公司外聘用相应的人才。在同一个部门或分支机构中，这种提拔往往是垂直进行的。这种从内部提拔起来的管理人员仍掌握着关于其以前所从事工作的详细的知识和信息。因此，对这些低层次的预算进行复核的管理人员可能对相关的经营情况拥有大量的知识和信息，甚至在以前还拥有对此项经营的部分的或全部的决策权。这些管理人员对于基础预算已十分了解，现在只需了解基础预算的变动情况就可以了。

在中层及高层管理人员调动较频繁的组织中，零基预算是最有效的。管理人员的调换会破坏对专门知识及信息的掌握。同样的，在存在大量战略变动及高度不确定性的条件下，零基预算也是十分有用的。举例来说，当某武器制造商转而进入民用产品市场时，就倾向于运用零基预算。在这样的情况下，每年对预算的各个项目重新进行彻底的计算，可以更好地为掌握决策控制权的管理人员提供关于各部门或项目的总成本及利润信息。然而，编制零基预算的成本却大大高于增量预算。

零基预算通常被运用于政府预算中。卡特（Carter）总统在担任佐治亚州的州长时即运用了这一方法。20 世纪 70 年代他担任联邦总统时，运用的也是零基预算。在政府部门中，掌握决策管理权的管理人员是在相应的部门与机构中工作的专职公务员。决策控制权由行政性或立法性的机构所掌握。这类推选出的对专业机构进行监督的组织成员的任期较短，因此掌握的有关部门职能的专门知识也甚少。运用零基预算可以帮助他们权衡各个项目，而不是仅仅对各项目的增量数据进行调整。

本节复习思考题

Q6—12 什么是短期预算？什么是长期预算？

Q6—13 项目预算的优缺点各是什么？

Q6—14 为何有些组织采用了预算销蚀法？这一方法有哪些缺点？

Q6—15 试给出静态预算与弹性预算的定义，并讨论这些方法的优缺点。

Q6—16 试给出增量预算与零基预算的定义，并对这些方法的优缺点进行讨论。

D. 本章小结

预算是用来解决公司中组织问题的一项重要工具。预算有助于决策权的分配，并且为衡量企业经营业绩提供标准。在编制预算时，组织中的每个部门都要对其拥有执行权的决策权进行确认。

预算的优点有：

1. 使企业的生产与销售协调一致。
2. 以公式形式展现具有盈利性的销售及生产项目。
3. 使企业的生产和销售与财务状况协调一致。
4. 对费用支出进行适当的控制。
5. 以公式形式反映财务性项目（包括投资和融资项目）。
6. 使企业经营的各项活动协调一致。

在反复由下而上、由上而下来制定预算的过程中也涉及对专门知识和信息的归集、整理。预算需经各方协商、调整并达成一致意见。也就是说，预算是决策管理过程的一部分。同时，在决策控制中也要用到预算的方法。事实上，预算包含决策制定和决策控制的权衡。在理想的情况下，预算体系可将专门知识信息与决策权联系在一起，从而改善所制定的决策的效果。但如果预算也被用于控制，并且在企业中存在对实现这一目标的激励，则企业的管理人员在编制预算时，会有意歪曲其预测数，从而提升其实际经营成果所带来的经营业绩。同样的，预算及经营业绩评价体系的设计者必须对激励作用（控制）与进行更为准确的预测（专门知识和信息的传递）进行综合的考虑。在本书第 12 章及第 13 章中，我们还将对预算的激励作用以及差异的分析进行讨论。

一种阻止经理歪曲预算的办法是制定由上而下的预算，这种方法被称之为棘轮效应。下年的预算依据上年实际数与预算数的差异来制定。当上年实际经营的业绩好于预算时，下年预算的增加额将大于当上年实际经营业绩比预算差时所减少的下年预算额。这种简单的向上滚动的预算意味着经理再也没有必要制定他们自己的预算，但是这样也会促使他们在经营业绩好的年份隐藏部分经营成果，以使下年的预算不那么具有挑战性。

短期预算既涉及决策管理又涉及决策控制，长期预算（3 ~ 10 年）则较少关注决策控制。管理人员对实现长期预算目标负责的可能性比对实现短期预算目标负责的可能性小，因为长期预算主要被用于信息的分享。

项目预算及预算销蚀都是对管理人员的决策权进行限制的工具。进行项目预算可以防止管理人员在预算的各个不同项目之间进行资源的调配。实行预算销蚀则可防止管理人员将在本年度中未用完的资金转移到以后年度使用。项目预算和预算销蚀都会减少管理人员追求成本节约的动力，因为他们节约下来的金额将不再归他们支配。

静态预算使管理人员要对数量的变动负责，而在弹性预算下则不必。即使在管理人员无力控制数量的情况下，运用弹性预算进行评价的管理人员对数量变动结果进行控制的倾向也较弱。

最后，绝大多数的预算过程都采用了增量预算的方法。在这一方法下，管理人员在编制预算时只需在上年预算的基础上进行相应的调整。在零基预算法下，管理人员必须对整个预算进行调整。当对某项预算拥有决策审核及监督权的管理人员并未掌握有关此项经营的专门知识和信息时，运用零基预算可以达到最好的效果。如果对某项预算拥有决策控制权的管理人员是从内部直接提拔的，且其拥有关于此项经营的专业知识，则在这样的情况下，零基预算通常会变为增量预算。

附录：综合性预算案例分析

在第6章中，我们讨论了有关预算的重要的概念性问题。在这个附录中，我们将对公司中的各个部门如何以一种全公司管理者所采用的预算形式来进行专门知识和信息的交流进行说明。在本例中，对组织各个部门如何编制其预算，协调组织中各部门各项活动的重要性，以及如何将公司中的各项预算合并为一个整体等问题进行了说明。

1. 公司的背景资料：耐奇苹果公司（NaturApples）

耐奇苹果公司是纽约北部的一家苹果加工厂，主要生产以下两种产品：苹果酱及苹果饼的馅心。苹果酱是直接食用的，而苹果饼的馅心则是用于烤制苹果饼的。该公司向当地的果农收购以下两种品种的苹果：麦克考斯（McCouns）及格兰尼斯（Grannys）。加工后的苹果酱和苹果饼的馅心都用罐头盒包装。公司的主要客户是机构购买者，如医院、学校、军事基地和大学。耐奇苹果公司只是一家小型的食品加工厂，其市场是地区性的。公司聘请了4名销售代表，由他们在4个州的范围内直接给客户打电话进行产品销售。公司另有一名销售人员负责将公司的产品销售给食品分销商，再由这些分销商直接向餐厅销售。

公司设有两个部门：生产处理部门和市场营销部门。每个部门都由一名副总裁进行管理，并直接向公司总裁汇报。公司的财务副总裁主要负责公司中所有财务领域的工作，包括归集数据和编制预算。公司的总裁和3名副总裁组成了公司的行政主管委员会，对预算的编制过程实施监督。

苹果在每年的秋季收获。公司与当地的许多果农签订了长期的采购合约，如果当地苹果的生产量低于预期值，则公司将在现货市场上进一步采购；同样的，如果收获的苹果多于公司所能处理的数量，则多余的苹果也可在现货市场上售出。与当地果农签订长期采购合约以及在现货市场上进行苹果的购销活动，是由公司的总裁和财务副总裁负责的。

一旦苹果被收获，就将被储存在耐奇苹果公司的冷库中，或者存放在其他公司的库房中，直到耐奇公司将其用于生产。每年生产处理工作为期9个月。到10月，工厂停工3个月后再开始生产。工人首先要彻底地对所有设备进行清洗和检查。到10月中旬，苹果会被陆续运到。到11月底，收获的苹果已完全储存在库房中，或用于生产。到第二年的6月，所有的苹果都已生产处理完毕，7月、8月和9月工厂将关闭一段时间。耐奇公司的财务年度为第一年的10月1日到来年的9月30日。

公司生产的两种产品（苹果酱和苹果饼馅心）都要同时运用两种苹果进行生产（麦克考斯和格兰尼斯）。产品的生产过程包括检验、清洗、削皮和切块。此后，这些苹果要么被研磨成苹果酱，要么被切块制成苹果饼的馅心。然后，这些苹果将与其他配料，如香料及化学稳定剂等混合，在大缸中制熟。这两种产品在生产完工以后，都要立即在一条单独的罐装线上被装入 5 磅的罐头盒中，最后装箱，每箱有 12 只罐头。产品的保质期为 2 年，工厂在接到订单以前将所有的产品都储存在公司中。公司聘用个体货车司机将苹果运到耐奇苹果公司，之后再将产成品运往客户处。

2. 对预算过程的概述

耐奇苹果公司对下一个财务年度的预算是从 8 月开始的，而下一个财务年度是从 14 个月后开始的。也就是说，耐奇苹果公司在尚未开始下一个财务年度时（还没到 10 月），即已从 8 月开始编制下一年的预算了。8 月，已可以对当年秋季苹果的收获情况进行合理的预测了。公司的总裁和财务副总裁将对公司已签订长期契约的下一年的苹果收获情况进行预测；主管市场营销的副总裁开始对下一财务年度的有关销售进行预测；同样的，主管生产处理的副总裁将对产品成本和公司的生产能力进行预测。在其后的 14 个月中，每两个月公司就要根据最新的信息，对市场营销、生产处理以及苹果采购情况的预算进行调整，并且总裁、3 位副总裁还将举行一次晨会，对这些调整进行讨论。在每年的 6 月，下一财务年度（从 10 月 1 日开始）财务预算的终稿经由行政主管委员会讨论后，会被提交给董事会进行审批。行政主管委员会每周还需集中一次，对当年的经营状况进行回顾并将实际的经营情况与预算情况进行比较。除此以外，还将对其他一些有关生产经营的问题进行讨论。

图 6—3 的概览图，反映出耐奇苹果公司各分预算之间及与公司总预算之间的关系。总预算是由在图 6—3 底部的预算利润表、资产负债表及现金流量表构成的。所有其他的预算将为总预算提供详细的资料，包括编制总体预算依据的各种关键的计划假设。

在耐奇苹果公司编制预算的过程中，必须考虑三个关键的要素，即苹果的采购、销售及生产。这三项要素必须在内部与采购的各种苹果的数量及生产销售的各种产品的数量相一致。一旦关于这三项要素的预算得以确定，即可确定最终存货的预算数。在已知生产预算的前提下，可以编制直接人工及制造费用的预算。后两个预算和直接材料预算（根据苹果采购预测）可决定销售产品成本的预算。可以根据上述的预算及关于管理费用的预算，其中包括其他预算中所未包括的高层管理人员的薪金及其他管理费用，编制出预算利润表。

图 6—3 靠近下方的资本投资预算是建立在投资计划分析的基础上的。资本投资预算中包括了所有的盈利性项目，其中也包括从上一年开始但尚未完工的项目。耐奇苹果公司的资本投资预算及预算利润表是公司编制预算资产负债表及现金流量表的基础。在本节的其他部分，将对各种构成预算的编制进行说明。

在耐奇苹果公司的实践中，运用了下述会计惯例：

1. 在有关存货的会计处理中运用了先进先出法。
2. 运用弹性预算对制造费用进行预测。

变动制造费用将随工厂中发生的直接人工数的变动而变动。通过运用生产产品所花费的直接人工工时数，可以将总制造费用分配到各产品的成本中去。在本书的第 9

章中，将对有关向各产品分摊制造费用的情况进行进一步的讨论。

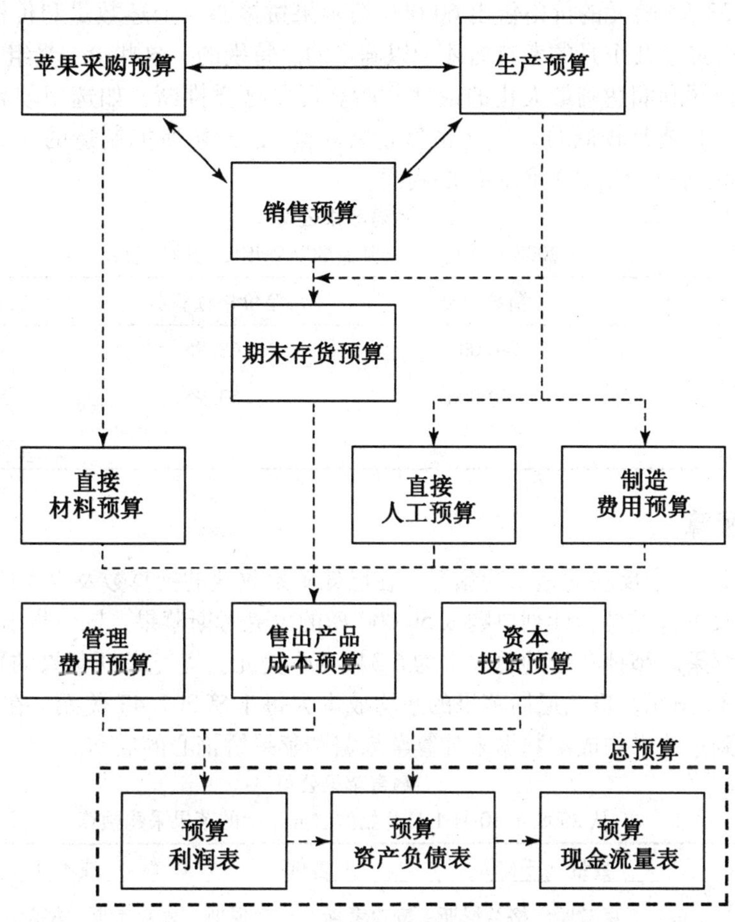

图 6—3　总预算组成部分的逻辑流程图

表 6—6 提供了此预算例题的基本数据。在本表中包括了一些主要的经营数据，如期初存货等。该表的后半部分，则提供了每生产一箱苹果酱及一箱苹果饼馅心需要的各种品种的苹果的数量。

表 6—6　**耐奇苹果公司**

从 2008 年 10 月 1 日开始的财务年度的基本数据

	箱	每箱成本	总额
期初存货			
苹果酱	13 500	$ 57.96	$ 782 460
苹果饼馅心	2 300	$ 48.81	$ 112 263
	麦克考斯苹果	格兰尼斯苹果	
每箱苹果的磅数			
苹果酱	60	40	
苹果饼馅心	50	30	

到 6 月，公司的行政主管委员会对于下一年的产量情况达成了共识。下一个财务年度的销售预算参见表 6—7。这些数据是在本章中分析的关键性计划假设的例子。

公司的行政主管委员会认为可以以每箱68.95美元的价格售出140 000箱苹果酱，同时以每箱53.95美元的价格售出60 000箱苹果饼馅心。上述数量和价格是在对各种价—量组合经过几个月的考查后才予以确定的。特别的，这些价—量组合代表了管理人员能使公司利润达到最大化的最佳判断。可以这样推断，如选用较高的售价（销售量将较低）或是较低的售价（销售量将较高），公司所能制造的利润都将低于表6—7所示的价—量组合所创造出的利润。

表6—7 **耐奇苹果公司**

从2008年10月1日开始的财务年度的销售预算

	箱数预测	每箱价格预算数	收益预算数
苹果酱	140 000	$ 68.95	$ 9 653 000
苹果饼馅心	60 000	53.95	3 237 000
总计			$ 12 890 000

3. 部门预算

在表6—8中反映的是采购预算。在已知苹果收获的推算数及生产计划的前提下，公司的行政主管委员会计划再购入50 000磅的麦克考斯苹果，同时售出910 000磅的格兰尼斯苹果。预计苹果的总成本为6 344 200美元。麦克考斯苹果的平均成本为每千磅380.32美元，格兰尼斯苹果的平均成本为每千磅307.43美元。在后面表6—12中还将用到这些平均成本数据来计算苹果酱和苹果饼馅心的成本。

表6—8 **耐奇苹果公司**

从2008年10月1日开始的财务年度的苹果采购预算

	数量（千磅）		售价		成本（千美元）		
	麦克考斯	格兰尼斯	麦克考斯	格兰尼斯	麦克考斯	格兰尼斯	总计
长期采购合约	10 900	8 000	$ 380	$ 310	$ 4142.0	$ 2480.0	$ 6622.0
市场采购（销售）	50	(910)	450	330	22.5	(300.3)	(277.8)
总计	10 950	7 090			$ 4164.5	$ 2179.7	$ 6344.2
耗费磅数（磅）					10 950	7 090	
每千磅成本					$ 380.32	$ 307.43	

第三个重要的构成预算是在表6—9中反映的生产预算。生产预算、苹果采购预算及销售预算必须满足下述的存货—产量—销量公式：

期初存货 + 产量 = 销量 + 期末存货

表6—9 **耐奇苹果公司**

从2008年10月1日开始的财务年度的生产预算

	箱数预测数	麦克考斯苹果磅数	格兰尼斯苹果磅数
苹果酱	130 000	7 800 000	5 200 000
苹果饼馅心	63 000	3 150 000	1 890 000
总计		10 950 000	7 090 000

期初存货及本期生产的产品要么用于销售，要么成为期末存货。期初存货的数据是事先知道的。在剩下的3个变量中，任意确定两个变量的值即可求出第三个变量的值。如给定苹果的采购数量、销售预算数及最小的存货水平，则只要生产处理部门的生产能力能达到要求即可根据存货—产量—销量公式求出产量的预算数。

根据表6—9中给出的生产预算，我们发现生产预算中预计生产的箱数与在表6—7中预计销售的箱数并不一致。苹果酱的计划产量比销售量少1万箱，这是公司管理人员决定降低苹果酱的存货而制定的策略。从另一方面来说，苹果饼馅心的存货数增加了3 000箱。表6—9的最后两栏反映了要生产预算数量的产品所要耗用的麦克考斯苹果和格兰尼斯苹果的数量。耗用的每种苹果的总数量（1 095万磅麦克考斯苹果及709万磅格兰尼斯苹果）与在表6—8苹果采购预算中的数量一致，这反映了预算工作的相互协调性。组织中的各个部门最终要就产量达成协议。

表6—7、表6—8、表6—9是与图6—3顶部的三个框图的内容相对应的。如果给定这三项关键的分部预算，则公司总体预算的其余部分就可以据此进行编制了。下一个要编制的预算为期末的存货预算，见表6—10。苹果酱的期末存货的预算数为3 500箱,苹果饼馅心的期末存货的预算数为5 300箱。维持一定数量的期末存货可保证一段时期的稳定生产，并且能够确保在预期价格下实际需求高于预算需求时有充足的产品供应。

表6—10

耐奇苹果公司

从2008年10月1日开始的财务年度的期末存货预算

	苹果酱	苹果饼馅心
期初存货数	13 500	2 300
加：产量	130 000	63 000
可供销售数	143 500	65 300
减：售出的箱数	140 000	60 000
期末存货数	3 500	5 300

下一步即要着手编制有关直接人工、直接材料和生产制造费用的预算，这些预算分别见表6—11、表6—12、表6—13。表6—11中反映了直接人工预算。直接人工与间接人工不同，是指公司员工为生产某特定产品而实际花费的工作时间。间接人工是指员工维护保养机器设备及空闲的时间。在本书的第9章中，将对上述区别进行更为详尽的论述。在表6—11中，提供了关于执行每项生产处理职能生产苹果酱与苹果饼馅心所需的直接人工工时。生产一箱果酱需要花费0.60个直接人工工时（36分钟），而生产一箱苹果饼馅心则需要0.54个直接人工工时（32.4分钟）。将这些工时数与生产产品箱数的预算数相乘，即可得到公司下一年生产每一种产品所需的直接人工工时总数（生产苹果酱要花费78 000个人工工时，生产苹果饼馅心要花费34 020个人工工时）。

表 6—11　**耐奇苹果公司**

从 2008 年 10 月 1 日开始的财务年度的直接人工预算

	直接人工工时/箱	
	苹果酱	苹果饼馅心
挑拣、清洗、削皮、切块	0.30	0.24
制酱	0.10	0.00
切粒	0.00	0.04
制熟	0.10	0.16
装罐	0.10	0.10
每箱总计工时	0.60	0.54
×箱子预算数	130 000	63 000
人工工时预算数	78 000	34 020
×人工费用预算数	\$ 8.75	\$ 8.75
人工成本预算数	\$ 682 500	\$ 297 675

表 6—12 中所反映的直接材料预算是由苹果的采购预算直接扩展得来的，其中包括添加到苹果酱和苹果饼馅心中去的调料与成分。在计算生产苹果酱及苹果饼馅心耗用的各种苹果的成本时，还要用到表 6—8 中列示的每 1 000 磅某种苹果的平均成本数据。除苹果的成本之外，还需加上其他配料的成本：每箱苹果酱的成本为 0.45 美元，每箱苹果饼馅心的成本为 0.33 美元。企业的管理人员根据配料表计算出所需的其他配料的数量，并对可能出现的任何价格变动进行预测，最后得出有关成本的预期数。生产苹果酱的直接材料总成本的预算数为 4 623 632 美元，生产苹果饼馅心的直接材料总成本的预算数为 1 799 841 美元。

表 6—12　**耐奇苹果公司**

从 2008 年 10 月 1 日开始的财务年度的直接材料预算

	苹果酱		苹果饼馅心	
苹果成本				
购入的麦克考斯苹果的数量（千磅）	7 800		3 150	
×麦克考斯苹果的平均成本	\$ 380.32	\$ 2 966 496	\$ 380.32	\$ 1 198 008
购入的格兰尼斯苹果的数量（千磅）	5 200		1 890	
×格兰尼斯苹果的平均成本	\$ 307.43	\$ 1 598 636	\$ 307.43	\$ 581 043
苹果的总成本		\$ 4 565 132		\$ 1 779 051
其他配料的成本				
每箱的成本	\$ 0.45		\$ 0.33	
×箱数	130 000	\$ 58 500	63 000	\$ 20 790
总直接材料成本		\$ 4 623 632		\$ 1 779 841

表 6—13 是生产每一种产品的生产制造费用预算。在表 6—13 的上半部分，提供

了关于生产制造费用的弹性预算。固定的生产制造费用的预算数为130万美元，变动生产制造费用的预算数为每直接人工工时13美元。在本书第9章，将讲解如何对上述变量进行预测。根据上述预算数及表6—11中提供的直接人工工时数，公司的管理人员可以算出公司的生产制造费用的预算数为2 756 260美元。用这一数值除以直接人工工时的预算数（112 020小时）即可求出每小时直接人工的制造费用率的预算数为24.61美元。这24.61美元代表生产苹果酱和苹果饼馅心这两种产品所耗用的每直接人工工时所应分摊的平均制造费用。

表6—13 **耐奇苹果公司**

从2008年10月1日开始的财务年度的制造费用预算

A. 制造费用的弹性预算			
固定制造费用			$ 1 300 000
每直接人工工时的变动制造费用		$ 13	
直接人工工时			
苹果酱生产	78 000		
苹果饼馅心生产	34 020		
×直接人工工时预算数		112 020	
变动制造费用预算数			$ 1 456 260
制造费用预算数			$ 2 756 260
÷直接人工工时预算数			112 020
每直接人工工时应分摊的制造费用预算数			$ 24.61

B. 制造费用

	苹果酱	苹果饼馅心
直接人工工时	78 000	34 020
每人工工时应分摊的制造费用率	× $ 24.61	× $ 24.61
制造费用	$ 1 919 580	$ 837 232

表6—13的下半部分计算了生产苹果酱和苹果饼馅心的制造费用。由于苹果酱的生产所耗费的直接人工工时的预算数为78 000小时，因此分摊给苹果酱的生产制造费用为1 919 580美元（24.61×78 000），而苹果饼馅心分摊的制造费用为837 232美元（24.61×34 020）。

回过头来再看图6—3，在已知直接人工、直接材料、生产制造费用、期末存货预算及期初存货水平的情况下，管理人员可以开始编制产品成本预算，即表6—14中的预算。其中，期初存货的成本是从表6—6中查得的。而直接人工、直接材料和制造成本则是直接从表6—11、表6—12和表6—13中查得的。除上述数据以外，还需加上罐头盒及包装材料的成本，即每盒1.20美元。期初存货及完工产品成本的总额是可用于销售的产品的总金额。由于公司运用先进先出法（FIFO），因此期末存货成本是用当前生产处理的总成本数除以生产处理的产品的数量所得的结果。表6—14的脚注说明生产一箱苹果酱的平均成本预算数为56.78美元，而生产一箱苹果饼馅心的平均成本预算数为47.78美元。这些单位成本数据可用于对期末存货进行估计。

表 6—14　**耐奇苹果公司**

从 2008 年 10 月 1 日开始的财务年度的售出产品成本预算

	苹果酱		苹果饼馅心	
期初存货		$ 782 460		$ 112 263
生产产品的成本				
直接人工成本	$ 682 500		$ 297 675	
直接材料成本	4 623 632		1 799 841	
罐头盒成本（1.20 美元/盒）	156 000		75 600	
制造费用	1 919 580		837 232	
生产的总成本		7 381 712		3 010 348
可供销售产品的总成本		$ 8 164 172		$ 3 122 611
减：期末存货*		(198 738)		(253 251)
售出产品成本		$ 7 965 434		$ 2 869 360

* 期末存货的计算如下：

	苹果酱	苹果饼馅心
生产的总成本	$ 7 381 712	$ 3 010 348
÷生产箱数	130 000	63 000
每箱成本	56.78	47.78
×期末存货箱数	3 500	5 300
期末存货	$ 198 730	$ 253 251

表 6—15 中的管理预算包括维持经营费用，该费用包括市场营销及财务部门费用、运输成本和总裁办公室的成本费用。所有这些管理成本的总额为 119 万美元。

表 6—15　**耐奇苹果公司**

从 2008 年 10 月 1 日开始的财务年度的管理预算

	管理成本
市场营销	$ 470 000
财务	160 000
运输	380 000
总裁办公室	180 000
管理费用总额	$ 1 190 000

4. 公司范围内的总体预算

在表 6—16 中，编制了预算利润表，在此预算中对以前所有报表的各种内容进行了归纳。在表 6—16 中所增加的唯一数据是债务利息（380 000 美元）及公司所得税的准备金（州政府联合利率为 42%）。税后净收益预算为 281 420 美元。显然，关键的问题在于这一预算的利润是高还是低，是可接受还是不可接受。为此，需要有一个可以进行对比的标准。正如我们所看到的，上年的预算及实际数据可以提供这样的标准。

表 6—16

耐奇苹果公司

从 2008 年 10 月 1 日开始的财务年度预算利润表

	苹果酱	苹果饼馅心	总计
销售收入	$ 9 653 000	$ 3 237 000	$ 12 890 000
减:			
售出产品的成本	(7 965 434)	(2 869 359)	(10 834 793)
毛利	$ 1 687 566	$ 367 641	$ 2 055 207
减:			
管理成本			(1 190 000)
债务利息			(380 000)
税前净收益			$ 485 207
税率（42%）			(203 787)
净收益			$ 281 420

有些管理人员编制表 6—16 中的预算利润表之后就结束其预算过程，但这一报表并未反映公司的资金需求。公司预测有正值的利润存在，并不一定意味着公司可以为其财务经营提供充足的现金流。在耐奇苹果公司的案例中，苹果的成本已占总收益的一半。苹果是在秋季收获的，采购资金也要在秋季支付，但产品销售创造的收益都是在其后 12 个月中陆续发生的。因此，耐奇苹果公司必须找到能为其苹果采购提供资金的资金来源。

表 6—17 是季度预算现金流量表。耐奇苹果公司在第一季度必须为运营（包括苹果采购）借款 3 385 722 美元。初始的现金余额 150 万美元不足以用来购买所有的苹果，并支付生产成本。150 万美元中，必须留下 40 万美元作为最少的现金储备，只剩下 110 万美元用于经营。在第二季度，耐奇苹果公司偿还了 1 872 978 美元的贷款，剩余的 1 512 744 美元在第三季度偿还。依据第一和第二季度的借款余额（101 572 +45 382）而确定的季度利率为 3% 的利息应在第三季度偿还。在第四季度，90 万美元的资本支出是预算的。预算期末的现金余额是 2 424 834 美元。表 6—17 的注释解释了各类现金流的季度时间安排。

已经完成了预算现金流量表的编制，耐奇苹果公司可以编制包含所有的资产、负债和权益的资产负债表了（见表 6—18）。在预算中，现金从 1 500 000 美元增加到 2 424 834 美元。此时没有提供有关股利分配的预算，股利分配将减少预算的现金数量和股东权益的期末余额。由于预算中包括 90 万美元的资本性支出，也就是说固定资产增加了，而折旧又使其减少了 65 万美元，因此最终增加了 25 万美元。预算中，应付账款从1 300 000 美元增加到 1 765 180 美元，股东权益在预算中净增加 281 420 美元。

表6—17　　**耐奇苹果公司**

从2011年10月1日开始的财务年度的预算现金流量表

项目	第一季度	第二季度	第三季度	第四季度	年度
每季度销售额	$ 3 222 500	$ 3 222 500	$ 3 222 500	$ 3 222 500	$ 12 890 000
80%来自该季度	2 578 000	2 578 000	2 578 000	2 578 000	10 312 000
20%来自上季度	630 000	644 500	644 500	644 500	2 563 500
销售所得现金	$ 3 208 000	$ 3 222 500	$ 3 222 500	$ 3 222 500	$ 12 875 500
减去：					
购买苹果	$ 6 344 200	$ 0	$ 0	$ 0	$ 6 344 200
直接人工	326 725	326 725	326 725	0	980 175
其他构成	26 430	26 430	26 430	0	79 290
可变制造费用	485 420	485 420	485 420	0	1 456 260
固定制造费用	162 500	162 500	162 500	162 500	650 000
管理费用	297 500	297 500	297 500	297 500	1 190 000
所得税	50 947	50 947	50 947	50 947	203 787
息前总现金支出	$ 7 693 722	$ 1 349 522	$ 1 349 522	$ 510 947	$ 10 903 712
经营所得现金	$ （4 485 722）	$ 1 872 978	$ 1 872 978	$ 2 711 553	$ 1 971 788
初始现金余额	$ 1 500 000	$ 400 000	$ 400 000	$ 613 290	
减：最小现金保留额	400 000	400 000	400 000	400 000	
经营可用现金	$ 1 100 000	$ 0	$ 0	$ 213 280	
新增短期借款	$ 3 385 722	$ 0	$ 0	$ 0	
偿还贷款本息	0	1 872 978	1 659 698	0	
尚未偿还的贷款余额	$ 3 385 722	$ 1 512 744	$ 0	$ 0	
利息（3%/季度）	$ 101 572	$ 45 382	$ 0	$ 0	
资本性支出	$ 0	$ 0	$ 0	$ 900 000	
期末现金余额	$ 400 000	$ 400 000	$ 613 280	$ 2 424 833	

注释：

1. 销售收入、固定制造费用、管理成本、所得税在四个季度均匀地发生。
2. 苹果购买支出在第一季度发生。
3. 直接人工、其他构成、可变制造费用在前三个季度均匀发生。
4. 一半的固定制造费用是折旧。
5. 销售收入的80%在本季度收取，剩余的20%在下季度收取。
6. 没有坏账。
7. 63万美元的应收账款源于去年第四季度，并在今年第一季度收取。
8. 前两个季度的所有利息于第三季度偿还。
9. 最小现金储备为40万美元。

10. 初始现金余额是150万美元。

11. 短期借款的利率是每季度3%。

12. 第四季度共有90万美元的资本性支出。

13. 表6—16中的38万美元的利息费用包括短期借款的利息和长期债务的利息。

表6—18 **耐奇苹果公司**

资产负债表（2011-9-30和2012-9-30）

项目	2011-9-30	2012-9-30
现金	\$ 1 500 000	\$ 2 424 834
应收账款	630 000	644 500
存货：		
苹果酱	782 460	198 738
苹果饼馅心	112 263	253 251
存货总量	894 723	451 989
固定资产	2 755 000	3 005 000
总资产	\$ 5 779 723	\$ 6 526 323
应付账款	\$ 1 300 000	\$ 1 765 180
长期负债	1 950 000	1 950 000
股东权益	2 529 723	2 811 143
总负债	\$ 5 779 723	\$ 6 526 323

自测题

[自测题1] 山迪·科夫（Sandy Cove）银行

山迪·科夫银行是一家新建的小型商业银行，在密执安州的山迪·科夫地区经营。该银行通过将其资产的到期日与负债的到期日相协调来达到限制利率风险的目的。通过在其支出的利率及其获得的利率之间维持一个很小的差距，该银行预计可以获得一小笔收入。管理人员对每个部门都编制了弹性预算。

车、船贷款部提供5年期贷款，它们将存款数（certificates of deposit）与提供的车船贷款相协调。考虑到有关利率水平的所有不确定性，管理人员认为明年5年期的贷款利率将在2%～16%之间波动。存款利率与贷款授权存款账户的利率相等。贷款利率是对购买汽车和船只所贷款项收取的利率。表1给出了在各种利率水平下，预期的新的5年期固定利率贷款资金的需求与供给。银行在以前年度中未提供过贷款。注意到，该部门在贷款和存款利率之间维持了4%的差距用以支付手续费用、贷款坏账及一般费用。

表1　　5年期资金的需求与供给

贷款利率	贷款需求	存款利率	存款供给
6%	$ 12 100 000	2%	$ 4 700 000
7%	10 000 000	3%	5 420 000
8%	8 070 000	4%	8 630 000
9%	6 030 000	5%	9 830 000
10%	4 420 000	6%	11 800 000

银行能够提供的贷款金额等于贷款需求与贷款供给金额中较小的金额。简而言之，银行可能会将其存款100%地贷出。尽管利率是由国家制定的，但银行可根据其需要在当地市场提供一个稍有不同的利率，从而达到限制需求或刺激供给的目的。也可反向设定利率，从而达到刺激需求并限制供给的目的。

在银行的该部门中，会发生与这些项目相关的贷款处理费用、贷款坏账费用和一般费用。其中，前两种费用将随账户金额的变动而变动，贷款处理费用预计为贷款账户金额的1.5%，贷款坏账费用预计为贷款金额的1%。在理想的情况下，贷款和存款金额相等。在本年，不论贷款金额是多少，预计一般费用为30 000美元。

a. 试计算在每种可能的利率条件下贷款处理费用、贷款坏账费用和一般费用的金额。

b. 假设存款利率为4%，试为银行的车、船贷款部门编制一个5年期的存、贷款预算利润表，注意保持需求与供给的平衡。

c. 在表2中给出了车、船贷款部门的实际利润表。其中包括同期实际发生的存、贷款金额。试计算实际数与预算数之间的差异，并给出可能的解释。

表2　　车、船贷款部门的实际利润表

利息收入	$ 645 766
利息费用	314 360
净利息收益	$ 331 406
固定制造费用	30 200
处理费用	130 522
坏账费用	77 800
净收益	$ 92 884
贷款	$ 8 062 000
存款	$ 8 123 000

解答：

a. 车、船贷款部门的弹性预算：

	(单位：百万美元)					
存款利率	贷款需求	存款供应	新发贷款	贷款处理费用	坏账费用	制造费用
2%	$ 12.10	$ 4.70	$ 4.70	$ 70 500	$ 47 000	$ 30 000
3%	10.00	5.42	5.42	81 300	54 200	30 000
4%	8.07	8.63	8.07	121 050	80 700	30 000
5%	6.03	9.83	6.03	90 450	60 300	30 000
6%	4.42	11.80	4.42	66 300	44 200	30 000

b. 预算的利润表，其中车、船贷款部门的存款利率为4%：

利息收入	$ 645 600*
利息费用	322 800†
净利息收益	$ 322 800
固定制造费用	30 000
处理费用	121 050
贷款坏账费用	80 700
净收益	$ 91 050

*645 600 = 8 070 000 × 8%。

†322 800 = 8 070 000 × 4%。

c. 差异报告：

	实际数	预算数@4%	有利（不利）差异
利息收入	$ 645 766	$ 645 600	$ 166
利息费用	314 360	322 800	8 440
净利息收益	$ 331 406	$ 322 800	$ 8 606
固定制造费用	30 200	30 000	(200)
处理费用	130 522	121 050	(9 472)
贷款坏账费用	77 800	80 700	2 900
净收益	$ 92 884	$ 91 050	$ 1 834
贷款	$ 8 062 000	$ 8 070 000	$ (8 000)
存款	$ 8 132 000	$ 8 070 000	$ (53 000)

即使贷款低于原预算数，而存款高于原预算数，利息收入仍高于预算数，而利息费用低于预算数。可以通过计算收入和支出的平均利率得到上述结论。当提供了价值8 062 000美元的贷款时，山迪·科夫银行的利息收入为645 766美元，即利率为8.01%（高于预算数0.01%）。同时，银行所支付的存款利率为3.87%（低于预算数0.13%）。因此，净利息收益的差异8 606美元是由以下两项因素共同作用所导致的：实际发生的贷款和存款项目的差异（数量）以及利率的差异（价格）。在这两项因素的共同作用下，会产生一项有利的利息费用差异，从总体上讲是净利息收入的有利差异。

当存款的利率为4%时，存款的供给会超过对贷款的需求。银行的车、船贷款部门会降低存款利率以防止更多的存款流入。而对贷款需求的增长却会造成贷款利率的提高，使该部门对贷款收取的利率稍高于平均利率。

发生的处理费用较高可能是由要处理的账户过多及坏账比率有所提高造成的。也就是说，如坏账费用项目出现有利差异，就有可能是电脑处理方式的改善造成的——与之相呼应，处理费用也会有所提高。

［自测题2］ GAMESS Inc.

GAMESS公司主要从事开发、宣传、包装和分销多媒体电脑游戏的业务。

GAMESS 公司认为其并不能生产出具有竞争力的游戏，因此它主要从其他公司购入产品。该公司最近的产品是一项探险性游戏，由于该多媒体游戏与其他的电脑游戏在包装的形式和售价上都存在差异，因此 GAMESS 公司为该探险游戏及未来的 CD 电脑游戏设立了一个新的利润中心。

GAMESS 公司正在寻找能令利润达到最大化的新探险游戏的适当售价。企业的管理人员根据不同的批发价格对该新游戏的市场需求情况进行预测，向大众销售的游戏的零售价则由零售店制定，在表 1 中反映了预期的需求状况。

表 1　**Z 探险游戏的价格及需求数量**

批发价格	\$ 40	\$ 44	\$ 48	\$ 52
销售量	435 000	389 000	336 000	281 000

制造 CD 的生产商每生产一张 CD 向 GAMESS 公司收取 9 美元的费用（假设生产的 CD 数与售出的 CD 数相等）。单位包装费用为 5 美元。分销费用，其中包括支付给向零售商销售的分销商的费用，每人 3 美元。

虽然包装费及分销费预计分别为 5 美元及 3 美元，但管理人员并不清楚零售商是如何处理不同规格的包装的。广告费用由固定费用及变动费用两部分构成，固定的广告费用为 100 万美元，变动的广告费用可运用预期每实现 500 美元的销售需花费 1 美元的广告费进行计算。固定的制造费用，包括管理费用及管理人员薪金，其总额为 250 万美元。

a. 根据表 1 中的不同售价及数量计算产品的生产、分销、广告和固定制造费用。试解释 GAMESS 公司为何选择以 44 美元的单位价格进行产品销售。

b. 表 2 列示了该年实际发生的数据。试计算预算差异。

c. 试对上述差异给出可能的解释。

表 2　**探险游戏第一年的经营成果**

项目	金额
售价	\$ 44
销售量（件）	389 000
销售收入	\$ 17 116 000
产品成本	3 501 000
包装费用	1 798 700
分销费用	1 633 800
广告费用	1 148 232
固定制造费用	2 506 200
净收益	\$ 6 528 068

解答：

a. 44 美元的单价能令利润达到最大化，计算见下表：

表3　售价

	\$ 40	\$ 44	\$ 48	\$ 52
销量（件）	435 000	389 000	336 000	281 000
销售收入	\$ 17 400 000	\$ 17 116 000	\$ 16 128 000	\$ 14 612 000
生产成本	3 915 000	3 501 000	3 024 000	2 529 000
包装成本	2 175 000	1 945 000	1 680 000	1 405 000
分销成本	1 305 000	1 167 000	1 008 000	843 000
广告费用	1 034 800	1 034 232	1 032 256	1 029 224
固定制造费用	2 500 000	2 500 000	2 500 000	2 500 000
净收益	\$ 6 470 200	\$ 6 968 768	\$ 6 883 744	\$ 6 305 776

由上表可见，当售价为44美元时，利润达到最大化，GAMESS公司如提高或降低售价均不能再提高利润。

b. 有关弹性预算的差异计算如下：

售价	\$ 44		
销量	389 000		
	实际	预算	差异
销售收入	\$ 17 116 000	\$ 17 116 000	\$ 0
生产成本	3 501 000	3 501 000	0
包装成本	1 798 700	1 945 000	146 300
分销成本	1 633 800	1 167 000	(466 800)
广告费用	1 148 232	1 034 232	(114 000)
固定制造费用	2 506 200	2 500 000	(6 200)
净收益	**\$ 6 528 068**	**\$ 6 968 768**	**(\$ 440 700)**

c. 正如上表所列示的，包装成本项目具有一个较大的有利差异，而分销成本及广告费用项目存在较大的不利差异，固定制造费用项目则具有一个金额较小的不利差异。存在这些差异的一个可能的原因是管理人员去掉了游戏包装上的角。包装的这一变化，致使该游戏的包装与公司的其他电脑游戏的包装的大小、形状均不一致，于是造成了较高的运输和分销成本。这是因为零售店的货架并非按GAMESS公司的CD的形状设计，因此零售店只能小批进货。增加的广告费有助于遏制由分销问题而造成的销量的下降。固定制造费用项目的差异小于固定制造费用预算数的1%，可能是由随机波动造成的。

习　题

［习题6—1］　乡村俱乐部

运用表6—1中的数据，说明2008年9月海景乡村俱乐部应当向其成员收取多少会费才能保持正常经营？

[习题 6—2]　G. Bennett Stewart 关于管理激励的评论

"对于公司如何与其所属的各个经营单位协商经营目标的问题，我曾经考虑过许多。协商的过程通常是这样的：一旦母公司和经营单位进行预算协调，那么预算便成为确定奖金的基础。而且奖金的构成方式基本上是差不多的。比如说，完成预算标准的 80%，那么就可以拿到奖金；如果完成预算标准的 120%，那么就可以拿到最高的奖金额。因此，奖金和预算之间，实质上并不是刚性向下的关系，而是有限向上的关系。

现在，由于预算需要在总部与经营管理者之间进行协调，因此整个过程的环行方式使得制定的任何标准都变得毫无意义。由于制定预算的目的是要反映管理者认为他们所能做到的情况（假定不需要额外的努力且外部情况基本不变），因此以预算为标准就不太可能得到预料之外的业绩。

由于在预算过程中激励因素的作用，因此我认为，对于公司来说，重要的就是如何一方面判断预算和计划制订之间的联系，一方面切断预算与奖金之间的联系。奖金的多少应当以绝对的业绩标准为基础，不应受协商过程的影响。"

要求：请简要评价这段引文。

资料来源：B. Stewart, "CEO Roundtable on Corporate Structure and Management Incentives," *Journal of Applied Corporate Finance*, Fall 1990, p. 27.

[习题 6—3]　投资银行

罗杰·彼得森银行（Rogers Petersen）和卡布茨银行（Cabots）是美国最大的五家投资银行中的两家。去年，卡布茨银行发生了操纵政府债券拍卖的重大丑闻，卡布茨银行的一些高级合伙人被指控在市场上操纵政府债券的价格。有关的起诉调查导致 8 名执行董事（卡布茨银行的最高职务）中的 4 名辞职。卡布茨银行从外部任命了一名高级执行董事负责经营，又从外部任命了 3 名执行董事以填补空缺，随之而来的就是彻底的清洗。在其后的 6 个月中，另外 15 名合伙人和 40 多名高级管理人员离开了卡布茨银行，取而代之的人通常都是从外部挑选的。

罗杰·彼得森银行至今尚未发生类似的丑闻，而且几乎所有的高级管理人员都被终身雇用。

要求：

a. 解释什么是零基预算。

b. 罗杰·彼得森银行和卡布茨银行，哪个更有可能采用零基预算方式，为什么？

[习题 6—4]　略

[习题 6—5]　预算销蚀和项目预算

a. 预算销蚀和项目预算的差别在哪里？

b. 你预料什么类型的组织会使用预算销蚀？

c. 你预料什么类型的组织会使用项目预算？

[习题 6—6]　DMP 咨询公司

假设你在一个电讯公司的财务部门工作，该电讯公司有一只强大的直销队伍，向使用电话和接入互联网的公司销售高速光纤接入线。你的公司使用一种从上而下的预算方式，为公司每个销售人员设定销售目标。销售人员的收入依据其佣金和奖金，无论实现的实际销售目标是否已超过他们的个人预算目标。销售人员的目标由公司办公室的高级营销经理依据该销售人员所在地理区域的客户规模和该区域的预计增长率来制定。

DMP 咨询公司擅长重新设计陈腐的预算体系。经过对公司销售人员预算体系的透彻分析，DMP 公司向财务部门做了一个报告。DMP 咨询公司强调现有的预算体系不能利用销售人员所知的关于其客户地区的未来销售额情况。忽略了这个信息，你的公司无法有效地计划增长率，并且当决定及时和有效地增加光纤网络的生产能力时，你们处于竞争劣势。而且，DMP 指出广泛的调查证明了当人们参与预算的制定时，并且该预算被用于评估他们的业绩时，人们更容易接受预算，并且能提高其职业道德。也就是说，参与性预算（抵触预算的员工参与预算的制定）会使员工更快乐，更有动力。DMP 咨询公司提议用一个从下而上的参与性预算计划来取代公司从上而下的预算体系。

你被要求写一个简短的备忘录，同财务主管分析 DMP 咨询公司方案的利与弊。

[习题 6—7]　略

[习题 6—8]　高尔夫世界

高尔夫世界是一家拥有 1 000 个房间的豪华休闲娱乐场所，有游泳池、网球场、三个高尔夫球场和其他许多休闲设备。

高尔夫球场的监控主管是 Sandy Green，她负责所有高尔夫球场的维修和保养。对于因天气原因是否开放某个球场以及球手是否在某个球场租用电动球车，Sandy 拥有最终的决定权。如果球场过于潮湿，球车就会损害草皮，这样 Sandy 的维修人员就要去修补。由于 Sandy 每天早晨都要到球场巡视，因此她很了解球场的情况。

Wiley Grimes 负责高尔夫球车的租用，他的人员要保养 200 多辆球车，包括清洗、加油和小故障修理。同时，他还负责选择球车供应商和从生产厂家那里租用球车，包括协商租赁条件和租赁数量。当球手到球场打球时，他们要支付绿地费用。如果要租用球车的话还要支付球车费；如果不想租用球车的话，他们只需支付绿地费用，并步行打球。

Wiley 和 Sandy 各自负责不同的利润中心。高尔夫球车利润中心的收入来源于出租球车所得，而高尔夫球场利润中心的收入则来源于出租场地所得。在对 4 月的经营成果进行总结时，高尔夫球车部门的经营利润仅为预算数的 49%，Wiley 认为这种结果是由 4 月不同以往的降雨造成的。他抱怨说，虽然有几天球场只有部分区域潮湿，但是整个球场都不允许使用球车，因为场地维修人员太忙以至于没能隔离这些区域。

为了更好地分析球车利润中心的业绩水平，总会计师办公室根据球车租用的情况编制了如下的弹性预算：

高尔夫世界

高尔夫球车利润中心 4 月的经营成果

	静态预算	实际成果	差异	弹性预算	差异
球车租用数量	6 000	4 000	2 000	4 000	0
收入（25 美元/车）	$ 150 000	$ 100 000	$ 50 000U	$ 100 000	0

续表

	静态预算	实际成果	差异	弹性预算	差异
人工成本（固定成本）	7 000	7 200	200U	7 000	200U
燃油成本（1 美元/次）	6 000	4 900	1 100F	4 000	900U
球车租赁费（固定成本）	40 000	40 000	0	40 000	0
经营利润	$ 97 000	$ 47 900	$ 49 100U	$ 49 000	$ 1 100U

注：F 表示有利差异，U 表示不利差异。

要求：

a. 评价 4 月高尔夫球车利润中心的业绩状况。

b. 总会计师制定新预算体系的优缺点是什么？

c. 根据高尔夫世界的现有经营状况，你是否有其他建议？

[习题 6—9]　海景乡村俱乐部的最小支出计划

海景乡村俱乐部目前正在考虑实行会员最低支出计划。月初，每个会员在规定的费用之外，还要预先支付 50 美元的餐饮费。月末，如果某个会员的餐饮费用超过 50 美元，就收超出的部分费用；反之，如果某个会员的花费不足 50 元，那么余额就归俱乐部（请注意，只有会员及其宾客才能在俱乐部就餐，俱乐部的餐厅并不向一般公众开放）。

在解释为什么要实行最低消费标准时，俱乐部主计长给出了如下理由：

“俱乐部食品经营方面的损失已经超过了预算标准。在预算中，我们通常确定餐厅的经营损失为 50 000 美元，但是今年的实际损失为 150 000 美元。问题就出在收入上，实际收入比预算下降了 20%，而成本则保持在目标水平上。如果会员都不愿意在餐厅就餐，那么会员们要么支付更高的会员费，要么缴纳特别费用，要么实行最低消费计划，才能够弥补 100 000 美元的预算外赤字。

每月，大约有 1/3 的会员的餐饮支出超过了 50 美元，但是 2/3 的会员消费则少于 50 美元。要 1/3 的会员来支持其他 2/3 的会员，显然是不公平的。

了解会员们每月在俱乐部就餐的支出，无疑会对我们的预算和计划制订有着极大的帮助，这有利于我们减少食物浪费。因为我们可以了解所获得的收入，并做出相应的计划。”

要求：

简要评价最低消费计划建议的优缺点。如果实施的话，会产生什么样的后果？

[习题 6—10]　镀膜部门

在零件生产过程中，镀膜部门的工作就是用防腐蚀的锌制原料给部件镀膜。所有的加工零件都要装筐，并被传送到镀膜机器，机器再将零件浸入锌解液中，然后机器会加热零件以保证镀膜的质量。所有被镀膜的零件都要根据镀膜机器加工的小时数，分摊镀膜部门的成本。年初之前，各项成本就要按部门进行汇总（包括镀膜部门）。各项成本被划分成固定成本和变动成本，然后制定各部门的弹性预算。给定明年的机器小时的估计数，就可以计算镀膜部门的单位机器小时的预计成本。

下面是以往 3 个年度的经营数据，2012 年镀膜设备的机器小时预计为 16 000 小时。

镀膜部门的经营数据

	2009年	2010年	2011年
机器小时	12 500	8 400	15 200
镀膜材料成本	$ 51 375	$ 34 440	$ 62 624
工程服务成本	27 962	34 295	31 300
维修费用	35 850	35 930	36 200
设备占用费用（平方英尺）	27 502	28 904	27 105
人工成本	115 750	78 372	147 288
管理费用	46 500	47 430	49 327
设备利用成本	12 875	8 820	16 112
成本总额	$ 317 814	$ 268 191	$ 369 956

要求：

a. 编制镀膜部门2012年度的弹性预算，并且说明在预算编制过程中的假设。

b. 计算2012年镀膜部门每单位机器工时的成本。

[习题6—11]　市场营销计划

Robin Jensen是IDP药品公司维莱尔药品营销计划部门的经理，负责其产品的广告促销活动。她已经制订了一个为期3年的产品营销计划，目的是提高系列药品的市场份额。该计划的一部分就是大幅度增加杂志广告。她已经和一家广告代理机构进行了磋商，后者设计了一个为期3年的活动，并且就同一个主题设计了12个不同的广告。每个广告连续3个月刊登在医药杂志上之后再换下一个广告。商业信函和直接促销材料都要根据当前的广告主题进行设计。下表是该计划的成本概算：

	第一年	第二年	第三年	合计
广告数量	4	4	4	12
杂志数量	5	5	4	
单位广告成本	$ 6 000	$ 6 200	$ 6 500	
广告成本	$ 120 000	$ 124 000	$ 104 000	$ 348 000

通常公司的政策是分年度制定预算，不得事先考虑将当年未发生的支出带入下一年。Jensen要求，公司不是要批准下一年度（即上表中的第一年）的预算，而是要批准这个为期3年的项目，并做出相应的预算，这样才能使她执行该计划，并赋予她在不同年份或不同活动之间调度资金的自由。她认为，广告计划是为期3年的整体计划，公司要么全部批准，要么全盘否决。

要求：

简要评价Jensen的要求，并且按照她的建议，就是否应该批准一个为期3年的预算提出建议。

[习题6—12]　波特—伯文公司（Potter-Bowen，PB）

波特—伯文公司是专业生产并向全球销售邮资标尺的企业。有了邮资标尺就相当于在信封上印上了必要的邮资，从而不再需要粘贴邮票。标尺可以反映邮资的状况，使用者将标尺的边缘带到邮局并支付现金后，邮局就可以在标尺上印制相同价值的邮资。PB 公司目前提供 30 多种邮资系统，从小型手工系统（成本为几百美元）到大型自动化系统（成本为 75 000 美元）不等。

PB 公司目前的组织机构包括研究与开发部门、生产部门和营销部门。营销部门又细分为四个分部：北美、南美、欧洲和亚洲部分。北美营销分部的销售力量又分布在 32 个地区，且每个地区有 75 ~ 200 名销售人员。

公司的预算，通常是由财务总监和营销副总裁共同制定的，他们要预计下一年度的销售总额。其属下则根据 PB 公司的各种产品的销售趋势，预计每个分部的销售量。价格的增长也需在预算范围内，并据此计算各种产品的销售额，然后确定北美营销分部下一年度的目标销售量和目标收入。北美分部的经理 Helen Neumann 及其属下，则要按照地区来分配销售指标和收入指标。

每个地区各种型号的目标销售量的计算方法是：将各地区的历史机器销售比率与该型号的销售目标相乘即可得到。例如，下一年度，北美分部的 6103 型产品的销售量指标为 18 500 个，而犹他地区的 6103 型产品的销售量占北美分部总销售量的 4.1%，这样一来，犹他地区下一年度 6103 型产品销售量即为 758 个（18 500 × 4.1%）。6103 型产品的平均售价为 11 000 美元，因此犹他地区 6103 型产品的销售额为 8 338 000 美元。假定已知总销售量、平均售价、各地区每种产品的历史销售量等因素，那么就可以制定各地区各种产品的销售量指标和收入预算。每个地区的总收入预算就是每个产品收入指标的加总。

通过相同的程序，地区各销售人员也会被分摊到各种产品型号的销售量指标和销售额指标。如果 Gary Undenmeyer（犹他地区的销售员）去年 6103 型产品的销售量占该地区的 6%，那么他明年 6103 型产品的销售量指标就是 45 个（758 × 6%），销售收入的指标就是 495 000 美元（45 × 11 000）。对所有型号的产品进行加总，就可以得出每个销售人员的总收入预算。销售人员的报酬结构是固定工资加额外奖金，奖金是根据下表计算的：

总收入指标实现的百分比	奖金
低于 90%	无
90% ~ 100%	工资的 5%
101% ~ 110%	工资的 10%
111% ~ 120%	工资的 20%
121% ~ 130%	工资的 30%
131% ~ 140%	工资的 40%
141% ~ 150%	工资的 50%
高于 150%	工资的 60%

要求：

简要评价 PB 公司的销售预算体系和销售人员的报酬结构。描述 PB 公司预算体系和报酬结构所可能导致的消极行为。

［习题 6—13］ Feder 公司采购部门

Feder 公司的采购部门购买所有的原材料、易耗品、零部件。该部门为一个成本中心。它使用弹性预算作为一种控制机制，依据每个月对不同物品的采购额来预测支出。

在2月初，采购部门预期购买8 200种不同的物品。在该预期下，采购部计算其2月的弹性预算是1 076 400美元。当回顾2月的实际支出时，采购部超出预算41 400美元（不利差异）。2月的实际支出是1 175 000美元，购买了9 300件物品。

每个所购物品的预算固定成本和预算可变成本在期初和期末的弹性预算中保持不变。

要求：

计算用于2月采购部门弹性预算的每种所购物品的固定成本和可变成本。

[习题6—14]　Access. Com 公司

Access. Com 公司生产和销售面向图书馆和学校的防恶意访问网站的软件。另外，该软件也能追踪和记录网站的访问者，并为用户选择阻止的其他网站用户所提供的建议。Access. Com 公司软件的售价介于15 000～20 000美元之间。

3个会计经理（V. J. Singh，A. C. Chen 和 P. J. Martinez）销售软件以获得一个固定的工资，外加所有销售额超过目标销售额部分而得到的奖金。营销部门的副总裁 S. B. Ro 为每一个会计经理制定了预算。下表是这3位会计经理在过去5年实际和预算的销售额。

	A. C. Chen		V. J. Singh		P. J. Martinez	
	实际	预算	实际	预算	实际	预算
2003年	$ 1.630	$ 1.470	$ 2.240	$ 2.400	$ 2.775	$ 2.695
2004年	1.804	1.614	2.586	2.384	2.995	2.767
2005年	1.685	1.785	2.406	2.566	2.876	2.972
2006年	1.665	1.775	2.600	2.550	2.698	2.963
2007年	1.924	1.764	2.385	2.595	3.107	2.936

要求：

a. 根据上表数据，描述 Ro 为每个会计经理制定目标的过程。

b. 讨论 Access. Com 公司为会计经理制定销售目标的过程的利与弊。

[习题6—15]　Videx 公司

Videx 公司是一家生产安全系统的公司，在业内居于首要地位。Martha Rameriz 是 Videx 公司的一名会计经理，他负责销售居住系统。她的收入取决于是否实现事先确定的销售预算。下表是过去7年的实际和预算的销售额。Videx 公司使用从上而下的形式集中制定预算。

年份	预算	实际	差异
1	$ 850 000	$ 865 000	$ 15 000
2	862 000	888 800	26 800
3	884 000	852 000	-32 000
4	884 000	895 000	11 000

续表

年份	预算	实际	差异
5	893 000	878 000	－15 000
6	893 000	902 000	9 000
7	901 000		
平均值	881 000	880 133	2 467
标准差	18 385	18 970	21 715
中值	884 000	883 400	10 000

要求：

a. Martha Rameriz 第七年的销售额是 908 000 美元，她第八年将被分到多少预算？

b. 假设 Rameriz 在第七年的销售额是 900 000 美元，她第八年将被分到多少预算？

［习题 6—16］ 纽约时装（New York Fashions）

纽约时装在购物商场里有 87 家女装店。其总部使用弹性预算来控制每一个分店。下表是位于克里斯多湖购物商场的分店 8 月的弹性预算。

纽约时装——克里斯多湖购物商场分店

8 月弹性预算

费用	固定性	可变性
所销售的商品成本		45%
管理	$ 7 000	1%
销售人员	2 000	8%
租金	12 000	5%
设备利用	900	
其他	1 500	

可变成本是基于收入的一定百分比求出的。

要求：

a. 8 月的收入是 8 万美元，计算 8 月的预算利润。

b. 8 月的实际运营结果见下表：

纽约时装——克里斯多湖购物商场分店

8 月实际运营结果

收入	$ 80 000
所销售的商品成本	38 000
管理	7 600
销售人员	9 800
租金	16 000
公用设施费用	875
其他	1 400

制定一份有关 8 月克里斯多湖购物商场的分店的实际与预算的差异表。

c. 分析克里斯多湖购物商场分店的业绩表现。

d. 弹性预算相对于静态预算是怎样改变经理人的经营动机的？

[习题6—17]　国际电信公司

假定你在国际电信公司（IT）副总裁办公室任职，负责财务计划的制订。IT公司是《财富》杂志评选的世界500强企业之一，年销售额高达10亿美元。IT公司向全球提供远距离卫星通讯服务，由于对欧洲地区电信服务管制的放松造成市场竞争加剧，IT公司感受到削减成本的压力。并且唯有如此，IT公司才可能在维持现有利润水平的前提下降低价格。

IT公司内部包括好几个利润中心和成本中心，每个利润中心又包括一系列的成本中心。每个利润中心和成本中心都要向副总裁递交预算，并且负责执行该预算。IT公司的副总裁将该公司的财务控制、预算和报告体系描述为"相当标准、带有艺术性的方法，这样我们就可以要求我们的人承担与进行预测相对应的生产责任"。

你的上级现在布置给你的任务是，分析全公司的辅助材料支出，目标是消除浪费，降低支出。公司辅助材料包括各种消费品，小到铅笔，大到价格低于1 000美元的电子元件。成本低于1 000美元。美元的长期资产（或者用外币采购的等值资产）未被资本化（当然也就无需计提折旧），而是被计入辅助材料账户，并在购买当月作为费用处理。

首先，你搜集了全公司以往36个月辅助材料和款项支付的经营资料，款项支付的资料有助于确定辅助材料数据的基础。确定每个月款项支付和辅助材料占收入的比例数据，就可以控制数量变动和季节性变动。下图反映的就是两个时间序列数据：

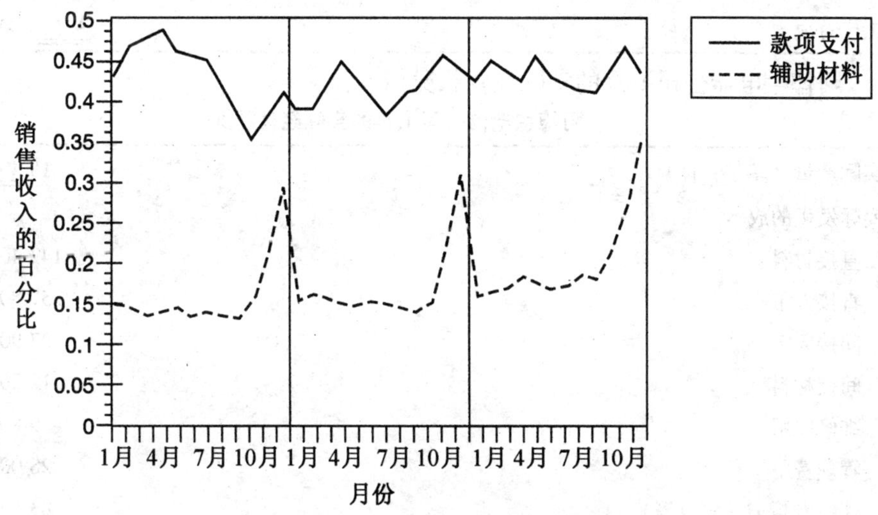

以往36个月辅助材料和款项支付的经营资料

款项支付占销售收入的35%～48%，而辅助材料则占销售收入的13%～34%。上图中反映了过去3年的辅助材料、款项支付与垂直线相除得到的结果。从财务和预算的需要出发，IT公司的财务年度为日历年度（1月～12月）。

除了要注意全公司的合并支出情况以外，你还要为每个成本中心和利润中心编制类似的分解图。在合并图中所采用的一般模式通常要反复地使用在分解图中。

要求：

a. 对IT公司辅助材料支出的时间序列变化进行分析，什么原因最能解释辅助材料的变动情况？

b. 鉴于（a）的分析，你认为公司应当采取的正确行动可能是什么？可能发生的成本和收益是哪些？

[习题6—18]　阿德兰电器公司（Adrian Power）

阿德兰电器公司生产汽车用录音机的电子元件，该公司采用弹性预算以解决经营过程中季节性和周期性的销售问题。会计部门根据1月的预算生产成本提供了下列数据：

阿德兰电器公司1月预算的生产水平

预算产量（单位：件）	14 000
变动成本（随产量而变）	
直接材料	$ 140 000
直接人工	224 000
间接人工	21 000
间接材料	10 500
维修费用	6 300
固定成本	
管理费用	24 700
其他（折旧、税收等）	83 500
工厂总成本	$ 510 000

阿德兰电器公司1月的实际经营状况如下：

阿德兰电器公司1月的实际经营状况

实际产量（单位：件）	15 400
实际发生的成本	
直接材料	$ 142 400
直接人工	259 800
间接人工	27 900
间接材料	12 200
维修费用	9 800
管理费用	28 000
其他（折旧、税收等）	83 500
工厂总成本	$ 563 600

要求：

a. 比较实际经营成果和根据实际产量制定的弹性预算，然后编制相应的报告。

b. 编写一份对报告进行分析的备忘录。你认为该报告对于管理而言有何意义？哪些数据对你形成的观点有用？

[习题 6—19]　巴拉卢德空中运输公司（Panarude Airfreight）

巴拉卢德空中运输公司是一家拥有 45 架飞机的国际空中运输公司，其航班主要往返于美国和环太平洋地区，公司总部设在澳大利亚墨尔本市。公司按照地理位置划分为 5 个分部：澳大利亚、日本、中国台湾、韩国和美国分部。每个地区的分部都有几个集权化的、行使公司职能的服务机构（成本中心）：人力资源中心、数据处理中心、飞机购买和维修中心、电信中心。每个责任中心都要在年初与公司的财务副总裁就预算进行协调，各个年度没有发生的支出不能转入下一年度。公司的财务年度就是日历年度。

在逐月审查经营差异时，公司的高级管理人员对每个财务年度最后 3 个月的支出增加现象非常重视。每年的前 9 个月，支出项目一直呈现为有利差异（实际支出小于预算支出），而在后 3 个月，支出项目则呈现为不利差异。为了使这种支出模式更为突出，每个中心都要在季末进行业绩评价，所用的尚未发生的支出都要从年度剩余时间的预算中剔除。下表反映了今年第一季度电信中心的预算支出和实际支出情况：

巴拉卢德空中运输公司

今年第一季度电信中心的预算支出和实际支出情况

单位：澳元

	月度预算	预算累计	实际支出	支出累计	月度差异	差异累计
1 月	$ 110 000	$ 110 000	$ 104 000	$ 104 000	$ 6 000F	$ 6 000F
2 月	95 000	205 000	97 000	201 000	2 000U	4 000F
3 月	115 000	320 000	112 000	313 000	3 000F	7 000F

注：F 为有利差异，U 为不利差异。

到第一季度末，电信中心的年度预算被削减了 7 000 澳元，总预算数要对第一季度的有利差异进行分摊。这样，余下 9 个月的月度预算都被削减了 778 澳元（7 000/9）。如果电信中心在第二季度末出现了 8 000 澳元的不利差异（在原始预算按照第一季度的有利差异进行削减以后），那么电信中心的管理层就要为这 8 000 元的不利差异承担所有的责任，而且并不弥补第一季度的分摊。如果第二季度的预算差异仍然为有利差异，那么余下 6 个月的月度预算将分别削减第二季度的有利差异数的 1/6。

要求：

a. 根据这种预算方式，责任中心的管理者会采取什么样的行动？

b. 比较以前采用的预算方式（年末预算节余不得转入下一财务年度）和按季度调整的预算方式（如上所述）的优缺点。

[习题 6—20]　威里普莱克斯公司（Veriplex）

威里普莱克斯公司生产处理控制设备。这家百年德国公司最近收购了另一家拥有新式机器处理拉制系统的企业。威里普莱克斯公司将要生产的新式系统的关键部分被称为 VTrap，它是一种能够精确计量空气流量的仪器。

威里普莱克斯公司采用严格的与奖金相联系的财务预算方法来控制各个生产部门。每个生产部门都是成本中心。VTrap 仪表就由公司的仪表生产部门制造，该部门同时还生产现有的仪器、仪表。当年度，仪表部门的预算由两个部分组成：660 万马克用于生产现有的仪器、仪表，92 万马克用于开发和生产 VTrap。

仪表部门负责推出 VTrap，从年初开始就在开发该产品。这种新式仪表可以采用现有的设备和人员进行生产。VTrap 是设备处理控制系统的核心部分，公司希望该系统能够为其创造竞争优势，因而任命一些高级管理人员负责实施这项战略计划。为了能够使产品投产，高级工程人员要和仪表部门的人员一起修正、改进仪表的设计和生产过程（注意：工程部门的成本并不由仪表部门承担）。

年末，仪表部门在 VTrap 项目上共支出 130 万马克，在现有的仪表生产上共支出 639 万马克。无论是新式仪表还是现有的仪表，都完成了产量指标和质量指标。

要求：

a. 编制仪表部门的财务报告，详细说明当年完成的财务业绩。

b. 经过对以往生产新产品的进一步调查，你发现在其他部门新、老产品生产、预算、实际成本中，也出现过类似现象。哪些可能的原因可以解释，仪表部门的现象并不是一个孤立的事件？

[习题 6—21] Madigan 调制解调器

Madigan 公司生产单高速调制解调器。下表汇总了生产 Madigan 调制解调器的当月预算：

预计产量和销售量	4 000 单位
可变成本	$ 640 000
固定成本	$ 480 000
总成本预算	$ 1 120 000

该月的实际产量和销售量是 3 900 单位，总生产成本是 1 114 800 美元，其中 631 800美元是可变成本。

要求：

a. 利用月初的静态预算为生产部门制定月末的差异报告。

b. 利用月初的弹性预算为生产部门制定月末的差异报告。

c. 依据（a）中的差异报告写一个简短的备忘录评估生产经理的业绩表现。

d. 依据（b）中的差异报告写一个简短的备忘录评估生产经理的业绩表现。

e. 哪一个差异报告，（a）还是（b）中的，能够更好地反映生产经理的业绩表现？为什么？

[习题 6—22] WD（Webb & Drye）公司

WD 公司是一家纽约的律师事务所，它拥有 200 多名律师。WD 公司有一套成熟的信息技术体系，包括企业内部互联网、外部网络、电子邮件服务器、公司会计、工资和客户名单软件以及文件管理系统。这套体系使得 WD 的律师和他们的专家证人能够接触到数以百万页大型诉讼的扫描文件。Bev Piccaretto 在去年年初被雇用，负责管理 WD 的 IT 部门。她和她的下属维护着各种各样的系统，但是他们也经常扮演着 WD 内部专职员工咨询师的角色。他们帮助员工连接并且使用各种 IT 系统，同时还解决员工所遇到的其他问题。

IT 部门是一个成本中心。Piccaretto 收到一份年度经营预算，并且相信她在给 WD 提供高质量的 IT 服务时，不会超出预算。Piccaretto 向 WD 公司的首席运营官（COO）Marge Malone 报告。Malone 负责 WD 的 IT、会计、营销、人力资源和财务。

她直接向公司的首席执行官、WD公司的管理合伙人报告。

上一财年刚刚结束。下表包括IT的年度预算、年度支出以及预算差异。

WEBB & DRYE

IT部门

预算、实际支出、预算差异

	预算	实际	差异	有利/不利差异
工资	$ 350 000	$ 336 000	$ 14 000	有利
福利*	140 000	134 400	5 600	有利
软件安装许可	143 000	168 000	(25 000)	不利
硬件租赁	630 000	635 000	(5 000)	不利
旅费	59 000	57 000	2 000	有利
易耗品	112 000	110 000	2 000	有利
培训	28 000	20 000	8 000	有利
空间占有成本	195 000	198 000	(3 000)	不利
总成本	$ 1 657 000	$ 1 658 400	$ (1 400)	不利

* 福利是工资的40%。

Malone很关注IT部门的软件安装许可和工资支出与原始的预算偏差较大等事项，而Piccaretto本应该在预算被执行前就告知Malone这些事项。Piccaretto认为IT部门总的支出符合总预算额1 657 000美元，那么就说明她管理预算得当。而且，Piccaretto指出，她不得不购买更多复杂的反病毒软件，用来保护公司免受黑客攻击，并且还要为软件升级付费。她没有找人接替第四季度离职的那个员工。Malone却认为，她这种开放的立场反而影响了一宗大案子，因为这个案件的律师在下载文件管理系统里的扫描文件时遇到很大的麻烦，文件管理系统是由IT部门负责维护的。

要求：

写一个简短的备忘录，分析Malone和Piccarettode的争论。这个争论中隐藏的问题是什么？谁对谁错？你认为应该怎么做？

[习题6—23]　略

[习题6—24]　略

[习题6—25]　城市医院的护士

城市医院是市政府所有并经营的医院，主要向低收入的市民提供基本的健康护理服务。医院的收入主要来自于联邦、州、郡和市等各级政府的预算拨款。虽然医院也向拥有私人保险的市民提供服务，但是该医院的大部分服务对象都是由政府提供保险的。

Maxine Jones是城市医院儿科部门的护士长，该部门拥有40个床位。她的主要工作是招募、排班（白班、夜班和周末班）以及编制该部门的护理预算。该部门的人员组成有着很大的差别，有护士、护理实习生、门诊护士、护士管理员和值班护士。她们提供各个方面的护理（包括普通护理和喂食、血样采集、注射、测量血压、管理等），但并不是每种类型的护士都能够提供全面的服务，当然每种护士的报酬也是不同的。医院要求必须保证护理病人所需要的最低水平的护士人数，如果现有护士人数少于最低水平，那么医院就不能再接收病人。

儿科部门共有45名全日制护士，Jones要在预算中说明每种护士的人数（如8名护士、12名护理实习生、14名门诊护士等）。年内，如果要求改变护士类型组合或者护士的报酬水平，则要经过医院护士管理部门、医院管理部门和市议会的层层批准，通常这个过程是很耗时的。如果护士长希望在下一年度变动护士类型的组合或者报酬水平，那么她可以在提交下一年度的部门预算时，在预算中说明护士类型的组合或者报酬水平的变动情况，然后逐级上报直至得到市议会的批准。

在选择工作岗位时，护士也会像其他职工一样，评价工作条件、报酬和好处等。对于护士来说，工作条件中的关键一点就是在选择工作班次上的灵活性。由于社区中护士人手短缺，因此医院都以工作班次和时间为条件展开竞争。许多私营医院甚至允许护士自行安排何时工作以及一周工作的时间。城市医院发现自己的一些护士都被私营医院给挖走了。如果一名护理实习生被挖走了，那么Jones就必须招募另外一名护理实习生来代替；而私营医院则无此限制，如果护理实习生的位置出现空缺，私营医院就会暂时调派一名技术更为娴熟的门诊护士来代替，直到招募到新的护理实习生。

要求：

a. 在Jones编制下一个月的护士工作安排时，你认为她应当具备什么方面的专业知识？

b. Jones工作时的各种限制可能产生的后果是什么？

c. 为什么城市医院不允许Jones在人员组织决策上拥有私营医院护士长那种自主权？

［习题6—26］　麦登跨国公司（Madden International）

麦登跨国公司是一家大型国际医药生产企业，年销售额达70亿美元，经营范围遍及23个国家，它是由15个自主程度很高的事业部组成的。公司的最高领导层中有5名副总裁负责管理事业部的经营。这5名副总裁向2名执行副总裁报告工作，后者则向公司的董事长报告工作。

15个事业部主要是根据医药产品的类别来划分的，在某些情况下，也考虑了国别因素。该产业中技术革新的速度非常之快，每个国家都有自己特殊的管制政策，对新药品的上市、定价和销售有不同的规定，而且每个市场在医院药品采购方面也各有其特点。所以说麦登公司在一个天天发生变化的复杂环境中经营，绝对不是夸大其词。

公司的管理层要求每个事业部建立和维持精妙的、详细的预算和控制体系。每个事业部预算和控制体系的要点被概括如下：

· 每年编制1年期、3年期和5年期的预算。

· 经营事业部的副总裁负责3年期和5年期的预算，以保证预算能够扩展公司的实力。也就是说，事业部是被推动着制定能够增加公司价值的计划项目的。

· 预算首先要在各事业部制定和审核，然后由分管该部的公司副总裁审核，最后由公司总部批准。

· 每隔3个月，事业部必须将实际的经营业绩和预算相比较，同时编写有关报告向公司解释差异情况和拟采取的纠正措施。

·每个副总裁每个季度要用3天时间视察一家事业部，就预算和实际经营成果进行广泛的会议讨论。事业部的所有高级管理人员都要参加。

·事业部的高级管理人员是否能够获得报酬或者奖励，并不取决于是否实现了预算目标，而取决于他们在开拓新市场、解决短期问题、为事业部和公司增加价值、管理并激励所属机构等方面的能力。虽然业绩评价带有一定的主观色彩，但是主管公司的副总裁和事业部的高级管理人员通常都有非常深厚的个人交往，因而有可能形成某种恰当的业绩评价。

·事业部的所有高级管理人员都要（和副总裁一起）参与例行会议和预算制定。一位经理这样说："如果我们没有在预算和财务绩效评论会议上花这么多的时间，那么我想，我根本不会在乎我们是否挣了更多的钱。"

事实证明，要求高级管理人员花费大量时间制定预算和进行财务评价的企业，绝对不止麦登跨国公司一家。对美国大型上市公司的调查表明，它们对麦登公司的预算和控制体系非常支持。研究人员发现，和比较稳定、成熟产业中的企业相比，处于高度不确定和变化环境中的创新型企业更倾向于采用精心设计的正式财务控制（预算）体系。

要求：

a. 请说明麦登跨国公司预算与控制体系的优缺点。

b. 为什么与麦登跨国公司相类似的企业主要依赖正式的财务控制体系？

［习题6—27］ 共和保险公司（Republic Insurance）

共和保险公司拥有一支庞大的销售人寿保险的直销队伍。每个销售人员要在年初预测当年期望销售的保险数量。年末，公司要根据他们实际的销售数量进行业绩评价。销售人员的报酬要根据以下的公式进行计算：

$$\text{报酬总额} = 20\,000 + 100B + 20\ (S - B)\text{，如果 } S \geqslant B$$

$$= 20\,000 + 100B - 400\ (B - S)\text{，如果 } S < B$$

其中：B代表管理人员预算报告中的保险数量；

S代表实际销售的保险数量。

要求：

a. 假定某个销售人员希望卖出100份保单，他考虑报告的预算销售量为90份、99份、100份、101份、102份和110份，那么这个销售人员应当在年初确定的预算保单上填写多少销售量？

b. 简要评价共和保险公司的报酬方式。

［习题6—28］ 奥德·罗斯巴德农场（Old Rosebud）

奥德·罗斯巴德农场是肯德基州的马场，该农场以提供母马生产和马驹照料而著称。顾客只要将待产的母马送到农场，农场就负责接生马驹并进行此后的母马和马驹照管。最近由于税收制度的变化，使得这种业务出现了下降的迹象，该产业的利润也有所减少。

奥德·罗斯巴德农场在当年的预算报告中，将成本分解为固定成本和变动成本。编制该预算的时候，产业的变化情况还没有被人们充分地理解。下表就是当年农场的预算和实际完成情况：

奥德·罗斯巴德农场

当前年度利润表

	预算方程（每天每头牛）	实际	总体预算	差异*
母牛头数		52	60	8
接待日的数量		18 980	21 900	2 920
收入	$ 25.00	$ 379 600	$ 547 500	$ 167 900U
减去可变成本				
喂养和草料	5.00	104 390	109 500	5 110F
接生费用	3.00	58 838	65 700	6 862F
烙印费用	0.30	6 074	6 570	496F
可变成本总额	8.30	169 302	181 770	12 468F
边际贡献	$ 16.70	$ 210 298	$ 365 730	$ 155 432U
减去固定成本		$ 56 000	$ 56 000	$ 0
折旧与保险		12 000	14 000	2 000F
设备利用		10 000	11 000	1 000F
人工		88 000	96 000	8 000F
固定成本总额		166 000	177 000	11 000F
净收益		$ 44 298	$ 188 730	$ 144 432U

*F 表示有利差异，U 表示不利差异。

要求：

试评价奥德·罗斯巴德农场的经营业绩，并写出支持你的结论的数据与计划过程。

[习题 6—29] 特罗伊卡玩具公司（Troika Toys）

阿德兰和派尔（AP）公司是一家广告代理商，它采用弹性预算方式进行计划编制和控制。公司的客户——特罗伊卡玩具公司要求 AP 公司为其新玩具策划一个广告活动。AP 公司和特罗伊卡公司签定的协议要求，特罗伊卡公司每设计小时要向 AP 公司支付 120 美元，设计时间共为 150 ~ 200 小时。

AP 公司的一个广告策划小组专门负责此项活动。客户只需为项目策划所进行的设计工作支付报酬，合作时间并不被直接计入客户支付的报酬单。作为计划过程的一部分，Sue Bent，特罗伊卡项目的合伙管理人，要负责编制下列弹性预算（“授权的设计小时”是指 AP 公司期望该项目需要而且经过客户同意的时间估计范围）：

特罗伊卡玩具公司

弹性预算

	固定部分	变化部分	授权的设计小时		
			150	175	200
收入		$ 120	$ 18 000	$ 21 000	$ 24 000
设计人工	$ 0	45	6 750	7 875	9 000
艺术加工	1 700	11	3 350	3 625	3 900
办公和占用费用*	0	6	900	1 050	1 200
成本总额	$ 1 700	$ 62	$ 11 000	$ 12 550	$ 14 100
预算利润			$ 7 000	$ 8 450	$ 9 900

* 办公和占用费用包括租金、电话费、传真费、加急邮递服务费等。

AP 公司的执行委员会讨论并且批准了 Bent 的预算及与特罗伊卡公司的合同。完成了初步的工作之后，特罗伊卡公司对工作极为满意，主动将授权的时间范围扩展到 175 ~ 250 小时。

Sue Bent 和设计小组完成了特罗伊卡项目，共花费了 220 个小时进行设计。他们向特罗伊卡公司按照合同价格（每小时 120 美元）寄去了发票。在项目完成的基础上，AP 公司的收益和累计成本的计算见下表：

特罗伊卡玩具公司

实际成本

收入（120 × 220）	$ 26 400
设计人工成本	10 320
艺术创作成本	4 350
办公和设备占用费用	1 690
成本总额	$ 16 360
利润	$ 10 040

AP 公司的会计经理对公司每个项目的实际成本都做了详细的记录，而且公司还聘请了设计人员，平均工资是每小时 45 元。新成员的工资水平低于平均水平，工作经验比较丰富的人员的工资则比较高。每个项目的实际设计人工成本是该项目的实际工时乘以设计人员的实际工时工资。艺术创作成本包括室内和室外艺术创作人员为广告所做的宣传画所需的成本。办会和设备占用费用包括租赁费、复印费、电话费，以及长途电话、传真和加急邮递服务费等。

要求：

编表汇报 Sue Bent 小组在特罗伊卡项目上的业绩完成情况，并编写一份备忘录提交经理委员会，对项目完成情况做出业绩评价。

［习题 6—30］　Cellular First 公司

一个手机生产商的销售部门付给其销售人员每月 1 500 美元的工资，外加每个新增用户第一个月的消费额的 25% 作为奖金。新增用户第一个月的平均消费额是 80 美元。销售人员每月工作 160 个小时（4 个星期，每星期 40 个小时）。如果销售人员每月工作超过 160 个小时，则超过部分的工资按每小时 12 美元来计算。

销售部门的销售渠道有很多种形式：向潜在的客户直接邮寄，然后他们会给销售人员打电话；列出有可能从外部营销公司购买手机的客户名单。销售经理复核潜在的客户导向，并将其分配给销售人员，销售人员再联系这些客户。销售经理会监督每个销售人员花费在指定渠道上的时间，并批准每个星期超出 40 个小时的超时请求。销售人员平均需花费 2 个小时来新增一个客户。

上个月，销售部门为 8 个专职销售人员制定预算。但是，由于新的广告活动，又雇用了一名销售人员，并批准了超时，导致实际工作小时增至 1 580 小时。销售部门增加了 725 名新客户。

要求：

a. 将实际经营业绩和预算经营业绩相比较，并做出报告。该预算经营业绩采用的是静态预算方式，基于 8 个销售人员的业绩情况并且没有超时。

b. 将实际经营业绩和获得 725 个新客户的 9 个销售人员的弹性预算经营业绩相比较，并做出报告。

c. 讨论什么时候你想看到（a）中制定的报告，什么时候你想看到（b）中制定的报告。

[习题 6—31]　威尔森公司（Wielson）

威尔森公司采用弹性预算方式对其部分业务活动进行业绩评价。下面是该公司 3 个代表性月份的销售费用弹性预算：

威尔森公司代表性月份的销售费用弹性预算

业务衡量指标			
销售量	400 000	425 000	450 000
销售额	$ 10 000 000	10 625 000	11 250 000
订单数	4 000	4 250	4 500
销售人员数	75	75	75
月度支出			
广告和促销费用	$ 1 200 000	$ 1 200 000	$ 1 200 000
管理人员工资	57 000	57 000	57 000
销售人员工资	75 000	75 000	75 000
销售费用	200 000	212 500	225 000
销售人员差旅费用	170 000	175 000	180 000
销售费用总额	$ 1 702 000	$ 1 719 500	$ 1 737 000

在编制销售费用的弹性预算时，采用了以下假设：

· 本年度威尔森公司销售人员的平均计划人数为 75 人。

· 销售人员的报酬为月薪加销售额的提成。

· 出差费用是典型的步增成本：固定部分与销售人数有关，变动部分则随销售额的变动而变动。

11 月，80 个销售人员一共达成了 4 300 份合同，销售量达 420 000 件，销售额为 1 090 万美元。11 月的销售成本见下表：

广告和促销成本	$ 1 350 000
管理人员工资	57 000
销售人员工资	80 000
销售提成	218 000
出差费用	185 000
合计	$ 1 890 000

要求：

编制威尔森会司 11 月的销售费用报告，以便评价公司对销售费用的控制情况。该报告应当逐行分析每个销售费用项目，并且反映出适当的预算数、实际销售费用以及月度差异。

资料来源：《注册管理会计师》。

[习题 6—32]　马奇公司（Magee Inc.）

如果销售人员能够完成销售指标，则马奇公司将向其支付 10 000 美元奖金。销售经理要么付出较大的努力，要么付出较小的努力。如果销售人员尝试额外的努力去实现销售指标，则其负效用为 1 500 美元。高级经理可以确定非常严格的销售指标，即使非常努力也很难达到，而宽松的指标则很容易完成，比较严格的销售指标则介于两者之间。在每种情况下，实现销售量的可能性见下表：

实现目标的可能性

	指标宽松	指标较严	指标很严
努力程度高	0. 90	0. 60	0. 30
努力程度低	0. 60	0. 40	0. 25

销售人员要么能够实现销售指标，要么不能。这意味着每个指标都会影响销售的总数量和公司的边际毛利，下表反映的就是在各种指标下的公司边际毛利和各种指标未完成情况下的公司边际毛利：

实现指标的边际毛利

	指标宽松	指标较严	指标很严
完成指标	$ 50 000	$ 70 000	$ 73 000
未完成指标	20 000	40 000	43 000

经理应该设定哪种指标？宽松的、较严的还是很严的？

资料来源：R. Magee，*Advanced Managerial Accounting*（New York：Harper & Row，1986），pp. 286 –87.

[习题 6—33]　金克销售公司（Kink sales）

金克销售公司的地区销售经理收到了固定工资外加以销售为基础的奖金。地区销售经理只能提出在其销售地区中各种销售量的概率分布，见下表：

可能销售量	概率	期望值
100	0. 10	10
200	0. 20	40
300	0. 50	150
400	0. 20	80
		280

在年初预算估计的销售额的基础上，每超过一单位，该经理就可以获得 100 元的奖金。奖金不可能为负数。即：

$$奖金 = \$\ 100 \times（实际销售量 - 预算销售量），奖金 \geq 0 \quad (1)$$

高级管理人员想把奖金的计算方法改为如下形式：

$$奖金 = \$\ 100 \times 实际销售量 - \$\ 20 \times |预算销售量 - 实际销售量| \quad (2)$$

在这种方式下，地区经理销售单位数量的产品就可以获得 100 美元，但是如果实际销售量与预算数不符，那么地区经理就要为单位产品的销售而被罚款 20 美元（注：｜｜表示取绝对值）。

如果高级管理人员改变了奖金计算的方式，那么对工资中变动部分的调整将会抵消总报酬期望水平中的优缺点。

要求：

a. 画出两种奖金计划的图形。

b. 在第一种奖金计算方式下，地区销售经理可能会报告何种预算销售数字？

c. 在备选的奖金计算方式下，地区销售经理可能会报告何种预算销售数字？

d. 你有什么更好的建议吗？请说出理由。

［习题 6—34］ 詹姆斯公司（James）的市场营销活动

詹姆斯公司是大型的邮件订购公司，目前正在考虑将业务扩展到加拿大。巴费罗地区管理部将负责这次扩展活动，并且决定广告活动的开支。此次业务扩展要么成功，要么失败。成功的可能性取决于广告活动的开支。如果失败，公司的毛利（扣除广告费之前）预计为 100 000 美元，下表就是计划成功的概率和各种支出水平：

广告费用（单位：千美元）	毛利（单位：千美元）		
	成功的可能性	成功	失败
$ 10	0. 20	$ 1 400	$ 100
25	0. 21	1 400	100
40	0. 22	1 400	100
55	0. 23	1 400	100
70	0. 24	1 400	100
85	0. 25	1 400	100
100	0. 26	1 400	100
115	0. 27	1 400	100
130	0. 28	1 400	100
145	0. 29	1 400	100

詹姆斯公司是家上市公司，公司的高级管理人员和股东都希望通过这次投资实现现金净流量的最大化。巴费罗地区经理的报酬是 30 000 美元的工资和净利润的 10%（毛利减去广告费）。

报酬总额 = 工资 + 10% ×（毛利 − 广告费）

上面的毛利数据是指未扣除经理工资或奖金的利润。只有当公司的毛利超过广告费用时，经理才能够获得奖金。如果毛利低于广告费用，经理就不可能拿到奖金。经理具有使报酬最大化的动机，并且在计划成功概率与广告费用之间的关系上拥有私人信息。

要求：

a. 如果高级经理也知道巴费罗地区经理所拥有的特殊信息，那么他会选择何种水平的广告费用？

b. 假定高级经理不知道巴费罗地区经理所拥有的特殊信息，那么巴费罗地区经理会选择何种水平的广告费用？

c. 如果上述两种广告水平之间存在差异，为什么？

案　例

[案例 6—1]　镭射弗罗公司（LaserFlo）

Marti Meyers 是镭射弗罗公司营销部门的副总经理，她计划在下个月推出 AP2000 型激光打印机，目前正在对其成本进行分析。AP2000 型打印机是专门为从事商业信函业务的中等规模的客户设计的新型商用打印机。该产品的基本销售价格为 74 500 美元，单位制造成本为 46 295 美元，销售和管理费用预计为销售价格的 33%。计划付给公司技术人员的维修费用为每小时 85 美元。虽然售价 74 500 美元是相当有竞争力的，但是每小时 85 美元的维修价格却高于行业平均维修价格（每小时 82 美元）。然而，Marti 认为她可以接受 85 美元的维修价格，因为她刚刚从现场服务部门了解到，他们将把预计的小时服务收费从原先的 35. 05 美元提高到 38. 25 美元。

Marti 预计对服务收取的 85 美元的小时价格是根据去年的 35. 05 美元的服务成本来计算的。她认为，由于现场服务部门的规模正在缩小，因此这样运用去年的成本数据显得有些保守，而且她预计成本会相应地下降，而不是上升。要求公司其他型号的打印机提供的维修服务所获得的边际收益为 60%，但是 35. 05 美元的成本是不可能产生如此高的边际收益的。由于竞争的原因，Marti 也很难确定某个更高的服务收费标准。随着服务成本上升到 38. 25 美元，Marti 知道她不可能提高收费标准来收回成本，然而这样难免要引起销售量的大幅度下滑。由于公司现场技术工人的成本上升，以及维持竞争所要求的维修价格不变，因此 Marti 无法实现计划的目标利润。

背景

镭射弗罗公司在美国生产打印机，并且依靠其直接销售人员在全国内销售产品和提供服务。它从事这个行业已有 22 年的历史，并且是美国专业生产高速打印机（用于商业信函）的厂家之一。公司通过不断的技术创新来保持其市场领先地位。商业信函的营销企业主要生产通用的信函，可以用于印刷银行信用卡、房地产信息、人寿保险、大学招生简章和杂志副刊等内容。个人专用的信件可以用电脑通过高速打印机打印出来。打印机可以打印完整的信件内容，也可以在预先设定的格式上打印地址或祝词（如亲爱的 Jeremy McConnell 女士）。商业信函公司通常会运用计算机系统来管理它们的地址目录和信函，镭射弗罗公司的打印机只需连接到客户的计算机上即可使用。

商业信函用的打印机的处理速度相当快，一般每天可以打印 75 000 份信件。因此，镭射弗罗公司向商业信函市场提供的打印机就不同于通用的高速打印机。更为特殊的是，这些打印机拥有专门的纸张转换系统，可以处理常用纸、重纸、各种规格的纸并实现高速处理。由于纸张处理速度有所增加，因此要求对这些打印机进行定期的调试，以防止纸张折叠或边线不齐。镭射弗罗公司遍布全国的拥有 500 人的现场服务部门的工作就是维修这些打印机。

镭射弗罗公司的标准销售合同包括两个部分：设备的售价和设备维修合同。所有销售的打印机都由现场服务部门负责维修，而维修合同则规定常规维修的收费标准和例外维修的收费标准。公司的大部分利润都来自于维修业务。打印机的销售通常可以在生产和销售成本的基础上为公司创造 5% ~10% 的利润，而维修的边际收益一般为 60%。

镭射弗罗公司的打印机具有一些内置信息，可以用于控制打印和自检。每台打印机都自带微电脑，可以处理所打印的数据。这些内置的微电脑还可以用于打印统计，向操作人员提示即将出现的问题（纸张未片齐、格式不对等）。当顾客改变其操作系统或计算机时，就需要让镭射弗罗公司的服务部门来调试，以保证新系统与打印机相兼容。标准的服务合同要求机器在打印一定的纸张之后就要进行常规的维修。例如，AP2000 型打印机在打印 500 000 张之后就要进行维修。经过一次维修之后，机器印刷的数量超过 375 000 张，打印机中的微电脑程序会自动连接镭射弗罗公司的主机，安排维修的时间。

镭射弗罗公司的组织

镭射弗罗公司分为工程、制造、营销、现场服务和管理五个部门。工程部门负责设计新型打印机，并且向营销和现场服务部门提供设备安装和维修方面的指导。工程部门是一个成本中心。

制造部门负责生产打印机，用外购和自制的部件进行组装。镭射弗罗公司的竞争优势即在于对产品质量的控制和产品设计。制造部门还向现场服务部门提供维修用的部件。制造部门也是一个成本中心，其业绩评价的基础是成本目标和发货计划的实现情况。制造部门的单位成本是营销部门销售产品所承担的成本基础。

营销部门负责设计营销活动，确定产品价格并管理经销人员。镭射弗罗公司一共要销售六种类型的打印机，每种产品都有各自的营销项目主管。这六个营销项目主管向 Marti Meyers 汇报工作，后者作为营销部门的副总经理，还要管理现场销售部门。

现场销售部门分为四个地区，每个地区经理都要负责该地区的销售机构。27 个销售机构都有各自的销售人员，和潜在的顾客联系一起销售六种打印机。销售人员根据打印机和租赁合同的销售情况获得工资和佣金。销售人员还可以从服务账户记录的利润中获得佣金，因为持续的维修构成了打印机利润总额的重要组成部分，这样销售人员就有足够的激励保证客户与公司保持联系。

现场服务部门的技术人员负责打印机的安装和维修。Phil Hansen 是现场服务部门的副总经理，该部门的人员通常和现场销售部门的人员在同一个办公场所工作。服务部门是成本中心，它的直接成本和间接成本都由其所服务的打印机来承担。收费的标准是根据年初的预算比率制定的。各种打印机的实际收费和服务部门总成本之间的差异，要计入公司的制造费用账户，而不是由营销部门来负担。

管理部门负责公司的人力资源管理、财务管理、会计记录和场地租赁。它要处理客户的订单并进行信息搜集、工资支付，就办公场所与现场服务部门和销售部门协商。管理部门也是成本中心。虽然当地的办公场所由管理部门负责，但是场地的成本则要分配给现场服务和销售部门，并且在其预算和月度经营报告中加以反映。

维修合同

公司销售每台打印机都要签订一个服务合同。AP2000 型打印机的服务合同规定，每 500 000 张打印纸，正常维修价格是每 1 000 张 0. 51 美元。正常的维修需用 3 个小时。通常，AP2000 型打印机每年要打印 1 200 万张纸。除正常的维修以外（有人称之为预防性维修)，由于操作不当、纸张挤压、系统升级和设备的损害等还会造成例外维修。过去的统计研究表明，每个正常维修工时就会产生 0.5 个工时的例外维修。合同中规定的例外维修收费标准是每工时 85 美元。

当服务部门对某台打印机进行维修之后，服务收入减去服务成本的余额要贷计到该项目的营销经理账户中。所有项目的实际服务利润都要和计划相比较，这些构成了 Marti Meyers 的业绩评价部分。现场销售人员根据总的服务收入来获取佣金。在评价每个新型打印机的业绩时，公司采用了以下程序：服务活动产生的利润，相当于年利率为 18% 的 5 年期年金。要评价某个新型打印机的业绩，就可以用 1 年的维修利润乘以 3.127，以反映每台打印机在整个使用寿命（大约为 5 年）中所可能产生的未来服务利润的现值。

部件

在服务期间所用部件都直接向顾客收费，而不计入服务部门的预算或经营报告。公司生产的打印机所用的部件大多数是向外部供应商购买的，顾客只需要支付一个象征性的溢价。在向顾客提供服务的过程中，营销部门不会产生任何收入，当然也就不需承担任何成本。不向顾客收取更高费用的原因是 6 年前出台了针对镭射弗罗公司和其他打印机公司的《反信托法案》。作为第三方服务公司，塞维尔公司（Servwell）指控打印机生产厂家妨碍正常交易，声称这些厂家通过高价销售更换的部件来阻止塞维尔公司从事维修业务。为了防止类似的指控，镭射弗罗公司在销售部件时，边际收益很低。但是，塞维尔公司和其他专业服务机构从未进入镭射弗罗公司的市场，这是因为激光打印机的技术发展很快，外部公司很难保持一支训练有素的队伍来维修最新的产品。此外，每台打印机通常每年至少要进行两次设备修理，以解决问题，或者对打印机及其微电脑的软硬件进行升级。外部的服务公司不可能了解这些变化并提供与镭射弗梦公司同等水平的服务。

现场服务的新变化

镭射弗罗公司的现场服务部门拥有两种类型的技术人员：1 型技术员和 2 型技术员。他们都要接受针对机电故障的维修训练，但是 2 型技术员要接受更多的有关电子、计算机的培训，以便于维修最新型号的、最复杂的打印机。

现场服务部门曾经采取自愿退休和正常退休的方式，努力缩减人员规模。随着打印机复杂程度的提高，打印机的性能也更加可靠。更新式的打印机有自检软件，允许维修技术人员和顾客的打印机连在一起并且运行诊断程序，故障就可以通过电话的方式来解决，只要公司的维修人员对软件进行修改即可。如果技术人员发现某个机器出现故障，他就要派一个维修人员带上必要的零件去维修。而且，使用老式打印机的顾客会因购置新机而减少对维修服务的需求。这些都会导致现场人员工作能力过剩。

在过去的几年中，自愿退休的方式并没有减少该部门的人员过剩现象。2010 年，现场服务部门大规模的强制退休减少了其人员的数量。通过正常退休、提早退休和解雇，公司的技术人员减少了 75 人，实现了 2011 年预算中设定的目标 500 人。同时，公司还提高了现有服务人员的技术水平。

AP2000 型打印机在 2011 年的销售计划

Marti 制定的 AP2000 型打印机 2011 年度的销售计划，要求实现的销售量为 120 台，根据 3.127 的年金系数，将服务利润加以资本化可计算出销售利润约为 250 万美元。如果她将服务收费标准提高到每 1 000 张 0. 51 美元以上，就会导致销售量的下降，而销售量已经是一个雄心勃勃的计划了。于是，她打电话给 Phil，和 Phil 一起讨论她所关心的问题。

"Phil，请你告诉我，你是如何削减职工人数、减少办公场所、合并存货以及降低其他固定成本的。现在我所要承受的服务费用从每小时 35. 05 美元上升到 38. 25 美元。我想，重组现场服务部门的根本目的就是使业务流程简单化，并使我们具有成本竞争优势。你知道我们的服务成本已经超过了竞争对手，我们现在正在计划在 AP2000 型打印机的维修合同中规定每小时收费 85 美元。即使标准定在 85 美元，我还是违反了公司规定的服务业务利润率为 60% 的政策。如果我按照 60% 的利润率标准，而且你的成本水平定在 35. 05 美元，那么我还是不得不将收费标准提高到每小时 87. 63 美元。但是如果你的成本水平是 38. 25 美元，而我的收费标准是 85 美元，那么利润率就会下降为已经获得允许的 59%（在 35. 05 美元的成本水平上）。"

Phil 的回答是："你提出了好些问题。现在我只能通过电话来回答其中的几个问题，以后我们见面时再进行详细的讨论。我将向你提供下个年度我的部门的预算，它可以告诉你是如何得到 38. 25 美元这个数据的。现在关键的问题是削减了部门人员后，服务的小时成本是如何上升的。这实际上非常简单。我们有很多的空闲时间，工人们可以装作非常繁忙。如果不削减人数的话，小时费用的上涨幅度就会大大地超出现在的水平。就拿你刚才提到的 AP2000 型打印机计划来说，如果我的部门 1 型技术员和 2 型技术员的构成比例维持 2010 年的水平，那么每次常规维修的时间就是 3. 25 小时。如果不削减工人数量的话，2011 年我们部门的固定成本会和 2010 年相同，而 1 型和 2 型技术员的变动成本就会因为工资率和通货膨胀的影响而早已达到现在的水平。我可以向你提供数据，这样你就可以了解我们所做出的成绩了"。

当天下午，Marti 收到 Phil 发来的传真（见下表）。为确定下一步的行动，Marti 希望你能够回答下面的问题：

a. 分别根据 35. 05 美元和 38. 25 美元的维修成本，计算 AP2000 型打印机未来 5 年的利润。

b. 为什么现场服务部门的工时成本会上升？什么因素导致工时成本从 35. 05 美元上涨到 38. 25 美元？

c. 现场服务部门的重组减少了 AP2000 型打印机的维修成本吗？假定服务的工时成本保持不变，计算 AP2000 型打印机的年度维修总成本。

d. 确定 Marti 在面临维修成本上涨的情况下的各种选择，并进行分析。

e. 为什么公司要在维修服务上赚取利润，而不是通过销售来赚取利润？这种政策有用吗？

2011 年现场维修服务预计工时成本

变动成本	
1 型技术员*	
工资和福利	$ 42 800
人数	× 175

续表

总计		7 490 000
2 型技术员[†]		
工资与福利	$ 54 800	
人数	× 325	
总计		17 810 000
变动成本合计		25 300 000
固定成本		
管理费用	1 475 000	
占用成本	1 864 000	
设备利用	772 000	
保险费用	368 000	
其他	56 000	
固定成本合计		4 535 000
总成本		29 835 000
1 型技术员人数	175	
2 型技术员人数	325	
技术员总数	500	
技术人工月数	6 000	
每月平均可用技术人工工时	130	
计划技术人工工时合计		780 000
2011 年每小时计划技术人工成本		$ 38.25
2010 年每小时技术人工成本		$ 30.05

[*]2010 年 300 名 1 型技术员的工资和福利合计为 40 100 美元。

[†]2010 年 275 名 2 型技术人员的工资和福利合计为 52 900 美元。

[案例 6—2] 塞尔恩公司（Scion）

下表反映的是塞尔恩公司机器生产部门 A303 部门的经营成果。塞尔恩公司专门生产推土机，A303 部门专为推土机生产一些小型的铁制部件，如专用螺丝、螺帽和发动机部件。塞尔恩公司采用的是弹性预算方式。每个生产项目的预算都是根据单位产品的固定成本和变动成本的估计数来制定的。每个生产项目所选择的产量衡量指标，是最能反映项目生产过程中因果关系的指标。举例来说，设备利用的衡量指标是机器工时，而管理利用的衡量指标则是直接人工工时。

塞尔恩公司
A303 部门上年经营成果

	实际数	预算数[*]	有利（不利）差异
产量衡量指标			
机器工时	238 654	265 000	
直接人工工时	146 400	152 000	
机器零件	33 565 268	35 759 000	

续表

	实际数	预算数*	有利（不利）差异
部门财务业绩			
原材料	$ 8 326 875	$ 8 150 000	$ （176 875）
直接人工工资	1 546 729	1 634 000	96 271
直接人工工时	1 465 623	1 375 000	（90 623）
管理费用	451 597	460 000	8 403
维修保养费用	315 864	325 000	9 136
工程成本	279 780	285 000	5 220
设备利用	69 539	82 000	12 461
培训成本	85 750	53 000	（32 750）
制造费用	188 500	210 000	21 500
经营费用总额	$ 12 730 257	$ 12 583 000	$ （147 257）

* 预算数是用预期的单位固定成本加上单位变动成本乘以实际数量得到的。

每年年初，公司都要下达年度生产计划，其中包括所需要生产的推土机各个部件的数量。根据每台推土机所需要的部件数据，这些设备生产指标就可被分解为每个部门必须生产的部件总数。每个生产部门都有一套多年形成的生产标准，将所要生产的每个部件转化为机器工时、直接人工工时、原材料等。例如，下表就列示了 UAV672 型部件每 100 件产品的预算成本。

UAV672 型零件

每 100 个零件的预算标准

原材料	$ 26. 72
支薪直接人工	2. 5 小时
小时直接人工	3. 2 小时
机器工时	6. 3 小时

根据产量指标和部门生产所需要的每种投入的详细数量，就可以编制 A303 部门的年度财务预算。每年年末，再将每种部件的实际产量乘以其预算标准，后者是在产品预算编制过程中用于计算弹性预算数据的。也就是说，根据 A303 部门实际生产的产品，弹性预算数据就可以反映每个产品项目的预算成本。生产经理不承担原材料价格变动所招致的额外成本。如果是由于公司采购的原材料质量低劣而使得生产部门的成本上升，那么生产部门不需为这种差异负责。

A303 部门的经理没有权力决定其所生产的产品种类，他的主要责任就是，在规定的时间里发运所需数量的优质产品，同时满足或者更好地执行成本预算。经理报酬和奖金的两个最重要的构成部分，取决于送货计划的实现情况和在弹性预算中是否实现有利的成本差异。

公司的高级管理人员每年都要讨论预算过程，以更新各种预算标准。由于单位人工产量的增加将导致单位产品中直接人工成本的持续下降，因此公司要对去年的预算标准进行更新，按照高级管理人员估计的某个平均生产改进因素，降低每个部件中的人工成本，并在整个公司范围内实行。生产改进因素是一个简单的全公司通用的数据。例知，如果平均生产改进因素的预测值为5%，那么UAV672部件“直接人工工时”的预算标准就是2.375小时（2.5 ×95%），这就是“调整预算标准”。

预算过程中的另一种做法是“调整实际标准”，即根据生产改进因素对各个部件实际的直接人工工时进行调整。举例来说，假定去年UAV672型部件的直接支薪人工工时均为2.6小时，那么当年度的“直接人工工时”的预算标准就是2.47小时（2.6×95%）。

在这两种预算编制方式下，在编制年度预算时，去年的实际数和预算数都是已知的。

要求：

讨论两种预算编制方式（调整预算和调整实际）的优缺点。

［案例6—3］　东部大学教学目录

每年，东部大学都印刷和发布10万多份《本科学习会刊》，其主要发行对象是未来的学生、高中的辅导教师、大学的教职员工以及其他感兴趣的团体。这种带有四色彩图的250页的教学目录是该校用于本科教育的主要的市场营销工具之一。希望报考该校的高中学生，通常都可以获得这份会刊以及有关东部大学的其他信息，其中列出了必修课程、备选课程和要求。每年，这份会刊的内容会根据课程和教学计划的变动而做出相应的改变，作为招募工具的有关图片也要随之更新。编写和印刷会刊的年度成本大约为100万美元，其中包括图片成本以及非大学的图片设计成本、输入成本和印刷成本，但是不包括负责内容编写、栏目编辑和管理的本校雇员所发生的相关成本。

编辑目录的责任是由招生部门和公共关系部门共同承担的。招生部门负责搜集、协调课程和教学计划变化的基础数据。但是，只有在所有的教师同意改变专业课程之后，这些信息才能反馈到招生部门。招生部门还要根据多年来与高中报考学生相处的经验，对这些变化进行编辑，确定即将付诸印刷的全部内容。然后，招生部门将确定的草稿送一份给公关部门。公关部门的职责就是进行学校的全面形象设计和信息发布，并保证在大学各出版物中保持统一的大学形象。通过雇用形象设计人员、营销专家、专业排版人员和印刷工人，公关部门负责形象的变化及印刷高质量、吸引人的课程目录。招生部门向负责本科教学的主任报告工作，后者向校长报告工作。而公关部门则向学校负责对外事务的副校长报告工作，后者向校长报告工作。招生部门对课程目录的制造成本的影响表现在两个方面：课程目录所包含的内容和为实现发行计划所需要的订阅数量。公关部门对成本的影响主要表现在：是否使用更多的彩色图片、更贵的纸张和封面材料以及精致的设计。如果目录没能及时印刷而造成成本增加，招生部门和公关部都要承担责任。如果草稿需要返工或者设计工作没能及时完成，那么要实现发行计划，就要增加专业排版人员和印刷工人的额外工作，并支付额外费用。对于招生工作来说，重要的是这本课程目录能够在9月之前向高中毕业生发行，这时正是高中毕业生开始报考的时间。

招生部门和公关部门都是成本中心。课程目录的成本究竟是归入招生部门的预算还是公关部门的预算，是两个部门长期争论不休的问题。

要求：

1. 分析将课程目录的成本归入招生部门预算或者公关部门预算的优缺点。
2. 是否还有其他方法来处理课程目录的预算？
3. 根据你的分析，你会提出什么样的建议？

第 7 章　成本分配：理论

本章提要

A. 成本分配：无处不在
  1. 生产型企业
  2. 医院
  3. 大学
B. 成本分配的理由
  1. 外部报告/税收
  2. 以成本为基础的补偿制度
  3. 决策制定和决策控制
C. 成本分配的原因：激励作用和组织因素
  1. 成本分配是一种税收体系
  2. 要素价格低估总成本
  3. 独立成本分配与非独立成本分配
D. 本章小结

所有内部会计系统的核心问题都是**成本分配（cost allocation）**，即将间接成本、共同成本或联合成本分配给不同的部门、工序或者产品。产品成本分配中的主要问题是：是否以及如何将间接成本（管理费用）分配给产品。公司总部和服务部门的成本分配（如数据处理成本和保安工资），事实上是公司内部转移定价的一种形式，因此是第 4 章所描述的组织结构的一个组成部分。本章利用前面介绍的决策制定成本（第 2 章）和成本控制（第 4 章）的框架，引入了一个能用于分析所有组织结构中成本分配情况的一般框架。

考虑以下两个例子。在第一个例子中，一个病人腹部疼痛到医院就诊。住院 5 天，经过一系列检查后，动手术治愈了胃溃疡，病人出院了。病人住院期间接受了各类医务人员的服务：外科大夫、护士、营养专家、化验员、清洁工以及洗衣工。提供间接服务的还有医院住院计费机构、物业服务及安全机构、数据处理中心、医院高层管理机构。这个病人住院期间的成本是多少？要计算这个成本，只能估计病人住院期间的增量（或是边际）成本，或者平均成本或总成本，包括所有间接服务成本在内。回答这个问题需要对各类成本，包括提供膳食、洗衣服务、进行医院行政管理等所需的成本，进行一系列的分配计算。

在第二个例子中，工厂钻孔车间的任务是在传真机底盘的铁板上钻孔。不同规格的传真机底盘都在该车间钻孔，各底盘的形状及孔眼大小各不相同。车间拥有全自动、半自动及手工操作的钻孔机。每一种规格的底盘各钻孔机均能加工。钻孔车间的成本包括：人工、工具、供给、用具、维护、会计、工厂管理和钻孔机折旧等。上个月，钻孔车间完成了 2 100 件某类底盘的钻孔。那么，这类底盘钻孔的总成本是多少？回答这个问题需要先将钻孔车间的成本分配计入各类底盘中。

尽管在以上两个例子中，两个组织的背景不同，但它们都面临一个相似的问题：将一系列成本分配计入**成本对象（cost object）**。成本对象是负担成本的产品、工序、部门或程序。在以上两个例子中，病人和底盘都是成本对象。在通用汽车公司，公司层面的研究与开发费用被分配给雪佛莱汽车厂，这是因为通用汽车公司的高层管理人员想估算雪佛莱汽车厂承担公司研究与开发费用后的利润率。雪佛莱汽车厂就是成本计算对象。管理人员将共同成本分配给成本对象的两个主要原因是：他们希望了解成本对象的成本以便进行决策，他们希望控制组织成员的行为。第 2 章和第 4 章的分析框架也将被用于解释在设计成本分配方案时，在决策管理与决策控制之间所做的权衡。由于成本分配有多种用途，因此我们发现并不存在总是正确或错误的成本分配方法。需要权衡是否或如何分配一项共同成本。我们在下面将看到，成本分配如何运作取决于成本分配的目的。

本章第 1 节描述了几个不同的进行成本分配的机构的设置及组织情况。成本分配的原则多种多样，包括税收、财务报告、实报实销、决策制定和决策控制。分配成本的原因多种多样，其中包括组织控制的原因，这将在第 2 节中做进一步阐述。成本分配的激励作用将在第 3 节中进行深入研究。分配的成本可以替代某些不可预测的机会成本。尽管分配的成本在计量机会成本时存在差错，但它要比机会成本的计算省事得多。

A. 成本分配：无处不在

大多数组织都对共同成本进行分配。之所以会产生**共同成本（common cost）**，是因为一项资源往往会由几个使用者共同使用。例如，人力资源部的成本就是共同成本，因为公司所有雇员都接受人力资源部的服务。医院将治疗仪器的成本视作共同成本，在使用该仪器的各部门之间进行分配。计算机中心的成本也在所有使用者间进行分配。采购部的成本在工厂生产的产品间进行分配。

共同成本有时也叫**间接成本（indirect cost）**，是因为其是由不同的产品线或者使用者发生的成本，所以无法直接精确地分配到单位产品或者成本对象中。同样的，管理费用也是间接成本。根据一般的用法，我们将交互地使用“共同成本”、“间接成本”和“管理费用”。

在英语中，成本分配的同义词有很多（cost allocation，cost assignment，cost apportionment 和 cost distribution）。所有这些都是指将给定的共同成本在各成本对象之间分配（病人或传真机底盘）。直接成本无需分配，因为它们可以直接追溯到成本对象。例如，公司局域网由销售部门使用，那么该成本便作为销售部门的直接成本。然而，如果销售部和生产部共同使用该局域网，那么其成本就不能单独计入两个部门中的任意一个部门，而必须在两个部门之间进行分配。

成本分配包括以下步骤：

1. 确定成本对象。组织必须确定向什么部门、产成品或工序分配成本。例如，企业内部局域网的使用者可以作为成本对象。成本对象常常是组织中的分部，比如成本中心或利润中心。成本经常被分配给分部以更好地评估分部的经营业绩，或者被分配给出售的产品或者服务以评估产品线的收益率。

2. 归集可分配于成本对象的共同成本。假设企业内部局域网的成本将在各使用者（成本对象）之间进行分配，则这一步就需要确认并归集诸如硬件成本、个人支出、公共支出和软件成本等共同成本，这些成本将被分配给使用者。

3. 选择一种方法将步骤 2 归集的共同成本分配给步骤 1 中确定的成本对象。必须选择成本分配基础，**分配基础（allocation base）**是与将要分配计入成本对象的共同成本有关的作业指标。将内部局域网成本分配给用户所应用的分配基础可以是使用时间、计算机内存或与之相关的一些指标。在本章的以下部分将提及，共同成本通常通过成本分配基础分配计入成本对象，成本分配基础要能够近似地反映成本对象对共同资源的消耗情况。

例如，一个公司为其雇员提供电子邮件服务，每年需要支出 575 000 美元，其中包括计算机租赁费用 273 000 美元、人工成本 195 000 美元、软件成本 78 000 美元及其他成本 29 000 美元。4 个部门占用一定量的硬盘空间，以千兆为单位进行计量。表 7—1 给出了 4 个部门的磁盘空间使用情况。

表 7—1　**电子邮件使用者的磁盘空间**

使用部门	内存空间（千兆）
制造部门	40
销售部门	80
研究与开发部门	20
管理部门	60
总计	200

将以千兆为计量单位的存储空间作为分配基础，将年度电子邮件的成本 575 000 美元分配给各使用部门，分配率为每千兆 2 875 美元（575 000 ÷ 200），表 7—2 为分配计入各部门的成本。

表 7—2　**分配给各使用部门的年度电子邮件成本**

使用部门	每千兆成本	内存空间	分配的成本
制造部门	$ 2 875	40	$ 115 000
销售部门	2 875	80	230 000
研究与开发部门	2 875	20	57 500
管理部门	2 875	60	172 500
总计		200	$ 575 000

表 7—3 反映出成本分配在美国公司中的大量应用，并列出了一些分配计入成本对象的公司层面的共同成本。在被调查的 1 010 家美国大型公司中，357 家公司填写了成本分配程序调查表，表 7—3 列出的费用为公司层面发生的主要成本类型。表 7—3 中有两点事实十分有趣，多数美国公司将大量的公司管理费用分配计入利润中心，而且成本分配的范围随成本类型的变化而变化。另外，将营销、推广费用分配计入利润中心的公司多于将所得税分配计入利润中心的公司。

表 7—3 将公司层面成本分配给利润中心

公司层面成本的类型	分配百分比
所得税	44%
利息费用/资本成本	62%
研究与开发费用	72%
财务、会计成本	73%
销售成本	91%
推销费用	100%

截至目前，我们还没有一种理论可以用来解释或者预测哪些公司费用将分配给利润中心。但是表 7—3 中的数据表明这些分配是有目的性的。如果经理选择随机分配费用，那么所观测到的频率就不会像表 7—3 中所显示的那样富于变化性了。

在对 186 家加拿大大型公司的调查中，70% 的公司表示它们会进行成本分配。① 在被分配的成本中，进行成本分配的主要目的如下：

决策控制	42%
决策制定	32%
其他目的：	
成本确定	19%
制造费用补偿	5%
权益	2%

这些发现证实了成本分配在决策管理和控制中的相对重要性。事实上在这个调查中，决策控制比决策制定更重要。下面 3 个例子表明成本分配盛行于营利组织和非营利组织，以及成本分配的另一个作用：成本补偿。

1. 生产型企业

成本分配在生产型企业中十分盛行。制造商不能出于财务业绩和税收的考虑抵扣所有的制造成本。相反，它们必须记录直接成本，并且在已销商品和存货之间分配间接制造成本。因此，为计算已销商品成本、净利润和存货的价值，财务报告和税收通常要求企业进行间接成本的分配。成本分配的一个特别重要的应用是在公司以成本为基础的偿付合同中，公司收入取决于报告的成本，包括分配的成本。例如，某些政府国防合同是以成本为基础的。承包者的收入与报告成本联系在一起。这时，在合同允许的前提下，承包者会尽量多地将成本分配给政府工程。假设一个飞机制造公司同时制造军用和商用飞机。军用飞机依照以成本为基础的合同进行生产。在不违反合同条款的前提下，公司就会尽力寻找能将总成本的最大部分分配计入军用飞机合同中的成本分配基础。②

① A. Atkinson, *Intra-Firm Cost and Resource Allocations: Theory and Practice* (Toronto: Canadian Academic Accounting Association, 1987), p. 5.

② 一系列文章都描述了以成本为基础的合约是怎样影响经理分配成本的动机的，见 W. Rogerson, "Overhead Allocation and Incentives for Cost Minimization in Defense Procurement," *Accounting Review* 67 (1992-10), pp. 671 – 90; J. Thomas and S. Tung, "Cost Manipulation Incentives under Cost Reimbursement: Pension Costs for Defense Contracts," *Accounting Review* 67 (October 1992), pp. 691 – 711; S Reichelstein, "Constructing Incentive Schemes for Government Contracts: An Application of Agency Theory," *Accounting Review* 67 (October 1992), pp. 712 – 31; J. Demski and R. Magee, "A Perspective on Acounting for Defense Contracts," *Accounting Review* 67 (October 1992), pp. 732 – 40; F Lichtenberg, "A Perspective on Accounting for Defense Contracts," *Accounting Review* 67 (October 1992), pp. 741 – 52.

2. 医院

医院依靠政府和私人医疗保险公司为其提供补偿。在美国，政府和私人医疗保险公司的款项拔付曾一度依据医院的报告成本。在一些州，医疗补助方案中的家庭护理补偿仍基于报告的成本。实施以成本为基础的补偿制度使得成本分配成为能够获取收入的重要决定因素。例如，医院为两类病人提供服务。一类是年迈的病人，另一类则是产妇。假设老年人的医疗成本由政府支付，且每次支付固定的金额，产妇的医疗成本则由私人医疗保险公司根据医院的“成本”给予补偿。根据病人的类型和补偿规定，医院管理当局会选择一种成本分配方案，使得产妇承担尽可能多的成本，以使医院的现金收入最大化。例如，医院成本中的一个组成部分是洗衣成本，总洗衣成本可以按不同的基础进行分配：住院天数、占用空间、护理小时数等。医院管理当局就会使用能将尽可能多的洗衣成本分配计入产妇医疗成本中的分配方案，以使医院收入最大化。

现在，美国的医疗补偿已不再像以前那样与报告成本紧密相连了。一般情况下，完成一个既定的医疗流程（相关诊断组，DRGs），医院就会得到一笔金额固定的补偿费用。对医院成本补偿规定的这一变化减少了医院通过选择成本分配法使净现金流量最大的机会。①

7 美元阿斯匹林的神话

医院一般按服务和疗程的成本调整收费。以医院给病人所开处方中的阿斯匹林为例，开两片阿斯匹林向病人收取 7 美元。医院对此的解释如下：

两片阿斯匹林	$ 0.012
直接人工	
外科大夫	0.500
药剂师	0.603
护士	0.111
间接人工（簿记及护理）	0.400
药杯	0.020
分享和转嫁成本	
没有补偿的医疗费	0.200
贫民护理	0.223
医疗保险和无法收回的应收账款	0.152
空余的床位	0.169
其他管理及经营成本	0.242
产品成本	$ 2.632
医院制造费用@32.98%	0.868
总成本（包括制造费用）	$ 3.500
利润	3.500
价格	$ 7.000

尽管两片阿斯匹林 7 美元的价格看起来似乎挺荒谬，然而阿司匹林价格的设定不但要补偿开阿斯匹林处方的直接成本和间接成本，而且还要负担医院从其他病人那里无法收回的成本。

资料来源：D. McFddden, “The Legacy of the $7 Aspirin,” *Management Accounting*, April 1990, pp. 38 – 41.

① 许多州通过限制医院在限定年度内的总收入对医院进行系统管理。例如，华盛顿州根据各医院的年预计成本和调整后的实际工作量对其总收入进行控制。这一方案使得医院管理阶层通过多预计成本来增加预算。

3. 大学

大学里面也少不了成本分配。大学校园里常常讨论的一个话题便是间接成本库。以学术研究为导向的大学收入的大部分是通过签订政府合同和开发研究项目得到的，通过开发国家科学基金和全国健康协会之类的研究项目来支付用于基础研究的费用。大学里的研究人员向政府基金机构提交研究项目计划，描述他们的实验、预期贡献和项目成本。如果一个项目得到批准，研究者就能得到所需的经费。研究津贴除负担实验的直接成本外，还负担研究的间接成本，如建筑物占用成本、公共设施使用成本、图书机构成本、管理及保密成本。大学研究项目计划中包括可补偿成本项目（其包括上述间接成本）。大学估计可以分配计入政府赞助研究总直接费用的同时，也估计可分配计入其中的总间接费用。这些估计的比率就是间接成本分配率。在各大学的估计中，这一比率介于40% ~75%之间不等。例如，如果一个癌症研究者的实验助手费、用具费用及工资等直接成本共计 250 000 美元，大学的间接成本分配率为 50%，那么申请的津贴就是 375 000 美元，其中包括 125 000 美元的间接成本补偿。

大学有动机使尽可能多的间接成本得到补偿，大学管理当局和研究者不可避免地陷入谁有权使间接成本得到政府津贴补偿的激烈争论中。研究者认为 125 000 美元是他们提供给大学的利润，大学管理当局则认为这 125 000 美元是用来补偿构建图书馆计算机中心及其他大学设施所花费的成本费用的。

在 1988—1989 年间，斯坦福大学收到大约 4 亿美元的研究经费资助，其中包括大约 9 100 万美元的管理费用。1990 年 9 月 14 日的《华尔街日报》报道说，联邦政府声称“斯坦福大学的官员可能做出了‘欺诈行为’，就 1983—1986 年的‘图书馆超额成本补偿提案’提出了数额为 3 000 万 ~4 000 万美元的虚假补偿要求”。1991 年，斯坦福大学的校长、校政负责人、首席财务官均宣布辞职。美国政府将斯坦福大学的间接成本补偿率从 78% 降为 55. 5%，这使得政府每年对斯坦福的拨款减少了 2 200万美元。作为一个独立的案例，斯坦福大学的例子说明成本分配对于组织及其领导人来说有时会引发严重的后果。

成本分配使大学将资源分配给不同的院系。第 6 章描述了大学的预算系统。如果将大学里的每个学院看作一个利润中心，那么成本分配就是相关的。如果商学院必须执行平衡预算，使收入与成本、费用相等，那么学校管理费用、图书馆、安全保卫或人力资源部的成本需分配计入商学院，但这样就会影响商学院在其他方面的开支。大学里拥有正净现金流的学院会被“征税”，这部分净现金流可以用来资助出现负净现金流的学院，“征税”是通过让有正净现金流的学院负担更多的大学管理费用来实现的。管理费用的分配吸收了现金流，将其他用于资助出现负净现金流的学院或支付管理费用的经费节约了下来，供校长使用。成本分配在这种机制下不再是无用的、不切实际的推测，它常常要耗用院长和重要管理人员大量的时间。

本讨论不涉及所有的成本分配情况，而是旨在说明成本分配在许多不同类型组织中都很重要。成本分配会影响资源的利用与现金流量。

对管理费用的分配始终存在异议

管理费用分配比其他成本会计的话题更加引人注目，成为自开始记录间接费用以来被广泛讨论的焦点问题。1916 年，一个评论家写道：

"间接费用是所有簿记账中最重要的部分之一，对其分配方案争论的激烈程度不亚于对人类血统问题的争论，它是导致当今许多实业之舟失事的礁石。"

资料来源：C. Thompson, *How to Find Factory Costs* (Chicago, IL: A. W. Shaw Co., 1916), p. 105. Quoted by P. Garner, *Evolution of Cost Accounting to 1925* (Montgomery, AL: University of Alabama Press, 1954). pp. 170-171.

B. 成本分配的理由

许多组织都分配成本。然而，一些责任会计的支持者坚持认为，不应分配给管理人员那些他们无法控制的成本。例如，维修车间是一个成本中心，其预算包括分配计入的成本，如占用办公空间所需支付的成本，而这些成本是维修车间管理人员无法控制的。为什么在给预算中心经理人员一个预算以后又通过成本分配收回其中的一部分？为什么不给经理人员一个较小的预算呢？

本部分描述了组织进行成本分配的三个可能原因：外部报告（纳税）的需要、以成本为基础的补偿制度以及决策制定与决策控制。

1. 外部报告/税收

外部财务报告和税务会计的规定要求存货按成本计价，成本中包括一定比例的间接制造成本。例如，存货不但包括直接人工、直接材料，还包括一部分的工厂折旧、财产税和工厂保安的工资。制造费用（其中包括间接成本）必须分配计入产品。这不需要公司在内部报告中进行成本分配。然而，由于外部报告的要求，公司必须分配某些成本。同样的数据能够在内部使用，并且不会增加簿记成本。当然，增加的簿记成本也可能较小，并能够被因使用外部报告系统进行内部经营决策所导致低效决策的成本所抵销。因此，提供外部报告的要求并不能很好地解释企业出于内部报告的目的（如部门的业绩评价），而进行广泛的成本分配。

[练习题 7—1]

网络系统公司为企业提供远程通信设计与咨询服务。公司为其顾客提供两种服务合同：成本加成（25%）合同和固定费用合同（网络系统公司收取固定的费用）。对于成本加成合同，总成本包括直接成本和间接管理费用。网络系统公司完成了 10 个成本加成合同（直接成本为 450 000 美元）和 15 个固定成本合同。通过固定成本合同得到的总收入为 2 400 000 美元。固定成本合同的总直接成本为其总收入的 75%。网络系统公司的间接管理费用为 350 000 美元。

要求：

a. 将 350 000 美元的间接管理费用分配给固定成本合同和成本加成（25%）合同，将直接成本看作管理费用的分配基础。

b. 将350 000美元的间接管理费用分配给固定成本合同和成本加成（25%）合同，将完成的合同数量看作管理费用的分配基础。

c. 网络系统公司应该用直接成本还是合同数量对管理费用进行分配？说明原因。

解答：

a. 将直接成本看作管理费用的分配基础：

	固定费用	成本加成	总计
直接成本	\$ 1 800 000*	\$ 450 000	\$ 2 250 000
直接成本的百分比	80%	20%	100%
基于直接成本分配的管理费用	\$ 280 000	\$ 70 000	\$ 350 000

*75% × \$ 2 400 000。

b. 将完成的合同数量看作管理费用的分配基础：

	固定费用	成本加成	总计
合同的数量	15	10	25
合同数量的百分比	60%	40%	100%
基于合同数量分配的管理费用	\$ 210 000	\$ 140 000	\$ 350 000

c. 假定：(1) 分配管理费用的唯一用途是为成本加成合同的定价计算总成本；(2) 成本加成合同的数量与最终的价格无关。那么，网络系统公司应该采用合同数量来分配管理费用。用合同数量分配管理费用能为成本加成合同多分配70 000美元(140 000 - 70 000）的间接成本，从而能给这类合同带来87 500美元（1.25 × 70 000)的额外收入。

2. 以成本为基础的补偿制度

以成本为基础的补偿制度是进行成本分配的又一原因，以成本为基础的政府合同和医疗成本补偿导致了成本分配。美国国防部每年都签订成本加成合同购进上亿美元的物资，这些军火交易大多是通过协商合同完成的。在这类合同中，生产者的收入会受报告成本的影响。为规范政府合同承接者的成本分配，联邦政府成立了成本会计准则委员会。成本会计准则委员会发布有关成本会计分期、有形资产资本化、保险、养老成本会计和直接、间接成本的分配等规定。

公用事业部门（包括电力公司、煤气公司）的收入也与报告成本有关。州政府常常允许公用事业部门在提供服务的地区实行垄断。同时，州政府也对公用事业收费标准进行管理。在许多情况下，规定的收费价格根据包括分配的成本在内的报告成本来确定。在对公用事业的管理中，主要规定如何分配共同成本，如发电厂怎样在好几种类型的用户（住家和商业客户）间分配共同成本。在对许多公用事业收费率的设定中，成本分配是一个重要的部分。①

① 见A. Atkinson (1987), pp. 22 - 31.

在以报告成本确定收入的公司中，成本分配对现金流量有很大影响。但很少有公司能通过契约将收入建立在成本的基础上。在不以成本为基础确定收入的公司中，成本分配也十分盛行。因此，成本分配的广泛应用同样不能用以成本为基础的补偿合同的存在来解释。

联邦储备银行：用以成本为基础的补偿来重新分配成本

美国联邦储备银行向其联盟银行提供各种服务：票据清算、电汇、货币处理等。联邦储备银行是美国政府机构，它依法向私人银行收取服务费用。而且，法律规定这些费用应依据直接和分配成本来收取，就好像对私人业务收费一样。联邦储备银行所提供的某些服务（票据清算），同样可以由以盈利为目的的竞争者（私人）来提供。其他的服务（电汇）则面临很少的外部竞争。

一项研究发现，联邦储备银行将成本由竞争性的服务和市场转移到非竞争性的服务上去，因为联储银行收取的价格必须依据成本（直接和间接成本）。这种在竞争性和非竞争性市场上分配成本的方式，使得联储银行在竞争性的服务上收取较低的价格，在非竞争性的服务上收取较高的价格。这个例子表明第三方补偿合同是怎样促使经理设计出使总收益最大化的成本分配方案的。

资料来源：K. Cavalluzo, C. Ittner, D. Larcker, "Competition, Efficiency and Cost Allocation in Government Agencies: Evidence on the Federal Reserve System," *Journal of Accounting Research* (Spring 1998), pp. 1 –32.

3. 决策制定和决策控制

决策制定和决策控制的需要是对成本分配盛行最好的解释。成本分配是组织预算系统的重要组成部分（资源通过预算系统在公司内部分配），也是组织内的业绩考评系统的重要组成部分。成本分配改变了组织内部的决策分权系统。

成本分配方法必然会改变经理人员的行为和动机。例如，在上面所举的大学的例子中，大学校长通过多分配成本限制现金充裕的学院院长，使他们得到较少的资源，决策权也相应地缩小。考虑下面的例子：你和 4 个朋友在一家高档饭店就餐，在点菜前你们决定平均负担账单费用，即成本平均分配。你们实行这个成本分配方案的动机是什么？通过成本分配，餐饮费用每增加 1 美元，你只需支付 0.20 美元，你们所增加的其余 0.80 美元的消费则由你的朋友支付。同样，你也支付了你每位朋友 20% 的账单。在这种情况下，每个人都愿意多点菜，点贵的菜。解决的方法很简单：每人各自承担自己的消费（实行 AA 制）。但这需要分列账单（侍者可不喜欢这样）或由你们中的一个人计算一下各人的消费成本。这个例子表明如何分配账单能影响聚餐如何安排。成本分配会影响行为。

成本分配的激励作用

James McKinsey 是以他的名字命名的咨询公司的创始人，他曾写道："百货商场需分配的最大的一项费用就是广告费，将其分配到各柜台的常用方法是以销售额为基础进行分配，但这种做法会导致两个不尽如人意的后果。第一，广告使一些柜台利润的增长大于另一些柜台。由于广告会着力宣传一些柜台的商品……这样分配成本会使柜台的利润不准确……第二，以销售额为基础分配广告费，会使每个柜台的负责人设法尽可能多地做广告，因为柜台负责人认为广告费是各柜台共同负担的，他所在的柜台只需支付广告费总额的一部分。他本能地认为，他必须使广告带来的利益大于他所在柜台支付的广告成本，因此他要求多做广告。他将乐于此道，因为他知道其他柜台也在争取多做广告，而那些广告费用的一部分将由他所在的柜台负担。"

在讨论了这个费用分配问题以后，Mckinsey 得出的结论是，成本分配方法应达到两个目标：

1. 尽可能达到最高的精确度。
2. 应促进成本的降低而不是上升。

McKinsey 发现成本分配会影响经理人员的动机。

资料来源：J. McKinsey, *Budgetary Control* (New York: Ronald Press, 1992), pp. 283－284.

考虑另一个例子。假设一个公司正在研究安装一个昂贵的数据库信息系统，以帮助整个公司的经理更好地做出决策，向顾客提供更好的服务。高级经理和系统设计人员都没有特别的关于每个使用者的需求的信息，也不知道将从该系统中获得什么。在设计阶段，使用者必须透露这种信息。如果使用者在系统安装之前就知道这些信息，他们将不再为该系统付费，他们将要求一个很大的系统并且在其被建好后就开始过度使用。

安装好系统后，根据使用量向使用者分配成本。如果超出生产量，则他们将不再充分利用它（分配的成本是超出边际成本的平均成本转移价格）。使使用者有效使用系统的转移价格（边际成本）比向使用者收取的使用价格要低。因此，在决定是否对新的信息系统进行成本分配时，经理必须平衡系统获得效率和系统利用效率。①

下一节将详细描述各种不同的组织分配成本的原因。

本节复习思考题

Q7—1 分配成本的原因有哪些？

Q7—2 说明成本分配从哪些方面影响现金流量。

C. 成本分配的原因：激励作用和组织因素②

1. 成本分配是一种税收体系

成本分配的作用如同一个内部税收系统，它能改变组织各部门的行为。例如，一个计算机公司在世界各地有 38 个分支机构，每个分支机构是一个利润中心，通过总收入减去总费用的结果对其进行考评。分支机构的经理选择那些适合自己需要的销售人员、当地的广告公司以及商品推销预算。公司发生大量研究与开发费用、推销费用和广告费用，这些成本应分配计入各分支机构吗？正如表 7—4 所述，大多数公司将

① S. Sunder, *Theory of Accounting and Control* (Cincinnati, OH: South-Western Publishing 1997), pp. 55－56.

② 这一部分的依据是 J. Zimmerman, "The Costs and Benefits of Cost Allocations," *Accounting Review* 54 (July 1979), pp. 504－21.

这些成本中的绝大多数分配计入利润中心。

为理解成本分配是如何起到税收作用的，假设分支机构经理只需决策应花多少钱雇用销售人员，应花多少钱在当地做广告。表 7—4 总结了使销售额达到每月 1 000 万美元的电脑销售人员的各种组合。一个销售人员每月的成本是 4 000 美元，一条标准广告每月的成本是 2 000 美元。为了每月销售 1 000 万美元的电脑，经理可以雇用 30 个销售人员和购买 182. 57 条广告，或者是雇用 31 个销售人员和购买 179. 61 条广告。为达到同样水平的销售量，若雇用更多的销售人员，就会购买更少的广告。同样，购买更多的广告，就雇用更少的销售人员。

分支机构的经理将从可供选择的销售人员和广告的组合中选择使总成本最小化的组合。第一个组合的成本是：

$$30 \times 4\ 000 + 182.57 \times 2\ 000 = 485\ 140\text{（美元）}$$

同样，第二个组合的成本是：

$$31 \times 4\ 000 + 179.61 \times 2\ 000 = 483\ 220\text{（美元）}$$

表 7—4　**分配成本前，需实现 1 000 万美元销售额的电脑销售人员的数量和广告数量的组合**

销售人员数量	标准广告数量	总成本（分配前）	总成本（分配后）
30	182. 57	$ 485 140	$ 515 140
31	179. 61	483 220	514 220
32	176. 78	481 560	513 560
33	174. 08	480 160	513 160
34	171. 50	479 000	**513 000**
35	169. 03	478 060	513 060
36	166. 67	477 340	513 340
37	164. 40	476 800	513 800
38	162. 22	476 440	514 440
39	160. 13	476 260	515 260
40	158. 11	**476 220**	516 220
41	156. 17	476 340	517 340
42	154. 30	476 600	518 600

第二个组合的成本比第一个组合的成本低，因此它会被优先选择。从表 7—4 中，我们可以看出，为实现每月 1 000 万美元的销售额，40 个销售人员和 158. 11 条广告的组合的成本是最低的。目前的计算还不包括任何的成本分配。假设公司费用依据销售人员的数量来分配。特别是，对每个销售人员，该分支机构要分配 1 000 美元的公司管理费用。对第一个组合，分支机构经理的报告成本现在变成：

$$30 \times 4\ 000 + 182.57 \times 2\ 000 + 30 \times 1\ 000 = 515\ 140\text{（美元）}$$

现在的第一个组合的成本比成本分配前多出 30 000 美元。

现在分支机构经理“支付”的销售人员的“价格”不但包括工资（4 000 美

元)，还包括管理费用率（1 000 美元）。表 7—4 中的最后一列计算了在应完成 1 000 美元销售额的情况下销售人员数量和广告数量各种组合的总成本。考虑了成本分配，最低的成本组合为 34 个销售人员和 171. 5 条广告。这个组合少了 6 个销售人员，但是多了 13. 39 条广告。考虑成本分配，与不用承担公司管理费用相比，分支机构经理使用了更多的广告，雇用了更少的销售人员。分支机构经理避免使用较贵的投入要素（销售人员)，而使用较便宜的投入要素（广告)。

管理费用率（1 000 美元）就是对雇用人员（人工）征税。如同根据消费项目征收所得税（如对啤酒、汽油、香烟征税)，税收不鼓励对课税项目的消费。管理费用率和成本分配在公司中起着税收的作用。作为分配基础的投入要素会被征税（销售人员就是一例)，税收也“扭曲”了投入要素的价格。经理人员不再将人工的价格看作 4 000 美元，而是看作 5 000 美元。如果销售人员的机会成本是 4 000 美元，但是分支机构经理支付了 5 000 美元（包括 1 000 美元的管理费用)，则经理将雇用较少的销售人员。

以下为通过这一分析所得出的两条重要经验。与不分配成本相比，成本分配：

· 减少了经理人员的报告利润。

· 改变了投入要素的结构，减少了通过制造费用征税的要素的投入（销售人员)，增加了不征税的要素的投入（广告)。

如果分支机构销售人员的工资不是公司销售人员总成本的组成部分，高层经理人员和会计就会试图通过成本分配来调整销售人员的“价格”，对销售人员征税会使营业经理减少对销售人员的雇用。成本分配还会改变公司内部其他的激励方式，以下详述各个缘由。

2. 要素价格低估总成本

上例中计算机公司对销售人员征税的一个原因是，多雇用一个销售人员的成本不仅仅是 4 000 美元。4 000 美元包括销售人员的所有直接成本：工资、医疗福利、工资税、养老金等。但没有包括人力资源部的间接成本，这部分成本为：用于雇用员工、整理人事档案和发放管理人员福利等方面的开支。这还不包括雇员在工作中受伤或因其他原因起诉公司而使公司发生的诉讼费用。4 000 美元也不包括数据处理成本、安全保卫成本和增加销售人员所需多开支的其他管理费用，以及销售部门多雇用一个销售人员对组织其他部门形成的**外部效应（externality）**所带来的费用。

外部效应在经济学中是指施加给不参与决策的其他个人的成本或收益，他们对此也不进行补偿。种植者和推销者从苹果的销售中得到了补偿，就不存在外部效应。但苹果的价格中却不包括如果苹果核被扔在地上，其他人必须请人打扫时所需支付的清洁费用。同样，除草机的价格中也并未反映使用除草机时所产生的噪音对邻里的打扰（即所带来的负面影响)。将苹果核扔在街上和使用除草机都会带来外部效应。如果苹果的购买价格中包括销售税，政府征收的销售税可以用于支付打扫街道的费用，那么打扫苹果核的成本便得到了补偿。

外部效应可以是正的，也可以是负的。污染是**负的外部效应（negative externality）**——汽车尾气污染空气，但汽车司机并不为他们的车排放污染气体付费

（除非通过缴纳汽油税），而呼吸被污染的空气的人也没有在吸入有害气体的同时得到补偿。教育存在**正的外部效应（positive externality）**，受教育人口的增加会使人们从与他们的交往中获益。私人住宅前修剪整齐的草坪会为每个过路人带来正的外部效应，使他们从中得到视觉享受，附近房地产的价格也会随之上涨。

当计算机公司的分支机构经理多雇用一个销售人员时，就会给公司施加负的外部效应，因为需要支付更多人力资源、安全保卫和法律服务方面的费用。多购入一台个人电脑放在办公桌上产生的外部效应就要小得多。但增加一个雇员，需要增加人力资源部的开支以及安全、保卫部的开支。而且，一旦雇员起诉公司或窃取公司财产，则所造成的外部效应是雇用新员工的直接成本（或价格）无法补偿的。这些外部效应的机会成本难以估计，特别是在员工被雇用以后。控制外部效应的方法之一就是征税或分配成本，正如对苹果征销售税一样。

成本分配可以解决那些难以观测的外部效应问题。考虑一下一个销售分支机构的人力资源部的例子。人力资源部进行档案记录，并回答雇员有关退休和医疗保健方面的问题。人力资源部还刊登招聘广告，并确保公司不违背劳工法。人力资源部的所有报告成本都在图 7—1 中用阶梯函数来表示。人力资源部的总成本可以用一个根据销售人员数量 S 变化的阶梯函数来表示。人力资源部的规模以固定增量增加，故其函数所对应的不是一条光滑、连续的曲线。

当公司规模较小时，为保持运营人力资源部需花费 TC_0。这一开支保持稳定，直到销售人员数量达到 A 点为止。之后，人力资源部的规模扩大了，开支也增加了。在 A 点，人力资源部的规模扩大了，这是因为从 0 点到 A 点销售人员增加了，提供给每位雇员的服务减少了（由更多的雇员分享固定数量的服务开支）。当减少向雇员提供服务的成本大于扩大规模的成本时，人力资源部的规模便扩大了。

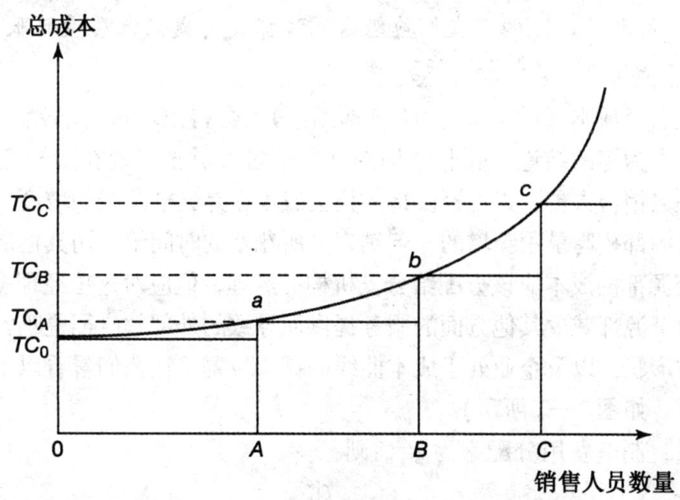

图 7—1　人力资源部的总成本

人力资源部的总成本是一条光滑的曲线，而会计系统所报告的成本却是阶梯函数，两者的差额正是减少服务的机会成本。例如，人力资源部负责刊登招聘广告，该部门每年花费于此的经费是 500 000 美元，平均要花两周登广告并选拔录用员工。当公司规模扩大时，所需增补的职位也增多了，这会使得登广告、选拔录用员工的平均时间延长至3周。如果延长1周的时间给公司带来的机会成本大于再雇用一名员工从事招聘工作的成本，那么人力资源部就会增加一名员工。在人力资源部增加员工之前，人力资源部的总成本就是报告成本加上公司延长1周招聘员工的机会成本。

部门不同，总成本曲线的形状也不同。图7—1所画的曲线是用来说明一般性分析的，并不代表管理费用在一般情况下随其他因素的变化而变化的趋势。

组织内部的外部效应示例

正的外部效应：

·顾客购买的物品数据通过收银机终端被输入数据库，这些数据将被用于研究顾客的购买习惯和制定更好的市场策略。

·如果微软公司负责Windows产品开发的小组开发出一套用户喜欢的软件，则将为微软公司其他产品的销售带来正效应。

负的外部效应：

·为了降低成本，采购部购买了低质量的原材料，而这将耗费更多的加工成本以产出最终的合格产品。

·假定（公司内部）某些管理人员喜欢用苹果电脑及其系统，而另外一些则喜欢用IBM电脑及其系统，则这种不统一将导致一系列额外费用：文件交换会更加困难，帮助对方学习软、硬件知识会面临各种各样的障碍，用于技术支持的成本也会更高，因为技术顾问必须通晓两种不同的系统。

·在一家法律公司，如果一位客户的离婚案件处理得不好，就会影响这家法律公司在客户心目中的形象。服务质量的这种负的外部效应会减少这名客户对这家法律公司其他法律服务的需求（比如，税务、遗嘱和财产等）。同样的，如果这位不满意的客户向他（她）的朋友们抱怨这家法律公司提供低质量的服务，则其他客户对这家法律公司的需求也会降低。

只关注会计成本（图7—1中的阶梯函数），会得出增加一名销售人员后人力资源部的机会成本为零的结论，除非增加的这个销售人员正好处在阶梯变化的转折点。但是，增加一名销售人员，人力资源部的机会成本正是光滑曲线的坡度。光滑曲线的坡度代表人力资源部招聘录用新增的一名销售员所花费的时间给公司其他部门带来的成本。

人力资源部的成本应该分配给分支机构的经理，但应对这位经理多雇用一名销售人员，使人力资源部减少其他方面的服务提供而导致的外部效应征税吗？这取决于总成本曲线的具体形状，以及企业处于成本曲线的哪个位置。让我们看看以下三种情形：

情形1（如图7—2所示）

在c点，制造费用分配率为R_c，则：

$$R_c = \frac{TC_c}{C} < MC_c$$

通过原点和c点的直线的斜率，代表c点的制造费用分配率R_c。直线的斜率R_c是当销售人员数量为c时，人力资源部的平均成本。这条直线的坡度要比经过c点的边际成本线（图中用实线表示）平缓得多。在c点，或当$R < MC$时，作为平均成本的成本分配率低估了外部效应的边际成本。当平均成本（成本分配率）小于人力资源

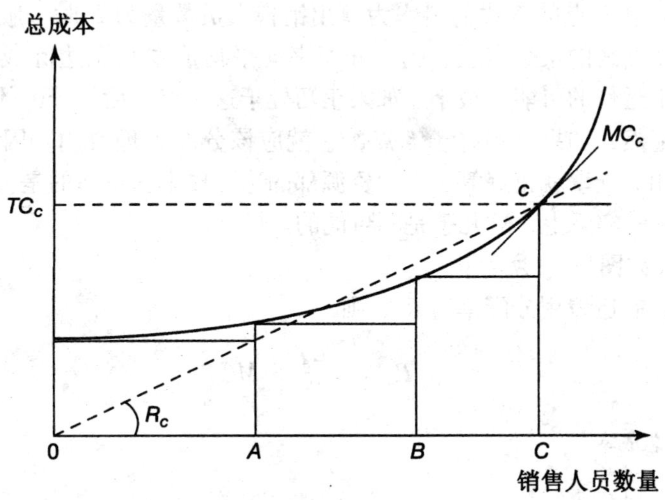

图 7—2　人力资源部的总成本：制造费用分配率
与边际成本的关系（分配成本优于不分配成本）

部的成本时，应用成本分配对外部效应征税，比不进行成本分配更有利。不进行成本分配，分支机构的经理就不用负担因雇用销售人员给公司其他部门带来外部效应所导致的任何成本。由于 $R_c < MC_c$，分支机构的经理并没有"支付"由外部效应所带来的全部边际成本。毋庸讳言，征一些税总比不征税要好些。当一个服务部门的平均成本小于边际成本时，严格分配服务部门的成本比不分配要好。我们要让每个使用者承担边际成本 MC，但不经过专门研究，公司便无从得知这个成本是多少。然而，平均成本可以用会计成本除以销售人员数量大致算出。

情况 2（如图 7—3 所示）

在 b 点，制造费用分配率为 R_b，则：

$$R_b = \frac{TC_B}{B} = MC_b$$

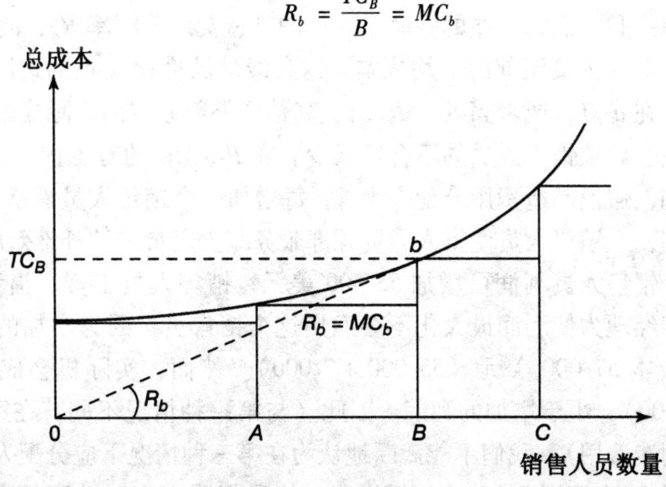

图 7—3　人力资源部的总成本：制造费用分配率
与边际成本的关系（分配成本等于边际成本）

通过原点和 b 点的直线的斜率为雇用销售人员数量为 B 时，服务部门的平均成本。在总成本曲线的某个点上，成本分配率（平均成本）和边际成本是相等的。公司在这一点上运作的可能性很小。如果正巧处于这一点的话，分配的成本便正好等于机会成本。显然，如果公司处于 b 点，它就应该分配管理费用，因为多雇用一个员工，制造费用分配率就正好等于人力资源部的边际成本。不幸的是，很难保证公司正好处于 b 点——实际上，这几乎是不可能的。

情况 3（如图 7—4 所示）

在 a 点，制造费用分配率为 R_a，则：

$$R_a = \frac{TC_A}{A} > MC_a$$

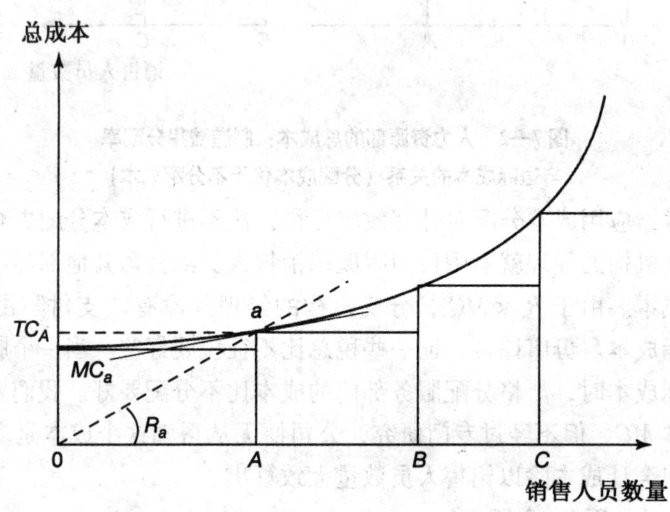

图 7—4　人力资源部的总成本：制造费用分配率与边际成本的关系
（不分配成本优于分配成本）

通过原点和 a 点的直线的斜率为 a 点的制造费用分配率 R_a，同时 R_a 又为销售人员数量为 A 时人力资源部的平均成本。这条线的坡度比 a 点的边际成本（实线）的坡度陡峭。在 a 点，或者当 $R > MC$ 时，高估了外部效应的边际成本，以 R_a 向分支机构经理征税会导致销售人员的不合理减少。在 $R > MC$ 的范围内，进行成本分配弊大于利。例如，假设制造费用分配率为 R，每增加一个销售人员需承担 2 000 美元的费用，多雇用一个销售人员使得人力资源部服务减少所带来的外部效应为 100 美元。假设多雇一个销售人员利润可增加 55 500 美元，销售人员工资、福利为 55 000 美元。那么，销售经理为使利润最大化不会雇用这个销售员，因为增加的利润 55 500 美元小于会计成本 57 000 美元（55 000 + 2 000）。然而，实际机会成本为 55 100 美元（55 000 + 100），小于增加的利润。因此（与第一种情况不同，在第一种情况下公司总是分配制造费用），我们不能武断地认为在第三种情况下应分配人力资源的成本。

通过图 7—1 到图 7—4 的分析说明，使我们明白有时分配管理费用比不分配要好。当平均成本小于边际成本时，分配的成本就小于公司发生的边际成本。尽管公司没有分配足够的成本，但是向那些导致人力资源部成本上升的经理征税比不征税要好。不幸的是，“总是分配”或“从不分配”的简单规则是不存在的。分配决策取决于管理部门成本曲线的形状，以及公司在曲线上所处的位置，还取决于其他投入是否分配及投入之间的相关性。在没有有关成本结构更多知识的情况下，唯一的法宝是当边际成本高于平均成本时，考虑进行成本分配。当边际成本低于平均成本时，成本分配可能并不可行。

不经过特别研究，有关边际成本的知识往往难以取得，不过以下几点对所有的成本曲线都成立：

1. 当平均成本为最小值（b 点）时，边际成本等于平均成本。
2. 当平均成本正在上升（c 点）时，边际成本大于平均成本。
3. 当平均成本正在下降（a 点）时，边际成本小于平均成本。[①]

知道平均成本与边际成本的关系以后，公司就应在平均成本增加时考虑进行制造费用分配，因为我们知道在这种情况下，边际成本大于平均成本。因此，做出分配决策无需有关边际成本的知识，只需知道投入增加时，平均成本是上升还是下降。

总而言之，分配的成本是平均成本，是用来代替难以观测的边际成本的。这是一个使用成本分配来改进决策制定的例子。然而，运用成本分配作为征税手段时应注意：在有的情况下，成本分配率可能明显大于外部效应的边际成本（情形 3）。在这种情况下进行成本分配，会导致经理人员过分减少投入。不对人力资源部成本进行分配的情况下，减少销售人员会比增加销售人员令公司利润下降得多。

成本分配基础的选择常常是成本分配导致公司价值增大或减少的重要决定因素。假设一个服务部门的产出成本可以直接分配给用户，例如，供电部门可直接用电表来测量用电量，因此可以为每单位服务确定一个精确合理的“价格”。[②] 然而，对消费量的衡量越间接，成本分配的用处就越小，因为分配的成本与机会成本的相关性也就越小。例如，如果根据占用空间而不是根据电表读数来分配用电成本，则用电部门就没有动力节约用电，而只会减少占用空间。

在对美国 49 家最大的银行进行的调查中，存款和贷款机构介绍了它们的成本分配方法。表 7—5 列出了向责任中心分配以下四类成本的方法：管理人员工资、办公中心租金或折旧、广告和其他营销费用、数据处理和会计费用。分配成本的方法依据重要程度列示。最重要的成本分配方法是以管理人员花费在责任中心上的时间来分配管理人员的工资。该表说明成本分配方法的选择与要分配的成本有很大的关系。租金按占用空间来分配。广告和数据处理费用按花费在责任中心的时间来分配。依据营销人员花费在责任中心的时间来分配广告和营销费用，是想提醒责任中心的经理，营销不是免费的。成本分配还从其他方面影响经理人员的动机，这会在下面讨论。

---

① 考虑棒球击球手得分的平均值及边际值，假设一个职业棒球手的季节平均分为 0.300，比赛中共击球两次，一次击中，一次失败，他当天的边际平均数为 0.500，他的季节平均得分数上升了。如果他两次击球都不中，则他那天的边际平均数便为 0.000，也就是说他的季节平均得分下降了。

② 这里只引用“价格”一词来说明问题，因为所分配的内部成本并不是市场价格。这里也不存在既定价格下供给与需求的平衡点（在这一点上供给满足需求，提供最后一个单位服务时边际成本正好等于边际收益）。

表 7—5　　成本分配方法在美国大银行中的应用

	将制造费用分配给责任中心的类型			
重要性水平（1＝最重要，7＝最不重要）	经理工资	中心办公室租金或折旧	广告和其他营销费用	数据处理和会计费用
1	经理花费的时间	平方尺	营销人员花费的时间	会计人员花费的时间
2	人事成本	人事成本	所服务客户的数量	交易量
3	交易量	交易量	其他（包括未分配的）	人事成本
4	其他（包括未分配的）	中心所服务客户的数量	中心的交易量	其他（包括未分配的）
5	所服务客户的数量	利息成本	人事成本	所服务客户的数量
6	利息成本	其他（包括未分配的）	利息成本	利息成本
7	平方尺	（未报告）	平方尺	平方尺

资料来源：M. Gardner and L. Lammers, " Cost Accounting in Large Banks, " *Management Accounting*, April 1988, Table 3.

3. 独立成本分配与非独立成本分配

正如本章开头所述，当几个使用者共同使用某种资源时，这种资源的成本就成为几个使用者的共同成本。人力资源部的成本就属于共同成本。假定两个相互独立的生产部门使用同一个工作场所，则共同成本包括房屋等的财产税、保安成本、场地与建筑物维护以及人力资源部成本。其中一个部门生产电脑的调制解调器，另一部门生产磁盘驱动器。虽然两个部门的生产场所相同，但分别作为独立的利润中心进行业绩考核。

因而，产生了这样两个问题：

1. 共同成本是否应该在两个部门之间分配？

2. 如果答案是肯定的，应怎样进行分配？

下面的讨论均建立在基于成本分配的业绩评估系统的基础之上，也就是说，成本分配会通过经济利益或非经济利益影响经理人员的福利。如果不进行共同成本的分配，则经理人员就缺乏利用自己的专业管理知识使共同成本的耗用达到最佳水平的动力。如果这两个生产部门的经理无权决定共同成本的耗用水平，并且共同成本也不追溯到两个部门，那么经理们都倾向于无节制地使用共同资源。如果经理们有权有选择地对共同资源的耗用做出独立决策，但仍不进行共同成本的分配，那么经理就会将预算成本中的一些要素转移到这种不参加预算的共同成本中去。例如，安全维护成本是一种共同成本，但不在各部门之间进行分配，此时部门经理为了追求自身的经济利益就可能将维修人员、甚至机器操作人员的工资计入保安成本，这样一来各部门预算中的直接人工成本就降低了。

如表 7—3 所示，大多数公司为了限制部门过度消耗共同资源，都要对共同成本进行分配。那么，下一个任务就是确定分配基础了。如前所述，所选择的分配基础相当于课税对象，成本分配有利于减少对这种课税对象的耗用。但是，这也创造了另一种刺激因素，请看下面的说明。

假定两个生产部门相互的关联程度很高：它们从某个人才市场雇用工人，共同使用船只，并且都要就建筑许可证、空气质量标准、安全标准与同一批政策官员打交道。理想状态是这两个部门的经理相互合作。但是，由于同处于一个公司，相互之间会为争夺晋升机会成为竞争对手。如果其中一个部门业绩不佳，就会把晋升机会让给另一个部门的经理。

成本分配可能促进或阻碍两个经理之间的合作，而这取决于分配方案的类型。在**独立分配（insulating allocation）**方案下，某一部门的应分配成本不依赖于其他部门的经营业绩；在**非独立分配（noninsulating allocation）**方案下，某一部门的应分配成本取决于其他部门的经营业绩。例如，上例中的两个部门在同一建筑中进行生产，且每个部门均为独立的成本中心。在 1 月和 2 月，调制解调器生产部门每个月在成本分配前的利润均为 800 万美元，磁盘驱动器生产部门的利润 1 月为 800 万美元，2 月为 200 万美元。如果以实际利润为基础分配共同成本，那么一个部门进行成本分配后的利润水平取决于另一个部门的经营业绩，如表 7—6 所示。

在表 7—6 的 A 部分中，每月 100 万美元的共同成本按各部门的实际利润进行分配。调制解调器生产部门在进行成本分配前每个月的利润都为 800 万美元，然而在进行成本分配后，2 月的利润比 1 月少了 30 万美元。这是因为 2 月磁盘驱动器生产部的利润水平下降使得调制解调器生产部负担了更多的共同成本，而且磁盘驱动器生产部负担的共同成本减少了。

表 7—6

非独立成本分配与独立成本分配

单位：千美元

	1 月		2 月	
	调制解调器部门	磁盘驱动器部门	调制解调器部门	磁盘驱动器部门
A. 非独立分配方案				
分配前的分部利润	$ 8 000	$ 8 000	$ 8 000	$ 2 000
分配共同成本*	(500)	(500)	(800)	(200)
净收入	$ 7 500	$ 7 500	$ 7 200	$ 1 800
B. 独立分配方案				
分配前的分部利润	$ 8 000	$ 8 000	$ 8 000	$ 2 000
分配共同成本†	(600)	(400)	(600)	(400)
净收入	$ 7 400	$ 7 600	$ 7 400	$ 1 600

* 共同成本的分配依据是分配前的分部利润。

† 共同成本的分配依据是平方尺，调制解调器部门的成本分配比例为 60%。

表 7—6 中 A 部分的分配方案是非独立的，因为某个部门分配额的大小取决于另一个部门的业绩。表 7—6 中 B 部分展示了一个独立成本分配方案，所选择的共同成本分配基础为占地面积。调制解调器生产部占地面积为总面积的 60%，所以承担的共同成本为 60 万美元。在这种分配方案下，一个部门的业绩不受其他部门业绩的影

响，或者说，至少在短期内不受影响。从长远来看，如果一个部门相对另一个部门来说扩大了占地面积，则其承担的共同成本的份额也将随之增长。

非独立分配方案除了使用利润外，还可以选择销售收入或雇员人数。在这些分配基础中，任何一个都会使一个部门的利润随另一个部门的实际经营结果的变化而变化。而独立分配方案使用预计的分配率，不随实际经营结果的改变而改变。

独立分配法与非独立分配法都激励经理们经济地使用共同成本。非独立分配方案激励经理人员努力帮助其他部门提高利润，因为只有这样才能增加其他部门的共同成本份额。从这个意义上说，采用非独立分配方案有利于激励经理人员相互监督与相互协作。

非独立分配方案的缺点是歪曲了部门业绩的衡量指标。一些人认为，经理人员只应该对自己能够决策和控制的那部分成本负责（第5章曾讨论过可控性原则）。在上例中，共同成本由两个部门经理联合控制，如果两个部门的经营业绩相互影响的程度很大，那么在非独立分配法下，每个经理都要对其他部门的业绩负责。

虽然非独立分配方案通过制造费用的分配，导致对业绩衡量指标的歪曲，但它可以降低经理人员承担的风险。假定两个部门受不可控随机事件的影响，并且假定影响两个部门的随机事件并非完全正相关。如果某一随机事件对一个部门造成不利影响，对另一个部门也有不利影响，但影响程度相对较小，则其可能在此期间负担更多的制造费用。非独立分配方案下受到不利影响的部门所负担的制造费用少于采用独立分配方案时。类似的，对一个部门十分有利的随机事件不一定会为另一部门带来好的业绩。此时，前景好的部门将负担较多的制造费用。但若采用独立分配方案，部门业绩指标就不会发生变化。

非独立分配法对受随机事件不利影响的部门来说是有利的，并且使用这种方法可以减少所有部门经理业绩衡量指标的变动性。如果经理人员对风险的反应呈中性，则这种变动性的减少无关紧要，非独立分配法所产生的成本分配差额会随时间的推移而被冲销掉。既然对风险的反应呈中性的经理不关心业绩的变动性，那么因采用非独立分配法而降低的风险不值一提。但是，变动性的减少会对那些受风险负面影响较大的经理产生重大影响，因为非独立分配法减少了其经营业绩指标的变动性。①

在前例中，两个部门共同分享生产资源，共同控制成本水平。现在，再来考虑诸如高层经理人员工资之类的公司总部费用。各部门无权控制公司总部的费用水平。但是，非独立分配法仍然创造了相互监督的机制。尽管各部门经理不能直接控制被分配成本的数额，但下层经理人员可以对高层管理者施加压力，促使他们控制总部人员的增长。

到目前为止，我们可以总结得出以下三个结论：

1. 为了满足决策制定与决策控制的需要，应对共同资源消耗的成本，即共同成本（如人力资源部门成本）进行分配，所分配的共同资源的边际成本应该等于或大于其账面平均成本。

2. 当基层部门之间相关程度较高且相互合作较为重要时，应选择非独立分配法

① 只要随机事件不完全正相关，那么使用非独立分配法就会改变经理人员承担的部门风险。这个分析是对证券组合理论的直接应用，即投资者希望选择一组风险负相关的证券进行投资。

分配共同成本；当基层部门之间的相关运作不重要时，可选择独立分配法分配共同成本。

3. 在非独立成本分配法下，众多经理可以分担原本一个经理应承担的风险，从而降低了经理人员承担的风险。

本节复习思考题

Q7—3 作为税收系统，成本分配是如何运作的？

Q7—4 请给“外部效应”下定义，并举一个例子说明外部效应。

Q7—5 正外部效应与负外部效应之间的差别是什么？

Q7—6 怎样在公司内部减少外部效应？

Q7—7 请描述对成本分配有利的三种情况。

Q7—8 是否应该分配共同成本？

Q7—9 非独立成本分配方案是怎样促进经理之间的相互合作与相互监督的？

Q7—10 为什么高层管理者希望通过成本分配来歪曲要素价格？

D. 本章小结

成本分配盛行于各种类型的组织。成本分配之所以存在，是因为它将收入与账面成本联系在一起。除此之外，税款的金额也取决于成本如何在不同期间与不同产品之间分配。但是，似乎对大多数组织而言，进行成本分配是为了更好地刺激经理人员进行决策制定与决策控制。本章的重要经验是：

1. 当选择某一投入要素作为成本分配基础时，成本分配相当于以该投入要素为课税对象的税收系统。

2. 某些投入要素，特别是劳动力，会向公司施加外部效应。当这种要素投入增加时，公司的其他成本也会随之上升。当这种投入要素的账面成本不能真实反映其所产生的外部效应时，经理们与会计师就会希望对这种投入要素征税。对投入要素征税的方式就是将这种要素作为成本分配的基础，将要素成本分配给对这些投入要素有决策权的经理们。例如，按各部门的员工人数分配公司制造费用相当于对劳动使用量征税。

3. 成本分配这种方式可能有利于、也可能不利于经理人员之间的相互合作与相互监督。非独立成本分配方案有助于经理之间的相互监督与协调，而独立成本分配方案则相反。

4. 非独立成本分配方案还降低了经理人员承担的风险。如果一个部门的利润异常地低，则该部门分配的成本也会相应减少。因此，成本分配削弱了低利润所带来的影响。

自测题

菲茨休投资公司出售、管理、运作三种共同基金——货币市场、热门股票及固定收益。每种基金的发起书详细列示了菲茨休公司收取的各项服务费用。公司的全部收入来源于两种费用，第一种费用的收取标准是每种基金的净资产，第二种费用的收取依据为账面价值。表 1 列示了每种资金的收费结构。

表1　　菲茨休投资公司产品线的经营资料

	货币市场	热门股票	固定收益	合计
资产基础费用	0.75%	1.75%	1.25%	—
单位账户费用	$ 25	$ 8	$ 9	—
净资产（百万美元）	$ 1 050	$ 1 150	$ 1 824	$ 4 024
账户数目（千）	275	110	185	570

每种基金分别作为独立的商业线来营运，所发生的直接费用包括销售费用、基金管理费用、行使代理职能所收取的费用（支付经纪人佣金、保留客户账户、保管证券等的费用）。此外，各种基金使用公司共同资源，如电脑设备、电话服务、股票分析家和公司管理人员。菲茨休按各基金的账户金额分配这些共同资源的成本。公司费用为2 595 000 美元。管理者估计，如果停止营运一种基金，则公司费用会减少125 000美元；而停止两种基金的运作，可节约费用200 000 美元。表2 列示了每种资金的直接费用。

表2　　菲茨休投资公司基金的直接费用

	货币市场	热门股票	固定收益
销售费用	$ 2 696 000	S2 332 000	$ 6 838 000
基金管理	1 400 000	2 750 000	1 800 000
代理服务	10 465 000	7 224 000	18 911 000

a. 编制利润表，说明每种基金的直接费用及所分配的公司费用。

b. 该公司管理者在复审（a）中所编制的利润表时，发现有一些基金是亏损的，管理者应该采取什么措施?

解答：

a. 每种基金的收入等于以资产为基础的收费乘以净资产，再加上单位账户收费乘以账户数目，公司费用的分配标准为账户的数量。

菲茨休投资公司

（公司费用分配前、后的净收益）

	货币市场	热门股票	固定收益	合 计
收入				
资产基础收费	$ 7 875 000	$ 20 125 000	$ 22 800 000	$ 50 800 000
单位账户收费	6 875 000	880 000	1 665 000	9 420 000
直接费用				
销售费用	2 696 000	2 332 000	6 838 000	11 866 000
资金管理	1 400 000	2 750 000	1 800 000	5 950 000
代理服务	10 465 000	7 224 000	18 911 000	36 600 000
毛利	$ 189 000	$ 8 699 000	$ （3 084 000）	$ 5 804 000
公司费用	1 252 000	501 000	842 000	2 595 000
净收益	$ （1 063 000）	$ 8 198 000	$ （3 926 000）	$ 3 209 000

b. 在当前的会计系统下，货币市场与固定收益两种基金在分配公司费用后呈现出亏损状态。如果终止货币基金，则该公司并不会减少1 063 000 美元的费用，因为其中包括公司费用分配额。终止一种基金所能减少的公司费用只有125 000 美元。货

币基金在进行公司费用分配之前的毛利为 189 000 美元。因此，如果终止货币基金，将损失 189 000 美元，且只能节省 125 000 美元的费用。比较损益后，公司决定继续营运货币基金。

固定收益基金在分配公司费用之前的亏损额达 300 万美元，因此如果终止这种基金，可节约 125 000 美元的公司费用。

然而，上述分析并没有考虑与某种基金相联系的正外部效应。公司经营的基金种类越多，投资者在不同基金之间自由转移货币就越便利，这种交易特权对投资者而言是一种隐性价值。因此，在决定终止固定收益基金之前，公司应该充分考虑这一决策可能对另外两种基金造成的不利影响。然而，依靠类似于菲茨休公司的会计系统是无法估计外部效应的影响力的。

习 题

[习题 7—1]　核磁共振成像（MRI）

核磁共振成像仪是一种无创伤的医疗诊断仪器，它使用磁体和无线电波对身体内部的待查区域成像。一个病人被安置在该仪器内，然后一系列病人特定区域的图像（膝盖、腹部等）就生成了。放射线专家辨别这些图像以诊断癌症和内伤。纪念医院下一年就核磁共振成像仪器有如下的计划运营数据。

	固定成本	可变成本	总成本
设备租赁	$ 350 000		$ 350 000
供应品		$ 97 000	97 000
劳动	145 000	182 000	327 000
医院管理费	63 000		63 000
空间占有成本	48 000		48 000
总计划成本	$ 606 000	$ 279 000	$ 885 000
成像数量			33 600
小时			2 800

纪念医院有两种类型的病人：年纪大的，其费用由政府来负担（州政府和联邦政府偿还）；其他病人，其费用则由私人保险机构来负担（如 Blue Cross 和 Blue Shield）。该医院大约 1/3 的病人是年纪大的。年纪大的病人使用 MRI 时需要启动很多次才能生成一张图像。典型的年纪大的病人需要 1 个小时才能生成 10 张放射线专家所需的图像，而其他病人只需要 45 分钟就可以生成 10 张图像。

政府补偿 MRI 是依据医院的报告成本。补偿成本包括提供 MRI 的固定成本和可变成本。私人保险机构补偿 MRI 是依据保险公司确定的标准费用清单。这些费用清单独立于医院提供 MRI 的成本。

要求：

a. 计算纪念医院每个 MRI 的计划成本。

b. 计算纪念医院每小时使用 MRI 的计划成本。

c. 假设一个典型的年纪大的病人需要生成 10 张图像，消耗了 1 个小时的 MRI 时间。如果纪念医院计算 MRI 成本时依据每个成像的成本，则计算提供这项服务的成本。

d. 假设一个典型的年纪大的病人需要生成 10 张图像，消耗了 1 个小时的 MRI 时间。如果纪念医院计算 MRI 成本时依据每小时使用 MRI 的成本，则计算提供这项服务的成本。

e. 纪念医院计算 MRI 成本是依据每小时使用 MRI 的成本，还是依据每个成像的成本？解释为什么。

[习题 7—2]　Slawson

Slawson 是一家阿根廷上市公司，在阿根廷、美国、德国分别有 3 家公司。Slawson 的总部设在布宜诺斯艾利斯，它管理着 3 家分公司。公司总部的年度成本，包括办公费用、工资、法律、会计费用，共 240 万比索。下表总结了 3 家分公司的营运数据。

	阿根廷	美国	德国
雇员数量	1 500	300	200
净收入（损失）（百万比索）	（100）	400	500

要求：

a. 以雇员数量为基础，分配 240 万比索的总部管理费用给 3 家分公司。

b. 以净收入为基础，分配 240 万比索的总部管理费用给 3 家分公司。

c. 讨论上述分配方案的优劣。

[习题 7—3]

一家大公司有 3 架客机，每架可载客 10 人。在天气允许的情况下，每天往返于底特律和另外几座城市之间，这些城市都是公司的工厂所在地。飞机只能用于出公差，而不能用于个人旅游。公司经理们通过运输中心办事处预订航班。由于座位有限，飞机总是客满，尤其是在春、夏、秋三季。公司内部根据经理的等级来分配飞机座位。月末，飞行费计入经理的预算中，根据将飞机当月总营运费用（包括燃油费、驾驶员工资和福利费、维护保养费、飞行执照费、降落费和每年会计折旧的 1/12）除以乘客实际飞行里数，再乘以当月各人乘坐的飞行里数来计算各自的费用。

要求：

a. 描述用来计算每个乘客飞行成本的公式。

b. 随着飞行里数的增加，乘客每英里的成本将发生怎样的变化？

c. 请描述是什么导致月度的乘客飞行费用发生波动？

d. 现行的体制下还有什么其他问题？你有哪些改进的建议？

[习题 7—4]　略

[习题 7—5]　略

[习题 7—6]　Wasley

Wasley 有三个运营分部。采用每个分部的营运收入来评估分部经理的绩效。付给经理营运收入的 10% 作为奖金。

AB 分部生产 A 和 B 产品。C 分部生产 C 产品。D 分部生产 D 产品。这四种产品只使用直接劳动和直接材料。但是，每个分部依据其直接劳动需要承担固定的1 784 美元的公司管理费用。下面的利润表（第一季度）是以千美元为单位的。

	利润表			
	A	B	C	D
净销售额	$ 1 250	$ 850	$ 1 250	$ 1 650
直接人工	450	600	540	640
直接材料	250	0	125	160
公司管理费用				

要求：

a. 分配公司管理费用，并且计算每个分部的营运收入。

b. 一天，AB 分部的经理 Shirley Chen 宣布，从第二季度开始，她将停产 B 产品（取消其生产并且解散工人，取消分配给 B 的所有直接成本）。她给出的理由是，B 产品给她的分部和公司带来了损失。在这种情况下，重新计算公司各个分部第一季度的营运收入。

c. AB 分部的经理 Shirley Chen 的处境会变得好一些吗？为什么？

d. 公司将从这种行为中受益吗？为什么？

e. 在当前的报告、评估、激励体制中，你发现了什么问题？

[习题 7—7]

Jim Shoe 是一家跨国纺织集团的首席执行官，最近正在评估旗下一家子公司的利润率，这家公司名叫普莱德时装有限公司，地处纽约州罗切斯特。这家公司有一个礼服部和一个便服部，礼服部生产高档女式时装，便服部生产舒适的全棉休闲装。

集团的财务主管 Pete Moss 建议关闭便服部。Jim 刚刚得到的财务报告表明：便服部上年是经营亏损的，而礼服部却保持着可观的利润。Jim 对此感到大惑不解，因为他认为两个部门的经理都十分精明强干。

普莱德时装有限公司拥有一个占地 140 000 平方英尺的厂房，便服部占用其中的 70%，礼服部占用 30%。固定制造费用包括年度租赁费、火灾保险费、保安及销售部人员开支等共同成本。固定制造费用根据厂房所占面积的百分比进行分配。Jim 认为这样安排对两个部门都十分有利，因为两个部门的大部分供货商是相同的，而两部门一起订货又可以享受数量折扣。况且，两个部门还可以共用一个维修部门。然而，两个部门经理由于难以合作而备受煎熬，他们在供货商的选择及从同一供货商处购货多少等问题上各执己见。Jim 注视着他面前的这份报告，感到十分的忧虑。

	便服部（单位：千美元）	礼服部（单位：千美元）
销售收入	$ 500	$ 1 000
费用：		
直接材料	$ （200）	$ （465）
直接人工	（70）	（130）
销售费用（全部为变动费用）	（100）	（200）
制造费用：		
固定制造费用	（98）	（42）
变动制造费用	（40）	（45）
税前净利润	$ （8）	$ 118

要求：

a. 评价 Pete 试图关闭便服部的建议。

b. 制造费用应以占用空间为基础进行分配吗？还有其他更好的方法吗？请说明你的观点。

[习题 7—8]　温特顿集团

温特顿集团是一家专注于纽约州北部的高收入投资者的投资咨询公司。温特顿集团在罗切斯特、锡拉库扎、布法罗都有分公司。作为一个利润中心，每个分公司都接受来自中心的服务，包括信息技术、市场营销、会计。温特顿集团有 20 个投资顾问，罗切斯特和锡拉库扎各有 7 个，布法罗有 6 个。付给每个投资顾问固定的工资，包括佣金（依据从客户那里取得的收入），以及地区性分公司利润的 2% 和总公司利润的 1%。各分公司的高级投资顾问中的某一个会被任命为公司经理，并且负责公司的运营。分公司经理会得到分公司利润的 8%，而不是 2%。

分公司的费用包括付给投资顾问的佣金。下面的分公司利润的计算没有扣除 2% 的利润共享。总公司利润等于 3 个分公司的利润和。

这个表格总结了每个分公司分配中心服务成本（依据分公司的收入）之后的现有利润。

温特顿集团分公司的利润（当前年度）

	罗切斯特	锡拉库扎	布法罗
收入	$ 16.00	$ 14.00	$ 20.00
运营费用	(12.67)	(11.20)	(16.30)
中心成本	(1.92)	(1.68)	(2.40)
	$ 1.41	$ 1.12	$ 1.30

布法罗分公司的经理给其他分公司的经理、总经理和首席财务官，各发了一封电子邮件，内容如下：

评判成本分配方案的一个主要标准是公平。成本的承担者应该视其所采用的体制为公平的体制。然而，我们的现行体制，依据分公司的收入来分配中心成本，这有悖于公平，因为那些收入更多的分公司却承担了更多的成本。一个更公平的、也更富有激励性的体制，是依据每个分公司的投资顾问的数量来分配中心服务成本。

要求：

a. 假设布法罗分公司经理的意见被采纳了，重新计算每个分公司的利润（在任何利润被共享前）。

b. 你相信布法罗分公司经理的意见会是一个更公平的成本分配方案吗？为什么是，或者为什么不是？

c. 为什么法罗分公司经理关注公平？

[习题 7—9]　全国培训机构

全国培训机构是一个非营利性组织，有 5 个部门，共同使用一幢租入的建筑物。其中 4 个部门为后勤服务部门，相互基本不存在竞争。第五个部门是技术培训部，在竞争市场上与其他非营利性私人组织一道为商业团体提供培训服务。每个部门都是一个成本中心。技术培训以收取学费的方式取得收入。5 个部门各自占用的空间见下表。共同的活动空间，包括走廊、休息室、会议室，但不包括食堂。租入建筑物的租金为每平方英尺 10 美元。

分配表

部门	平方英尺	占用空间的百分比	2000 年度的收入
管理部	13 500	9.0%	$ 3 600 000
总务部	46 500	31.0%	11 000 000
计算机服务部	12 000	8.0%	8 800 000
技术培训部	6 000	4.0%	1 900 000
运输部	72 000	48.0%	4 700 000
总计	150 000	100.0%	$ 30 000 000
共同活动空间	50 000		

除本部门占用的空间外，技术部还常在下班后利用其他部门的空间及设施进行培训教学，50% 的培训是这样进行的。

John Daniels 是管理部的业务经理，他决定将各部门占用的空间加上公共空间作为租金分配的基础。技术培训部还将负担下班后使用其他部门空间的租金，这部分租金按每年计划使用量来分配计算。

技术培训部主任 Jane Richards 认为这种分配方案会迫使她提高服务收费，其最终结果是在竞争中丧失商机。她宁可选择按各部门收入占总收入的比例来分配租金。

要求：

评价 Daniels 和 Richards 的租金分配计划，请给出适当的理由。

[习题 7—10]　加密有限公司

加密有限公司（EI）主要销售传真加密硬盘和软盘，EI 的软盘和硬盘安装在收、发文件的传真机上，用于对传真数据进行加密和解密。

EI 的产品分两大类（联邦系统和全球系统）。该公司分别在不同的市场上制造、销售硬盘和软盘。联邦系统和全球系统各为一个利润中心。联邦系统与联邦政府签订提供产品的生产、安装及售后服务的合同。现在已经签订了 8 个季度的合同，每个季度的收入为 100 万美元。

全球系统目前正在寻找外国客户，预计每季度的收入约为 100 万美元，不过更可能在 50 万 ~ 150 万美元之间波动。

两个系统虽然生产的产品各不相同，但所采用的技术基本相同。传真加密是一项新技术，市场前景广阔。在对产品营销理念的传播过程中，顾客的协作是至关重要的。

两个系统的变动成本占收入的 50%，唯一的固定成本是工程设计成本。

工程设计部是公司的研究与开发部门，该部门设计联邦系统和全球系统产销的所有硬盘和软盘。今后两年，工程设计部每季度的费用为 60 万美元，这笔费用不随收入及产品成本的波动而波动。

计算联邦系统及全球系统的利润时要扣减工程设计费用。将工程设计部费用分配计入两个系统的方法有：（1）以收入为基础；（2）两个系统各承担一半。

要求：

a. 分别编制联邦系统和全球系统在两种工程设计费用分配方案下的财务报表，并解释不同分配方案所带来的影响。

b. 你赞同实施哪一种分配方案？为什么？

[习题 7—11]

Ball Brother 采购部采购原材料和其他部门的供应品。采购部的大部分成本是劳动成本。采购部的成本取决于采购物品的数量。采购部经理负责评估其部门的成本随着需求水平的变化将发生怎样的变化。下表提供了她对采购成本是怎样随着所有部门采购物品的总数的变化而变化的估计。

每个星期采购的物品数	每个星期的总成本
100 ~ 199	$ 1 000
200 ~ 299	1 100
300 ~ 399	1 200
400 ~ 499	1 400
500 ~ 599	1 700
600 ~ 699	2 100
700 ~ 799	2 600
800 ~ 999	3 200

通过这张表可以看出，在部门所有的需求水平下，为了保证采购物品能有足够的时间和采购部门所提供服务的质量，采购经理计划扩大采购部的规模。也就是说，如果采购部每周采购 750 件物品，与在 1 100 美元的预算下每周采购 250 件物品相比，它将在既定的 2 600 美元的预算下提供相同质量的服务。

要求：

a. 假设采购部现在每周采购 610 件物品。采购部每周 2 100 美元的成本应该分配给每件物品，以使得每件物品的采购成本为 3.44 美元（2 100/610）？请解释。

b. 假设采购部现在每周采购 210 件物品，则采购部每周 1 100 美元的成本应该分配给每件物品吗，以使得每件物品的采购成本为 5.23 美元（1 100/210）？请解释。

c. 解释你对（a）和（b）给出的答案为什么是一样的，或者为什么是不一样的。

[习题 7—12]

Telstar 电子公司制造和进口一系列消费和工业用电子器件，包括立体声系统、电视机、可携式摄像机、电话、录像机等。每条商业线处理单一的产品组，并且被视为一个独立的利润中心。公司的分销部门（成本中心）将产品运送到批发商和零售商那里。以前，Telstar 公司按功能来组织，分别将制造、营销、分销部门视为独立的成本中心。两年前，公司重新就组织进行规划。

为了实现规模经济，分销部门集合不同商业线的产品，形成一个较大的装载量，并将其运输到同一区域。分销部门也负责国内的运输以及进口商品的储存。它有自己的卡车队伍（大概负责了2/3的运输），并且对剩余的商品使用一般的运送工具。现在，分销部门的成本没有分配给商业线，但是商业线为任何需紧急运输而使用的快递服务（如联邦快递或者UPS）付费。例如，一个顾客需要紧急的货物，则商业线将直接为这些特殊运输付费，而不需要公司的分销部门出面。

公司的主管正在考虑分配分销部门的成本的问题。几个可能的分配方案如下：

1. 依据商业线的销售总额分配所有分销部门的成本。

2. 依据商业线的利润分配所有分销部门的成本。

3. 以每批运输中各商业线产品的重量为依据，分配每批运输的直接成本，然后以分配给每个商业线的总直接运输成本为依据，分配分销部门的其他成本。

一个反对分配成本的理由是：分配将扭曲相对利润。公司主管说："因为分配是任意的，所以商业线的利润也就是任意的。"另一个反对的理由是，让经理承担他们无法控制的成本是不公平的。商业线不能控制运输成本。例如，当两个独立的小的运输合并成一个大的运输时，就会节省成本。当公司的其他产品没有被运到某个区域时，商业线将倾向于避免在那个区域销售。

要求：

写一个备忘录记录主管的担忧。Telstar公司应该将分销部门的成本分配给商业线吗？如果应该，应使用哪种方案呢？

[习题7—13]

诊断图像软件（DIS）是健康科学领域图像软件的领导厂商。DIS开发、编写、生产软件，并且通过两个直销机构来销售软件：北美和南美。每个直销机构被视为一个利润中心。剩下的销售通过独立的分销商（欧洲、亚洲、非洲）来进行。DIS有一个软件开发部门，该部门负责设计、编写、调试软件，今年该部门的成本是1 200万美元。

下表是两个分部今年的利润表（单位：百万美元）

	北美	南美
收入	\$ 17.800	\$ 6.700
营运费用*	5.340	3.015
分配软件部门的成本前的利润	\$ 12.460	\$ 3.685

*营运费用不包括任何开发、编写、调试软件的成本。

DIS的高级经理想将软件部门的成本分配给两个直销部门，以评估和奖励业绩。

要求：

a. 依据两个直销部门的相对销售收入分配软件部门1 200万美元的成本后，计算两个部门的利润（取小数点后3位有效数字）。

b. 依据两个直销部门分配前利润分配软件部门1 200万美元的成本后，计算两个部门的利润（取小数点后3位有效数字）。

c. 将软件部门 1 200 万美元成本的 75% 分配给北美部门，25% 分配给南美部门后，计算两个部门的利润（取小数点后 3 位有效数字）。

d. 讨论上述 3 种分配方法的优劣。

[习题 7—14]

Fuentes 系统公司向执法机构提供安全软件。它有一只 70 人的销售队伍，并且打算再增加 10 ~ 15 个销售人员。Fuentes 系统公司根据销售人员的数量分配公司管理费用。现有的管理费用为 2 184 000 美元，包括人力资源成本、会计成本、信息技术部门成本。

你管理着 Fuentes 系统公司的西部区域，有 18 个销售人员，并且计划再增加 1 到 2 个销售人员。每个销售人员的雇用成本是 120 000 美元，包括工资、福利和薪金税等。如果你多雇用一个销售人员，则你期望该销售人员能产生 185 000 美元的净营运边际收入。净营运边际收入等于收入减去销售成本，再减去和该销售人员相关的旅行和娱乐支出。净营运边际收入不包括该销售人员的工资、福利、薪金税。如果你雇用两名销售人员，则二人一起带来的净营运收入将为 323 000 美元。你的部门将作为一个利润中心来评估和奖励你的业绩，而利润是这样计算的：净营运收入减去该区域所有销售人员的工资、福利、薪金税，以及分配的公司管理费用。

a. 现在每个销售人员分配多少管理费用？

b. 假设你额外雇用的销售人员没有改变现有的销售人员所承担的成本现状，则你将在西部区域雇用多少个销售人员？

c. 假设 Fuentes 系统公司雇用了额外的 10 个销售人员，并且总的公司管理费用从 2 184 000 美元上升到 2 640 000 美元，则 Fuentes 系统公司还应该继续向各个区域分配公司管理费用吗？请解释为什么。

d. 假设 Fuentes 系统公司雇佣了额外的 10 个销售人员，并且总的公司管理费用从 2 184 000 美元上升到 2 200 000 美元，则 Fuentes 系统公司还应该继续向各个区域分配公司管理费用吗？请解释为什么。

[习题 7—15]

比奥 · 拉布斯公司是一家遗传工程公司，生产各类农用合成基因种子。公司有五个实验室，分别生产不同的产品，每个实验室都是一个利润中心，它们共同使用公司的设施。小麦种子实验室和水稻种子实验室分别生产公司五大系列产品中的两大系列，两个实验室彼此相邻，销售规模也大体相当。两个实验室可以相互交流，并共用实验技术人员和设备。由于采用的科学技术手段十分相近，因此还经常一起出席学术会议。

最近的研究表明：低能量的激光能够显著地改善种子的质量。负责小麦种子和水稻种子的经理人员建议成立一个激光技术实验部，以开发利用这一新技术。每年租赁设备和雇用人员的成本为 350 000 美元。每实验小时用具、能源和其他变动成本为 25 美元。预计激光技术实验部每年的实验时间为 2 000 小时，其中小麦种子的实验要用 700 小时，水稻种子的实验要用 800 小时，剩下的 500 小时如果需要可用于其他三个实验室，也可暂时闲置。预计最初只有小麦和水稻种子会用到激光技术。

比奥 · 拉布斯公司的最高决策层赞同增设激光技术实验室，但对如何处置其成本有些不知所措。他们打算让小麦种子和水稻种子共同负担这部分成本，却对应如何操作满腹疑虑。

激光技术实验室成立第一年结束时，小麦种子耗用了650个实验小时，水稻种子耗用了900个实验小时，另有450个实验小时闲置。

要求：

a. 设计两种成本分配方案。

b. 说明两种分配方案下水稻种子实验室和小麦种子实验室的经营状况。

c. 讨论两种分配方案的利弊。

[习题7—16]

国际进口公司从世界各国进口商品到美国。公司由一系列地区销售分支机构所组成，这些销售分支机构将进口商品销售给零售商店。其中，西部销售分支机构负责在美国西北部销售进口商品。销售分支机构作为利润中心，可以决定销售产品的种类及价格。各销售分支都雇用职业直销员，其工资由固定工资加上占销售收入20%的佣金构成。

东部销售分支机构的销售经理J. Krupsak计划销售一种澳大利亚T恤衫（公司可以进口这种产品）。Krupsak将公司不同价格及成本下的可能销量列示于下表（进口T恤衫的成本资料由国际进口公司总部提供）。

国际进口公司

东部销售分支机构

澳大利亚T恤衫的预计需求及成本表

数量（千件）	批发单价	进口成本价
10	\$ 6.50	\$ 2.00
20	5.50	2.20
30	5.00	2.50
40	4.75	3.00

由于澳大利亚制造商的生产能力有限，要增加产量必须加班加点，因此进口T恤衫的价格上升了。国际进口公司的领导层考虑将公司费用（广告费、诉讼费、利息费用、税金及管理人员工资）分配给各销售分支机构，并以各分支机构支付的销售佣金为分配基础，预计公司费用分配率为佣金的30%（销售分支机构每支付1美元佣金，便要负担0.30美元的公司费用）。分支机构销售经理的奖金与分支机构的净利润挂钩，净利润由收入抵减销售成本、销售佣金、其他经营费用和分配的公司费用后得到。

公司主管赞成将公司费用分配给各销售分支机构，并在支付分支机构销售经理奖金时考虑分配计入的公司费用所带来的影响，最终用分支机构的利润补偿这部分成本。因此，分支机构在定价时应考虑这部分费用的影响。

要求：

a. 在未分配公司费用时，Krupsak会为澳大利亚T恤衫如何定价？销售量会是多少？请列出你的计算步骤。

b. 公司费用的分配会影响 Krupsak 的定价决策吗？如果会影响，请说明将如何影响。列出计算过程。

c. 主管向销售分支机构分配公司费用的决定有何利弊？

[习题 7—17]

假设你为一个大型综合企业油漆部门的经理，这一油漆部门的职责是粉刷建筑物的内、外部，你的任务是设法使由粉刷费和人工费组成的部门运转费用降到最低，同时又能提供及时、高质的服务。

粉刷某一特定建筑物大厅的工作正在被估价。油漆和人工是可替代的。要完成指定质量的工作，你可以用较少的油漆和较多的人工，或者较多的油漆和较少人工。下面的表格列出了这种平衡关系。油漆每加仑 10 美元，人工费为每小时 6. 4 美元。

油漆（加仑）	人工（小时）
50	200
80	125
100	100
125	80
200	50

要求：

a. 要想使该油漆工作的成本降到最低，应该用多少油漆和多少工人（列出简洁的算式）？

b. 会计部门要计算人工的经营管理费。人均耗费 1 美元，将划拨 0. 5625 美元的经营管理费给油漆部门以支付日常管理项目，包括人力资源成本、保险费、法定支出等。在这一前提下，要想使该油漆工作成本降到最低，应该用多少油漆和多少工人（列出简洁的算式）？

c. 解释在（a）、（b）两种情况下，为什么你的选择会有所不同？

d. 解释为什么会计部门愿意以直接人工为基础，将日常经营费用划拨到油漆部门？

[习题 7—18]　Scanners Plus

Scanners Plus 为个人电脑使用者制造和销售两种类型的扫描仪：H（Home）扫描仪和 Pro 扫描仪。H 机型是适用于小型办公室的低端解决方案，而 Pro 机型则是适用于专业用户的高端解决方案。两种机型分别在不同的工厂生产，并且每个机型都被视为一个利润中心。下表总结了每种机型的价格和成本。

	H 扫描仪	Pro 扫描仪
出售给零售商的价格	$ 1 600	$ 8 800
可变成本	600	2 800
固定成本（年度）	800 000	2 400 000

两种机型通过网络商场以及网络目录等方式来销售。公司的营销部门负责销售这两种机型。营销部门有一个直销队伍负责将产品销售给零售商，还有一只广告队伍，

负责在网络杂志和网络销售目录上准备和投放广告。营销部门的年度经营预算是1 000 000美元。营销部门的成本可以通过以下两种方式分配给两个利润中心：要么以收入为基础，要么将24%的成本分配给H机型，76%的成本分配给Pro机型。

在1 600美元的价格水平下，H机型分部预计下年的销售量是1 000台或1 400台。同样，在8 800美元的价格水平下，有可能售出600台或800台Pro机型。两种机型的需求量是相互独立的。也就是说，可能一种机型的需求量很大，而另一种机型的需求量很小。

要求：

a. 在各种假定下，计算H机型的总收入。

b. 在各种假定下，计算Pro机型的总收入。

c. 假设市场营销部门100万美元的成本按预先确定的方案分配：24%分配给H机型，76%分配给Pro机型。编制一张表格，预计在按确定的比率分配营销部门的成本后，H机型和Pro机型的总收入。

d. 在将每个利润中心的收入作为分配基础的情况下，计算所有可能的管理费用比率（管理费用的比率取两位有效数字，如将44.67%取成45%）。

e. 像（c）中所做的一样，不过计算两个利润中心的利润时要使用（d）中所计算的管理费用分配比率。

f. （c）和（e）要求你使用两种不同的成本分配模型计算两种机型的分部利润，请评述这两种方法各自的优缺点。

[习题7—19]　Giza Farms

Giza Farms总部设在埃及开罗，它有三个营运分部：咨询服务、化学和农业产品。Giza正考虑将1.6亿埃及镑的公司管理费用分配给三个分部，要么以分部的收入为基础，要么以分部的盈利为基础。下表描述了三个分部在没有分配公司管理费用前的收入和盈利情况。

Giza Farms

未分配公司管理费用前的收入和盈利情况

（百万埃及镑）

	咨询服务	化学产品	农产品	总计
收入	250	250	500	1 000
盈利（分配公司管理费用前）	80	50	70	200

要求：

a. 将分部的收入作为分配的基础，计算分配公司管理费用之后的分部盈利。

b. 将分部尚未分配成本前的盈利作为分配的基础，计算分配公司管理费用之后的分部盈利。

c. 假定管理费用将分配给分部，则应将收入还是盈利作为分配的基础？为什么？

d. 看完（a）到（b）的数据之后，三个部门的经理都对分配公司的管理费用嗤之以鼻，但是农产品部门的经理却特别激动。她说："这是另一个草率地消除附加费用的方案。他们除了玩弄数字外，没有更好的事情可做了。我们分部不能控制公司的支出，这些分配导致经理之间产生纠纷，并且扭曲了分部的相对利润。”请对该经理的话进行评论。

［习题 7—20］　Borders & Noble

Borders & Noble（B&N）公司在北美和欧洲经营 460 家书店。B&N 有三个分部：零售分部、大学分部、网络分部。零售分部经营大型的商场，并在商场里卖书和音乐。一个典型的商场有多达 15 000 种商品，包括畅销书、小说、自助书籍、参考书、旅游书籍等。大学分部经营校园书店，主要销售教科书、服饰和其他类别的商品（文具、快餐、电脑耗材）。网络分部使用自己的计算机系统通过因特网卖书和音乐。

零售分部有一个大型的仓库，用于存放从出版商那里得到的书籍和音乐碟片，并且将其重新包装成比较小的份额，以便在单个零售商店销售。该仓库同样存储教科书，并且将其重新打包分配给大学分部的书店。零售分部的仓库人员还负责打包和装运网络分部的订单货物。除了支付书籍的成本，大学分部和网络分部还要支付零售仓库处理和装运的可变成本。

仓库去年的财务报表如下：

B&N 公司

零售分部仓库（去年）

（单位：百万美元）

收入：		
大学分部		
书籍（成本）	$ 136.9	
处理成本	12.3	
网络分部		
书和音乐	$ 64.5	
处理成本	7.1	
总收入		$ 220.8
可变成本：		
书和音乐	$ 748.6	
劳动	24.3	
运费	42.9	（815.8）
固定成本		
空间使用成本	$ 21.9	
管理费用	23.2	45.1
总的净营运成本		$ 640.1

仓库收入（来自网络和大学分部）包括书和音乐的装卸成本以及仓库的直接处理成本（劳务和运费）。向网络分部和大学分部收取的处理成本精确地反映了接收、打包、装运书籍的成本。同样，书籍和音乐成本精确地反映了向出版商支付的成本。

去年三个分部的营运数据如下：

B&N 公司
运营情况（去年）
（单位：百万美元）

	零售分部	大学分部	网络分部	总计
销售额	$ 1 706. 2	$ 382. 8	$ 104. 8	$ 2 193. 8
商品销售成本	(547. 2)	(208. 9)	(64. 5)	(820. 6)
处理成本		(12. 3)	(7. 1)	(19. 4)
仓库成本	(92. 9)			(92. 9)
空间占用和管理费用	(934. 6)	(131. 7)	(13. 2)	(1 079. 5)
净利润	$ 131. 5	$ 29. 9	$ 20. 0	$ 181. 4
平均投入资产	$ 754. 9	$ 126. 3	$ 5. 4	$ 886. 6
风险调整的加权平均资本成本	19%	17%	24%	19%

每个分部都被视为投资中心，分部经理依据其分部的 EVA 获得报酬。

要求：

a. 计算每个分部的 EVA。

b. 除了向大学分部和网络分部收取仓储的处理成本和装运的可变成本外，B&N 公司的首席财务官决定向三个分部分配仓库的固定成本。固定成本的分配取决于仓库处理书和音乐的成本。计算每个分部进行仓库的完全成本修正后的净利润。

c. 使用（b）中修订后的处理收费，来计算每个分部的 EVA。

d. 讨论（a）和（c）中业绩衡量的优缺点。

e. 讨论（c）中计算 EVA 时可能存在的扭曲（假设风险调整的加权平均资本成本是准确的）。

[习题 7—21]　略

[习题 7—22]　芝加哥欧姆尼旅馆

芝加哥欧姆尼旅馆是地处芝加哥的一家新开的拥有 750 个房间的豪华旅馆。该旅馆分为四个部门：住宿部、餐饮部、服务部和零售部。每个部门都是一个利润中心。住宿部是最大的利润中心，它负责管理房间出租、服务员、预订房间、大堂和领班；餐饮部经营咖啡厅和三个餐厅；服务部是从餐饮部分离出来的，它使用自己的厨房为大型宴会、婚礼及大型商务会议提供宴会服务，并且它的职工独立于餐饮部（但是餐饮部和服务部共同采购并共同制定职工工作表）；零售部则负责将大堂闲置的部分出租给各自独立的商店（礼物店、汽车出租公司、航空公司售票中心、珠宝店、花店、玩具店、饮料店等），目前共有 14 家商店。各利润中心的经理每年的报酬包括工资和奖金。每年的奖金由许多因素决定，包括部门的利润、顾客的满意度和职工的参与程度。以下表格给出了第一年的财务经营数据：

	住宿部	餐饮部	服务部	零售部	合计
收入（百万美元）	$ 39. 20	$ 9. 80	$ 5. 80	$ 1. 90	$ 56. 70
可分离的经营费用	$ 31. 10	$ 6. 20	$ 3. 50	$ 0. 30	$ 41. 10
占用面积（1 000 平方英尺）	625	50	125	80	880
职工人数	1 000	140	35	4	1 179

除每个利润中心可分离的经营费用外，旅馆经营还包括以下费用（单位：百万

美元）：

经营费用（利息、税收、保险）	$ 5.6
营销费用	1.4
管理费用（会计、人力资源、保险、日常费用、经理费用）	1.1
合计	$ 8.1

利润中心的财务状况是决定每个利润中心经理年终奖金时要考虑的因素之一。同时，为了考查各部门的财务状况，总经理要求各部门上交财务报表。

要求：

a. 为芝加哥欧姆尼旅馆设计一张财分报表，试用报表形式统计各部门的财务状况。这一报表必须能反映出各部门必须实现的盈利（亏损），所得出的这一数值将作为构建业绩评价体系和报酬体系的依据。

b. 讨论你设计财务报表的理论依据。

c. 运用报表，讨论各部门的相对业绩表现。哪一个最好及哪一个最差？

［习题 7—23］　李德·派克有限责任公司

李德·派克有限责任公司是一家矿泉水（用作商业用水和居民用水）公司，该公司总部设在多伦多矿泉水区，它的送货分部设在该区的三个地段。公司刚开始时是向当地居民及小型商业部门提供水，最近几年，销量越来越大。梅特罗中心是建立的第一个分部，最新建的一个分部是西梅特罗，建于 4 年前，具有巨大的发展潜力。

包装部与送货部是独立运行的，各自发生的成本能较为容易地归集到相应的部门中去。双方对存在的会计系统一直没有意见，但最近送货部经理对其部门的会计系统提出了质疑。

送货部的经营相对比较简单：从瓶装工厂提取瓶装水，并贮存在分部，待日后分送给客户。许多客户要求每两周送货一次，与送货部相关的花费见表 1。送货部门的日常经营费用包括租金、房屋维修、保险和其他与厂房设施运行相关的成本，员工和管理人员费用包括销售人员的工资及维持员工工作和办公室运行的费用支出。

表 1　**李德·派克公司三个送货中心的收入表**　单位：千美元

	梅特罗		东梅特罗		西梅特罗	
收入		$ 865.0		$ 928.0		$ 766.4
费用：						
送货人员工资	$ 34.2		$ 40.0		$ 33.6	
加班工资	4.2		3.2		4.4	
员工和管理人员费用	150.0		120.0		125.0	
送货中心日常经营管理费	75.0		80.0		90.0	
燃料费	24.0		28.1		26.0	
汽车维修费	105.0		65.0		75.0	
总部日常经营管理费	235.7	(628.1)	283.0	(619.3)	391.3	(745.3)
净利润		$ 236.9		$ 308.7		$ 21.1

每个送货部都有自己的销售人员。总部负责向送货司机提供运送产品的类型及送货时间。归集到送货部门的总部日常经营管理费，绝大部分是由处理订单所引起的。李德·派克公司根据各送货部门的运输量占总运输量的比重来确定划拨给各部门的日常经营费用，这种分配体系在公司成立之时就确定了。运送卡车由送货中心支配，由总部从一大型卡车公司那里统一购买（有关数据见表2）。每个送货中心被当作一个利润中心，并会根据该中心的净收入来评估各中心经理的经营能力。正像李德·派克公司一样，瓶装水工业正处于高速增长期。尽管该公司的各项业务看起来都是盈利的，但在整个行业中的排名并不是很好。总部一直要求送货中心扩大规模，并增加送货量，但中心一直不愿如此。一些中心的经理开始对分配给他们部门的日常经营管理费提出异议。他们抱怨说，一旦增大送货量，只能导致分配给他们部门的日常经营费用的增加。中心的司机也不乐意，他们抱怨说，由于送货路线越来越复杂及送货日程表难以执行，也使得日常经营管理费有所增加。总经理助理 Steve Austin 被派往调查有关情况，如果真的存在需要解决的问题，由他负责提出一个可行的办法。

要求：

a. 谈谈该公司所存在的问题，尤其注意讨论与决策、成本分配及激励有关的项目。

b. 提出另一个可供选择的日常经营管理费的分配体系。

c. 你将选择哪个分配体系？所选的体系将会对该公司送货中心产生何种影响？

d. 在你所选择的体系下，计算三个送货中心的净收入，并与旧的体系下的结果进行比较。

表2 **李德·派克公司分析系统中的数据**

	梅特罗	东梅特罗	西梅特罗
运货人员	80	70	50
送货人员工资（每小时）	\$ 8	\$ 8	\$ 8
总订单	8 533	7 200	5 040
每部门的送货量	51 198	43 200	30 240
每部门运送的瓶数	75 000	68 000	62 400
每个送货任务的平均英里数	4	4.5	5.2
各部门新的订单	400	700	900
各送货中心的卡车数量	70	65	60
卡车价值	\$ 700 000	\$ 690 000	\$ 670 000
累计折旧	350 000	270 000	90 000
分配基数	350 000	420 000	580 000
日常经营管理费所占比例	26%	31%	43%

注：燃料每加仑 1.20 美元，每瓶的运费是 11 美元，处理订单费用（每份）为 100 美元。

[习题 7—24]

塑料椅公司使用一种新的和可循环的复合材料来制造塑料草坪椅。改变每种类型的塑料的数量，也同样能生产一批共 100 只椅子。下表列出了为生产 100 只椅子，可循环和新的这两种塑料的各种组合。

为生产 100 只椅子所需要的新的和可循环的塑料的组合 单位：磅

新型材料	可循环材料
20	72
24	60
30	48
32	45
36	40
40	36
45	32
48	30
60	24
72	20

新型材料每磅 16 美元，可循环材料每磅 10 美元。椅子生产部门经理的奖金是根据最小化 100 只椅子的成本情况来确定的。

要求：

a. 椅子制造部门的经理将选择哪种组合？

b. 公司的管理费用依据每批椅子中使用循环材料的数量分配给椅子制造部门。每使用 1 磅的循环材料，椅子制造部门将承担 30 美元的管理费用。如果经理的奖金取决于最小化每批椅子的总成本情况，那么椅子制造部门的经理将选择哪种组合？

c. 为什么你在（a）中和（b）中的答案是一致的或不一致的？

d. 塑料椅子生产部门经理的奖金是仅仅取决于最小化塑料成本的情况，还是取决于最小化塑料成本以及分配的管理费用？

［习题 7—25］

美国木材公司是世界上最大的木材加工和处理商，公司的森林部从自己拥有的及公共森林中收割木材。木材部从森林部或其他木材公司那里买来砍伐好的木材，并将其加工成产品（如三合板、木嵌板等）。建材部买来木成品（从木材部或其他公司），以及其他一些建材，并将其分销给来自世界各地的零售商。各部门的经理将根据各部门的税前利润领取奖金。

总部的日常经营管理费将根据各部门的实际销售额进行分配。当年的分配情况如下：

总部工资及其他费用支出	$ 50 000 000
研究与开发部费用支出	600 000 000
利息费用	850 000 000
总部经营管理费用	$ 1 500 000 000

以下是去年的数据（以百万美元为单位）：

	森林部	木材部	建材部	总计
收入	$ 5 000	$ 8 000	$ 12 000	$ 25 000
经营费用	3 500	7 000	11 500	22 000
利润	$ 1 500	$ 1 000	$ 500	$ 3 000
日常经营管理费用	300	480	720	1 500
税前利润	$ 1 200	$ 520	$ （220）	$ 1 500
各部门资产	$ 5 000	$ 2 000	$ 1 000	$ 8 000

总会计师将根据各项日常经营管理费来分配成本，以取代以前根据各部门收入分配总计 15 亿美元的日常经营管理费给各部门的方法。

日常经营管理费项目	分配基准
总部工资及其他费用	销售收入
研究与开发部费用	利润金额
利息支出	各部门资产金额

要求：

a. 用总会计师所建议的分配体系计算各部门的税前利润。

b. 公司将制造费用分摊到各个经营部门的前提及结果各是什么？

c. 与现存的分配方法相比，新的分配方法有哪些优缺点？

[习题 7—26]

BFR 是一个制船公司，该公司刚刚拿到一份政府合同，为海岸警卫队建造 10 艘快艇。除此之外，BFR 还有一个商业船只制造部门，负责设计和制造捕鱼及运输用船。该公司只设有商业及政府制船两个部门，上述政府合同提及的建造项目是目前政府制船部门唯一的工作。

上述合同是一种成本加成合同，BFR 将在扣除成本的基础上收取成本费的 5% 作为利润。总成本包括所有直接材料费、人工费、购买零部件（机械雷达等）费及日常经营管理费，分配给该合同的日常经营管理费是根据其直接人工成本占公司总人工成本的比例确定的。

BFR 可从外部购买发动机，也可自己制造。下面的数据描述了在外购发动机与自产发动机两种情况下，上述合同的有关成本数据：

BFR

成本结构 单位：百万美元

	商业部门	海岸警卫队合同（内部制造机械）	海岸警卫队合同（购发动机）
直接人工费用	$ 14.600	$ 22.800	$ 18.200
直接材料费用		32.900	25.900
外购发动机费用		0.000	17.000

BFR 的日常经营管理费是 8 350 万美元，而且不管是自制还是外购发动机，该日常经营管理费金额保持不变。日常经营管理费用包括部门工资、固定资产折旧、财产税、保险及工厂管理费。

要求：

a. 在以下情况下，分配到该合同的日常经营管理费各是多少？

（i）自制发动机。

（ii）外购发动机。

b. 根据合同的总报酬，海岸警卫队倾向于BFR公司自制发动机还是外购发动机？

c. 如果外购发动机，BFR公司的现金流量将如何变化？

d. 说明成本加成合同对零部件购买决定的影响。

案 例

［案例7—1］

菲尼泰克斯是一家生产电话系统和交换设备的中等规模的制造商，其主要业务来自政府合同，尤其是利润丰厚的国防合同。公司拥有两个工厂：南部工厂和威斯特贝里工厂。较大的南部工厂正在全力生产一种供新的导弹安装系统使用的电话系统，现有的政府合同要求南部工厂在随后的9个月内全负荷运转。上述合同是稳定的固定价格合同，合同中特别要求菲克泰克斯生产3 000部电话以满足政府的特别要求，价格为300美元/部。

菲尼泰克斯的第二个工厂——威斯特贝里工厂规模小且设备陈旧，是公司在两年前为生产住宅电话系统而购买的。菲尼泰克斯担心国防合同只是周期性的，因此为了稳定收入就在这家规模较小的工厂建立了一条住宅电话系统生产线。也就是说，一旦国防合同所提供的业务偏少，南部工厂过剩的生产能力可用来生产住宅电话系统。然而，情况正好相反，目前的经济衰退造成住宅电话业务暂时不景气，威斯特贝里每月发生10 000美元的损失，不过公司高层将之视为一项投资。威斯特贝里拥有一个很好的生产体系，其部分员工已被解雇，剩余的员工非常优秀，其中包括优秀而富有竞争力的主管人员、工程师、技术熟练的生产工人。在不影响目前生产的条件下，威斯特贝里还可以削减20%的员工。目前的生产量只能满足下降后的需求，而在未来的3个月内如果需求并未增加，工厂将不得不再次削减20%的员工。

威斯特贝里的经理试图说服公司高层管理层把导弹合同中的电话系统转移到他的工厂生产。尽管威斯特贝里生产电话的总成本要比南方工厂高，但威斯特贝里的经理认为这一转移会释放南方工厂的生产能力，以便增加更多的来自政府的业务。3 000部电话的单位成本资料如下：

	南方工厂	威斯特贝里工厂
直接人工成本	$ 70	$ 95
直接材料成本	40	55
变动间接费用*	35	45
固定间接费用*	40	80
总公司费用#	10	20
单位成本合计	$ 195	$ 295

* 根据直接人工成本分配。

\# 根据直接人工成本分配的公司总部费用。

由于没有安全许可证，威斯特贝里工厂除了可以生产那批电话外，不能承接来自政府的其他业务，该工厂可以在3个月内完成这批电话的生产。威斯特贝里的经理辩解道："此外，我们每部电话的人工成本不会达到95美元，至少在接下来的3个月里我们可以尽量不裁员。我可以尽量使用工作量不足的员工，我将不得不从已解雇的员工中雇用20名生产工人，在未来的3个月内，我们预计只会增加120 000美元的人工成本。"

菲尼泰克斯正在考虑一项新的国防合同，该合同预期收入为110万美元，预期利润为8.5万美元。这一合同必须在未来3个月内履行，但南方工厂没有足够的生产能力而威斯特贝里缺乏合同要求的安全许可证和固定设备。

南方工厂的经理认为，让他们承担威斯特贝里的成本是不公平的。他指出，即使不考虑人工成本，威斯特贝里的变动成本也比南方工厂高33%。南方工厂的经理还认为："将电话项目转给威斯特贝里所导致的利润损失不能通过接受新的政府合同得到补偿，详细情况请见附表。"

南方工厂利润（300 - 195）×3 000		$ 315 000
减：威斯特贝里工厂的利润（300 - 295）×3 000		(15 000)
利润损失		$ 300 000
下一个最佳政府合同的利润：		
预期收入		$ 1 100 000
减：		
直接人工成本	260 000	
直接材料成本	435 000	
变动间接费用	130 000	
固定间接费用	150 000	
总公司费用	40 000	1 015 000
预期利润		$ 8 500

要求：

公司高层管理层复核了南方工厂经理的数据，认为其所提供的新合同的成本估算是比较准确的。公司是否应将电话业务转给威斯特贝里工厂并承接新合同？用分析来说明你的结论。

第 8 章 成本分配：实务

本章提要

A. 恶性循环
B. 生产能力成本的分配：折旧
C. 服务部门成本的分配
  1. 直接分配法
  2. 顺序分配法
  3. 直接分配法和顺序分配法下的服务部门成本和转移定价
  4. 交互分配法
  5. 小结
D. 联合成本
  1. 鸡肉加工案例
  2. 可变现净值
  3. 决策与控制
E. 分部报告与联合效益
F. 本章小结
附录：采用交互分配法分配服务部门成本

上一章介绍了"成本分配"的概念，事实上，成本分配无处不在。大多数组织，如营利性组织、非营利性组织、服务业组织、制造业组织，都面临着成本应合理分配的问题。成本分配服务于税收、存货估价、以成本为基础的补偿以及管理决策与控制等多重目的。

就成本分配产生的激励作用来看，它很像组织内部的税务系统，可以使决策者减少对成本分配基础的使用。所以，分配基础的选择会影响企业内部资源的分配。不仅如此，成本分配对部门间的合作会产生一种额外的激励效果。最后，采用非独立分配法有助于在管理者之间分散风险。

本章将继续上一章的讨论，首先分析成本分配中常见的恶性循环问题，然后描述几种具体的成本分配方法；第 3 节介绍有关服务部门成本分配的几种方法；第 4 节介绍联合成本的分配，即同一要素投入成本在几种产品之间的分配；最后，第 5 节对分部报告和联合收益进行了讨论；附录部分描述了如何使用交互分配法分配服务部门成本的问题。

A. 恶性循环

"恶性循环"是成本分配中较为普遍的问题。只要固定成本比重很大，并涉及固定成本的分配，而且使用者能够自主选择会被分配成本的服务，**"恶性循环"（death spiral）**现象就会产生。举例来说，企业设有内部电信部门，提供对内电话服务，自然该部门要负责中心转换设备、电信传输系统及个人电话机的购买、安装与维护。使用者要对所使用的电话机、接受的维修服务及通话服务支付费用。中继交换机成本、本地接入成本、安装成本、维修成本、电话—邮箱系统的维护成本等，构成了一笔数额较大的固定成本。

假定固定成本总额为 60 万美元，每条电话线的平均成本为 200 美元，共计有 2 000条电话线路。这 60 万美元主要是现有设备的折旧费用，是项沉没成本。为了收回上述成本，每条线路的使用权按 500 美元（600 000 ÷ 2 000 + 200）收费，一些使用者拥有可以同时通话、传真及联网的复合线路使用权。

当地一家电话公司安装一条私人线路的收费标准为每年 325 美元，长途电话额外计费，但费用标准不会超过公司内部电信部门的服务费用。企业中那些拥有复合线路的用户开始将传真及与计算机联网的线路转给外部电话公司，于是到第一年年底，有 500 条线路已被转向外部。为了收回成本，电信部门必须将对每条线路的收费提高到 600 美元（600 000 ÷ 1 500 + 200）。收费标准的提高又使 500 个用户转向外部，从而进一步导致收费标准提高到 800 美元（600 000 ÷ 1 000 + 200）。最终，如此高额的使用费会使其余 1 000 家用户也放弃使用内部电信部门所提供的服务。

当对一种公用资源的利用程度下降时，就会出现过剩的生产能力，就会产生恶性循环现象。为了使用公共资源，使用者必须按照平均（完全）成本转移价格交费。在总固定成本不变的情况下，随着利用程度的下降，每位使用者所负担的单位成本上升，单位成本（价格）的上升进一步导致使用者放弃使用权，从而导致利用程度继续下降，单位成本继续上升，损失越来越大。

当企业采用完全成本转移定价时，某一公用资源的固定成本较大，并且当使用者十分关注公用资源的使用数量时，恶性循环现象就很有可能发生。正如在第 5 章曾讨论过的，采用完全成本转移定价会降低公用资源的利用程度，被转移的单元会变得非常少。

这里介绍几种解决恶性循环问题的方法。如果生产能力过剩，可以仅仅将变动成本作为转移价格，或者将固定成本的一部分剔除出去。如上例中，可不再分配 600 000美元的固定成本，因为当生产能力过剩时，设备的机会成本为零。

Clopay Plastics 公司的恶性循环

Clopay 公司生产用于工业和医疗行业的各种塑料制品。它在美国的一家年销售额达 7 000 万美元的工厂，生产 200 多种产品，其 5 个支持部门分别是：装运部、材料管理部、质量监督部、工厂维修部以及行政管理部。这些服务部门发生的成本（间接人工、支持人工、管理费用和折旧）分别按照机器工时、产品重量、采购原料重量以及各个生产部门的总人数进行分配。然后，生产部门汇总该部门发生的固定成本与完全分配的支持成本。

当存在闲置生产能力时，Clopay 公司的成本系统就会发生典型的恶性循环现象。因为当产量下降时，固定成本将由更少的产品分摊，从而导致单位平均成本的上升。

恶性循环问题的另一个表现是机器折旧费用的分配问题。由于不同的机器有着不同的使用年限和成本，因此相似的机器会被分配不同的成本。由新机器生产出来的产品有着更高的成本，即使新、旧机器生产的产品非常类似。因此，一个部门如果使用已提足折旧的机器进行生产，则其所获得的利润看似更高。

为了解决以上两个恶性循环问题，Clopay 公司将某些固定成本（如折旧）排除在外。对比之前的成本系统，新系统中产品成本降低了约6%。在这之前，折旧费用被全部分配到产品中。现在，部分折旧成本被费用化，直接计入销货成本中。

资料来源：B. Clinton and S. Weber, "RCA at Cloplay," *Strategic Finance*, October 2004, pp. 21 –26.

[练习题 8—1]

Clay Sprys 公司为医院和诊所生产气雾剂（包括空气清新剂、除斑剂、消毒剂、地毯清洁剂和上光剂）喷射机。工厂存在过剩的生产能力。下表是 Clay 公司当年的财务状况：

CLAY SPRAYS

净利润——当年

收入（1 000 000 单位 × $ 6 /单位）	$ 6 000 000
变动成本（1 000 000 单位 × $ 3/单位）	(3 000 000)
固定成本（制造费用）	(2 800 000)
税前净利润	$ 200 000

Clay Sprys 公司没有期初和期末存货。其生产的所有产品的单位变动成本为 3 美元，280 万美元的固定成本是制造费用。

公司的 CEO 和所有者 Wendy Clay 担心低产量会导致剩余产品的单位费用额较高，增大其成本，并导致公司余下的产品缺乏竞争力。

Clay 让公司高级管理层寻找一家适合购买的工厂以增加产量并解决上面的问题。经过对多个潜在购买者的分析之后，公司高层选择了 Coronas 公司。这家公司也是气雾剂生产商，其产品的消费对象主要是家庭用户，而且是由使用客户提供设计，其自身并不具有生产能力，仅有销售机构。和 Clay 公司一样，Coronas 公司以每罐3 美元的批发价格每年能销售 100 万罐气雾剂。Clay 公司的管理者预计，生产 Cornoas 气雾剂的单位变动成本是3 美元，而且在现有生产能力下，不增加额外固定制造费用或不改变 Clay 产品3 美元的变动成本，Clay 公司也能够在其现有产量的基础上增加相当于 Coronas 公司产量的产品数量。

尽管购买 Coronas 公司提高产量的同时，Clay 公司的利润并不会增加（因为 Coronas 的批发价格和单位变动成本均是3 美元），但管理层仍希望能进行此项收购。

Clay 公司主管销售的副总经理 Mark Hendrickson 认为，公司产品质量高应以医院等为主要客户，但事实上 Clay 的顾客因其预算的收紧而转向了质量较低且价格也较低的其他生产商。但如果 Clay 公司也降低其产品价格，那么其产品的边际贡献将会随之下降。而且他认为，收购 Coronas 公司会削弱 Clay 产品分摊费用的能力，从而在避免使边际贡献发生反向变化的情况下会降低其气雾剂的价格。

要求：

a. 收购 Coronas 公司能够提高 Clay 公司产品的费用吸收力吗？

b. 收购 Coronas 公司能够提高 Clay 公司的盈利能力吗？

c. 解决你给出的上述问题的答案中相互矛盾之处。

d. Hendrickson 先生的分析正确吗？

e. Clay 公司应该收购 Coronas 公司吗？

f. 你认为 Clay 公司管理层希望收购 Coronas 公司的原因是什么？

解答：

a. 收购 Coronas 公司能够改善 Clay 公司产品的费用吸收力。Clay 公司生产现有产品的单位平均成本的计算过程如下：

平均成本 = \$ 3 + \$ 2 800 000 ÷ 1 000 000 = \$ 5. 80

收购 Coronas 公司之后，平均成本会降至 \$ 4. 40（\$ 3 + \$ 2 800 000 ÷ 2 000 000）。

可见，由于 280 万美元的固定成本能够在更多的产品上分配，Clay 公司产品的单位平均成本降低了。

b. 收购 Coronas 公司不会提高 Clay 公司的盈利能力。因为 Coronas 公司以与变动成本相同的价格（3 美元/罐）销售其产品，所以它并不能为 Clay 公司带来额外的利润。Clay 公司的税前利润在收购前、后均是 20 万美元，如下图所示：

收购前、后 Clay 公司的盈利能力

	Clay 公司	Coronas 公司	收购 Coronas 公司后
收入	\$ 6 000 000	\$ 3 000 000	\$ 9 000 000
变动成本	3 000 000	3 000 000	6 000 000
固定成本	2 800 000	—	2 800 000
税前净利润	\$ 200 000	\$ 0	\$ 200 000

c. 以上两题的答案并不一致。在收购后费用的吸收能力有所增强的同时，利润却并未提高。当注意到 Clay 公司的平均成本由 5. 80 美元降至 4. 40 美元时，我们比较容易解释这种不一致。平均成本的下降并不能代表现金流量的减少，但它表明部分固定成本被转移到 Coronas 公司的产品上。假设 280 万美元的固定成本以单位为分配基础，则下表能清楚地说明这种转移过程。由于费用的 1/2 被分配到 Coronas 公司的产品上，Clay 产品的盈利能力提高了，但 Coronas 公司的产品却发生了 140 万美元的损失。所以，从整体上看，公司的盈利能力并未发生改变。

Clay 公司和 Coronas 公司生产线预计利润

	Clay 公司的产品	Coronas 公司的产品	合计
收入	\$ 6 000 000	\$ 3 000 000	\$ 9 000 000
变动成本	3 000 000	3 000 000	6 000 000
参与分配的固定成本（以单位为基础）	1 400 000	1 400 000	2 800 000
税前净利润（损失）	\$ 1 600 000	\$ （1 400 000）	\$ 200 000

d. Hendrickson 先生的看法是错误的。经济学的知识告诉我们，边际成本等于边际收入时的产品价格，是能使利润最大化的价格。价格决策并不将固定成本纳入考虑范围，除了决定是否以最适宜的价格继续生产时。Hendrickson 先生不应该以平均成本（或成本加成）为基础来确定 Clay 公司产品的价格。除了收购 Coronas 公司以外，当公司吸收额外产量时，Clay 女士应该认真考虑其定价策略。若降低价格，她将失去支付较高价格的顾客所带来的部分收入，但同时她也会获得更多的顾客。获得的由支付低价格的新客户所带来的收入与失去的由支付高价格的客户所带来的收入的差额，我们称之为“边际收入”。Clay 应该降低其产品价格，直至来自于最后 1 美分的降价的边际收入等于其边际成本 3 美元。

e. 如果 Clay 公司收购 Coronas 公司的目的仅仅是出于提高自身的费用吸收能力从而提高其盈利能力，那么这项收购并不能带来经济收益。如果存在收购的协同作用，则 Coronas 是值得收购的。这种协同作用包括销售市场和产品线扩大所带来的气雾剂销售额的增加。另外，随着产量的增加，经营效率会得到提高，而且变动成本会有所降低。在这种情况下，还会产生协同作用。

f. Clay 公司的管理团队对这项收购感兴趣的原因在于，生产量的增加能使工作更有保障。

另外一种解决恶性循环现象的方法是，在计算制造费用分配率的时候采用实际生产能力而非真实利用率。实际生产能力指的是在正常的使用状态下，共同资源（如电话系统）在购买时预期可以提供的生产能力。如果购入的电话系统可以容纳 2 500 条线路，那么这 2 500 条线路就是电话系统的实际生产能力。因此每条电话线的收费标准为 440 美元，这包括 240 美元的折旧费用（＄600 000 ÷ 2 500）以及 200 美元的变动成本。如果只有 1 200 条线路被使用，并且每条线路的折旧费用为 240 美元，那么 600 000 美元的折旧费用中只有 288 000 美元能被收回（＄240 × 1 200）。312 000 美元的未使用生产能力（1 300 条线路）将不由剩余使用者负担，而是计入公司的办公费用。可见，使用实际生产能力可以减少恶性循环现象的发生，因为未使用生产能力的成本（312 000 美元）不会被分摊到拥有共同资源的剩余使用者身上。①

[练习题 8—1] 说明了恶性循环现象的另外一种影响。当产能过剩并且固定成本比重较大时，管理人员将倾向于生产新的产品或提供新的服务，以降低现有产品的平均固定成本。新的产品或服务吸收了部分固定成本，因此可以降低分配到现有产品或服务上的固定成本。但是，正如 **[练习题 8—1]** 中所述，这种方法是有缺陷的。考虑到新增产品或服务需要增加的产能的成本，只有当新的产品或服务能够为公司带来净现金流的增加时，公司才应选择新增产品或者服务。

B. 生产能力成本的分配：折旧

从前面部分我们可以知道，当固定成本比重较大而且存在剩余生产能力时，恶性循环现象会在公共资源被分配给对资源的使用拥有自主权的用户时出现。在电信案例

① 第 9 章将介绍正常产能的概念：工厂或部门长期的平均生产数量。实际生产能力和正常产能是相同的概念，它们使得在计算管理费用分配率的时候，分母是一个固定的产量数值，并不随着实际利用率的变化而变化，因而能够避免实际使用率的下降所导致的费用分配率的提高。

中，主要的固定成本是现有电话系统的折旧费用。杜绝恶性循环现象的方法是不分配部分（或全部）固定成本。例如，仅仅对实际使用的生产力的固定成本进行分配。如果存在40%的过剩生产力，那么就只分配60%的折旧费用。但是，这种解决方法也会产生别的问题。

我们注意到，发生恶性循环现象或者对公共资源的利用不足实际上也是如何使用现有固定资产的问题。每个部门应该使用多少公共资源？如果存在过剩生产力，则对公共资源的使用者的收费将会导致其减少对资源的使用。但是，在决定如何在部门间分配可用生产力之前，公司应该先决定需要的生产力的使用量。在之前的例子中，公司需要先决定购买的电话系统规模的大小（包括通话能力、线路的多少、转换速度等）。电话系统现有的固定成本（包括折旧费用）是获得生产能力之前的“变动”成本。会计折旧（如直线折旧）表示获得的生产能力每年的历史成本。折旧是对资产历史成本在各期的分摊。

公司到底需要多少生产能力呢？这些生产能力的未来使用者对他们将来使用公共资源的密集程度会有专门的认识。如果这些使用者知道他们不必为将来对资源的使用付费的话，他们会盲目增加自己的使用量。如果他们不必负担过剩生产能力所导致的成本而且公共资源存在规模效应（随着使用量的增加，平均成本会下降）的话，他们同样会大幅度增加使用量。所以，计提折旧是一种承诺工具（commitment device）。[①] 若使用者得知自己将承担固定资产的历史成本，则他们大幅度增加使用量的可能性就会下降。将会计折旧分配给使用者至少能够保证收回资产的历史成本（注意：折旧并不能保证收回与资产相关的资本机会成本）。

在决定使用者是否需要分摊公共资源的折旧时，公司在对公共资源的有效投资和获得后的有效使用之间进行了权衡。计提折旧能够帮助解决过度投资的问题，但这也是以对资产的利用不足为代价的。许多公司要求资产使用者分摊折旧，所以对过度投资的控制在决策上显得尤为重要。这同时也表明了当会计系统面对控制和决策的选择时它是如何更倾向于控制的。

C. 服务部门成本的分配

到目前为止，我们已经讨论了如何在不同的用户（部门或产品）之间分配单一共同成本的问题。例如，第7章就对分配人力资源部门成本和公司共同成本进行了叙述。现在我们再来研究另外一种情况，即服务部门成本在受益部门之间的分配。图8—1列示了一种基本的情况，N 个服务部门为 M 个经营部门提供服务。就制造业而言，服务部门一般包括采购、保安、管理、维修、信息技术等部门，而经营部门可能负责独立的产品线或者承担制造职能，例如零件制造和装配生产线。要正确计算制造车间产成品的成本，就必须将服务部门的成本按一定比例在各个制造部门之间分配。服务部门的成本就像一桶桶必须全部倒入经营部门的水。箭头表示服务输出的方向，服务部门之间相互使用对方提供的服务，从而使分配更趋复杂。服务部门 S_1，不仅

---

① 参见 Sunder, *Theory of Accounting and Control* (Clincinnati, OH: South-Western Publishing, 1997), pp. 55 – 56; and R. Ball, S. Keating, and J. Zimmerman, “Historical Cost as a Commitment Device,” *Maandblad voor Accountancy en Bedrijfseconomie* (Netherlands), November 2000.

为 M 个经营部门（从 D_1到 D_M）提供服务，也为其他 N—1（从 S_2到 S_N）个服务部门提供服务。例如，信息处理部门要为采购部门提供数据处理服务，反过来采购部门又要为信息部门购买计算机硬件与软件。

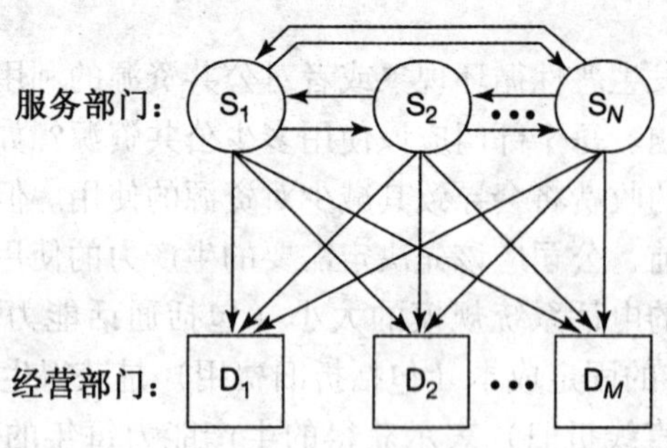

图 8—1　将 N 个服务部门的成本分配给 M 个经营部门

为了说明问题，我们仅仅考虑只有两个服务部门（电信部和信息处理部）、两个经营部门（轿车厂和卡车厂）的简单情况。表 8—1 列示了两个服务部门劳务总量的分配情况。

表 8—1　　服务部门劳务总量分配表

	电信部	信息处理部	轿车部	卡车部	合计
电信部	10%	20%	40%	30%	100%
信息处理部	25%	15%	35%	25%	100%

从表 8—1 中可以看出，电信部使用了自己所提供劳务总量的 10%，信息处理部使用了自己所提供劳务总量的 15%。同时，每个服务部门还要使用其他服务部门所提供的劳务。成本分配的目标是要把电信与信息处理两个部门的全部成本分摊给轿车厂和卡车厂，从而使轿车与卡车两种产品的成本中包含电信费用与信息处理的成本。

假定这两种服务部门的总成本全部由轿车厂和卡车厂承担，其中电信部门成本为 200 万美元，信息处理部成本为 600 万美元，即现要将 800 万美元分别在两个汽车制造部门间分配。这两项成本需用现款支付，且不包括承担的其他服务部门的成本。

可供选择的分配方法有这样几种：直接分配法、顺序分配法以及交互分配法。本章内容主要是利用上例数据说明三种分配方法各自的利弊。

1. 直接分配法

图 8—2 说明了采用直接分配法分配服务部门成本。从图中可见，直接分配法不考虑服务部门之间相互提供的服务，S_1的成本分配依据是 M 个经营部门所使用的服务总量，而 S_2、S_3、…、S_N等（N—1）个服务部及其所使用的 S_1的服务总量却被忽略不计。很显然，这种方法简化了计算过程，但很可能导致劳务的转移价格不准确。

假定仍以表 8—1 的数据为依据分配成本，轿车厂与卡车厂使用电信部服务的比例分别为 40% 和 30%，合计为 70%，则其应该分配的费用总额为 140 万美元（200 ×70%），剩余的 60 万美元不作分配，分配结果见表 8—2。

以各部门实际使用的服务总量为基础进行成本分配，其结果必然使一部分成本无

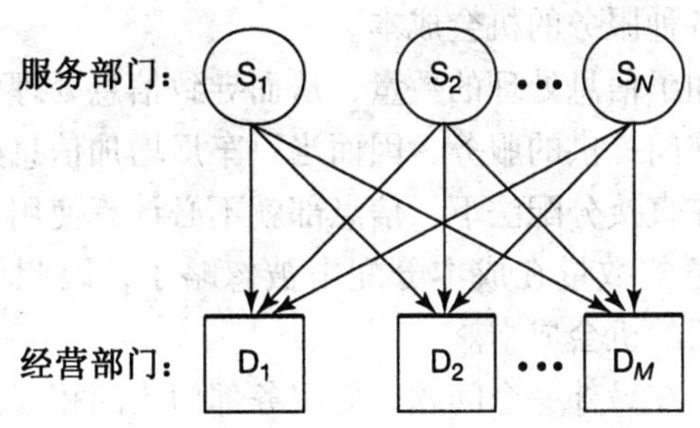

图 8—2　直接分配法

法分配：服务部门成本中的500万美元被分配给两个汽车生产厂，另外300万美元却无法分配出去。如果要将已发生的所有服务部门成本在两个厂之间分配，那么分配率就应该按该部门使用的服务总量占所有非服务部门（或经营部门）使用的服务总量的百分比来计算。也就是说，轿车厂和卡车厂的分配率加起来应该为1。这种方法仍属于**直接分配法（direct allocation）**，因为服务部门的总成本被直接分配给经营部门，而不是先在服务部门之间分配然后再分配给经营部门（分配结果见表8—3）。

表 8—2　　**汽车和卡车生产部门使用服务部门所提供服务的百分比**

单位：百万美元

	轿车厂	卡车厂	已分配成本总额	已发生成本总额	未分配成本总额
电信费用	\$ 0.8 (40% ×2)	\$ 0.6 (30% ×2)	\$ 1.4	\$ 2.0	\$ 0.6
信息处理费用	\$ 2.1 (35% ×6)	\$ 1.5 (25% ×6)	\$ 3.6	\$ 6.0	\$ 2.4
合计			\$ 5.0	\$ 8.0	\$ 3.0

表 8—3　　**直接分配法（修正分配率）**

单位：百万美元

	轿车厂	卡车厂	合计
修正分配率			
电信费用	40/（40+30）=4/7	30/（40+30）=3/7	100%
信息处理费用	35/（35+25）=7/12	25/（35+25）=5/12	100%
成本分配			
电信费用	4/7×2=\$ 1.143	3/7×2=\$ 0.857	\$ 2
信息处理费用	7/12×6=\$ 3.500	5/12×6=\$ 2.500	\$ 6
合计	\$ 4.643	\$ 3.357	\$ 8

在表8—3中，分配率已被重新调整，所有电信费用与信息处理费用均被分配给两个制造部门，不存在未分配的成本，分配结果见表8—3的最后一行。我们注意到，800万美元的电信和信息处理总费用已被分配给轿车厂和卡车厂。然而，这种直接分配法存在一个问题，即单位服务的平均机会成本是错误的。一方面，我们不知道确切的机会成本；另一方面，我们知道直接分配法不考虑服务部门之间相互提供的服务，

因此无法准确计算各种服务的机会成本。

假定轿车厂增加了信息处理的数量，从而导致信息处理费用增加。由于信息处理部门需要使用电信部门提供的服务，因而当轿车厂增加信息处理量后，也会导致电信费用的增加。但是在直接分配法下，信息部就不必计算使用的电信费用。由于服务部门之间相互提供服务的数量在成本分配中被忽略了，因此单位成本（即转移价格）并不是这一服务部门的机会成本。

直接分配法还存在另外一个问题，即服务部门之间相互提供服务时会出现浪费现象。因为在其看来，使用其他服务部门的服务是免费的，所以没有足够的经济利益激励其节约使用相互提供的服务。这样一来，每个服务部门为了控制其他服务部门的服务使用量，必然会采取一些非财务方法。

2. 顺序分配法

顺序分配法（step-down method）克服了直接分配法的部分缺陷。首先，选择一个服务部门，将其所有已发生的成本在其他服务部门和所有经营部门之间分配。然后，选择第二个服务部门，将其所有成本（包括已从第一个服务部门分配过来的成本）再分配给其余的服务部门和所有经营部门。以此类推，直到所有服务部门的成本被分配完毕。按这种方式所有服务部门的成本被波浪式地下分到其他服务部门，并且最终被分配给经营部门。

图8—3演示了顺序分配法的原理。S_1的成本首先被分配给S_2、S_3、…、S_N与D_1、D_2、…、D_M共（$M+N-1$）个部门，实线箭头代表第一次分配的过程。经过第一次分配后，S_2的成本在原来的基础上再加上S_1分配过来的一部分成本，然后再对外分配，分配给S_3、S_4、…、S_N和D_1、D_2、…、D_M共（$M+N-2$）个部门，以虚线箭头表示第二次分配过程。当分配到S_N时，将进行S_N分配前实际发生的成本与所有使用其他服务部门服务所承担的费用一起分配给所有的经营部门，以点箭头来表示。不过，顺序分配法仅仅计算了服务部门之间相互提供的服务的一半，比如说，S_2使用的S_1提供的服务计入S_2的总成本，但S_1使用S_2提供的服务却没有包括在内。

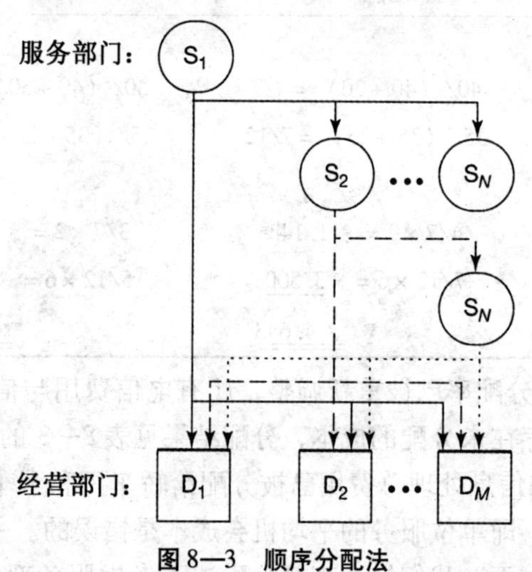

图8—3　顺序分配法

承上例，首先选择电信部来分配成本。分配率见表8—4的上半部分，分配结果见表8—4下半部分，电信费用在信息处理部、轿车厂、卡车厂之间分摊，2/9的电信费用归信息处理部，4/9归轿车厂，其余1/3归卡车厂。在表8—4下半部分的第一行，这些份额被用于分配电信费用。最后，信息处理部、轿车厂与卡车厂的电信费用分别为444 000美元、889 000美元、667 000美元。这样200万美元的电信费用全被分配了。

第二步，将信息处理部的成本加上应分担的电信费用分配至轿车厂和卡车厂。在信息处理部原成本600万美元的基础上再加入其应承担的电信费用44.4万美元，在轿车厂与卡车厂之间分配，其中轿车厂应分配总信息成本的7/12，卡车厂应分配5/12。

最后，800万美元的总成本全部被分配（表8—4最后一行合计恰好等于800万美元）。轿车厂应负担的成本为4 648 000美元，卡车厂为3 352 000美元。这个分配结果与直接分配法的分配结果基本相同。

但是，在使用顺序分配法时，应怎样确定分配顺序呢？如果首先选择信息处理部门进行成本分配，那么分配结果就会同表8—5。改变分配顺序后，在首先分配信息处理部门成本的顺序分配法下，经营部门承担的成本与使用直接分配法时基本相同。

3. 直接分配法和顺序分配法下的服务部门成本和转移定价

在顺序分配法下，采用不同的分配顺序，会导致轿车厂与卡车厂所负担的服务成本相差27 000美元，见表8—4与表8—5。在表8—4中，轿车厂的两种费用总额为4 648 000美元，在表8—5中，两项之和为4 621 000美元，两者相差27 000美元，不到总成本的1%。因此，从表面上看，无论在顺序分配法下采用何种分配顺序，甚至无论是采用顺序分配法还是直接分配法，其最终结果均相差不大。然而，事实上使用不同的分配方法会产生不同的激励效果，因为被分配成本是制定转移定价的主要依据，而转移定价（正如第5章所写）会影响内部服务的需求量。如果转移价格制定得过高，则当固定成本参与分配时，就会发生恶性循环现象。

为了说明成本分配方法对转移价格的影响，我们增加如下数据。假定电信费用的分配依据是每个部门使用的电话数量，信息处理费用的分配依据是每个部门打印信息的数量，因而必须制定电话及打印信息的转移价格。电话总数与信息打印行数的信息如下所示：

	分配基础
电信部	3 000部电话
信息处理部	每年打印12 000 000行信息

表8—4　**顺序分配法（从电信费用开始）**　单位：百万美元

	信息处理部	轿车厂	卡车厂	合计
电信费用分配率	20÷(20+40+30)=2/9	40÷90=4/9	30÷90=1/3	100%
信息处理费用分配率	—	35÷60=7/12	25÷60=5/12	100%
成本分配				
如下：				

续表

	应分配成本	信息处理部	轿车厂	卡车厂	轿车厂与卡车厂成本合计
电信费用	\$ 2	2/9 × \$ 2 = \$ 0.444	4/9 × \$ 2 = \$ 0.889	1/3 × \$ 2 = \$ 0.667	\$ 1.556
信息处理费用	\$ 6 + \$ 0.444	—	7/12 × \$ 6.444 = \$ 3.759	5/12 × \$ 6.444 = \$ 2.685	\$ 6.444
合计			\$ 4.648	\$ 3.352	\$ 8.000

表 8—5　**顺序分配法（从信息处理费用开始）**　单位：百万美元

	信息处理部	轿车厂	卡车厂	合计
电信费用分配率	25 ÷ (25 + 35 + 25) = 5 ÷ 17	35 ÷ 85 = 7 ÷ 17	25 ÷ 85 = 5 ÷ 17	100%
信息处理费用分配率	—	4/7	3/7	100%

成本分配

如下：

	应分配成本	信息处理部	轿车厂	卡车厂	轿车厂与卡车厂成本合计
电信费用	\$ 6	5/17 × \$ 6 = \$ 1.765	7/17 × \$ 6 = \$ 2.470	5/17 × \$ 6 = \$ 1.765	\$ 4.235
信息处理费用	\$ 2 + \$ 1.765	-	4/7 × \$ 3.765 = \$ 2.151	3/7 × \$ 3.765 = \$ 1.614	3.765
合计			\$ 4.621	\$ 3.379	\$ 8.000

电话的单位成本会因所采用分配方法的不同而有所变化。表 8—6 的 A 部分计算出了每个部门所使用的电话数量，作为计算单位成本的依据。轿车厂有 1 200 部电话，占总数的 40%；卡车厂有 900 部电话，占总数的 30%。在直接分配法下，将这两厂所使用的电话数量作为分配基础，因此分配基数是 2 100 部电话。在顺序分配法下，首先分配电信费用，所以信息处理部要对其使用的电话付费。这样，电信费用的分配基数就增加了 600 部，即 2 700 部。另外，如果选择先分配信息处理费用，则电信费用的分配基础仍是 2 100 部，因为信息处理成本已经被分配过了。

表 8—6　**电话单位成本分配**

	直接分配法	顺序分配法	
		电信部优先	信息处理部优先
A. 电话机数量			
电信部	—	—	—
信息处理部	—	20% × 3 000 = 600	—
轿车厂	40% × 3 000 = 1 200	40% × 3 000 = 1 200	40% × 3 000 = 1 200
卡车厂	30% × 3 000 = 900	30% × 3 000 = 900	30% × 3 000 = 900
合计	2 100	2 700	2 100
B. 电话机单位成本			
单位成本*	\$ 2M/2 100 = \$ 952	\$ 2M/2 700 = \$ 741	\$ 3.765M/2 100 = \$ 1 793
轿车厂使用电话机数量（部）	1 200	1 200	1 200
轿车厂应承担的电信费用	\$ 1.143	\$ 0.889	\$ 2.151

* M 表示百万美元。

表8—6的B部分是3种计算方法下每部电话的单位成本，作为分配基础的电话机数量来源于A部分。值得注意的是，最右边一列的电信部总成本为3 765 000美元，即原来已发生的2 000 000美元的费用加上分摊的1 765 000美元的信息处理费用，最后一行的分配结果分别与表8—3、表8—4、表8—5相一致。比如，采用直接分配法，轿车厂拥有1 200部电话，应承担的电话费为1 143 000美元，恰好与表8—3相等。同样，后两个结果分别与表8—4、表8—5相等。

表8—6同时说明了3种分配方法下电话机的转移价格（或单位成本）。电话机的单位成本因分配方案的不同，在741美元～1 793美元间变动，其中最右边一列成本最高，为1 793美元。这是因为被分配的总成本在原来2 000 000美元的基础上，又增加了1 765 000美元的信息处理费用，从而增加了单位成本。

由于每部电话的单位成本（转移价格）受所采用的分配方法的影响，不同的成本分配方案必然也会影响每个部门增加使用电话数量的决策。顺序分配法中分配顺序的不同也会影响决策行为，因为最后一个被分配的服务部门的单位成本必然相当大。所以我们应该更深刻地认识到，成本分配是有效的内部“税收调节”。那么，如何利用这种“税收调节”，会影响“价格”决策者关于增加或减少电话机的决策。

对于信息处理部也存在同样的结论。表8—7列示了在不同的成本分配法下，每行信息的单位成本的变化情况。每行打印信息的单位成本从信息处理部优先的顺序分配法下的0.588美元，到电信部优先的顺序分配法下的0.895美元，最后轿车厂分配到的信息处理费用与表8—3、表8—4、表8—5相同。

表8—7　**打印信息单位成本**

		顺序分配法	
	直接分配法	电信部优先	信息处理部优先
A. 信息数量（百万行）			
电信部	—	—	25%×12=3.0
信息处理部	—	—	—
轿车厂	35%×12=4.2	35%×12=4.2	35%×12=4.2
卡车厂	25%×12=3.0	25%×12=3.0	25%×12=3.0
合计	7.2	7.2	10.2
B. 信息单位成本			
单位成本	\$ 6/7.2=\$ 0.833	\$ 6.44/7.2=\$ 0.895	\$ 6/10.2=\$ 0.588
轿车厂使用信息数量	4.2	4.2	4.2
轿车厂应承担的电信费用	\$3.5	\$3.759	\$2.470

在前面的分析中，我们看到不同的分配方法所导致的差额不到总成本的1%。然而，这些方法却使以成本为基础的转移价格产生非常大的差异。如电话机转移价格的最高价比最低价高出140%（（1 793－741）÷741），打印信息转移价格的最高价比最低价高出50%（（0.895－0.588）÷0.588）。为什么会有这么大的差异呢？我们再来看表8—1，在此例中，轿车厂使用的各服务部门提供的劳务量的比例很接近，

分别是 57% 和 58%。对于卡车厂来说，情况也是类似的，两个比例（分别是 43% 和 42%）也很接近。在这种情况下，两个部门各自承担的服务成本在不同的分配方法下差异不大。然而，电话与打印信息的单位成本却因分配方法的不同，产生了明显的差异。总之，成本分配方法的不同会导致分配结果出现本质上的差异。本例所给出的数据说明，不同的成本分配方法对总量的影响很小，但对转移价格的影响很大。

以成本为基础的转移价格最大的不同之处在于，这种方法下的转移价格是用比率来表示的。比率的分子是某服务部门的直接成本和需要承担的其他服务部门的成本之和。而分母是还未参与分配的分配基础的数量（电话机数量或者信息数量）。顺序分配法下的第一服务部门不存在需要承担的其他服务部门的成本，但其拥有大量的使用者（即分母很大）。如果此服务部门变成最后一个参与分配，则其服务转移价格的改变是由两个原因造成的。首先，比率的分子会增加，因为它包括了需要承担的其他各服务部门的成本。其次，分母会减少，因为其使用者是仅仅使用了自己部门所提供服务的经营部门，并不包括其他服务部门。所以，当分子增加和分母减少时，转移价格会发生较大的变化。以表 8—6 中的电话机单位成本为例，当电信部门成本首先参与分配时，转移价格为 $ 741（$ 2M/2 700）。当其最后参与分配时，电话机单位成本是 $ 1 793（$ 3. 765M/2 100）。当电信部门参与分配的顺序发生改变时，转移价格的分子和分母都会发生变化。

对顺序分配法的批评之一是，该法对分配顺序的确定是任意的，而不同的分配顺序会导致劳务单位成本产生巨大的差异。同时，顺序分配法忽视了一个事实，即尽管先分配成本的服务部门也要使用后分配成本部门所提供的服务，但不用分配其应承担的成本。

如果服务部门存在较大的固定成本，那么在使用顺序分配法时就会出现第 1 节所提到的恶性循环现象，如果转移价格是以该部门成本为基础制定的，那么用户就会倾向于尽可能少地使用高成本服务部门所提供的服务（在顺序分配法下，高成本部门主要指那些后分配成本的部门）。当服务使用量下降时，由于固定成本的存在，总成本不会同比例下降，这就会导致每个使用者分担的成本进一步上升。此时使用者就会从公司外部寻找其他同种服务供应者来替代内部服务，以降低该种服务的使用价格。

4. 交互分配法

在顺序分配法下，不同的分配顺序会使电话机与打印信息转移价格的差异很大。而**交互分配法（reciprocal allocation method）**，对于服务部门相互提供劳务的情况而言是最精确的分配方法，它将图 8—1 所列示的所有服务流都算了进去。使用交互分配法，要建立一组线性方程式，每个服务部门对应一个方程式，每个方程式包含其他各部门使用该部门所提供服务的情况。如果有 20 个服务部门对某些或全部其他服务部门提供服务，则必须建立 20 个含有 20 个未知数的方程式。然后，用矩阵法求解，就可以得出每个部门所提供劳务的单位成本以及每个经营部门应分担的服务部门的成本份额，本章附录介绍了交互分配法的具体计算方法。

如附录所示，交互分配法下电话机的单位成本为 1 492 美元，打印信息的单位成本为 0. 676 美元，下表就将这一结果与直接分配法、顺序分配法的计算结果进行了比较：

	电话机单位收费	打印信息单位收费
直接分配法	$ 952	$ 0.833
顺序分配法:		
电信部优先	$ 741	$ 0.895
信息处理部优先	$ 1 793	$ 0.588
交互分配法	$ 1 492	$ 0.676

可见，使用交互分配法所求得的单位成本介于最高与最低之间。由于综合考虑了两个服务部门相互接受服务的情况，从而避免了顺序分配法对单位分配成本的扭曲。

当假定分配的成本均是变动成本时，电话机的单位成本 1 492 美元与打印信息的单位成本 0.676 美元，分别表示每增加一部电话或每多打印一行信息的机会成本。电话收费反映出额外增加电话使用数量不仅会增加电信费用，也会增加信息处理费用。同样，额外增加打印信息数量不仅会带来额外的信息处理费用，也会带来额外的电信费用。因此，当假定分配的成本均是变动成本时，与直接分配法和顺序分配法相比，交互分配法能更准确地估计劳务的机会成本。

使用交互分配法所确定的转移价格可用来与外部所提供的同质服务的价格相比较，如果外部报价小于内部价格，就可以接受。得出这一结论的前提是，所有服务部门的成本（如 200 万美元的电信费用与 600 万美元的信息处理费用）全部是可变成本。如果这些总成本中包含一部分固定成本并且某些部门存在剩余生产能力，那么使用交互分配法就无法求出机会成本转移价格。

在许多服务部门，并不区分固定成本与变动成本，所有的成本会被汇总并全部分配给经营部门。将固定成本与变动成本结合起来时，使用交互分配法求出的机会成本转移价格并不准确。只有利用联立方程式仅仅分配每个服务部门的变动成本，使用交互分配法所计算的机会成本转移价格才比较准确。每个服务部门的固定成本要么不分配，要么按照各个经营部门使用服务部门服务的计划量来分配。

另外一种重要假设不仅针对交互分配法，也针对其他方法，即所有的方法都假定利用率不会随着企业规模的变化而有所增减。也就是说，当企业规模扩大一倍时，信息处理部门仍然使用电信部门所提供服务的 20%（只有当存在该假设时，联立方程式才是线性的）。如果这个假设被推翻，那么以不变利用率为基础的方法中，没有一种方法能够准确预测机会成本。

尽管使用交互分配法具有一定的理论优势，但并未被广泛利用。这是为什么呢？虽然对这个问题并无很好的解释，但我们可以自己推测。首先，交互分配法的计算要求较强大的计算功能，尤其是当存在多个服务部门的时候。直到最近，这些问题才能由大型计算机解决。现在多数的电子制表软件都能够解决这样的问题。其次，很少有会计师接受过关于如何求解这些方程组或如何清楚地解释这个问题的训练。这个推测似乎让人难以置信，因为很多创新方法（例如衍生有价证券）使得财务经理能够迅速采用有效的分析程序。再次，试图向公司内部非财务经理直观地解释这种分配法也是比较困难的而且成本较大。交互分配过程就像在一个“黑箱”中进行的，那些被要求承担分配成本的部门经理们无法充分了解成本是如何被分配的。这个推测同样让人难以置信，尤其是当采用此方法所获得的收益超过成本时。这也是建立在某些特定人群是愚蠢的这样一个假设之上的。人们通常认为，财务经理具备合理解释成本分配过程的能力。还有，对服务部门排序能够尽量减少顺序分配法中不合理的方面，也就是说，当分配顺序被合理确定后，使用顺序分配法得到的计算结果与使用交互分配法得到的结果很相似。尽管在一些简单的例子中，使用这两种方法得到的分配成本会有较大的不同，但我们很难证明实际中同样的情况也会出现。

最后一种与其他管理会计方法相一致的推测是，进行成本分配并非主要出于决策的需要。如果成本分配主要用于决策，而机会成本又是进行决策的基础（各种成本分配方法中，交互分配法对机会成本的估计的准确性是最好的），那么交互成本法会得到相当广泛的应用。而我们看到的现实却是相反的，这说明内部会计并不是为决策服务的，而是为了其他的目的，比如决策控制、财务报告或者计税。例如，采用顺序分配法会使经理们能够根据自己的判断改变部门的分配顺序从而操纵各部门需要承担的成本份额。这种选择对公司战略、财务报告和税负最小化而言都是有利的。

5. 小结

分配服务部门成本的理由有三个（无论选择何种分配方法）：

1. 由于存在使用“价格”，因此使用者就会尽量减少耗用量，而不会像使用免费服务一样无节制地使用。给内部服务定价有助于配置稀缺资源。当价格为零时（不分配成本），需求通常大于供给。在缺乏分配服务部门成本的情况下，高层管理者会面临需通过增加服务部门预算来增加服务供给量的压力，因此必须设计非价格预算方案才能满足需求。

2. 通过分配服务部门成本，高层管理者可以获得有关某项共用服务的需求总量方面的信息。从而有助于管理者决定该服务部门的最优规模。例如，如果使用者愿意为所使用的劳务支付转移价格，且此价格可使服务部门收回所有为提供该劳务而付出的成本，那么服务部门会为使用者带来收益。

3. 通过比较内部某一服务的单位成本与外部同类服务价格之间的差异，高层管理者可以评价服务部门的经营效率。当内部价格大于外部价格时，可以判定该部门效率不高。

本节复习思考题

Q8—1 什么叫恶性循环？如何防止其发生？

Q8—2 分配服务部门成本的原因是什么？

Q8—3 什么是顺序分配法？其缺陷是什么？

Q8—4 直接分配法和顺序分配法有何区别？

Q8—5 使用顺序分配法时，分配顺序将会给劳务的单位成本带来怎样的影响？

D. 联合成本

在成本分配中会出现一种特殊情况，那就是联产品的成本分配。当进行同一种投入，生产两种或两种以上的产品时，就会存在**联合成本（joint cost）**。联产品来源于一种投入。比方说，牛肉汉堡与牛肝就是联产品，原料是牛；在采矿业，金和银是矿石的联产品。通常情况下（但不是绝对的），联产品的增减比例相同，也就是说，当银的生产量变少时，金的产量也不会变多。

厂商转换资源组合时，会将不同的投入要素重新组合起来。本章第3节讨论的服务部门成本是生产多种产品的**共同成本（common cost）**。工厂的消防保险金被分配给工厂生产的各种产品，它是所有产品共同的不可分割的成本。联合成本与共同成本在定义上十分相似，两者的主要区别在于：无论是否存在组装程序，都会产生共同成本，而联合成本只在存在分解程序的情况下才会发生。在某组装的过程中，许多不同的投入品被组装成少数产成品。比如，轮胎、窗户、发动机、座垫以及更多的部件被装配到一起，生产出汽车。在一个分解的生产过程中，只有很少的几种投入品却很可能生产出许多产成品，比如，一桶汽油可以生产出汽油、柴油以及沥青。图8—4描述了组装和分解程序的不同之处。

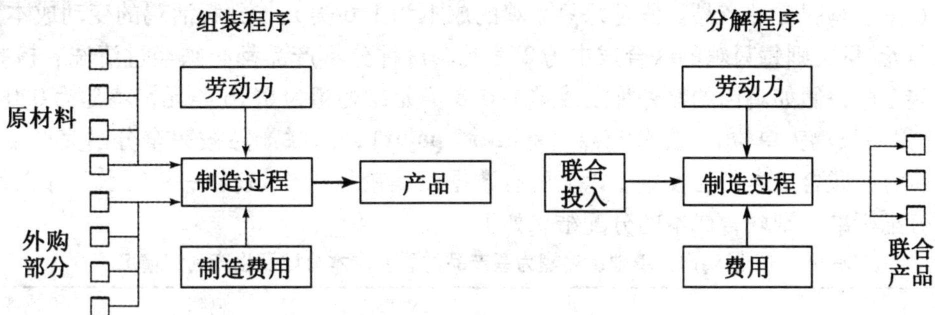

图8—4 组装和分解程序

将联合成本分配到联产品中的方法有很多。比如，在炼油厂，每一桶原油的成本可以按各种联产品的重量、容积、相对销售价格或可变现净值进行分配。如表8—8所示，一桶原油可以生产汽油、柴油、沥青3种产品，分别采用5种方法分配联合成本。A部分提供有关各种联产品特征的数据，这些数据可作为成本分配的依据，每桶原油的价格为70美元；B部分是按照不同基础分配70美元原油成本得到的结果。从该表我们可以看出，使用不同的分配标准，会导致分配结果产生相当大的差异，汽油所负担的原油成本会从21美元上升到56美元，沥青则从7美元上升到35美元。

表8—8 **不同方法下联合成本的分配**

	重量（%）	体积（%）	价格（%）	可变现净值		
				成本	NRV*	%
A. 数据						
汽油	60 lbs.（30%）	40 gals.（80%）	\$ 60（40%）	\$ 50	\$ 10	50%
柴油	40 lbs.（20%）	5 gals.（10%）	\$ 60（40%）	\$ 54	\$ 6	30%
沥青	100 lbs.（50%）	5 gals.（10%）	\$ 30（20%）	\$ 26	\$ 4	20%
B. 分配每桶汽油的联合成本（20美元）						
汽油	\$ 21	\$ 56	\$ 28		\$ 35	
柴油	\$ 14	\$ 7	\$ 28		\$ 21	
沥青	\$ 35	\$ 7	\$ 14		\$ 14	
	\$ 70	\$ 70	\$ 70		\$ 70	

* NRV＝价格—成本。成本是指附加成本，lbs表示磅，gals表示加仑。

将重量、体积等物理量作为分配标准方便可行，因为这些数据很容易测出。如果以相对售价为标准，那么必须对经常变动的市价进行详细记录。**可变现净值（net realizable value）**是指从销售收入中扣除附加成本（不包括联合成本）。所谓附加成本是指在联产品被分开直到被售出这段时间内所发生的成本。可变现净值在下文中会详细介绍。当遇到有关联合成本分配的问题时，应该明确这样一点，即联合成本分配可能会导致恶性循环。

1. 鸡肉加工案例

为了说明联产品的成本，我们以鸡肉加工为例。某一工厂购买活鸡，生产鸡肉、鸡翅和鸡腿 3 种产品。假定每只活鸡的成本为 1.6 美元，分解活鸡的变动成本为 0.4 美元/只，则每只鸡的联合成本为 2 美元。每种分解产品都必须经过清洗、检验和包装工序，假如鸡肉的额外加工成本为 0.8 美元，鸡翅为 0.16 美元，鸡腿为 0.04 美元（以一只鸡为单位）。在**分离点（split-off point）**，即联产品被完全分割完毕的时点，所有的联合成本都已发生。以上所有数据以及销售价格如表 8—9 所示，并以重量为分配标准，则联合成本的分配结果如下：

表 8—9　　**以鸡肉、鸡腿、鸡翅为联产品的联合成本分配及生产利润情况**

	合计	鸡肉	鸡腿	鸡翅
A. 以重量为分配基础				
重量	32 oz.	16 oz.	12 oz.	4 oz.
比重	100%	50%	37.5%	12.5%
分配成本	$ 2.00	$ 1.00	$ 0.75	$ 0.25
B. 包括联合成本的生产利润				
销售价格	$ 3.50	$ 2.40	$ 0.80	$ 0.30
额外加工成本	(1.00)	(0.80)	(0.04)	(0.16)
联合成本（A 部分）	(2.00)	(1.00)	(0.75)	(0.25)
每只鸡净利润（损失）	$ 0.50	$ 0.60	$ 0.01	$ 0.11

A 部分以联产品各自重量为标准，对 2 美元的联合成本进行分配；B 部分将每种产品应分担的联合成本与其各自的额外加工成本加总，计算出每种产品的总成本。B 部分的数据说明，生产鸡翅时发生的平均损失为 0.11 美元（以一只鸡为单位）。因而基于此报告，管理者倾向于停止生产鸡翅。

假定停止生产和销售鸡翅，未被加工的鸡翅会被免费运走，并且停止生产鸡翅不会影响鸡肉与鸡腿的销售收入，则联合成本的分配结果及生产利润情况如表 8—10 所示。

表 8—10　　**以鸡肉、鸡腿为联产品的联合成本分配及生产利润情况**

	合计	鸡肉	鸡腿
A. 以重量为分配基础			
重量	28 oz.	16 oz.	12 oz.
比重	100%	57.14%	42.86%
分配成本	$ 2.00	$ 1.14	$ 0.86
B. 包括联合成本的生产利润			
销售价格	$ 3.20	$ 2.40	$ 0.80

续表

	合计	鸡肉	鸡腿
额外加工成本	(0.84)	(0.80)	(0.04)
联合成本（A 部分）	(2.00)	(1.14)	(0.86)
每只鸡净利润（损失）	$ 0.36	$ 0.46	($ 0.10)

每只鸡的利润从 0.5 美元下降到 0.36 美元，并且生产鸡腿时发生的平均损失为 0.10 美元（以一只鸡为单位）。如果我们相信表 8—9 的结果，放弃生产鸡翅，那么基于同样的理由，根据表 8—10 我们就应该放弃生产鸡腿。表 8—11 列示了放弃生产鸡腿后的利润情况。

表 8—11　**只生产鸡肉时的利润分析**

销价	$ 2.40
额外加工成本	(0.80)
联合成本	(2.00)
每只鸡净利润（损失）	$ (0.40)

从表 8—11 中可以看出，此时生产每只鸡要损失 0.4 美元（当放弃生产其他产品、只生产一种产品时，我们不需要考虑如何分配联合成本的问题）。

到底为什么会这样？以前我们曾指出，联合成本分配可能会导致恶性循环，所以表 8—9 与表 8—10 中的数据并不能成为决策的依据。每只鸡 2 美元的联合成本，相对于鸡翅加工而言，已是固定成本（沉没成本），即使不再加工和销售鸡翅，我们也不可能再获得额外的 0.11 美元（即表 8—9 中生产鸡翅所带来的损失）。0.25 美元并非生产鸡翅的成本，因为当我们购买整只鸡时，鸡翅是免费的，所以生产鸡翅的真正成本是 0.16 美元的额外加工成本。

2. 可变现净值

那么究竟应该如何分析呢？首先，我们引用第 2 章所提到的机会成本的概念。如果放弃生产鸡翅，那么会失去多大的利益呢？答案是 0.14 美元，即鸡翅的售价 0.3 美元与额外加工成本 0.16 美元之差。一旦鸡被购入并开始加工，鸡翅所负担的联合成本就已经发生了。继续加工鸡翅的利润仅仅是售价减去继续加工成本的差额，鸡翅所负担的联合成本对于是否加工鸡翅的决策而言，属于沉没成本，不应加以考虑。

图 8—5 说明了联合成本、联产品、额外加工成本及售价之间的关系。以表 8—9 中的数据为例，图 8—5 描绘了用一种投入品（活鸡）生产 3 种联产品（鸡肉、鸡腿、鸡翅）的情形。联产品会在分离点后产生，此后在销售前发生的成本为其额外加工成本。每一种产品的额外加工成本与其他联产品的成本是可分离的、独立的，其发生与否取决于联产品在分割完后，是否被进一步加工。

以图 8—5 的直观图为基础，表 8—12 采用可变现净值（NRV）分配法进行具体的分析。每种联产品的相对盈利能力，仅仅取决于售价与额外加工成本这两个因素。售价与额外加工成本之间的差额叫作可变现净值，与边际贡献相似。如果某个特定联产品的可变现净值是负的，则不应该继续生产。但是，如果放弃生产它所带来的成本比其负的可变现净值大的话，继续生产是使成本最小的选择。

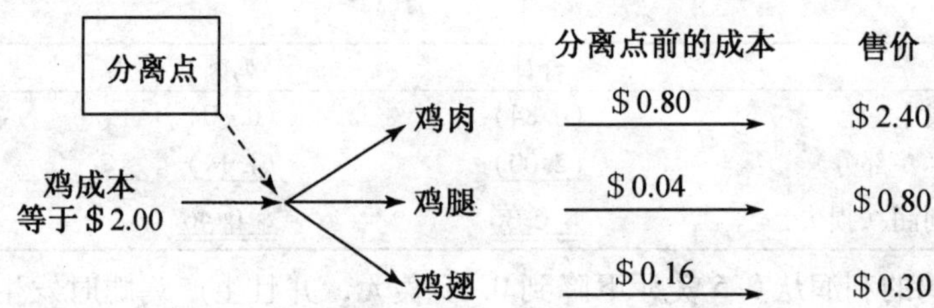

图 8—5　联合成本、分离点前的成本与售价

表 8—12 说明，生产 3 种联产品的收入大于机会成本。例如，当销售鸡翅获得 0.30 美元的收入时，成本只需增加 0.16 美元，这样加工鸡翅的可变现净值为 0.14 美元。将可变现净值作为分配联合成本的标准不会歪曲生产线的利润水平。在表 8—12 中，我们看到鸡肉的可变现净值占可变现净值总额的 64%，其分摊的联合成本也占总联合成本的 64%，鸡翅的可变现净值占可变现净值总额的 5.6%，其分担的联合成本也占总联合成本的 5.6%。因此，将可变现净值作为分配依据，不会使一种产品负担与其可变现净值不成比例的、过大的联合成本。

表 8—12　　**继续加工的相对利润（使用可变现净值分配法分配联合成本）**

	合计	鸡肉	鸡腿	鸡翅
售价	$ 3.50	$ 2.40	$ 0.80	$ 0.30
额外加工成本	(1.00)	(0.80)	(0.04)	(0.16)
继续加工的可变现净值	2.50	1.60	0.76	0.14
减：联合成本分配额*	(2.00)	(1.28)	(0.61)	(0.11)
相对利润额	$ 0.50	$ 0.32	$ 0.15	$ 0.03

* 以 NRV 为基础的联合成本分配结果如下：

可变现净值	$ 2.50	$ 1.60	$ 0.76	$ 0.14
每种产品所占比重	100%	64%	30.4%	5.6%
联合成本	$ 2.00	$ 1.28	$ 0.61	$ 0.11

当联合成本被分配了之后，鸡翅的“利润”是 0.03 美元。然而，这并不意味着“加工每只鸡的鸡翅平均可产生 0.03 美元的利润”，正确的理解应该是加工鸡翅（以每只鸡为单位）可产生 0.14 美元的净现金流。

使用可变现净值之所以不会歪曲生产线的利润，是因为联合成本是按各自的付现能力进行分配的，边际贡献（不考虑联合成本）越大的产品，所负担的联合成本越多。但是，使用 NRV 分配法却不能为决策者提供除继续加工中的可变现净值以外其他有用的信息。也就是说，只要某一产品在不考虑联合成本的情况下，能为企业带来有利的贡献，那么分摊联合成本并不会改变管理者关于生产该产品的决定。使用 NRV 法分配联合成本也与整个生产线的利润评价不相关。NRV 分配法不会使误选的产品线下马，也不会带来除评价现金流以外的其他有助于决策的信息。

在计算可变现净值时，额外加工成本仅包括与深加工的联产品有关的直接成本，这一点是很重要的。如果没有继续加工的过程，那么也就不存在额外加工成本。如果额外加工成本中包括分摊的共同固定成本，那么停止额外加工程序，不会导致共同固定成本的减少。举例来说，如果额外加工成本中包括被分配过来的财产税（继续加工占用了厂房），那么停止继续加工并不会节省财产税。

一个制造过程中，除了生产联产品（鸡肉、鸡翅、鸡腿）外，经常还会产生一些**副产品（by-product）**（如鸡胗和鸡爪），这些产品实际上也是联产品，只是它们的商业价值很小，并且不是联合生产过程的主要产品。因为管理者不认为副产品是经营项目的一部分，所以来源于副产品的销售收入会被用于抵减联合成本。比如，假定生产副产品鸡爪与鸡胗的收入为0.07美元，每只鸡的成本为1.67美元。在不把副产品作为联产品的情况下，计算生产线利润时，管理者仅仅将0.07美元的副产品收入从联合成本1.67美元中扣除，从而鸡的成本就成为了1.60美元，然后再将1.60美元分配给联产品。使用这种方法会将管理者的注意力集中在主要生产的产品上。

英国铁路公司

在对英国铁路公司下属的多条独立的铁路线路的利润进行分析之后，管理层发现在采用完全成本分配法的基础上运营短途客运线路是无法实现盈利的。但若关闭此类线路，公司利润将会下降。公司通过对现状的仔细分析发现，劳动成本是以每条线路的劳务使用量为基础进行分配的，但是劳动成本是固定的共同成本。工会合同能够防止管理层在关闭铁路线路后辞退员工。这些员工会被重新聘用。所以，某些铁路线路的关闭会使收入降低，但分配的联合成本会保持不变。

[练习题8—2]

New View是一家化学处理公司。它的两种化学产品，V7和AC，是通过分解M68JJ得到的。每一批M68JJ的分解成本为22 000美元，能够得到300磅的V7和400磅的AC。V7的单位售价是35美元，AC的单位售价是25美元。这两种中间产品都可以进行进一步加工。把300磅V7加工成240磅V7HX要花费2 000美元；类似的，将400磅AC加工成320磅AC92要花费1 500美元。V7HX的价格是每磅50美元，AC92的价格是每磅45美元。一批M68JJ的分解成本，22 000美元，按照生产的中间产品的磅数被分配给这两种中间产品。

要求：

a. 假定不对V7和AC进行进一步加工，而是将其直接售出，编制财务报表计算每批中两种中间产品的利润，考虑批成本的分配。

b. 如果V7和AC都不做进一步的加工，则New View是否应该生产V7和AC？

c. New View是否应该将V7加工成V7HX，或者将AC加工成AC92，或者对两者都进行加工？给出计算过程支持你的答案。

解答：

a. 仅生产中间产品将得到的利润：

	V7	AC
中间产品的单位售价	\$ 35	\$ 25
中间产品的磅数	×300	×400
中间产品的总收入	\$ 10 500	\$ 10 000
分配的联合成本*	\$ 9 429	\$ 12 571
产品线的利润（损失）	\$ 1 071	（\$ 2 571）

* \$ 9 429 = \$ 22 000 ×（300 ÷ 700），\$ 12 571 = \$ 22 000 ×（400 ÷ 700）。

b. 如果 V7 和 AC 都不做进一步的加工，则 New View 不应该生产中间产品，因为两种中间产品的总收入（$ 10 500 + $ 10 000 = $ 20 500）低于 $ 22 000 的联合批成本。

c. New View 应该将中间产品 V7 售出，并将 AC 加工成 AC92，这样能够带来 $ 1 400（$ 10 500 + $ 14 400 - $ 22 000 - $ 1 500）的净现金流入。下表给出了进一步加工中间产品所带来的增量现金流的计算。

	V7HX	AC92
中间产品的总收入	$ 10 500	$ 10 000
最终产品的单位售价	$ 50	$ 45
最终产品的磅数	240	320
最终产品的总收入	$ 12 000	$ 14 400
进一步加工的成本	$ 2 000	$ 1 500
进一步加工的利润	$ 10 000	$ 12 900
加工中间产品（比出售中间产品）的增量利润	（$ 500）	$ 2 900

	V7HX	AC92	合计
中间产品销售收入	$ 10 500		$ 10 500
最终产品销售收入		$ 14 400	$ 14 400
进一步加工的成本		(1 500)	(1 500)
联合成本			(22 000)
每批的总利润			$ 1 400

3. 决策与控制

生产联产品时，经理们必须作出两个不同但相互关联的决策：（1）需要对哪些联产品进行额外加工（并且销售价格是多少）；（2）在（1）的基础上，确定是否需要并且有多少原料可以投入。在步骤（1）中，经理们决定联产品是否需要进行进一步的加工。当某一联产品的最终售价超过了其继续加工成本与进一步加工前可出售的价格之和时，这种联产品应该进行进一步加工。以鸡翅为例，它的最终售价是 0.30 美元，而额外加工成本是 0.16 美元（进一步加工前，鸡翅不存在市场价值），所以它应该得到额外加工。我们应该注意到，在作出是否需要进行额外加工的决策时不需要考虑分配成本。

在步骤（2）中，经理们决定生产过程需要多少原料。只要联产品的可变现净值超过发生的所有成本，那么其就会愿意继续加工投入的原料。对步骤（1）进行了分析之后，能够确定能使利润最大化的联产品组合。当各联产品的可变现净值之和小于原料成本和分割点成本时，将不再生产联产品。仍以鸡肉加工为例，如果每只鸡的价格涨至 2.55 美元，而鸡腿等的售价保持不变，那么可变现净值之和为 2.50 美元，小于鸡的价格，所以不应该继续加工。同样的，决策过程并不涉及成本的分配。

在不涉及成本分配的情况下，经理们是能够进行此类决策的。这说明决策过程并不涉及联合成本的分配。因此，对联合成本的分配是为其他目的服务的，比如为以税务和财务报告或控制为目的的存货价值评估服务。

在考虑是否淘汰某一生产线时，除了采用可变现净值法，采用其他方法都可能导致错误的决策。然而，这并不意味着 NRV 法就是最好的分配方法。对于产品停产决策而言，NRV 法是最优的方法，因为其他分配方案都会歪曲某一部门或产品为企业创造的利润额。但是其他方法与 NRV 法相比，却能更好地控制代理问题。比方说，在 NRV 法的分配方案中，各部门之间并不独立，每个部门的获利能力取决于其他部门的利润情况（参见第 7 章）。

现在考虑一个炼油厂的案例，该炼油厂生产汽油和飞机轻油两种产品，由两个相互独立的利润中心负责销售。如果使用 NRV 法将冶炼成本（包括原油成本）分配给两个利润中心，则可以保证每个利润中心的相对获利能力不会被歪曲。假定航空业实施扩张，飞机轻油的价格相对汽油有所上涨，飞机轻油利润中心的 NRV 则会增加，其所负担的联合成本也会增加。相应的，汽油所负担的联合成本则会下降，每加仑汽油负担的联合成本也会下降。随着汽油单位成本的下降，汽油销售部可能会降低售价以扩大销售数量。但是，每加仑汽油的机会成本并没有降低。事实上，从某种程度上说，在冶炼过程中，汽油与飞机轻油之间是一种此增彼减的替代关系，所以汽油的机会成本还可能有所提高。如果采用实物指标为分配标准，如加仑或磅，则可隔离一个部门价格波动对另一部门的影响。NRV 法是评价生产线业绩的好方法，但对定价或控制等其他决策而言却未必是最优的。管理者通常需要在决策与控制之间进行权衡，但单一的成本分配程序往往无法同时满足两者的要求。

当利润包括分配的联合成本时，有关联产品的讨论就会使对生产线获利能力的估计变得很重要，而只有 NRV 法没有歪曲生产线的获利能力。不过，当估计包括共同成本的生产线利润时，要特别谨慎。当公司采用非 NRV 法的其他方法分配联合成本与共同成本时，可能会做出错误的战略性决策。

本节复习思考题

Q8—6 什么是联合成本？如何区分联合成本与共同成本？

Q8—7 请叙述几种联合成本的分配方法。

Q8—8 以可变现净值为基础的联合成本分配法的优点与缺点分别是什么？

E. 分部报告与联合效益

第 7 章曾描述了报告两个部门（调制解调器生产部门与磁盘驱动器生产部门）盈利能力时使用的独立分配成本法与非独立分配成本法。本章补充了一些分部报告中所涉及的其他问题。

我们先来看看调制解调器与磁盘驱动器这两个部门的财务报表。经理和会计师常常会争论这样一个问题，即每个经营部门的分部报告应该将部门可控成本与部门分担的不可控成本区别开来，而不该都分配给部门。下表就是以这种格式披露的分部报告。

	4 月	
	调制解调器	磁盘驱动器
部门营业收入	$ 98 000	$ 103 000
部门可控成本	96 000	104 100
部门可控边际贡献	$ 2 000	$ (1 100)
应分担的共同成本	(700)	(300)
净利润	$ 1 300	$ (1 400)

在本报告中，在分配共同成本之前，调制解调器有2 000美元的边际贡献可供分担共同成本；同时，磁盘驱动器生产部门却损失了1 100美元。建议将部门可控成本与不可控成本分开的人认为，这种报告格式提供了更多的有关部门业绩的信息。既然部门无法控制共同成本，其就不该对该部分成本负责。如果一个部门为共同成本提供了有利的贡献额，则这个部门就应该被保留。这是可控成本负责论的另一种应用，与前面所说的两种观点是相同的，即在制定转移价格时，不应该考虑固定成本，联合成本的分配与获利能力评价无关。

可惜的是，放弃可控边际贡献为负值的部门这一简单规则在某些情况下被证明是错误的。让我们看看下面的例子，假定调制解调器生产部门的净收益如上表所示，那么该部门就应该被保留下来吗？不一定。该部门可能生产了一套劣质的调制解调器，反过来影响了顾客对磁盘驱动器的需求，或者该部门分散了高层管理者太多的注意力，使得其他部门很少被关注。在这两种情况下，一个财务上实际盈利的部门会被撤销。

现在，来研究一下某个可控边际贡献为负值的部门的情况，比如磁盘驱动器生产部门表面看起来应该被撤销，但真的应该这样吗？不一定。假定对调制解调器与对磁盘驱动器的需求量是相互影响的，那么对顾客而言，购买两种产品时找一个供应商比分别找两个供应商可能会更便宜些。因而，对任何一种商品需求的下降都会影响对另一种商品的需求，但是财务报表无法表现出两种商品需求量间的相互依赖关系。

一般来说，厂商会生产多种产品，因为无论在需求上还是产量上，都会产生规模效应。在第4章我们曾讨论过，企业之所以会存在，是因为它能降低交易成本，使交易成本低于顾客通过众多市场进行交易获得产品和服务所需付出的成本。公司内部存在不同的部门，也是出于规模效益的考虑，这种规模效益很难量化，更不用说分配了。和联合成本一样，对规模效益或联合效益来说，不可能有一种十分合理的分配方法。公司为衡量部门业绩提供了一些指标，以求降低代理成本。但是，部门之间实际上存在很大的相互依赖性，联合效益的存在使得很难仅仅依据财务报告来决定应撤销哪个部门。

F. 本章小结

本章在前面章节的基础上，深入讨论了成本分配的问题。成本分配会导致“恶性循环”现象，“恶性循环”是一个棘手的问题，当具备以下两个条件时，就会产生恶性循环现象：（1）固定成本参与分配；（2）当使用者所负担的成本较高时，使用者会减少对一种服务的需求。由于固定成本的存在，总成本的下降不会与使用量的下降呈同比例变化，从而使得剩余用户所分担的成本额上升。使用者为了降低成本，就会到企业外部寻找成本较低的劳务提供者。

本章描述了两种特殊的成本分配情形：多个服务部门共存与存在联合成本。当几个服务部门的成本被分配给经营部门时，所采用的分配方法不同，或者在使用顺序分配法时，分配顺序的不同都会使转移价格产生很大差异，这种差异可能会促使使用部门改变对某一服务部门劳务的使用量。

当投入一种原料（如原油）能分解出几种联产品（如汽油、柴油、沥青）时，联合成本就发生了。当对所有产品线获利能力的分析是建立在对联合成本与共同成本进行分配的基础上时，必须特别小心，否则会做出错误决策，最好以可变现净值为基础来分配成本。

第 7 章与第 8 章都介绍过成本分配，并描述了几种与成本分配有关的激励问题。几乎在所有的会计领域中（包括财务会计），成本会计都是比较重要的。比如说，折旧就是一种成本分配，即将资产的原始成本在使用期限内进行分配。后进先出法（LIFO）与先进先出法（FIFO）也涉及存货的购买价格如何在几个会计期间分配的问题。财务会计涉及成本和收入在各个期间的分配问题，管理会计则主要涉及同一时期的成本在不同产品和不同部门之间的分配问题。

第 9 章到第 13 章将进一步探讨怎样在产品之间分配成本。如果一个工厂生产几种产品，则计算每种产品的成本时应能满足税款、存货价值、决策管理与控制等要求。第 9 章到第 13 章以第 7 章、第 8 章的内容为基础，分析在计算某一产品成本时会遇到的复杂问题。

附录：采用交互分配法分配服务部门成本

本章的第 3 节介绍了几种分配服务部门成本的方法，其中主要讨论了直接分配法与顺序分配法，交互分配法也有所提及，但其具体计算方法将在这里加以介绍。为了使问题简化，我们首先假定所有服务部门的成本都是可变的。

当某服务部门使用其他服务部门所提供的服务时，该服务部门的成本分配依赖于各部门对该部门所提供服务的利用率。联立方程组必须能够说明服务部门交互使用服务的情况。为了说明交互分配法，仍延用电信部与信息处理部的例子，表 8—13 提供了使用交互分配法分配成本的计算过程。

表 8—13　　**采用交互分配法将服务部门成本分配给经营部门**

金额单位：百万美元

	服务部门		经营部门		
	电信部	信息处理部	轿车厂	卡车厂	合计
服务部门：					
电信部	10%	20%	40%	30%	100%
信息处理部	25%	15%	35%	25%	100%
服务成本分配前的服务部门成本	\$ 2.000	\$ 6.000			\$ 8.000
各部门应分配的服务部门成本：					
电信部	\$ (4.475)*				\$ (4.475)
	\$ 0.448	\$ 0.895	\$ 1.790	\$ 1.343	\$ 4.475
信息处理部		\$ (8.112)*			\$ (8.112)
	\$ 2.028	\$ 1.217	\$ 2.839	\$ 2.028	\$ 8.112
小计	\$ 0.000	\$ 0.000	\$ 4.629	\$ 3.371	\$ 8.000
分配基础：					
被分配电信成本总额	\$ 0.448	\$ 0.895	\$ 1.790	\$ 1.343	\$ 4.475
÷电话机总数（部）	300	600	1 200	900	3 000

续表

	服务部门		经营部门		
	电信部	信息处理部	轿车厂	卡车厂	合计
每部电话机单位成本	$ 1 492	$ 1 492	$ 1 492	$ 1 492	$ 1 492
被分配信息处理成本总额	$ 2.028	$ 1.217	$ 2.839	$ 2.028	$ 8.111
÷打印信息总行数	3.0	1.8	4.2	3.0	12.0
每行信息成本	$ 0.676	$ 0.676	$ 0.676	$ 0.676	$ 0.676

*对于方程组中未知数的解，其求解过程如下（标记美元符号的金额单位为百万美元）：

设：T = 电信部应分配成本总额

I = 信息处理部门应分配成本总额

T = 最初已发生的成本 + $0.10T + 0.25I$

$T = \$\ 2.0 + 0.10T + 0.25I$ (1)

I = 最初已发生的成本 + $0.20T + 0.15I$

$I = \$\ 6.0 + 0.20T + 0.15I$ (2)

由方程（1）可得：

$0.9T = \$\ 2.0 + 0.25I$

$T = \$\ 2.0 \div 0.9 + (0.25 \div 0.9)\ I$

$T = \$\ 2.222 + 0.278I$ (3)

将（3）式代入（2）式，可得：

$I = \$\ 6.0 + 0.20 \times (\$\ 2.222 + 0.278I) + 0.15I$

$I = \$\ 6.0 + \$\ 0.444 + 0.056I + 0.15I$

$0.749I = \$\ 6.444$

$I = \$\ 8.112$

将 $I = \$\ 8.112$ 代入（3）式，可得：

$T = \$\ 2.222 + 0.278 \times (\$\ 8.112)$

$T = \$\ 2.222 + \$\ 2.253$

$T = \$\ 4.475$

使用交互分配法共分两步：第一步考虑服务部门之间相互提供服务的数量（不考虑经营部门），并计算每个服务部门的总费用；第二步将总费用在所有的服务部门与经营部门之间分配。表 8—13 前两行数据仍沿用表 8—1 中所列使用劳务率。这些服务部门之间的劳务使用率被用来建立一个含两个未知数、两个方程式的方程组，如表的下方所示。电信部总成本 T 包括了其自身原有的成本，以及其使用的一部分本部门与 IT 部的劳务成本，方程式如下：

$$T = \text{最初已发生的成本} + 0.10T + 0.25I$$

电信部最初已发生的成本为 200 万美元，将其代入上式，则上式可改写为：

$$T = \$\ 2.0 + 0.10T + 0.25I$$

类似的，信息处理部的总成本 I 被分配如下：

$$I = \$\ 6.0 + 0.20T + 0.15I$$

我们已经列出了两个含有两个未知数的方程式，使用简单的代数运算，我们就可以求出这两个未知数：

$$T = 447.5\ (\text{万美元})$$
$$I = 811.2\ (\text{万美元})$$

使用交互分配法的第二步就是将调整后的总成本，按表8—13的劳务使用率在所有的服务部门和经营部门之间分配，分配结果如表所示。采用这种方法，可以计算出每部电话和每行打印信息的收费标准，每个部门都按相同的标准来付费。

弄清最初成本与被分配的总成本之间的关系是很重要的，电信部的最初成本为200万美元，但被分配的总成本为447.5万美元。被分配总成本大于已发生成本的原因是前者在原来已发生成本的基础上又增加了该部门应负担的服务部门成本。为了将200万美元的电信部成本分配给各经营部门，应该将电信部门使用其他部门服务应承担的成本也考虑进去。

到目前为止，交互分配法的计算已通过两个含两个未知数的方程予以说明。求解过程是将一个方程式代入另一个，然后只剩下一个只含有一个未知数的方程，从而求解。如果存在三四个或更多个服务部门，就不能再使用这种简单的四则运算了，这时矩阵法就显得非常有用。首先，将表8—13脚注中的方程（1）、（2）改写成：

$$+0.90T - 0.25I = 2$$
$$-0.20T + 0.85I = 6$$

然后，用矩阵表示该方程组：

$$\begin{bmatrix} +0.90 & -0.25 \\ -0.20 & +0.85 \end{bmatrix}\begin{bmatrix} T \\ I \end{bmatrix} = \begin{bmatrix} 2 \\ 6 \end{bmatrix}$$

求解未知向量：

$$\begin{bmatrix} T \\ I \end{bmatrix} = \begin{bmatrix} +0.90 & -0.25 \\ -0.20 & +0.85 \end{bmatrix}^{-1}\begin{bmatrix} 2 \\ 6 \end{bmatrix}$$

上述二维矩阵的上角标（即 -1）表示逆矩阵，大多数表格软件都能够计算逆矩阵：

$$\begin{bmatrix} +0.90 & -0.25 \\ -0.20 & +0.85 \end{bmatrix}^{-1} = \begin{bmatrix} 1.19 & 0.35 \\ 0.28 & 1.26 \end{bmatrix}$$

将逆矩阵的解代入方程式，经过计算最终可求得 T、I 的解与前面相同：

$$\begin{bmatrix} T \\ I \end{bmatrix} = \begin{bmatrix} 4.475 \\ 8.112 \end{bmatrix}$$

前面的分析假定所有服务部门的成本（200万美元与600万美元）都是可变的，如果服务部门成本中含有固定成本，只有可变成本的分配仍采用相同的方法，则固定成本可选择以计划使用量为分配标准。

自测题

东部大学有一个由医学院（系）和医院组成的医疗中心，医学院的主要职能是教书育人。为了完成这个任务，医院为医学系的学生提供实习机会，除此之外，学生还可以利用医院已有的条件开展一些重要的研究。有吸引力的医学院需要拥有以下几种资源：优秀的工作人员、优秀的学生、完备的研究设施和可观的薪水。所有医学院都希望在进行教学、科研的同时能够对外提供医疗服务。高水平的教学不仅要求教师具有科研方面的知识，还要求其能够为病人提供高质量的医疗服务。救护病人是进行尖端研究不可或缺的基础，好学、聪明的学生以及临床案例推动了科研的开展。最近的一项研究，详细统计了某一医疗中心从事三种活动的时间分配状况：

	时间分配比率
教学	30%
救护病人	25%
科研	45%

最近，降低成本的压力促使医疗中心不得不关心成本结构。特别的，医院的管理人员已经注意到那些没有教学支持的医院更有竞争优势，因为其不必开展广泛的教学、科研活动。他们搜集了2008年度（最近一个财务年度）该医疗中心发生的营业收入与费用数据。

2008 年度医疗中心营业收入与费用表 单位：百万美元

护理病人的直接支出（护理室、药房、洗衣房等）*	\$（297）
科研的直接开支（实验物资、实验室人员工资等）*	（50）
教职员工薪水及奖金	（140）
接受捐赠收入	22
医学院管理费用	（33）
医学院学费收入	82
财产占用费（利用、维护及资产保全等）†	（80）
临床医疗收入	370
资助研究基金	127

* 不包括教职员工薪水。

† 三种机构占用面积如下：

医院	250 000
医学院	50 000
实验室	100 000

为了应对这种高支出，医疗中心试图寻求援助。一大笔援助款被拨给医疗中心，且并没有限制其使用方向，即教学、科研、医院都可以使用。事实上，大多数资助都不限制款项的使用方向。这部分资助收入被用作投资基金，每年来源于该基金的收入便成为医疗中心经营基金的资金来源之一。

要求：

a. 准备一张医疗中心的财务报表，分别报告教学、科研与临床医疗的经营业绩。解释并确定在阅读报表前所做的一些假设。

b. 估计报表中对三种活动所进行的业绩报告的准确程度，并说明你估计的依据。

解答：

a. 该问题所涉及的是如何衡量联合产品的获利能力。可以认为，医疗中心生产三种联产品：教学、科研与临床医疗。由于规模效应的存在，使得这三种服务由一个组织，而不是分别由三个组织来提供。除了联合成本（教职人员工资）之外，还存在联合效益（资助收入）。任何试图在三种活动之间分配联合成本与联合效益的想法都可能带来负面影响。

分析经营业绩的方法之一是以工作时间为基础分配教职员工的薪水。占用费可能不完全是联合成本或共同成本，因而可按照占用面积进行分配。至于对资助收入的分配是存在疑问的，因为其主观性较强，不存在一种完全合理的比例作为分配联合收益的基础。下表中，分配资助收入的依据与分配教职员工薪水的依据是相同的。也就是说，假定联合成本与联合收益产生的原因相同。

2008 年度医疗中心经营业绩表（按职能报告）

单位：百万美元

	教学	科研	临床医疗	合计
收入	\$ 82	\$ 127	\$ 370	\$ 579
直接费用	33	50	297	380
教职工薪水	42	63	35	140
占用费	10	20	50	80
接受资助前盈余（亏损）	\$（3）	\$（6）	\$（12）	\$（21）
资助收入*	7	10	6	22
盈余（亏损）	\$ 4	\$ 4	\$（7）	\$ 1

*与教职员工薪水的分配基础相同，由于四舍五入存在尾差，分项金额相加不等于合计数。

从表中可以看到，在接受资助之前，上述三部分的业绩都是红字，亏损最多的临床医疗部分有 1 200 万美元的红字。在考虑了资助收入后，教学与科研部分都有了盈利，只有临床医疗部分仍为亏损。2 200 万美元的资助对医疗中心而言确实很重要，否则就没有 100 万美元的盈利了。

如果按营业收入对资助收入进行分配，则教学活动略微盈利，科研活动出现 100 万美元的赤字，而提供临床医疗则有 200 万美元的盈利。出于公共关系及筹集资金的考虑，医疗中心可能不愿让临床医疗出现盈利。因而，就不可能按照收入的多少来分配资助收入了。

b. 上表存在一个问题，即其所提供的信息歪曲了各活动的获利水平。因为教职员工的薪金是联合成本，所以试图采用除可变现净现值法以外的其他方法分配这部分成本的想法，会产生误导。下表采用 NRV 法重新分配了教职工薪金与资助收入。

2008 年度医疗中心经营业绩表（用可变现净值法按职能报告）

单位：百万美元

	教学	科研	临床医疗	合计
收入	\$ 82	\$ 127	\$ 370	\$ 579
直接费用	33	50	297	380
占用费	10	20	50	80
可变现净值	\$ 39	\$ 57	\$ 23	119
NRV 百分比	33%	48%	19%	100%
联合成本*	39	57	23	118
盈余（亏损）†	\$ 0	\$ 0	\$ 0	\$ 1

*教职员工收入减去资助收入。

† 由于四舍五入，使得分项金额相加不等于合计。

此表的结果说明开展各种活动所获得的现金流都为分担联合成本做了贡献，科研活动明显地提供了最多的现金流5 700万美元。然而，此表在一个重要方面存在误导。

在教学、科研、临床医疗这三项活动中，实际上没有一项能够脱离其他活动单独存在。与鸡肉加工厂的例子不同，医疗中心无法决定某一种联产品是否需要继续加工。关闭医院对教学质量影响很大，几乎没有学生能够不进行临床学习而成为高材生。只要对这三种职能的需求是相互依赖的，那么某一职能规模的变化必然会影响其他职能的收入。如同上面的例子，对鸡肉的需求量与对鸡翅的需求量是相互依赖的。如果超市想同时为顾客提供鸡肉和鸡翅，并且货源为拥有整条生产线的厂商，那么厂商减少某种产品的生产必然会减少人们对另一种商品的需求。这种需求量的相互依赖性是导致企业同时提供三种服务的主要原因。这就使我们认识到，任何将厂商分隔成几个独立单位的决策行为都是危险的尝试。

因而，企图将生产线分隔成几部分，分别反映业绩的行为也是不明智的。医疗中心仅仅有100万美元的盈余，但这部分盈余却不能单独归功于三种活动中的任何一个，因为对各种服务或服务产品的需求是高度相互依赖的。

要想衡量每种活动的经营业绩，最好的办法是将各个活动的实际成本和收入与本财务年度期初的预算成本和收入进行比较。

习　题

[习题8—1]

评价以下说法：

顺序分配法比直接分配法好，原因在于：直接分配法忽略了服务部门之间劳务的使用情况，而顺序分配法至少注意到了这一点（一般来说，这种方法将服务部门互相使用的劳务量的一半纳入了考虑范围）。

[习题8—2]

Outback蛋白石公司在澳大利亚开采蛋白石并进行加工。加工过程包括移出大块的石头，将石头小心地劈开并分离出蛋白石，然后对这些蛋白石进行切割和抛光。最后，将这些加工过的蛋白石分类，将其分别归入Ⅰ、Ⅱ、Ⅲ类。属于Ⅰ类的蛋白石会被送往Outback公司在美国的子公司并在美国国内销售。第Ⅱ类蛋白石会通过中国香港的子公司在香港出售。而第Ⅲ类蛋白石则在原产地（也就是澳大利亚）销售。每批蛋白石的开采、切割、抛光和分类成本是35 000澳元。下表描述了每批石头的数量、包装和销售的额外成本、每个级别蛋白石的售价，以及在不同国家（地区）获得销售收入需要缴纳所得税时所依据的税率。

	Ⅰ类	Ⅱ类	Ⅲ类
每批石头的数量	70	105	175
包装和销售的额外成本（澳元）	250	120	5
单价（澳元）	800	300	110
所得税税率	30%	15%	45%
最终销售地	美国	中国香港	澳大利亚

要求：

a. 计算每块蛋白石（区分不同等级）所要承担的联合成本，以每批石头的数量为分配基础对 35 000 澳元的联合成本（包括开采、切割、抛光和分类成本）进行分配。保留 4 位小数。

b. 以各等级蛋白石的税前可变现净值为分配基础，计算每块蛋白石（区分不同等级）所要承担的联合成本。保留 4 位小数。

c. 公司应该采用哪种分配方法，请解释原因。

[习题 8—3]

Rose 医院有两个服务部门（建筑部和食品部）和三个病人看护部（重病特别护理部、外科和一般内科）。建筑部为所有部门提供守卫、维修、开展建筑工程等服务。食品部为病人和员工提供膳食。该医院食品设有一家自助餐厅，会将膳食送到病房。建筑部 600 万美元的成本以平方英尺为分配基础，而食品部 300 万美元的成本则以提供的膳食数量为分配基础。下面两张表分别反映了两个服务部门的年成本和其他各部门使用服务部门劳务的情况。

	年成本（百万美元）*
建筑部	$ 6.0
食品部	3.0
总成本	$ 9.0

* 在服务部门成本被分配之前。

使用形式

	分配基础	建筑部	食品部	重病特别护理部	外科	一般内科	合计
建筑部	平方英尺	2 500	15 500	10 000	20 000	40 000	88 000
食品部	提供的膳食量	12 000	10 000	3 000	4 000	98 000	127 000

服务部门的成本按顺序分配法进行分配，并首先分配食品部成本，见下表：

顺序分配法（首先分配食品部成本）

单位：百万美元

	重病特别护理部	外科	一般内科
食品部	$ 0.09	$ 0.09	$ 2.52
建筑部	0.88	1.83	3.59
合　计	$ 0.97	$ 1.92	$ 6.11

要求（分配率和金额结果均保留 2 位小数）：

a. 采用直接分配法将两个服务部门的成本分配给三个病人看护部。

b. 采用顺序分配法（首先分配建筑部成本）将服务部门成本分配给三个病人看护部。

c. 向管理层提供一份简短的备忘录，对（b）中分配给三个病人看护部的服务部成本与以食品部成本为首先分配对象的顺序分配法下分配给同样的三个部门的服务成本额不相同的原因进行解释。

[习题 8—4]

有两种酶（Q 和 Y）可以通过一系列化学和生物过程被同时生产出来。生产每组

Q 酶和 Y 酶的成本是 200 000 美元，并能生产出 300 克的 Q 和 200 克的 Y。在出售前，每克 Q 和每克 Y 需分别耗费 100 美元和 150 美元进行进一步加工。每组酶的加工过程会持续 1 个月，并且在这个月中，只能生产一组酶。

每个月，Q 和 Y 的需求量取决于它们的价格。各种价格与销量的组合如下表所示：

销量	每克 Q 的价格	每克 Y 的价格
50	$ 1 200	$ 750
100	1 100	550
150	1 000	350
200	900	150
250	800	n. a.
300	700	n. a.

在下面分析中，每克 Q 的最佳售价是 900 美元，而 Y 是 750 美元。

销量	Q 的单价	Q 的销售额	Q 的成本*	Q 的利润	Y 的单价	Y 的销售额	Y 的成本†	Y 的利润
50	$ 1 200	$ 60 000	$ 25 000	$ 35 000	$ 750	$ 37 500	$ 27 500	$ 10 000
100	1 100	110 000	50 000	60 000	550	55 000	55 000	0
150	1 000	150 000	75 000	75 000	350	52 500	82 500	(30 000)
200	900	180 000	100 000	80 000	150	30 000	110 000	(80 000)
250	800	200 000	125 000	75 000	n. a.			
300	700	210 000	150 000	60 000	n. a.			

* Q 的单位成本 = $ 200 000/500 + 100 = $ 500/克。

† Y 的单位成本 = $ 200 000/500 + 150 = $ 550/克。

要求：

a. 评价将 Q 的售价定为 900 美元和 Y 的售价定为 750 美元的价格策略。

b. 若每组酶的成本升至 225 000 美元，则管理层应如何处理？

[习题 8—5]

桑德（Sunder）公司生产硬橡胶宠物玩具，紫色玩具狗的单位变动成本是 3 美元。它由一架租来的机器进行生产。这种机器有三种型号，各有不同的生产能力。

日最大生产能力（单位）	日租赁费用
1 000	$ 10 000
1 200	10 800
1 400	11 200

在不同的价格下，市场日需求量如下：

单价	日需求量（单位）
$ 16.11	900
15.00	1 000
14.18	1 100
12.83	1 200
12.23	1 300
11.50	1 400

当价格确定时，日需求量也是确定的。比如，当单价是 14.18 美元时，公司能销

售 1 100 单位的玩具。

要求：

a. 利用以上数据，公司应该生产和销售紫色玩具狗的数量是多少？

b. 假设公司规定：当出现过剩生产能力时，产品不必负担固定成本。一份显示了紫色玩具狗的会计利润的预算被提交给经理，经理对机器生产能力、租赁费用、玩具狗需求量以及租用的机器所拥有的生产能力均有所了解。那么，经理会租用哪种型号的机器？公司应该生产和销售紫色玩具狗的数量是多少？

c. 对公司上述规定进行评价。

［习题 8—6］　WWWeb Marketing

WWWeb 营销公司是一家设计和运作互联网营销网站的公司。公司于 4 年前成立，并且成长迅速，但利润较小。它有三个利润中心，分别是设计部、服务器管理部和督导（Crawler）部。设计部为外部客户设计互联网销售策略，包括以网络为基础的影响策略和对网站的更新。服务器管理部在公司服务器上对客户网站进行维护。而督导部则对公司自有的搜索引擎进行管理和运作，以便客户研究网络销售情况。除此之外，公司还有一组信息管理团队，主要负责维护公司服务器和与网络连接的电信线路。

信息管理团队是成本中心，每年预算是 548 000 美元，用于支付员工薪酬、为服务器租用硬件和支付通讯费用等。其成本并没有分配给三个利润中心。公司 CEO 认为，信息管理团队提供的服务属于公共资源，成本主要是固定成本。客户网站或网络调查的增加不会给公司带来额外的信息管理成本，因为信息管理团队具有过剩的工作能力。将信息管理团队的成本分摊给其他部门，会导致其避免使用信息管理团队所提供的服务。只要没有超过公司服务系统的承受能力，公司仍鼓励各部门使用服务部门提供的服务。

公司服务器、路由器和光纤高速线路的工作能力只有 80% 被利用。光纤高速线路是信息流通过的“管道”。它们用于电子邮件的传输和督导部对网络搜索的研究。如今，公司信息管理系统运行良好，公司客户受到来自其他使用者的干扰极少。但是，三个利润中心经理都预测业务将继续增长，且服务器和电信线路的工作能力将在未来 12 个月全部被使用。假如情况真的发生，经理们预计他们将面临严重的服务不足问题。

信息管理团队领导 Jose Cornoas 与利润中心的经理召开了一次关于与电信公司和硬件提供商进行交易的会议。给定现有的经济衰退环境，公司仍保证服务器和光纤高速线路的工作能力能够翻倍，并能保持两年。使信息管理能力翻倍所增加的成本来自于硬件租赁费用和用于网络连接的增加的线路成本，增加幅度达到 20%。而现有的这两项成本为每月 18 000 美元，那么增加后的成本将是 21 600 美元。Cornoas 先生相信，现有的信息管理人员的工作能力足以应付增加的工作量。他和三个利润中心经理都认为公司应该利用剩余的生产能力，并保持这样的效率。

要求：

a. 评价公司关于三个利润中心如何承担信息管理成本的方案，并说明公司是否需要利用剩余的生产能力。

b. 利润中心是否应该承担信息管理成本？如果答案是是，请说明公司应该如何做。

[习题 8—7]

Fidelity 银行有五个服务部门（电信、信息管理、房屋管理、培训和职业发展以及人力资源）。银行使用顺序分批法将服务部门成本分配给三个经营部门（个人业务、公司业务和信用卡业务）。下表说明了各部门对服务部门劳务的使用情况和服务部门的直接费用。服务部门的直接费用不包括承担的其他服务部门的成本。例如，电信部门耗费 3 500 000 美元为银行内部其他部门提供服务。电信部门使用了 15% 的电信服务。下表也对分配顺序进行了说明。电信部门成本被首先分配，接下来是信息管理部门成本，最后被分配的是人力资源部门成本。

Fidelity 银行

服务使用率和服务部门直接费用

单位：百万美元

	服务部门						经营部门		
	直接费用	电信	信息管理	房屋管理	培训和职业发展	人力资源	个人业务	公司业务	信用卡业务
1. 电信	$ 3.5	—	0.15	0.05	0.05	0.05	0.20	0.15	0.35
2. 信息管理	9.8	0.20	—	0.05	0.10	0.10	0.20	0.20	0.15
3. 房屋管理	6.4	0.05	0.10	—	0.05	0.10	0.50	0.10	0.10
4. 培训和职业发展	1.3	0.15	0.15	0.05	—	0.05	0.10	0.30	0.20
5. 人力资源	2.2	0.10	0.10	0.20	0.05	—	0.20	0.20	0.15

要求：

a. 按表中的分配顺序，使用顺序分配法计算分配给信用卡部门的信息管理部门成本（信息管理部门成本包括其承担的其他服务部门的成本）。

b. 信息管理部门成本以银行各服务和经营部门所使用的硬件存储量（十亿字节）为分配基础，若将信息管理部门成本变为第五个被分配的成本对象，那么每十亿字节分担的成本是上升了还是下降了？请详细解释原因。

c. 若改用直接分配法，那么分配给信用卡业务部门的信息管理部门成本是多少（信息管理部门成本包括其承担的其他服务部门的成本，并且其分配顺序仍处于第二位）？

[习题 8—8]

联合产品公司使用一种原料分批组织生产两种联产品：X 和 V。每生产一批联产品需投入 8 000 美元的原料。要想得到最终产成品（X 和 V），就必须在联产品被分割后，继续投入额外加工成本。期初无存货。下表列示了相关生产状况：

	产品种类	
	X	V
每批产量	200 lbs*	400 lbs
每批的额外加工成本	$ 1 800	$ 3 400
产成品的单位销售价格	$ 40/lb*	$ 10/lb
期末存货数量	2 000 lbs	1 000 lbs

* lbs 与 lb：磅的缩写。

要求：

a. 使用可变现净值法分配联合成本，计算期末存货的完全成本。

b. 如果在分割完毕的时点（继续加工前）每磅 X 和 V 的售价分别为 35 美元和 1 美元，则公司应该选择继续加工哪种产品？请列出计算过程。

[习题 8—9]

泰勒（Talor）化学制品公司是一家生产多种化学制品的公司，该公司生产游泳池专用化学药品、金属加工专用化学制品，以及其他各种专用化学制品和一系列杀虫药品（剂）。

目前，诺尔沃德（Noorwood）工厂正在生产两种衍生产品 RNA-l 与 RNA-2，其原料都是一种叫作 VDB 的化合物，由泰勒实验室开发研制。VDB 每星期的产量为 120 万磅，总成本为 246 000 美元，可用来生产 80 万磅的 RNA-1 与 40 万磅的 RNA-2，两种产品的投入产出比是固定不变的。RNA-1 只有当被继续加工成一种叫作“法西克”的产品时，才具有市场价值。RNA-l 被继续加工成法西克的成本为每星期 240 000美元，法西克的批发价为每百磅 50 美元。

RNA-2 可以以每百磅 80 美元的价格对外直接销售。不过，泰勒公司发现经过深加工，RNA-2 可转换成两种新产品 DMZ-3 与 PTL。生产新产品还需加入另外一种化合物 LST，每 40 万磅 RNA-2 需加入 40 万磅的 LST，进行联合生产可得到新产品各 40 万磅。这一联合生产过程的原材料成本与相关加工成本合计为每星期 12 万美元。DMZ-3 与 PTL 的售价都是每百磅 57. 5 美元。泰勒的管理者基于下表决定不对 RNA-2 进行深加工（泰勒公司将重量作为联合生产共同成本的分配方法）：

		继续加工		
	RNA-2	DMZ-3	PTL	合计
产量（磅）	400 000	400 000	400 000	
销售收入	$ 320 000	$ 230 000	$ 230 000	$ 460 000
成本				
VDB 的成本	$ 82 000	$ 61 500	$ 61 500	$ 123 000
RNA-2 深加工所耗用 LST 的成本	—	60 000	60 000	120 000
成本总额	$ 82 000	$ 121 500	$ 121 500	$ 243 000
每星期的销售额	$ 238 000	$ 108 500	$ 108 500	$ 217 000

一个新任会计师重新分析了上述情况后，认为应该做出修改，并提出：这种产品成本应该以可变现净值为分配标准，而不是产品的物理重量。

要求：

a. 讨论对于是否生产 DMA-3 与 PTL 的决策，采用可变现净值法是否能够提供与决策更相关的信息？

b. 评论泰勒公司的分析方法以及结果，是否有必要修正原决定？你的评论与分析应说明：

（i）泰勒公司是否做出了正确的决策。

（ii）如果分析方法与泰勒公司不同，不继续加工 RNA-2 的决策又会对每星期的销售毛利产生怎样的影响。

资料来源：《注册管理会计师》。

［习题 8—10］

多诺凡钢铁公司（Donovan steel）有两个利润中心：钢条和不锈钢。这两个中心依赖两个服务部门——供电车间与供水车间提供的服务。每个利润中心所消耗的服务部门的劳务量（单位：百万）如下表所示：

	服务部门		利润中心		
服务部门	供电车间	供水车间	钢条	不锈钢	合计
供电车间	2 500 kwh*	2 500 kwh	3 000 kwh	2 000 kwh	10 000 kwh
供水车间	1 000 gal.*	800 gal.	1 000 gal.	2 000 gal.	4 800 gal.

* kwh 表示千瓦时，gal 表示加仑。

两个服务部门的经营总成本分别是（单位：百万美元）：

供电车间	$ 80
供水车间	60
总成本	$ 140

要求：

a. 采用顺序分配法在两个利润中心之间分配服务部门成本（从供水车间开始分配），并计算每千瓦时电力的单位成本。

b. 试评价这种分配方法。

【习题 8—11】

Karsten Mills 公司是世界上第一家地毯制造商，同时生产家用地毯与商用地毯，两种地毯的销售量各占总收入的 50%。公司设有三个部门：生产部、家用地毯经销部与商用地毯经销部。生产部是成本中心，其他的两个部门为利润中心。每卷地毯的全部成本（包括已分配成本）都被转移给了销售部门，每卷地毯的转移价格为完全成本。

目前生产部生产能力已饱和，新工厂正在建设中，预计其生产能力至少可达现在的两倍。管理者认为，在未来两年的时间里，随着业务量的增加，剩余生产能力会被全部利用。当新工厂建成并投产后，一个工厂专门生产商用地毯，另一个专门生产家用地毯。上述改变将会简化计划制定、命令传达及存货控制，并且能够产生一些规模效应。不过，这种规模效应可能还要花两年时间才能形成。

每个工厂生产的地毯宽 12 英尺，每卷长 100 码，产量以码数来衡量。制造费用也以码数为标准在不同产品间分配，每个工厂的成本结构如下：

	老工厂	新工厂
每年机器的正常生产工时（小时）	6 000	5 000
每小时正常生产量（码）	1 000	1 400
正常生产能力（万码）	600	700
每年的制造费用总额（不含折旧费用）	$ 15 000 000	$ 21 000 000
每年的折旧费用	$ 6 000 000	$ 21 000 000

新工厂除了能够加快生产速度，提高每小时的产量外，还可以节省 15% 的直接

人工和直接材料成本，这是因为采用自动化生产技术，降低了废品率，节省了劳动力成本。老工厂的成本如下表所示：

A6106 型地毯（100 码/卷）

直接材料	$ 800
直接人工	600
直接成本	$ 1 400

尽管在新工厂，直接成本的比例低于老工厂，单位制造费用的提高却令销售部门感到担忧，其正准备说服高层主管仍由老工厂生产产品。商用地毯经销部经理说："我的客户与民用地毯的客户相比，大多都离老工厂较近。因此，为了节省运输成本，应该由老工厂生产我的产品。"民用地毯部经理针锋相对："运输成本占销售收入总额的比例不到 1%，我们认为新工厂应该生产商用地毯，因为商用地毯需要使用许多人工材料，而新工厂的新技术更适合使用人工材料。"高层管理者也在考虑如何处理这一难题，并选择一种产品在新工厂生产。一种意见认为，可以让每个工厂都同时生产半数的商用地毯和半数的民用地毯，但是考虑到只有专业化生产才能带来经济规模，该意见被否决了。

要求：

a. 分别计算新、老工厂的单位产品制造费用率，其中制造费用按每年正常生产的码数分配。

b. 分别计算 A6106 型地毯分别在新、老工厂生产的预计总成本。

c. 提出两种解决方法，以消除两个销售部都对在新工厂生产自己产品所产生的抵制情绪，并分析这两种方法的可行性与缺陷。

[习题 8—12]

Beckett 是一家合约生产商，主要为其他公司装配产品。公司有两个服务部门（维护部和行政部），还有两个经营部门（小部件和大部件）。下面的数据是关于服务部门劳务的使用情况的。

	维护部	行政部	小部件	大部件	分配基础	服务部门成本
维护部	50 000	300 000	400 000	250 000	部门占地面积（平方英尺）	$ 950 000
行政部	17	34	68	221	员工数量	$ 567 000

每个使用者占用的面积是维护部 950 000 美元成本的分配基础。每个部门的员工数是行政部 567 000 美元成本的分配基础。公司分配服务部门的成本采用的是顺序分配法。950 000 美元和 567 000 美元分别是维护部和行政部在承担对方服务部门成本前的本部门成本。

要求：

a. 首先分配维护部成本，使用顺序分配法将服务部门成本分配给两个经营部门。

b. 首先分配行政部成本，使用顺序分配法将服务部门成本分配给两个经营部门。

c. 在以维护部成本为第一分配对象的顺序分配法下，计算每平方英尺和每位员工分别应承担的成本。

d. 在以行政部成本为第一分配对象的顺序分配法下，计算每平方英尺和每位员工分别应承担的成本。

e. 解释（c）中计算得到的两种单位成本与（d）的计算结果出现差异的原因。

［习题 8—13］

Jones Orchard 拥有一个大庄园。一天，他在一个小贩的摊位前看到这样一条告示："我能使你得到每加仑 10 美元的杀虫剂。"供应者保证，1 年内可供应 350 000 ~ 500 000 加仑杀虫剂，且价格一直是 10 美元/加仑。Jones 目前购买每加仑杀虫剂需支付 11.3 美元，因而这样的告示的确很有吸引力。不过，Jones 每年只需 25 000 加仑的杀虫剂，但他为此还需支付高达 275 000 美元的管理费用。

Jones 想获得购买优惠的唯一方法就是与其他农场主联合购买，只要参与购买的所有农场主都居住在 10 平方英里之内，供应商就会接受这一购买集团。整个地区连 Jones 庄园在内共有 5 个农场，其需求杀虫剂的数量预计如下：

	加仑	每加仑价格
Jones	25 000	$ 11.30
Gilbert	35 000	11.20
Santos	50 000	11.12
Singh	100 000	10.90
Chen	150 000	10.70
合计	360 000	

只要每个农场可以节约成本，其就愿意加入购买集团。经协商，每个农场主愿意购买等量的杀虫剂，但管理费用的分配由 Jones 来决定。

要求：

a. 根据所给数据说明这个购买集团应如何运作。

b. Jones 最初认为在成员之间分配管理费用的方法有两种：

（i）所有成员平等分配。

（ii）按每个农场主所需的杀虫剂数量来分配。

你认为哪种方法合理？分别计算两种方法的分配结果。

c. Jones 认为按照每个农场主的支付能力分配管理费用最合理。正如本章所介绍的，以可变现净值为分配基础，管理费用可按每个农场主所节省的费用金额进行分配。你认为这种方法可行吗？

d. 请评论与成本分配方案有关的个人信息与公共信息问题。请说明实施上述各方法要求信息由集团共同拥有，还是由个人单独拥有。尤其是，如果按支付能力分配管理费用，那么每个农场主的个人信息会危及购买集团的长期存在吗？

［习题 8—14］

公司对服务部门成本的分配采用顺序分配法，而保洁部是公司内部五个服务部门之一，其是第三个被分配成本的对象。下表给出了公司各部门使用服务部门所提供劳务的比率。

服务部门	服务部门					经营部门			
	S1（%）	S2（%）	S3（%）	S4（%）	S5（%）	D1（%）	D2（%）	D3（%）	D4（%）
S1	0.00	0.05	0.05	0.08	0.04	0.02	0.18	0.22	0.18
S2	0.03	0.00	0.04	0.02	0.08	0.23	0.20	0.16	0.24
S3（保洁部）	0.04	0.03	0.00	0.02	0.08	0.19	0.24	0.23	0.17
S4	0.08	0.07	0.01	0.00	0.11	0.08	0.04	0.18	0.43
S5	0.07	0.12	0.14	0.16	0.00	0.13	0.11	0.12	0.15

在进行成本分配前，各服务部门的成本情况如下（单位：十万美元）：

	服务部门成本
S1	$ 25.00
S2	32.00
S3	17.00
S4	29.00
S5	18.00

下表描述了使用分配法后，各服务部门承担的其他服务部门成本的情况（也就是说，S2、S3、S4 和 S5 承担的 S1 的成本分别是 125 000 美元、125 000 美元、200 000美元和 100 000 美元）：

单位：十万美元

	S1	S2	S3	S4	S5	服务部门成本
分配给 S1 的成本	$ 0.00	$ 1.25	$ 1.25	$ 2.00	$ 1.00	$ 25.00
分配给 S2 的成本	0.00	0.00	1.37	0.69	2.74	33.25
分配给 S3 的成本	0.00	0.00	0.00	0.42	1.69	19.62
分配给 S4 的成本	0.00	0.00	0.00	0.00	4.20	32.11
分配给 S5 的成本	0.00	0.00	0.00	0.00	0.00	27.63
合计	$ 0.00	$ 1.25	$ 2.62	$ 3.11	$ 9.63	

S3 部门为其他部门提供保洁服务（包括地板维护、窗户清洁和打扫洗手间卫生等），分配其成本的基础是各部门的占地面积（平方英尺）。S1、S2、S4、S5、D1、D2、D3 和 D4 的总占地面积为 650 000 平方英尺。

要求：

a. 计算其他各部门承担的 S3 的单位成本（美元/平方英尺）。

b. 当 S3 的成本最后才被分配时，计算 S3 部门的总成本（包括承担的其他服务部门的成本）。

c. 当 S3 的成本最后才被分配时，计算其他各部门承担的 S3 的单位成本（美元/平方英尺）。

d. 为什么高层管理者会愿意这样安排 S3 部门成本的分配顺序呢？

[习题 8—15]

格罗夫广播公司在格罗夫市拥有一家电台和一家电视台。它们都在同一栋大厦里，但作为独立的利润中心，它们有各自的经理，经理薪酬以所在利润中心的利润为基础进行核算。两台的收入来自于广告。标准的 30 秒广告价格的制定基于由外部独立机构统计的观众数量。电台的 30 秒广告价格是 100 美元（假设不考虑广告播放的时段），这是基于听众数量可望达到 20 000 人的预期。当听众数量翻倍时，广告价格会涨至 200 美元。也就是说，每位听众价值 0.005 美元（\$ 100/20 000），而每位电视观众价值 0.008 美元。电台每日播放 3 550 个广告，电视台则每日播放 3 200 个广告。

若购买体育电信服务，其能够在互联网上通过在线计算机系统播放体育赛事、体育新闻并进行分析。电台和（或）电视台的体育节目播报员可以下载这些信息，将它们作为节目台词直接播报，这样更易于观众理解且所提供的内容也更丰富。如果其中一台购买这种服务，则价格是 30 000 美元；若每月多付 5 000 美元，则两台均可享受这项服务。若如此，5 000 美元的额外成本包括建立一个电脑终端和允许两个用户同时使用系统服务所需支付的成本。

购买并使用体育电信服务并不会导致广告数量的增加，但能提高每个广告的收入。电台经理认为，购买此项服务会使每个广告的听众增加 1 500 人。电视台经理则认为，这会使每个广告的观众人数增加 500 人。

要求：

a. 假设两个经理并不进行合作而是各自做出决定，则他们会愿意购买体育信息服务吗？通过计算支持你的答案。

b. 如果公司所有者能够完全了解情况，他/她是否愿意购买体育信息服务？

c. 现有信息服务的购买成本以每月使用的内容量为基础分配给电台和电视台。公司所有者为两台购买体育信息服务，成本是 35 000 美元，仍按每月使用的内容量来分配。在第一个月里，通过使用体育信息服务，电台和电视台分别播报了 826 则和 574 则体育新闻。将体育信息服务成本分配给两个台。

d. 第一个月，每则体育新闻的成本是多少？

e. 给定体育信息服务成本的分配方案，你认为两台的经理会采取什么行动？

f. 请设计一个可供选择的方案，使之能避免（e）中出现的问题，并评价此方案的优缺点。

[习题 8—16]

奥罗拉医疗中心（AMC）位于凤凰城郊区，设有住院部和门诊部。由于其位于退休职工密集区，病人趋向老龄化，因而联邦政府颁布医疗照顾计划为其提供医疗保险。对门诊病人的医疗照顾，由联邦政府按成本进行补偿，每个诊所要提供一份关于治疗享受医疗照顾的病人的成本报告。住院病人的医疗照顾补偿是以预定比率为基础的，如将凤凰城郊区医疗照顾计划最高金额与预计病人总数相除，可求出每位病人的补偿额，而不考虑医院成本。

AMC 有两个行政管理部门，即会计部和信息管理部（IM），为住院部和门诊部提供服务，下表列示了两个部门提供的服务水平：

	行政部门	
	会计部	信息管理部
总成本	$ 3 800 000	$ 4 800 000
分配基础	交易数量	磁盘空间（GB）
	服务水平	
	交易数量	磁盘空间
会计部		8
信息管理部	40 000	
住院部	1 100 000	7
门诊部	600 000	9
合计	1 740 000	24

会计部的成本是以按不同用户汇集在总账上的交易量为基础进行分配的，IM 的成本是以用户使用的存贮 GB 数为基础进行分配的。医疗照顾计划指南允许采用以上标准分配成本，同时该指南也允许采用一些其他的方法来分配成本，只要这些方法是合理的。

要求：

a. 设计一种在住院部和门诊部之间分配会计部和 IM 成本的方法，并计算住院病人和门诊病人分别应分担多少会计部和 IM 成本。

b. 论证你在（a）中的设计，解释 AMC 为什么要听从你的建议。

[习题 8—17]

Barry 时尚公司经营一家市内商店和一家商场专卖店。两家商场均使用公司三个服务部门（人力资源部、维修部和信息管理部）所提供的服务。下表说明了各服务部门的经营成本及其分配基础。

	分配基础	经营成本（百万美元）	人力资源部	维修部	信息管理部	市内商店	商场	合计
人力资源部	员工数量	$ 0.4	20	110	30	850	1 200	2 210
维修部	平方英尺（千）	0.9	12	18	20	80	130	260
信息管理部	打印信息行数（百万）	1.5	6	2	5	120	90	223

要求（保留三位小数）：

a. 使用直接分配法，计算商场应承担的信息管理成本。

b. 使用直接分配法，计算每行信息的成本。

c. 采用顺序分配法，分配顺序如上表所示，计算商场应承担的信息管理成本。

d. 采用顺序分配法，分配顺序如上表所示，计算每行信息的成本。

e. 比较（b）、（d）的结果，解释两者出现差异的原因，并指出你会推荐管理层使用哪种方法。

[习题 8—18]

一家公司拥有四个服务部门 S1、S2、S3 和 S4，除了互相提供服务，它们还为三个经营部门（A、B、C）提供服务。服务部门提供劳务的情况及其成本如下表所示：

	S1	S2	S3	S4	A 部	B 部	C 部	总成本（百万美元）
S1	0.05	0.11	0.19	0.22	0.14	0.16	0.13	$ 4.80
S2	0.08	0.03	0.14	0.31	0.14	0.20	0.10	7.30
S3	0.09	0.16	0.04	0.16	0.24	0.08	0.23	6.50
S4	0.12	0.13	0.02	0.09	0.22	0.23	0.19	5.90
								$ 24.50

要求：

使用交互分配法分配服务部门的成本。

[习题 8—19]

ITI 科技研究中心设计并生产固态计算机芯片。在一个生产部门，工人生产一种直径为 6 英寸的环形夹片，夹片是由硅刻成的，每个夹片含有 100 个独立的固态计算机芯片。当夹片被制造好后，100 个芯片要被分割、检验、镀膜并通电，然后进行质量控制测试。

质量控制测试包括测试产品在持续遇热、遇冷的不同阶段如何工作。如果经检验 99% 的芯片电路运行良好，则其会被划定为高密度（HD）芯片；如果运行良好的芯片电路比例介于 75% ~99% 之间，则为低密度（LD）芯片；如果低于 75%，则为废品。每个批量生产 20 个夹片。一般来说，在一批夹片中，50% 是 HD，20% 是 ID，30% 是废品。HD 将售给订立合同方，LD 则售给电子公司。售给订立合同方的 HD 与售给电子公司的 LD 相比，在镀膜、包装和运输渠道方面的要求上是有差异的。HD 的售价为每个 30 美元，LD 的售价为每个 16 美元。

每批夹片的成本是 29 100 美元：生产、测试、分类成本合计为 8 000 美元，镀膜、通电终极检测及运输成本合计为 21 100 美元（其中，HD 为 14 500 美元，LD 为 6 600 美元）。每批产品包括直接材料及变动制造费用在内，总费用为 29 100 美元。

下表总结了有关每批产品的财务数据：

ITI 科技研究公司 HD 芯片与 LD 芯片的经营状况

	合计	HD 芯片	LD 芯片	废品
每种芯片的百分比	100%	50%	20%	30%
销售收入	$ 36 400	$ 30 000*	$ 6 400†	$ 0
总成本	29 100	14 550	5 820	8 730
每批利润额	$ 7 300	$ 15 450	$ 580	$ （8 730）

* $ 30 000 = 50% ×20（夹片）×100（芯片/夹片）× $ 30/芯片。

† $ 6 400 = 20% ×20（夹片）×100（芯片/夹片）× $ 16/芯片。

废品成本被计入工厂层面的费用账户，然后按每个 LOB 的利润比例分配给相应的生产线。

要求：

a. 指出 ITI 关于 HD 与 LD 两种产品的会计处理方法是否存在不合理的地方？

b. 你想给 ITI 的管理者提出什么建议？

[习题 8—20]

Jason 石材公司是一家小型的采石厂，生产五种不同规格的石头，从小型碎石(#1 石头)到 3 英寸的大型石头（#5 石头）。按这些类别，将石头挖掘出来后进行分类，此后无论是否被清洗，它们都会被出售给当地的分销商。公司每天能够开采和分类 500 吨石头，且公司是当地市场上的价格领导者。下表给出了各种规格的石头分别占当天生产量的比例，以及各规格已清洗或未清洗的石头的销售价格。

石头规格	占日生产量的比例	每吨价格	
		未清洗	已清洗
#1	10%	$ 210	$ 219
#2	20%	185	192
#3	20%	150	170
#4	35%	145	155
#5	15%	160	165

每天开采分类石头的成本是 75 000 美元，包括员工的工资和奖金、设备折旧成本、公司管理层的特权收益及公司运营所需支付的保险、行政费用和财产税的成本分配额等。石头的清洗费用是每吨 8 美元，将石头运往分销商的运费是每吨 7 美元。开采和分类成本的分配基础是每类石头的重量。

并非所有已生产的石头都必须出售，且公司不必为已分类但未出售的石头承担额外的费用。公司所有者希望能使公司的净现金流最大化。

要求：

a. 计算库存的每类未清洗石头的单位成本（美元/吨）。

b. 计算库存的每类已清洗石头的单位成本（美元/吨）。

c. 计算已出售的每类未清洗石头的单位利润（美元/吨）。

d. 计算已出售的每类已清洗石头的单位利润（美元/吨）。

e. 哪种规格的石头应该在清洗前被出售，哪类石头应该在清洗后再出售，而哪类石头不应被出售？

f. 公司所有者了解了新的环境和安全规定后命令开始施工，但这会使公司每天的经营费用增加 85 000 美元。其希望这些规定不会影响售价及清洗和运输成本。结合以上背景，你将如何改变（e）中的决定？

[习题 8—21]

富根森（Ferguson）金属公司是一个集采掘、冶炼与销售为一体的公司，设置三个部门：采掘部、铅部和铜部。采掘部为生产铅和铜提供矿石，其负责采掘矿石(砂)，将其粉碎、熔化，分离出金属，然后出售给两个产品部：铅部和铜部。两种产品每批的产量分别为50吨铅和25吨铜（1吨=2 000磅）。为了激励采掘部，金属制品的内部转移价格是在成本的基础上加上少量利润。

目前市场上铜的价格约为每磅0.60美元，铅为每磅0.30美元。但是，这种价格是对那些比该公司的产品纯度更高的铜和铅而言的，采掘部所生产的铅以其目前的纯度只能按每磅0.17美元的价格出售。因为两个产品部为了提高金属的纯度，还要花费额外的成本，所以管理部门不要求它们按市场价格从采掘部购买未提炼的金属。如果金属制品按市场价格在内部转移，那么两个产品部（铜和铅）就要为提高纯度付出两倍的成本，而采掘部获得的报酬却与其所提供产品的质量不匹配。

表1展示了采掘部每批产品的收入状况。

表1　**采掘部每批产品的收入表**

	铅部	铜部
收入	$ 42 000	$ 21 000
成本：*		
采掘	$ 22 000	$ 11 000
熔化	$ 16 000	$ 8 000
每批利润	$ 4 000	$ 2 000

*以正常产量为准，即每年100批。

每吨铅和铜的变动采掘与熔化成本是以两种金属固定产出比为基础的。采掘部去年的产量为100批，并且铜部与铅部的存货水平没有发生变化。

公司还需将铅、铜两种金属继续加工成工业制品。由于市场竞争的加剧，铅部已出现了负的投资回报率。表2显示了去年两个产品部门的收入状况。

表2　**产品部门收入表**

单位：千美元

	铅部	铜部
销售收入	$ 6 600	$ 6 700
变动成本：		
金属购买成本*	5 500	2 200
其他成本	500	700
边际贡献	$ 1 100	$ 3 800
固定成本	800	1 100
税前利润	$ 300	$ 2 700
投资净额	$ 10 000	$ 14 000
资产收益率	3%	19%

*金属购买成本大于采掘部的销售收入，因为其中一部分产品是为了使下游流通环节顺畅而从外部市场购入的。

铅部和铜部的固定成本总额表示在当前生产能力下的现金流出总额，其不是共同成本，富根森的高层管理者有机会投资一个表面上看起来报酬率很高的联合开采项目，其风险投资的净现值大约为3 000 万美元，税前资本成本的贴现率为12%。为了筹集投资该项目所需的资金，公司正在考虑撤销铅部，某外国公司为了进入美国市场愿意出500 万美元收购该部门。富根森对铅部的净投资额为1 000 万美元，现管理者愿意出售该部门，进行风险投资。

要求：

该公司是否应该把铅部卖给外国公司？请陈述理由。

[习题8—22]

假如你是RBB 公司家用产品部经理办公室的财务分析人员，RBB 有两个部门：家用产品部和食品部，每个部门有一个经理，两个部门为一个利润中心。部门高层经理的奖金是当期该部门会计利润的1%。这两个部门都接受集团内部两个服务部门（即技术工程部和维修部）提供的服务。

家用产品部经理出席了一个会议。在会上，集团主计长提出一项建议，即两个经营部门的会计利润中要减去接受技术部和维修部服务应支付的费用。表1 总结了每个部门使用服务部门的劳务数量及服务部门之间相互使用的劳务数量（包括自己使用的内部劳务数量）。

表1　　**RBB 公司服务分配表（除美元单位外，其示单位均为1 000 小时）**

	服务部门		利润中心			
服务部门	技术部	维修部	家用产品部	食品部	小计	总成本（百万美元）
技术部	500	100	900	1 200	2 700	$ 67. 50
维修部	800	900	1 600	2 900	6 200	$ 55. 80

表2 与表3 是主计长的分配方案。他解释说，每个部门应按其实际使用服务的小时数付费，每小时收费标准应以服务部门的成本分配为依据。表2 报告了使用维修部优先的顺序分配法得到的分配结果，表3 报告了使用技术部优先的顺序分配法得到的分配结果。决策者欲在这两种方法中选择其一。

表2　　**RBB 公司维修部优先分配服务部门成本**

（除服务单位成本外，其余金额单位均为百万美元）

	服务部门		利润中心		
服务部门	技术部	维修部	家用产品部	食品部	合计
维修部工时分配（小时）	800		1 600	2 900	5 300
维修成本分配百分比	15%		30%	55%	100%
维修服务单位成本（元/小时）					$ 10. 53
维修部成本分配	$ 8. 42		$ 16. 85	$ 30. 53	$ 55. 80
技术部经营成本总额	$ 67. 50				$ 67. 50
技术部被分配成本总额	$ 75. 92				$ 75. 92
技术部工时分配（小时）			900	1 200	2 100
技术服务单位成本（元/小时）					$ 36. 15
技术部成本分配			$ 32. 54	$ 43. 38	$ 75. 92
利润中心应负担的成本合计			$ 49. 38	$ 73. 92	$ 123. 30

表 3　**RBB 公司技术部优先分配服务部门成本**

（除服务单位成本外，其余金额单位均为百万美元）

	服务部门		利润中心		
服务部门	技术部	维修部	家用产品部	食品部	合计
技术部工时分配（小时）		100	900	1 200	2 200
技术成本分配百分比		4.55%	40.91%	54.55%	100%
技术部经营成本	\$ 67.50				\$ 67.50
技术服务单位成本（元/小时）					\$ 30.68
技术部成本分配		\$ 3.07	\$ 27.61	\$ 36.82	\$ 67.50
维修部经营成本总额		55.80			\$ 55.80
维修部被分配成本总额		\$ 58.87			\$ 58.87
维修部工时分配（小时）			1 600	2 900	4 500
维修服务单位成本（元/小时）					\$ 13.08
成本分配百分比			35.56%	64.44%	100%
维修部成本分配			\$ 20.93	\$ 37.94	\$ 58.87
利润中心应负担的成本合计			\$ 48.54	\$ 74.76	\$ 123.30

要求：

在对家用产品部的形势分析报告中，分析主计长这一建议的影响。此外，就该部门经理在出席下次会议时，应向集团管理层和主计长陈述哪些关键问题给出建议。

[习题 8—23]

多尔（Doe）公司出售三种产品：菠萝片、菠萝酱与菠萝汁。菠萝汁是菠萝片的副产品，而菠萝片与菠萝酱是联产品。当一些菠萝片破碎了时，就被用来生产菠萝酱。

生产过程如下：

1. 公司一部加工 100 000 磅菠萝的成本为 120 000 美元，在生产过程中，总重量的 20% 是废料，一部加工后的菠萝有 20% 被粉碎并转给二部，其余的转给三部。

2. 公司二部菠萝酱的包装成本为 15 000 美元，在加工过程中，会有 10% 的损失。包装好的菠萝酱可以以每磅 3 美元的价格卖出。

3. 公司三部对一部转来的菠萝进行加工的附加成本总额为 40 000 美元，有 30% 被加工成菠萝汁，单价为每磅 0.5 美元，销售费用为 3 500 美元，剩余的 70% 再转给四部。

4. 公司四部将菠萝片用罐包装，成本发生额为 25 000 美元，罐头每磅的售价为 4 美元。

要求：

采用可变现净值法，在菠萝酱和菠萝片之间分配一部 120 000 美元的加工成本，并将结果做成表格形式（其中，将菠萝汁的可变现净值加到菠萝片的销售收入中去）。

[习题 8—24]

一个银行有三个服务中心：EDP（电子数据处理）、复印中心与会计部。这三个部门相互提供服务，也为其他三个经营部门（A 部、B 部、C 部）提供服务。每个服务中心服务与成本（单位：百万美元）的分配情况如下表所示：

	EDP	复印中心	会计部	A 部	B 部	C 部	总成本
EDP	0. 15	0. 06	0. 32	0. 19	0. 13	0. 15	$ 8. 90
复印中心	0. 10	0. 00	0. 25	0. 25	0. 22	0. 18	1. 80
会计部	0. 08	0. 04	0. 12	0. 30	0. 24	0. 22	6. 40
							$ 17. 10

要求：

使用交互分配法，在三个经营部之间分配成本。

[习题 8—25]

默特罗（Metro）血库是一个营利性企业，它从献血者那里收集血液，经检验后将其分解为血清（血小板）与血浆。3 品脱血液可分解成 2 品脱血清、1 品脱血浆，而 3 品脱血液的收集、化验与分解成本为 300 美元。

每品脱血清可售 165 美元，但在出售前，必须对其进行包装并贴标签，额外的变动成本为每品脱 15 美元，血浆的额外加工变动成本为 45 美元，每品脱售价为 115 美元。

血浆与血清的销售价格还受市场的影响，默特罗公司的定价虽高于目前的市场价格，但其会随供需状况作出调整。为了使利润最大化，将产品在全国范围内销售。默特罗公司有三个经营部门：采血部（并负责加工）、血清部与血浆部。采血部为成本中心，后两个部门为利润中心。

如果不对血浆和血清进行深加工，则这两种产品都没有商业价值。

要求：

a. 分别用以下两种方法分配采血部成本，然后分别编制反映血浆与血清单位产品利润的表格：

(i) 以一批血液能够生产血浆和血清的数量为分配标准。

(ii) 以血浆和血清的可变现净值为分配标准。

b. 分析（a）中所采用的两种分配方法的优缺点。

[习题 8—26] 略

[习题 8—27] 略

[习题 8—28] 略

[习题 8—29] 略

[习题 8—30] 略

案 例

[案例 8—1]

Wyatt 石油公司在得克萨斯州的州钱诺夫拥有一家炼油厂，将原油通过两个步骤加工为有价值的产品。首先，从一桶石油中提炼出两种产品，分别是轻型提炼物（汽油、机油、柴油和煤油）和重型提炼物，蒸馏过程的变动成本是每桶 2 美元。每桶轻型提炼物的价格是 48 美元。重型提炼物的单价是 30 美元，若不出售，也可以将其注入催化裂化机并转换为轻型提炼物，单位变动成本是 3 美元。图 1 说明了这些加工过程。

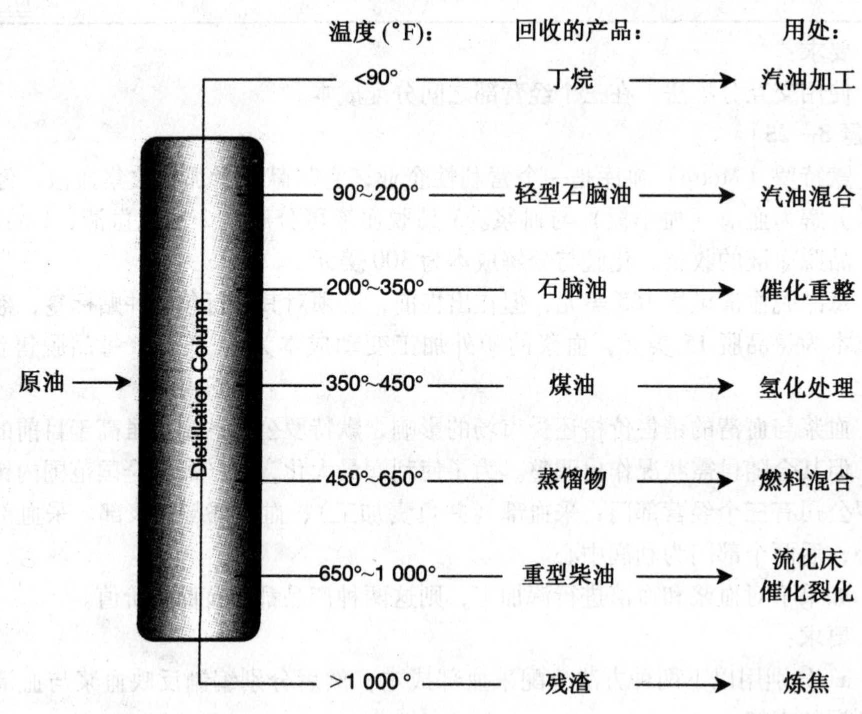

图 1　原油提炼——第一步

炼油厂每年能够提炼 6 000 万桶石油，并将 3 000 万桶重型提炼物注入催化裂化机。它能够加工由得克萨斯州（如 West Texas Intermediate）开采的轻型低硫原油，也能够处理从中东（如 Kuwait Export）开采的重型高硫原油，而加工哪种原油取决于它们的市场价格。从轻型低硫原油中提炼出的有价值的产品要比重型高硫原油多（见图 2）。每桶轻型低硫原油的成本是 34 美元，而每桶重型高硫原油的成本是 30 美元。但是如图 3 所示，两者间的差额是可变的。6 000 万桶来自 West Texas Intermediate 和 6 000 万桶来自 Kuwait Export 的原油产品如表 1 所示。

表 2 给出了与提炼原油和催裂化重型提炼物有关的固定成本、变动成本和生产能力。

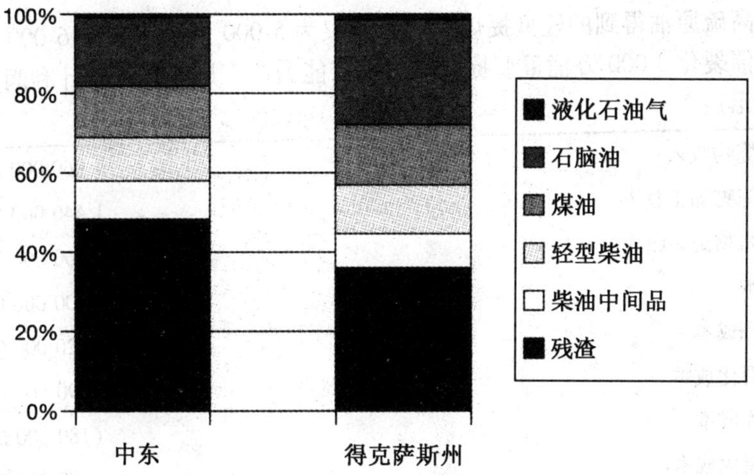

图 2　通过简单提炼得到的产品

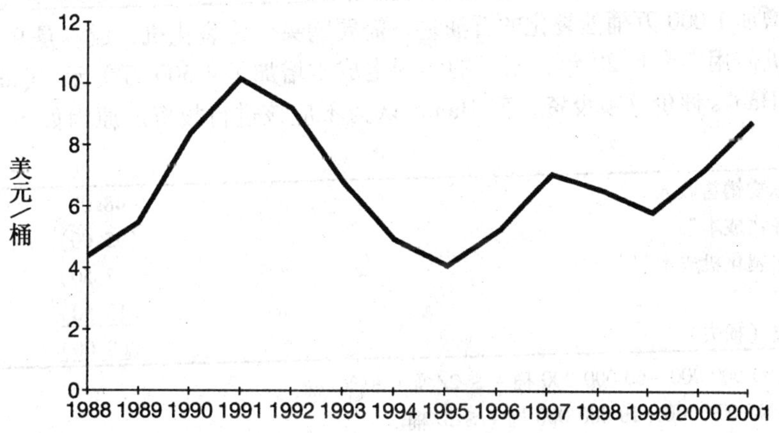

图 3　轻型原油和重型原油的价格差异（2001 美元/桶，1988—2001 年）

表 1

	West Texas Intermediate	Kuwait Export
轻型提炼物	3 000 万桶/年	2 000 万桶/年
重型提炼物	3 000 万桶/年	4 000 万桶/年
合计	6 000 万桶/年	6 000 万桶/年

表 2

	提炼原油	催裂化重型提炼物
变动成本	2 美元/桶	3 美元/桶
年固定成本（百万美元）	180	90
年生产能力（百万桶）	60	30

当轻型低硫原油和重型高硫原油成本间的差异达到每桶 3.50 美元时，炼油厂会转向从 Kuwait Export 处获取原油。炼油厂经理 Kim Quillen 对此很关心，因为通过提

炼重型高硫原油得到的轻型提炼物的销量仅为5 000万桶，而非6 000万桶，因为工厂只有催裂化3 000万桶重型提炼物的生产能力。工厂年预计会计利润如下所示（单位：美元）：

轻型提炼物收入	$ 960 000 000
重型提炼物加工收入	1 440 000 000
重型提炼物销售收入	300 000 000
原油成本	(1 800 000 000)
变动提炼成本	(120 000 000)
变动催裂化成本	(90 000 000)
固定提炼成本	(180 000 000)
固定催裂化成本	(90 000 000)
净利润	$ 420 000 000

为增加1 000万桶催裂化的石油量，需要购买催化裂化机，成本是9亿美元。催化裂化机使用寿命是20年，工厂的年固定成本增加了4 500万美元。Quillen让会计师John Hanks评价这项投资，而Hanks认为不应该进行投资。原因如下（单位：美元/桶）：

轻型提炼物销售收入	48.00
重型提炼物成本*	(35.00)
额外催化裂化机成本**	(7.50)
资本支出***	(13.50)
剩余收益（损失）	(8.00)

* $ 180 000 000 ÷ 60 000 000 桶 + $ 2/桶 + $ 30/桶。

** $ 45 000 000 ÷ 10 000 000 桶 + $ 3/桶。

*** $ 900 000 000 × 15% ÷ 10 000 000 桶。

Hanks认为："这项投资没什么价值！我们的剩余收益会减少8美元/桶。不管我们是否可能仍采用West Texas Intermediate的原油，工厂的催裂化能力依旧是过剩的。所以我们不应该进行这项投资。"

很多炼油厂都在轻型低硫原油与重型高硫原油的价格差增大时购置更多的催化裂化机，对此Quillen感到有些困惑。现在由你来评价这项投资建议是否应该采纳。

要求：

a. 分别采用（i）物理量和（ii）可变现净值在工厂的三项经营活动（销售轻型提炼物、加工重型提炼物和销售重型提炼物）之间分配联合成本和预计的4. 2亿美元的收入。

b. 当价差达到3. 5美元/桶时，Quillen是否应该从West Texas Intermediate转向Kuwait Export购买原油。假设转换成本为0，建立关于价格差的最优转换决策方程。

c. 当催裂化能力达到4 000万桶时，你建立的最优转换决策方程是否会发生改变？若是，重新确定方程。

d. 假设West Texas Intermediate和Kuwait Export的原油差价保持4美元/桶，那么Quillen是否应该扩大工厂的催裂化能力？

e. 现在我们考虑价格差变动的概率。假设本年的价格差是 4 美元，下一年会变为本年的 75% 至 125%，即下一年的价格差介于 3 美元 ~ 5 美元之间，以后各年的价差都是前一年的 75% 到 125%。Quillen 是否应该扩大工厂的催裂化能力？原因是什么？

[案例 8—2]

卡洛斯（Carlos）制酒公司生产两种酒：普通酒及宴会酒。葡萄被碾碎制成葡萄汁后，第一道工序的葡萄汁可用来生产普通酒（装入带木塞的酒瓶），第二道和第三道工序的葡萄汁被制成宴会酒（装入带旋塞的酒瓶）。

表 1 总结了公司 1 年的经营状况，表 2 将制造费用分解为工厂总成本和产品设备成本。

表 1 **年度经营成果**

	葡萄总吨数为 10 000 吨 每吨的平均成本为 190 美元	
	普通酒	宴会酒
生产和销售总量（瓶）	400 000	70 000
每瓶售价	$ 11.00	$ 7.00
销售收入	$ 4 400 000	$ 490 000
葡萄成本*	$ 1 650 000	$ 250 000
包装成本	$ 1 000 000	$ 140 000
人工成本	$ 200 000	$ 35 000
产品销售费用†	$ 400 000	$ 35 000
制造费用	$ 400 000	$ 87 500
营业利润（损失）	$ 750 000	$ (57 500)

*用葡萄总成本代表每种产品耗用的葡萄汁成本，计算如下：

	每种产品耗用的葡萄汁（加仑）	耗用葡萄汁百分比 ×	总葡萄成本 =	每种产品的葡萄成本
普通酒	13 200 000	86.84%	$ 1 900 000	$ 1 650 000
宴会酒	2 000 000	13.16%	$ 1 900 000	$ 250 000
合计	15 200 000	100%		$ 1 900 000

注：普通酒葡萄汁的耗用量大于宴会酒，因为生产普通酒时葡萄汁蒸发得更多。

† 每种产品都有自己的销售部，销售费用的 2/3 随葡萄酒产量的变化而变化，其余的 1/3 为固定成本。

表 2 **产品制造费用**

	普通酒	宴会酒	合计
工人总成本*	$ 212 800	$ 37 200	$ 250 000
生产设备成本† （折旧费加维护成本）	187 200	50 300	237 500
制造费用合计	$ 400 000	$ 87 500	$ 487 500

*工厂总成本不随产量或产品种类数量的变化而变化，根据产量在两种产品间分配。

† 两种酒分别有不同的生产设备。生产设备成本中有 1/4 随产量的变化而变化，其余是为提供生产能力而发生的固定成本。

基于表1和表2，会计部提供了一份报告，如表3所示。

表3　　**每瓶葡萄酒成本的结构分析**

	普通酒		宴会酒	
销售净额		$ 11.00		$ 7.00
变动成本：				
葡萄成本	$ 4.13		$ 3.57	
包装成本	2.50		2.00	
人工成本	0.05		0.50	
产品销售费用	1.00	8.13	0.50	6.57
边际贡献		$ 2.87		$ 0.43
减：制造费用		1.00		1.25
营业利润（损失）		$ 1.87		$ (0.82)

管理者注意到宴会酒的边际贡献很低，因而一些人建议这条生产线应该下马。竞争使宴会酒的市场价格下降到7美元/瓶，因而一些管理者考虑，若以此价出售，工厂是否能够承受。

在做出最后决策之前，高层管理者要求对该产品进行单位固定成本与单位变动成本分析和损益平衡分析。在看到表4的分析结果后，总经理说："我们可以盖棺定论了，为了保本我们必须将宴会酒的销量增加3倍，但是目前我们现有的生产能力不足以达到这种产量水平，必须购买新的水槽。这样一来势必导致固定成本和盈亏平衡点的提高。这种做法看起来会陷入恶性循环。到下个月，我想得到一份详细的计划书，分析停止生产宴会酒将产生的后果"。表4总结了停产的后果。

表4　　**单位固定成本、单位变动成本与保本分析**

	普通酒		宴会酒	
销售收入		$ 11.00		$ 7.00
减：变动成本				
葡萄成本	$ 4.13		$ 3.57	
包装成本	2.50		2.00	
人工成本	0.50		0.50	
销售费用	0.66		0.33	
制造费用	0.12*	7.91	0.18†	6.58
边际贡献		$ 3.09		$ 0.42
减：单位联合成本				
销售费用	0.33		0.17	
制造费用	0.88	1.21	1.07	1.24
利润（损失）总额		$ 1.88		$ (0.82)
保本量计算：				
固定成本	$ 484 000 (400 000 × $ 1.21)			$ 86 800 (70 000 × $ 1.24)
÷边际贡献	3.09			0.42
保本产量	156 634			206 667

* （187 200×25%）÷400 000。

†（50 300×25%）÷70 000。

要求：

在分析表 4 和表 5 数据的基础上，管理者应该怎么做？

表 5 **停止生产宴会酒的后果**

1. 预计不会对普通酒的销售收入产生影响
2. 生产宴会酒的葡萄汁卖给批发商，每年可获得 150 000 美元的收入
3. 宴会酒的生产设备（如水槽、冰箱等），不用来生产普通酒，按清理成本 350 000 美元出售

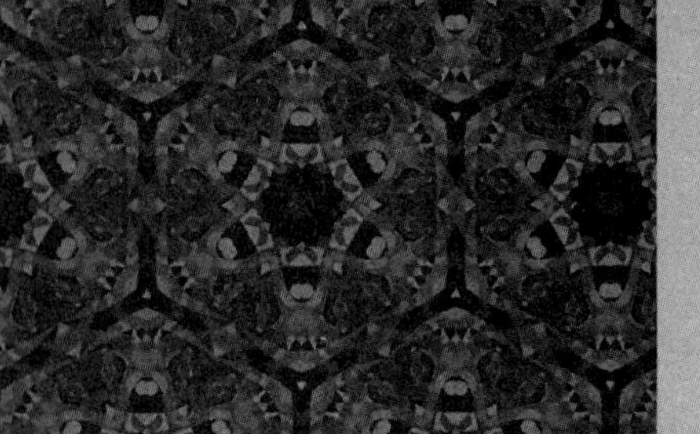

第 9 章　完全成本法

本章提要

本章提要

A. 分批成本法

B. 成本流程的账务处理

C. 制造费用的分配

1. 制造费用分配率
2. 制造费用分配过度或不足
3. 弹性预算与费用估计
4. 预计数量与正常数量

D. 永久性与临时性数量变化

E. 全厂单一制造费用分配率与分类制造费用分配率

F. 分步成本法：平均的极端形式

G. 本章小结

附录 A：分步成本法

附录 B：需求变动、固定成本与定价

第 1 章介绍了内部会计作为一个决策与控制的信息支持系统应具有的职能，第 2 章与第 4 章提供了决策管理与决策控制的基本经济框架，所有的会计制度都必须在决策与控制之间做出权衡和抉择。第 7 章和第 8 章介绍了如何进行成本分配以及企业进行成本分配的各种原因，包括进行决策管理、决策控制、拟定成本加成定价合同、编制财务报告和计税等。本章通过描述一种在制造业被广泛使用的成本系统——完全成本系统，来继续讨论成本分配的问题。

完全成本制度（absorption cost system）能够确保所有的制造成本被直接归集或分配给所有的产品。所谓成本对象是指制造出的产品。如果运营一个工厂的成本为 3 200 万美元，将生产 620 000 个传呼机（16 种不同型号），那么在完全成本系统下，就要将 3 200 万美元的成本在 620 000 个传呼机间分配。完全成本系统同样要面临在决策与控制之间抉择的问题，有关权衡抉择的内容将在后面两章中讨论，本章着重研究完全成本法下的技术方法。

完全成本法被广泛用于确定存货账面价值和财务报告中制造产品成本的计算。这一方法在制造业中得到推广与发展。本章就以制造业为背景，介绍这种方法。不过，这一概念也适用于服务机构，如金融机构和法律咨询公司、医院、广告传媒、电信公司等专业服务机构。为了突出重点，本章不介绍完全成本法在其他服务部门的运用，但是在本章末尾以及其他章节中都提到了完全成本法在非制造业中的使用情况。实际上，与制造业相比，非制造业的会计方法更加简单，因为它们不涉及生产过程和完工产品存货的计量问题。另外，非制造业通常难以定义分配成本的“产品”。比方说，银行提供从贷款到设立银行账户等一系列服务，这中间要发生很多共同成本，要清晰地列出产品目录是很困难的。虽然如此，在制造业和非制造业，完全成本法并没有本质的区别（除制造业存货外）。本章所讲述的概念都应该掌握。

制造业的生产过程分四种类型：

· 分批生产（按客户订单要求完成特定工序）。

· 批量生产（按客户或生产要求的规格，分批进行标准化生产）。

· 组装生产（将完工的零部件和自制半成品组装成产成品）。

· 持续流动生产线（如炼油厂与化工厂）。

不同的生产过程往往在一个工厂同时存在。比如说，在一个部门成批生产零部件，在另一个部门将其组装成产成品。不同的生产过程往往要求采用不同的会计方法归集和分配成本。完全成本法有两个基本类型：分批成本法和分步成本法。**分批成本法（job order costing）**适用于按订单或按批次生产的部门，也广泛适用于组装生产部门。“一批”可以是一件产品，如建造一栋大楼，也可以是一批产品，如 200 只汽车挡风玻璃上的雨刮器。在服务组织，“一批”可以是处理一个委托人的法律诉讼，也可以是处理一个贷款申请。每批工作的成本单独归集，分批成本法按批归集成本。另外，对于组装生产和持续不间断的生产过程而言，可使用**分步成本法（process cost system）**。这类生产（如生产软饮料及冶炼油）的过程是持续的，不存在批次。成本被分配给不同的生产过程，最终由每个生产过程的产品承担。无论采用哪种方法，所有的制造成本最终都要分配给生产的产品。

在实践中，各个公司在产品、任务、作业之间分配成本时，所选用的会计方法存在很大的区别。即使同是批量生产部门，也很少采用两种完全相同的方法。许多工厂混合使用分批法与分步法。每种会计方法在使用过程中，都被按照部门或工厂的特点重新改造。然而，它们之间仍然存在一些共性（正如本章所介绍的）。第 1 节描述分批成本法，第 2 节描述分批成本法下的成本流程如何通过 T 形账户加以反映。其实，所有的成本方法要处理的中心问题就是如何处理在产品、任务、服务之间无法直接归集的成本。第 3 节介绍如何按不同的生产批次对制造费用进行分配。第 4 节讨论了永久性与临时性数量的变化。第 5 节介绍分批成本法下单一制造费用分配率与分类制造费用分配率的应用。第6 节介绍分步成本法。最后，第7 节总结本章内容。附录 A 深入地探讨了分步成本法的技术方法，附录 B 讨论了产量、平均成本与价格之间的关系。

A. 分批成本法

为了在制造业的背景下介绍分批成本法，我们研究一个生产多种产品的工厂。每种产品按批组织生产，并且每种产品都要耗用不同的原材料和不同类别的直接人工。除此之外，不同产品还使用不同的共同资源，如机器、管理人员、工程师、工厂用地。每批产品经过相同的工序，生产该批产品耗费的机器工时会被记录下来，并将其作为分配制造费用的基础。每批产品都有一张产品分批成本单，记录该批产品所耗费的成本与机器工时。表 9—1 就是一张典型的分批成本计算单，该表是分批成本法下的原始凭证。两百多年前，分批成本计算单都是手工编制的，而今天，计算机已能完成这项工作。

分批成本计算单记录了所有与每批产品有关的直接材料信息，包括原材料的种类、数量及成本。每天，工人都要记录与每批产品有关的工作状况，包括工作时间、闲暇时间和培训时间。无法归集到某一特定产品中的人工成本为制造费用，所有批次为#5167产品的直接人工成本被计入成本计算单的“直接人工成本”一项。在编制成本计算单时，要注意区分与某一批产品有关的人工成本的类别。批号为#5167 的产品3 月 10 日开始生产,5 月 28 日全部完工，共生产 1 560 件产品，直接材料成本为14 147 美元,直接人工成本为 17 422 美元。

表 9—1　**分批成本计算单**

#5167　**投产日期**　3 月 10 日　**完工日期**　5 月 28 日

原材料					直接人工			
日期	种类	数量	金额	机器工时	日期	种类	工时	金额
3 月 13 日	103a	205	$ 6 305	13	3 月 13 日	a65	15	$ 265
3 月 14 日	214	106	5 210	111	3 月 14 日	a68	20	596
4 月 1 日	217	52	786	45	4 月 18 日	b73	81	811
4 月 23 日	878	229	1 187	28	4 月 23 日	c89	368. 5	7 370
5 月 23 日	331	113	659	16	5 月 28 日	C89	419	8 380
合计			$ 14 147	213				$ 17 422

成本计算：	
直接材料	$ 14 147
直接人工	17 422
制造费用（213 机时 ×25 元/机时）	5 325
总成本	**$ 36 894**
产品数量（件）	1 560
产品单位成本	$ 23. 65

成本计算单还要记录每批产品的机时耗用量。在此例中，机时被作为分配制造费用的基础，分配率为 25 美元/机时（预先确定，至于如何确定制造费用分配率，本章之后的部分会介绍)。#5167 产品耗用 213 机时，乘以 25 美元/机时，可得到该批产品应负担的制造费用总额为 5 325 美元。该批产品的总成本为 36 894 美元，除以总件数 1 560 件，可得到每件产品的单位成本为 23. 65 美元。

机时被视作分配归集于制造费用账户中的间接制造成本的基础。回忆第 7 章的内容，我们可以认为将机时作为分配成本，类似于对耗用机时征税，这有利于激励生产部门节约使用机时。从此例中，我们可以看出分批成本法具有以下几个重要特征：

· 成本计算对象是某一批产品。
· 某一批产品的直接成本被直接归集于该批产品。
· 每批产品都要负担部分的间接制造费用。
· 某一投入指标，如机时，被视作分配制造费用的基础。

・制造费用分配率（如此例中的机时分配率），在年初第一批产品投产前已设定，该制造费用分配率由估计的全年制造费用除以估计的全年机时得到。

・所列示的产品单位成本仅是平均成本，不代表变动成本或边际成本。制造费用的一部分被分配给某一批产品，由于制造费用中包含固定成本，因而分配给某一批产品的制造费用中也含有固定成本。

美国钢铁公司和分批成本计算单

19 世纪 70 年代，Andrew Carnegie 在匹兹堡建立了 Edgar Thompson 钢铁厂，该厂后来成为美国钢铁公司。Carnegie 采取的管理革新办法之一就是细化成本会计系统。钢铁厂的每个部门都有一张关于该部门的某批产品耗费材料和人工的成本清单。每当 Carnegie 接到有关产品直接成本的当日报告时，他就会说："只要盯住成本，自然会有利润。"

Carnegie 的成本表被称为智慧与稳健会计的奇迹。他要求下属对成本的微小变动都要做出解释，Carnegie 与高层主管依据成本表的数据进行员工的业绩评价、质量控制、原材料配置、估计产量的提高情况及产品价格的变动情况。在成本被仔细核算、核对之前，不接受客户的订单。

资料来源：A. Chandler, *The Visible Hand: The Managerial Revolution in American Business* (Cambridge, MA: Harvard University Press, 1977), pp. 267 – 68.

B. 成本流程的账务处理

分批成本计算单使得所有的制造成本在全厂的不同生产批次之间分配成为可能。当某一批产品投入生产，且仍在生产过程中时，发生的直接材料和直接人工成本通过计算机系统输入成本计算单。

表 9—1 为某一批产品的成本计算单。在现代化工厂中，在同一时点，可能同时有几百甚至几千批不同的产品处于各自不同的生产阶段。会计系统通过复式记账法，把各批次产品的成本登记到分类账户（T 形账户）中，由此追溯每一批产品的成本。同时，成本被归集到单独的产品批次，它们还被登入产品存货账户，其中包含生产过程投入的所有成本：直接材料、直接人工及制造费用分配额。当原材料从仓库领出，投入车间生产某批产品时，会计就将其从原材料账户转入在产品账户。

图 9—1 描绘了成本流程是如何在不同的 T 形账户中进行反映的。当一批产品完工，转为产成品时，成本计算单所汇集的该批产品的成本总额就由在产品账户中转出，计入产成品账户。当销售该批产品时，再从产成品账户转入产品销售成本账户。

制造费用账户归集了所有间接人工（那些不直接从事某批产品生产的管理人员以及可能正在培训或者负责机器设备的设计与维修或者空闲的非生产工人）成本、间接材料成本以及其他制造成本。其他制造成本包括保险费、财产税、折旧费用、会计成本、保安、办公用品、行政管理及公用事业支出等费用，这些成本表示不同批次产品所耗费的共同资源。对一个有代表性的工厂而言，一般直接人工成本占总制造成

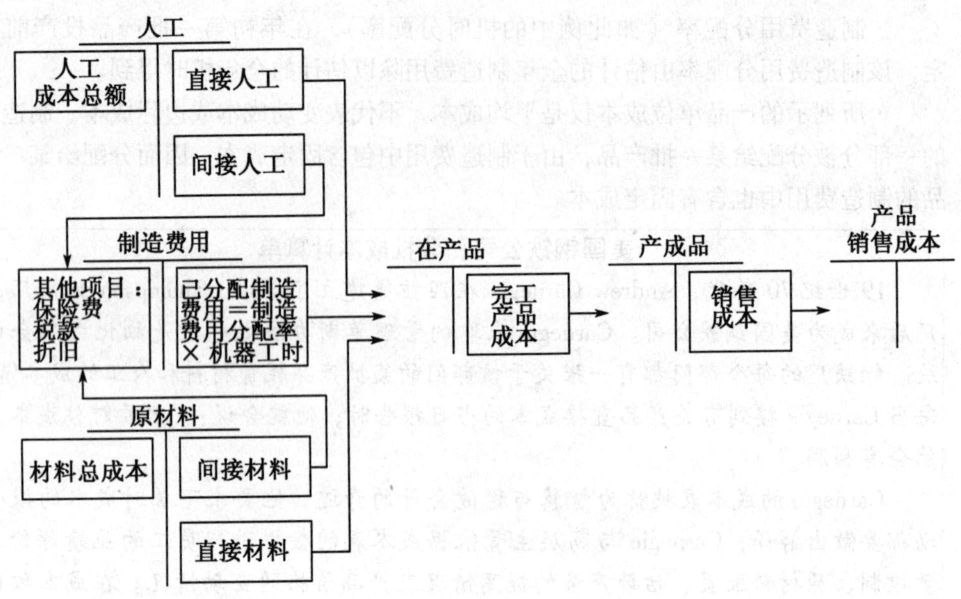

图 9—1　分批成本法图示

本的 30%，直接材料成本也占 30%，制造费用占 40%。① 上述比例并非绝对，有时直接人工可能只占总制造成本的 1%，而制造费用却高达 80%。制造费用账户是一个控制账户，它被用来随时归集和分配成本，在会计期末，该账户的余额要计入资产负债表或利润表。

管理者必须确定转账过程中使用哪一种存货计价方法，是采用先进先出法（FIFO）、后进先出法（LIFO），还是分批认定法？财务会计要在不同的方法间做出选择，特别要考虑采用 LIFO 与 FIFO 对税款的影响（在成本上升的时期，LIFO 会多报当期成本，少报当期收益，从而少交税）。而且，存货会计方法的选择关系到决策和控制。比如说，如果 LIFO 被采用，则近期的价格会被转账，而老价格仍留在存货账户中。对决策者而言，LIFO 提供较多有关当前价格的信息，特别是，以 LIFO 为基础的产品成本是按最近的原材料价格计算的，因而往往更接近重置成本。

重置成本能较好地替代机会成本，因此使用 LIFO 更有利于决策的制定。但是，与之相伴而来的是成本的提高。首先，使用 LIFO 要为搜集更多的数据付出代价，尤其是搜集过去的价格存货层次的信息；其次，使用 LIFO 会引发控制上的问题。以会计利润为指标的业绩评价系统可能会促使那些临近退休或离职的经理人员做出短期行为，即采用后进先出法清理以前的存货，从而增加当期利润（伴随税款的增加）。很明显，存货计价方法的选择是很重要的，因为它直接影响税款、财务报表（和以此为基础签订的对外合同）、内部决策和控制等各个环节。为了简化分析，本章以下均采用分批认定法确定存货价值，有个别说明的除外。

表 9—2 说明，在编制公司利润表时，如何利用图 9—1 中所列示的不同账户。利润表中“产品销售成本”一栏的金额等于库存完工产品成本加上本期产品制造成本，

① R. Howell, J. Brown, S. Soucy, and A. Seed, *Management Accounting in the New Manufacturing Environment* (Montvale, NJ: National Association of Accountants, 1987).

而本期产品制造成本等于直接人工成本加直接材料成本，再加制造费用。表9—2显示，本期销售收入为220万美元，产品销售成本为136.2万美元（期初存货成本+本期产品制造成本-期末存货成本）。产品制造成本的计算过程如表9—2的注释所示，它等于直接材料、直接人工、制造费用与在产品成本的变动额之和。

表9—2　**制造业样本公司利润表**　单位：千美元

产品销售收入		$ 2 200
产品销售成本：		
期初库存完工产品（1月1日）	$ 217	
产品制造成本*	1 337	
可销售产品成本	1 554	
减：期末库存完工产品（12月31日）	(192)	
产品销售成本		(1 362)
销售毛利		$ 838
减：产品销售费用		
变动费用	$ 216	
固定费用	349	(565)
利润总额		$ 273

* 产品制造成本：

直接材料		
期初库存材料（1月1日）	$ 13	
本期购入	232	
可领用材料	245	
减：期末库存材料（12月31日）	(20)	
本期领用材料成本		$ 225
直接人工		480
制造费用		665
本期发生制造成本总额		$ 1 370
加：期初在产品（1月1日）		90
在产品成本总额		$ 1 460
减：期末在产品（12月31日）		(123)
产品制造成本		$ 1 337

本节复习思考题

Q9—1 两种不同的完全成本法分别是什么？

Q9—2 描述分批成本法下成本流程的账务处理。

Q9—3 假定在某一批产品的生产过程中，机器发生了故障，损失了2 750美元的原材料。请问如何处理这些材料损失（成本）？是否应该由该批产品承担？

C. 制造费用的分配

以上两个部分介绍了分批成本法下的成本归集及其成本流程的账户处理，本部分着重说明如何使用制造费用分配率分配间接成本。使用计划分配率（期初预先估计值）可能会导致期末制造费用总额超过或少于实际发生额，本节将介绍如何处理这部分多分配或未分配的制造费用。弹性预算的概念被再次引入，并用来计算制造费用分配率，本节最后描述几种可选择的预算量估计方法。

1. 制造费用分配率

分批成本计算中最有趣的问题就是制造费用的处理，因其涉及经理人员的判断，给予管理者斟酌成本计算和决定收益的机会。如果所有的耗用资源及制造成本都能直接归集到使用这种资源的产品中去，那成本会计所涉及的只不过是算术问题了。分批成本法的特点就在于先将所有的间接费用都归集到“制造费用”账户中，然后再使用制造费用分配率，将其在不同的产品批次之间分配。也就是说，要选择一个分配制造费用的标准。如在表9—1中，就将机器工时作为分配的基础。当按批组织生产时，每批产品所使用的机时就成为制造费用分配的基础。这种方法以期初预先估计的分配率为标准，假定每批产品都按此标准进行生产。

大多数公司都采用计划分配率，而不是实际分配率。假定制造费用是按照某一批产品全年实际耗用的所有机器工时为基础进行分配的，那么只有等到年末才能够算出该批产品应负担的制造费用，即只有等到所有批次产品全部完工，才能知道第一批完工产品的制造费用是多少。举例来说，某一年度第一批完工的产品耗用的机时为1 000小时，制造费用的分配以实际工时为基础。如果全年的实际总工时为100 000小时，则第一批产品应负担的制造费用占制造费用总额的1%；若实际总工时为50 000小时，则占制造费用总额的2%。采用计划分配率，有利于及时提供有关成本的报告。

在表9—1中，我们注意到制造数量是用机器工时计算的，而不是产品的单位。也就是说，是将投入指标，而不是产出指标作为总量。大多数制造企业都采用这种做法。之所以将投入作为衡量指标，是因为大多数工厂生产多种不同种类的产品。如果一个工厂同时生产大小两种型号的水泵，那么将水泵产出量作为衡量指标，显然会产生误导。如果该工厂不再生产大水泵，而全部转为生产小水泵，那么工厂的实际制造数量减少时水泵的产出数量却很可能有所增加。因此，对于一个生产多种产品的制造企业而言，应选择投入指标来衡量产出水平。

被选择的投入指标（机时、直接材料成本、直接人工工时、直接人工成本）必须与制造费用有最紧密的关联，或者存在内在的因果关系。也就是说，分配基础应该是与制造费用最相关的投入要素。制造费用一般由固定成本和变动间接成本两部分组成。从长远来看，固定成本会随着产出量的改变而进行相应的调整，因此选择分配基础时，就应该选择一个与制造费用长期相关的指标。

在对纽约股票交易所与美国证券交易所112家上市公司的调查中，92%的公司承认，它们所选择的分配基础与制造费用存在一种逻辑上的或统计上的关系。① 比如说，当产出扩大时，就需要雇用额外的管理人员，因此管理成本要么依据机器工时的变化而变化，要么依据人工工时的变化而变化。如果制造费用与人工工时关系最密切，那么就应该将人工工时作为衡量指标。在第7章中，制造费用分配率在某些情况下可作为难以衡量的机会成本的替代指标。如果制造成本分配率（平均成本）小于

---

① H. Schwarzbach, “The Impact of Automation on Accounting for Indirect Costs,” *Management Accounting*, December 1985, p. 47.

或等于公司每增加一个单位产量的边际成本，则分配制造费用就比不分配好。作为分配基础的投入指标实际上成为了"课税基础"，对分配基础的选择实质上就是管理者做出确定收税基础的决策。一般情况下，管理者希望对投入要素征税，因为它们让组织的其他部门承担了部分费用。最理想的制造费用分配率应该反映多使用一个单位分配基础的机会成本的大小。

有关这一问题和图9—1，有四点需要说明：

（1）制造费用分配率等于年度预算制造费用除以预算数量。这个指标是每月的费用和数量的季节性变动的平均值。每批完工产品都可以进行成本核算，无需知道全年的实际制造费用总额和实际数量。

（2）预算数量是指投入指标，如直接人工，而不是产出指标。具有代表性的数量指标为直接人工工时、直接人工成本、直接材料成本以及机器工时。

（3）作为分配基础的数量指标一般是与制造费用相关性最强的投入要素。

（4）制造费用分配基础的选择是关键，因为它是课税的依据，经理们为了降低成本，会减少对这种投入要素的使用。

直接人工工时与机器工时是最常用的制造费用分配基础，对日本四大行业（电子设备、运输工具、化工产品及钢铁制造业）的198家公司的调查结果表明：使用直接人工工时的占28%，两者都用的占55%，还有17%的公司使用其他的分配基础（没有公司只使用机器工时）。[①] 公司多将直接人工工时作为分配基础的原因有两点：其一是自动化生产不够彻底，控制生产工人仍是很主要的；其二是大多数生产过程要使用多种机器设备，无法确定以哪台机器的工时为准。

一份对293家美国工厂的调查显示，分配基础的使用情况如下表所示（百分比合计大于100%，因为许多工厂使用两种或两种以上的分配基础）：[②]

直接人工工时	61%
直接人工成本	36%
机器工时	25%
产成品中不同零部件或半成品的数量	3%
机器中心时间	6%
直接材料（数量或金额）	24%
产品数量	25%
其他	6%
不分配制造费用	3%

从上表可以看出，直接人工工时是主要的制造费用分配基础，然而在这些公司中，直接人工成本仅占制造成本总额的14%，制造费用占制造成本总额的30%。相对于作为分配基础的直接人工成本，制造费用是其总额的两倍。将直接人工成本作为分配基础合理吗？对于这一问题将在第11章中进行讨论。

① P. Scarbough, A. Nanni Jr., and M. Sakurai, "Japanese Management Accounting Practices and the Effects of Assembly and Process Automation," *Management Accounting Research* 2 (March 1991), pp. 27–46.

② K. Smith and C. Sullivan, "Survey of Cost Management Systems in Manufacturing," working paper (West Lafayette, IN: Krannert Graduate School of Management, Purdue University, May 1990).

制造成本的构成

对电子、机械、汽车零配件行业的32家工厂的调查显示，平均而言，制造费用大约为直接人工成本的3倍。例如，在电子业，制造费用占制造成本的26%，而直接人工仅占8%，其余的（65%）则是直接材料。

资料来源：R. Banker，G. Potter，and R. Schroeder，"An Empirical Analysis of Manufacturing Overhead Cost Drivers，" *Journal of Accounting & Economics* 19（February 1995），pp. 115－37.

2. 制造费用分配过度或不足

假如有一个生产多种规格铝制饮料罐的工厂，所采用的分配基础是挤压机的机器工时，年末"制造费用"账户可能存在账户余额：

制造费用账户

实际制造费用发生额	已分配制造费用	=预算制造费用分配率 × 数量指标（机器工时）
未分配制造费用	多分配制造费用	

已分配制造费用等于制造费用分配率乘以实际数量。公司预算全年生产铝罐耗用的总机器工时为100 000小时，每年制造费用的预算额为2 500 000美元。这样，预算制造费用分配率等于25美元/机时。假定到年末，实际使用机时为103 000小时，则已分配制造费用为2 575 000美元（103 000×25）；如果实际制造费用发生额为2 565 000美元，那么在制造费用账户就有10 000美元多分配的余额。

制造费用账户

借方	贷方
实际制造费用发生额 $ 2 565 000	已分配制造费用 103 000×$ 25 = $ 2 575 000
	多分配制造费用 $ 10 000

期末制造费用账户有10 000美元的余额。制造费用账户有余额，是因为制造费用分配率在期初便已设定，而期初并不知晓实际制造费用和实际数量。在这里，会计核算的制造费用比实际发生额多10 000美元，是因为实际制造费用不同于预算额，或者实际数量（机时）不同于预算数量。第13章将解释实际额与预算额之间产生差异的原因。

这里介绍三种处理年末多分配或未分配余额的方法。第一种是将这部分差额转入产品销售成本。假定已分配制造费用为300万美元。如果实际制造费用发生额为290万美元,这样就有10万美元未曾发生的制造费用由在产品（WIP）来承担。当以10万美元的差额冲减产品销售成本时，当期产品销售成本减少，税前利润增加10万美元。另外，如果实际制造费用发生额为320万美元，就存在20万美元的未分配制造费用。在这种情况下，有20万美元已发生的制造费用没有计入在产品成本。当将20万美元转入产品销售成本时，产品销售成本增加，税前利润减少20万美元。

第二种处理方法是根据已分配制造费用在在产品、产成品和产品销售成本中的金额比例，将差额在这几个科目中进行分配。比如，在前面一个例子中有10万美元的多分配差额，假定在300万美元的已分配总额中，50万美元仍保留在在产品账户中，100万美元保留在产成品账户中，还有150万美元已转入产品销售成本，则10万美元多分配差额的分配比例如下表所示：

	在产品	产成品	产品销售成本	合计
已分配制造费用	$ 500 000	$ 1 000 000	$ 1 500 000	$ 3 000 000
多分配制造费用分配比例	16.67%	33.33%	50%	100%
多分配制造费用再分配额	$ (16 670)	$ (33 330)	$ (50 000)	$ (100 000)
再分配前制造费用	500 000	1 000 000	1 500 000	3 000 000
再分配后制造费用	$ 483 330	$ 966 670	$ 1 450 000	$ 2 900 000

第三种处理方法就是用实际制造费用除以实际数量，得到一个修正的年末分配率。然后，分别重新计算每批产品的成本。后两种方法下的净收益与存货价值是相等的。在第三种方法下，记账和数据处理成本最高，尤其是在产品批次非常多时，重新计算每批产品的成本将变得更加复杂。之所以要选择第三种方法重新计算每批产品的成本，原因之一就在于如果公司签订成本加成合同，那么就意味着公司的收入与成本联系紧密。在这种情况下，重新计算每一批产品的成本后，按照成本加成合同，公司的收入、利润和现金流都会随着每批产品制造费用分配额的变化而变化。

大多数情况下，多分配（未分配）的差额很小，因而对差额的处理也并不十分重要，将差额直接转入产品销售成本既方便又合算，高层主管也不会留意这种会计技巧。然而，如果差额很大，就会引起高层管理者及外部审计人员的注意。外部审计人员因为高估收益而被起诉的情况多于因低估而被起诉的情况，因此他们更倾向于遵循稳健性原则。所以，审计人员常常允许将未分配完的制造费用转增产品销售成本，而不愿接受用多分配的制造费用抵减产品销售成本，前者会减少收益，后者则会增加收益。

1910年对多分配（未分配）制造费用的认识

到1910年，大多数美国制造企业已经开始使用制造费用账户归集和分配制造费用。一位作家描述了当时的会计处理方法：

制造费用账户每月结转一次，用来核算间接费用。该账户贷方反映固定制造费用总额按一定比例分配到各批产品和成本计算单中的成本。借方余额表示未分配的制造费用，意味着人工成本中加入固定费用后仍不足以收回间接费用。贷方余额表示被分配的制造费用比例大于间接费用。

完全成本法，包括制造费用计划分配率的使用，已有一百多年的历史，虽然不是政府相关法规中所包含的会计方法，但仍为各行各业的公司所使用。处于竞争市场中的公司也采用完全成本法，说明这种方法所创造的收益是大于其使用成本的。

资料来源：J. Nicholson，*Cost Accounting-Theory and Practice*（New York；The Ronald Press Co.，1913），p. 197. Quoted by P. Garner，*Evolution of Cost Accounting to 1925*（Montgomery，AL：University of Alabama Press，1954），p. 176.

制造费用的分配与公认会计原则（GAAP）

制造费用分配给在产品并转入产成品成本的原因之一，就是要保证对外提供的财务报表中存货价值的客观性。公认会计原则要求：

“如果认可会计以成本为基础这一原则，那么存货计价以成本开始就应该成为前提假定……将制造费用排除在存货之外的会计程序，是难以被认可的。在具体的实务中，成本的判定要充分考虑成本会计体系的完整性、所用原则的合理性以及运用的持久性。”

这样，GAAP 允许管理者自行选择，要么将未分配（多分配）制造费用转入产品销售成本，反映于利润表中，要么在不同的存货类账户中分配。

资料来源：Accounting Research Bulletin No. 43，“Restatement and Revision of Accounting Research Bulletins,” in *Financial Accounting Standards Board*，*Original Pronouncements*（Burr Ridge，IL：Richard D. Irwin，1992），Chapter 4，paragraph 5，pp. 15－16.

3. 弹性预算与费用估计

如前所述，大多数企业使用制造费用计划分配率，或者使用会计年度开始前估计的分配率，而不是实际分配率。这要求管理人员对下一年度的分配率做出预测。预测分配率的方法之一就是作弹性预算（第 6 章）。这首先要求对年度制造费用预算额进行估计。

$$\text{年度制造费用预算额}=\text{固定制造费用}+\text{变动制造费用}$$
$$=FOH+VOH\times BV$$

其中：FOH = 固定制造费用；

VOH = 变动制造费用单位成本；

BV = 预算数量。

假定固定制造费用为 500 000 美元，变动制造费用为每机器工时 20 美元，预算共 100 000 工时，则年度制造费用的预算为：

$$\text{年度制造费用预算}=500\,000+20\times 100\,000$$
$$=500\,000+2\,000\,000$$
$$=2\,500\,000\text{（美元）}$$

第二步，计算预计制造费用分配率：

$$\text{预计制造费用分配率}=\frac{2\,500\,000\text{ 美元}}{100\,000\text{ 机时}}$$
$$=25\text{（美元/机时）}$$

编制弹性预算的优点在于，能根据数量的变化估计制造费用总额。制造费用不是纯粹的固定成本，还包括变动成本。分析数量对制造费用总额的影响，有利于更准确地估计制造费用。

第 6 章曾介绍过预算的编制过程，其重要的作用之一就是在年初时估计制造费用计划分配率，因此计划分配率是一个预计数。大多数公司都预先设定制造费用分配率。为了简便起见，本书的以下内容，凡是提及“制造费用分配率”的，除特别说明以外都指计划分配率。

对制造费用的认识

长期以来，人们已经认识到制造费用包括固定成本与变动成本两部分：

“制造费用是指不能采用直接的、明显的方法将其归属于某一特定经营单位的成本。比如说，皮革成本可归属于皮鞋。但现实中，常常会遇到这样的情况，即产出的增减并不会相应地引起成本的增减。”

资料来源：J. Clark，*Studies in the Economics of Overhead Costs*（Chicago ：University of Chicago Press ，1923），p. 1.

[练习题 9—1]

Rosen 公司有两个生产部门，制造部和安装部。各个部门有不同的制造费用分配率。Rosen 公司对其制造部和安装部当前年度的生产情况进行了如下的估计：

	制造部	安装部
工厂制造费用	$ 300 000	$ 100 000
直接人工成本	$ 1 000 000	$ 210 000
机器工时	1 500	6 250
直接人工工时	50 000	10 000

这家公司采用预计的制造费用分配率将制造费用分配给不同的订单。在制造部，机器工时被用来分配制造费用；而在安装部，直接人工工时被用来分配制造费用。

要求：

a. 为每个部门计算制造费用分配率。

b. 订单号为#77 的基本资料如下：

	制造部	安装部
使用的直接材料	$ 3 000	$ 2 000
直接人工成本	$ 11 000	$ 15 500
机器工时	100	250
直接人工工时	500	750

那么，该笔订单的制造费用成本是多少？

c. 当年实际的经营结果如下：

	制造部	安装部
工厂制造费用	$ 325 000	$ 65 000
直接人工成本	$ 900 000	$ 230 000
机器工时	1 550	6 250
直接人工工时	47 000	10 500

计算每个部门多分配或未分配的制造费用。

解答：

a. 制造费用分配率：

制造部

$$\frac{\text{工厂制造费用}}{\text{机器工时}}=\frac{\$\ 300\ 000}{1\ 500}=200.00\ (\text{美元/机器工时})$$

安装部

$$\frac{\text{工厂制造费用}}{\text{人工工时}}=\frac{\$\ 100\ 000}{10\ 000}=10.00\ (\text{美元/人工工时})$$

b. 该订单的制造费用为：

制造部 \$ 200 ×100 机器工时 = \$ 20 000

安装部 \$ 10 ×750 直接人工工时 = \$ 7 500

总制造费用 \$ 27 500

c. 各个部门多分配或未分配的制造费用为：

	制造部	安装部
实际的制造费用	\$ 325 000	\$ 65 000
分配的制造费用		
1 550 × \$ 200/机器工时	\$ 310 000	
10 500 × \$ 10/直接人工工时		\$ 105 000
	\$ 15 000 U	\$ 40 000 O

注：U 表示分配不足，O 表示分配过度。

4. 预计数量与正常数量

上文已描述了制造费用计划分配率的计算公式，即将制造费用预算数除以预算数量。预算数量可以有两种定义方法：一种是预期的下一年度的数量（**预计数量，expected volume**）；另一种是取长期的平均数量。长期平均数量也叫作**正常数量**（**normal volume**），或者经济景气和不景气情况下的数量的平均值。

为了说明下一年度预计数量和正常数量的差异，我们来考虑下面这样一个例子。Fast Change 公司提供汽车换油服务，价格为每次 30 美元，这是其唯一的主营业务。提供一次服务的单位变动成本是 20 美元，包括直接人工和原料供应（油和过滤装置）。公司每个月的固定成本是 4 000 美元，包括广告费用、管理人员的薪酬、厂房租金、日常开支、保险金等。表 9—3 反映了公司上个月的经营状况。

表 9—3　　**Fast Change 公司上个月的经营状况**

	换油服务
一次换油服务的单价	\$ 30
每次服务的单位变动成本	\$ 20
服务次数	500
主营业务收入	\$ 15 000
变动成本总额	(10 000)
固定成本总额	(4 000)
税前利润	\$ 1 000
总成本	\$ 14 000
服务次数	÷500
每次服务的成本	\$ 28.00

上个月中，Fast Change 公司提供了 500 次换油服务，税前利润为 1 000 美元，一次服务的全部（平均）成本是 28 美元（单位变动成本 20 美元加上单位固定成本 8 美元，其中单位固定成本为 8 美元 =4 000 美元 ÷500 次）。

本月每次提供服务的价格仍是 30 美元，单位变动成本和固定成本总额也保持不变，但换油服务次数从 500 次下降到了 350 次。表 9—4 反映了公司本月的经营状况。

表 9—4　**Fast Change 公司本月的经营状况**

		换油服务
一次换油服务的单价		$ 30
每次服务的单位变动成本		$ 20
服务次数		350
主营业务收入		$ 10 500
变动成本总额		(7 000)
固定成本总额		(4 000)
税前利润		$ (500)
	总成本	$ 11 000
	服务次数	÷350
	每次服务的成本	$ 31.43

Fast Change 公司本月亏损 500 美元。值得关注的是，一次换油服务的平均成本从 28 美元上升到了 31.43 美元（单位变动成本 20 美元加单位固定成本 11.43 美元，其中单位固定成本 11.43 =4 000 美元 ÷350 次）。会计核算系统反映了每次提供服务平均成本的上升情况。管理者面对成本上升所做的一般对策是提高价格。但此例中，平均成本的上升是服务数量下降造成的，不可控成本（单位变动成本）并未发生变动。因此，服务价格是不应提高的。相反，价格可能应该降低，因为对换油服务的需求减少了。比如说，如果在同一车道上开设一家新的换油服务公司，并且其价格更低，那么 Fast Change 公司就要降低服务价格。附录 B 举例说明了需求变动、固定成本变动和价格变动三者之间的关系。

上面这个例子说明了一个很重要的观点，即建立在短期数量波动基础上的制造费用分配率，只能反映账面成本，而非机会成本。数量下降时，分配率上升；数量上升时，分配率下降。这是因为制造费用中包含了一部分固定成本。这个例子说明当数量下降时，单位固定成本上升。这似乎向经理们传递了这样一个信号：当需求上升时，应降低价格；需求下降时，应抬高价格。然而事实并非如此，所以为了避免错误的价格决策，经理们要特别留意制造费用分配率随短期需求量的波动而变化的情况。为了使制造费用分配率不随需求量的波动而变化，可以将正常数量作为分配基础。正常数量是在对企业经营状况进行长期分析，综合考虑景气年份与不景气年份需求水平的前提下，求出的平均值。在大多数情况下，正常数量在建厂之初即已预计。

假定某一公司有两家完全相同的工厂：一家在罗切斯特，另一家在芝加哥。假定未来需求将下降一半，管理者决定关闭芝加哥的工厂，然而这家工厂每月仍会发生 100 万美元的固定成本（包括财产税）。一般来说，这 100 万美元的固定成本不适合由罗切斯特的工厂负担以致其制造费用增加。假定两个工厂本来都位于罗切斯特，并且其中一家已关闭。在使用正常数量的情况下，将被关闭工厂的不可避免的成本 100

万美元全部转入存续工厂的账户也是不合乎情理的。同理，如果只有一个工厂，其销量下降50%，则不应将制造费用全部算在剩余产品的头上。如果需求下降，则未分配的制造费用成本应直接冲减当期利润，而不应由剩余产品承担，这是符合正常数量法的做法。在计算制造费用分配率时，作为分母的数量应该是长期的、正常的数量，以使制造费用分配率和产品成本不会随数量的变化而变化。

如果将正常数量作为计算分配率的基础，那么当实际数量小于正常数量时，就会产生未分配的制造费用，即在产品、产成品及产品销售成本中并未包括所有已发生的制造费用。当这部分未分配的制造费用被转入产品销售成本时，会导致产品销售成本上升，净收益下降。当实际数量大于正常数量时，会产生多分配的制造费用，即产品成本中所包含的制造费用大于实际发生额。如果将这部分多分配的制造费用转出产品销售成本，则会导致产品销售成本下降，净收益上升。然而，无论处于哪种情况，个别产品所负担的制造费用都是相等的——以正常数量来分配个别产品的成本不会随数量的变化而变化。

采用正常数量有利于决策管理，特别是价格决策。然而，出于决策控制的考虑，高层管理者可能不愿意使用正常数量，也不愿将多分配（未分配）的制造费用差额计入产品销售成本。如果多分配（未分配）的制造费用差额不计入产品销售成本，那么负责控制制造费用的管理者就不会有足够的动力去控制制造费用，制造费用就会增长，并难以得到控制。当制造费用随数量的变化而变化时，负责某一具体制造费用的经理就面临控制其增长的压力。对于下游的经理们（如销售部门）来说，他们获得的产品成本中包括制造费用，因而会督促上游经理们控制其制造费用支出，这就导致了一种下游经理对上游经理进行监督的机制的产生。在数量下降、分配率上升的情况下（即不采用正常数量时），这种内部监督的作用就会更明显。然而，如果数量上升，分配率下降，那么下游经理未必会有动力监督制造费用成本。

因为正常数量的设定比预计数量更加客观，所以若采用正常数量，管理者会更加谨慎地进行利润管理。预计数量可被视作当前数量，而正常数量则可被视作长期内的平均数量。但多长时间才算长期呢？正常数量也不利于决策控制。

究竟是采用正常数量（长期平均数量），还是采用下一年度预计数量计算制造费用分配率，取决于决策管理与决策控制哪个更加重要。采用正常数量有利于决策管理，使用下年度预计数量有利于决策控制。通过以上分析，我们再一次认识到对决策管理与决策控制的权衡决定着内部会计制度方案的选择。大多数公司使用预计数量，而不是正常数量。这样看来，决策控制似乎比决策管理更加重要。

[练习题 9—2]

Pacemakers 公司运用领先技术生产和销售一种新型心脏起搏器，该产品用于植入病人体内帮助其恢复正常的心率。公司制定了一个 3 年期的预算，其中包括基于弹性预算的预计制造费用分配率。制造费用根据直接人工工时被分配给产品起搏器。下表给出了管理层预计的从 2010 年至 2012 年每年的固定制造费用、每直接人工工时的变动制造费用以及每年的数量。每年的数量是通过加总每一年预计生产的各个类型的起搏器数量，并乘以其所需要的直接人工工时得到的。

	2010 年	2011 年	2012 年
固定制造费用	\$ 2 200	\$ 2 300	\$ 2 500
变动制造费用/DLH	\$ 1.10	\$ 1.15	\$ 1.20
预计每年数量（DLH）	800	1 200	1 000

注：DLH＝直接人工工时。固定制造费用和预计每年数量以千美元为单位。

管理层预测工厂在接下来的 3 年里的长期平均数量为每年 100 万直接人工工时。

要求：

a. 用预计数量计算 2010 年至 2012 年的预计制造费用分配率。

b. 用正常数量计算 2010 年至 2012 年的预计制造费用分配率。

c. 虽然 2010 年至 2012 年实际发生的制造费用数额目前尚不确定，用（a）中计算的基于预计数量的制造费用分配率，预测公司在 2010 年至 2012 年间多分配或未分配的制造费用。

d. 虽然 2010 年至 2012 年实际发生的制造费用数额目前尚不确定，用（b）中计算的基于正常数量的制造费用分配率，预测公司在 2010 年至 2012 年间多分配或未分配的制造费用。

解答：

a. b.

	2010 年	2011 年	2012 年
固定制造费用	\$ 2 200	\$ 2 300	\$ 2 500
变动制造费用/DLH	\$ 1.10	\$ 1.15	\$ 1.20
预计每年数量（DLH）	800	1 200	1 000
正常每年数量（DLH）	1 000	1 000	1 000
弹性制造费用预算：			
基于预计数量	\$ 3 080*	\$ 3 680	\$ 3 700
基于正常数量	\$ 3 300**	\$ 3 450	\$ 3 700

* \$ 2 200＋800×\$ 1.10。

** \$ 2 200＋1 000×\$ 1.10。

预计制造费用分配率/DLH：			
基于预计数量	\$ 3.85*	\$ 3.07	\$ 3.70
基于正常数量	\$ 3.30**	\$ 3.45	\$ 3.70

* \$ 3 080÷800。

** \$ 3 300÷1 000。

c.

预计发生的制造费用	\$ 3 080	\$ 3 680	\$ 3 700
预计多分配或少分配的制造费用（基于预计数量）			
分配的预计制造费用（预计数量）	\$ 3 080	\$ 3 680	\$ 3 700
（多）/未分配的制造费用	\$ 0	\$ 0	\$ 0

注：预计发生的制造费用是基于弹性预算的，弹性预算＝FOH＋VOH×预计数量。

分配的预计制造费用（基于预计数量）＝OHR×预计数量。

其中，OHR＝［FOH＋VOH×预计数量］÷预计数量；

（多）/未分配的制造费用＝［FOH＋VOH×预计数量］－OHR×预计数量＝0。

d.			
预计发生的制造费用	\$ 3 080	\$ 3 680	\$ 3 700
预计多分配或少分配的制造费用（基于正常数量）			
分配的预计制造费用（正常数量）	\$ 2 640*	\$ 4 140**	\$ 3 700***
（多）/未分配的制造费用	\$ 440	\$ （460）	\$ 0

* \$ 3.30 × 800。

** \$ 3.45 × 1 200。

*** \$ 3.70 × 1 000。

本节复习思考题

Q9—4 你为什么会使用计划制造费用分配率归集某批产品的制造费用？

Q9—5 请你说出期末在制造费用账户中存在多分配制造费用差额的一个原因。

Q9—6 请给出处理制造费用账户期末余额的三种方法。

Q9—7 为什么在计算计划分配率时要使用投入指标？

Q9—8 完全成本法下，怎样使用弹性预算？

D. 永久性与临时性数量变化

如上所述，以正常数量（长期平均数量）为基础计算的制造费用分配率有利于防止对外报告的单位成本随数量的增减而变动。当实际数量大于正常数量时，会产生制造费用多分配额，若将此差额抵减产品销售成本，收益就会上升。当实际数量小于正常数量时，会出现未分配差额，计入产品销售成本，会导致收益减少。

采用正常数量，单位成本不会随着经济的繁荣和萧条的变化而变化。会计利润会随数量的变化而改变，但产品的账面成本不随数量的变化而改变。做出扩大生产能力的决策（如建造工厂）时，其隐含的假设就是需满足正常数量。但是生产能力到位后，长期平均数量可能会与新生产能力下的预计数量有明显差异。举例来说，管理者可能低估了竞争对手进入市场的能力。假定一个工厂在初建时，预计每年机器工时为100 000小时，可使用15年。在第5年，一个竞争对手进入市场，正常数量降低到75 000机时。如果管理者以75 000机时计算制造费用分配率，则单位成本会上升，从而会使人误以为边际成本上升，导致价格随之上涨。然而，这大概并非会计系统想要传达的信号。

如果长期正常数量下降（永久性下降），那么管理者可能会考虑一次性地冲销设备历史成本的25%。此外，为了不歪曲单位成本，他们可能会将其他固定制造费用（如财产税）中的25%作为期间成本处理。同理，如果正常数量上升25%（永久性增长），并且工厂有多余的生产能力以扩大产量，那么厂房与设备的折旧期就很可能会被缩短。这样一来，制造费用中的折旧费的增加，冲销了数量的增加，从而导致单位产品的折旧费用没有下降。

理论上，管理者在面临数量的永久性下降时，可以减少厂房和设备的账面价值，减少制造费用，但实际上管理者出于其他考虑，可能并不情愿这样做。这样做可能会使社会公众认为该管理者对生产投资过度，从而毁了他们的前途。除此之外，这种做法还可能为竞争对手提供有利的决策信息，使其知道该工厂拥有的剩余生产能力的确切数量。

总而言之，数量的临时性变化在经营循环过程中被均匀抵消，故不必转销账面成本和调整其他会计事项。然而为了防止做出错误的价格决策，对于永久性的数量变化，应相应转销账面成本，调整其他会计事项，从而使制造费用分配率和单位成本保持不变。

本节复习思考题

Q9—9 为什么正常数量会被用来确定制造费用分配率?

Q9—10 在完全成本法下，为什么使用固定资本的一次摊销法?

E. 全厂单一制造费用分配率与分类制造费用分配率

本节介绍制造费用归集与分配的几种方法。图 9—2 表示全厂使用同一个制造费用分配率。到目前为止，所有的例子都使用该方法。所有的制造费用成本首先被归集到一个制造费用账户中，或者叫“**成本库**”（**cost pool**），然后再将累积的成本在不同的作业、产品及工序之间分配，分配时全厂使用统一的分配率。

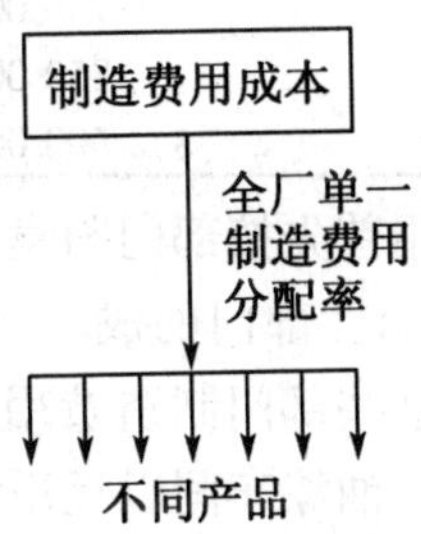

图 9—2　全厂单一制造费用分配率

此外，还有一种较为复杂的方法，即根据制造费用成本项目的不同，采用分类的制造费用分配率。在这种情况下，制造费用中的每个项目均作为一个单独的“成本库”，如图 9—3 所示。

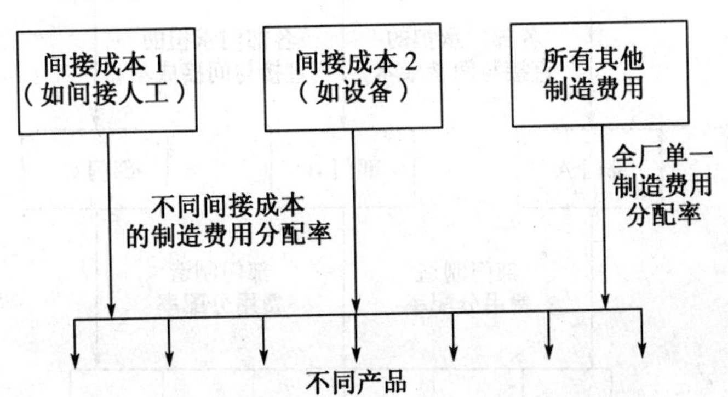

图 9—3　针对不同成本项目的分类制造费用分配率

举例来说，假如制造费用账户由以下三个项目组成:

间接人工	$ 750 000
设备	650 000
其他成本	1 100 000
制造费用总数	$ 2 500 000

每一个成本项目采用一个单独的分配基础，在各批产品之间分配成本，如：

制造费用项目	分配基础	预算数量
间接人工	直接人工成本	300 万美元
设备	机时	100 000 机时
其他成本	直接材料成本	400 万美元

第三种归集与分配制造费用的方法就是按部门分别计算制造费用分配率。与按成本项目分配不同，该方法首先按不同部门归集制造费用，每一个部门作为一个“成本库”，每个部门选择一个分配基础，然后再将制造费用分配到各产品上。图 9—4 说明了上述两步分配程序。

假定某工厂有三个部门：生产车间、油漆车间、装配车间。总制造费用成本为 250 万美元，首先在三个部门之间分配：

部门	部门成本	分配基础
生产车间	$ 900 000	机时
油漆车间	750 000	所用油漆成本
装配车间	850 000	直接人工成本
制造费用总额	$ 2 500 000	

在这种方法下，制造费用首先按部门归集。通常情况下，会使用按步骤分配的方法（第 8 章曾讨论过）将辅助性部门的成本（间接成本库）结转到生产部门。然后使用三种不同的分配基础将这些部门制造费用成本在不同的产品批次间分配。其中，生产车间以机时为分配基础，油漆车间以耗用油漆成本为分配基础，装配车间以直接人工成本为分配基础。

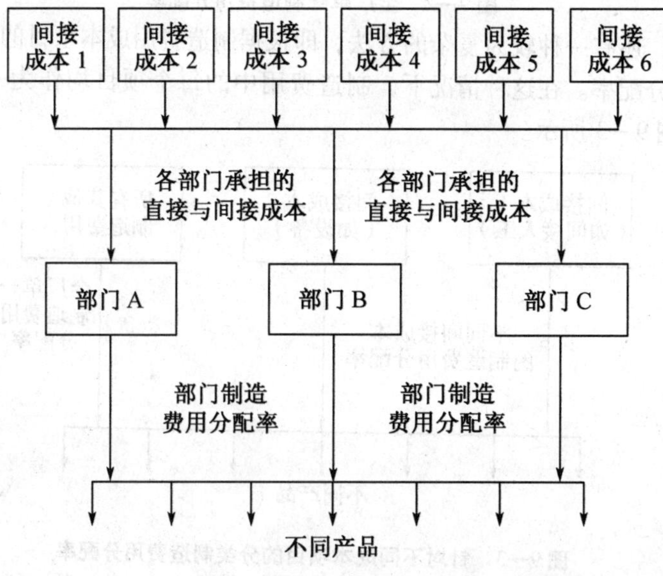

图 9—4　两步分配法：采用部门制造费用分配率

Borg-Warner 公司

Borg-Warner 公司位于曼西的工厂生产汽车和轻型货车传输装置以及发动器。过去，工厂的生产车间按功能来组织生产。部件根据操作要求在各部门之间转移，完工后转为零部件存货以备组装。日益激烈的全球竞争和新生产技术改变了工厂的生产流程、组织方式和会计系统。一系列的“中心车间”在工厂内出现。用于组装各种产品的机器被重新调整，以使产品可从上一步流转到下一步。将用高度自动化的传感器生产的零部件置于组装生产线上，并引进需要的部件。自动化装配生产线使用的是电脑控制设备和材料传送机器人技术。每种产品（如传输装置）都有其专门的中心车间。

会计系统也作了改变。传统中以直接人工工时为基础的生产线项目预算被专门的中心车间预算所替代。新预算以各中心车间的产量为基础。同时，会计系统能向内部经理提供更多的信息。

第 1 章第 5 节描述了会计系统在企业的组织结构中所起的主要作用，以及当竞争和技术环境发生变化时，组织结构该如何改变。Borg-Warner 公司的例子说明，当公司所处环境发生变化时，公司的组织结构（包括会计系统）应如何改变。

资料来源：G. Hanks , M . Freid , and J. Huder , “Shifting Gears at Borg-Warner Automotive,” *Management Accounting*, February 1994 , pp. 25 – 29；www. BWAuto. com.

管理者究竟会采用单一分配率、分类分配率、部门分配率中的哪一种，取决于工厂的组织结构、内部激励机制、管理者进行决策时对成本信息精确性的要求以及使用复杂的成本方法所增加的成本。如果工厂只有一种类型的生产过程，那么单一分配率是可接受的。在这种情况下，单一全厂分配率能够准确地表示数量与制造费用之间的一般因果关系。

如果一个工厂的生产由几种不同的过程组成，单一分配率就难以准确地表示这种因果关系了。比方说，假定一个工厂有三个部门（制造车间、装配车间和检验车间），制造费用分别为每工时 30 美元、50 美元和 100 美元。为了计算方便，假定每个部门每年的人工工时相等，简单平均值（全厂的单一分配率）为每工时 60 美元（（30 + 50 + 100） ÷3）。如果生产一批产品，则前两个部门耗费的直接人工工时均为 500 小时，第三个部门耗费的直接人工工时为 2 000 小时。按单一分配率计算，则该批产品的总制造费用为 180 000 美元（60 ×3 000）；按各部门分配率计算，则该批产品的总制造费用为 240 000 美元（30 ×500 +50 ×500 +100 ×2 000）。但如果制造费用分配率中包含大额固定历史成本，如折旧费用，那么单一分配率和部门分配率均不能准确反映产能的机会成本。如果工厂按生产部门组织设计，则使用部门分配率更有利于业绩评价。

在一次随机调查中，美国制造业使用制造费用方案的状况如下：①

使用全厂单一制造费用分配率（图 9—2）	占被调查者的 30%
使用分类制造费用分配率（图 9—3）	占被调查者的 18%
使用部门制造费用分配率（图 9—4）	占被调查者的 52%

① U. Karmarkar , P. Lederer , and J. Zimmerman , “Choosing Manufacturing Production Control and Cost Accounting Systems,” *Measures for Manufacturing Excellence* , ed . R. Kaplan (Boston : Harvard Business School , 1990) .

在另一项研究中，对韩国、日本、美国公司进行调查的结果如下：[①]

分配方案	韩国	日本	美国
全厂单一分配率	43%	18%	31%
作业中心分类分配率	29%	68%	31%
作业中心分配率	24%	15%	38%
机器分配率	9%	3%	7%

尽管存在某些国别差异可能是出于不同样本使用不同的调查技术和回复比率，然而这些研究结果说明，在计算制造费用分配率时，确实存在方法上的差异。在每个国家，使用单一分配率的公司所占的比例都较大，而使用机器分配率的公司所占的比例却很小。这些数据说明，不同行业和不同企业的制造费用分配实务各不相同。

人们通常认为，采用分类制造费用分配率，分别按制造费用的项目进行分配，所计算的产品成本比采用单一分配率要准确。使用分类分配率，要求分别分析制造费用中的每一类成本，并分别选择与每一类成本最相关的数量指标作为分配基础。也就是说，要分别确定每类制造费用组成项目的**成本动因（cost driver）**。采用不同的分配基础分配制造费用似乎会得到更准确的产品成本。[②] 在第 11 章探讨的作业成本法（ABC 法）使用分类分配率确定产品成本，可能更准确。

没有哪种成本方法能够完全准确地计算机会成本，所有的方法都只能大概地估计制造产品的机会成本，一种产品成本计算方法的准确程度取决于决策对成本的影响。改变现有产品的产量会导致制造费用以一种方式变动，但是增加或减少产品种类可能会导致制造费用以另一种方式变动。比方说，假定某一部门，增加现有产品的产量将导致增加 20 000 机时，并导致制造费用增加。但是，如果生产一种新产品要增加 20 000个机时，则该部门的制造费用可能会增加得更多。与增加现有产品的产量相比，生产一种新产品要增加更多的技术服务、废品、工具等。因此，当现有产品的数量发生变化时，采用不同的成本动因分配不同类别的制造费用可能会使产品成本的计算更为准确。但是，当有新产品投入生产时，采用单一的分配率也同样能提供准确的产品成本信息。

本节复习思考题

Q9—11 为什么使用分类制造费用分配率所计算出的产品成本更加准确？

Q9—12 有三种基本的制造费用分配方法：单一分配率、分类分配率与部门分配率。请说明这三种方法分别在什么场合使用效果最佳？

F. 分步成本法：平均的极端形式

分批成本法是基于工厂不同的任务和生产批次建立的，但是有些制造过程具有连续不断的生产流程。例如，炼油厂的生产是不分批次连续进行的。从原油投入生产，

① I Kim and J Song，" U. S. ，Korea，& Japan：Accounting Practices in Three Countries，" *Management Accounting*, August 1990，pp. 26 – 30.

② S . Datar and M . Gupta "Aggregation，Specification，and Measurement Errors in Product Costing，" *Accounting Review* 69（October 1994），pp . 567 – 92 .

到各种石油产品的完成是一个连续的流程。如果产品并不按批生产，则该如何归集成本呢？在这种连续的生产过程中，所有的成本都被平均化，而不是按批进行分配。

使用何种成本方法都要计算产品单位成本。分批成本法计算的是各批次的成本，且假设同一批产品的所有个体平均负担直接人工和直接材料成本。归集某批产品所有的直接人工和直接材料成本，然后除以该批产品的产量就能得到单位产品所应负担的直接人工和直接材料成本。分批成本法下不按照单位产品计算单位直接人工和直接材料成本，因为获得如此具体信息的成本无法与效益相配比。同理，制造费用首先按批分配，然后假定同一批产品中每一单位产品的负担额相等。

分步成本法（**process costing**）是平均化的一种极端情况。它是只存在一个批次的分批成本法。既然产品的生产过程是持续不断的，那么就不存在生产批次。在分步成本法下，成本被分配给同一产品的不同生产阶段，通常每个生产阶段都可视作一个独立的成本中心，成本通过各个生产过程分配给某一产品。总的制造成本必须在在产品、完工转出产品及产品销售成本之间分配。附录A详细介绍了分步成本法的原理。

因为不需要划分产品批次，分步成本法较分批成本法更简便，成本也更低。另外，分步成本法提供的信息较为笼统，不利于决策。特别的，因为无法获得每批产品的成本资料，所以无法依据同种产品的不同批次对成本趋势进行估计。

本节复习思考题

Q9—13 什么是分步成本法？它是否有利于决策，有哪些局限性？

G. 本章小结

本章介绍了完全成本法的基本原理。这些被广泛使用的方法一般会把所有的生产成本都计入产品成本。完全成本法在服务行业同样盛行。完全成本法有两种类型：分批成本法和分步成本法。分批成本法计算的是每批产品的单位成本，而分步成本法计算的是在给定时期内（星期、月或年）某一种产品的单位成本。两种方法都要将所有的制造成本在单位产量间分配。

完全成本法的显著特点可概括如下：

1. 当单位产品处于生产过程中时，完全成本法将成本分配给每单位存货，在某一成本发生期内，将全厂已发生的历史成本（不包括未分配或多分配的制造费用）在全厂的生产单位之间分配。

2. 因为要把历史成本分配给各种产品，所以使用完全成本法需要往前追溯。完全成本不一定是机会成本。

3. 间接（共同）成本和其他的制造费用通过不同的制造费用分配方法分配给不同的产品。

4. 制造费用的分配基础通常是与所分配的共同成本相关性最强的数量指标，也就是说，所选择的数量指标应是制造费用发生的最重要的成本动因。

5. 制造费用分配率是以预算（正常或预计）数量指标为基础、预先估计的计划分配率。

6. 随短期数量变化而调整制造费用分配率可能会导致错误的决策。如果制造费用分配率随短期数量变化，那么当数量下降时，分配率就会上升，反之亦然。当公司处于经济繁荣或衰退的经济周期时，这种会计信息所传达的是错误的成本信号。

7. 年末，制造费用账户通常会产生一个“多分配（未分配）制造费用”余额，将这个余额计入产品销售成本。

8. 除了全厂单一分配率外，管理者还可能选择费用支出类别分配率和部门分配率。

完全成本法如何支持决策制定与控制将在后面两章中讨论。

附录 A：分步成本法

分步成本法是以约当产量为基础的，约当产量是按一定标准将在产品数量折合为相当于完工产品的数量。例如，有 3 个单位在产品的完工程度是 1/3，则这 3 个单位的在产品等于一个单位的产成品。或者，有 200 个单位产品到月末仍为在产品，完工程度为 75%，则约当产量为 150（200×75%）。

分步成本法归集直接材料成本和加工成本（人工和制造费用）。包括分步成本法在内，完全成本法的主要功能就是将所有已发生的成本分成两大块：在产品与完工产品成本。完工产品又可分为产成品成本和产品销售成本。计算期末在产品成本及已转入产成品的成本，需要采用不同的计算方法。每单位约当产量分别按原材料和加工成本计算平均成本。这些平均成本就成为在在产品、产成品与产品销售成本之间分配材料成本和加工成本的依据。

分步成本法将所有的产品分成三批：期初在产品、本期投入及完工产品、期末在产品。请看下面这个例子。

卡约（Cajun）花生油公司，采用分批成本法计算存货成本和产品销售成本，该公司发明了一种生产花生油的机器并申请了专利，该机器专门用于生产卡约调味花生油。通过连续的生产过程，期初一次性投入花生，期末将卡约调料投入产品中。加工成本是连续发生的，贯穿整个加工过程。表 9—5 列示了公司 3 月份的相关成本信息。为了使问题简化，我们假定生产过程中的所有加工成本（人工和制造费用）均匀发生，期初无存货（以后我们将讨论期初有存货的情形）。

表 9—5 **卡约花生油公司：3 月份经营情况**

3 月 1 日无期初存货，以下数据均为本期发生额：		
	金额	数量
投入生产的花生	$ 32 000	20 000 磅
期末在产品（30% 的完工程度）	–	1 200 磅
卡约调料	$ 4 000	
其他制造成本（加工成本）	$ 15 000	

表 9—6 将分步成本计算分解为四步：第一步总结产品的实物流程，并计算每一实物流程的约当产量。总结实物流程所依据的会计公式为：

期初存货 + 本期投入 = 本期完工 + 期末存货

代入数字，可得：

$$0 + 20\ 000 = 18\ 800 + 1\ 200$$

既然期末存货为 1 200 磅，本期投入 20 000 磅，就一定有 18 800 磅产品已完工并从生产成本账户转出，此公式所暗含的假设是本期无废品损失。为了简化计算，我们不妨假定卡约花生公司没有废品损失。

表9—6　**卡约花生油公司：3月份期末在产品成本与完工产品成本计算过程**

		约当产量			
	数量	加工	花生	调料	合计
第一步					
实物流：					
投产数量	20 000				
合计	20 000				
期末在产品（30%）	1 200	360	1 200	0	
完工转出产品	18 800	18 800	18 800	18 800	
合计	20 000				
第二步					
约当产量		19 160	20 000	18 800	
单位成本：					
总成本		$ 15 000	$ 32 000	$ 4 000	
单位约当产量成本		$ 0.7829	$ 1.6	$ 0.2128	$ 2.5957
第三步					
总成本：					
加工成本	$ 15 000				
花生购买成本	32 000				
卡约调料成本	4 000				
合计	$ 51 000				
第四步					
期末在产品	$ 2 202	$ 282	$ 1 920	0	
		($ 0.7829×360)	($ 1.60×1 200)	($ 0.2128×0)	
完工产品（18 800×$ 2.5957）	$ 48 798				
总成本	$ 51 000				

本期投产的产品及其成本被归集为两部分：(1) 期末在产品（WIP）存货；(2) 本期转出存货。先看在产品存货，第一步中有1 200磅期末在产品，其发生的加工成本占完工产品的30%，这部分存货均于3月份投产。分配加工成本的在产品约当产量为360磅（1 200×30%），由于花生于期初一次性投入，因此分配花生成本的在产品约当产量为1 200磅。另外，由于卡约调料是在产品完工时才投入的，因而期末在产品中不包含调料成本。所有完工产品的成本中包括三部分成本：加工成本、花生成本和调料成本，完工产品的约当产量即实际完工数量，为18 800磅。

表9—6中，第二步分别计算了每一约当产量的单位加工成本、花生成本和调料成本。总约当产量等于在产品的约当产量加完工产品约当产量，不同的成本项目（加工成本、花生成本与调料成本）有不同的约当产量。对于加工成本而言，约当产量为19 160磅，花生成本的约当产量为20 000磅，卡约调料的约当产量为18 800磅。每单位约当产量的成本等于每项成本总额除以该成本项目的约当产量。单位约当产量的加工成本、花生成本及调料成本分别为0.7829美元、1.6000美元、0.2128美

元。完工产品的单位成本为上述三种单位成本之和，即为2.5957美元。

第三步列示了期末在产品及完工产品的成本总额为51 000美元。第四步是采用单位约当产量成本分别计算在产品成本与完工产品成本。在产品成本等于某一成本项目的约当产量乘以该项成本的单位约当产量成本，然后再将不同成本项目的在产品成本加总，即可得到在产品的成本总额。例如，期末在产品成本为2 202美元，其中包括282美元（360×0.7829）的加工成本，1 920美元（1 200×1.60）的花生成本，但不包括调料成本，因为只有当在产品完工时才加入调料。完工产品的总成本为48 798美元（18 800×2.5957）。

这个例子虽然十分简单，但已能够说明分步成本法的主要原理。3月份共发生成本51 000美元，在在产品和产成品之间分配。可见，分步成本法与分批成本法一样，所计算的产品成本是指所有的制造成本。

现在，我们再来研究一个更复杂的例子，即期初有存货的情况。在这种情况下，必然要涉及存货计价方法的选择。也就是说，领用期初存货时，究竟是按先进先出法计价，还是按加权平均法或后进先出法计价。我们是假定期初存货成本首先被转出（FIFO），还是与当期发生的成本一起平均计算（加权平均），还是仍留在期末存货成本中（LIFO）？附录A余下部分主要介绍先进先出法和加权平均法。后进先出法不再介绍，但可以通过对期初和期末存货进行分层来计算。

表9—7提供了包括期初存货在内的原始数据，除了期初有2 000磅的存货外，其他数据与前相同。期初存货的完工程度为40%（加工成本），成本为3 600美元。

表9—7　　**卡约花生油公司：3月份经营情况（期初有存货）**

	金额	数量
期初在产品（40%的完工程度）	\$ 3 600*	2 000磅
投入花生	\$ 32 000	20 000磅
期末在产品	–	1 200磅
卡约调料	\$ 4 000	
其他制造成本（加工成本）	\$ 15 000	

* 等于600美元（0.75×2 000×40%）的加工成本加3 000美元（1.50×2 000×100%）的花生成本。

表9—8说明了采用先进先出法的计算过程。首先我们注意到本期完工产品的数量与表9—6不同。根据前述会计公式：

期初存货＋本期投入＝本期完工＋期末存货

2 000（磅）＋20 000（磅）＝本期完工＋1 200（磅）

则：

本期完工＝2 000（磅）＋20 000（磅）－1 200（磅）＝20 800（磅）

在重新计算本期完工产品后，3种不同成本项目的约当产量见表9—8中的第一步。在先进先出法下，目的是要计算3月份投产的约当产量单位成本，期初存货的约当产量（分配加工成本的约当产量为800磅）在第二步被扣除，以保证计算3月份当月完工的约当产量。期初存货应归入前一期投产的约当产量。

第二步同样计算的是约当产量单位成本，加工成本的约当产量单位成本为0.7367美元，花生成本的约当产量单位成本为1.60美元，调料成本的约当产量单位成本为0.1923美元。总成本是期初存货成本（3 600美元）与3月份发生的成本（见第三步）之和。第二步的单位成本用来计算第四步中的期末在产品成本（2 185美元）。期末在产品的单位成本（2 185美元）分别由加工成本的约当产量单位成本（0.7367美元）和花生成本的约当产量单位成本（1.60美元）乘以各自的约当产量得到，不包括调料成本（调料在完工时才加入）。

第四步，完工产品成本包括期初在产品成本（3600美元）、加工期初在产品成本（884美元的加工成本，385美元的调料），以及本期投产且本期完工的产品成本（47 545美元）。

表9—8运用了先进先出法，表9—9说明了加权平均法的计算过程。先进先出法在计算约当产量平均成本时，仅依据本期发生成本和本期生产产品的约当产量；而加权平均法在计算约当产量平均成本时，不仅依据本期投产的成本和产量，还依据期初存货。加权平均成本既包括本期生产成本，又包括期初在产品上一期的生产成本。总约当产量等于期初在产品约当产量与本期投产产品的约当产量之和。例如，用于分配花生成本的约当产量（22 000磅）由期末在产品1 200磅与本期完工20 800磅组成。在这22 000磅中，包含了花生的期初在产品数量。第三步中的总成本等于期初在产品成本加本期投产产品的成本。这样，约当产量单位成本就是期初在产品存货成本与本期发生成本的加权平均值。

表9—8 **卡约花生油公司：3月份期末在产品成本与完工产品成本（先进先出法）**

		约当产量			
	数量	加工	花生	调料	合计
第一步					
实物流：					
期初产品（40%）	2 000				
本期投入	20 000				
合计	20 000				
期末在产品（30%）	1 200	360	1 200	0	
本期完工	20 800	20 800	20 800	20 800	
合计	22 000				
第二步					
减：期初在产品约当产量		(800)	(2 000)	0	
本月生产约当产量		20 360	20 000	20 800	
单位成本：					
本月发生总成本		$ 15 000	$ 32 000	$ 4 000	
约当产量成本		$ 0.7367	$ 1.6000	$ 0.1923	$ 2.5290
第三步					
总成本：					
期初在产品	$ 3 600				
加工成本	15 000				
花生成本	32 000				
卡约调料	4 000				
合计	$ 54 600				

续表

	数量	约当产量 加工	花生	调料	合计
第四步					
期末在产品	$ 2 185	$ 265	$ 1 920	0	
		($ 0.7367×360)	($ 1.60×1 200)	($ 0.1923×0)	
完工产品成本:					
期初在产品	$ 3 600				
加工期初在产品	884	60%×2 000×0.7367			
	385			2 000×0.1923	
本月投产本月完工					
20 800 − 2 000 =					
18 800 × $ 2.5290	47 545				
总成本	$ 54 600*				

*四舍五入尾差。

表9—9 卡约花生油公司：3 月份期末在产品成本与完工产品成本（加权平均法）

	数量	约当产量 加工	花生	调料	合计
第一步					
实物流:					
期初产品（40%）	2 000				
本期投入	20 000				
合计	22 000				
期末在产品（30%）	1 200	360	1 200	0	
本期完工	20 800	20 800	20 800	20 800	
合计	22 000				
第二步					
本期生产约当产量		21 160	22 000	20 800	
单位成本:					
期初在产品		$ 600	$ 3 000		
本期投入		15 000	32 000	$ 4 000	
总成本		$ 15 600	$ 35 000	$ 4 000	
约当产量成本		$ 0.7372	$ 1.5909	$ 0.1923	$ 2.5204
第三步					
总成本:					
期初在产品	$ 3 600				
加工成本	15 000				
花生购买成本	32 000				
调料	4 000				
合计	$ 54 600				
第四步					
期末在产品	$ 2 174	$ 265	$ 1 909	0	
		($ 0.7372×360)	($ 1.5909×1 200)	($ 0.1923×0)	
本期完工					
20 800 × $ 2.5204	52 424				
总成本	$ 54 600*				

*含有四舍五入尾差。

通过比较表9—8与表9—9，可以看出使用先进先出法和加权平均法所计算出的期末在产品成本与完工产品成本基本相同，这是因为期初或期末在产品毕竟只占完工产品的一小部分，大部分已发生成本都已转入完工产品账户。

许多连续作业的工厂的生产过程是由一系列生产阶段组成的，成本计算以每个生产阶段为单位。例如，某一炼油厂的生产阶段由原油分解、蒸馏与提炼三步组成，内部产品从一个阶段流向下一个阶段。每阶段分别计算期初、期末在产品与完工产品的加工成本和原材料成本，上一阶段转出的完工产品的单位成本即为下一阶段的转入成本。这样，通过产品在不同生产阶段的流动，将不同生产车间的报表（类似于表9—8或表9—9）串在一起，管理者既可计算出每个阶段的成本，也可求出全厂的成本。

最后，如果生产过程中发生相当大的废品损失，那么就应单独列示废品损失。显然这将使计算过程变得更加复杂，但是基本原理是一样的，即分步成本法将总成本分配给一种产品，并提供单位成本的信息。单位成本只表示每个产品所承担的固定成本和变动成本之和，而不表示机会成本或边际成本。

附录 B：需求变动、固定成本与定价

本附录要说明这样一个问题：当需求数量减少导致平均成本上升时，价格通常会降低而不是提高。一个影印社的店主预计长期平均影印数量（正常数量）为每月175 000份。每月房屋租金为1 000美元，雇员的工资为2 000美元，一台影印机的月租赁费为500美元，每影印一份需0.005美元的附加费用，纸张成本为每张0.005美元。影印一份即耗纸一张纸（没有双面影印）。该店的租赁费和雇员成本不随影印份数的变化而变化。

影印社完成一张客户订单，共5 000份，每份0.04美元，共200美元。假定接受该项工作不会影响其他工作。也就是说，设备和劳动力都有剩余——这项工作的机会成本为50美元（每张纸0.005美元，每份附加影印费0.005美元）。但是，这张订单的账面成本为150美元，其中包括制造费用分配额。该张订单应承担的制造费用等于将制造费用总额（房屋租金、人工成本和影印机租金）除以正常数量，再乘以该订单产品的数量得到的结果，或者：

	每月制造费用成本
房屋租金	$ 1 000
人工成本	2 000
影印机租金	500
	$ 3 500
除：正常数量（份）	175 000
每页制造费用成本	$ 0.02
加：纸张成本	0.005
每份额外影印成本	0.005
每份总成本	$ 0.03
总份数	5 000
总成本	$ 150

每份总成本为 0.03 美元的含义是什么？这就是长期平均成本。也就是说，按照每月 175 000 份的正常影印数量，该影印室每影印一份至少收费 0.03 美元，才能达到盈亏平衡点。如果影印份数从 175 000 份下降到 100 000 份，每份制造费用上升到 0.035 美元（3 500 ÷100 000），则此时价格是否应该上涨？

使得边际收益等于边际成本时的价格是使利润最大化的价格，那么边际成本变化了吗？没有，仍是每页 0.01 美元。那么，边际收益变化了吗？有可能，这取决于需求曲线的转换，实际上价格降低是可能的。图 9—5 与图 9—6 说明了当需求下降时，价格下降的典型情况。

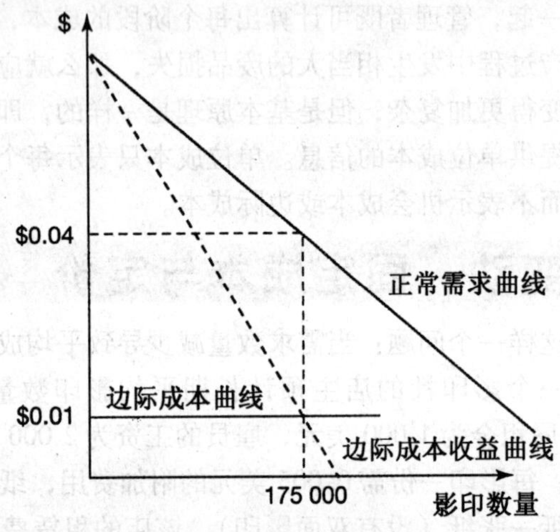

图 9—5　影印社举例

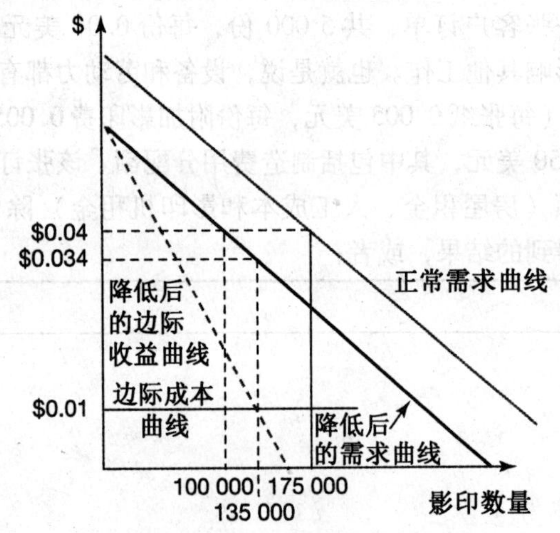

图 9—6　影印社举例：当需求下降时价格降低的情况

在图 9—5 中，正常需求曲线上的正常需求点对应的需求量是 175 000 份，价格为每份 0.04 美元。这条需求曲线对应一条边际收益曲线，代表正常边际收益。使 0.01 美元的边际成本等于正常边际收益，可以得出使利润最大化的影印数量（175 000 份），此时价格为 0.04 美元。

假定如图 9—6 所示，需求下降，需求曲线向下平移，则当价格为 0.04 美元时，需求量仅为100 000份（在降低后的需求曲线上找到价格为0.04美元的点，然后沿着通过该点的纵轴，可以看到需求量为100 000份）。换言之，如果需求曲线下移，价格仍为0.04美元，则每月销量只有100 000份。

如图9—6所示，当需求曲线下降后，利润最大化的价格会如何变化呢？是高于0.04美元，还是低于0.04美元？当边际收益等于边际成本时，利润最大，边际成本没有变，仍是每份0.01美元，边际收益曲线在需求下降的情况下向原点靠拢，如图9—6所示，降低后的边际需求曲线与边际成本曲线的交点所对应的价格为每份0.034美元。可见，当需求下降时，为了使利润最大，价格要从0.04美元降到0.034美元。

表9—10对比两种产出水平、两种价格下的利润总额。可以看出，在两种情况下，影印社都要亏损。然而，当价格为0.034美元时，亏损要小一些，固定成本在两种情况下没有发生变化，都是3 500美元。既然固定成本不随价格的变动而变动，那么固定成本与定价决策不相关。但是，对于停产决策，固定成本就不再是不相关因素了。假定房屋租金与影印机租金（每月1 500美元）是年初一次性支付的，而人工工资（每月2 000美元）每月月末支付。假定店面不能中途转租，则公司就只能继续经营直到房屋与影印机租赁期满为止。从目前情况看，除非需求有明显的增加，否则应停止经营。固定成本已属于沉没成本，无法收回。所以即使亏损也要经营下去，直到固定成本（租金与工资）可以完全付清，并获得正的现金流量。

表9—10　**影印社利润（损失）**

	价格＝$ 0.04 份数＝100 000	价格＝$ 0.034 份数＝135 000
收入	$ 4 000	$ 4 590
变动成本	(1 000)	(1 350)
固定成本	(3 500)	(3 500)
损失	$ (500)	$ (260)

自测题

[自测题1]　R&R座椅公司（R&R Chairs，Inc.）

R&R座椅公司生产两种型号的座椅（普通座椅与办公座椅），内设两个部门，分别生产椅架与座垫。在编制下一年度的计划时，管理者想知道每把椅子的生产成本。两种椅子的主要区别是办公座椅的坐垫加有衬垫料。两部门直接成本的预算情况见下表：

产量与成本预算

	椅架生产车间	座垫生产车间	合计
普通座椅			
产量（把）			225 000
每把椅子直接人工	$ 7.40	$ 6.40	
每把椅子直接材料	6.7	2.4	
合计	$ 14.10	$ 8.80	$ 22.90

续表

	椅架生产车间	座垫生产车间	合计
办公座椅			
产量（把）			192 000
每把椅子直接人工	$ 7.50	$ 8.70	
每把椅子直接材料	6.8	6.2	
合计	$ 14.30	$ 14.90	$ 29.20

目前，该公司采用以直接人工成本为基础的全厂单一分配率在不同产品之间分配制造费用，年度制造费用预算见下表：

制造费用预算

房屋租金	$ 1 680 000
间接人工	1 660 000
间接材料	1 125 000
设备租赁支出	1 665 000
制造费用总额	$ 6 130 000

要求：

a．根据所给的计划产量（普通座椅225 000把，办公座椅192 000把）编制一张报表，计算每个部门每把椅子的完全已分配成本。

b．管理者正准备改用部门制造费用分配率。椅架生产车间将直接人工成本作为分配制造费用的基础，而座垫生产车间将直接材料成本作为分配基础。要求计算每个部门的制造费用分配率，并根据以下资料设计一张新报表来反映每把椅子的完全已分配成本。

制造费用预算

	椅架生产车间	座垫生产车间
房屋租金	$ 500 000	$ 1 180 000
间接人工	650 000	1 010 000
间接材料	470 000	655 000
设备租赁支出	280 000	1 385 000
制造费用总额	$ 1 900 000	$ 4 230 000

c. 请解释两种方法存在的差异，你认为哪一种分配方案所估计的产品成本更准确？请说明理由。

解答：

a．全厂制造费用分配率：

制造费用总额	$ 6 130 000
除以直接人工成本*	÷ $ 6 215 400
制造费用分配率	$ 0.986

* $ 6 215 400 = 225 000 ×（$ 7.40 + $ 6.40）+192 000 ×（$ 7.50 + $ 8.70）。

	椅架生产车间	座垫生产车间	合计
普通座椅			
直接人工成本/把	$ 7.40	$ 6.40	$ 13.80
直接材料成本/把	6.70	2.40	9.10
制造费用（$ 0.986/DL$ ** ）	7.30	6.31	13.61
合计	$ 21.40	$ 15.11	$ 36.51
办公座椅			
直接人工成本/把	$ 7.50	$ 8.70	$ 16.20
直接材料成本/把	6.80	6.20	13.00
制造费用（$ 0.986/DL $）	7.40	8.58	15.97 *
合计	$ 21.70	$ 23.48	45.17 *

* 有 0.01 为四舍五入产生的差异。

** DL $：单位直接人工成本。

b. 分部门制造费用分配率：

	椅架生产车间	座垫生产车间
制造费用总成本	$ 1 900 000	$ 4 230 000
直接人工总成本	÷ $ 3 105 000 **	
直接材料总成本		÷ $ 1 730 400 †
制造费用分配率	$ 0.612	$ 2.445

	椅架生产车间	座垫生产车间	合计
普通座椅			
直接人工成本/把	$ 7.40	$ 6.40	$ 13.80
直接材料成本/把	6.70	2.40	9.10
制造费用（$ 0.612/DL $ * ）	4.53		4.53
制造费用（$ 2.445/DM $ * ）		5.87	5.87
总成本	$ 18.63	$ 14.67	$ 33.30
办公座椅			
直接人工成本/把	$ 7.50	$ 8.70	$ 16.20
直接材料成本/把	6.80	6.20	13.00
制造费用（$ 0.612/DL $）	4.59		4.59
制造费用（$ 2.445/DM $）		15.16	15.16
总成本	$ 18.89	$ 30.06	$ 48.95

* DL $：直接人工成本；DM $：直接材料成本。

** $ 3 105 000 = $ 7.40 × 225 000 + $ 7.50 × 192 000。

† $ 1 730 400 = $ 2.40 × 225 000 + $ 6.20 × 192 000。

c. 在将单一分配率转为部门分配率后，每把普通座椅的计划成本降低了 3.21 美元，每把办公座椅的计划成本上升了 3.78 美元。普通座椅计划单位成本下降了 9%，办公座椅的计划单位成本上升了 8%。导致这种变化的原因是：座垫生产车间承担了大部分制造费用，因为办公座椅的直接材料成本大于直接人工成本。如果所有的制造费用都将直接人工成本作为分配基础，则普通座椅就将承担较多的制造费用。如果座垫生产车间的成本随直接材料的变化而变化，而不随直接人工的变化而变化，那么采用分部门制造费用分配率所提供的产品成本信息比采用单一分配率更准确。反之，如果直接人工是座垫生产车间制造费用的成本动因，那么采用单一分配率所提供的产品成本信息更准确。

[自测题 2]　成本流程

下表是某一产品的分配成本计算单：

批号711

投产日期　5 月 26 日

完工日期　6 月 15 日

日期	原材料 类型	成本	数量	金额	直接人工 成本/小时	工时	金额
5 月 26 日	130	$ 30	6	$ 180	$ 18	5	$ 90
6 月 15 日	248	10	20	200	15	10	150
				$ 380		15	240
				直接材料总成本			$ 380
				直接人工总成本			240
				制造费用（15 机时 ×10 元/机时）			150
				合计			$ 770

制造费用的分配基础是直接人工工时（DLH）。所有零部件在该批产品生产前为企业的原材料存货。所有的产品于 7 月 10 日售出。请分别判断 5 月 26 日、6 月 15 日与 7 月 10 日的成本流程：

解答：

5 月 26 日：将 180 美元从“原材料”账户转入“在产品”账户
将 90 美元从“人工工资”账户转入“在产品”账户
将 50 美元（5DLH × 10 美元/DLH）从“制造费用”账户转入“在产品”账户

6 月 15 日：将 200 美元从“原材料”账户转入“在产品”账户
将 150 美元从“人工工资”账户转入“在产品”账户
将 100 美元（10DLH × 10 美元/DLH）从“制造费用”账户转入“在产品”账户

当该批产品完工时：

将 770 美元从“在产品”账户转入“产成品”账户

7 月 10 日：将 770 美元从“产成品”账户转入“产品销售成本”账户

习　题

[习题 9—1]

戴约香水公司（DeJure Scents）生产一种剃须后使用的润肤香水，采用分步成本法。原材料在开工时一次投入，加工成本在生产期内均匀发生。在 5 月份，投产 15 000加仑，没有期初存货，期末在产品为 2 000 加仑，完工程度为50%。

5 月份的加工成本为 28 000 美元，原材料成本为 45 000 美元。

要求：

a. 分别计算加工成本和直接材料的约当产量。

b. 分别计算约当产量单位加工成本和单位材料成本。

c. 计算期末在产品成本和本期完工产品成本。

[习题 9—2]

Kitchen Rite 公司准备停产一种产品，那是一种专门在厨房里使用的铁架，每月生产 2 000 个。市场上存在其他公司销售的相同铁架，价格为 9. 90 美元。该铁架的生产分为两步。先用冲压机从铁金属板中冲压出所需材料，弯曲两边，打孔。然后，再用焊接机把转角焊接起来。所用的冲压机和焊接机都是专门用于生产这种铁架的。一个铁架的生产成本如下面的分配成本计算单所示：

	单位成本
铁金属板	$ 4. 75
直接人工：	
冲压（20 美元/小时）	1. 60
焊接（30 美元/小时）	2. 50
制造费用：	
冲压机（折旧费）	3. 60
焊接机（租金）	2. 15
厂房	5. 90
	$ 20. 50

冲压机是旧的，已几乎没有经济价值。有二手设备经销商愿意免费拆卸、运走该机器。该冲压机是 13 年前买的，价格为 1 728 000 美元。配合税收和财务报告，使用直线法来摊销折旧，折旧年限为 20 年，残值为零。焊接机是租用的，每月租金为 4 300 美元,可随时终止租约并归还机器，但需为以后 42 个月支付每月 1 800 美元的提前终止合约赔偿。

厂房一般制造费用主要包括厂房折旧费用、财产税以及厂房防火保险费。Kitchen Rite 公司目前有剩余的厂房用地。如果铁架停产，生产用地将无法用于别处。

工人与公司签订的合同中有一条款，如果他们因公司停产而停工，则公司不能解雇他们。冲压工人暂时休假，领取正常工资的 75%；焊接工人可被安置在公司其他有人员空缺的职位。因为公司对焊接工人有着大量的需求，所以铁架停产后不久焊接工人便能得到重新安置。

今年和前两年，Kitchen Rite 公司的应税利润为负。

要求：

Kitchen Rite 公司是否应停产铁架？进行财务分析，说明你的观点。

[习题 9—3]

北桥（Northridge）公司生产两种滑雪鞋："奔跑者"和"参赛者"。公司今年计划只生产这两种产品。下表提供了本年度的产量计划数据及其相关成本预算：

	型号	
	奔跑者	参赛者
预计产量	2 500	6 200
单位成本		
直接材料	$ 16.00	$ 11.75
直接人工（18 美元/小时）	36.00	27.00
制造费用	54.00	40.50
销售费用与管理费用	8.60	19.40
单位成本	$ 114.60	$ 98.65

制造费用以直接人工成本为基础进行分配，制造费用分配率在年初使用弹性预算法来确定，变动制造费用率为直接人工成本的 70%。

要求：

年初时，用以确定制造费用分配率的固定制造费用的估计值是多少？

[习题 9—4]

Hurst 垫子公司专门为汽车定制用于替换的地板用垫，通过自动化的高级机器，用纺制尼龙制成。公司生产两种垫子：舒适型与豪华型。公司的部分工人联合向公司提出某些要求，导致公司产品的价格缺乏竞争力。至今，在质量、设计和配送方面，公司都具有优势。但工人的带头者极力要求公司增加工作安全保障设施，而公司管理层想要减少人工成本的比重。

Hurst 的制造费用主要在生产过程中发生，在生产两种地板用垫时，一般机器运作产生大部分的制造费用。独立的工程师和技术工人负责维护生产设备。机器运转需耗费昂贵的润滑剂和过滤管，也需要大量电力和天然气。每种型号的垫子分批生产，每批 10 张。除了生产机时上的不同，两种型号对生产设备没有个别要求。其生产成本资料如下表所示：

	舒适型	豪华型
每批（10 张）的生产机时（分钟）	12	9
每批的直接人工	$ 4	$ 6
每批的直接材料	$ 7	$ 5
年产量（批）	14 000	9 000

公司于年初编制弹性预算预计制造费用分配率，用以向两种型号的垫子分配制造费用。估计固定制造费用的总额为 680 000 美元，变动制造费用为每分钟1.50美

元。管理层正在商议，应该将生产机时还是直接人工成本作为分配制造费用的基础。

要求：

a. 分别以生产机时和直接人工成本为分配基础，计算制造费用分配率，结果保留两位小数。

b. 分别用两种制造费用分配率，计算两种型号垫子每批次的总生产成本。

c. 分析将生产机时或直接人工成本作为制造费用分配基础的利弊。

[习题9—5]

Simple公司生产DNA测试条，以直接人工成本为基础向单位产品分配制造费用。公司以1月1日到12月31日为一个会计年度，于年度开始前计算制造费用分配率。Simple只有一个生产工人J. Kusic。除直接人工外，只有一项制造费用成本，即财产税。预计J. Kusic明年的工资和奖金共50 000美元，其工作时间为2 000小时，时薪为25美元（50 000 ÷ 2 000）。预计Kusic 80%的工时为直接人工，其余为间接人工。预计财产税为110 000美元。在产品账户期初余额为0。

要求：

a. 计算Simple公司下一年度的制造费用分配率。

b. 1月2日（新一会计年度的第1个工作日），Kusic工作了8小时（5小时生产检测条，3小时等原材料到货）。Simple公司每天都记账或转账。1月2日完成记账或转账后，制造费用账户和在产品账户的余额是多少？

c. 年末，Kusic共领取工资和奖金合计50 000美元，其中44 000美元为检测条的生产成本。Kusic全年共工作2 000小时。公司全年共上缴财产税103 000美元。转账前，制造费用账户余额是多少？

[习题9—6]

里克背包公司生产高尔夫球背包和网球背包。预算固定制造费用为187 200美元，预算变动制造费用为每直接人工工时1.10美元，预算固定销售和管理费用为346 000美元。估计每个高尔夫球背包需耗费2.5个直接人工工时，每个网球背包需耗费1.8个直接人工工时，两种背包的计划产量分别为12 000个和18 000个。

该年度生产高尔夫球背包和网球背包分别实际耗用直接人工工时34 060小时和16 250小时。全年制造费用实际发生额为207 500美元。制造费用的分配以直接人工工时为基础。

要求：

a. 分别计算高尔夫球背包和网球背包的制造费用分配率。

b. 5月生产一批网球背包，耗用了1 900个直接人工工时。应向这批网球背包分配多少制造费用？

c. 计算年末的多分配/未分配制造费用。

[习题9—7]

计算下列未知项：

销售收入	$ 100 000
直接材料	29 000
直接人工	10 000
变动销售费用和管理费用	16 000
固定制造费用	30 000
固定销售费用和管理费用	9 000
利润总额	?
期初材料	3 000
期末材料	10 000
变动制造费用	?
直接材料购买成本	?
产品制造成本	?
净收益	1 000

［习题 9—8］

下列数据引自威尔林顿（Wellington）公司 2008 年的会计记录。年底有两批产品仍未完工，有关这两批产品的详细资料如下表所示：

	A	B
直接人工	$ 10 000	$ 28 000
直接材料	$ 32 000	$ 22 000
机时	2 000	3 500
直接人工工时	1 000	2 000

该公司采用制造费用计划分配率，即年初时用制造费用预算额除以预计直接人工总成本即可得到。2008 年初，预算数据如下：

预算直接人工成本	$ 250 000
预算制造费用	$ 187 500

2008 年实际发生的成本如下：

直接人工	$ 350 000
制造费用	$ 192 500
完工产品成本	$ 75 000
产品销售成本	$ 550 000

期初无存货，期末多分配（未分配）制造费用差额分别在产成品、在产品和产品销售成本之间分配，分配基础是各类账户的本期发生额。

要求：

a. 计算多分配（未分配）制造费用差额按比例分配前的在产品成本。

b. 在对制造费用账户期末多分配（未分配）余额按比例在在产品、产成品与产品销售成本之间分配后，编制一张综合反映三个账户成本的一览表。

c. 如果将多分配（未分配）差额全部转入产品销售成本，而不在三个账户间按比例分配，则公司的经营利润会发生怎样的变化？

[习题 9—9]

全球竞争的加剧迫使大多数公司不得不进行成本控制，以“勤俭持家”。罗奇科（Rochco）公司已经认识到“离岸”的竞争策略正在侵蚀它的市场份额。该公司有100多个部门（成本中心和利润中心）。在短短几年的时间内，为了使公司具有更强的竞争力，罗奇科公司进行了几次组织结构调整和裁员行动。

5年前，罗奇科公司将众多服务部门重新组建为几个经过精心策划的事业部。高层管理者要求各部门分散决策，并决定如果内部服务部门带给公司的价值小于接受外部服务所获得的价值，那么该部门就应被撤销。

Dennis flynn 是该公司大厦物业管理中心（BSD）的负责人，正面临着外部市场的竞争压力，总经理 Jim 要求 Dennis 出具一份规划，扭转该中心的不利局面。Dennis 提交了一份5年规划书，计划3年内扭亏为盈。然而，该目标的实现并不容易，因为 BSD 的成本要高出外部竞争者53%。表1概括了规划书的主要观点。

表1　**BSD 5年规划的主要观点——提高对内服务的价值**

·通过人员在公司内部的正常流动，使第一、第二年的生产率提高25%
·为了能与外部公司展开竞争，降低工资
·调整工作班次，由B班转为A班（每小时可节约0.75美元的额外费用）
·减少管理人员（从28人精简到15人）
·减少制造费用（运输工具及设备）
·建议客户使用易维护的建筑材料
·使为其他部门筛选员工的程序标准化，满足其他部门招收员工的要求。
·提高生产能力 ——提高BSD全体员工的积极性，增强他们自我管理和解决难题的意识（目前350名全日制员工中，有许多人尚未掌握读、写及简单的算术技巧） ——创造更多的培训机会，提高修配及维修服务的质量

BSD负责罗奇科公司主要建筑的清洁工作，作为一个成本中心，依据清扫建筑所花费的时间比例来分配所有的成本。BSD的总成本中有80%是人工成本（这在服务业中并不常见）。由于 Rochco 公司为了吸引人才，所制定的工资水平普遍高于本地其他行业，因此 BSD 的工资率也高于竞争对手。丹尼斯两年前的经营预算为1 700万美元。

BSD的劳动力更新率快于罗奇科公司的平均水平（20%与5%），根本原因是BSD主要从公司外部雇用劳动力，而其他大多数部门都依赖员工在内部的流动。生产部门在对外招工之前，首先从BSD招收一部分新员工，原因有两点：其一是这部分员工事先已接受BSD的基本培训，罗奇科公司的企业文化深入人心；其二是BSD的员工是经过严格筛选后才被雇用的，因而他们可以胜任生产部门的工作。当正式员工出去度假时，生产部也找BSD的员工去代工。

去年BSD降低了它的分配成本总额，从而使内部价格高出市场价格的水平下降了29% ，原计划是下降37%。BSD现在1年的总成本为1 500万美元。罗奇科公司的经理们从未承担过如此沉重的降低成本的压力。7月份，BSD一个最大的客户、生产部经理Laurri严肃地告诉Dennis，出于价格原因，他正在考虑接受外部的清洁服务。Laurri所管理的成本中心正面临着需降低成本的挑战，其所接受的服务占BSD提供服务总量的50%。Dennis认为失去Laurri这个大客户，将会影响5年保本平衡目标的实现，同时将增加其他部门所负担的成本，使更多的部门转向市场外部。尽管从完全成本的角度看，BSD不具有竞争力，但若仅考虑间接成本，BSD仍具有竞争优势。

要求：

a. 描述影响Dennis、Jim及Laurri决策的成本会计与控制因素。

b. Dennis相信，如果BSD一直拥有现有的客户，那么其成本削减计划可以如期实现。他是否应该降低价格来留住Laurri这个大客户。

c. Jim是否应该要求各经营部门经理继续使用BSD的服务？这一命令会导致怎样的结果？

资料来源：S．Usiatynski，H．Merkel and M. Joyce.

[习题9—10]

某汽车制造公司的车架焊接车间负责车架的焊接。有4台由电脑控制的机器人，使得每个车架的焊接可同时进行。去年安装机器人时，预计在报废或被更先进的技术代替前，它们的使用寿命为5年。在使用期限内，预计每个机器人可焊接1亿个接口，每个机器人的价值为800万美元。使用期满后，残值抵减清理费用后，净残值为零。

公司采用传统的完全成本法计算车架的成本，会计系统支持企业的经济决策和控制。内、外报表均采用直线折旧法，加速折旧法被用于报税。当车架通过焊接工序时，成本的分配是以每个车架焊接口的个数为基础的。车架不同，焊接口的个数也不同。某一类车架需要1 000个接口，每个接口的成本为0. 11美元，这个比率是在年初时，焊接车间估计固定和变动成本后制定的。预计焊接口总数等于每年焊接车架数量乘以每个车架焊接口的个数。预计焊接口个数可用来估计焊接车间的总成本，单位接口成本等于焊接计划成本除以预计焊接口总个数。预计当年的焊接口总数为7 200万个。

下表说明了每个接口所耗成本的计算过程：

当年焊接品单位成本

	变动成本（7 200万个接口）	固定成本	总成本
折旧*		$ 6 400 000	$ 6 400 000
焊枪	$ 700 000		700 000
技术工程服务	300 000	200 000	500 000
电力	180 000		180 000
制造费用	85 000	55 000	140 000
合计	$ 1 265 000	$ 6 655 000	$ 7 920 000
÷预计接口个数	72 000 000	72 000 000	72 000 000
接口单位成本	$ 0. 0176	$ 0. 0924	$ 0. 1100

*年折旧额=4个机器人×800万美元÷5年。

在阅读上表后，制作部（包括焊接车间）经理 Amy Miller 给出如下评论：

“我知道现在我们在计算接口成本时，折旧费用是按照直线折旧法计算的，但是我认为如果采用产量折旧法计算机器人折旧成本，似乎更为合理。每个机器人的成本为 800 万美元，预计在其使用寿命内，可焊接 1 亿个接口，则平均每个接口的折旧费为 0.08 美元。然后，再加上其余的固定成本和变动成本，即可求出接口的单位成本。如果先将 640 万美元的折旧费用排除在外，重新计算单位固定成本，即用 255 000 美元除以 7 200 万个接口，得 0.00354 美元，再加上 0.0176 美元的单位变动成本和 0.08 美元的单位折旧费用，则单位接口成本就变成 0.1011 美元，低于现在的 0.11 美元。这样一来，对于每个复杂车架而言，可使成本降低 10 美元。

在我看来，使用产量折旧法的优点在于将折旧费用变为变动成本。这是一种真正的利益，因为随着固定成本的降低，盈亏平衡点会有所降低，所以经营杠杆也会降低，公司的经营风险也就会随之降低。

我认为我们应该说服高层管理者采用更实用的折旧方法。”

要求：

你是否赞同 Amy Miller 的建议？

[习题 9—11]

斯卡宾司（Scapens）医疗中心下属的英格沃德（Englewood）工厂专门生产两种型号的外科手术刀：303 型与 604 型。本年度，该工厂只生产这两种产品，预计产量及其相关成本数据如下表所示：

	手术刀	
	303 型	604 型
计划产量	7 500	9 200
单位成本		
直接材料	$ 13.50	$ 11.75
直接人工	33.00	27.50
制造费用	52.50	43.75
销售费用与管理费用	18.60	19.40
单位成本	$ 117.60	$ 102.40

制造费用的分配基础是直接人工工时，制造费用分配率是采用弹性预算法于年初确定的。在编制弹性预算时，所预计的固定制造费用为 546 000 美元。

要求：

计算每多生产一件 604 型产品所需的变动制造费用。

[习题 9—12]

Jacklin 冲压机公司以机时为基础分配制造费用，并在年初编制弹性预算，以计算预计制造费用分配率，在当年用此分配率向各产品分配制造费用。下表说明了上一年度的经营情况。

预算固定制造费用	\$ 3 800 000
多分配制造费用变动额	\$ 220 000
实际生产机时	46 000
单位机时的变动制造费用	\$ 100
制造费用实际发生额	\$ 8 750 000

要求：

年初计算制造费用分配率时，公司使用了哪种预算数量计算生产工时？

[习题 9—13]

Bartolotta 公司年末有一笔多分配制造费用余额。公司将其 1/3 转入产品销售成本，使净收益增加了 100 000 美元。其余部分转入存货账户。制造费用是以直接人工成本为基础分配的，公司编制弹性预算计算制造费用分配率。会计年度开始前，公司预计变动制造费用分配率为每直接人工成本 7.00 美元，预计直接人工成本为 1 000 000 美元。该年度实际制造费用为 9 700 000 美元，实际直接人工成本为 1 250 000 美元。计算制造费用分配率时，Bartolotta 公司预计的固定制造费用是多少？

[习题 9—14]

查姆（Chemtrex）公司专门生产农用化学药品，并采用分步成本法。7 月初，查姆公司在产品为 70 万加仑，完工程度是 70%，当月投产 400 万加仑，完工 370 万加仑。期末在产品为 100 万加仑，完工程度是 60%。加工成本在不同生产工序之间均匀发生。计算 7 月加工成本的约当产量。

[习题 9—15]

某架具制造公司（Frames, Inc.）生产两类金属架：大型架和小型架。生产工序是先将角钢切成合适尺寸的钢片，然后再将钢片焊接在一起形成金属架，并采用高度自动化的生产方式。公司有许多技术工程人员，专门负责自动化设备的维护，因而形成一笔数额不小的间接人工成本。公司有个生产部门：切割车间与焊接车间。下面的报表详细列示了该年的实际成本：

架具制造公司

12 月 31 日

直接成本

架具类型	产量	直接人工	直接材料
大型	10 000	\$ 480 000	\$ 950 000
小型	30 000	1 140 000	800 000

部门制造费用

制造费用	切割车间	焊接车间	合计
设备折旧	\$ 58 000	\$ 174 000	\$ 232 000
间接人工	430 000	480 000	910 000
一般制造成本			150 000
制造费用总额			\$ 1 292 000

千瓦时			
架具类型	切割车间	焊接车间	合计
大型	530 000	1 040 000	1 570 000
小型	910 000	120 000	2 110 000
总千瓦时	1 440 000	2 240 000	3 680 000

要求：

a. 采用全厂单一分配率计算大、小两种金属架的单位成本，单一分配率的分配基础是直接人工成本。

b. 计算大、小两种金属架的单位成本，要求计算设备折旧、间接人工与一般制造成本时分别采用不同的分配率，其中设备折旧与间接人工成本的分配基础为千瓦时，一般制造成本的分配基础为直接成本（直接人工与直接材料之和）。

c. 计算大、小两种型号金属架的单位成本，要求切割车间与焊接车间采用不同的制造费用分配率。在对各部门制造费用进行分配之前，先将一般制造成本在两部门之间分配，切割车间所采用的分配基础为直接材料成本，焊接车间所采用的分配基础为千瓦时。

d. 请分析为什么采用不同的制造费用分配方法会产生不同的平位成本？哪种方法最好？

[习题 9—16]

媒体设计公司（Media Designs）是一家专门设计和印制个性化营销小册子的公司。设计部负责设计，印刷部负责印刷和装订。各部门有各自的制造费用分配率。下面是 2010 年度对两个部门相关情况的预测：

	设计部	印刷部
制造费用	$ 800 000	$ 500 000
直接人工成本	$ 3 250 000	$ 410 000
直接材料成本	$ 8 500	$ 250 000
直接人工工时	50 000	10 000

公司以预算制造费用分配率向各批次产品分配制造费用。设计部使用直接人工工时分配制造费用，而印刷部使用直接材料成本进行分配。

要求：

a. 设计部和印刷部的制造费用分配率分别是多少？

b. 为 Matsui 公司制作小册子的资料如下：

	设计部	印刷部
直接材料成本	$ 3 000	$ 12 000
直接人工成本	$ 46 200	$ 28 500
直接人工工时	700	750

该批次产品的制造费用成本是多少？

c. 2010 年底的实际运营情况如下：

	设计部	印刷部
制造费用	$ 802 000	$ 490 000
直接人工成本	$ 3 193 000	$ 451 500
直接材料成本	$ 11 550	$ 230 000
直接人工工时	51 500	10 500

[习题 9—17]

Mutual 基金公司（MFC）最近计划统筹安排公司的次日抵达特快专递。公司有五个部门需要这种快递服务：交易处理部、交易核查部、证券处理部、会计控制部和客户服务部。尽管这五个部门分别发送不同种类的包裹，但发送的目的地经常相同。目前，每个部门各自从外部购买快递服务，各自的交费标准为：

部门	邮包重量（磅）				
	1	2	3	4	5
交易处理部	$ 7.25	$ 8.50	$ 9.75	$ 11.00	$ 12.25
交易核查部	7.75	8.75	9.75	10.75	11.75
证券处理部	8.00	9.50	11.00	12.50	14.00
会计控制部	10.00	12.00	14.00	15.50	16.50
客户服务部	16.00	18.00	20.00	22.00	24.00

MFC 要求每个部门对来年次日抵达邮件的使用量进行估计，估计结果如下：

根据估计使用量，MFC 即可与 EXP 快递公司商定下一年度公司对次日抵达的特快专递的收费标准：

每个邮包的收费标准

重量（磅）	收费标准
1	$ 7.75
2	8.70
3	9.65
4	10.65
5	11.60
6	12.55
7	13.55
8	14.50
9	15.45
10	16.45

集中处理次日抵达邮件的部门作为一个成本中心，其所发生的成本费用都应在五个部门之间分配。分配时主要考虑两个因素：

（1）EXP 公司单位邮包的收费标准（按重量计算）。

（2）单位邮包的制造费用分配额。

MFC 计划采用计划制造费用分配率分配制造费用，以单位外包的重量作为分配基础：接受邮包时就分配制造费用，分配比率是年初事先确定的。组成制造费用的共同成本包括：人工工资、管理费用以及其他费用，具体情况如下：

制造费用

3 名员工 ×11 000 美元/人・年	$ 33 000
1 名管理者 ×18 000 美元/年	18 000
其他成本（租金、设备等）	24 000
制造费用总额	$ 75 000

与此同时，公司内部对集中处理所有次日抵达邮件产生了争论和质疑。交易处理部和交易核查部的经理最不赞成这种分配制度，他们认为这非但不公平，而且不能实现真正的成本节约。

要求：

a. 计算成立次日抵达邮件集中部门后的制造费用分配率。

b. 分别计算在当前组织系统和集中次日抵达邮件系统下，MFC 公司次日抵达快递服务的全部成本及部门成本。

c. 请分析为什么交易处理部和交易核查部的经理强烈反对集中次日抵达邮件系统，你同意他们的观点吗？

d. 估计集中次日抵达邮件系统下制造费用的分配方法，你认为是否有更好的成本分配方法？如果有，是什么？

e. 你认为能否改进集中次日抵达邮件系统？如果能够，怎么改进？

资料来源：A. Di. Gabriele，M. Perez，C. Tolomeo and J. Twombly.

[习题 9—18]

奥德（Outdoor）公司是英国灯具公司下属的规模较小的一家了公司，其销售额与利润不到母公司的 5%。奥德公司专门生产各种民用灯具。在过去的 10 年里，该公司利润水平很低，两年前，为了改变这种局面，母公司派去了一位新的总经理。由于前任经理不良决策遗留的系列问题，第一年业绩仍然不佳，但是第二年，新任总经理为奥德公司带来了利润的快速增长。

美国灯具公司对其子公司规定如下会计政策：发出存货采用先进先出法；如果预算与实际之间的差异（包括未分配/多分配制造费用）不超过预算总额的 15%，可全部转入产品销售成本，否则就要在产品销售成本与存货之间分配。

奥德公司以直接人工为基础在不同产品之间分配费用，年初编制制造费用弹性预算。由于居民住房照明初装量的不确定性，准确地预计制造费用成本并不容易。

下表总结了奥德公司在过去两年中的经营情况：

	2010 年	2011 年
预算直接人工工时	1.04M*	1.00M
实际直接人工工时	1.00M	1.20M
实际制造费用	$ 28.00M	$ 32.00M
预算固定制造费用	$ 13.00M	$ 15.00M
预算单位工时的变动制造费用	$ 12.50	$ 15.00
存货	$ 28.96M	$ 30.15M

* M = 百万。

要求：

a. 分别计算 2010 年、2011 年多分配（未分配）的制造费用。

b. 2011 年公司净收益从 2010 年的 1 000 万美元上升到 2 000 万美元，请写一份有关奥德公司新任经理业绩考评的报告。

[习题 9—19]

某部门是某工厂生产工序的第一步，该部门本季度的生产资料如下表所示：

	产品数量
期初在产品（完工程度为 70%）	30 000
本期投产	580 000
本期完工转出	550 000
期末在产品（完工程度 60%）	60 000

原材料于开工时一次性投入，加工成本（人工成本和折旧）均匀发生。公司使用先进先出法核算发出存货成本，则该部门本期用来分配加工成本的约当产量是多少？

[习题 9—20]

IPX 是一家专门进行产品包装的公司，其他制造商将其产品成批量地运到 IPX，IPX 采用一种最先进的机器来包装产品，再将包装好的产品运给批发商。现接到一份包装玩具的订单，要求分两道工序包装：先装入透明塑料袋，再装入纸盒。

IPX 采用弹性预算预测全厂的年度制造费用，然后以机时为基础，将其在不同生产批次之间分配。年度制造费用弹性预算方案为：固定成本为 600 万美元，每机时 120 美元，预计全年总机时为 20 000 小时。

到年底，实际机时为 21 000 小时，实际制造费用为 914 万美元。

要求：

a. 计算年初预定的制造费用分配率。

b. 计算年末多分配/未分配的制造费用金额。

c. 当将多分配/未分配制造费用全部转入产品销售成本时，公司的利润将怎样变化？

[习题 9—21]

玛克盖维（MacGiver）铜业公司专门生产镀铜制品，年销售额为 800 万美元，税前利润为625 000美元。玛克盖维公司在本地银行有一笔营运资本未偿贷款。假如你是负责审核玛克盖维公司贷款申请的信贷员，现在要出具一份建议书，建议下年度是否继续给该公司608 000美元的贷款。

在审核玛克盖维公司近期财务报表时，你发现下述脚注：

未分配制造费用余额为462 000美元，按比例在存货（2/3）和产品销售成本（1/3）之间分配。

要求：

a. 当看到上述脚注时，你会怎样评价该公司的年度报表？这条脚注将怎样影响你的贷款建议书？

b. 你准备在与玛克盖维公司总经理和财务主管会面时，就脚注向他们提出哪些问题？

[习题9—22]

纸盒厂（Ware Paper Box）生产一种瓦楞纸盒，采用分批成本法，2月、3月的经营资料如下表所示：

生产批号	投产日期	完工日期	销售日期	总制造成本（2月28日）	总制造成本（3月份）*
613	1月28日	2月5日	2月15日	$ 12 500	
614	2月5日	2月17日	2月20日	17 200	
615	2月20日	2月27日	3月5日	18 500	
616	2月25日	3月10日	3月20日	10 100	$ 13 400
734	2月21日	3月15日	4月1日	4 300	8 200
735	2月27日	4月1日	4月9日	9 100	2 400
736	3月2日	3月22日	4月19日		16 300
617	3月15日	3月20日	3月26日		19 200
618	3月22日	4月5日	4月15日		14 400

* 只包括3月份发生的制造成本，不包括任何以前月份的制造成本。

1月28日以前，工厂因罢工而关闭，1月28日第一批产品（#613）投产，此时工厂没有其他的生产任务。

要求：

计算下列数量：

a. 2月28日“在产品”成本。

b. 3月31日“在产品”成本。

c. 2月28日“完工产品”成本。

d. 3月31日“完工产品”成本。

e. 2月产品销售成本。

f. 3月产品销售成本。

[习题9—23]

塔根（Targon）公司生产喷水设备，产品按批量组织生产，成本核算采用分批成本法，塔根公司运用完全成本法归集成本。下面是 2010 年 8 月 31 日某些账户的余额，该公司的会计年度为上年 10 月初到下一年 9 月底。

库存材料	$ 32 000
在产品	1 200 000
产成品	2 785 000
制造费用	2 260 000
产品销售成本	14 200 000

在产品由两批产品组成：

生产批号	数量	项目	归集成本
3005 – 5	50 000	普通喷水器	$ 700 000
3006 – 4	40 000	经济喷水器	500 000
			$ 1 200 000

产成品由五个项目组成：

项目	数量	单位成本	归集成本
普通喷水器	5 000	$ 22	$ 110 000
豪华喷水器	115 000	$ 17	1 955 000
铜制喷嘴	10 000	$ 14	140 000
柠檬喷头	5 000	$ 16	80 000
连接管	100 000	$ 5	500 000
			$ 2 785 000

2009—2010 年度的制造成本预算如下，公司以直接人工工时为基础分配制造费用。

年度制造成本预算（2009 年 10 月 1 日—2010 年 9 月 30 日）	
直接材料	$ 3 800 000
零部件成本	6 000 000
直接人工（400 000 小时）	4 000 000
制造费用	
补给品	190 000
间接人工	700 000
管理费用	250 000
折旧	950 000
用具	200 000
保险费	10 000
财产税	40 000
其他	60 000
制造成本总额	$ 16 200 000

当年前 11 个月的作业任务接近预算，到 2010 年 8 月 31 日为止，总直接人工工时为 367 000 小时。

所有的直接材料、零部件及补给品的成本都计入库存材料账户，9 月新购入的库存材料如下所示：

原材料	$ 410 000
零部件	285 000
补给品	13 000

领用直接材料、零部件及补给品时从“库存材料”账户转出，9 月的领用情况如下：

	零部件	原材料	补给品	领用成本
3005-5	$ 110 000	$ 100 000	$—	$ 210 000
3006-4	—	6 000	—	6 000
4001-3（30 000 个柠檬喷头）	—	181 000	—	181 000
4002-1（10 000 个高级喷水器）	—	92 000	—	92 000
4003-5（5 000 个响铃喷水器）	163 000	—	—	163 000
补给品	—	—	20 000	20 000
	$ 273 000	$ 379 000	$ 20 000	$ 672 000

9 月的人工成本如下：

	小时	成本
3005-5	6 000	$ 62 000
3006-4	2 500	26 000
4001-3	18 000	182 000
4002-1	500	5 000
4003-5	5 000	52 000
间接人工	8 000	60 000
管理费用	—	24 000
销售费用	—	120 000
		$ 531 000

9 月发生的其他制造成本是：

折旧	$ 62 500
用具	15 000
保险费	1 000
财产税	3 500
其他	5 000
	$ 87 000

9 月完工生产批次及其实际产量如下：

生产批号	数量	项目
3005-5	48 000	普通喷水器
3006-4	39 000	经济喷水器
4001-3	29 500	柠檬喷头
4003-5	49 000	响铃喷水器

9 月下列完工产品被运给顾客：

项目	数量
普通喷水器	16 000
豪华喷水器	32 000
经济喷水器	20 000
响铃喷水器	22 000
铜制喷嘴	5 000
柠檬喷头	10 000
连接管	26 000

要求：

a. 计算会计期末（2010 年 9 月 30 日）多分配（未分配）的制造费用，首先要确定期末是否存在多分配（未分配）的制造费用。

b. 计算 2010 年 9 月 30 日“在产品”账户的余额。

c. 计算 2010 年 9 月 30 日“产成品”账户的余额，其中普通喷水器的销售采用 FIFO。

资料来源：《注册管理会计师》。

[习题 9—24]

纽维（Neweway）塑料制品公司专门生产用于制作汽车保险杠的丙烯酸化合物，生产工序是连续的，原材料于开工时一次性投入，加工成本均匀发生。5 月的经营结果如下：

期初在产品（数量）		6 000	
原材料	$ 2 680		
加工成本（50%）*	892	$ 3 572	
完工产品数量		40 000	
本期投入数量		38 000	
期末在产品数量		4 000	（70%）*
本期发生加工成本		$ 17 512	
本期发生材料成本		$ 19 760	

* 完工程度。

要求：

分别采用加权平均法和先进先出法计算5月的完工产品成本和期末在产品成本。

[习题9—25]

Pyramid公司位于美国威斯康星州奥什科什市，专门生产家用和办公用清洁用品。公司有员工450人，产品包括地蜡、清洁剂、浴室及厨房清洗剂、喷雾型空气清新剂、消毒剂以及衣物去污剂。产品以自有商标（Pyramid）销往超市、家庭和园艺中心。长期以来，来自国内品牌的竞争压力和大型经销商（如沃尔玛）的削价压力，使奥什科什厂房现有的剩余产能相当于25年前厂房建立时历史产能的40%。Pyramid已尝试多种策略提高现有产品的销量，但到目前为止仍未见成效。

为了增加产量和提高现有产品的销量，公司管理层开展并购策略，聘用了投资银行为其寻找合适的并购对象。合适的并购对象应为家用清洁用品业的公司，其产品与Pyramid的产品有互补性，且能传送到奥什科什厂房。互补产品不会使Pyramid的现有产品重复生产，且具有可增加Pyramid其他产品销量的经销渠道。投资银行确定了两家候选公司，Zapp和Kleann，两家公司都针对国内家用清洁用品市场生产品牌产品，都能以提高Pyramid现有产品销量的方式与Pyramid合作，都能以相同的价格收购。但由于Pyramid资金有限，融资渠道也有限，因此只能收购两家公司中的一家。

投资银行向Pyramid提供了两家目标公司的以下资料：

	Zapp	Kleann
单价	\$ 45.00	\$ 37.50
单位变动成本	\$ 33.00	\$ 27.50
年产量	80 000	60 000
单位产品耗用直接人工工时	0.20	0.60

除了参考上表中的价格与变动成本信息以外，奥什科什的厂房经理及其首席财务官一同参观了Zapp公司和Kleann公司。他们预计，如果收购Zapp公司，奥什科什厂房的年固定制造费用将增加600 000美元，而如果收购Kleann公司则将增加400 000美元。这些增加的年固定成本包括上升的设备租金、质量控制工人工资、工程技术费和采购费。

奥什科什厂房采用全年单一制造费用分配率分配制造费用。目前，工厂的固定制造费用为3 000 000美元，产能为50 000个直接人工工时，厂房的变动制造费用可忽略不计。以直接人工工时为基础分配制造费用。

要求：

a. 计算奥什科什厂房目前的固定制造费用分配率（收购Zapp或者Kleann前）。

b. 计算如果收购Zapp公司，奥什科什厂房的固定制造费用分配率。假定收购Zapp公司后，奥什科什厂房的现有固定制造费用将增加600 000美元，且所有固定制造费用向所有产品分配（包括Zapp的产品）。

c. 计算如果收购Kleann公司，奥什科什厂房的固定制造费用分配率。假定收购Kleann公司后，奥什科什厂房的现有固定制造费用将增加400 000美元，所有固定制造费用向所有产品分配（包括 Kleann 的产品）。

d. Pyramid 管理层不知道两家目标公司的最终谈判价格。投资银行认为两家公司的收购价格相等。然而，Pyramid 必须先决定收购哪家公司。工厂经理对 Kleann 公司更感兴趣。她指出，工厂的最大问题是制造费用的分配，当产量下降时，工厂现有的产品需承担不断增加的制造费用。她认为 Kleann 能比 Zapp 分担更多的制造费用，因为 Kleann 的单位产量所需的直接人工工时是 Zapp 的 3 倍，故与 Kleann 相比，Zapp 分担较少的固定制造费用。

简要评述工厂经理关于 Pyramid 应首先考虑 Kleann 而不是 Zapp 的观点。假定 Zapp 和 Kleann 都能为 Pyramid 的现有产品增加分销渠道，从而使 Pyramid 通过现有产品获得的利润得到同等的增长。

[习题 9—26]

玛米德（MumsDay）公司生产以玻璃纤维为原料的公文包与手提箱，公司有三个生产车间（造型、附件、组装）和两个服务部门（动力与维修）。

造型车间负责箱包的面板制作，附件车间负责铰链、箱架、锁等附件的生产，组装车间将各部件组装成箱。产品型号不同，所要求的原材料、时间和劳动耗用量均不相同。动力部和维修部为三个生产车间提供服务。玛米德公司一般采用全厂单一的制造费用分配率，分配基础为直接人工工时。公司在确定计划分配率时，将预计公司制造费用除以三个生产车间预计直接人工工时之和即可求得。

Whit Portlock 是成本会计部门的经理，他建议公司应采用部门制造费用分配率。他预计了下一年度各部门的作业量，算得各部门的经营成本如下：

制造部门 单位：千美元

	造型车间	附件车间	组装车间
部门作业量			
直接人工工时	500	2 000	1 500
机器工时	875	125	0
部门成本			
原材料	$ 12 400	$ 30 000	$ 1 250
直接人工工时	3 500	20 000	12 000
变动制造费用	3 500	10 000	16 500
固定制造费用	17 500	6 200	6 100
部门总成本	$ 36 900	$ 66 200	35 850
使用服务部门提供服务			
维修部门			
预计下一年度直接人工工时使用量	90	25	10
动力部门（千瓦时）			
预计下一年度使用量	360	320	120
满负荷千瓦时分配量	500	350	150

服务部门

	动力部门	维修部门
部门作业量		
最大生产能力（满负荷）	1 000 千瓦时	可调整
预计下一年度利用程度	800 千瓦时	125 小时
部门成本		
原材料及燃料	$ 5 000	$ 1 500
直接人工工时	1 400	2 250
固定成本	12 000	250
服务部门总成本	$ 18 400	$ 4 000

要求：

a. 仍延用过去的方法，计算玛米德公司下一年度全厂的单一制造费用分配率。

b. 公司经理要求 Whit 比较采用部门制造费用分配率与全厂单一制造费用分配率的不同：

（ⅰ）以人工工时为标准分配维修部门成本。

（ⅱ）以长期生产能力为基础分配动力部固定成本，以计划使用量为基础分配变动成本。

（ⅲ）计算三个生产车间的制造费用分配率，其中造型车间以机时为分配基础，附件车间和组装车间以直接工时为分配基础。

c. 玛米德公司应该采用全厂制造费用分配率还是部门制造费用分配率？请说明理由。

资料来源：《注册管理会计师》。

[习题 9—27]

Magic 地板公司生产和销售用于修护地板的全套产品：地蜡清除剂、清洗地板用的肥皂和地蜡。所有产品通过新型、快速的瓶装生产线进行包装。空瓶（品脱装、夸脱装、半加仑装和加仑装）自动从装箱移动到生产线上，装满，然后以金属薄片封口，用螺口瓶盖盖好，贴上标签。接着转到称台称重，以确保所有瓶子都已装满。包装合格的瓶子用箱装好，箱面贴上条形码航运标签。一旦安排好瓶子规格、填充物、条形码标签，该填充生产线就只需要最少的直接人工。假定该生产线的运作时间为每天 7 小时，每星期 5 天以及每年 50 个星期，那么于 2010 年购买该生产线的决定就被认为是正确的。

该生产线 2010 年的运营预算如下：

维修费用	$ 77 000
间接人工成本	182 000
折旧费用	127 000
公共开支	29 000
间接补给	27 000

公司 2012 年的预算产量如下：

瓶装产品	品脱装	夸脱装	半加仑装	加仑装
地蜡清除剂	40 000	50 000	60 000	47 000
肥皂	48 000	62 000	79 000	70 000
地蜡	44 000	55 000	68 000	49 000

公司将预算成本除以预算数量，得到预算制造费用分配率，据此把填充生产线的运营成本分配给各种瓶装产品。预算数量是生产线的运作时间（秒），品脱装的填充时间为3秒，夸脱装为5秒，半加仑装为9秒，加仑装为17秒。

2012年度填充生产线的运作时间如下（单位：秒）：

瓶装产品	品脱装	夸脱装	半加仑装	加仑装
地蜡清除剂	118 000	246 000	542 000	800 000
肥皂	145 000	305 000	703 000	1 180 000
地蜡	130 000	270 000	608 000	840 000

2012年度填充生产线的制造费用的实际发生额如下：

维修费用	$ 76 000
间接人工成本	179 000
折旧费用	127 000
公共开支	28 000
间接补给	25 000

要求：

a. 计算2012年度填充生产线的预计运作量。

b. 计算2012年度填充生产线的正常运作量。

c. 以预计数量为基础，计算2012年度填充生产线的制造费用分配率（四舍五入到4位小数）。

d. 以正常数量为基础，计算2012年度填充生产线的制造费用分配率（四舍五入到4位小数）。

e. 以预计数量为基础，计算2012年度填充生产线多分配/未分配制造费用。

f. 以正常数量为基础，计算2012年度填充生产线多分配/未分配制造费用。

g. 用直观的术语解释，（e）与（f）的计算结果为什么不同。

[习题9—28] 略

[习题9—29] 略

[习题9—30] 略

[习题9—31] 略

[习题9—32] 略

案　例

[案例 9—1]

伯特哥（PortCo）是一家家具制造公司，组织结构采用事业部制。每个事业部是相对独立的经营单位，单独对产品销售、经营成本、营运资本的管理及设备购建负责。每个部门经营不同的家具产品，由于各部门的市场与产品差异很大，因而部门之间不存在产品转移的情况。

商业部生产餐饮业专用的家具和设备，计划开发一种新型软椅，可于商店柜台前使用。该部经理 John Kline 最近与办公用品部经理 Russ Fiegel 讨论了这个项目，他们都认为目前办公用品部正在生产的豪华软椅可以被改装为这种新型的柜台软椅。结果，Kline 与 Fiegel 就软椅的价格问题展开了一番讨论：

Fiegel：John，我能很容易地对软椅进行改造、变更，你们部门所要生产的柜台软椅的原材料与我部所生产的豪华办公软椅的原材料只有一点不同，因此只需额外再加 10% 的成本。然而，由于两种椅架的结构相同，因此制造时间相等。我打算仍以常规的比率定价，即完全成本和 30% 加成。

Kline：这个价格比我预期得要高，Russ。我想一个比较合理的价格应以你的变动成本为基础，因为无论是否生产这批产品，你的生产能力成本都是无法避免的。

Fiegel：John，目前本部门的生产能力已完全利用，如果要为你的部门生产软椅，那么就必须削减豪华办公椅的产量。当然，如果我把生产豪华软椅架的时间用于生产普通椅架，那么就会增加普通办公座椅的产量。同时，也可以节约你的原材料成本。然而，生产椅架的时间总数是有限的。幸运的是，我能够毫无效率损失地在两种椅架之间转换。如你所知，在我们这个共同体内没有多余的时间可调配。我也愿意以变动成本价出售给你，但是我们这两种产品的市场需求都有过剩。如果能够获得高的投资回报率，我可以为你改产普通办公座椅。这是关于两种座椅的成本及制造费用预算：

办公用品制造费用预算

制造费用	特征	金额
补给品	变动成本——当前市价	$ 420 000
间接人工	变动成本	375 000
管理人员工资	非变动成本	250 000
动力	随作业量而变化，单位作业价格不变	180 000
暖气与照明	非变动成本——照明费用与产量无关，暖气费用随燃料价格变化	140 000
财产税与保险费	非变动成本——金额与比率的变化都与产量无关	200 000
折旧	固定成本	1 700 000
雇员福利费	管理人员工资、直接、间接人工的 20%	575 000
	制造费用总额	$ 3 840 000
	生产能力总工时（直接人工）	÷300 000
	制造费用分配率	$ 12.80

Kline：我想我能够明白你的观点，但是我们无法接受这种价格，或许我们应该与公司总部谈谈，他们可能会给我们一些好的建议。

要求：

a. Kline 与 Fiegel 请求公司总部管理者就转移价格的确定发表意见，公司总部建议他们将机会成本价格作为转移价格，即以变动成本加所放弃的利润为基础，计算软椅的转移价格。

b. 对于完全成本转移价格、变动成本转移价格、机会成本转移价格而言，哪种方法是对该公司最有利的选择？解释原因。

资料来源：《注册管理会计师》。

[案例 9—2]

Chris Maynard 是希思（Health）金属制品公司的一名客户服务工程师，他正在审核为 LA 公司生产的雷达庇护装置的成本。LA 是 Maynard 最大的客户之一。雷达掩护装置是由金属薄板构成的，专用于飞行器雷达系统。Maynard 详细复查了为 LA 公司生产的该批雷达庇护装置的成本，结果发现该批产品的直接人工成本过高。他估计生产该批产品（130 个）在焊接车间花费的直接人工工时应为 6 个小时，而这批产品的实际工时为 9.5 个小时。

背景资料

希思金属制品公司是由两个 30 多岁的器具钢模工人 Jack Spence 和 Don Carter 于 30 年前创立的，主要根据客户订单成批生产金属薄板。Spence 和 Carter 最早受雇于一家汽车公司。公司初创阶段主要是为那些大制造商生产零部件，以满足其临时的需求。现在，希思公司所提供的零部件的价格低于制造公司自己的生产成本。其之所以能做到这一点，依赖于：（1）投标的生产任务的规格要与现有机器的构造相匹配；（2）雇用非工会成员工人；（3）避免过多的工厂制造费用。希思斯公司现在生产各种金属薄板，并将其广泛用于办公设备、计算机、复印机等产品。近几年发展较快，这是因为许多大公司为了节省制造成本，不再生产一些非关键性的金属部件，而选择外购。

希思公司只有一个工厂，工厂中有许多金属薄板压床（最大的为 500 吨）、切割机、钻孔机、钻孔压力机以及电动拱形焊枪。工程师与客户联系，调查他们是否需要外购零部件。通常，当客户准备生产一种新产品又缺乏必要的生产工具需自己加工某些零部件时，客户工程师就与制造商的代理人一起为其零部件设计规格，并在指定期限内以固定价格的形式投标报价。在准备投标的这段时间，工程师要预计该批产品的直接人工与直接材料成本，以及各部门的机时，从而获得该批产品可能花费的总成本。

由于外部竞争十分激烈，许多办公设备公司为了寻找低成本、高品质的生产者，往往会转向国际市场。因而对于像希思这样的小工厂来说，需求量十分不稳定，这迫使其不得不经常解雇和招聘工人。如果希思公司失去了一批订货，就必须要等 6 ~ 9 个月才能重新接到订单，在此期间就不得不解雇工人。

包括销售人员、行政人员及车间工人在内，希思公司目前共有 200 多名员工。除了生产工人外，希思公司还有一些维修人员和保安。为了提高成本竞争优势，Spence

与 Carter 试图让生产工人在闲暇时间承担维修与清理工作，并让工人接受多种培训，具有多种生产技能。这些举措将有利于提高生产率，降低成本，然而这些尝试的结果不太令人满意。

奖惩制度

希思公司没有制定特别的工资奖金制度，每个员工的收入等于工资加上年度幅度奖金，客户工程师也没有销售回扣。在业绩较好的年份，提薪比率较高。管理者最近研究出一套报酬激励制度，他们断定产品组合的不断变化可能会使该制度的运行和维持成本越来越高。

在 2 月举行的销售人员会议上，希思公司执行经理 Phil Matson 主动提出，能够按计划完成销售任务的客户工程师应得到奖赏。7 月，Chris Maynard 的销售额比去年增长 22%，她问 Matson，提前完成销售任务是否也应该得到奖励。Matson 说尽管销售额比前年增长了，但工厂仍有剩余生产能力，则说明并没有完成预期目标。

会计制度

该公司采用分批成本法计算每批产品的直接人工和直接材料成本。每个工作日结束时，工人需填写一份时间表，记录他们当天生产的产品批量及生产每批产品所花费的时间，所有的间接成本被分别归集到不同的生产车间（压力车间、钻孔车间、焊接车间）。各部门的间接成本包括设备折旧、租赁费用、车间管理人员薪水、工人闲暇时间工资以及房屋折旧和财产税。每个部门分别以直接人工工时为基础计算单独的制造费用分配率。当一个工人的全部工时用于生产某一批产品时，将工人所在车间的制造费用分配率乘以该工人的工时就等于该部门生产该批产品的制造费用。

关于 LA 公司的生产订单

Chris Maynard 找到焊接车间工长 Phil Sanchez，要求其解释关于 LA 公司生产任务的预计 6 工时与实际 9.5 工时之间产生差异的原因。Sanchez 承认，焊接车间往往在某一时间段同时生产两批产品，因而很可能将本该由另一批产品承担的工时分配给 LA 公司的产品。

然后，Maynard 又找到钻孔车间的工长 Linda Rawlings。钻孔车间生产 LA 公司产品的工时为 67 小时，而 Maynard 估计只需 53 个小时。Rawlings 说她当前太忙没有时间研究这个问题，但是她以后会和 Maynard 联系。Maynard 认为，如果分配给 LA 公司产品的成本过高，Phil Matson 就会向 LA 提高要价。如果这种情况真的发生，那么 LA 公司很可能转向其他的供应商。

当 Jack Spence 获悉 LA 公司产品的会计误差后，给出的回答是："我不在乎这些问题，只要所有工时由各批产品承担，我们的税款申报单就是正确的"。

要求：

a. 诊断希思公司出现的各种问题。

b. 你认为希思公司应采取哪些改进措施？

第10章 完全成本法的缺陷之一：刺激过度生产

本章提要

本章提要

A. 过度生产的动机
    1. 一个例子
    2. 减少过度生产
B. 变动（直接）成本计算法
    1. 背景
    2. 变动成本法简介
    3. 变动成本法下的过度生产问题
C. 变动成本法存在的问题
    1. 将固定成本划分为变动成本
    2. 忽视生产能力的机会成本
D. 注意单位成本
E. 本章小结

传统的成本数据对决策而言，很可能是不相关的，甚至是误导的。采用简单的比例分配方法对各种成本进行分配或再分配，都无法为管理者提供编制计划和实行控制所需的成本信息。进一步而言，传统的成本方法所提供的成本资料与现实并不吻合，如果这些数据别无他用，那么为了节省记账成本就应该取消传统的成本计算方法。①

上一章介绍了传统的完全成本法，这种方法已被广泛使用了一百多年，其中有些内容甚至可以追溯到工业革命早期。自从这种方法产生以来，对它的批评就未曾间断过，如很可能产生误导性信息和产生与企业价值最大化相悖的激励效果。上面一段引言就是一个例子。尽管存在很多批评，但目前完全成本法仍被制造行业普遍采用。不但如此，一些非制造行业的公司也采用完全成本法中的某些技术与方法。本章与下一章将着重研究完全成本法的主要缺陷及解决方法。

如第1章所述，成本系统有很多功能，包括决策、控制与对外提供报告。没有一种成本方法能同时满足这三种功能，因而，在选择成本方法时，必须在这三种功能之间进行权衡。随着技术和组织结构的不断变化，成本计算方法不断得到修正，变得越来越先进。对成本计算方法中重要问题的研究，有助于帮助管理者选择适用的成本方法，并有效地运用这些数据。但有一个问题必须引起注意，那就是我们不能仅仅因为某一种成本计算方法在某一特定公司或行业运用效果很差，就完全否定这种方法（如完全成本法）。

本章第1节描述了完全成本法如何刺激经理人员生产过多的产品，以至于无法将

① B. Goetz, *Management Planning and Control: A Managerial Approach to Industrial Accounting* (New York: McGraw-Hill, 1949), p. 143.

其全部售出（即生产过剩问题）。第 2 节介绍了一种可以替代完全成本法的成本计算方法——变动成本法，这种方法的出现就是为了解决生产过剩的问题。但是，人们发现，即使采用变动成本法，在某些情况下仍会产生生产过剩问题。进而言之，变动成本法带来了另外一种非良性激励机制，第 3 节较具体地介绍了这一问题。第 4 节再一次描述了成本数据是如何造成误导的。本章与下一章都会提到："当心单位成本，它可能正在欺骗你！"由于所有的成本方法都依赖历史成本而非机会成本，因此从某种程度上说，使用所有成本方法计算的产品成本（平均单位成本）都不是精确的，不适合作为某些决策的依据。不精确程度随着产品和决策的不同而有所变化。单位成本的概念隐含着单位成本数值与总量之间的关系。当提及单位成本数值为 5.12 美元时，人们第一个反应就是每增加一个产品需花费 5.12 美元。但在许多（即使并非大多数）情况下，单位成本是变动成本与固定成本的综合反映，因而单位成本不能反映每增加一个单位产品所带来的成本增加额。

第 10 章和第 11 章的分析表明，所有的成本方法都会提供误导决策的信息，并且由于单位成本暗指变动或边际生产成本的大小，因而所有的单位成本也会提供误导性信息。单位成本数据无法衡量每增加一单位产品时机会成本（边际成本）的大小，也不能反映增加 1 倍产量时的机会成本。多生产一单位产品一般不需要增加额外的生产能力，而增加 1 倍产量，大多需要增加更多的（昂贵的）生产能力。报告的单位成本可能是长期平均成本或短期边际成本，或者两者都不是。不了解详细的生产过程和会计制度，很难正确解释单位成本的含义。

A. 过度生产的动机

完全成本法包括分步成本法与分批成本法。这两种方法，都是先"吸收"所有的制造成本，然后在不同产品间分配，即所有已发生的制造成本都要由产品来承担。所有交货时的卸货成本要么计入运输部门的成本，要么计入原材料或在产品。一些人认为完全成本法的特点决定了其必然存在缺陷，尤其是完全成本法导致了过度生产。

1. 一个例子

为了说明生产过剩的产生过程，我们现在考虑这样一个部门，其固定成本为 10 000 美元，单位变动成本为 5 美元。假定：（1）该部门只生产一种产品；（2）实际发生的制造费用等于已分配的制造费用，实际产量等于预算产量。第一个假设使得可将产出量作为衡量指标；第二个假设确保不存在多分配（未分配）制造费用的情形。这两点假设在不改变基本结论的前提下，极大地简化了计算过程。

公司销售量为 2 000 个单位，单位价格为 12 美元，其产量有 2 000、2 200 与 2 400 个单位三种可能，期初无存货。表 10—1 表明了不同的产出水平所引起的利润的变化。

表 10—1　　**报告利润随产量的增长而增长**

	产量		
	2 000	2 200	2 400
销售收入（2 000 × $ 12）	$ 24 000	$ 24 000	$ 24 000
变动成本（2 000 × $ 5）	(10 000)	(10 000)	(10 000)
固定成本（$ 10 000/2 000）×2 000	(10 000)		
（$ 10 000/2 200）×2 000		(9 091)	
（$ 10 000/2 400）×2 000			(8 333)
利润	$ 4 000	$ 4 909	$ 5 667

销售收入恒为 24 000 美元，但产量分别为 2 000、2 200、2 400 个单位。若销售 2 000单位产品的变动成本恒为 10 000 美元，则由销售产品所负担的固定成本为：

$$\text{销售产品所负担的固定成本} = \frac{\text{固定成本}}{\text{产量}} \times \text{销量}$$

我们注意到，随着产量的增加，制造费用分配率将会有所下降，同时随着销售量的变化，单位变动成本与固定成本将保持不变，随着产量（非销量）的增加，利润也将有所增加。[①] 为什么会出现这种情况呢？抵减销售收入的固定成本从产量为2 000个单位时的 10 000 美元降到产量为 2 400 个单位时的 8 333 美元。当产量进一步增加时，更多的固定成本转入存货成本。当存货数量增加时，存货中所含的固定成本也随之增加。存货中所包含的固定成本越多，转入利润表中的固定成本就越少。完全成本法将所有的成本（包括固定成本）在所有的产品间分配，因而当产量增加（销量不变）时，平均单位成本下降，销售单位产品的会计利润上升。

表 10—2　　**存货中的固定成本与变动成本**

	产量		
	2 000	2 200	2 400
存货数量	0	200	400
存货中的固定成本：（$ 10 000/2 000）×0	$ 0		
（$ 10 000/2 200）×200		$ 909	
（$ 10 000/2 400）×400			$ 1 667
抵减收入的固定成本（引自表 10—1）	10 000	9 091	8 333
总固定成本	$ 10 000	$ 10 000	$ 10 000
存货总成本：变动成本（$ 5/单位）	$ 0	$ 1000	$ 2000
固定成本	0	909	1667
存货成本	$ 0	$ 1909	$ 3667

表 10—2 说明，在销售收入不变的情况下，随着产品的增加，更多的固定成本被计入存货账户。由于固定成本总额保持不变，因此一部分固定成本从利润表流入资产负债表。存货中的固定成本含量从 0 上升到产量为 2 400 时的 3 667 美元。然而，固

① 此例分配固定成本时以实际产量为基础，而不是以预计或正常产量为基础。由于我们假定实际固定成本等于预算固定成本（预计产量等于实际产量），因此以实际产量为基础的分配结果与以预计产量为基础的分配结果相同。

定成本在两张报表之间的转移并非没有成本。在这种情况下，为了支付变动成本，要有额外的现金。当产量达到2 400个单位时，公司必须增加2 000美元的短期融资以应对变动成本的增加。

将完全成本法下的利润总额作为决定经理人员报酬的依据，可以促使经理人员以不断扩大产量的方式来增加利润总额（假设销售收入不变）。由此可见，完全成本法最大的缺陷在于刺激经理人员过度生产，造成存货积压。

以上分析是建立在单位变动成本不随产量的变动而改变的前提假设基础之上的，如果单位边际成本（单位变动成本）随产量的增加而增加，那么平均单位成本也将随之增加。边际成本的递增将会减少经理人员进行过度生产的积极性，本章以下内容均假定单位边际（变动）成本不随产量的变化而变化。

[练习题10—1]

Velazquez Designs公司是Tura Products的全资子公司，主要生产墙纸。其管理人员的薪酬是基于净利润的季度奖金。Velazquez的管理层预测下一季度的销售量为10 000卷墙纸，每卷8美元。Velazquez目前墙纸的存货数量有限，打算增加其存货。Velazquez采用传统的完全成本系统，产品成本中包含了固定和变动的生产成本。下表给出了成本随着产量变动而变动的情况。

	不同的生产水平				
生产数量（墙纸的卷数）	10 000	11 000	12 000	13 000	14 000
固定生产成本	$ 40 000	$ 40 000	$ 40 000	$ 40 000	$ 40 000
变动生产成本	$ 30 000	$ 35 900	$ 41 600	$ 48 270	$ 55 900

要求：

根据上述数据，你认为管理层将会选择哪一生产水平？

解答：

下表说明当生产数量为13 000卷时，公司的经营利润最大：

	不同的生产水平				
销售数量	10 000	10 000	10 000	10 000	10 000
生产数量	10 000	11 000	12 000	13 000	14 000
收入	$ 80 000	$ 80 000	$ 80 000	$ 80 000	$ 80 000
销货成本	$ 70 000	$ 69 000	$ 68 000	$ 67 900	$ 68 500
营业毛利	$ 10 000	$ 11 000	$ 12 000	$ 12 100	$ 11 500
固定成本	$ 40 000	$ 40 000	$ 40 000	$ 40 000	$ 40 000
总变动成本	$ 30 000	$ 35 900	$ 41 600	$ 48 270	$ 55 900
总成本	$ 70 000	$ 75 900	$ 81 600	$ 88 270	$ 95 900
平均变动成本	$ 3.00	$ 3.26	$ 3.47	$ 3.71	$ 3.99
平均固定成本	$ 4.00	$ 3.64	$ 3.33	$ 3.08	$ 2.86
平均总成本	$ 7.00	$ 6.90	$ 6.80	$ 6.79	$ 6.85

这个练习说明即使当产量增加时，平均固定成本也会持续下降。然而当产量超过13 000卷的时候，平均变动成本的增加多于平均固定成本的减少。

[练习题 10—2]

Matson 公司生产一种金属材料的狗笼，每件产品的变动成本为 50 美元，预算和实际的固定制造费用为 900 000 美元，狗笼的售价为每个 60 美元。

要求：

在下述三种独立情形下，分别计算变动成本法下的净利润和完全成本法下的净利润。

a. 销量和产量均为 100 000 个狗笼。

b. 销量为 90 000 个狗笼，而产量为 100 000 个狗笼。

c. 销量为 100 000 个，产量为 90 000 个。期初存货包含 20 000 个去年生产的产品。去年生产了 100 000 个产品，售出 80 000 个，单位变动成本为 50 美元，固定制造费用成本为 900 000 美元。为了存货估价方便，所有今年生产的产品以及 10 000 个期初存货都已售出（存货计价采用后进先出法）。

解答：

a. 销量与产量相等的情形：

	完全成本法	变动成本法
收入（100 000 @ $ 60）	$ 6 000 000	$ 6 000 000
变动成本（100 000 @ $ 50）	5 000 000	5 000 000
固定制造费用	900 000	900 000
净利润	$ 100 000	$ 100 000

b. 销量小于产量的情形：

	完全成本法	变动成本法
收入（90 000 @ $ 60）	$ 5 400 000	$ 5 400 000
变动成本（9 000 @ $ 50）	4 500 000	4 500 000
固定制造费用		900 000
$ 900 000 ×（90 000 ÷ 100 000）	810 000	
净利润	$ 90 000	$ 0

c. 销量大于产量的情形：

	完全成本法	变动成本法
收入（100 000 @ $ 60）	$ 6 000 000	$ 6 000 000
变动成本（100 000 @ $ 50）	5 000 000	5 000 000
固定制造费用		900 000
90 000 件 ×（$ 900 000 ÷ 90 000）	900 000	
10 000 件 ×（$ 900 000 ÷ 100 000）	90 000	
净利润	$ 10 000	$ 100 000

2. 减少过度生产

缓解过度生产的方法有几种。第一种方法是用存货成本抵减当期利润。也就是说，存货成本中要考虑因存货积压而增加的资本成本。管理者往往反对这种做法，因为存货成本将会减少其对外报告中的利润总额。这样做不仅会增加会计和数据处理的复杂性，而且还会使有存货部门的利润低于无存货的部门。如果经理业绩是以剩余收益，而不是以净收益为衡量标准，则经理人员会努力控制存货成本的增加。通过第5章的学习，我们可以知道，剩余收益等于将投资资金的净收益减去本年使用资金（包括存货）与公司资本成本率的乘积。如果某一部门过度生产，存货增加，则势必会导致剩余收益减少。

仍以表10—1与表10—2的数据为例，假定衡量经理业绩的指标是剩余收益，且存货是唯一的资产，公司资本成本率为20%，表10—3说明了随着产量的变化，剩余收益的变动情况。

表10—3 **剩余收益与生产过剩**

	产量		
	2 000	2 200	2 400
利润总额（表10—1）	$ 4 000	$ 4 909	$ 5 667
存货（表10—2）	0	1 909	3 667
存货占用资金成本（×20%）	0	382	733
剩余收益	4 000	4 527	4 934

由表10—3可以看出，在资本成本率为20%的情况下，剩余收益并不能解决过度生产的问题。然而，它却降低了经理人员的利润水平。例如，经理人员将产量从2 000单位增加到2 400单位时，利润总额从4 000美元上升到5 667美元，增长额为1 667美元（5 667 - 4 000），但考虑到剩余收益时，增长额仅为934美元（4 934 - 4 000）。

减少过度生产的第二种方法是由高层管理者制定防止存货积压的严格制度，即高层管理者在制定报酬支付计划时，加入这样一个条款：如果存货超过某一界限，则不再支付与净利润相联系的红利。然而，如此严格的限制会使监督成本增加。在很多情况下，为了使公司价值最大化，存货难免会增加（如新产品上市、市场供求状况突变或销量上升）。因此，要想在年初确定一个适合的存货水平是很困难的。

第三种方法是针对由单一工厂组成的上市公司而言的，即上市公司可以根据股票价格的高低决定经理人员的报酬，而不是以会计所得。这就削弱了管理者进行过度生产的动机。例如，给予经理一部分公司股票或认股权，会迫使其对那些不能确保公司价值最大化的决策后果负责。然而，这种方法将由于市场不确定性而造成的系统风险也强加到经理身上。如果一个上市公司由多个工厂组成，那么其中一个工厂的过度生产并不会对公司价值产生很大的影响，因此集团公司的“搭便车现象”减弱了股价决定报酬计划对过度生产的抑制作用。

第四种方法是采用适时制生产控制系统（JIT）控制存货水平（第14章将详细介

绍JIT系统)。在JIT系统中,生产过程从客户的半成品或产成品订单开始,连续不断地从一个生产阶段到另一个生产阶段,中间没有停滞,没有在产品。如果产量是根据需求水平确定的,那么工厂经理或车间主管就无权使产量超过需求量。JIT系统的实质是将经理人员的决策权仅仅限定为对产出水平的制定,而这种决策权又受到市场需求的制约。JIT系统减少了存货水平,从而减少了导致过度生产的刺激因素。解决完全成本法下过度生产问题的最后一种方法是彻底改变成本计算体系,即采用变动成本法。有关这方面的内容将在下面进行讨论。

本节复习思考题

Q10—1 将单位成本当作变动成本来对待,会产生什么不良后果?

Q10—2 在完全成本法下,经理人员可能采取什么方法来增加账面利润?

Q10—3 请简述四种解决过度生产问题的方法。

B. 变动(直接)成本计算法

完全成本法在产量变化的情况下,可能会歪曲会计利润,刺激经理人员过度生产,造成存货的大量积压。完全成本法的这一缺陷使得变动成本法(也称直接成本法)应运而生。虽然并不十分成功,但在一定程度上消除了过度生产所引发的存货积压问题。

1. 背景

在**变动成本法**(**variable costing**)下,本期实际发生的固定成本直接抵减当期利润,而不在产品之间分配,也不会计入存货成本。产品成本仅包括变动成本,固定制造成本作为期间成本被直接冲销。这样一来,完全成本法与变动成本法的唯一区别就在于对固定制造成本的处理方法不同:在完全成本法下,固定成本是产品成本的组成部分;而在变动成本法下,固定制造成本作为期间费用(不构成产品成本)直接被冲销。变动成本法的主要优点是在产量变化时可以减少对利润表和产品成本信息的歪曲,缓解过度生产的问题。

在20世纪五六十年代,变动成本法得到了广泛的关注。现在还有为数不少的公司在使用变动成本法。我们在此讨论这种方法,主要是为了帮助大家更深入地理解完全成本法。变动成本转移价格与变动成本法相同,仅将变动成本作为转移价格。因而,变动成本法的缺陷类似于变动成本转移价格(见第5章)。然而,很多公司均使用变动成本法计算固定开支。例如,阿勒格尼·卢杜姆(Alleghy Ludum)钢铁公司将折旧费、工厂保险费、财产税及管理人员工资全部视作期间费用而非产品成本,直接从当期收益中扣减。

19世纪采用变动成本法的例子

Garcke和Fells是英国19世纪两位颇有影响的会计师,他们在当时就已经认识到将固定成本计入单位成本会产生问题。Garcke为英国电力公司执行董事,而Fells系盐业总工会的总经理。他们认为固定制造费用应直接作为收益的抵减项目:

> “固定制造费用”并不随业务量的变化而成比例地变化……它们的总量基本保持不变，但是制造成本却随人工成本和材料价格的变化而上下波动。因此，将固定成本在所有产品间分配，会产生如下结果：产量增加（或减少）会使产品单位成本不成比例地下降（或上升），这种结果应该受到评击。”
>
> 资料来源：E. Garcke and J. Fells, *Factory Accounts*, 4th ed.（London: Crosby, Lockwood, and Son, 1893）, p. 73. Quoted by P. Garner, *Evolution of Cost Accounting to 1925*（Montgomery: University of Alabama Press, 1954）, p. 124.

2. 变动成本法简介

我们以表10—4中的数据为例来比较变动成本法和完全成本法。在计算之前，仍沿用前面提到的假设：只生产一种产品，预算产量等于实际产量，单位变动成本不随产量的增加而上升。表10—4中，公司每年销售10 000单位的产品，两年的实际制造费用都与弹性预算相等（第一年为70 000美元，第二年为73 000美元）。

表10—4 **直接成本法与完全成本法***

价格	$ 11/单位		
直接材料和人工（可变成本）	$ 2/单位		
制造费用弹性预算	$ 40 000 + $ 3/单位		
	销量	产量	制造费用
第一年	10 000	10 000	$ 70 000
第二年	10 000	11 000	$ 73 000

* 为了计算方便，假定期初无存货。

表10—5提供了两年中采用完全成本法和变动成本法的利润表。在A部分（完全成本法下），尽管销售收入没变，但净收益上升了，这是因为有一部分固定成本被分配给存货。

表10—5 **完全成本法与变动成本法下第一年与第二年的利润表**

	第一年		第二年	
A. 完全成本法下的净收益				
销售收入		$ 110 000		$ 110 000
直接材料和直接人工	(20 000)		(20 000)	
分配制造费用：				
$\frac{\$\ 70000}{\$\ 10000}\times 10000$	(70 000)	(90 000)		
$\frac{\$\ 73000}{\$\ 11000}\times 10000$			(66 364)	(86 364)
净收益		$ 20 000		$ 23 636
B. 变动成本法下的净收益				
销售收入		$ 110 000		$ 110 000
直接材料和直接人工	(20 000)		(20 000)	
变动制造费用	(30 000)		(30 000)	
固定制造费用	(40 000)	(90 000)	(40 000)	(90 000)
净收益		$ 20 000		$ 20 000

在B部分，由于每年所有的固定制造费用40 000美元全部计入利润表，所以两年的净收益相同，变动成本法下，所有的制造费用均作为期间费用计入利润表。无论采用哪种方法，存货成本中都含有变动成本，区别只在于对固定成本的处理方式不同。变动成本法下，在第二年只有30 000美元的变动制造费用用于抵减收益，剩余的3 000美元变动制造费用（1 000 ×3）与另外的2美元单位直接成本一起留在存货账户中。此例中有两点需要说明：

1. 当产量与销量相等时，采用完全成本法和变动成本法得到的利润相等（假设期初无存货）。在产量与销量相等的情况下，两种成本法都用全部固定成本冲减当期收益。

2. 完全成本法下第二年的净收益高于第一年。这是因为第二年的固定成本中的一部分留在期末存货成本中。与此相反，变动成本法下两年的净收益保持不变。

3. 变动成本法下的过度生产问题

上例说明，在变动成本法下，利润不会随着产量的变动而变动。主张变动成本法的人认为，这种方法彻底解决了经理人员为了抬高利润而过度生产的问题。然而，事实上这种观点并不完全正确。为了说明这一点，我们对上例数据稍加修改，如表10—6所示。制造费用实际发生额不再与弹性预算额相等（第一年为70 000美元，第二年为73 000美元），实际发生额每年都比预算高17 000美元（即第一年为87 000美元，第二年为90 000美元）。

此时问题出现了，这17 000美元的差额究竟是变动成本还是固定成本呢？在年度开始时，弹性预算被视作预计全年制造费用总成本的有效手段，而到了年度终了之时，实际与预算之间的差额可能应归因于固定成本，也可能应归因于单位变动成本，或者与两者都有关。在缺乏具体的资料以确定17 000美元的差额究竟应该作为固定成本还是变动成本的情况下，管理者可能会利用它来调整当期收益的大小。如果将这17 000美元的差额作为变动成本对待，那么即使采用变动成本法，管理者也可能会过度生产。表10—6列示了当存在17 000元的差额时净收益的大小。

如表10—6所示，当产量与销量相等时（参见第一年），三种情况的净收益均为3 000美元。当产量大于销量时（参见第二年），完全成本法下（A部分）第二年的净收益高于第一年，因而经理们可能通过过度生产来提高利润。在B部分，变动成本法下，将17 000美元全部作为固定成本，直接冲销当期收益时，两年的净收益相等。

表10—6　**完全成本法与变动成本法下的净收益**

（制造费用实际发生额比预算高出17 000美元）

	第一年	第二年
A. 完全成本法		
销售收入	$ 110 000	$ 110 000
直接材料和直接人工	(20 000)	(20 000)
分配制造费用：		

续表

	第一年		第二年	
$\frac{\$87\,000}{\$10\,000} \times 10\,000$	(87 000)	(107 000)		
$\frac{\$90\,000}{\$11\,000} \times 10\,000$			(81 818)	(101 818)
净收益		\$ 3 000		\$ 8 182
B. 变动成本法（将 \$ 17 000 差额作为固定成本增加额）				
销售收入		\$ 110 000		\$ 110 000
直接材料和直接人工	(20 000)		(20 000)	
变动制造费用	(30 000)		(30 000)	
固定制造费用（\$ 40 000 + \$ 17 000）	(57 000)	(107 000)	(57 000)	(107 000)
净收益		\$ 3 000		\$ 3 000
C. 变动成本法（将 \$ 17 000 差额作为变动成本增加额）				
销售收入		\$ 110 000		\$ 110 000
直接材料和直接人工	(20 000)		(20 000)	
变动制造费用：				
$\left(\$3 + \frac{\$17\,000}{\$10\,000}\right) \times 10\,000$	(4 700)			
$\left(\$3 + \frac{\$17\,000}{\$11\,000}\right) \times 10\,000$			(45 455)	
固定制造费用	(40 000)		(40 000)	
		(107 000)		(105 455)
净收益		\$ 3 000		\$ 4 545

在 C 部分，虽然仍采用变动成本法，但 17 000 美元的差额作为变动成本处理，从而使单位变动成本由两部分组成：原来的单位变动制造费用 3 美元，再加上 17 000 美元的差额（假定为可变成本），即用 17 000 美元除以生产数量。当产量大于销量时，差额中的一部分就留在存货成本中。

在前面一个例子中，管理者必须慎重决定怎样处理这 17 000 美元的差额，是作为固定成本，还是变动成本。如果事先明确区分制造费用的各构成项目，如折旧、公用支出、财产税及间接人工的成本属性（变动成本或固定成本），那么到了期末，管理者也就无须决定究竟是将多分配（未分配）的制造费用作为变动成本还是固定成本。例如，假定间接人工属于变动制造费用，并且期末实际发生的间接人工成本超过已分配的金额，那么管理者就无需决定这部分差额的归属。很显然，它属于变动成本。然而，有些制造费用项目属于混合成本，既包括变动成本，又包括固定成本。例如，水、电、气等公用支出中既包括照明和取暖的固定成本，又包括运转机器的变动成本。期末，水、电、气等公用支出总成本是以固定成本和变动成本混合的形式存在的。在这种情况下，管理者必须选择一个合适的比例，将水、电、气等公用支出总成本划分为固定成本和变动成本。

C. 变动成本法存在的问题

1. 将固定成本划分为变动成本

变动成本法的主要优点就是可以缓解为增加利润而进行的过度生产。然而，上面的例子说明，变动成本法存在一个潜在的问题，即期末如何确定哪些成本属于变动成本，哪些成本属于固定成本。期初时，可以预先估计固定成本与变动成本的构成，但是到了期末，实际发生的制造费用总成本很可能并不等于弹性预算的估计值。而要正确划分这部分差额，究竟应为固定成本，还是变动成本，是困难而费时的。如果将所有差额都作为变动成本处理，采用变动成本法的部门经理会使过度生产形成的部分差额由存货承担。

因此，即使是在变动成本法下，只要实际制造费用大于预算值，扩大存货数量，就会为经理人员创造较高的会计利润。变动成本法使会计制度多了另一个决策事项，即期末时，一些人必须决定有多少成本为变动成本，有多少成本为固定成本。如果这种决策权力落到被会计系统监督的个体手中，那么就削弱了会计作为控制手段的价值。负责日常经营管理的管理人员，比他们的上级更了解实际成本超过预算的原因。对于究竟应将超支额归于变动成本，还是固定成本的问题，他们的观点往往比其上级更具有说服力。对制造费用中两种成本比例的划分往往是主观的，且常常由被监督者操纵分配方案以满足其个人私利。由此可见，尽管变动成本法在一定程度上解决了完全成本法下过度生产的问题，但仍存在监督存货水平的必要性。

[练习题 10—3]

Filters Plus 公司生产纸滤器供游泳池使用。Filters Plus 公司采用完全成本法，并将多分配或未分配的制造费用直接计入销货成本。制造费用按照直接人工工时被分配到产品中。2010 年，制造费用分配率为 6.30 美元/直接人工工时（DLH）。预算的总变动制造费用为 72 600 美元，预计人工工时为 22 000 小时。该公司 2010 年的利润表为：

Filters Plus 公司
利润表（完全成本法）
2010 年 12 月 31 日

销售收入		$ 824 500
销货成本		571 400
边际贡献		$ 253 100
销售和管理费用		
变动部分	$ 172 900	
固定部分	67 600	240 500
净利润		$ 12 600

Filters Plus 在 2010 年初没有纸滤器的存货。2010 年 12 月 31 日的存货当中包含 1 400 个纸滤器，生产每个纸滤器需要 2 直接人工工时。

要求：

在变动成本法下，Filters Plus 公司的利润表会是怎样的（给出计算过程并解释所用方法的原理）？

解答：

第一步，先计算预算的每直接人工工时的固定制造费用：

制造费用分配率 = $ 6.30 = 预算固定制造费用/DLH + $ 72 600/22 000

预算固定制造费用 = $ 3.00/DLH

因为存货中包含 1 400 个纸滤器，每个需要 2 小时的直接人工，因此存货中总的固定制造费用为 8 400 美元（1 400 ×2DLH × $ 3/DLH）。

变动成本法下的净利润低于完全成本法下的净利润，因为有 8 400 美元的固定成本包含在存货之中：

净利润（完全成本法）	$ 12 600
减去：存货中的固定成本	(8 400)
净利润（变动成本法）	$ 4 200

2. 忽视生产能力的机会成本

变动成本法的另一个缺点在于，其得出的单位成本数值具有一定的误导性。生产某一产品的机会成本包括直接成本以及由于机器设备用于生产这种产品而放弃生产其他产品的成本。在公司内部，一般不存在配置稀缺资源的市场价格，所以管理者必须通过设计会计制度及行政管理系统来配置稀缺资源（参见第 4 章）。单位成本可以代替市场价格在公司内部分配资源。如果采用变动成本法，则单位成本中就不包括某一生产能力下的机会成本；而采用完全成本法，虽然仍不能准确衡量机会成本的大小，但在公司生产能力有限时却是比变动成本更好的指标，因为如果将固定成本排除在产品成本之外，那么管理者就会浪费固定资源。

另外，如果公司有额外生产能力，那么单位成本包括固定成本时就会夸大机会成本，不利于额外生产能力的使用。如果处于经济增长时期，大多数公司成长良好，那么公司就会面临生产能力约束。这时，一般公司会将固定成本计入产品成本来代表此产能下的机会成本。

变动成本法优于完全成本法吗？经济达尔文主义表明，某一方法或程序如果被广泛采用（如完全成本法），那么可能意味着这种方法的效益大于成本。既然变动成本法很少被使用，则很可能表明使用这种方法带来的效益小于付出的成本。此外，外部报表也极少采用变动成本法，公认会计原则、财务会计准则及美国国税局等都规定固定成本必须在产品之间分配。如果变动成本法被用于内部报告，而完全成本法被用于外部报告，那么在内、外报告之间就会存在差额。要调整两者之间的差额，正如第 1

章所述，将花费大量的时间，并使管理者无暇处理其他更重要的问题。①

本节复习思考题

Q10—4 完全成本法与变动成本法的主要区别是什么？

Q10—5 请分别指出变动成本法的两个优点与两个缺点。

D. 注意单位成本

所有的成本方法，无论是完全成本法，还是变动成本法，都试图计算单位成本。企业利用单位成本制定决策（如定价决策、采购决策、产品组合决策），并进行决策控制（转移定价、业绩考评）。本部分通过一个例子来说明单位成本是怎样造成决策失误的。

一个玻璃瓶制造商只生产两种瓶子：加仑红酒瓶与夸脱果汁瓶。假定只需投入一种生产要素——天然气，劳动力、资本与矽土均是免费的。天然气每年的购买成本为100 000 美元（固定成本）。此外，在 500 000 码（yard）之内，每立方码（cubic yard）需附加 0. 20 美元；超过 500 000 码，每立方码需附加 0. 30 美元。下面的数据是生产两种瓶子所需的天然气数量：

	天然气
100 个加仑瓶	9 立方码
100 个夸脱瓶	3 立方码

目前的产出构成为：300 万个加仑瓶与 700 万个夸脱瓶。

表 10—7 是关于产量、天然气耗用量以及变动成本、固定成本的数据。为了计算每个瓶子的单位完全成本，天然气的固定成本按天然气的耗用量在两种产品之间分配。加仑瓶耗用量占 56. 25%（即 270 000 ÷ 480 000），夸脱瓶耗用量占 43. 75%。按此比例，加仑瓶负担的天然气固定成本为 56 250 美元，夸脱瓶则为 43 750 美元。表 10—8 列示了两种产品的单位变动成本和单位固定成本。

表 10—7 **产量与天然气的使用情况**

	加仑瓶	夸脱瓶	合计
目前产量（个）	3 000 000	7 000 000	
目前产量（以百为单位）	30 000	70 000	
天然气耗用量（每百个瓶子）	9	3	
天然气耗用总量（立方码）	270 000	210 000	480 000
天然气成本			
固定成本			$ 100 000
变动成本（0. 2 美元/立方码）	$ 54 000	$ 42 000	$ 96 000

① 一种流行的观点认为，那些偏好变动成本的管理者在对外提供报表时，采用完全成本法，是因为公认会计原则（GAAP）规定存货必须使用完全成本法计价。另外一种更有争议的观点认为，GAAP 并没有规定存货按完全成本法计价，管理者在决定财务报告中的存货计价方法时有充分的自由。（参见 Accounting Research Bulletin No. 43，"Restatement and Revision of Accounting Research Bulletins," in Financial Accounting Standards Board，*Original Pronouncements*（Homewood，IL：Irwin，1992），Chapter 4，paragraph 5.）进一步来说，如果更多的公司渴望采用变动成本法，那么 GAAP 就会重新制定准则以适应这种改变，因为在大多数情况下，GAAP 反映了经理们对会计实务的偏好。

表10—8　　**单位完全成本与单位变动成本**

	加仑瓶	夸脱瓶
变动成本	$ 54 000	$ 42 000
固定成本分配额	56 250	43 750
总成本	$ 110 250	$ 85 750
÷瓶子个数	3 000 000	7 000 000
单位完全成本	$ 0.03675	$ 0.01225
单位变动成本	$ 0.01800	$ 0.00600

单位完全成本大约是单位变动成本的两倍，而无论是以单位完全成本为依据，还是以单位变动成本为依据，对于某些决策而言都会得出不合适的结论。例如，有一个新顾客想以0.022美元的价格额外订购100万只加仑瓶，该价格大于加仑瓶的单位变动成本0.018美元，从表面上看，似乎我们应该接受这批额外的订货。然而，目前我们所耗用的天然气已达到480 000码，额外的订货将使天然气用量突破500 000码的界限，此时购买天然气的附加成本就会变为每码0.30美元，而不是每码0.20美元。

额外的加仑瓶订货单将耗用90 000立方码（1 000 000 ÷100 ×9 立方码/百瓶）天然气，这部分天然气的附加成本为：

前20 000立方码成本（× $ 0.20）	$ 4 000
后70 000立方码成本（× $ 0.30）	21 000
成本增加额	$ 25 000
÷产品数量	1 000 000
单位产品附加成本	$ 0.0250

值得注意的是，单位变动成本和单位完全成本都无法准确地估计另外生产100万个加仑瓶的机会成本。其原因是，使用这两种成本都无法计算当天然气的需求量超过500 000码时，每增加一码天然气所增加的成本。此外，变动成本法与完全成本法都依赖历史成本，当公司的业务扩张到新领域，没有历史数据可以用来描绘成本曲线时，就无法决定新领域的成本水平。

到目前为止，你应该已经对会计成本持有了一种正确的怀疑态度，尤其是对单位成本。一位作者早在50年前就曾对完全成本法作出了这样的结论：

“会计所计算的产品成本永远也不可能是实际成本，而只可被视作平均的、平滑的或‘正常’的成本。很明显，产品成本是由对一些成本事项（直接成本）的追溯及间接成本（变动的和固定的）的分配而得到的。其中，间接成本的分配依据是平均预计或‘正常’成本分配率。这样，单位成本只是经过技术平均的结果，仅仅代表‘正常’成本。”①

单位成本不仅不是实际成本，也不是边际成本，尽管以每“美元/单位”的形式表示，但却不能揭示每增加一单位产量所带来的成本。

① W. Vater, *Managerial Accounting* (New York: Prentice Hall, 1950), p. 402.

E. 本章小结

本章讨论了传统的完全成本法的一个缺陷——导致过度生产。当产量大于销量时，有一部分固定成本留在存货中，而不作为产品销售成本。只要产量增加时，单位变动成本的增加小于单位固定成本的减少，单位完全成本就会下降，利润就会上升，从而刺激管理者为了追求高额利润，过度生产，造成产品积压。

公司采用变动（直接）成本法在一定程度上能缓解但却不能根除过度生产问题，变动成本法将所有的固定成本作为期间成本转销，结果将固定成本分配到更多产品中，从而使得利润不会因过度生产而有所增加。

尽管变动成本法能缓解过度生产的问题，但在实践中却未被广泛使用，这说明这种方法的总成本大于总效益。此外，解决过度生产的问题还有几种可选择的方法，如控制存货增长水平、要求经理人员负担存货占用资金成本，以及对生产适时性进行控制。固定成本的转销使经理人员可通过变动成本与固定成本的划分自由决定业绩考评制度。另外，如果转销固定成本，就会在一定程度上歪曲产品成本，使其不能反映生产能力的机会成本。

自测题

[自测题 1]

金都（Kiddo）有限责任公司已具有多年生产跑鞋的历史，最近，刚刚增加了一种新产品——胶底运动鞋。在过去的两年里，跑鞋与胶鞋的销量分别维持在5 000 000双和2 400 000 双的水平上。然而，预计在今后的几年中，销量将有所增长，从而预计跑鞋产量将从第一年的5 140 000 双增长到第二年的5 200 000 双，胶鞋产量将从第一年的3 000 000 双增长到3 564 000 双。

两种鞋的成本构成不同，每双跑鞋的材料成本为14 美元，每双胶鞋的材料成本为17. 75 美元，跑鞋与胶鞋的人工成本分别为4. 6 美元和5 美元，变动制造费用分别为6. 6 美元和7. 3 美元。固定制造费用为5 000 万美元，以直接人工成本为基础在两种产品之间分配。金都公司采用后进先出法对存货计价：

a. 假定每双跑鞋的售价为32 美元，每双胶鞋的售价为64 美元，请编制这两年的利润表。

b. 解释从第一年到第二年净利润的变化情况，说明跑鞋与胶鞋之间存在的所有差异。

解答：

a. 从第一年到第二年的利润表：

	跑鞋	胶鞋	合计
第一年			
销售收入	$ 160 000 000	$ 110 400 000	$ 270 400 000
费用：			
材料	70 000 000	42 600 000	112 600 000

续表

	跑鞋	胶鞋	合计
人工	23 000 000	12 000 000	35 000 000
变动制造费用	33 000 000	17 520 000	50 520 000
固定制造费用*	29 650 000	15 480 000	45 130 000
净利润	$ 4 350 000	$ 22 800 000	$ 27 150 000
第二年			
销售收入	$ 160 000 000	$ 110 400 000	$ 270 400 000
费用:			
材料	70 000 000	42 600 000	112 600 000
人工	23 000 000	12 000 000	35 000 000
变动制造费用	33 000 000	17 520 000	50 520 000
固定制造费用#	27 550 000	14 376 000	41 926 000
净利润	$ 6 450 000	$ 23 904 000	$ 30 354 000

* 第一年

	跑鞋	胶鞋	合计
每双直接人工	$ 4.60	$ 5.00	
×产量	5 140 000	3 000 000	
直接人工成本	$ 23 644 000	$ 15 000 000	$ 38 644 000
直接人工固定制造费用比（$ 50 000 000/ $ 38 644 000）			$ 1.29
每双直接人工	$ 4.60	$ 5.00	
×固定制造费用分配率	1.29	1.29	
每双固定制造费用	$ 5.93	$ 6.45	
×销售量	5 000 000	2 400 000	
固定制造费用分配额	$ 29 650 000	$ 15 480 000	$ 45 130 000
#第二年			
每双直接人工	$ 4.60	$ 5.00	
×产量	5 200 000	3 564 000	
直接人工成本	$ 23 920 000	$ 17 820 000	$ 41 740 000
直接人工固定制造费用比（$ 50 000 000/ $ 41 740 000）			$ 1.20
每双直接人工	$ 4.60	$ 5.00	
×固定制造费用分配率	1.20	1.20	
每双固定制造费用	$ 5.51	$ 5.99	
×销售量	5 000 000	2 400 000	
固定制造费用分配额	$ 27 550 000	$ 14 376 000	$ 41 926 000

b. 即使在销量不变的情况下，第一年到第二年的利润也增长了。这种变化是产量增加的直接结果。固定成本以直接人工为基础进行分配，随着产量的增加，单位产量所负担的固定成本会有所下降，从而导致单位产品的利润上升。在第一年，5 000 万美元固定成本中的 90.26% 被计入利润，而到了第二年计入利润的固定成本比例下降到 83.85%，最终导致利润上升。

[自测题 2]

一个工厂专门生产纸牌，固定制造费用为100万美元，每副纸牌的单位变动成本为1.00美元。该工厂只生产纸牌，按产量分配固定成本。公司每年的纸牌销量为200 000副，单价为10美元。假定期初无存货。工厂经理在确定当年产量时，有三种选择：200 000副、220 000副、240 000副。未售出存货的管理成本为0.10美元/副，当年发生的存货管理成本计入当年费用。现在请问，在哪种产出水平下，当年报告的收益最高？

各产出水平下的报告收益如下：

	产出水平		
	200 000	220 000	240 000
固定成本	$ 1 000 000	$ 1 000 000	$ 1 000 000
变动成本（1美元/副）	200 000	220 000	240 000
总成本	$ 1 200 000	$ 1 220 000	$ 1 240 000
平均成本（每副）	$ 6	$ 5.545 4	$ 5.166 7
销售收入（200 000副×10美元/副）	$ 2 000 000	$ 2 000 000	$ 2 000 000
产品销售成本			
（200 000副×5. 545 4美元/副）	(1 200 000)		
（220 000副×5.166 7美元/副）		(1 109 080)	
（240 000副×5.17美元/副）			(1 033 340)
未售出存货的管理成本	0		
（220 000－200 000）×0.10美元/副		(2 000)	
（240 000－200 000）×0.10美元/副			(4 000)
净收益	$ 800 000	$ 888 920	$ 962 660

当产量为240 000副时，净收益最高。

习　题

[习题10—1]

白杨（Aspen）公司生产各种太阳镜。今年，它开始生产一种新式太阳镜——Peak 32。这种太阳镜的产量为5 300副，销量为4 900副。下表列出了这种太阳镜的固定与变动成本。白杨（Aspen）公司用变动成本为期末存货计价。

	固定成本	变动成本	总成本
直接人工		$ 3.50	$ 3.50
直接材料		7.50	7.50
制造费用	$ 3.2	4.50	7.70
广告费用	1.20	1.70	2.90
分销费用	0.70	0.25	0.95
销售费用	1.20	0.90	2.10
总成本	$ 6.30	$ 18.35	$ 24.65

要求：

a. 白杨公司的 Peak 32 太阳镜的期末存货价值是多少？

b. 白杨公司正在考虑由采用变动成本法转变为采用完全成本法。若用完全成本法，今年的 Peak 32 太阳镜的净收益会更高还是更低？为什么？

c. 假设白杨公司使用完全成本法。如果公司只生产 5 000 副而非 5 300 副 Peak 32 太阳镜，那么 Peak 32 太阳镜的净收益会更高还是更低？为什么？

d. 若白杨公司的资本成本为 20%，那么生产 5 300 副 Peak 32 太阳镜的成本是多少？

［习题 10—2］

下表为三特（Sants）公司本年度采用变动成本法编制的利润表：

三特公司本年度利润表　　单位：千美元

	产品线			
	G-226	G-348	G-714	合计
销售数量（以千为单位）	650	280	120	
销售收入	$ 7 800	$ 2 240	$ 1 920	$ 11 960
产品销售成本	5 200	840	480	6 520
制造边际贡献	$ 2 600	$ 1 400	$ 1 440	$ 5 440
固定制造费用				3 600
生产利润				$ 1 840

由于预计当年销量会有所增加，因此预计当期产量也会随之增加。下表为当年期初、期末产品的存货数量：

	期初存货	期末存货
G-226	20 000	90 000
G-348	50 000	90 000
G-714	20 000	50 000

预计分配固定制造费用的机时为 180 万机时，生产一单位 G-226 需 1.5 小时，生产一单位 G-348 需 2 小时，生产一单位 G-714 需 4 小时。

要求：

a. 采用完全成本法重新编制利润表。

b. 解释为什么完全成本法下的生产利润与变动成本法下的生产利润存在差异？列出计算过程。

［习题 10—3］

琼（Joon）公司生产并销售各种家庭清洁与个人护理用品。该公司所生产的产品共有四种：棒状物（扫帚、拖把）、地板清洁用品（吸尘器、肥皂、蜡）、刷子（毛刷、鞋刷）、喷雾剂（空气清新剂、杀虫剂、家具蜡）。它们皆由一台机器制造。下表列示了该公司最近一个会计年度的财务业绩。

	棒状物	地板清洁用品	刷子	喷雾剂	总计
产销量（千套）	20	35	15	30	
直接人工工时/套	1.5	1	2	1.6	
总直接人工工时（千）	30	35	30	48	143
每套制造成本：					
直接材料	$ 51.00	$ 21.00	$ 31.00	$ 11.00	
变动制造费用	5.25	3.50	7.00	5.60	
直接人工	31.50	21.00	42.00	33.60	
固定制造费用	46.50	31.00	62.00	49.60	
每套总成本	$ 134.25	$ 76.50	$ 142.00	$ 99.80	
每套售价	$ 165.00	$ 122.00	$ 189.00	$ 145.00	
总收入（千美元）	3 300	4 270	2 835	4 350	$ 14 755.00
每套利润	30.75	45.50	47.00	45.20	
总利润（千美元）	615	1 592.5	705	1 356	$ 4 268.50
销售及管理费用（千美元）					
固定					(1 350.00)
变动（收入的 20%）					(2 951.00)
净收益（损失）（千美元）					$（32.50）

直接人工成本为每小时 21 美元。固定制造费用共为 443．3 万美元，依直接人工工时分配。去年，每工时所承担的固定制造费用为 31 美元（443．3 万美元/14．3 万工时）。每工时所承担的变动制造费用为 3.5 美元，销售及管理费用（SG&A）包括固定成本（$ 135 万）和变动成本（$ 29．51 亿）。变动部分（SG&A）占收入的 20%。

该公司拥有不错的超额生产能力。公司高官已看中一个潜在的收购目标——Snuffy 公司，它是一家销售机动车养护用品（车蜡、肥皂、刷子等）的公司。它的产品琼公司都能生产，并且是对琼公司现有产品的一个补充。Snuffy 公司没有制造机器，仅通过制造商来外包生产。Snuffy 公司的收购价为 3 800 万美元。下表列示了 Snuffy 公司当前的经营数据。

Snuffy 公司最近一个会计年度的经营数据

	机动车养护用品
产销量（千）	60
每套直接人工工时	1.9
每套直接材料	$ 18
每套售价	$ 138
额外固定制造费用	$ 450 000
额外固定销售及管理费用	$ 400 000

公司高官认为，琼公司当前之所以会亏损是因为公司产量下降导致产品负担的制造费用上升。这进而又使公司的产品经理不得不提高售价。因而，要想盈利就必须提高公司的产量。由于市场竞争的存在，实现已有产品的增长不太容易，因此管理者想

提请董事会收购 Snuffy 公司以提高产量。按生产 60 000 套 Snuffy 公司的产品，每套需耗费 1.9 个直接人工工时计算，Snuffy 公司的机动车养护用品将为琼公司增加 114 000 个工时，从而将琼公司的工时数提高 80%（114 000/143 000）。这将显著降低现有产品所分担的制造费用，产品经理也可以降低售价了。为将 Snuffy 公司的生产与销售融入琼公司当前的经营中去，琼公司每年必须额外支付 400 000 美元的销售及管理费用（SG&A），并且每年为新设备额外支付 450 000 美元的固定制造费用。

要求：

a. 假设琼公司已将 Snuffy 公司的产品融入自己的生产销售管理过程，请编制显示琼公司最近一个会计年度财务业绩（净收益）的预计财务报表。计算时假设：

（1）Snuffy 公司产品的成本结构（固定成本、变动成本）与琼公司原有的成本结构相同（例如每工时所承担的变动制造费用为 3.5 美元，变动销售及管理费用（SG&A，占收入的 20%）。

（2）Snuffy 公司产品的生产不影响琼公司原有产品的市场份额。

（3）不存在积极的或消极的外部因素影响琼公司生产 Snuffy 公司产品的工时。

（4）琼公司有充足的额外生产能力，当地的劳动力市场可以应对因生产 Snuffy 公司产品所增加的工时，不会导致劳动力和原材料价格的上涨。

b. 基于（a）中的分析，琼公司是否应收购 Snuffy 公司？

c. 评价琼公司管理者收购 Snuffy 公司的决定。

d. 试为琼公司的管理者提一些建议。

［习题 10—4］

Weststar 公司是一家全世界性的、生产并销售各种家用电器的公司。该公司美国区节省空间洗碗机的产品经理 Lynn Tweedie 的主要工作就是在美国为这种洗碗机定价、做规划并将其最终销售出去。第三季度即将结束，Tweedie 正在考虑第四季度洗碗机的产量应为多少。经过分析前三个季度的销售量和第四季度的订单，他预计全年总销售量将达到 73 000 台，每台售价为 200 美元。目前仓库里还有 12 000 台洗碗机，这些存货以后进先出法计价，每台的成本为 90 美元。公司前三个季度共生产洗碗机 58 000 台，在第四季度，Tweedie 打算再生产 10 000、15 000 或 20 000 台洗碗机。公司有充足的生产能力以满足以上三种生产水平，不会改变产品的单位固定成本和单位变动成本。洗碗机的变动成本是 75 美元，车间每年的固定成本是 130 万美元。制造费用依台数来分配。Tweedie 的销售和管理费用包括单位变动成本 15 美元和固定成本 292 万美元。洗碗机部门的资本成本为 17%，共有投资资金（不含存货）1 800 万美元。公司使用完全成本法。

要求：

a. 用完全成本法为这种洗碗机编制年产量分别为 68 000、73 000 和 78 000 时的年度会计盈余表。

b. 假设 Lynn Tweedie 的奖金依该种洗碗机所报告的会计盈余而定，那么在第四季度，她更愿选取哪一产量水平？

c. 编制一张表以计算当年产量分别为 68 000、73 000 和 78 000 时的期末存货价值（用后进先出法）。

d. 假设 Lynn Tweedie 的奖金依该种洗碗机的剩余收益而定，那么在第四季度，她更愿意选取哪一产量水平？

e. 假设 Lynn Tweedie 的奖金依资产回报率而定，那么（d）中的答案会发生什么变化？

［习题 10—5］

斯密德父子（Smidt & Sons）公司只生产一种产品，以前的经营资料如下所示：

	2010 年	2011 年	2012 年
产量	22 000	16 000	15 000
销量	20 000	15 000	18 000
固定制造费用	$ 800 000	$ 880 000	$ 950 000
变动制造费用	$ 3.00	$ 3.10	$ 3.20
变动销售费用	$ 0.25	0.30	$ 0.35
销售价格	$ 45.00	$ 50.00	$ 53.00

公司采用先进先出法对存货计价，2010 年无期初存货。

要求：

a. 用完全成本法计算各年净收益。

b. 用变动成本法计算各年净收益。

c. 调整采用上述两种方法所产生的差异。

［习题 10—6］

美弗德（Medford）公司是一家生产陶瓷咖啡杯的老字号厂商，在每只杯子上都印有公司徽标和格言。公司的生产能力为年产 5 000 万只杯子，但由于经济衰退，公司当年的产销量下降为 1 500 万只。下表为 2010 年该公司的经营状况：

美弗德公司

利润表

2010 年度

单位：百万美元

销售收入（1 500 万只 ×2 美元/只）		$ 30.0
减：产品销售成本		
变动成本（1 500 万只 ×0.50 美元/只）	(7.5)	
固定成本	(20.0)	(27.5)
边际贡献		$ 2.5
减：产品销售费用和管理费用		(4.0)
经营利润		$（1.5）

2010 年底不存在产成品期末存货。

董事会十分关注这 150 万美元的亏损，为找出导致亏损的原因，他们从外部聘请了顾问。顾问指出公司存在两个问题：第一，公司总经理的薪水是固定的，由于他不拥有公司股票，自然就没有足够的动力去关心公司的利润；第二，公司没有采取积极主动的营销策略，没有跟上市场的变化。现任总经理 64 岁，公司准备让他提前 1 年退休，并聘请新的总经理以扭转公司目前的局面。现任总经理接受了公司的建议，提前退休，公司立即从外部经理市场聘请到一位有良好扭转全局记录的总经理。

与新任总经理签订的报酬合同规定，每年的固定工资为 50 000 美元，此外按经营利润的 15% 分配奖金。经营利润按完全成本法计算。2011 年，新任总经理在编制预算时，将产品销售费用提高了 1 倍，成为 800 万美元（其中包括总经理底薪 50 000 美元）。为了促销，新任总经理设计了一条新的格言并将其印于咖啡杯上，同时提高存货水平，增加批发商数量。结果 2011 年产量达到 4 500 万只，销售量达到 1 800 万只，单价为 2 美元，单位变动成本仍为 0.5 美元，固定成本为 2 000 万美元。

到 2011 年底，总经理通知董事会他已接受另一项工作。他认为，在这一年，他已成功地使美弗德公司扭亏为盈，并感激董事会给他这次机会。他的新工作是帮助另一家有难企业扭转局面。

要求：

a. 计算 2011 年总经理应得的奖金。

b. 评价新任总经理的业绩，你认为它是否应该得到（a）中所计算的奖金。

[习题 10—7]

Avant 设计公司设计并生产精美的时尚镍手镯。其产品有两种：阿兹台克手镯和玛雅手镯。下表列示了公司当年的经营预算：

Avant 设计公司

经营预算

本年度

	阿兹台克手镯	玛雅手镯
售价/单位	$ 12	$ 15
变动成本/单位	$ 4	$ 5
销售量	30 000	20 000
机时（分钟）/单位	2	3
期初存货	0	0
期末存货	3 000	1 000

当年的固定制造费用预算为 258 000 美元。

要求：

a. 用变动成本法编制当年的预算利润表。

b. 用完全成本法编制当年的预算利润表。预算的固定制造费用按机器运转时间（分钟）分配。

c. 解释（a）、（b）计算出的净收益不同的原因，即调整盈余存在差异的原因。

[习题 10—8]

Kothari 有限责任公司的电信部生产并销售 100 000 种调节器。其中一半的调节器对外售价是每单位 150 美元，另外一半的对外售价是变动制造费用加 10%。Kothari 公司用变动成本评价电信部。下表列示了电信部的成本结构。

	变动制造费用
材料	$ 27.00
人工	12.00
制造费用	4.00
总制造成本	$ 43.00
固定制造费用	$ 1 700 000
变动期间费用（每套）	$ 18.00
固定期间费用	$ 1 900 000

要求：

a. 用变动成本法计算电信部的税前净收益。

b. 电信部可以以每个 9 美元的价格将所有 100 000 种调节器的最后装配工作外包。如果这样做，电信部一共可以节省固定制造费用 700 000 美元，每单位调节器也可以节省 1 美元的变动成本。假设电信部管理者的报酬依电信部的税前净收益而定，那么他们会外包吗？列出计算过程。

c. 如果外包，对公司净现金流量有何影响？

［习题 10—9］

利用本章表 10—6 的数据，在改变原假设的基础上重新计算，即不再假设两年的实际制造费用发生额均比预算超支 17 000 美元，而假设两年的实际制造费用发生额均比预算节约 10 000 美元。在这种情况下，经理人员将怎样处置 10 000 美元的节约额？

［习题 10—10］

Alliance 工具公司只生产一种产品。年初无存货。今年，公司的产量为 120 000 单位，销售量为 100 000 单位，售价为每单位 26.75 美元。变动生产成本是每单位 13.5 美元。公司还为销售代理和运输支付了 2.7 美元（每单位）。销售和管理费用的固定成本是 720 000 美元。税率是 40%。

要求：

a. 用完全成本法编制利润表。

b. 用变动成本法编制利润表。

c. 解释（a）、（b）计算出的净收益存在差异的原因。

［习题 10—11］

MAPICS 公司采用完全成本法并有如下成本结构：

单位变动成本	$ 0.30
固定成本	$ 2 000 000
正常产量	1 000 000
单位销售价格	$ 2.50

第一年，该公司的产量为 140 万单位，销量为 100 万单位。第二年，该公司的产量为 80 万单位，销量为 100 万单位。固定生产成本依正常产量分配。第一年无存货。用先进先出法为存货计价。任何多分配或未分配的制造费用都计入已售产品成本。

要求：

a. 分析第 1 年与第 2 年盈利能力的变化。

b. 若第 2 年的产量为 60 万单位，则会有多少利润？

[习题 10—12]

假如你是泛太平洋银行（TransPacific Bank）的一名信贷员，审核一个客户的贷款请求时，在客户的年度报表的脚注中，读到这样一段：

存货按成本价和材料市价加其他直接（变动）成本中较低者计价。当年固定制造费用为 420 万美元，去年有 300 万美元固定制造费用未计入存货成本，对这部分制造费用的忽略使得税后利润减少了 720 000 美元，税率为 40%。

请你根据脚注，说明在向银行贷款委员会递交贷款申请书时，如何用简洁、易懂的文字描述这段脚注的含义，以及它将如何影响银行对该借款人的财务状况评估。

[习题 10—13]

齐普（Zipp）卡片公司从其他公司成批购入棒球卡，每一大张有 48 张小卡，公司将其剪裁成独立的卡片之后，进行分类、包装，然后将包装好的卡片卖给规模较大的折扣商店。2010 年、2011 年的经营数据如下所示：

	2010 年	2011 年
销量（48 张*）	50 000	48 000
价格	$ 5.00	$ 4.90
产量（预算 = 实际）	50 000	75 000
变动成本	$ 1.00	$ 1.00
固定制造费用	$ 160 000	$ 160 000

* 一个单位等于 48 张卡片。

产销量的计算是以 48 张卡片为一个单位的。2010 年，实际产量与预算产量相等，均为 50 000 个单位，且期初（2010 年 1 月 1 日）无存货。2011 年，实际产量与预算产量均上升为 75 000 个单位。

2012 年初，当公司总裁看到公司 2011 年利润表时，异常高兴，他说："2011 年比 2010 年多盈利这么多，我感到非常吃惊。在这一年，价格降低了，销售量也减少了，但利润却比去年增长了。我相信会计数据是不会说谎的。"

要求：

a. 采用完全成本法编制 2010 年、2011 年的利润表。

b. 编制一张调整 2010 年到 2011 年净利润变化的报表，并向总裁解释 2011 年利润比 2010 年高的原因。

[习题 10—14]

伊斯顿（Easton）公司生产电视机机箱的金属框架，它的客户是通用电力设备公司。公司用一架计算机数控（NC）的机器经过切、钻等程序，最终将金属折成电视机框。该公司生产的电视机框共有两种，HX-3 和 DX-55。

伊斯顿公司只有一个制造费用账户，以每种产品所耗用的 NC 机的实际机时（分钟）作为分配制造费用的基础。期初不存在在产品和产成品存货。下表概括了两种产品的计划产量和实际产量：

	HX-3	DX-55
计划产量	6 500	3 400
单位标准机时（分钟）	×6.2	×9.8
预计总机时（分钟）	40 300	33 320
实际产量	7 200	3 900
实际机时（分钟）	44 640	38 220

下列数据是制造费用的弹性预算：

	固定成本	变动成本（每分钟）
折旧	$ 695 000	
间接人工		$ 0.80
间接材料		1.00
财产税	28 000	
公用支出	55 000	0.90
其他	42 000	0.30
合计	$ 820 000	$ 3.00

年末，制造费用的实际发生额如下：

	实际金额
折旧	$ 695 000
间接人工	71 288
间接材料	84 860
财产税	31 000
公用支出	133 074
其他	68 858
合计	$ 1 084 080

期末，多分配（未分配）制造费用差额均转入产品销售成本。期末产成品存货由 2 000 单位的 HX-3 产品和 1 000 单位的 DX-55 产品组成，两种产品分别代表的机时为 13 400 分钟和 10 300 分钟。

要求（注：金额及制造费用分配率均保留两位小数）：

a. 期初时，计算制造费用分配率。

b. 计算当年多分配（未分配）的制造费用。

c. 公司正在考虑改用变动成本法计算产品成本。这个决策将对伊斯顿公司的本年利润产生什么影响？期末，采用变动成本法时，变动制造费用等于 3 美元/分钟乘以实际耗用机时（分钟），固定制造费用为制造费用总额扣除变动制造费用后的差额。

d. 改变（c）中假设，假定固定制造费用的预算为 820 000 美元，而变动制造费用为制造费用总额扣除固定制造费用后的差额。请计算，在此新假设下，使用完全成本法和变动成本法计算的净收益有哪些差异？

[习题 10—15]

瓦瑞路斯（Varilux）公司只生产一种产品，其售价为 10 美元，期初存货为 1 000

只。经进一步调查，该公司去年的单位产品成本中，单位固定成本为3美元，单位变动成本为2美元。在本年度，瓦瑞路斯公司共生产产品10 000只，单位变动成本为3美元，当年发生固定制造成本40 000美元，产品销售和管理费用由12 000美元变动成本和18 000美元固定成本构成，期末无存货。

要求：

编制两张利润表：一张以变动成本法为基础，一张以完全成本法为基础，解释两张报表净收益之间的差异，并列出计算过程，说明差异产生的原因。

［习题10—16］

Blauvelt制品公司年初利用弹性预算，以产量为基础，制定出了制造费用分配率。第一年，预算的固定制造费用是100万美元，预算的变动制造费用是2美元/单位。直接材料和直接人工总共为5美元/单位。产成品的售价是30美元。期初无存货。预算产销量为80 000单位，实际产销量皆为80 000单位，第一年的实际制造费用为116万美元。任何多分配或少分配的制造费用都计入已售产品成本。

第二年，预算产量和实际产量都为8万单位，然而只售出6万单位。预算的固定制造费用是100万美元，预算的变动制造费用是2美元/单位。直接材料和直接人工总共为5美元/单位。产成品的售价仍为30美元。第二年实际发生制造费用135万美元。

要求：

a. 分别用完全成本法和变动成本法计算第一年的净收益并解释两种方法算出的净收益不同的原因。

b. 用完全成本法计算第二年的净收益（计算制造费用分配率时用实际发生的制造费用）。

c. 用变动成本法计算第二年的净收益（预算制造费用与实际制造费用之间的差额看作固定成本）。

d. 用变动成本法计算第二年的净收益（预算制造费用与实际制造费用之间的差额看作变动成本）。

e. 解释（b）、（c）、（d）答案不同的原因。

［习题10—17］

联邦化工公司是一家大型的、经营多种化工产品的公司，联邦搅拌公司（FM）是其分支机构。FM公司既为外部客户服务，也为联邦化工公司的其他部门服务。FM公司自己购买化学液体或用客户提供的化学液体，然后按客户要求将其混合、包装。FM公司计算净收益时既采用完全成本法又采用变动成本法。其今年的数据如下：

	净收益
完全成本法	$ 13 800 000
变动成本法	12 600 000
差异	$ 1 200 000

制造费用按工时分配。

FM公司无产成品存货，只有在产品（WIP）存货。产品完工后就会运给客户。

期初存货的价值为 630 万美元，用 7 万个工时来生产。期末存货的价值是 990 万美元，用 9 万个工时来生产。

要求：

简要地向高级主管解释一下采用变动成本法和完全成本法计算出的净收益不同的原因。

[习题 10—18] 略

[习题 10—19] 略

[习题 10—20] 略

[习题 10—21] 略

[习题 10—22] 略

[习题 10—23] 略

[习题 10—24] 略

案 例

欧莱特（Olat）公司生产三种量具，分别用于测量密度、渗透性及浓度，相应地用 D、P、T 来表示。许多年来，公司都能获得盈利并满负荷生产。然而近两年来，由于竞争加剧，为了继续充分利用生产能力，公司不得不降低价格，增加销售费用。2010 年度第三季度的经营结果可以说明最近的经营状况。

欧莱特公司

利润表，2010 年第三季度　　单位：千美元

	D 型	P 型	T 型	合计
产品销售收入	$ 900	$ 1 600	$ 900	$ 3 400
产品销售成本	770	1 048	950	2 768
销售毛利	$ 130	$ 552	$ (50)	$ 632
产品销售费用	185	370	135	690
税前利润	$(55)	$182	$(185)	$(58)

欧莱特公司总裁 Mel Carlo 非常关心定价、销售以及生产政策的后果。在审视了第三季度的经营结果后，他要求各部门经理考虑以下三点建议：

（1）在找出并解决 T 型量具存在的问题前，立即停止生产该产品。

（2）为使 P 型量具的销售量增长 15%，每季度为其增加 10 万美元的促销费用。

（3）将 D 型量具的产量削减为原来的 50%，这足以满足 P 型量具的购买需求。此外，各季度削减该产品负担的可追溯宣传和促销费用为 2 万美元。

George Sperry 为公司主计长，他认为应该就总裁的提议所可能产生的后果作更周密的财务分析。总裁也同意他的意见，委派助理主计长 Joann Brower 做进一步的分析，她搜索到如下信息：

· 三种型号的量具均由同一种设备生产。

· 每季度的销售及管理费用为 17 万美元，按每种量具的销售收入比重在三种产品之间分配。

· 每种产品的特别销售费用（主要指广告、促销、运输）实际发生额如下：

	季度广告与促销支出	运输费用（单位成本）
D 型量具	$ 100 000	$ 4
P 型量具	210 000	10
T 型量具	40 000	10

三种产品的单位制造成本见下表：

	D 型	P 型	T 型
原材料	$ 17	$ 31	$ 50
直接人工	20	40	60
变动制造费用	30	45	60
固定制造费用	10	15	20
	$ 77	$ 131	$ 190

三种产品的售价为：

D 型　$ 90

P 型　$ 200

T 型　$ 180

公司能够完全利用生产能力，且生产的产品能够全部售出。

要求：

a. Joann Brower 认为用欧莱特公司 2010 年度第三季度的产品分类利润表来分析 Mel Carlo 的建议是不合适的：

（1）解释为什么将产品分类利润表作为分析与决策的依据不合适。

（2）设计一种适合作为分析与决策依据的利润表，并解释原因。

b. 根据已提供的经营数据，假定在第三季度开始，Mel Carlo 的建议已经付诸实施，根据以下几点，估计总裁三条建议的实施情况：

（1）通过分析这三条建议对税前收益的影响，指出每条建议的效果如何。

（2）停止生产 T 型量具是否正确？解释原因。

（3）增加 P 型量具而非 D 型量具的促销费用，是否正确？解释原因。

（4）总裁的建议在实施过程中，是否能够有效地利用公司的生产能力？解释原因。

c. 在停止生产 T 型量具之前，欧莱特公司是否应该考虑一些非量化因素？解释原因。

资料来源：《注册管理会计师》。

第11章　完全成本法的缺陷之二：产品成本计算不准确

本章提要

A. 产品成本计算不准确
B. 作业成本法
  1. 选择成本动因
  2. 完全成本法与作业成本法：一个例子
C. 对作业成本法的分析
  1. 采用作业成本法的原因
  2. 作业成本法的成本与效益分析
  3. 作业成本法仅考虑了成本，没有考虑收益
D. 作业成本法的实践
E. 本章小结

在上一章中，我们讨论了完全成本法的一个缺陷。在完全成本法下，固定成本被分配到各个产品中去，额外的产品使固定成本在更多的产品之间分配。只要单位变动成本不上升，平均成本就将随产量的增加而下降。因而在销售收入不变的情况下，经理们就可以通过过度生产提高利润。利润之所以随产量而增加，是因为一部分固定成本仍保留在存货中，没有抵减当期收益。变动成本法在一定程度上减少了过度生产的可能性，但是，由于产品成本中完全不包括固定成本，因而无法包含衡量生产能力机会成本的指标。此外，变动成本法的另一个缺陷是，增强了经理人员的随意性，由于他们要确定哪些成本为固定成本，哪些成本为变动成本，因而有机会操纵利润和产品成本。

本章介绍完全成本法的第二个缺陷：会产生误导的产品成本信息。在大多数完全成本法下，制造费用一般按照直接人工或直接材料进行分配。然而，制造费用可能以其他的方式变化——例如机器生产准备。如果成本分配中，所采用的分配基础不能代表与制造费用之间的因果关系，那么就会产生不准确的产品成本。本章第1节详细描述了这个问题。第2节介绍了一种用以替代传统的完全成本法的新方法——作业成本法（ABC）[①]，作业成本法试图计算更精确的产品成本。然而，作业成本法也有其自身的缺陷，有关内容将在第3节中介绍。第4节总结了许多公司运用作业成本法的情况。

A. 产品成本计算不准确

一些成本计算方法存在的问题在于它们所追溯的是历史成本，而不是消耗资源、产生成本的实际作业。举例来说，会计系统记录机器生产准备所耗费的人工成本

① 严格地说，作业成本法（ABC）并不是对完全成本法的取代，该方法与完全成本法一样，也要在所有的成本对象之间分配制造费用。正如本章后面所提到的，两者的区别在于成本分配的复杂程度与成本分配的基础的选择。

（财务流程），但许多工厂都不记录机器生产准备的次数及发生的原因。会计系统记录供应部门的采购成本，但却不记录产生采购成本的因素，如部件的数量、采购的次数与验收的次数。

让我们来看这样一个例子。[①] 宝洁公司生产多种洗衣皂（汰渍、碧浪与熊猫等），它有多个分厂，每个分厂都生产多种洗衣皂，其中除每月有几天用来生产汰渍洗衣皂以外，其他的时间用来生产其他产品。现假定宝洁只有两个工厂（S厂和M厂），规模与使用设备均相同，S厂每年只生产一种产品（汰渍），年产量为1 000万磅。M厂生产多种产品，年产量也为1 000万磅，包括300万磅汰渍、200万磅碧浪、100万磅熊猫、50万磅标识私人商标的产品，还有450万磅是特制品。在过去几年中，M厂生产20种品牌的产品。为了简化计算，突出重点，假定每种品牌的原材料成本相同，并且两个工厂生产1磅洗衣皂的直接人工和机器工时相等。无论哪种品牌的洗衣皂，直接人工成本与直接材料成本之和均为0.34美元。假定大批量购入原材料也不享受商业折扣。

两个工厂的经营状况相同吗？一个参观者如果不看每个工厂的产品品牌，是否能将它们区分开来呢？M厂有许多人员被指派制定生产计划、检验购入产品、购买并管理各种存货、改变工艺、维护电脑系统。与S厂相比，M厂将处理更多的交易（订货、验收、材料搬运、订单跟踪），因此M厂的制造费用总成本大于S厂。假定S厂每年工厂的总制造费用为140万美元，M厂为180万美元。

现在，我们采用完全成本法计算两个工厂的产品成本。由于每磅洗衣皂的直接人工、直接材料、机时均相等，因此M厂每磅洗衣皂的账面成本相等，并且M厂每磅洗衣皂的账面成本高于S厂。M厂的汰渍洗衣皂的成本之所以高于S厂生产的相同的汰渍洗衣皂，是因为M厂产品的制造费用比S厂高。两个工厂的产品成本如下所示：

每磅洗衣皂的成本（S厂与M厂）

	S厂	M厂
直接人工与直接材料	$ 0.34	$ 0.34
制造费用*	0.14	0.18
总成本	$ 0.48	$ 0.52

	S厂	M厂
*制造费用总额（百万美元）	$ 1.4	$ 1.8
产量（百万磅）	10	10
每磅制造费用	$ 0.14	$ 0.18

两个工厂有相同的直接成本，如果制造费用的分配以直接人工、直接材料和机时为基础，那么两个工厂每磅洗衣皂所分配的制造费用为各自制造费用总额的一千万分之一。

洗衣皂市场的激烈竞争迫使S厂的单价不断趋近于成本价，即0.48美元。假定

① 此例引自M. Maloney and R. McCormick, "A Theory of Cost and Intermittent Production," *Journal of Business* 56 (April 1983), pp. 139 – 53. 也见R. Cooper and R. Kaplan, "How Cost Accounting Systematically Distorts Product Costs," *Management Accounting*, April 1988, pp. 20 – 27.

现在的市价为0.51美元，则S厂每磅洗衣皂的会计利润为0.03美元，而依照会计系统的成本报告，M厂的洗衣皂每磅将亏损0.01美元。假定消费者愿意为特制品支付高价，则M厂的小部分特制品能以高价出售，从而获得较多的利润。M厂决定降低沃溃的产量，增加特制品的产量。但是，如果这样做将会使制造费用增加，因为随着产品结构变得更加复杂，计划、购买、管理不同的洗衣皂所耗费的资源也将随之增加。

[练习题11—1]

O'Reilly Manufacturing公司生产三种类型的产品：Super、Supreme和Ultra。这三种型号的产品基本设计都相同，不同之处在于生产过程中运用的质量标准不同。频繁发生的产品线停工、调整和启动会造成一定数量的废料成本。同样的，某一产品达不到质量标准而被检测人员拒绝就会成为废品，一旦被拒绝，产品就没有任何商业价值，只能被丢弃。所有生产被废弃产品所发生的成本被计入一个废品账户，是制造费用的一部分。下表是公司预算的营业报表。

O'Reilly Manufacturing公司

预算营业报表

	Super	Supreme	Ultra	合计
产量	85 000	42 000	13 000	
售价	$ 205	$ 225	$ 235	
收入	$ 17 425 000	$ 9 450 000	$ 3 055 000	$ 29 930 000
减去：				
原材料	$ 8 500 000	$ 4 200 000	$ 1 300 000	$ 14 000 000
直接人工*	5 312 500	3 150 000	975 000	9 437 500
制造费用**	3 478 245	2 062 395	638 360	6 179 000
总成本	$ 17 290 745	$ 9 412 395	$ 2 913 360	$ 29 616 500
净利润	$ 134 255	$ 37 605	$ 141 640	$ 313 500

* 直接人工成本为每小时25美元。

** 制造费用按照直接人工美元进行分配。

制造费用包括：

折旧	$ 3 500 000
间接人工	450 000
废品	1 679 000
其他	550 000
合计	$ 6 179 000

	Super	Supreme	Ultra
直接人工工时（单位产品）	2.5小时	3小时	3小时
总废品	$ 850 000	$ 504 000	$ 325 000
净利润（单位产品）	$ 1.58	$ 0.90	$ 10.90

目前，管理层比较担心 Supreme 产品，其单位利润相对于 Ultra 产品要低很多，同时由于 Ultra 产品利润丰厚，管理层也在考虑如何通过一系列的营销策略来增加 Ultra 产品的销量。

要求：深入分析管理层得出的“Ultra 产品利润丰厚”的结论。用数据支持你的分析和结论。

解答：

管理层得出的 Ultra 产品比 Supreme 产品和 Super 产品利润更高的结论是错误的，他们被制造费用的分配（包括对废品成本的处理）误导了。所有的废品成本都被计入制造费用，然后根据直接人工成本分配给产品。然而 Supreme 产品和 Super 产品的单位产品废品率要远远低于 Ultra 产品，如下表所示：

	废品	产量	单位废品成本
Super	\$ 850 000	85 000	\$ 10
Supreme	504 000	42 000	12
Ultra	325 000	13 000	25

减少废品成本分配对产品成本扭曲程度的一种方法是，直接将废品成本分配给各个产品，而不是将废品成本计入制造费用，再根据直接人工美元进行分配。具体计算如下表所示：

	Super	Supreme	Ultra	合计
收入	\$ 17 425 000	\$ 9 450 000	\$ 3 055 000	\$ 29 930 000
减去：				
原材料	\$ 8 500 000	\$ 4 200 000	\$ 1 300 000	\$ 14 000 000
直接人工	5 312 500	3 150 000	975 000	9 437 500
废品成本	850 000	504 000	325 000	1 679 000
制造费用*	2 533 113	1 501 987	464 900	4 500 000
总成本	\$ 17 195 613	\$ 9 355 987	\$ 3 064 900	\$ 29 616 500
净利润（损失）	\$ 229 387	\$ 94 013	\$ (9 900)	\$ 313 500
单位成本	\$ 202.30	\$ 222.76	\$ 235.76	
单位利润	\$ 2.70	\$ 2.24	\$ (0.76)	

*按照直接人工成本分配余下的制造费用：

总制造费用	\$ 6 179 000
减去：废品成本	(1 679 000)
要分配的制造费用	\$ 4 500 000
除以：直接人工成本	÷ \$ 9 437 500
制造费用分配率	\$ 0.476821

通过把废品成本直接分配给产品，Ultra 产品表现为亏损，而 Supreme 产品和 Super 产品则表现为盈利（多于之前）。

即使 Ultra 产品表现为亏损，我们仍然不能得出要令其停产的结论，因为我们没有分析其他的制造费用（如间接人工）是如何随着不同类型的产品而变化的。如果余下的制造费用包括了共同成本，那么减少一种产品的生产并不会降低分配到该产品上的公司总成本。切记：“当存在联合成本或共同成本时，对产品线获利能力的分析要格外小心。”

M 厂的问题在于使用传统的完全成本法来分配成本，虽然两个工厂生产汰渍洗衣皂所耗费的资源是相等的，但是由于 M 厂的制造费用高于 S 厂，因此导致 M 厂的成本高于 S 厂。工厂中的许多成本并不是受产量驱动的，而受作业量（如机器装配次数、订货次数或运输次数）的驱动。以产量为基础分配受作业量驱动的成本会导致产量大的产品所分配的这部分成本也较多。

经理以及财务人员所说的产品成本计算不准确的意思是，制造费用不是按作业量（例如生产准备）分配，而是跟其他成本（例如设备维护费）以及总成本一起按同一个分配标准（例如直接人工）进行分配，这样的分配标准根本无法反映成本的驱动因素。在上述的例子中，实际上汰渍洗衣皂在 M 厂的生产成本并不高于 S 厂，但不准确的会计系统却给出了相反的结论。M 厂的制造费用总额高于 S 厂，这是因为 M 厂还生产其他产品。如果 M 厂与 S 厂一样只生产汰渍洗衣皂，那么两厂的成本将是一样的。因此，M 厂不准确的会计系统使汰渍洗衣皂分摊到了额外的制造费用，而这些额外的制造费用本应该由产生此制造费用的产品负担。

为了解决 M 厂的问题，应该修正传统的完全成本法，作业成本法就是这样应运而生的。作业成本法究竟是对完全成本法的否定，还是对完全成本法的修正，尽管这一问题最后可能演变成语义学的争论，但仍是一个值得探讨的问题。不过，我们不能忽视，经理人员要想控制成本，就必须有效地管理成本动因。控制成本要确定或管理导致成本的关键因素，而不能拘泥于成本数量和成本分配过程。作业成本法试图提供更准确的产品成本数据，并提供有助于管理控制成本动因的数据。作业成本法认识到制造费用成本不仅随产量的变动而变动，而且随制造项目范围的变动而变动——也就是说，随生产的多样性与复杂性的变化而变动。最后，对作业成本法的检验将进一步加深我们对成本会计的理解。

罗克韦尔跨国公司的分厂

在罗克韦尔（Rockwell）跨国公司的车轴生产厂，制造费用的分配以直接人工成本为基础。在重新审核该成本分配方案后，罗克韦尔公司断定，高产量产品成本比实际高出 20%，低产量产品成本比实际低了 40%。由于罗克韦尔公司以完全成本作为制定价格的依据，竞争者正在侵入高产量产品市场，并通过较低的价格抢走了罗克韦尔的生意。

资料来源：F. Worthy，“Accounting Bores You? Wake Up,” *Fortune*，October 12，1987，pp. 43–53.

本节复习思考题

Q11—1 为什么传统的完全成本法总是产生不准确的成本信息？

Q11—2 在一个生产多种产品的工厂，采用完全成本法计算较复杂产品的成本时，结果是偏高还是偏低？

B. 作业成本法

本节介绍一种新的完全成本法——作业成本法（ABC）。当“作业”被用来描述作业成本法时，这一术语也被广泛地用于保险、非营利组织以及公司的营销部门。

“作业”是指工厂中各个特殊团队或作业中心重复执行的任务。作业中心都是成本中心（见第5章）。作业成本法下成本分配的第一步是把成本分配给“作业”（即成本中心），然后这些作业中心的成本要么直接归于某种产品，要么在几种产品之间分配。从这个意义上说，作业成本法非常类似于图9—4中所描述的两步分配程序。然而，对于如何在产品之间分配部门或作业中心成本，作业成本法与传统的完全成本法有很大差别。

有关“作业成本法”的一套术语，包括作业管理、作业动因、资源动因、成本动因分析以及价值链成本计算等。由于本节的主要目的是介绍作业成本法的基本原理，并不做具体的综合研究，并而本章所引用的术语比实务中简单。①

1. 选择成本动因

作业成本系统的建立要从分析每个工厂支持部门（如供应、工程、维修或质量控制）产生成本的交易类型入手，成本分析者为了弄清每个支持部门的成本驱动因素，要对每个部门进行测试。成本动因的典型例子是检查或测试的次数、原材料或部件验收的次数、存货移动的次数、机器安装的次数以及工艺变更的次数。对于每一个工厂支持部门，要确定一个基本的成本动因。

成本动因一旦确定，就要划分为四个相互排斥的类别：单位层面成本、批量层面成本、产品层面成本以及生产维持成本。图11—1说明了这四个类别在作业成本法中的关系。**单位层面成本（unit-level cost）**来源于对每个单位产品至少要执行一次的作业。例如，机器打磨、钻孔、安装零件，这些作业对于每个单位产品来说都是必须要做的。这类成本包括直接人工、直接材料、机器成本以及直接能耗。

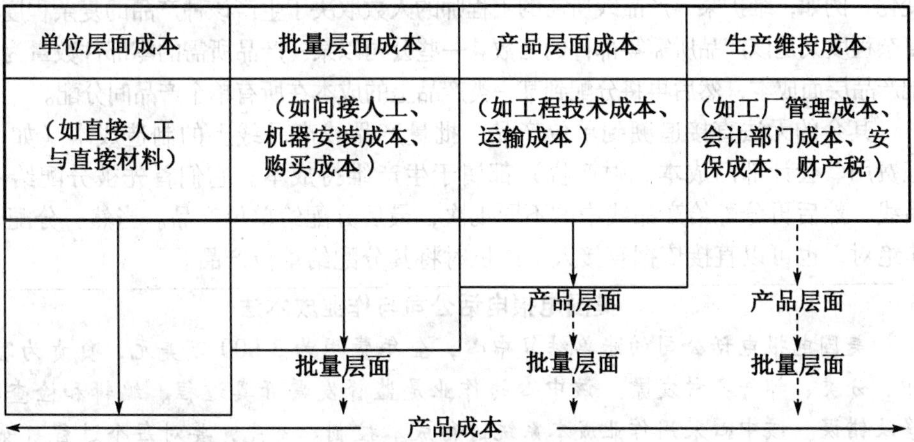

图11—1 作业成本的种类与间接成本的分配

批量层面成本（batch-level cost）来源于那些同时服务于每批产品或许多产品的作业。例如，机器生产准备、清理以及将成批产品转移到下一个生产工序，这些作业都是针对某一批产品的，而非单个产品。如订货与产品检验就属于批量层面的作业，

① 有兴趣的读者可参见R. Cooper and R. Kalpan, *The Design of Cost Management Systems*, 2nd ed.（Englewood clffs, NJ: Prentice-Hall, 1998）.

它们是对成批产品而言的，不受每一批中单位产品数量的影响。

产品层面成本（product-level cost）来源于那些服务于某一型号或某一式样产品的作业。例如，用于生产程序改变的工程支持、产品设计，这些作业都依赖于某一产品线的存在，而不受该种产品数量或生产批次多少的影响。除此之外，产品层面成本还包括工艺改造成本和产品更新改造成本。

最后，**生产维持成本（capacity-sustaining cost）**来源于服务整个工厂的作业。例如，工厂保安、维修、行政管理、保险、财产税等，它们都是为了维护工厂的生产能力而进行的作业，不依赖于产品的数量、批量及种类。

一些学者建议对作业成本进行更细致的划分，如工序层面成本来源于维持某一特定的生产过程所必需的工程作业，又如客户维持成本，来自服务于某一特定客户所需要的销售与工程作业。从概念上看，这些作业类似于产品层面作业。为了简化说明，在这里只讨论四个层面的成本（在实务中，某一特定系统所使用的层面数量可根据公司的具体情况而定）。

在图 11—1 中，单位层面的直接成本可直接追溯到每一单位产品上。其他成本，诸如安装机器的间接人工、每批材料的购买成本不能直接追溯到每一单位产品上，它们不受制于每批产品的数量，而取决于产品的批次。例如，供应部门的工作量取决于发出订单的次数、订货的接收、订货的检验以及材料的仓库保管费。每批订货无论是 100 个单位，还是 10 000 个单位，其工作量都是相同的。一旦这些批量层面成本被归集到某一批产品，就可以根据这批产品的数量在单个产品之间分配这类成本。

产品层面的成本，诸如工程技术成本与有些维修成本，仅仅因为某一特定的产品线的存在而发生，这些成本随着工厂产品种类的变化而变化，而不随产量和产品批次的变化而变化。例如，维护某一产品线所需的工程师的人数取决于生产该种产品的复杂程度，生产复杂程度又是该产品所需零部件的函数。一些公司以某一产品所需的零部件数量为基础分配产品层面成本，然后再将分配到某一类产品上的成本在所有单个产品间分配。

其余的无法直接追溯到单位产品、批量产品或产品线上的制造成本（如一般管理费用、会计部门成本、财产税）都属于生产维持成本。它们首先被分配给不同产品线，然后再分配给产品线中的不同批次，最后分配给单位产品。当然，分配顺序并非绝对，也可以直接依据直接人工或机时将其分配给单位产品。

美国电报电话公司与作业成本法

美国电报电话公司的账单结算中心，全年费用为 3 000 万美元，负责为客户打印、分类、邮寄各种发票。该中心的作业是监督发票开具过程、编辑和检查数据、修改错误。该中心采用作业成本系统进行成本控制。首先，要对每个过程（如客户测试、改变要求、打印页数）进行详细分析，以揭示每项作业的成本动因。其次，以成本动因为基础，将成本分配给不同的成本目标。

在这些新型成本数据的帮助下，美国电报电话公司的管理者就可以根据其他公司与账单结算中心的交易判断公司的经营状况。两年来，尽管每分钟处理的账单数量增加了 46%，但该中心经营费用却下降了 26%。

资料来源：T. Hobdy, J. Thompson, and P. Sharman, "Activity-Based Management at AT&T"; www. focusedmanagement. com/knowledge_ base/articles/fmi_ articles/middle/at&t. htm.

当所有的成本被划分为四大类后，工厂就可以被看作不同的作业区域或可识别的消耗资源的操作者。所有的成本在作业中心被归集，成本动因能够较准确地反映引起某一制造费用变化的基本因素。成本动因是非财务指标，可以模拟在作业中心产品是怎样消耗资源的。这些成本动因的确定和使用，试图帮助公司在内部建立一套“税制”（第7章），对公司内的外部性课税。对于供应部门来说，课税对象不再是直接材料，而是诸如订货行为一类的成本动因。

[练习题 11—2]

Southridge 是一家拥有 200 个床位的医院。它的成本结构如下：每床每天要花费 250 美元用于日常护理、提供伙食、更换床单和保卫服务；每床每天要花费 50 美元用于占用成本（如折旧、管理成本）以及每位患者 120 美元的管理费用和社区服务费。每个床位 250 美元的成本是随着占用病床的天数而改变的，病床的折旧管理等占用成本属于医院的规模支出，它是不随占用床位的天数而改变的，120 美元的管理费用和社工服务支出是随病人的数目而改变的（每位患者都必须接受管理和社工服务），并且与其住院天数无关。两年前平均每位患者住院 7 天，而现在只有 4 天。为了简化过程，我们假设医院所有的病床都是时刻被利用的。注意：处方药和一些理疗程序，如 X 光和实验测试，是直接向病人收费的，其不包括在医院的成本之中。

问题：

a. 在两年前，该医院的年总成本是多少？

b. 现在医院的年总成本是多少？

c. 描述一下为什么医院的年总成本相比两年前提高了。

d. 每位患者平均住院成本是如何改变的？

e. 使用作业成本法标签：单位水平、批量水平、产品水平和生产维持成本，来对上述三个不同的成本种类进行分类。

答案：

a. 要计算两年前的年总成本，首先需要计算每年该医院接收患者的人数：

每年每床可占用天数	365
每个患者住院天数	÷7
每床每年接收患者人数	52.14
床位数	×200
每年接收患者人数	10 428

总的成本（百万美元）：

床的可变成本（200×250×365）	$ 18.25
占用成本（200×50×365）	3.65
管理成本（10 428×120）	1.25
年总成本	$ 23.15

b. 现在的年总成本：

每年每床可占用天数	365
每位患者住院天数	÷4
每床每年接收患者人数	91.25
床位数	×200
每年接收的患者人数	18 250

总的成本（百万）：

床的可变成本（200×250×365）	$ 18.25
占用成本（200×50×365）	3.65
管理成本（18 250×120）	2.19
年总成本	$ 24.09

c. 总的运行成本增加了大约 940 000 美元（7 822 位新增住院患者×每位患者 120 美元），因为每位患者平均住院的天数从 7 天降到了 4 天，医院接收的患者人数增加了。为了给这些增加的患者提供服务，医院需要更多的医院管理和社区服务资源。

d. 两年前一位患者的住院平均成本是 2 220 美元（23 150 000÷10 428），而现在一个患者的住院平均成本是 1 320 美元（24 090 000÷18 250）。每位患者的平均支出减少了，这是因为住院的天数以及由此带来的随天数变化的成本下降了。然而医院的总成本更高了，这是因为医院发生了更多成本用于医院管理和社区服务。

e. 单位水平成本：每床每天 250 美元用于护理等。这些成本随患者住院的天数而变化。

批量水平成本：每位患者要 120 美元。不管每个患者住院多少天，其都要导致医院管理和社区服务支出。

产品水平成本：实验室实验、X 光以及手术部门的支出就好比生产耗费成本。这些成本是在不同的服务种类中计算的，并且患者要为这些医疗服务买单。

生产维持成本：每天每床 50 美元的使用成本。虽然这些成本是按照占用床位的天数来分配的，但是它们并不随占用床位天数或者接收患者的人数而变化。使用成本保证每天 200 个患者可以得到基本的服务和照顾。

作业成本法可以与第 2 章的成本曲线相联系，在第 2 章介绍的线性成本曲线的形式为：

$$TC = VC \times Q + FC$$

其中：TC = 总成本；

VC = 单位变动成本；

Q = 产品数量；

FC = 固定成本。

也就是说，总成本可以被分解为两大部分：变动成本（$VC \times Q$）与固定成本（FC）。在作业成本法下，假定存在更复杂的成本函数，即：

$$TC = VC \times Q + BC \times B + PC \times L + OC$$

其中：TC = 总成本；

VC = 单位变动成本；

Q = 产品数量；

BC = 每批产品成本；

B = 产品批次总数；

PC = 各产品线成本；

L = 产品线的个数 ；

OC = 所有不随作业指标变化的其他成本。

此外：

$$FC = BC \times B + PC \times L + OC$$

也就是说，固定成本（FC）的一大部分，不随产量的变化而变化，而随着产品批次与产品线的变化而变化。

在第二个较为复杂的成本函数中，成本的变动不仅仅应归因于产量 Q 的变化，其也会随着产品批数和产品线数量的变化而变化。如果将上面的两个等式看作多元回归模型，则第二个方程的解释变量较多；若假定额外的变量能够正确地反映成本动因，那么第二个方程的解释能力更强，对成本的计算也更加准确。

19 世纪 70 年代的铁路行业与作业成本法

在 19 世纪 70 年代，铁路行业颁布了一个复杂的单位成本指标，每吨·英里。运输成本账户被分成四组：

1. 铁轨维护费与一般管理支出。
2. 站台费用。
3. 运输费用。
4. 资本投资利息。

第一组所包含的成本费用不随运输量而变动，第二组成本随火车运行里程而变动，第三组成本随火车的数量而变动，最后一组表示资本投资的利息。四个“成本组”的成本根据三个成本动因对外分配：

- 每年每英里铁路的平均运输吨位（第一组与第四组）。
- 运输里程（第二组）。
- 每列火车的平均运输吨位（第三组）。

每吨·英里成本的计算过程类似于今天的作业成本法，作业成本法将成本分成单位层面成本、批量层面成本、产品层面成本与生产维持成本。相应的，在铁路行业运输费用可粗略地看作单位成本，站台费用类似于批量成本，铁路维护费用类似于产品线成本，资本投资利息是为了维持整个系统而支付的。

资料来源：A. Chandler, *The Visible Hand* (Cambridge: Harvard University Press, 1977), pp. 116–19.

尽管第二个方程式引入了更多的变量，但仍存在许多假设条件，因而无形之中降低了它的精确程度。例如，每批成本为 BC 美元，其并没有考虑每批产品的数量、型号以及生产该批产品之前所生产的产品是什么。同时，作业成本法所分析的焦点仅限于制造成本。虽然在作业成本法下，所归集的推销及行政管理费用更加准确，但是通常人们的侧重点不放在这类费用上。

作业成本法试图确定驱动成本的因素，并以这些因素为标准分配制造费用。下面的练习题说明了作业成本法与传统完全成本法的不同之处。

[练习题 11—3]

一个苗圃公司正计划改变其存货的产品结构，经理希望能够合理预计每种产品对间接成本的影响。与间接成本有关的作业为：浇水、移植（将树苗移到大盆中）及管理，每种作业的年度估计成本、每种作业的成本动因以及每一成本动因的预计年使用量如下：

作业	估计成本	成本动因	成本动因预计使用量
浇水	$ 100 000	树苗株数	500 000
移植	200 000	移植次数	200 000
管理	45 000	树苗种类	50

要求：

a. 每种作业的分配率是多少？

b. 根据所提供的成本动因，确定每种作业分别属于单位层面、批量层面、产品层面，还是生产维持层面。

c. 若每株垂柳每年需移植一次，则100株垂柳苗的间接成本是多少？

解答：

a. 每种作业的成本分配率等于每种作业估计成本除以相对应的成本动因的预计使用量：

作业		分配率
浇水	$ 100 000/500 000	$ 0.20/株
移植	$ 200 000/200 000	$ 1.00/次
管理	$ 45 000/50	$ 900/种

b. 浇水与移植属于单位层面作业，因为它们的成本动因随单位产品而变化。管理可作为产品层面作用，因为每种产品所花费的间接成本相同。

c. 100株垂柳的间接成本如下：

作业	分配率	使用量	成本
浇水	$ 0.20/株	100	$ 20
移植	$ 1.00/次	100	100
管理	$ 900/种	1	900
年度间接成本			$ 1 020

2. 完全成本法与作业成本法：一个例子

我们现在借用一个例子来比较完全成本法与作业成本法。“以单位为基础的单一分配法”是指这样一种完全成本法，所有的制造费用都用单一的分配基础进行分配，该分配基础是随着产量单位的变动而变动的，比如直接人工、直接材料或者机器工时等。VBL公司生产五种款式的DVD，其中有三款为四磁头，还有两款为六磁头，四磁头与六磁头的DVD分别构成两个独立的产品线，每一个产品线都有自己的工程技术部门，五种款式的DVD均按批组织生产。

下表列示了每种款式DVD的产量以及直接成本：

	四磁头			六磁头	
	105	205	305	801	901
每年产量单位	80 000	100 000	60 000	40 000	20 000
DVD 单位成本					
直接人工	$ 34.00	$ 35.00	$ 36.00	$ 42.00	$ 44.00
直接材料	$ 60.00	$ 64.00	$ 65.00	$ 80.00	$ 85.00
每批产量单位	200	100	150	50	50

制造费用的组成项目及其金额如下：

工厂制造费用成本		单位：百万美元
测试、准备和补给品		$ 9.30
产品线成本		
四磁头	$ 5.40	
六磁头	4.20	9.60
其他因素成本		2.98
制造费用总成本		$ 21.88

下表是采用传统完全成本法计算的每种款式 DVD 的单位制造成本。制造费用的分配采用全厂单一分配率，分配基础为直接人工成本。

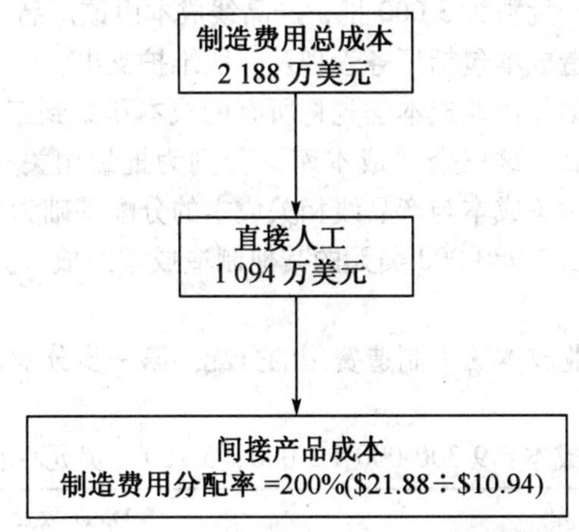

图 11—2　DVD 的单位成本

第一步，以直接人工成本为基础，计算全厂制造费用分配率。

	DVD					
	105	205	305	801	901	合计
批数	80 000	100 000	60 000	40 000	20 000	
直接人工/批	$ 34.00	$ 35.00	$ 36.00	$ 42.00	$ 44.00	
直接人工总成本（百万美元）	$ 2.72	$ 3.50	$ 2.16	$ 1.68	$ 0.88	$ 10.94
制造费用总成本（百万美元）						$ 21.88
制造费用分配率（直接人工成本百分比）						200%

第二步，利用合理预计的制造费用分配率，200%的直接人工成本，计算每个产品线的完全成本。

每批 DVD 的产品成本
（完全成本法）

	DVD 款式				
	105	205	305	801	901
直接人工	$ 34.00	$ 35.00	$ 36.00	$ 42.00	$ 44.00
直接材料	$ 60.00	$ 64.00	$ 65.00	$ 80.00	$ 85.00
制造费用（直接人工的200%）	$ 68.00	$ 70.00	$ 72.00	$ 84.00	$ 88.00
每台 DVD 成本	$ 162.00	$ 169.00	$ 173.00	$ 206.00	$ 217.00

从上表可看出，DVD 的单位成本从 162 美元到 217 美元不等。图 11—2 展示了 DVD 的单位成本的计算过程。全部的制造费用，2 188 万美元，采用直接人工美元作为唯一的分配基础，被分配到生产的 DVD 产品中。

VBL 公司认识到全厂采用统一制造费用分配率可能会歪曲产品成本。对作业成本法的研究表明，每批产品的成本包括间接人工成本、机器安装成本、测试和补给品的成本。每年的生产批数为 3 000 批，产品线成本由该产品线专用的工程技术设备的成本组成。其他制造成本包括厂务管理及一般维护支出。

根据上面的数据，作业成本法先将所有的成本积聚到三个“成本库”，然后再分配给不同款式的产品。这三个“成本库”分别为批量相关成本、产品线成本以及生产维持成本。批量相关成本与产品线相关成本的分配基础为各款产品的生产批数。生产维持作业的成本由 2 980 000 美元的其他制造成本组成，分配基础为每款产品的直接人工成本。

下表说明了作业成本法下制造费用的分配。第一步分别计算三种成本动因的单位成本。

（1）批量相关成本：9 300 000 ÷ 3 000 = 3 100（美元/批）。

	DVD 款式				
	105	205	305	801	901
批量相关成本/批	$ 3 100	$ 3 100	$ 3 100	$ 3 100	$ 3 100
每批产量单位	200	100	150	50	50
批量相关成本/DVD	$ 15.50	$ 31.00	$ 20.67	$ 62.00	$ 62.00

（2）产品线相关成本：

	四磁头	六磁头
产品线成本	$ 5 400 000	$ 4 200 000
产品批数	1 800	1 200
每批产品线成本	$ 3 000	$ 3 500

	DVD 款式				
	105	205	305	801	901
产品线相关成本/批	$ 3 000	$ 3 000	$ 3 000	$ 3 500	$ 3 500
每批产量单位	200	100	150	50	50
产品线相关成本/DVD	$ 15.00	$ 30.00	$ 20.00	$ 70.00	$ 70.00

（3）生产维持成本：

其他制造成本（百万美元）	$ 2 980 000
直接人工总成本（百万美元）	÷ $ 10 940 000
单位直接人工制造费用分配率	27.24%

根据所给成本动因，每台 DVD 的作业成本计算过程如下：

每批产品成本（100 台 DVD）

（作业成本法）

	型号				
	105	205	305	801	901
直接人工	$ 34.00	$ 35.00	$ 36.00	$ 42.00	$ 44.00
直接材料	$ 60.00	$ 64.00	$ 65.00	$ 80.00	$ 85.00
制造费用：					
批量相关成本	15.50	31.00	20.67	62.00	62.00
产品线相关成本	15.00	30.00	20.00	70.00	70.00
生产维持成本					
（直接人工的 27.24%）	$ 9.26	9.53	9.81	11.44	11.99
总成本	$ 133.76	$ 169.53	$ 151.47	$ 265.44	$ 272.99
作业成本÷完全成本	-17%	0%	-12%	+29%	+26%

在作业成本法下，DVD 的单位成本从 133.76 美元到 272.99 美元不等。图 11—3 展示了作业成本法下成本的计算过程。

作业成本法与完全成本法都是对全部成本进行分配。与完全成本法一样，作业成本法也不区分固定成本与变动成本，从长远来看，所有的成本都被视为变动成本，在不同产品之间分配。

作业成本法下，四磁头型 DVD 的单位成本比采用全厂单一制造费用分配率低了 0~17%，六磁头型号 DVD 的单位成本比完全成本法下高出 26%~29%。完全成本法下，以直接人工成本为基础在不同款式产品之间分配产品线成本。既然四磁头的三款 DVD 产品的直接人工成本占直接人工总成本的 77%（（2.72+3.50+2.16）÷10.94），那么它们所应承担的产品线成本应为产品线总成本 960 万美元的 77%。然而，四磁头 DVD 实际承担的产品线成本为 56%（5.4÷9.6）。因此，相对于作业成本法而言，完全成本法把更多的产品线成本分配给了四磁头型产品。

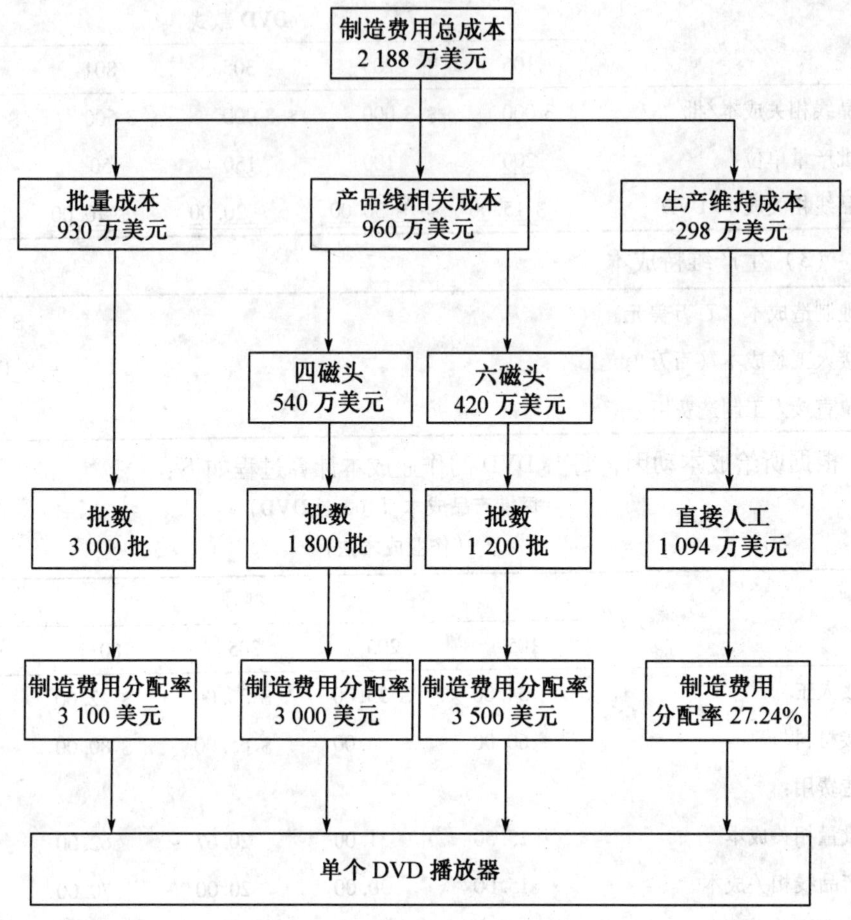

图 11—3　DVD 播放器的作业成本系统

从此例中可以看出，实际上在完全成本法下采用单位层面分配成本会导致高产量的产品承担的成本较高，而低产量的产品承担的成本较低。既然六磁头的产品复杂程度较高，则它们所应负担的产品线成本理应高于四磁头产品。传统完全成本法使复杂程度高、耗费资源多的产品承担较低的成本，却使复杂程度低的产品承担较高的成本。

本节复习思考题

Q11—3 在作业成本会计中，四类相互排斥的成本类别是什么？

Q11—4 用作业成本法分配给所有产品的成本总额是高于还是低于完全成本法？

C. 对作业成本法的分析

在介绍了作业成本法的基本原理和如何选择成本动因后，本节着重讨论为什么仅有一些公司采用此方法，而大多数公司不愿采用这种方法，以及作业成本法的成本与效益。

1. 采用作业成本法的原因

一项有趣的研究比较了两种成本制度（完全成本法与作业成本法）下的产品成本。① 研究选择了一家电子工厂，该厂生产 800 多种模拟计数设备及电脑控制设备。具体生产过程是先生产电路板，然后把电路板组装到完工设备上，最后通过检验。在完全成本法下，所有的制造费用被归集到两个“成本库”中，一个以直接材料为基础在个别产品之间分配成本，另一个以直接人工为基础进行分配。这两个成本库都属于单位层面成本。在产品总成本中，直接材料平均为 65%，直接人工平均为 2%，制造费用平均为 33%。半年的产量从 1 到 4 826 个单位不等，其中有将近一半的产品产量不到 50 个单位，也就是说工厂同时生产两大类产品：高产量产品与低产量产品。

后来，工厂改用作业成本法，划定了 14 个作业中心，每个作业中心单独归集成本，并为每个作业中心确定了成本动因。例如，某一作业中心负责保养零部件，则成本动因就是每台设备安装的零部件的数量；另一个中心承担零部件的插入任务，则插入的数量即为成本动因。在作业成本法下，不再仅仅依靠两个分配基础（直接材料和直接人工）分配制造费用，而有 14 个分配基础。

研究人员计算了每种产品的作业成本与完全成本之间的差额占完全成本的比率，其中有 70% 产品的作业成本与完全成本之差大约为完全成本的 20%，只有不到 20% 的产品超过了 50%，这些数据说明对大多数产品来说，作业成本法所归集的成本与完全成本法相近，但是只有少数产品在采用作业成本法计算成本时，情况发生了戏剧性改变，将近有 10% 的产品的作业成本是完全成本的 5 倍。

该研究发现：（1）高产量产品在作业成本法下的单位成本低于在完全成本法下的单位成本；（2）低产量产品在作业成本法下的成本高于在完全成本法下的单位成本。产量与作业单位成本之间的负相关关系证实了我们的直觉，诸如生产准备支出与订货成本一类的成本费用不随产量的变化而改变。传统的完全成本法总是倾向于对高产量的工作分配相对较多的成本，尤其是当制造费用中包含许多与产量变动无关，却与产品批次和产品线有关的成本时，若仍按类似于直接材料与直接人工的产量指标分配制造费用，就会导致高产量的工作承担这类成本的一大部分。

本研究表明，事实上工厂改用作业成本法后，尽管大多数产品的成本不会发生很大的变化，但会使产品的账面成本与传统方法下的账面成本之间产生一个差额。虽然本研究仅仅对一家电子行业的工厂进行了调查分析，但研究结果具有启发意义。

作业成本法有两大优点：（1）作业成本法扩大了直接追溯到个别产品中的成本比例；（2）作业成本法有助于理解个别产品是怎样消耗成本的，生产产品需要哪些作业来完成，在不同的作业中心都有哪些直接与间接成本，以及成本动因如何产生间接成本。作业成本法将成本控制的焦点更多地集中于作业的发生、产品的设计，而不是产品的产量。采用直接人工分配制造费用会导致管理者减少产品中的人工含量，而作业成本法促使管理者更关心作业中心的成本控制，减少产品中成本动因的含量。

作业成本法作为一种可以获得更准确的产品或产品线成本的方法得以推广。所谓

① G. Foster and M. Gupta, “Implementation of an Activity Accounting System in the Electronics Industry,” in *Measuring Manufacturing Performance*, ed. R. Kaplan (Boston: Harvard Business School, 1989).

“准确”是指产品产量、批量及设计引起的产品成本的变化与机会成本的变化更加相关。作业成本法除了能产生更准确的成本外，还有助于激励管理者提高经营管理水平。基本成本动因的确定促使经营者将注意力放在成本动因的耗用上。例如，为了减少账面成本，产品设计者就会改变产品的设计方法和生产方式，在一定程度上，成本动因的选择与成本变动因素相联系。作业成本法下，管理者通过改变他们的行为降低成本。

英信公司

英信（Insteel）公司制造以及销售加固材料，例如工业钢丝、紧固件、钉子和筛孔等。其南加州的工厂生产 477 种工业产品。其中 20% 的产品构成公司 85% 的收入，20% 的顾客带来 95% 的收入。工厂的高级经理运用作业成本法，定义了 80 个作业，每个作业都有一个成本驱动因素。例如，材料处理成本是由每个产品的生产引起的，因此属于产品层面成本。根据作业成本法提供的数据，管理层实施了一系列增加净利润的措施：停产部分不获利的产品，增加另一部分不获利产品的售价，不再保留不带来利润的顾客。在南加州的工厂推行作业成本法有效之后，英信公司在其所拥有的其他工厂中也推行作业成本法。

资料来源：V. Narayanan and R. Sarkar, “The Impact of Activity-Based Costing on Managerial Decision at Insteel Industries—A Field Study,” *Journal of Economics and Management Strategy*, Summer, 2002, pp. 257 – 88.

埃克思姆公司

埃克思姆（Acxiom）公司是一家专为《财富》500 强企业提供数据处理与计算机加工服务的上市公司，服务项目主要包括建立市场数据库、邮寄数据单据、设备管理等等。该公司拥有美国最大的客户资料库，覆盖了美国全部家庭的 95%。

埃克思姆公司采用作业成本法追溯每类作业与加工过程的成本。软件项目的作业内容包括：设计规划、开发软件、编码与编码测试。埃克思姆公司的作业成本系统按作业归集成本，然后再将成本分配到产品、项目与顾客中去。这样做既有利于估计客户或产品的获利能力，明确员工的责任，又可以进一步分散决策权，因为低层雇员充分了解公司的成本结构，无需高层管理者的批准便可对具体项目进行决策。

但是，经理们必须被赋予相应的决策权才能改变成本动因的层面，同时还要设计一套业绩考评制度激励经理努力达到成本最小化。实际上，作业成本法的采纳意味着业绩考评制度的改变。要想使经理行为满足公司的要求，组织结构中的两部分（业绩奖励制度与决策权分配制度）应该相应地进行调整（第 4 章曾提到组织的三个支点必须相互协调）。

作业成本法主要用于决策管理，而非决策控制。一旦作业成本法被采用，则假定管理人员拥有关于产品成本的更准确的信息，以助于其定价决策和提高生产效率。**作业基础管理（activity-based management，ABM）**，是指识别和评估具体的生产作业使其流程合理化或简化的过程。在作业成本法下，对每项作业的评估是基于其是否能为产品创造价值，增值的作业被加以改进，而非增值的作业则被去除。作业成本系统下的成本数据能够帮助管理人员制定产品策略、营销战略以及选择与生产或服务相关的增值作业。作业成本法和作业基础管理的倡导者并不认为作业成本是业绩评估的更好的指标，在作业成本系统下，公司的奖金计划必须重新制定。

2. 作业成本法的成本与效益分析

大多数倡导作业成本法的人都认为作业成本法为决策制定（决策管理）提供了更准确的成本信息。作业成本法的中心思想在于准确的产品成本总是优于不够准确的产品成本，随着成本动因的增加，这种准确性将普遍提高。

随着成本动因的增加，导致制造费用发生变化的更多因素（例如批次的数量、零部件的数量、生产线的数量等）被纳入作业成本法的成本计算系统。这将使财务系统提供的产品成本的信息更准确，从而能作出更好的生产、定价以及资源分配决策。但是，额外的成本动因分析并不是毫无代价的。细分作业以及成本动因分析本身也会产生成本。于是超过某个限度，增加成本动因所产生的成本就会超过其因作出更好决策而带来的收益。所以，作业成本法无法取得100%的准确性。图11—4中的实曲线表示以成本动因个数为自变量的函数的净收益（收益－成本）。当成本动因个数少于N*时，净收益随成本动因个数的增加而增加，一旦超过N*，净收益随成本动因个数的增加而减少。

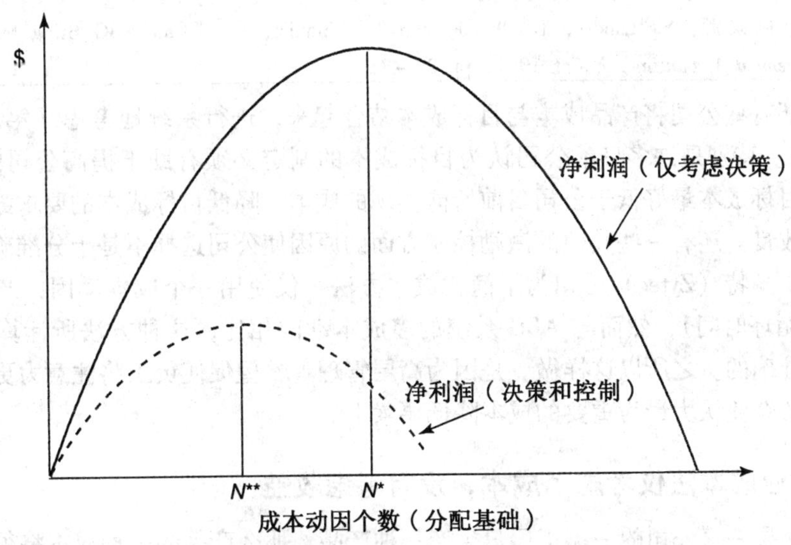

图11—4　净效益与成本动因的个数（仅考虑政策及综合考虑决策与控制）

到目前为止，我们的分析只限于成本动因的个数对决策行为成本与效益的影响，现在，让我们引入对控制的影响。随着成本动因个数的增加，低层管理者对选择作为分配基础的“成本动因”控制能力更强，因为低层管理者通常具有确定本部门成本驱动因素的专业知识。成本动因个数的增加意味着经理们在制定成本制度时会获得更多的自由，而这些成本制度恰恰又是衡量经理业绩的基础。经理们这种自由必然会弱化制度对经理行为的监督能力。

作业成本法系统的成本由两部分组成：（1）归集与报告每一作业所发生的直接成本；（2）由对经理人员的监督弱化而造成的控制损失。这是因为经理人员在选择成本动因的决策上有更多的自主权，这种自主权在实践中可能为经理操纵业绩衡量指标提供了便利。当第二部分成本与第一部分成本相加时，净效益曲线下移，导致最佳成本动因个数减少到 N** （如图 11—4 所示）。

图 11—4 中的虚线表明，公司并不是一味追求较准确的产品成本，因为更准确的产品成本会增加成本动因的个数，可能会导致决策控制的弱化。例如，那些希望通过定价提高边际贡献的公司倾向于更高的成本。① 在一定程度上，这个问题与报酬制度和产品成本的衡量有关。此外，许多经理人员出于决策控制的考虑并不情愿报告较低的产品成本。

惠普公司：作业成本法带来的成本大于收益

大部分惠普公司（HP）的分厂都成功地引入了作业成本法，但科罗拉多州的分厂却并不成功。这个分厂是生产测试以及度量仪器的。两位财务以及四位信息技术专业人员花了一年半的时间帮助这个分厂设计并运行作业成本系统。工资、占用成本以及折旧基本上都是固定的，占总成本的 85%。作业成本法下，这些成本都作为变动成本，于是成本动因的个数大增，在月报中要把成本计算出来的工作量变得相当繁重。最后，这个分厂直接根据实际发生额分配制造费用，大大简化了成本核算系统，从而减少了两名成本核算部的员工。

资料来源：S. Landry, L. Wood, and T. Linquist, "Can ABC Bring Mixed Results?" *Management Accounting*, March 1997, pp. 28 - 33.

还有些公司将产品成本与目标成本结合起来，进行系统地考虑（第 12 章将详细描述）。特别是许多日本公司认为目标成本的制定必须有助于提高公司的竞争能力，因此目标成本最好低于公司目前所能实现的成本。降低目标成本的要求鼓励着革新与成本改良。还有一些其他的激励控制方面的原因使公司选择不是十分准确的成本计算方法。泽特（Zytec）公司为了简化成本方法，仅使用一个成本动因：产品的制造时间（循环时间），然而与 ABC 系统的多成本动因相比，这种方法所计算的产品成本是不准确的。之所以这样做，是因为高层管理者希望促使员工将注意力更多地集中在这个被企业认为最为重要的成本降低要素上。

3. 作业成本法仅考虑了成本，没有考虑收益

如果一家公司的一家工厂只生产一种产品，那么产品的平均成本将很容易被算出来，它将不需要运用作业成本法。但对于生产多种产品的工厂，高产量产品与低产量产品对资源的占用是不一样的，作业成本法能更好地反映每一个产品的成本。但是，作业成本法却不能反映生产以及销售多种产品的好处。

正如我们在第 4 章讨论的，销售多种产品比销售单一产品更有利，因为它会降低产品的成本。例如，要消费者了解产品质量的信息是很昂贵的，公司开发品牌资本，那么全公司的产品都会受益。福特汽车可以以较低的价格销售其新款的运动型多用途汽车（SUV），因为公司产品的质量已经广为消费者所认识。但对于一个新设立的汽

① K. Merchant and M. Shields, "When and Why to Measure Costs Less Accurately to Improve Decision Making," *Accounting Horizons*, June 1993, pp. 76-81.

车制造商，其在销售SUV前，将要花费大量的资金去让消费者认同其产品的质量。

完全成本法并非总是有效的

一家规模较大的航空航天企业有一个集中的采购部门，负责为三个产品线购买零部件和原材料。这个部门的成本在三种产品之间分配时所采取的分配基础是直接人工成本与直接材料成本。然而，无论购买多种部件，还是单一部件，无论是价格高的部件还是便宜的部件，采购时间都是相同的。经过深入调查后，公司决定以产品线订货作为衡量采购时间的最佳成本动因，采购成本重新按照订货产品线进行分配。

整个公司对完全成本系统的反应是十分消极的。财务部认为新系统过于复杂，以至于需要因预测成本动因而额外增加工作量。采购部也很担心，因为每个订货产品线的成本似乎太昂贵，三个产品线经理也反对这种做法，政府契约机构（专门负责检查政府的产品采购合同）对这种方法提供的成本数据也是应接不暇。

在这种情况下，公司修改了完全成本系统，使之更加简化，不再使用订货产品线分配采购成本，而改用采购部为某一产品线购买原料所耗用的人数来分配成本。

资料来源：D. Pattison and C. Arendt, "Activity-Based Costing : It Doesn' t Work All the Time," *Management Accounting* , April 1994, pp. 55 – 61.

公司生产多种产品带来需求方面的好处的另一个例子是为消费者提供一站式服务。像L. L. Bean这类的大型品牌公司，生产销售各种款式的时装，让消费者在一个大店铺里就可以选到自己心仪的裤子、衬衣、毛衣等等，而减少了设立多家店的成本。

从供给的方面看，生产多种产品也有利于降低成本。例如有些轮胎生产企业既生产专门用于雪地的轮胎，又生产适合任何季节的轮胎，这样可以降低轮胎的成本。另外，如果一个工厂只生产专门用于雪地的轮胎，那么春天和夏天生产的轮胎就只能库存起来直到秋天或冬天才能卖出去。

尽管作业成本法可以反映不同产品消耗资源的状况，但它却不能量度生产多种产品所带来的好处。例如：一款特别的太阳镜在作业成本法下计算的成本可能会比它的销售价格还要高，但如果这款太阳镜被某位电影明星戴过（这将带动这个品牌的其他款式太阳镜的销售），那么这个原本“最亏本”的产品将给企业带来明显的品牌效应收益。

我们假设，一项新的产品可以让公司把剩余的生产力也利用起来，那么在作业成本法下，这项产品并不一定会被证明是有利润的。例如一个工程车间在旺季的9个月中需要5个工程师，在另外的3个月只需要3个工程师就可以，因为重新聘请和培训工程师的成本是高昂的，所以空闲的2个工程师不会在非旺季被解雇。公司引入一项新产品，以利用起这2个闲着的工程师。但若干年后，大家也许不记得当初引入此项产品的目的了，于是在作业成本法下，这2个工程师将完全加入到此项产品的成本中，这有可能使此产品的成本大增，让公司考虑是否要取消此产品。引入新产品并不会增加工程师的人数，因为在淡季，工厂留着两名“额外的”工程师以备旺季之需。

我们曾经在第8章讨论过，在多个产品间分配混合成本是没有意义的。所有混合成本的分配标准都取决于如何决策。例如以重量为分配基础，计算每只鸡翅应该承担的整只鸡的成本。尽管鸡翅的重量有可能是减少的，带来更多现金流。与完全成本法类似，作业成本法只注意到混合成本，忽略了多个产品之间的混合收益。即使能注意到混合收益，它也很难恰当地在多个产品中去分配。L. L. Bean 的一款衬衣和毛衣，如果单独卖，销售量均分别为 1 000 件，但搭配起来卖，销售量则会分别达到 1 200 件。这多出的 400 件衣服带来的收益将如何分配呢？任何分配都不能很好地反映这两种衣服之间的关系。

D. 作业成本法的实践

许多人近些年才开始了解作业成本法，但是早在 40 年前，彼得·德鲁克（Peter F. Drueker），一位著名的管理顾问，就在《哈佛商业评论》中指出完全成本系统可能产生误导的成本信息。① 胡兹（Goetz）教授在 1949 年提出了作业成本法的原理，他写道：

“每一种制造费用项目都应与相应的管理计划与控制的重要方面相关联。导致制造费用变化的主要范围可能是产出数量、订货的数量、营业的数量、工厂的生产能力等……”②

20 世纪 70 年代，当“作业成本法”还不是一个专业术语时，美国和欧洲的一些公司就已经建立了作业成本系统。

许多公司曾经尝试着使用作业成本法，但都没有将其作为会计系统的组织部分，而仅仅作为独立的辅助分析系统。只有当进行战略分析时，才使用它们修正产品成本，而不用于产品成本计算和定期内部报表。

作业成本法——19 世纪的一个例子

波士顿制造公司（the Boston Manufacturing Co.）成立于 1813 年前后，生产棉花、蚕丝压制机器。这个公司的成本核算系统被这样描述：

公司有一套非常详尽的表格，记录每一项直接成本，同时也有一套细致的方法把每项成本分配到产生这项成本的部门……公司的目标就是尽量把管理费用分配到每个产品中去。一个典型的例子就是分配管理人员的工资。保罗·穆迪（Paul Moody）和帕特里克·特蕾西·杰克逊（Patrick Tracy Jackson）的工资就分配给不同的部门，而且每期的分配率都不一样，这取决于他们对不同部门的管理时间。

资料来源：G. Gibb, *The Saco-Lowell Shops*（Cambridge：Harvard University Press，1950），pp. 50－51，quoted in P. Garner, *Evolution of Cost Accounting to 1925*（Montgomery：University of Alabama Press，1954），p. 84.

大多数使用作业成本法的公司都是将它用于决策而不是会计的职能。在一篇文章中，作者推测：“很多公司已经了解到并在不断探索采用作业成本法的实用性。然后，我们估计这些公司中不多于 10% 的公司现在在很多项目运行的过程中都使用项目管理。而其他 90% 的公司已经放弃了，或者公司的计划处于停滞阶段。”③ 有证据

① P. Drucker，“Managing for Business Effectiveness，” *Harvard Business Review*，May-June 1963，pp. 53－60.

② B. Goetz，*Management Planning and Control*：*A Managerial Approach to Industrial Accounting*（New York：McGraw-Hill，1949），pp. 142.

③ J. Ness and Cucuzza，“Tapping the Full Potential of ABC”，*Harvard Business Review*（July-August 1995）.

表明，贯彻作业成本法的公司使用它来决策，而不是控制，因为这些公司很少把通过作业成本法的成本分配基础结合到公司的存货以及销售成本的财务报告中去的。

一些咨询公司做的两项研究得出结论认为在美国的组织中，有超过60%已经尝试采用作业成本法，但是只有20%的组织一直持续下去。8%的组织继续使用传统的成本方法。① 一份英国的调查指出英国最大的公司中17.5%采用ABC方法，而15.3%的公司评定了该方法后拒绝采用。在这些使用这种方法的公司中，有一半的公司仅仅是在公司组织的一些部分使用了这种方法。② 一项对美国2 800家大型公司的调查表明，作业成本法的大量使用与高质量水平和生产效率相联系，而这种大量使用却与资产收益率不相关。但是由于采用了作业成本法的公司也经历了其他一些变化，比如新的业绩评估系统、质量改进方案以及即时生产方式等，我们并不能由此得出作业成本法导致企业产品质量水平和生产效率的提高。③

使用作业成本法会存在一些问题。④ 首先，要使用这种方法，成本分析师要运用调查、时间表以及直接观察人们在各个项目中所花费的时间，以便设计每个项目所应该分配的成本。询问和调查员工从而得出他们在每个项目中对资源的分配是很费时费力的。一个银行需要在超过100个地方的70 000名员工提交他们每个月的时间分配调查表。银行需要14个全职的人员来收集并处理这些数据。维持作业成本法模型，公司要花费高成本不断更新它们的信息，以免导致成本因素使用率的过时以及对于产品成本和顾客服务成本的不准确估计。否则，成本的预测将变得一无是处，因此，大多数的模型都没有继续使用下去，公司最终只能放弃使用作业成本法。

作业成本法的第二个问题就是作业成本法的很多系统过于复杂。为了算出准确作业成本预测，将产生更多的成本因素。这极大地提高了对于用来储存和计算成本预测的电脑模型的需求。在作业成本模型中，一个公司分出了150个项目、600 000个成本对象（产品和顾客）；每月运行这个模型需要进行的数据预测、计算以及储存多达20多亿个。公司的电脑系统通常要耗费几天的时间来处理一个月的数据。

运用作业成本法的第三个问题就是现在公司的职员和经理玩数字游戏的能力越来越强。作业成本的数据被用来评价员工的表现或者用来决定哪个程序或者产品需要外购，这样必然会影响员工的福利。作业成本法要求员工估计他们工作时间的安排以及如何确定具体的成本因素。这样必然会产生主观性的估计，由于这些估计本身就是很难客观的验证。而这会导致对于以项目为基础的成本不准确的估计。作业成本法本身固有的主观性使得它很容易被操作，由此减弱了它在决策控制中的作用。

赞成作业成本法的被调查者当中，几乎没有人认为采用作业成本法是出于决策控制的原因。第1章曾提到有关决策管理与决策控制的权衡问题，在此我们可借以预测一些明显的趋势：

1. 作业成本法的支持者通常是经营经理，他们希望获得高质量的决策相关信息。

---

① P. Sharman, "The Case for Management Accounting", *Strategic Finance* (October 2003), pp. 43 – 47.

② J. Innes, F. Mitchell, and D. Sinclair, "Activity-Based Costing in the U. K. 's Largest Companies," *Management Accounting Research* (2000), pp. 349 – 62.

③ C. Ittner, W. Lanen, and D. Larcker, "The Association between Activity-Based Costing and Manufacturing Performance," *Journal of Accounting Research* 40 (June 2002), pp. 711 – 26.

④ The first two problems are described in R. Kaplan and S. Anderson, "Time-Driven Activity-Based Costing," *Harvard Business School* (November 2003).

2. 大多数作业成本系统是孤立的、非实时性的。公司出于决策控制的考虑，不愿意改变原有的会计系统。

3. 作业成本法的抵制者主要是公司管理者和会计人员，他们的基本职能是进行决策控制，而作业成本法倾向于以牺牲决策控制为代价，服务于决策管理，从而降低了会计数据对决策控制的有用性。

作业成本法更多地被生产多种产品的工厂采用，因为这类工厂的产品种类多，制造费用占产出成本的比重大，同时来自竞争对手的压力越来越大。产品单一的工厂不愿采用较麻烦的方法计算产品成本，因为所有的成本只需分配给一种产品。产品的变化可能来自不同类产品数量的变化（一部分产品产量大，另一部分产品产量小），或者产品复杂程度的变动（一部分产品工序简单，另一部分工序复杂），单一的成本动因基础无法同时反映工厂产品的产量或复杂程度的变化。但是如果固定制造费用所占的比重很小，那么采用更准确的成本动因分配一个小“成本库”的成本，并不会使个别产品成本发生实质性的改变。最后，对于那些竞争压力很小的公司来说，能够使其产品价格高出成本很多。因此，当市场竞争推动价格下跌，甚至低于平均成本时，产品成本的不准确性并不会对公司带来致命的威胁。从而可以得出结论，作业成本法并不会被广泛采用，作业成本系统的价值对不同的工厂是不一样的。

尽管许多学者一再强调作业成本法为决策管理带来的效益，但是很少有人深入试行作业成本法的企业进行跟踪调查，以了解采用这种方法的后果及其无法完全被接纳的原因。有一家公司采用了作业成本法，但是一年后又放弃了该方法。管理者表示，在旧系统下，尽管只存在几个成本动因，但每个人都了解并接受了系统的缺陷。而在新系统下，管理者们往往为如何更合适地确定成本动因而争论不休，因为成本动因的改变会改变产品的成本及经理人员的业绩考核指标。在长期的争执中，浪费了不少人力、物力及其他资源。为了停止争吵，管理者决定放弃作业成本系统。

很多公司已经着力于重新设计产品，改变产品的生产过程，其后果是将间接成本在生产过程变为直接成本。这些公司的机器生产准备速度非常快，从而使得机器准备次数增加。在工厂里，与搬运、贮存、检验、加快实施有关的制造费用所占比例非常少。一些工厂经常处于持续不断的生产流程中，几乎消除了停工、开工及等待的成本。既然制造费用只占总成本的一小部分，那么采用复杂的作业成本法显然是无价值的。在这些公司中，大部分成本都能够直接追溯到某种产品，因而所计算的产品成本更准确。除此之外，当一个公司同时生产多种产品时，它们是按产品线而不是按职能设计成本中心的。成本按产品线报告，避免了成本在同一产品线中的不同产品之间进行分配。在这种背景下，作业成本法几乎不可能比简单的完全成本法产生更大的价值。①

---

① 参见 M. Sakurai, “The Influence of Factory Automation on Management Accounting Practices: A Study of Japanese Companies,” in *Measuring Manufacturing Performance*, ed. R. Kaplan (Boston: Harvard Business School, 1989) 其中写道：“日本经理与学术界实际上宁愿采用简单方法分配制造费用，而不愿采用美国学术界所推崇的复杂作业成本分配法”(p. 43)。

本节复习思考题

Q11—5 运用作用成本法的两个目的是什么?

Q11—6 作业成本法的优点是什么?

Q11—7 与历史成本的追溯有关的问题是什么?

Q11—8 某一特定公司采用完全成本法会对决策管理与决策控制产生什么样的影响?

Q11—9 在以产量为分配基础的完全成本法下，哪类产品（高产量产品或低产量产品）的成本比实际高？为什么?

E. 本章小结

本章讨论了传统完全成本法的第二个缺陷：在某种情况下可能产生具有误导性或不准确的产品成本。尤其当一家工厂生产多种产品，且产品之间产量不等、复杂程度差别较大时，这种情况更为明显。完全成本法在分配制造费用时，所采用的是单位层面分配基础，如直接人工与直接材料。然而，有时制造费用可能随产品批数与产品线种类而变化。对于那些批量成本与产品线成本含量较高的产品来说，若以单位层面分配基础归集成本，就会低估产品成本。

作业成本法试图为生产多种产品的公司提供一种对其所消耗资源的成本的更加准确的估计方法。人们认为作业成本系统更加准确，是因为它可以找出各个间接成本库的成本驱动因素。制造费用成本被归集于不同的作业中心（成本库），进而为每个作业中心选择最合适的成本驱动因素。这些作业中心特定的成本驱动因素被用于产品成本的分配。

作业成本法下，若能恰当地确定成本动因，并以此为依据在作业中心的不同产品之间进行分配，就会提高产品成本的准确性。准确的产品成本有利于决策。但是，作业成本法的设计与运用的成本很大，不但如此，它不利于为决策控制提供有用信息，无法解决组织运作中的问题。作业成本法并不能反映企业生产多种产品带来的消费者方面的协同效应。它或许能更好地估计产品成本，但是并没有将生产不同产品降低消费者的交易成本所带来的好处考虑进来。另外，作业成本系统无法衡量机会成本。这些系统，正如传统的完全成本法，只是将企业工厂设备的历史成本（而非土地的成本）分配给产品。

许多公司都在尝试使用作业成本法，但是只有少数公司以作业成本法为基础，改变它们的业绩考评制度，并将作业成本法作为会计系统的一部分。

自测题

（基本数据请参见第10章自测题2。）在对金都（Kiddo Inc.）公司的生产过程进行深入分析后，该公司认为可以采用作业成本法。在分别估计每个产品线的工程技术成本、返工费用、设备维修费用与折旧后，跑鞋与胶鞋的生产成本分别为500万美元与1 200万美元。每批产品的生产准备成本为2 500美元，每批跑鞋的产量为1 000双，每批胶鞋的产量第一年为500双，第二年为600双。其他的制造费用总额为515万美元，以直接人工成本为分配基础。

a. 采用作业成本法编制两年的利润表。

b. 解释在原来的成本分配法与作业成本法下，净利润产生差异的原因。

解答：

a. 作业成本法下，两年的利润表如下：

第一年

	跑鞋	胶鞋	合计
销售收入	$ 160 000 000	$ 110 400 000	$ 270 400 000
费用：			
原材料	70 000 000	42 600 000	112 600 000
人工	23 000 000	12 000 000	35 000 000
变动制造费用	33 000 000	17 520 000	50 520 000
销售毛利	$ 34 000 000	$ 38 280 000	$ 72 280 000
批量成本*	12 500 000	12 000 000	24 500 000
产品线成本†	4 863 813	9 600 000	14 463 813
固定制造费用‡	3 065 159	1 599 213	4 664 372
净利润	$ 13 571 028	$ 15 080 787	$ 28 651 815

	跑鞋	胶鞋	合计
***批量成本**			
每批成本	$ 2 500	$ 2 500	
×销量	5 000 000	2 400 00	
÷每批产量	1 000	500	
批量成本	$ 12 500 000	$ 12 000 000	
†产品线成本			
产品线总成本	$ 5 000 000	$ 12 000 000	
÷产量	5 140 000	3 000 000	
×销量	5 000 000	2 400 000	
产品线成本	4 863 813	9 600 000	
‡固定制造费用			
其他固定制造费用			$ 5 150 000
产量	5 140 000	3 000 000	
×每双直接人工	$ 4.60	$ 5.00	
直接人工总成本	$ 23 644 000	$ 15 000 000	$ 38 644 000
单位直接人工负担的制造费用			$ 0.1333
直接人工成本（已销售产品）	$ 23 000 000	$ 12 000 000	
已分配固定制造费用	$ 3 065 159	$ 1 599 213	

第二年

	跑鞋	胶鞋	合计
销售收入	$ 160 000 000	$ 110 400 000	$ 270 400 000
费用：			
原材料	70 000 000	42 600 000	112 600 000
人工	23 000 000	12 000 000	35 000 000
变动制造费用	33 000 000	17 520 000	50 520 000
销售毛利	$ 34 000 000	$ 38 280 000	$ 72 280 000
批量成本*	12 500 000	10 000 000	22 500 000
产品线成本†	4 807 692	8 080 808	12 888 500
固定制造费用‡	2 837 805	1 480 594	4 318 400
净利润	$ 13 854 502	$ 18 718 598	$ 32 573 100

	跑鞋	胶鞋	合计
***批量成本**			
每批成本	$ 2 500	$ 2 500	
×销量	5 000 000	2 400 000	
÷每批产量	1 000	600	
批量成本	$ 12 500 000	$ 10 000 000	
†产品线成本			
产品线总成本	$ 5 000 000	$ 12 000 000	
÷产量	5 200 000	3 564 000	
×销量	5 000 000	2 400 000	
产品线成本	$ 4 807 692	$ 8 080 808	
‡固定制造费用			
其他固定制造费用			$ 5 150 000
产量	5 200 000	3 564 000	
×每双直接人工	$ 4.60	$ 5.00	
直接人工总成本	$ 23 920 000	$ 17 820 000	$ 41 740 000
单位直接人工负担的制造费用			$ 0.1234
直接人工成本（已售产品）	$ 23 000 000	$ 12 000 000	
已分配固定制造费用	$ 2 837 905	$ 1 480 594	

b. 作业成本法下，两年的利润都高于采用传统的完全成本法时的利润额。

在完全成本法下，第二年的利润比第一年上升了，这是因为第二年存货分担了大部分的固定制造费用。现在，5 000 万美元的固定制造费用被分割，较大的一部分由胶鞋来承担。由于胶鞋的存货大于跑鞋，因此存货分担了更多的制造费用。两种分配方法下，两种产品每年的单位成本计算如下：

单位产品	跑鞋	胶鞋
价格	$ 32.00	$ 46.00
材料	14.00	17.75
人工	4.60	5.00
变动制造费用	6.60	7.30
边际贡献	$ 6.80	$ 15.95
第一年		
完全成本法：		
固定制造费用	$ 5.93	$ 6.45
净利润	$ 0.87	$ 9.50
作业成本法：		
边际贡献	$ 6.80	$ 15.95
批量成本	2.50	5.00
产品线成本	0.97	4.00
固定成本	0.61	0.67
总成本	$ 4.08	$ 9.67
净利润	$ 2.72	$ 6.28
第二年		
边际贡献	$ 6.80	$ 15.95
完全成本法：		
固定制造费用	5.51	5.99
净利润	$ 1.29	$ 9.96
作业成本法：		
边际贡献	$ 6.80	$ 15.95
批量成本	2.50	4.17
产品线成本	0.96	3.37
固定成本	0.57	0.62
总成本	$ 4.03	$ 8.16
净利润	$ 2.77	$ 7.79

两种方法下，每年的直接成本与销售价格保持不变，跑鞋与胶鞋的边际贡献分别为6.80美元与15.95美元。用产品销售成本中的固定制造费用除以销售数量就等于单位产品的固定制造费用。在完全成本法下，跑鞋的单位净利从0.87美元上升到1.29美元，胶鞋的单位净利从9.50美元上升到9.96美元。当制造费用被分成批量成本与产品线成本时，成本结构发生了明显的变化。跑鞋的单位净利润从2.72美元变为2.77美元，胶鞋的单位净利润从6.28美元上升到7.79美元。

习 题

[习题 11—1]

DVDS 公司在两个国家生产和销售 DVD 播放机。该公司在同一个工厂中生产两种型号的产品——普通产品和定制产品。相比定制产品，普通型号的产品具有更少的功能选项同时它的输出质量较差，因此普通产品只在发展中国家销售，而定制产品只在发达国家销售。公司缴纳所得税给最终发生产品销售的国家。下面的表总结了公司的运行情况。

DVDS
总的运行情况
当年

	普通型号	定制型号
生产并销售的数量	60 000	70 000
价格	$ 75	$ 140
单位直接人工	$ 15	$ 30
单位直接材料	$ 40	$ 80
利润率	15%	35%

除了直接的材料和人工成本，公司的生产管理费用是 200 万美元，而且现在是以基于直接人工的费用将其分配到产品中去的。管理费用是固定的（不随产量的变化而变化）。

回答：

a. 使用传统的完全成本法，计算普通型号和定制型号的单位生产成本。管理费用是基于直接人工费用进行分配的。

b. 该公司聘请了一家咨询公司对其成本方法进行分析和评估。通过一系列广泛的测试后，咨询人员认为 200 万美元的管理费用中的绝大部分是随着在这个型号的产品中不同部件数量的变化而变化的。部件的数量问题是采购部的主要工作。更多的工程时间花费在了相对较复杂的定制产品上面。相比普通的型号，生产定制的型号会导致装配和测试机器更多的的折旧费用。普通型号有 140 个不同的部件，而定制型号有 160 个不同的部件。使用作业成本法，计算各个型号的单位生产成本。

c. 公司应不应该使用作业成本法？并试着解释为什么。

[习题 11—2]

诺德里克（Roderiques）有两个产品生产线（P 和 M 生产线），其生产五种不同的产品（P1、P2、P3、M1 和 M2）。公司使用作业成本法来分配四个作业中心的成本，其包括五个产品的生产费用。使用批别的数量来分配批次层级成本，用生产线的数量来分配产品层级成本，用每个产品部件的数量来分配部件层级成本以及用直接人工费用来分配设备层级成本。

下面总结了四种不同作业中心的总成本：

批次层级成本	$ 895 000
产品层级成本	1 120 000
设备层级成本	1 392 000
部件层级成本	943 000

下面的表格总结了每个产品的相关数据：

作业中心	P1	P2	P3	M1	M2	汇总
批次数量	550	500	425	350	210	2 035
批次规模	100	90	90	80	60	420
生产数量	55 000	45 000	38 250	28 000	12 600	178 850
每件产品的部件数	28	28	30	35	40	161
总的直接人工	$ 187 000	$ 171 000	$ 160 650	$ 156 800	$ 122 220	$ 797 670

基于以上表格的数据，公司计算被作业成本法系统使用的如下的百分数来对五种产品进行分配。注意，产品线的产品首先在两个产品线平分，然后根据每个产品线生产产品数量的不同，把成本分配到每个产品中去。

使用作业成本法分配得到的百分数把作业中心的成本分配到各个产品中：

	P1	P2	P3	M1	M2	合计
批次数量	27.03%	24.57%	20.88%	17.20%	10.32%	100.00%
产品层级	16.67%	16.67%	16.67%	25.00%	25.00%	100.00%
部件数量	17.39%	17.39%	18.63%	21.74%	24.84%	100.00%
设备层级成本	23.44%	21.44%	20.14%	19.66%	15.32%	100.00%

基于上面给出的数据，得出作业成本法下产品成本如下：

	P1	P2	P3	M1	M2
直接材料	$ 13.50	$ 17.25	$ 22.10	$ 24.60	$ 42.00
直接人工	3.40	3.80	4.20	5.60	9.70
批次层级成本	4.40	4.89	4.89	5.50	7.33
产品层级成本	3.39	4.15	4.88	10.00	22.22
部件层级成本	2.98	3.64	4.59	7.32	18.59
设备层级成本	5.93	6.63	7.33	9.77	16.93
总成本	$ 33.60	$ 40.36	$ 47.99	$ 62.79	$ 116.77

公司的高层经理正在考虑转变为使用更传统的完全成本法。特别的，他们打算基于直接材料费用和产品层级的成本来对批次层级成本和部件层级成本进行分配，而对设备层级成本的分配则基于直接人工费用。

问题：

a. 计算五种产品各自的单位产品成本，其中，批次层级成本和部件层级成本是基于总的直接材料费用来分配的，而产品层级成本和设备层级成本是基于总的直接人工费用来分配的。

b. 描述一下，使用作业成本法后，产品的单位成本是怎么变化的。并说明，导致这些产品成本如此变化的原因是什么。

c. 试着解释为什么经理层要放弃使用作业成本法而转向使用更传统的产品成本计算方法。

[**习题 11—3**]

一家工厂生产两种产品，Hi-V 和 Lo-V。Hi-V 是一种高产量的产品，它创造了该工厂的大部分收入。这种产品每年生产十次然后入库，接着每半个月被船运到顾客手中。Lo-V 是一种特别的产品，它根据小批量的订单来生产（通常一周一次），生产完之后，立即被船运到顾客手中。公司使用完全成本法，管理费用是基于直接人工工时分配的。

公司每年的成本结构和运行的数据总结表 单位：美元

		Hi-V	Lo-V
直接材料	4@ $ 13	$ 52	
	10@ $ 2		$ 20
直接人工	0.75 小时@ $ 12	9	
	0.25 小时@ $ 12		3
管理费用	0.75 小时@ $ 40	30	
	0.25 小时@ $ 40		10
		$ 91	$ 33
销售价格		$ 95	$ 100
年终存货		700	0
产量		12 000	4 000
每年准备成本		10	40
制造费用			
固定成本			$ 390 000
每小时直接人工成本			$ 1
预测的产量：			
Hi-V（12 000 ×0.75）			9 000
Lo-V（4 000 ×0.25）			1 000
预测的直接人工工时			10 000
×每小时的变动成本			$ 1
变动成本			$ 10 000
固定成本			390 000
预测的制造费用			$ 400 000
÷预测的产量			10 000
费用分配率			$ 40

在对公司固定成本的分析中，我们观察到390 000 美元固定成本中的350 000 美元是随着准备数量变化而变化的。剩下的40 000 美元将基于直接人工工时被分配到产品中去。假设没有期初存货。

问题：

a. 使用作业成本法，计算两种产品各自的单位产品成本。

b. 画一个表格，比较完全成本法和作业成本法下两个产品生产线的利润。

c. 假设利润税是50%。计算在完全成本法下和作业成本法下公司应承担的税负。

d. 总体来说，使用作业成本法是否可以减少公司的应交所得税？描述一下需要哪些基本的条件才能使企业在作业成本法下少交税。

[习题11—4]

泛美利（Familia）保险公司（FMC）是一家专门为西班牙社区提供保险产品的公司。它由自己的直销代理组织销售三种保险品种——人寿保险、汽车保险和家庭保险。FMC是围绕三个利润中心以及一些成本中心（销售部门、会计与IT部门、人力资源以及承保与索赔部门）来组织构建的。每个代理组织都销售这三种产品。会计和IT部门处理所有的业务，具体包括：顾客账单、顾客的要求、工资等）。人力资源部负责雇用员工以及管理员工的福利计划。承保与索赔部门设定三种不同产品的利率，计算每种产品的保险收益并处理保险索赔。

三个利润中心的经理们负责设计他们的市场计划，培训基本的销售人员来推销他们的产品以及设计出吸引潜在顾客的策略。每个利润中心的经理都是基于他们所在的利润中心的税前净利润来付报酬的。

FMC的销售策略是首先重点推销汽车保险业务，然后再转向人寿保险和家庭保险这块业务。下表总结了公司上个财务年度的运行情况。

单位：百万美元

	人寿保险	家庭保险	汽车保险	总数
保险费收入	\$ 500.00	\$ 900.00	\$ 600.00	\$ 2 000.00
投资收入	87.50	157.50	105.00	350.00
总收入	\$ 587.50	\$ 1 057.50	\$ 705.00	\$ 2 350.00
费用：				
保险损失和损失计提	\$ (300.00)	\$ (540.00)	\$ (560.00)	\$ (1 400.00)
策略开发支出	(112.50)	(202.50)	(135.00)	(450.00)
运行和管理支出	(100.00)	(180.00)	(120.00)	(400.00)
税前净利润	\$ 75.00	\$ 135.00	\$ (110.00)	\$ 100.00

公司把得来的保险费投放于证券市场，而这些投资得来的收益被计为投资收入。保险损失和损失计提即为实际发生的保险索赔以及预计的今年会发生的损失。“产品设计支出”是指从事直接销售的人员的费用。

运行和管理费用（单位：百万美元）	
承保与索赔	$ 90.00
会计和 IT 部	70.00
人力资源部	40.00
广告	120.00
利润中心费用	30.00
公司办公支出	50.00
总的支出	$ 400.00

在公司去年的运行报告中，“投资收益”、“产品设计支出”以及“运行和管理费用”是基于保险费收入分配到这三个利润中心的。“保险损失和损失计提”是基于每个产品实际的以及估计的损失计算得来的，该项目是由承保与索赔部门的保险精算师计算出来的。

利润中心费用包括运行利润中心的管理员工的工资和福利以及其他与利润中心有关的直接成本。这 3 000 万美元中，有 600 万美元由人寿保险利润中心承担，1 500 万美元由家庭保险利润中心承担，而剩余部分由汽车保险利润中心承担。公司办公支出包括公司高级经理和一般员工的支出，这些人监督所有利润和成本中心并且设计公司的广告支出。

FMC 的管理层以及公司的董事会对于汽车保险利润中心所报告的巨大损失十分担心，由此开始怀疑公司对收入项目和费用项目的分配方法。由公司高层雇用的咨询师分析了这些项目并发现了如下的联系：

· 每个保险部门的投资收入取决于保险费收益和保险损失以及损失计提之间的差异。

· 保险销售费用是由每个代理组织在销售一个特定保险品种时所用的时间决定的。根据对公司代理组织的调查，咨询报告得出结论：平均来说，代理组织 30% 的时间花在销售汽车保险上，30% 的时间用在家庭保险上，而另外 40% 的时间用在人寿保险上。

· 承保和索赔支出是由每个区域保单的数量决定的。总共有 150 000 笔人寿保单、375 000 笔家庭保单以及 225 000 笔汽车保单。

· 合理意义上来说，每个保险品种中的保单的数量和在会计和 IT 部门消耗的资源是一致的。

· 人力资源支出是由公司的员工数决定的。公司员工的大多数，不是在利润中心就是在保单事业部。人力资源方面的支出也可以看成是直接销售人员的工资和福利支出（保单事业部费用）加上利润中心的支出。

· 广告支出以及公司办公支出是公司整个层面的资源支出。公司的所有广告都是用来推销公司的品牌而不是单个保险种类的。经过激烈的讨论，公司管理层一致认为，对于这两个费用项目最能被广泛接受的分配方案就是基于保险费收入进行分配。

问题：

a. 基于咨询师的建议，为每个利润中心准备一个今年的，经过改进的运行报告，其报告三个利润中心各自的税前已修改的净利润。

b. 基于你在（a）部分得到的运行报告，公司应不应该替换现在对于税前净利润的计算方法？请你陈述这两种方法的优缺点并提出你的意见。

[习题 11—5]

凯伊（Kay）公司是一家小型的家族企业。它拥有一项有关电子开关的生产程序的专利，这种开关在大的电话开关中经常被使用。它在美国佐治亚州首府亚特兰大（Atlanta）的工厂里生产两种型号的这种开关。美国的型号被出售给当地的电话公司，而欧洲的型号则被转移到公司在爱尔兰的全资子公司，然后通过这个子公司销售给欧洲的电话公司。美国的型号只能在美国出售，而欧洲的型号只能在欧洲出售。家族中的一个兄弟 Lloyd Kay 负责管理美国的公司，而他的兄弟 Colin Kay 负责管理爱尔兰的公司。这两种开关有着同样的生产程序，但是为了应用于不同的电话系统，在某些方面它们具有不同的设计。

生产的所有开关都被销售完，凯伊公司没有任何在产品和存货。由于拥有这个生产线的专利，凯伊公司无论是在美国还是在欧洲都仅面临很小的竞争。这让公司能够在成本基础上把价格定在一个相对较高的位置上。

下表总结了美国型号和欧洲型号的开关每年的生产量以及开关的单位成本。2 400万美元的生产成本是一个固定的成本，它不随开关生产数量的改变而改变。成本是基于直接人工的开支被分配到所生产的产品中去的。

开 关

	欧洲型号	美国型号
产量（单位：千个）	1000	900
转移的数量（单位：千个）	1000	无
最终销售价格*	$ 30	$ 32
单位直接人工	$ 2.00	$ 3.00
单位直接材料	$ 8.00	$ 9.00

* 最终销售价格是指投入市场的价格，而不是对于爱尔兰公司而言的价格。

由于公司在两个国家运行，所以必须分国家来计算和报告其收入。假设在美国，公司的所得税税率为35%。在爱尔兰，为了鼓励外商投资，公司的收入只会被征收10%的所得税。如今，美国和爱尔兰的税务部门已经查到了公司全成本的转移政策。如果在税务方面，公司使用了不同的转移价格，而不是在其他方面，则税务部门会有所察觉。公司是按照会计的成本（直接人工、直接材料以及分配费用）转移欧洲型号的开关的。

问题：

a. 使用直接人工支出将生产费用分配到产品中去，并准备公司当年在各个国家的独立利润表。

b. 公司考虑转向使用作业成本法来分配这两种型号的开关的成本。在分析了生产程序的基础上，公司认为，2 400 万美元的生产成本的大多数是随着生产批次的数量变化的。机器设备是在批次之间购置的，原材料是在批次的基础上订购和检测的。质检部门在每批次中抽出五个样品进行检查。包装和船运成本在很大程度上也是基于批次变化的。做完这个分析之后，公司决定使用作业成本法来分配生产成本。在欧洲，开关是以每批 20 000 个进行生产的，而在美国是以每批 30 000 个进行生产的。使用作业成本法将生产费用分配到产品中去，并准备公司当年在各个国家独立的利润表。

c. 哪个利润表公司会采用？是（a）中的还是（b）中的？

[习题 11—6]

三哲（Sanchez Gadgets）公司从世界各地购买有创意的家庭厨房小器具（如厨房火把、意大利面制作机和自动的沙拉调控器），然后把它们卖给专业的厨具销售商店。公司拥有一个市场部，其关注并购买这些器具，并为公司的直销人员准备价格表以及产品目录。公司的销售人员被分派到不同的顾客区域，并负责他们所在的区域中所有的专业厨具销售商店。

公司现有 450 多个不同的产品项目，公司的管理层担心现在持有过多的存货，于是管理层开始寻求一种方法来处理一些并不盈利的存货。为了专注于得出这种方法，假设公司就只有四种存货：SKU1、SKU2、KU3 和 SKU4。下表列出了现在各存货的销售量、销售价格以及成本（买价加运输费用）数据。

	SKU1	SKU2	SKU3	SKU4
批发价	$ 51.00	$ 13.00	$ 85.00	$ 7.00
成本（包括运费）	$ 29.00	$ 8.00	$ 49.00	$ 5.00
销售量	12 000	25 000	8 000	30 000

公司买来这些产品并把它们装运入库。每种存货的库存成本（包括融资费用的机会成本）是每种存货年总成本的 20%。所以如果一年销售 100 个单位的器具，该存货的成本是 4 美元，那么这个产品的库存成本是 80 美元（20% ×100 ×4）。

市场部每年的支出是 135 000 美元。这个数由那些购买产品并准备它们的目录和价格表的员工的工资和附加的福利构成。管理层认为市场部的支出随库存单位的数量而变化。

直接销售人员每年的开支是 350 000 美元。这其中包括那些号召专业厨具商店销售公司产品的员工的工资、附加的福利以及旅行费用。经过和销售人员的广泛交流，管理层相信销售人员所花的时间和产品的销售量是成比例的。换句话说，如果一个特定的产品占公司所有销售收入的 10%，那么销售人员大概花费其工作时间的 10% 在销售这种产品。

问题：

a. 设计一种报告方法，可以用来确定可能的存货，这些存货是公司应该考虑把它从它所在的产品种类中去除掉的。使用这种方法来计算这四种不同的存货各自的可能性。

b. 基于你在（a）中的分析，哪些存货应该去除？哪些应该留下？

c. 讨论一些你在（a）的分析中隐含的关键的假设。

[习题 11—7]

维德（Wedig Diagnostics）公司主要生产用于 DNA 测试的两种类型的激光光度

计。其中美版的设计销往美国，而欧版的设计则符合绝大多数欧盟成员国的要求。这两类光度计均在美国生产制造，欧版的由船运至维德在欧洲的全资子公司来销售，产品在市场上供不应求。下表是对公司产品的售价、直接材料、直接人工以及售出数量的统计。

	美版	欧版
售价/每台	$ 2 500	$ 2 200
直接材料/每台	$ 235	$ 260
直接人工/每台	$ 560	$ 500
售出数量/每年	15 000	16 800

欧版的销售是以美元结算的。维德公司每年的间接费用是3 900万美元。而这一间接费用通过总的直接人工分配给美版和欧版。维德以全部成本（包括直接材料、直接人工、分担的间接费用）计量转移至欧洲子公司的产品成本。现在假设维德对于美国和欧洲市场上不同的销售利润应用不同的税率，美国的所得税税率为30%，而欧洲子公司的所得税税率为15%。

维德公司聘请了一家资讯公司使用ABC法对间接费用的处理方法进行分析。调查发现3 900万美元的间接费用包含了三部分：批次相关成本（1 200万美元）、部件相关成本（900万美元）、直接人工相关成本（1 800万美元）。每种类型的产品都是成批生产的，这样批次相关成本就由工程、质量控制和伴随每批生产数量变化的机器成本组成。美版每年生产45批次，而欧版每年生产55批次。

每一件欧版产品和美版产品都是由不同数量的部件组成的，比如美版由40个不同的部件组成，而欧版则由80个不同的部件组成。这样部件相关成本就由采购部门运作成本（不考虑部件采购成本）、监督部件运抵成本、入库以及部件库存管理成本组成。而部件成本依据每种产品的部件数量的不同而变化。最后，直接人工相关成本由人力资源成本、会计成本以及随着直接人工数量变化而改变的分担成本组成。

问题：

a. 根据总的直接人工分配3 900万美元的间接费用，进而计算每件美版和欧版产品的制造成本。

b. 根据ABC法分配3 900万美元的间接费用，进而计算每件美版和欧版产品的制造成本。

c. 根据（a）中算得的单件制造成本，编制维德公司及其欧洲子公司的利润表（包括所得税费用）。

d. 根据（b）中算得的单件制造成本，编制维德公司及其欧洲子公司的利润表（包括所得税费用）。

e. 讨论（a）和（b）中使用不同的方法进行计算的优缺点。

［习题11—8］

托比（Toby）公司在一个工厂生产三种不同的产品，采用分批成本法估计产品成本，用弹性预算来预计制造费用成本。固定制造费用预算为450 000美元，变动成本为直接人工成本的120%。

下一年度的计划产量、售价及直接人工如下表所示：

在对制造费用账户深入分析后发现，仓储成本占制造费用的一大部分。制造过程由六道工序组成，每完成一道工序，中间产品都要入库，直到下一道工序领用为止。每一个产品全部通过六道工序共需 10 天的加工时间。但是由于工序之间的待工时间不同，所以产品的周转期不同。所谓周转期是指从订购原材料到产品完全加工完毕并运出所需的时间。产品 AAA 的周转期最短（20 天），因为大部分产量能够准确地预测且生产基本上可按计划进行。产品 BBB 的周转期为 40 天，产品 CCC 的周转期为 50 天。BBB 与 CCC 的仓储时间较长，这是因为其生产计划经常变动且经常推迟供货。

目前，固定制造费用的一半由仓储部门负担。

要求：

a. 采用完全成本法，分别编制三种产品的年度计划利润表。产品成本中应该包括制造费用，制造费用的分配基础为直接成本。

b. 采用作业成本法，重新编制三种产品的计划利润表。

c. 评论两种方法的差异。

[习题 11—9]

米兰（Milan）公司生产两种面食：意大利面与意大利宽面。这两种产品使用同样的机器，但机器生产准备时间不同，且所使用的原料也有细微差别。意大利宽面宽大且容易卷边，所以需要较多的检验时间，每天的检验成本为 500 美元。两种产品的日产量如下：

	意大利面	意大利宽面
产量（磅）	6 000	2 000
每磅机时（分钟）	0.20	0.40
每种产品的检验时间（小时）	8	24

要求：

a. 采用完全成本法，以机时为分配基础，计算每磅面食的检验成本。

b. 采用作业成本法，计算每磅面食的检验成本（假设检查时间为成本动因）。

c. 分析为什么采用两种方法会导致检验成本存在差异。

[习题 11—10]

a. 举例说明单位层面成本、批量层面成本、产品层面成本以及生产维持成本的区别。

b. 有人认为“作业成本法的优点之一在于单位成本的上升（下降）受产量下降（上升）的影响”，你认为这种观点正确吗？解释原因。

[习题 11—11]

阿斯丁（Astin）汽车音响公司生产并销售四种型号汽车音响，下表列示了该公司不同型号产品的售价、制造成本、销量等。

	A90	B200	B300	Z7
售价	$ 100	$ 120	$ 140	$ 180
制造成本	$ 80	$ 90	$ 100	$ 120
销量	15 000	13 000	12 000	9 000

销售费用（S&D）为 1 270 000 美元，全部作为期间费用转入利润表。为了评价每种产品的获利能力，按四种产品的销售收入分配产品销售费用。

通过对销售费用的深入分析发现，其中有一半属于营销与广告支出。每种产品都有自己的广告营销预算，分别由四个营销部经理执行。Z7 是主要产品，广告费用比重较大，占营销与广告费用预算的 40%，B300 占 30%，B200 占 20%，A90 占 10%。

另外一半销售费用由运输与管理成本（25%）和出售成本（25%）组成。运输与管理部门主要负责安排产品的运送以及管理客户清单（客户直接向运输机构支付运输费），同时也负责办理汽车音响的执照。基于以上分析可以看出，每种产品线对运输与管理部的需求是相等的，消耗的资源也相同。出售成本包括付给每个销售人员的佣金，佣金的多少根据产品销售毛利（销售收入减制造成本）的大小确定。

要求：

a. 以销售收入为分配基础分配所有的销售费用，并指出获利能力最大与最小的产品。

b. 以广告与销售成本为分配基础分配所有的销售费用，并指出获利能力最大与最小的产品。

c. 以广告与营销成本的预算为分配基础分配所有的销售费用，每种产品对这种资源（广告与营销）的需求量根据各自的运输与管理成本以及出售成本而定，并指出获利能力最大与最小的产品。

d. 讨论不同方案对管理的影响。在三种分配方案下，获利最多与最少的产品分别是什么？为什么采用不同的分配方案会导致不同的产品线利润？你认为究竟哪种产品的获利最多，哪种产品的获利最少？

[习题 11—12]

万佳得（Vangard）公司专门生产高尔夫球杆（专用长杆），长杆卖给高尔夫球杆制造公司后，装上头贴与手柄，一支球杆才算完工。万佳得生产两种长杆：钢制球杆与铍制球杆。铍制球杆的主要原料仍为钢，不过加入少量铍，使之呈现黄铜色，钢杆的销售额占总销售额的 90%，铍杆只占 10%。该公司的钢杆所面临的竞争十分激烈，仅在本地就有四家竞争对手，并且日本公司已经打入本地球杆市场，所占的市场份额日益上升。由于高尔夫球爱好者逐年增加，使得市场每年对长杆的需求量增长 15%，但是万佳得公司的市场份额以每年 1% 的速度下降，到目前为止，已下降到 23%。

生产球杆的原材料（钢与铍）由外部供应商提供。万佳得有两道生产工序：成形与回火。成形工序是将钢管或铍管切割成理想的长度，然后进行打磨，使上粗下细。成形工序是高度自动化的持续生产过程。一旦机器被准备好，原材料被投入，一系列工序就都由机器自动完成。

第二道（也是最后一道）生产工序是回火，将切割与打磨好的球杆放入烧炉中加热，然后冷却，从而保证球杆的硬度与韧性。钢管按批投入生产，每批生产 500 只钢制球杆，由于铍制球杆所需的加热温度高于钢，因而每批生产 100 只铍制球杆。目前，每年回火车间可加工 180 批钢杆与 100 批铍杆。回火车间的年生产能力为 300 批。

目前只有两家公司生产铍制球杆，虽然这种球杆的市场很小，但有增长的趋势。管理者感到垄断铍制球杆市场的决策是明智的，决定将生产钢制球杆的部分资源转用于生产铍制球杆。日本厂商只生产钢制球杆，且开始对钢制球杆市场的价格施加压力，每批订单的要价低于20美元。万佳得管理层预见到本公司将是铍制球杆的主要生产商。

要求：

a. 评价管理者扩大铍制球杆产量、垄断铍制球杆市场的策略是否正确。

b. 评价万佳得公司目前的成本会计系统。

[习题11—13]

海皇（Haking Cameras）公司是一家香港的公司，在其位于中国南方的工厂组装数码相机。它的主要业务是进行柯达、富士和佳能等品牌相机的组装。这些品牌厂家负责采购相机用的部件，并提供给海皇来组装整机。

海皇使用ABC系统来管理它组装的三个品牌的成本。工厂的间接费用主要由两个部分构成：部件管理成本以及工程造价和综合成本。部件管理部门负责安排发货、接货、检查、入库以及根据组装车间的需要提供材料。部件管理成本假设是由每一种相机的部件数量决定的。而工程造价和综合成本则由其他的非直接成本组成。而这一成本假设是由制造的相机的品种数量决定的，今年工厂组装了三种不同类型的相机。

下表用ABC系统以港币计算了每一种相机的成本。

	柯达86	富士910	佳能135	总计
部件数/种	30	45	75	150
部件比例	20%	30%	50%	100%
部件库存管理成本				HK $ 536 000
分配的部件成本	HK $ 107 200	HK $ 160 800	HK $ 268 000	HK $ 536 000
工程造价和综合成本				HK $ 630 000
根据生产线分配	HK $ 210 000	HK $ 210 000	HK $ 210 000	HK $ 630 000
不同生产线分配的总成本	HK $ 317 200	HK $ 370 800	HK $ 478 000	HK $ 1 166 000
除以组装相机的数量	8000	5000	4000	
全部间接费用/台	HK $ 39.65	HK $ 74.16	HK $ 119.50	
直接人工/台	HK $ 11.75	HK $ 15.05	HK $ 22.80	
总成本/台	HK $ 51.40	HK $ 89.21	HK $ 142.30	

问题：

a. 海皇正在考虑采用传统的完全成本法，这一方法把所有的工厂成本根据直接人工成本分配给相机。计算采用完全成本法时，三种品牌相机各自的总成本。

b. 讨论可能的原因导致海皇从使用作业成本法转而使用完全成本法。

[习题11—14]

你的老板，公司会计部经理，刚刚参加了一个为期两周的作业成本会计研讨会。回来之后，他想彻底改变现存的完全成本法系统，他说：“作业成本法是未来成本会计发展的趋势，有利于我们做出更准确的产品线决策，提高产品在市场上的竞争能力"。

他希望你立即开始设计作业成本法，但是在设计作业成本系统之前，他想听听你的观点。

资料来源：L. McGinn.

[习题 11—15]

一家大医院的病人接待处的年度经营成本预算为700 000美元，分别分配给各住院部（外科、内科、小儿科、精神病科）和门诊部（药房、产前护理、血液透析）。过去，病人接待处成本的分配依据是住院部与门诊部诊断病人的人数。但是现在医院管理者正在寻找新的分配基础。

下表为去年诊断病人的有关数据：

	病人人数	病人平均停留天数	每位病人的账单	每位病人的挂号时间
住院部	25 000	6.50	$ 8 200	12
门诊部	120 000	1.00	700	8

要求：

a. 在住院部与门诊部之间分配病人接待处的年度经营预算成本，分配基础分别为：

（i）病人总人数；

（ii）病人总停留天数；

（iii）病人账单总金额；

（iv）挂号时间总数。

b. 讨论采用不同的方法分配接待处成本可能对医院管理产生的影响，医院应该采用哪种方法？

[习题 11—16]

Houston Milling 公司是飞机引擎制造企业 Pratt & Whitney 公司的转包商。Houston Milling 为 Pratt & Whitney 的两个飞机引擎制造不同的燃油泵体：A11 和 D43。这些燃油泵体是由 Pratt & Whitney 从非关联的铸造厂购买的，并用船运到 Houston Milling 以进行精细加工。Houston Milling 主要在不同的两个车间（车间 1 和车间 2）对泵体进行两道工序的加工。A11 和 D43 都需要在车间 1 和车间 2 进行加工。在进行加工之前，机器需要安装，包括了以下程序：清洗机器、检查机器的工具、设定工差、最后试验。Houston Milling 当前的会计系统根据每一部分的直接人工时间和安装数量计量成本。表 1 概述了制造 A11 和 D43 的非直接成本（为了简化计算，例如直接人工和材料成本这些非直接成本忽略不计）。

两个车间的安装和加工时间被分为两个部分：安装和加工。表 1 把成本分配给两个产品。基于这个会计系统，A11 包含了 8 600 美元的非直接成本，D43 包含了 6 400 美元的非直接成本。管理层认为当前的这种会计系统分配的成本不够精确，因为成本太难分离。所以他们决定分解数据并且使用四个项目进行分配。因此他们收集了一些另外的数据，见表2。

表1 **制造 A11 和 D43 的非直接成本**

	功能		
	安装	**加工**	合计
非直接成本	$ 5 000	$ 10 000	$ 15 000
分配依据	安装数量	直接人工工时	
用途：A11	10	66	
D43	15	34	
合计	25	100	
分配率	$ 200/台	$ 100/直接人工工时	
分配：A11	$ 2 000	$ 6 600	$ 8 600
D43	3 000	3 400	6 400
合计	$ 5 000	$ 10 000	$ 15 000

表2

	安装		**加工**		
	车间1	车间2	车间1	车间2	合计
总成本	$ 3 000	$ 2 000	$ 8 000	$ 2 000	$ 15 000
分配依据	安装数量	安装数量	直接人工工时	直接人工工时	
A11	7	3	32	34	
D43	13	2	18	16	
合计	20	5	50	50	

表3

	车间1		车间2	
	安装	加工	安装	加工
总成本	$ 3 000	$ 8 000	$ 2 000	$ 2 000
分配依据	安装时间	机器工时	安装时间	机器工时
A11	15	115	6	120
D43	15	85	4	80
合计	30	200	10	200

问题：

a. 基于表2的分解数据进行修订后的成本分配。安装数量被用来分配非直接安装成本（包括车间1和车间2），直接人工时间被用来分配安装成本（包括车间1和车间2）。

b. 比较表1和（a）中的修订后分配非直接成本的方案，分别写出优缺点。

c. 在完成对（a）和（b）的分析之后，通过对安装时间和加工时间的研究，会收集一些特殊的数据，这些数据列在表3中。需特别指出的是，每个车间都用安装时间和加工时间来核算。现在管理层相信用这种方法比之前的方法更加精确。

根据表 3 中的数据，进行修订的 A11 和 D43 成本分配。车间 1 和车间 2 的安装成本根据安装时间分配，车间 1 和车间 2 的加工成本根据加工时间分配。

d. 比较表 1 和（a）中 A11 和 D43 的总成本，你能得出什么结论？

[习题 11—17]

甘玛（GAMMA）公司在佛罗里达州德尔塔的工厂制造超过一百个品种的住宅用水龙头。这个工厂采用基于业务的成本方法来计算产品成本。下表概述了工厂当年被用于每个业务中心的间接费用和成本元。

业务中心	总成本（百万美元）	成本元	成本元数量	每单位成本元业务成本
材料处理	$ 20.8	直接材料	$ 130 000 000	$ 0.16
购买	13.8	部件数量	800	$ 17 250
安装人工	6.8	批数	500	$ 13 600
工程	10.9	产品数量	125	$ 87 200
占用	16.2	直接人工	$ 90 000 000	$ 0.18
总间接费用	68.5			

甘玛制造的一个水龙头模型被称为 Explorer。它的总制造成本如下：

直接人工			$ 121 700
直接材料			90 500
材料处理	$ 90 500	$ 0.16	14 480
购买	9	17 250	155 250
安装	8	13 600	108 800
工程	1	87 200	87 200
占用	$ 121 700	$ 0.18	21 906
总成本			599 836
制造数量			12 500
单位产品成本			$ 47.99

问题：

使用安全成本法（即工厂间接费用通过直接人工分配给产品），计算 Explorer 的成本。

[习题 11—18]

评述下面的引文：

ABC 法的信息就其自身来说并没有采用提高利润和绩效的行动和决策。对于 ABC 系统而言，公司里的每一位成员，从最高的管理层到操作工人，都必须把它看成成本管理工具而不是会计工具。为了达到这个目的，会计或财务部门必须放弃对这一系统的掌控权。如果会计或财务方面没有意识到这一关键问题，ABC 系统就不可能成功。当传统的方法作为会计的一部分，被用于支持财务会计处理的时候，成功的ABC系统就已经以功能为基础，旨在满足成本管理的需要，而不是财务会计的需要了。这样带来的结果必然是成本管理中会计作用的削弱。大多数的公司把ABC作为一种并行的系统和财务会计同时运行。这样一种并行的操作使得ABC成本控制的能力对向财务会计的规则妥协所带来的风险有很好的抵消作用。[①]

[习题11—19]

贝利（Brickley Chains）公司使用高度自动化的批量生产程序制造五种不同款式的银链：A、B、C、D、E。下表概述了五种产品以及它们的成本数据。

产品	年产量	单位直接人工	单位直接材料
A	5 000	2.00	$ 4.00
B	3 000	2.50	4.50
C	1 000	3.00	5.00
D	800	4.00	6.00
E	500	5.00	7.00

年间接成本是80 000美元。

问题：

a. 利用完全成本法计算A～E每种项链的成本。间接费用利用直接人工成本分配到单个产品中。

b. 深入分析，你会发现年间接成本80 000美元包括了高度自动化生产流程的成本。每批生产相同类型的项链。每批产品都需要相同的工时。比如生产100件A项链需要的时间可用来生产25件E项链。下表概述了每批生产的规模。

产品	批量
A	100
B	100
C	50
D	40
E	25

根据作业成本法计算A～E每种项链的单位成本。

c. 制表比较作业成本法和完全成本法。讨论两种方法下产生产品成本差异的原因。

[习题11—20]　略

[习题11—21]　略

[习题11—22]　略

① R. Cooper, "Look Out, Management Accountants," *Management Accounting*, May 1996, pp. 20－21.

案　例

[案例 11—1]

比奥恩（Bion）公司的研发部（R&D）有三个工作组：高压电缆组、中压电缆组、低压电缆组。与研发部紧密相关的是试制车间，负责小批量生产研发部设计出的产品及一些商业产品。三个工作组的设计方案都要依赖于试制车间生产出的样品。

试制车间的样品规模在 1 000 磅～10 000 磅之间变化，研发小组与试制车间都属于成本中心。试制车间有时也为外部客户生产少量的特殊产品，但所占比例极小。试制车间有三台机器，生产混合材料的弹珠，与一般的大型同类商用机器（每天运转 24 小时）不同，试制车间中每台机器每年只能运转大约 2 700 小时。过去，试制车间按每批产品的直接材料与变动机时计算成本，制造费用的分配基础为机器工时，三台机器合用一个分配率，制造费用包括工厂固定成本和部门人工成本。

技术员工作时间中的 20% 用于设备的清理与维护，每批产品开工前，由电脑根据投料率与生产准备参数计算机时。每种产品按照设计方案被分配给一台机器，每台机器的成本安排如下表所示，其中生产能力表示历史平均水平。

	清理时间（每批产品）	生产能力（磅/年）	变动成本（美元/小时）	操作员
机器 1	4	250 000	25	2
机器 2	6	250 000	25	2
机器 3	8	500 000	50	1
固定成本				
人工成本：　$ 200 000 美元/年				
1 名经理　@45 000 美元/年				
6 名技术人员　@30 000 美元/年				

产品原料中的 90% 是树脂或阻燃镁化物，这些用量极大的材料正常情况下必须提前 1—2 周订货，因而占用了大量存贮空间。原料的投入十分稳定，存货水平保持不变。生产准备的时间因产品批次而不同，如一种需要七种原料的产品的设计准备时间比只需两种原料的产品的设计时间长得多。生产准备时间并不追溯到每批工作任务，而只是简单地在报告中加以揭示。其中有一名技术员的工作不是管理机器，而是安排存货的摆放空间。经理的时间大部分用来安排工作以及向上级汇报工作。

在下面这个典型的工作任务中，生产准备时间是指一批产品投入机器生产之前，所花费的设置、准备、配制直接原材料的劳动时间。

批次#71302

原料成分和直接成本

样本 5000 磅	90% 的 NCPE－0600、树脂	$ 0.10/1b.
	8% 的氢氧化镁、阻燃物	$ 0.12/1b.
	2% 的乙抗氧化剂、抑制剂	$ 0.14/1b.
运转机器 1	每小时 250 磅，共 20 小时	
生产准备时间	16 员工小时	

要求：

a. 计算低压电缆研发小组应承担的成本。

b. 现存成本系统中有什么错误？构造一个新的成本系统，并说明它的好处。

c. 采用新的成本系统重新计算这批试制品的成本。

[案例 11—2]

史奈安（SnapOn）公司是一家生产纽扣的企业。它的纽扣被用在设计师设计的新款时装上，每个纽扣都会印上设计师设计的图案。时装生产线由时装设计室与制造工厂组成。当设计室决定了某款时装用史奈安公司的某款纽扣时，制造工厂就会从史奈安公司买入该款纽扣，并租用史奈安公司的钉扣机把纽扣钉到时装上。每一款纽扣都配有专门的钉扣机。

史奈安公司在行业中有很好的声誉，并且其产品的质量也很高。史奈安公司的技术服务队 24 小时提供服务。在整个北美，史奈安公司保证，如果钉扣机有任何问题都能在 24 小时内维修好。这对于时装产业是很重要的，为了避免被抄袭，时装的发布对时间的要求都很高。对于高质量的纽扣以及可信赖的钉扣机，时装公司甚至愿意支付更高的价格。

史奈安公司有两条生产线，分别生产纽扣以及钉扣机，并分别由两个经理负责。每个经理的分红的 50% 由其负责的生产线的净利润决定。全年管理费用为 5 961.5 万美元，销售服务成本为 4 721 万美元，两项费用将根据收入在两种产品之间分配。下表是公司最近年度的经营情况：

史奈安公司去年的利润表 单位：百万美元

	钉扣机	纽扣
收入	$ 95.750	$ 132.895
直接人工	22.650	43.680
直接材料	24.640	21.840

要求：

a. 为史奈安公司的两条生产线编制一张利润表，利润表包括管理费用以及销售服务成本。管理费用以及销售服务成本的分配按前面的要求。假设年初和年末都无存货。

b. 高级经理觉得现行的按收入分配间接费用的方法过于简单。由于间接制造费用占总制造费用的50%，分配上的小小差错就会让单位制造成本差别很大。一些国外的竞争者正试图进入北美市场，并且它们的产品价格比史奈安公司低。但是国外的竞争企业不提供钉扣机，所以购买其纽扣的服装制造企业需要另外租用钉扣机。史奈安公司是绝不会向未购买史奈安品牌纽扣的企业出租钉扣机的。

为了设计出一个更合适的间接费用分配方法，高级经理组织了一次生产大检查，经过 3 个月的调查分析，去年间接制造费用的明细如下表所示：

单位：百万美元

	制造费用总额	成本动因
采购过程	$ 9.812	直接材料
设备折旧	17.611	直接追溯
监管	3.665	直接人工
仓储	19.873	占地面积
工程	8.654	直接追溯
总数	$ 59.615	

调查发现，采购部的成本应该以采购的材料为基础分配，机器的折旧可以追溯到两个产品运用两条生产线的情况。1 761.1 万美元的总折旧费用中，70% 被分配给钉扣机，30% 被分配给纽扣。两个产品的生产工人都是需要监管的，所以监管费用按直接人工分配。在仓储费用上，75% 用于钉扣机，25% 用于纽扣。工程的费用 60% 分配给了钉扣机，40% 分配给了纽扣。

对于销售服务费用，调查发现 1 185 万美元被直接用于维修钉扣机，其余的3 536万美元与收入有关。

根据上述调查结果，重新编制两个产品的利润表。假设期初、期末均无存货。

c. 简要地描述一下根据调查结果重新编制的利润表发生了哪些变化。

d. 史奈安公司应该按原方法分配间接费用还是按调查得出的新方法分配间接费用呢？请说明各自的优缺点。

［案例 11—3］①

Joe Bell 是戴娜·高尔夫（Dyna Golf）公司的 CEO 和主席，最近他高度关注戴娜·高尔夫球棍产品所面临的激烈的市场竞争和不断恶化的销售状况，因此召集董事会的委员们进行了一次讨论。他把目前的形势总结如下：

大家都知道，我们一直以来都把目标价格定在使总利润占售价的 35% 以上。在某些产品上（如长球棍），我们已经达到了目标。在轻球棍业务上，我们甚至可以把价格定得更高以实现更多的利润。但是我们的楔形球棍就完全不是这种情况了。

我们的工厂是世界上最有效率的工厂之一。我认为我们产品的价格和销售量下降主要是因为有外国公司在向美国市场倾销这种产品。虽然不情愿，但是我们不得不降价来维持我们的市场份额，尽管我们一直都很担心这会对我们的总利润产生影响。但幸运的是，我们可以通过大幅度提高轻球棍的价格来对楔形球棍的业务损失进行弥补。顾客已经接受了我们的涨价策略，这点让我们感到既吃惊又高兴。同时，我们在轻球棍市场上的竞争者们也没有对涨价策略做出太多的反应。

Steve Barber，一个独立董事，问道：

我对高尔夫球棒业务并不是很了解，但是我想问你，Joe，你到底对你们的成本数据有多么肯定，如果你们的成本都错了的话，那价格不是一样会出问题吗？

① 本案例来源于 J. Shank and V. Govindarajan, "The Perils of Allocation Based on Production Volumes," *Accounting Horizons*, December 1988, pp. 71 – 79.

Joe 回答：

这确实是个问题，Steve，我也一直在担心这个。所以已经更新了生产设备，并且吩咐了成本的主管人员，Phil Meyers 负责研究新设备并且在他调查完以后给我一个详细的分析报告。这次会议的主要目的还是让你能更加了解我们目前的公司环境以及让你知道我们正在做什么。

背景

戴娜·高尔夫公司已经运作了 15 年。其生产三种不同类型的球棍：长球棍、楔形球棍和轻型球棍。它生产出来的球棍并不完整，没有把手和轴。它只生产球棍的顶端，然后卖给另外的公司组装和出售。在球棍顶端的设计上，它拥有四项专利技术，它把铜、铁、钛三种不同的金属融合在一个球棍头上。同时，这个产品有着非常有特色的外型。通过控制三种不同金属的比例，戴娜·高尔夫公司制造出了有着独特手感的球棍。尽管公司有独特的专利，但是别的制造商最近也引进了相似的技术，使用类似的制造方法。

公司的长球棍先被出售给一个分销商，由它把轴和把手安装上去，然后再由其零售给那些高尔夫球用品专卖店。戴娜·高尔夫公司最先就是通过这个产品在业内赢得声誉的。在一个职业的高尔夫球选手使用这种球棍赢得了一项重要锦标赛的冠军以后，这款产品迅速在业余爱好者的圈子里面热销。随后戴娜·高尔夫公司以长球棍取得的荣誉和知名度为基础，继续引进和推广了楔形球棍和轻型球棍。楔形球棍被出售给 3 个不同的分销商，而轻型球棍则出售给 6 个不同的分销商。戴娜·高尔夫公司的专业、高档的轻型球棍，零售价格是介于 120～180 美元之间，而长球棍的价格则介于 350～500 美元之间。高尔夫选手总是在不断尝试新的球棍，特别是在他们竞技状态不佳的时候。因此，当看到他们拥有许多轻型球棍并且不断轮换的时候，我们并不会感到惊奇。轻型球棍的制造商们就是抓住了消费者的这个心理弱点，不断在这个领域进行着广告大战。对于高尔夫球选手来说，他们轮换楔形球棍的频率不如轻球棍高。因为球手要找到控制一种新的楔形球棍的感觉总是需要经过大量的练习，因此大多数选手都不会像尝试新的轻型球棍一样尝试新的楔形球棍，这种情况也适用于长球棍。

生产过程

这三种球棍都有一样的产出过程。每种球棍大概由 5 到 10 种材料组成，且都是精确切割好的铁片、铜片或者钛片，它们由戴娜·高尔夫公司从外部购买。这些材料会被放置在一个由电脑精确控制的机器上面，首先它们会被加热，然后再被冷却，最后被抛光。

公司被分为五个部门：接受、工程、组织、机械、包装。在一个生产过程开始前，接受部门要发出生产所需的材料订单，这些材料是生产球棍顶端部分的原料，并且要观察每个订单的履行情况。工程部门要确保完成的产品符合质量的要求并且保持机械的运作效率，因为生产过程要求高度的精确性，所以工程部门需对所购买材料的细微差异做出调整，并在操作上进行改进。组织过程首先要把所有的机械都调整到正确的设置以生产出所需要的球棍顶部，还要进行第一批的实验并确保设置的正确性。机械部门负责生产球棍的机械。包装部门负责包装和运输已经完成的产品。

表一总结了三种产品的基本生产资料：生产、运输、目标售价和实际售价。

表 1　　**戴娜·高尔夫公司的基本产品信息**

	长球棍	楔形球棍	轻型球棍
产品	10 000	5 000	500
出货	10 000	3 000	250
售价			
目标	$ 162.61	$ 134.09	$ 81.31
实际	162.61	125.96	105.70

会计系统

表 2 总结了各种产品所需的原材料、组织和运作劳动力、机器工作时间。长球棍需要 5 种材料，楔形球棍需要 6 种，而轻型球棍则需要 10 种。在生产开始之前，制造的机械必须经过调整和测试，这个过程需要劳动力的参与。在生产过程中，操作那些机械需要花费机械工时和直接人工工时。这两个过程中劳动力的成本都是 $ 20/小时。在机械折旧、电力消耗、维护方面，机械部门大概有 $ 700 000 的预算。长球棍要花费更多的直接人工工时，因为有些操作需要工人去完成。而在生产轻型球棍的机械部门，一个人就可以操作两台机械。

表 2　　**相关成本信息**

	长球棍	楔形球棍	轻型球棍
原材料	$ 20	$ 30	$ 10
劳动力（$ 20/小时）			
组织劳动力	10 小时	10 小时	11 小时
运行劳动力	1/2 小时	1/3 小时	1/4 小时
机器运作时间	1/4 小时	1/3 小时	1/2 小时

表 3　　**制造费用**

接受部门	$ 300 000
工程部门	500 000
机械部门	700 000
包装部门	200 000
组织部门	3 000
合计	$ 1 703 000

Phil Meyers，戴娜·高尔夫公司的管理员之一，在 Joe Bell 召开董事会以后一个星期内和他见了一面，并且向他报告了调查结果：

Joe，就跟你知道的一样，我们目前的会计系统将那些直接的材料成本与直接的运行劳动力成本计入产品成本，而那些管理费用，包括组织费用和机器成本，是以每个产品的直接运作劳动力成本为基础分摊的。组织劳动力成本被当作间接成本包括在管理费用里面。在这些程序的基础上，我们计算出每个长球棍、楔形球棍、轻型球棍的成本分别为＄105.70、＄87.16和＄52.85。

我已经研究了我们的整个系统，发现我们的制造费用比率有点偏高。它现在大概是直接劳动力成本的7.5倍，因为我们已经引进了更现代化的机器，所以现在劳动力成本正在被制造费用和资本成本所取代。机械部门现在按照其收到的修正指令来安排工作人员。长球棍的生产是最符合标准的，一般只产生25%的修正指令，而楔形棍是35%，轻型球棍的生产过程比较复杂，因此剩下的修正指令都是与它有关的。

我认为我们应该按照下面几点来修正我们的会计系统：第一，我们不应该把组织劳动力成本加到总的制造费用里面，而是应该以一定的基础将其分摊到每种产品里面去。我们可以知道每个生产周期我们会在每台机器上面花费多少组织劳动力成本。第二，我们应该停止以直接劳动力成本为基础来分摊接受部门的费用，而应该以原材料费用为基础。第三，剩下的制造费用（除了组织和接受成本部分以外）应该以机械工作时间为基础来分摊。如果做出这些改进的话，我们可以更加精确地估计每种产品的单位成本。

Joe Bell 回答道：

这些大的建议看来确实是很有建设性的。我需要一些时间好好考虑一下。过一段时间我会告诉你结果。

问题：

你会给 Joe Bell 一些什么样的意见？

第 12 章　标准成本：直接人工和直接材料

本章提要

A. 标准成本
  1. 为什么要使用标准成本
  2. 制定与修订标准
  3. 目标成本法

B. 直接人工差异和直接材料差异
  1. 直接人工差异
  2. 直接材料差异
  3. 降低风险和标准成本

C. 直接人工差异和直接材料差异的激励作用
  1. 大量储备存货
  2. 外部效应
  3. 阻碍合作
  4. 相互监督
  5. 自我满足

D. 标准成本差异的结转

E. 提供标准成本的成本

F. 本章小结

到目前为止，我们所学习的成本系统主要报告实际（历史）成本。历史成本对于资产负债表中的成本和利润表中的销售成本的报告是十分有用的。历史成本也是估计机会成本有用的基点，然而历史成本没有提供“成本应该是多少”这样一种控制手段或标准，它们只反映成本实际上是多少。已分配与未分配制造费用报告只反映了企业的实际制造费用是否合乎预期，但没有直接人工或直接材料高低的控制标准，因此只能进行当期实际数与前期数字的比较。只有在未来成本与过去成本相似的情况下，历史成本才能为决策服务。

标准成本（**standard cost**）提供了基准数据。标准成本代表一件产品、一道工序的未来预期成本。一旦设定标准，经理们就可以通过实际营运结果和标准成本的比较来评价业绩。实际成本与标准成本的差额用标准成本**差异**（**variance**）表示。差异也是第 4 章决策控制中的重要部分。差异是引人注目的，它们提醒管理阶层差错的存在。差异也为业绩评价提供信息，除了在控制方面的作用外，标准成本在产品定价、自制或外购决策和固定资产配置决策方面也十分有用。

本章介绍标准成本在决策和控制中的应用，前几章出现的决策管理和决策控制中的方案选择在本章标准成本的讨论中依然存在。制造费用差异和销售费用差异将在下章讨论。本章重点是研究标准成本系统下的成本和收益。

A. 标准成本

标准成本出现在第6章所介绍的预算系统中。在为企业制定下一年度的预算时，经理们决定生产每一单位产品的成本、生产批量及出厂价。例如，假设一个企业生产两种产品（200GB的硬盘驱动器和500GB的硬盘驱动器），并有一个装配车间。下表给出了关键的数据：

	200GB的硬盘驱动器	500GB的硬盘驱动器	总计
计划产量	25 000	14 000	
单位标准成本	$ 40	$ 50	
总标准成本	$ 1 000 000	$ 700 000	$ 1 700 000

标准成本是指在一定条件下，完成既定目标所需要的合理的预期成本。在装配车间，其目标是装配200GB的硬盘驱动器和500GB的硬盘驱动器，既定的条件是装配25 000个200GB和14 000个500GB的硬盘驱动器，标准成本代表投入与产出的相互关系。在装配车间，200GB的硬盘驱动器的标准成本为40美元，这意味着装配一个200GB的硬盘驱动器（产出）需要直接和间接地投入40美元。

在一个标准成本系统中，每一个产品都有一套与投入有关的标准。考虑下面这个图书印刷的例子。表12—1是一个印刷过程的标准成本单。每一种直接人工和直接材料都有一个标准数量和一个标准价格。另外制造费用率（在此例中，每一个工时为100美元）是年初制定的，并用来估算每本书应负担的制造费用。表12—1给出了生产一本书所需的一系列标准成本。

表12—1　**生产1 000册《史密斯艺术读本》的标准成本单**

直接材料				直接人工			
种类	数量	单价	金额	工种	工时	工资	金额
纸张	800磅	$ 2	$ 1 600	排版	80	$ 15	$ 1200
封面	2 000	3	6 000	印刷	55	40	2 200
装订	500磅	4	2 000	装订	70	20	1 400
总计			$ 9 600				$ 4 800
				直接材料总成本			$ 9 600
				直接人工总成本			4 800
				制造费用总成本（每工时 $ 100）			5 500
				总成本			$ 19 900
				册数			÷1 000
				每本书成本			$ 19.90

在出版《史密斯艺术读本》之前，高管人员将评估书的预期利润率，这需要用到项目成本和收入。这个“项目成本”就是标准成本。公司会评估项目成本来进行

决策管理，评估的过程就形成了可以与实际成本比较的标准成本。比较实际成本和标准成本就形成了控制系统。在该书出版后，高级管理层可以利用与标准的差异来衡量业绩。这一过程与第6章的制定年度预算类似（回忆有关乡村俱乐部的案例讨论）。

1. 为什么要使用标准成本

标准成本对于决策及决策控制都是很有用的，而历史成本往往造成决策错误。历史成本会由于经营状况的变化、材料价格及工资的变化或这些因素的可预期变化而失去时效。新产品的推出以及新工艺的实行改变了现有的经营状况。市场份额的变化也会造成未来原材料价格和人工成本的变化。

标准成本在决策中被广泛应用——产品价格确定、合同招标、外购决策以及生产技术选择评估都会用到标准成本。正如第4章所言：市场价格不是为指导公司内部资源配置而存在的，相反，企业内部稀缺资源利用的可供选择方面是由标准成本这种管理决策提供的信息来决定的。标准成本是企业内部经过反复磋商制定的。

第6章描述了组织内各部门应该如何协调下一年度各自的营运计划。生产和销售部门要协商将生产和销售多少产品，关键在于每一产品的成本。在年初，生产和销售部门必须要在产量和销量上达成一致意见。年初的预计成本就是标准成本。在一年之中，生产和销售部门有一个暗含的合同，即在既定的标准成本下生产和销售既定数量的产品。主计算机使用一小时的标准成本代表使用一小时主计算机的机会成本。类似地，装配一件200GB的硬盘驱动器的标准成本40美元向其他管理者表明装配一件200GB的硬盘驱动器的机会成本。

标准成本也提供了决策控制方面的基准信息。标准成本与实际成本之间存在巨大差异表明某一工序或原材料投入与预期制定的标准存在显著差别。在标准人工成本中，差异可以被追踪到特定工序和特定操作人员。第6章描述了标准成本差异如何应用于衡量业绩——不是衡量业绩的唯一手段，只是手段之一。标准成本差异并不一定能提供给经理是否执行产品计划和产品是否合乎质量要求方面的信息。

实际成本与标准成本在某一工序或原材料使用中的偏差是正常的，也是可以理解的。随机性的差异会造成这种偏差。但如果合计一天、一星期、一个月的偏离，会是正数还是负数？随着时间的推移，随机的波动趋于消失。正差异抵消负差异，因此整个处于控制之中的生产过程总差异接近于零。因此，一个大样本的总差异让管理者相信差异并不是由随机情况造成的。

标准成本在制造业中被广泛应用。在纽约及美国证券交易所随机抽样的112家公司中，85%的公司应用了标准成本①，在另一项对219家上市公司的调查中，也有85%的公司应用了标准成本②。尽管标准成本系统在制造业中被应用广泛，但仍有些经理人怀疑标准成本系统的成本和效益。一些公司减小它们对标准成本的依赖程度，改变制定标准成本的方法，甚至放弃标准成本系统。本章第5节将讨论这些倾向以及

---

① H. Schwarzbach, "The Impact of Automation on Accounting for Indirect Costs," *Management Accounting*, December 1989, p. 46.

② W. Gress and J. Pettijohn, "A Survey of Budget-Related Planning and Control Policies and Procedures," *Journal of Accounting Education* 3 (Fall 1985), p. 66.

可能造成经理人改变或放弃标准成本系统的原因。

2. 制定与修订标准

标准成本包括标准数量和标准价格。标准数量是根据生产过程的技术特点制定的，是在工程的研究中对生产产品过程中耗时的长短及耗材的多少进行估算得到的。标准价格通常在年初制定，是企业预算过程中计划制定的关键（如第 6 章所描述）。

管理人员在估算标准成本的过程中应列出生产产品所需的原材料、预计每种原材料所需的数量及其价格。标准数量乘以标准单价就是材料标准成本。考勤表包括每一部门生产一种产品所需人工小时的信息。工程估算的工时及每个工序的预计工资被用来计算标准人工成本。通常地，经理人员根据当年实际情况，考虑通货膨胀的调整、生产率的变化及产品组合的变化来制定下一年度的标准。

在实务界，目前还没有一个制定标准成本和可接受的差异的通用方法，争论仍然存在。一些专家认为，如果尽了力，运气不太坏的话，由标准数量和标准单价相乘得到的标准成本应是目前能够达到的。另一些则认为标准成本应该在投入非常的努力和（或）运气很好的情况下才能达到。标准应制定得多紧，业绩考评中标准成本占多大比重在设计组织结构、权衡标准松紧的利弊方面十分重要。①在对上述美国 219 家上市公司的调查中，50% 的公司认为它们制定的标准难以达到，42% 的公司是根据以前的平均水平制定标准的，8% 的公司是根据理论上的最大效率水平制定标准的。②

[练习题 12—1]

Ogwood 公司位于芬兰首都赫尔辛基之外，是一家小型的木制家用物品制造商。公司的主计长打算在 Ogwood 内部实行标准成本系统。主计长从他的同事那里获取信息，用于帮助制定产品标准。

Ogwood 公司的产品之一是木砧板。生产一块好的木砧板需要 1.25 板英尺的木材和 12 分钟的直接人工时间用于准备和切割。砧板在切割后都要被检查。由于砧板是用有瑕疵的自然材料制作的，在切割以后，通常五件合格的砧板会伴随着出现一件不合格品。接着，又在合格的砧板上安装四个橡胶脚垫。安上这四个脚垫并最终完成一块砧板的生产需要 15 分钟的直接人工时间。用于制作砧板的木材的成本为 3 欧元每板英尺，而每个脚垫的成本为 0.05 欧元。直接人工的工资率为 8 欧元每小时。

要求：

a. 计算砧板的直接成本构成部分的标准成本，对于每一项构成直接成本的成分，标准成本需指出：（i）标准数量；（ii）标准分配率；（iii）单位产品标准成本。

b. 标准成本系统有哪些好处？

c. 解释下述人员在制定标准过程中的作用：

（i）采购部门经理；（ii）工业工程师；（iii）成本会计师。

解答：

① 对此相关问题的讨论参见 C. Chow "The Effects of Job Standard Tightness and Compensation Scheme on Performance: An Exploration of Linkages," *Accounting Review* 58 (October 1983), pp. 667 – 85.

② W. Cress and J. Pettijohn (1985), p. 66. 相关研究参见 K. Merchant, "A Large Majority of Profit Center Budget Targets are Set So They Can and Will be Achieved," *Rewarding Results: Motivating Profit Center Managers* (Boston: Harvard Business School Press, 1989), p. 30.

a. 单位产品的标准成本为：

直接材料		
木材（1.50 板英尺* ×3 欧元/板英尺）	€4.50	
脚垫（4 块×0.05/块）	0.20	€4.70
直接人工		
准备/切割		
（14.4/60** 小时×8 欧元/小时）	1.92	
安装/完成		
（15/60 小时×8 欧元/小时）	2.00	3.92
单位产品标准成本		€8.62

*1.25 板英尺×（5+1）/5=1.50 板英尺

**12 分钟/板×（5+1）/5=14.4 分钟

注意：要得到五块好的砧板，必须切割六块砧板。如果每块砧板有 1 英尺长，那么每块好的砧板需要 1.2 英尺（（5+1）/5）的木材，为废弃的砧板留出余量。

b. 实行标准成本法的好处包括以下几点：

标准成本与会计系统相结合，使得不同部门间的重复性的合同订立更加方便，同时也有助于成本分析。下游部门不必承担原料价格和生产效率波动的风险。

标准成本可以作为缺失的市场价格指导企业内部资源的分配。

标准成本为预算的制定提供了基础。

标准成本作为目标，鼓励公司内各个环节的协调与合作。标准成本系统下的差异分析为那些负责控制成本的部门提供了一种反馈机制。

c.（i）采购部门经理在制定成本标准中的职责包括：确定物料清单上原材料的标准成本，决定公司是否通过大规模采购以利用价格折扣，获取关于原材料可用性的数据。采购部门经理有着关于原材料可能的成本的专有知识。

（ii）工业工程师在制定成本标准中的作用包括：编制物料清单，详细标明所需原材料的类型和数量；和生产主管一起确定生产过程中允许的废品率；参与时间研究和试运行以助于确定时间标准。

（iii）成本会计师的职责有决策控制，审核与监督成本标准。这包括：对从其他部门收集的关于原材料和人工成本标准的信息进行检查；根据所需的人工类型建立起标准人工工时率；决定间接成本的分配率，比如原料处理、生产制造费用；将小时与数量等物理标准转换成等价的货币价值。

在第 6 章讲述一般预算过程时曾指出，制定和修订标准需要集中对于标准制定有相关知识的人才。通常具备专业知识的管理人员要不同程度地参考实际成本与标准的差距修订更新标准。如果标准反映资源的机会成本，它应包括所有有关标准的相关知识的应用。标准作为对机会成本的精确估计，对于公司内部资源利用信息的提供是十分有用的。然而，标准成本对机会成本计量的精确度常由于决策控制的原因受到影响（如鼓励管理人员减少代理问题）。例如，一些公司有意将标准成本定得低于预计的实际成本。标准成本定得偏低的一个理由是向管理人员施加压力，促使其减少浪费和其他低效运作。另一些公司将标准成本定得高于预计实际成本是为了防止将销售价格定得过低。

派克金属公司的标准成本

派克金属公司是派克汉尼飞公司的子公司，生产黄铜管及其配件、电子管、水龙管及其配件。派克金属公司将标准成本系统作为重要的商业工具，使用它来解决问题以实现持续的进步。如果标准成本差异超过销售收入的5%，经理人员就必须解释产生差异的原因，并且做出正确的计划来解决这个问题。差异报告在每个工作完成后就会做出。大于1 000美元的差异将在例外报告中列出。每周的小结报告将显示生产线上的每项差异和每批产品的差异。经理人员根据报告对每个生产单位的生产人员解释每项差异和收益。这些会议使生产人员认识到他们的生产决策是如何影响公司利润的。

资料来源：D. Johnsen and P. Sopariwala, "Standard Costing Is Alive and Well at Parker Brass," *Management Accounting Quarterly*, Winter 2000, pp. 10 – 20.

标准松紧的选择往往是决策控制（紧的标准）与决策管理（松的标准）的权衡。决策管理需要结合具有特定知识的个人与公司内各部门，而他们的业绩又会通过所制定的标准来衡量（决策控制）。例如，采购部门拥有制定原材料标准价格的相关知识。然而，如果采购部门同样具有制定标准采购价格的决定权力，那么，标准对于评价采购部门管理人员的业绩就不那么有用了。一种解决方法是：分离决策管理（制定标准）与决策控制（批准、监督标准）。

通常会计或工程部门拥有制定、更新标准的决策管理权。负责标准成本差异的人员拥有标准的决策批准权。标准成本作为年度预算循环的一部分，每年需要检查、更新。在前面提到的对219家公司的调查中，79%的公司由以下团体参与标准的制定：工程部、销售部、人力资源部、会计部、最高管理层和负责特定成本的部门经理。标准成本每年检查一次的公司占62%，每季度检查一次的公司占总数的15%。①

多数公司在年度当中不愿意改变标准。一旦在年初制定一个标准，那么在年中它很少被修订。经理们要对标准成本差异负责。只有在一项标准发生大的预料外的变化时才在年度中改变标准。例如，石油是生产塑料的重要原料。如果油价突然上升，原来制定的塑料的标准成本则显然太低了。如果管理人员沿用旧的标准成本，并作为内部营运决策的依据，他们将不能对相关价格的变化做出迅速反应，决策管理也将受到影响。但是如果在一年中频繁修订标准，经理人员将没有动力控制成本。不利差异将由于标准的变化而被消除。因此在一年当中是否修订标准的决策也与决策管理和控制的权衡相关。经常修订标准有利于决策管理，却不利于决策控制。

目标成本在实务中的应用

许多跨国公司，例如波音、卡特彼勒、克莱斯勒和尼桑公司，都采用目标成本。克莱斯勒和尼桑汽车公司首先用目标价格吸引潜在客户购买其设计的新型号汽车。从目标价格中扣除预期毛利后便得到了目标成本。总目标成本在设计、工程、制造

① W. Cress and J. Pettijohn (1985), p. 74.

及营销部门三者之间划分。在制造目标成本中，汽车的每个部件，如挡风玻璃和引擎塞被分配计入目标成本。“这时较量刚刚开始。”这场较量是公司与外部供应商以及负责不同产品生产的部门激烈的讨价还价过程。最初的估计可能会比目标成本的总体水平高出整整20%，甚至更多。当较量结束时，产品设计者、生产工程师、市场专家的妥协和让步通常会使预期成本保持在最初目标成本的波动范围内。

资料来源：F. Worthy, “Japan's Smart Secret Weapon,” *Fortune*, August 12, 1991, pp. 72 – 75; D. Swenson, S. Ansari, and J. Bell, “Best Practices in Target Costing,” *Management Accounting Quarterly*, Winter 2003, pp. 13 – 17.

3. 目标成本法

传统的标准成本制定采用自下而上的方法。通常地，经理人员有责任将成本限定在最初预期的标准之内，这一标准是由工程师、主管和高层管理者检查、认可的。有时，工程能够达到最初预期的标准。在所有的案例中，制定和修订标准需要集中公司中不同成员的智慧。估算每一投入要素的标准成本，然后就可以总计这些单个成本，得到完工产品的标准成本。

目标成本法（target costing）是一个自上而下的过程，由新产品计划开始。首先估计长期价格（经常是由销售部门估算），在这一价格下有望实现预期的市场份额。从这个价格中扣除必需的投资回报（利润）得到产品总目标成本。

目标成本 = 目标价格 - 目标利润

总目标成本被分解为各种要素成本，包括销售和推销成本。这些要素成本成为目标成本或标准成本，公司要实现市场份额、降低成本、资本回报等诸多目标就必须要达到目标成本或标准成本的要求。目标成本成为业绩评估系统中的一部分。

对于许多产品来说，一旦产品设计出来，就已经失去了许多降低该产品成本的机会。降低成本的唯一途径就是重新设计产品。目标成本法与传统的成本控制系统不同，传统的成本控制系统在生产开始时才开始控制成本。在计划、设计和生产期间，目标成本都要求激进的成本管理，它将管理人员的注意力集中在关键设计阶段的成本控制上，因为那时多数成本都是可以控制的。

组织架构的改变与目标成本法

本书强调成功的公司几乎不只改变三条腿工具中的一条腿。当一条腿改变了（采用目标成本），其他的腿（决策权分配和业绩奖励）也必须跟着改变。世界上最大的汽车零部件供应商之一的ITT汽车公司采用目标成本法。ITT公司成立了跨功能小组（决策权分配的改变）在生产阶段减少成本。跨功能小组的成员来自采购、生产、设计和会计部门。这个小组有制定目标成本的权利（服从高管层的意见和批准），也被授权找出最优的处理、外购、材料使用、加工和资本投资。ITT公司的目标成本法采用了自下而上的、团队导向的方法，其跨功能小组负责制定目标和想出更好的降低成本的方法。小组的每个成员负责解决某个特定的问题。

资料来源：G. Schmelze, R. Geier, and T. Buttross, “Target Costing at ITT Automotive,” *Management Accounting*, December 1996, pp. 26 – 30; D. Swenson, S. Ansari, and J. Bell, “Best Practices in Target Costing,” *Management Accounting Quarterly*, Winter 2003, pp. 13 – 17.

Y. Monden and J. Lee, "How a Japanese Auto Maker Reduces Costs," *Management Accounting*, August 1993, pp. 22 – 26. 成本降低目标也被其他国家的公司采用。参见 R. Kaplan and A. Sweeney, "Peoria Engine Plant (A)," *Harvard Business School Case* 9-193-082 (revised June 29, 1993).

制定标准与预算制定过程（见第 6 章）是相似的，两者都需要集中多方面的专门知识。制定和修订标准实际上是预算的一个组成部分。考察一下日产汽车公司应用目标成本的例子。为挡风玻璃的目标成本设定为汽车生产净利的函数可以促使产品设计者、制造工程师和营销人员进行权衡。在协商过程中，公司各部门的专业知识为大家所分享。

一旦设定标准，标准成本与实际成本之间的差异就被用来评价业绩。一般地，多数公司制定了三种标准成本差异：直接人工差异、直接材料差异和制造费用差异。由于直接人工和直接材料十分相似，在本章的第 2 节将一并讨论。这些差异的激励作用将在第 3 节讨论。制造费用差异则是下一章所要涉及的主要内容。值得提请大家注意的是本章所讨论的各种差异指标是被广泛应用的。任何既定的部门、工厂及公司通常不会应用所有这些差异，它们根据实际情况进行调整，有时又制定一些适合实际情况的差异指标。因此，差异指标根据组织的需要被有选择地应用，并成为公司组织结构中的一个重要部分。

本节复习思考题

Q12—1 为标准成本下定义。

Q12—2 说出决策制定过程中运用到标准成本的三个方面。

Q12—3 标准成本能否代表机会成本？

Q12—4 标准成本如何解释决策制定和决策控制之间的权衡？

Q12—5 什么是目标成本法？它与传统的标准成本法有何不同？

改善成本法（Kaizen Costing）

一些日本汽车生产厂商拥有精心设计的成本持续改善系统，叫做改善成本法。这些系统被丰田公司和其他一些公司应用以实现公司内部降低成本的目标，比如说成本降低 5%，这些目标主要用于降低变动成本（降低固定成本的目标另行制定）。例如，假设一辆汽车模型的变动成本基数为 9 000 美元，公司的目标是明年将此成本降低 5%，降为 8 550 美元，那么每个分厂都要设定一个目标成本降低率。可能一些分厂要将变动成本降低 6%，而另一些则只降低 4%，这要根据各分厂的实际情况决定。每个分厂又将分厂的降低成本目标分解到各个部门，这样只要各部门能实现目标，整个分厂就能降低成本。每个部门的年度成本降低目标又折算成各月的成本降低目标，通常每月完成年度目标的 1/12。如果某个部门当年单位变动成本要降低 18 美元，则 1 月份的目标就是要降低 1.50 美元（18 ÷ 12），每个部门的实际成本与成本降低目标相比较便得到各月的成本差异。

改善成本法是一个富有挑战性的降低成本计划。当产品未完工时，改善成本法通常追随目标成本，只要产品还在生产阶段，它就继续寻找进一步降低成本的机会。

资料来源：Y. Monden and J. Lee, "How a Japanese Auto Maker Reduces Costs," *Management Accounting*, August 1993, pp. 22 - 26. 成本降低目标也被其他国家的公司采用。参见 R. Kaplan and A. Sweeney, "Peoria Engine Plant (A)," *Harvard Business School Case* 9-193-082 (revised June 29, 1993).

B. 直接人工差异和直接材料差异

标准成本一经制定，便被应用于决策管理和决策控制。本节介绍直接人工差异和直接材料差异是如何计算出来的，以及在决策控制中如何应用它们。直接人工差异与直接材料差异十分相似。

1. 直接人工差异

直接人工实际成本与标准成本之间的差异（直接人工差异）可以分解成工资差异和效率差异，方法如下：

直接人工差异 = 实际人工成本 - 标准人工成本
= （实际工资率 × 实际工时） - （标准工资率 × 标准工时）
= （实际工资率 - 标准工资率） × 实际工时 + （实际工时 - 标准工时） × 标准工资率
= 工资差异 + 效率差异

假设在表 12—1 中生产《史密斯艺术读本》排版工作 85 小时，每小时的工资是 15.40 美元，实际上排版成本为 1 309 美元，而不是标准成本 1 200 美元，排版的不利人工差异是 109 美元。这项差异可以进一步分解为：

工资差异	（\$ 15.40 - \$ 15.00） × 85	\$ 34（不利差异）
效率差异	（85 - 80） ×15.00	\$ 75（不利差异）
排版人工差异		\$ 109（不利差异）

这一分析表明排版的实际人工成本高于标准成本是由两个原因造成的：（1）每小时工资比预计多支付了 0.40 美元；（2）实际比预计多用了 5 个小时。如果管理阶层认为标准是合理的，那么成本差异就说明负责人工工资的人员将排版人员的小时工资率定得高于标准工资率了，而负责人工效率监督的人员允许排版人员拖延 5 个小时完成任务。他们的这两项"失误"造成了多支付人工工资 34 美元和延长工时损失 75 美元。显然，对差异的分析是建立在标准成本确实代表了排版人员应得的工资率和应耗用的工时的基础之上的。

注意工资和效率差异是在《史密斯艺术读本》生产完成后计算出来的，其差异符合整批 1 000 本书。

前面的分析可用图 12—1 表示。图 12—1 中 W 代表工资率，H 代表工时，a 代表实际数，s 代表标准数，$W_s \times H_s$ 代表标准人工成本，$W_a \times H_a$ 代表实际人工成本。总人工差异是指实际人工成本与标准人工成本的差异，即 $W_aH_a—W_sH_s$，在图中用阴影区域表示。这一差异又被分解为工资差异（见上端）和效率差异（见右端）。

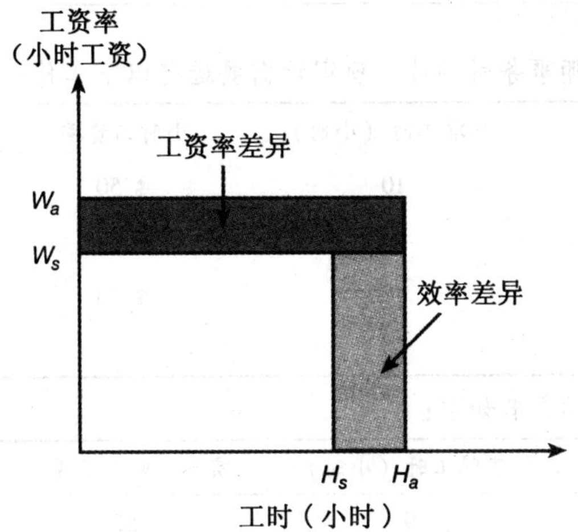

W_a 为实际工资率　　　　H_a 为实际工时

W_s 为标准工资率　　　　H_s 为标准工时

总人工差异 = $W_aH_a - W_sH_s$

工资率差异 = $(W_a - W_s)\times H_a$

效率差异 = $(H_a - H_s)\times W_a$

图 12—1　直接人工差异

总人工成本差异分解的代数式如下：

$$总人工成本差异 = Wa\ Ha - Ws\ Hs$$

$$人工工资率差异 = (Wa - Ws) \times Ha$$

$$人工效率差异 = (Ha - Hs) \times Ws$$

注意：人工工资率差异加上人工效率差异就是总人工成本差异：

工资率差异 + 效率差异 = 总人工成本差异 ①

参见《史密斯艺术读本》的标准成本表（见表 12—1），假设印刷工人用 50 个时，工资每小时 41 美元，完成该项工作，计算印刷工人的人工差异。我们可以应用以下公式：

总人工差异：

$WaHa - WsHs = 41 \times 50 - 40 \times 55 = 2\,050 - 2\,200 = -150$ 美元（有利差异）

工资率差异：

$(Wa - Ws) \times Ha = (41 - 40) \times 50 = 50$ 美元（不利差异）

效率差异：

$(Ha - Hs) \times Ws = (50 - 55) \times 40 = -200$ 美元（有利差异）

注意，工资率差异是不利差异，这是因为实际工资率高于标准工资率。然而，效率差异却是有利差异，以负号表示。实际工时小于标准工时，形成了有利差异。产生负号的原因是我们将差异定义为实际减去标准的差（假如我们将差异定义为标准减实际的差，那么负号就代表不利差异了，这完全由差异是实际与标准还是标准与实际的代数差决定）。

① 数学推导：$(Wa - Ws) \times Ha + (Ha - Hs)\ Ws = WaHa - WsHa + WsHa - WsHs = WaHa - WsHs$。

[练习题12—2]

一家注册会计师事务所预计一项审计需要进行以下工作：

各类审计人员	标准工时（小时）	小时工资率	标准成本
项目经理	10	$ 50	$ 500
高级会计师	20	$ 40	$ 800
会计员	40	$ 30	$ 1 200
总计	70		$ 2 500

实际工时与实际成本如下：

各类审计人员	实际工时（小时）	实际小时工资率	实际标准成本
项目经理	9	$ 52	$ 468
高级会计师	22	$ 38	$ 836
会计员	44	$ 30	$ 1 320
总计	75		$ 2 624

要求：计算各类审计人员的直接人工差异及工资率差异和效率差异。

解答：

各类审计人员的直接人工差异如下：

各类审计人员	实际成本	标准成本	直接人工差异
项目经理	$ 468	$ 500	$（32）有利差异
高级会计师	$ 836	$ 800	$ 36 不利差异
会计员	$ 1 320	$ 1 200	$ 120 不利差异
总计	$ 2 624	$ 2 500	$ 124 不利差异

各类审计人员的工资率差异如下：

项目经理：（ $ 52/小时 − $ 50/小时）×9 小时	$ 18 不利差异
高级会计师：（ $ 38/小时 − $ 40/小时）×22 小时	$（44）有利差异
会计员：（ $ 30/小时 − $ 30/小时）×44 小时	0
总人工工资率差异	$（26）有利差异

各类审计人员工资率差异如下：

项目经理（9 小时 −10 小时）× $ 50/小时	（ $ 50）有利差异
高级会计师（22 小时 −20 小时）× $ 40/小时	$ 80 不利差异
会计员（44 小时 −40 小时）× $ 30/小时	$ 120 不利差异
总人工效率差异	$ 150 不利差异

为检查工资率和人工效率差异的计算，注意这项审计项目的总差异是124 美元的有利差异（2 624 −2 500）。总工资率差异（26 美元的有利差异）加上总人工效率差异（150 美元的不利差异）的和等于总差异（124 美元的不利差异）。

较大的差异，无论是有利差异还是不利差异，都说明系统失去了控制。一项会计差异可能说明部门偏离了既定的标准，或是制定标准所依据的假设不正确。在第一种情况下，直接人工的管理者没有按照标准水平进行管理。在第二种情况下，标准被定在了可望而不可及的水准上，如果标准是对未来工资和工时的不合理预计，那么未来的会计差异中就会反映这种在标准制定之初就包括在标准中的不合理成分。

仅仅出现了一项重大的不利差异并不能说明该项成本的负责人干得不好。标准可能被定在了不可实现的水准上。另外，由于随机的原因实际成本会偏离标准。有利或不利的微小差异不值得经理人员花费精力去调查。如果差异很小，那么对它的调查成本很可能会高于找到其发生原因所带来的收益。显然，是否对一项差异进行调查取决于该项目内在的不确定性。不确定性大的标准差异只有在差异很大时才值得调查。

大的有利差异不一定是好消息，因为这可能意味着产品质量降低了。例如，用很小的工时生产低质量的产品就可以产生有利的人工效率差异。同样地，有利的工资差异可能意味着使用了比预期多的低技能、低工资的工人。这也可能危及产品的质量。如果人力资源部门有在给定的标准工资率和工作技能的情况下雇用工人的决策权，那么它将为此工资差异负责。另一种情况是如果车间主任有在不同的工资率和工作技能的条件下安排工人的权力，他将为此工资差异负责。如果车间主任能够改变工人的组合，使成本被不同熟练度下的不同的工资率所代替，那么他（她）将被分配到总的直接人工差异，并且没有理由对工资差异和效率差异进行单独计算，除非要提供造成人工差异的原因。工资和效率差异在经理们的业绩评估中所达的程度和所占的权重取决于三点：标准的可信度、由随机波动造成的工资和工时的内在不确定性和被经理们潜在控制的差异的大小。一些公司在业绩评价中赋予差异的权重很大，一些则赋予很小的权重或者根本不关心差异。

2. 直接材料差异

直接材料差异的计算与直接人工差异基本相同，只有一点不太一致，将在下面介绍。图 12—2 描绘了材料差异。P 代表材料单价，Q 代表材料数量，a 和 s 仍分别代表实际数和标准数。类似于直接人工，总材料差异可以被分解成价格差异和数量差异两部分。

图 12—2 的分析表明，所有的购入原材料立即投入生产，没有原材料成为存货（这一假设在后面将被放宽）。然而，在通常情况下原材料购入后先成为存货，然后按生产步骤逐渐被领用。只有在适时制造生产系统或订做生产中原材料才在取得的同时被用掉。图 12—2 中，总差异是指材料实际成本与计划成本的差异 $P_aQ_a-P_sQ_s$，如图 12—1 所示。差异也被分解成两部分：价格差异和数量（耗用量）差异。价格差异要报告给采购经理，并作为评价采购经理业绩的一项指标。其他评价采购部门业绩的指标还包括及时供给原材料百分比和原材料的质量。数量差异被报告给负责原材料有效使用的管理人员（通常是车间主任），并作为评价其业绩的一项指标。

价格差异与数量差异通常是相互关联的。例如，如果以低于标准的价格购入不合格的原材料，通常情况下会产生不利的数量差异，原因在于必须投入比标准量更多的材料才能生产出产品。如果购入相对便宜的房屋涂料，那么粉刷相同面积的耗用量就

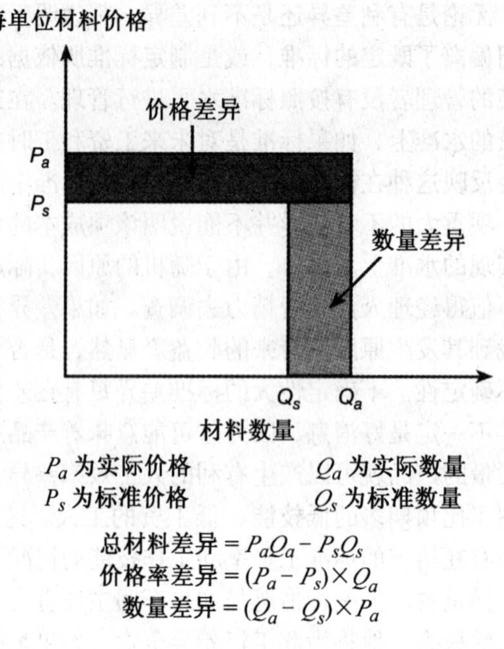

图 12—2　直接材料差异

很可能比高质、高价涂料更大。一种差异很可能与其他差异相联系：一项有利的价格差异可能会造成一项不利的数量差异；一项有利的人工效率差异可能会导致另一项不利的人工效率差异（假如用某一工种替代另一工种）。假如在一项有利的材料价格差异造成不利的材料数量差异的情况下，还要在不合格的材料的加工过程中追加投入材料和人工，那么还可能造成不利的人工效率差异。便宜的房屋涂料需要更多的人工从事额外的粉刷劳动。因此评价制造过程中的业绩时，所有的差异都要作为一个整体来分析研究。

在一个标准成本系统中，原材料在原材料存货账户中以标准成本反映。换言之，存货以标准价格而不是实际价格入账。价格差异在一个单独的账户中反映，这一账户年终要结转销货成本，而不随同存货和产品成本账户保留。例如，假设购入 100 磅铜，每磅 12 美元，标准价格是每磅 10 美元，这项购货在原材料账户中记 1 000 美元，200 美元的差异计入材料成本差异账户。以后生产领用这些铜按每磅 10 美元结转，而不是 12 美元。如果材料成本差异账户中登记 200 美元，并直接结转销货成本，那么单位产品耗铜成本就不会受每磅 2 美元的价格差异的影响。

图 12—3 描绘了购入原材料，记入原材料存货中，并逐渐耗用的材料成本差异的情形。在图 12—3 中，原材料购入时价格差异被单独反映。原材料存货以标准成本计价，即 P_s。材料购入时即反映价格差异，而不是待使用原材料时才反映。由于价格差异从购货中分离出来，其余所有领用原材料的业务都以相同的标准成本反映。

及时报告材料价格差异对于管理人员迅速采取行动降低或资本化价格变动的影响是很重要的。打个比方，如果原材料的价格上涨，并且存在替代的原材料，管理层可能会更倾向于使用相对便宜的原材料，而减少高价格材料的使用量。另一方面，管理层也可能提高最终产品的销售价格。

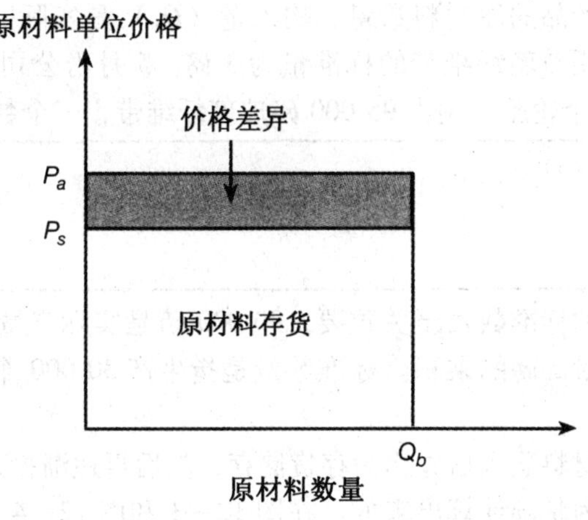

图 12—3　直接材料差异（购入未用的原材料）

图 12—4 反映了生产领用过程中原材料的分配情况。如果购入 Q_b 单位的原材料，生产领用 Q_a 单位的原材料，那么还剩（$Q_b - Q_a$）单位的原材料存货。存货以 P_s（标准成本）计价。因此，横线阴影部分（$Q_b - Q_a$）$\times P_s$，是原材料存货剩下部分的价值。同样，生产领用库存材料的价值是 P_sQ_s，以标准价格乘以标准数量（如图中竖线阴影部分所示）。

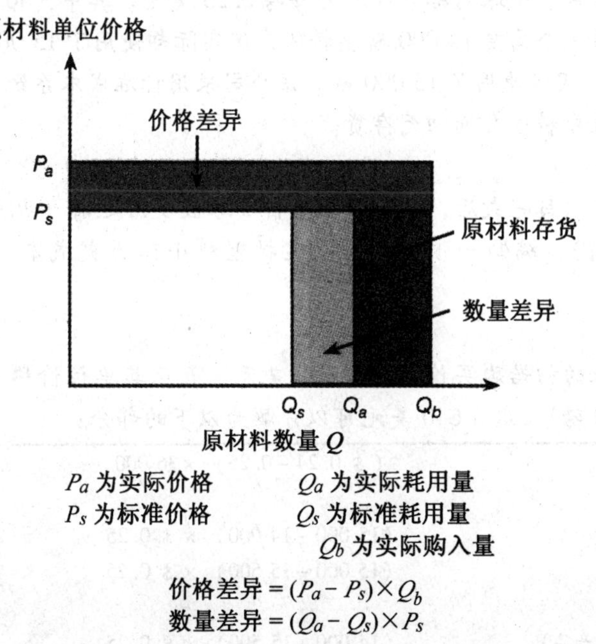

图 12—4　直接材料（购入和耗用的原材料）

注意图 12—4 横轴上标有三个数量指标：标准数量、生产耗用实际数量和购入量。标准数量（Q_s）是以每单位产品原材料耗用量乘以产品产量。实际耗用量（Q_a）

是实际用于生产产品的原材料数量，购入量（Q_b）是实际购入原材料的数量。假设每个汽车轮胎耗用玻璃纤维带的标准量为 3 磅。5 月份公司购入 98 000 磅玻璃纤维带，生产 30 000 个轮胎，用去 95 000 磅玻璃纤维带，三个数量指标如下：

标准数量（30 000 ×3）	90 000 磅
实际数量	95 000 磅
购入数量	98 000 磅

了解原材料的标准数量至关重要，90 000 磅是实际产量 30 000 个轮胎与每个轮胎耗用玻璃纤维带 3 磅的乘积。标准数量是指生产 30 000 个轮胎应耗用的玻璃纤维带的量。

本例中，原材料购入后先作为存货储存，然后再逐渐投入生产中，价格差异是以原材料总购入量为基础计算出来的。在图 12—3 和图 12—4 中，价格差异以 Q_b 为基础。价格差异从原材料的总购入成本中分离出来，原材料存货账户以标准成本对原材料计价。

原材料的购入成本 P_aQ_b 分解为四部分（如图 12—4 所示）：价格差异、结转产品成本的原材料金额、数量差异和原材料存货的余额。图 12—4 与图 12—2 的唯一差别在于：图 12—4 中价格差异是根据总购入量计算的，而图 12—2 中价格差是根据耗用量计算的。

[练习题 12—3]

36 000 磅的塑料小球被购入，成本为 8 640 美元。这些小球将通过注塑机被生产成为塑料零件。小球的标准成本为每磅 0.25 美元。其中，30 000 磅的小球被用于两个项目。第一个需要 14 000 磅塑料球，但实际却使用了 15 000 磅。第二个项目需要 15 500 磅，实际使用了 15 000 磅。该公司采用标准成本系统，并在采购时计算价格差异，而且塑料球在期初无存货。

要求：

在这两个项目完成后，同时又在塑料小球被使用之前（也是在按比例分配或者冲销差异之前），编制一张表格说明这批塑料小球历史成本（即 8 640 美元）的处理。

解答：

塑料小球的初始购买价格是 8 640 美元，表示其单位价格是 0.24 美元（8 640 美元 ÷36 000 磅）。这 8 640 美元可以分解为以下的部分：

价格差异	（$ 0.24 − 0.25） ×36 000	$ 360F	
数量差异			
第一个项目	（15 000 − 14 000） × $ 0.25	250U	
第二个项目	（15 000 − 15 500） × $ 0.25	125F	
有利差异			（$ 235）
小球成本（在产品）	（14 000 + 15 500） × $ 0.25		7 375
原材料存货	（36 000 − 30 000） × $ 0.25		1 500
合计			$ 8 640

注：F 代表有利差异；U 代表不利差异。

3. 降低风险和标准成本

保险业和资本市场都通过多样化来降低风险。股票期权、利率互换和商品期货都利于投资者规避风险。所以，人们都乐意在金融市场购买降低风险这一重要的服务。标准成本系统也提供了一个公司内部的机制来降低经理们承担的某些风险，因为他们的补偿金是和基于会计的业绩评价挂钩的。

用标准成本记录人工和材料可以免去价格和数量的差异，也可以把人工和材料计入不同的账户。工厂的下游使用者只看得到标准成本。免去价格和效率的影响降低了下游的产品购买者（如市场部门）所承担的风险。下游的使用者在年初就可知道他们将为全年的最终产品所付出的价款。如果原材料价格或工资率发生变化，或者材料和人工的使用效率好于或低于原来计划的，下游的经理们也不用承担这些差异造成的风险。所以，标准成本可以排除一些有关下游使用者业绩评价的不可控因素。正因为经理们承担了更少的风险，他们就不会被支付更多的薪水来补偿其所承担的风险。所以，总的补偿金可以降低。

本节复习思考题

Q12—6 大多数公司的三种标准成本差异是如何制定的？

Q12—7 直接人工差异的两个组成部分是什么？

Q12—8 大的有利差异在什么情况下被看作不好的迹象？

Q12—9 直接材料差异有哪些组成部分？

C. 直接人工差异和直接材料差异的激励作用

标准成本及其差异作为业绩评价系统的一部分，激励管理人员控制成本，标准是业绩评价系统的一部分，如第 4 章所述。然而，如果标准成本系统没能恰当地设计并与业绩评估及奖励系统的其他部分及决策系统紧密地组合在一起，各系统动能就会相互抵消。问题并不在于标准成本系统本身而在于它在企业中如何运行，正如同现代医学在治疗疾病中发挥着重要的作用，但却有可能被误用一样。

标准成本差异产生了微妙的激励作用。本部分介绍五个方面：鼓励大量储存存货、外部效应、阻碍合作、相互监督以及自满行为。

1. 大量储备存货

当采购经理的业绩根据直接材料采购差异来评价时，他们就会受到激励增加存货，大量购货往往会得到价格折扣。因此，产生有利材料价格差异的方法之一就是一次购入远远大于现阶段生产需求量的存货，并储存这些存货，直到被领用。

由于存在仓库、原材料保管、废旧过时和存货占用资金等方面的支出，持有存货的成本是很高的。当采购经理因有利的材料价格差异而得到奖励时，批量折扣就会诱使采购经理购入大大超过需求的原材料，大量采购原材料带来的低成本将进入会计收益。然而，存货占用资金的机会成本却不包括在会计收益之中。

制止大量持有存货的方法之一是让采购部门承担存货持有成本。例如，如果公司资本的机会成本是 13%，仓储、保管成本是 15%，那么要求采购部门承担原材料平均成本的 28% 就能够制止大批量的采购行为了。换言之，采购部门的业绩考评中应包括当期所有有利和不利的价格差异，也包括存货的持有成本。

多数企业并不要求采购部门承担存货持有成本，因为基于对外报告的需要，这种成本应从存货账目中剔除出去。控制大量储存存货的另一方法是实行适时采购政策，也就是采购部门只能购入生产所需的原材料。

2. 外部效应

采购经理可以通过采购标准原材料影响产品的外部效应。回忆第 7 章可知，外部效应是指一个部门通过非结算手段强加给另一部门的成本或收益。低质的原材料往往需要更多的工时和更高技能的工人（他们的工资也更高）来加工。不合格的原材料增加了生产经理的费用开支，因为加工中要追加投入人工和机器。如要避免采购经理购入低质的原材料，购入原材料时要进行验收，每一产品都有详细的技术说明，不合标准的原材料不允许购入。另外，采购经理的业绩可以部分地由产品返工数和（或）原材料数量差异来评价。在后一种情况下，由于业绩部分地由生产过程决定，采购经理即使购入合格的原材料，也得被迫承担生产部门的成本。当然，采购经理仅仅部分地对生产过程的差异负责。因此，只有当购入不合标准的原材料给生产部门带来较大费用的情况下，才用生产过程中的差异来评价采购经理的业绩。

生产经理也会给采购部门带来外部效应：要求在短期内购入小批量原材料以降低原材料的储存数量。生产部门如果频繁地变化设计及工艺，就会增加购入原材料的成本开支。采购与生产部门相互造成外部效应的案例为数不少。

3. 阻碍合作

以差异评价一个组织内部个人的业绩会阻碍相互间的合作。一些公司根据人工效率差异来评价和奖励员工。这种系统经常导致员工不愿意支持别人的工作，因为业绩评价只反映他们作为个人的成果。

另一种方法是衡量组织内部的团队或部门的差异。团队业绩的衡量鼓励了相互协作，但可能造成一些成员逃避责任（搭便车问题）。例如，给班级中一组学生同一个成绩，一些成员就会利用团队评分体制逃避他们的责任，因为他们知道团队中其他负责的同学会完成团队任务的。

为了鼓励合作而又防止逃脱责任，许多组织按多个层次评估业绩和计算差异。例如，既以单个人工效率差异又以部门人工效率差异来评价一个工人，对个人及团体取得的成绩都予以奖励。

4. 相互监督

公司内部通常是由主管监督其下属。但另一种重要的监督形式是不存在上下级关系的经理们互相监督。同一分部的经理们可以相互监督，不同分部的经理们也可以相互监督。有时同级的经理们或雇员们也相互监督，这就是**相互监督**（**mutual monitoring**），第 7 章介绍了相互监督与相互独立的成本分配。

如果采购部门的经理负责原材料的差异（其中包括数量差异），那么采购经理就有动力监督生产车间中原材料的耗用。同样，生产车间负责人也监督采购部门购入原材料的质量。根据原材料的价格差异及数量差异评价采购经理的业绩有助于激励采购经理帮助生产经理寻找节约原材料的途径。同时，生产经理也会试图寻找降低采购成本的方案。业绩评价与奖惩系统包括鼓励相互监督的内容，以激励经理人员获取并应用各自的专业知识帮助其他经理人员改善业绩。

5. 自我满足

如果标准成本被用来评价经理人员的业绩，奖惩系统通常与达标状况紧密相连。如果经理人员为达标而努力工作，那么常会得到奖励。这种奖惩系统的问题在于经理人员有动力去达标，但没有动力更上一层楼，这被称为自满行为[①]。第六章所描述的棘轮效应提供了一个超过标准的抑制因素的例子。下一年度的标准通常是根据以前年度的业绩制定的，如果标准由于本期不同寻常的业绩被提高，以后将很难达到标准。达到标准以后，组织自然希望经理人员持续不断地努力进取。

公司必须对竞争对手做出反应。如果经理人员只专心于标准而忽视竞争，组织就不能根据市场的新需求转换经营方针。仅依据达标情况奖励经理人员，就会使经理人员以为完成指标才是关键，不必积极筹划革新。因此，对处于快速变化中，新产品层出不穷的行业来说，仅以完成标准成本指标情况来奖励经理人员是不恰当的，问题不在于使用标准成本评价业绩，而在于酬薪与奖惩方案。酬薪与奖惩方案应激励经理人员在完成标准成本指标以后继续不断地努力，并给予这种加倍的努力更高的报酬。

非良性激励与标准成本

查尔斯（Charles）机器制造有限公司生产地下掘土设备。在公司传统的标准成本系统中，标准成本差异报告奖惩分明。雇员们都设法达到标准成本的要求，却不太注重质量。一个工人如是说道："我如果花时间检验零件的毛边，即便通过反复检验发现了有毛边的零件，也要承担少生产零件带来的不利人工成本差异的代价。有毛边的零件通常都要经过很长时间才会被发现，况且手头有足够多的零件替换不合格的零件，不会影响组装整机的。而我只要不花时间检测毛边，就能完成标准成本指标。"

要改变雇员的行为动机，管理层就要制定详细的差异控制表，该控制表应包括对后期生产中发现前期在产品质量问题的控制。例如，产品部件在第23道工序组装整机并检测，假如发生液压渗漏现象，就意味着内部零件在第7道工序没有去除毛边，在第7道工序生产该部件的工人就应对此负责。

资料来源：M. Thomas and J. Mackey, "Activity-Based Cost Variances for Just-in-Times," *Management Accounting*, April 1994, pp. 49－54；www. Ditchwitch. com.

① 技术上讲，自满行为是有关选择带来满足的行为，但不是最优的，因为最优的很难找到。不是在干草堆中找一根细针，而是为一根细针找到干草堆。参见：J. March and H. Simon, Organizations（New York：John Wiley & Sons，1958）.

本节复习思考题

Q12—10 标准成本差异作为业绩评价系统的一个部分有何激励作用？

Q12—11 说明材料价格差异是如何导致大量储存存货的。

Q12—12 说明标准成本差异的外部效应。

D. 标准成本差异的结转

到目前为止，我们仍限于对标准成本差异计算及直接人工和直接材料差异激励作用的讨论。我们没有讨论标准成本差异计算出来，并记入账簿以后的情况。第9章讨论了多分配及少分配的制造费用的三种处理方法：（1）直接结转销货成本；（2）在在产品、完工产品和销货成本中分配；（3）重新计算每道工序的成本。在处理人工差异、材料差异时也有类似的做法。

将差异完全记入销售成本中，则在产品存货和产成品存货账户中将不反映实际成本，产品成本也就不会偏离标准成本。在许多公司，差异直接记入销售成本或冲减利润。另一种做法是将标准成本差异在存货（包括在产品、产成品）和销货成本中分摊。将差异直接转抵利润的做法只是权宜之计。将差异转抵销货成本处理简便，省去了大量不同存货账户和繁琐的计算。

[练习题 12—4]

本年总材料差异为15万美元（不利差异）。本年购入原材料100万美元，已进入以下各存货及销货成本账户中：

原材料	\$ 100 000
在产品	\$ 200 000
产成品	\$ 150 000
销货成本	\$ 550 000
购货总额	\$ 1 000 000

要求：

将原材料差异分配结转各账户。

解答：

	采购金额	百分比	分配到的差异	调整后的数额
原材料	\$ 100 000	10%	\$ 15 000	\$ 115 000
在产品	\$ 200 000	20%	\$ 30 000	\$ 230 000
产成品	\$ 150 000	15%	\$ 22 500	\$ 172 500
销货成本	\$ 550 000	55%	\$ 82 500	\$ 632 500
总计	\$ 1 000 000	100%	\$ 150 000	\$ 1 150 000

由于原材料存在不利差异，以标准成本计入产品中的原材料成本偏小，分配差异后便增加了存货及销货成本账户的数额。如果存在的是有利差异，则分配后各账户的数额会减少。

将差异结转销货成本，而不计入产成品成本的处理方法也能自圆其说。正如第9章所讨论的影印社一例，如果制造费用根据产品数量分配，那么当产品数量减少时，单位产品的成本便上升了。在小批购货的情况下，就会产生不利的价格差异。当工人偷懒却尚未被解雇时，就会发生不利的人工效率差异。如果所有这些不利差异都分配计入存货账目中，销售经理便会面临存货成本过高的压力。他们的第一反应便是提高销售价格。但正如影印社一例中所指出的，提高销售价格的做法往往是不适当的。

当产量高于正常状况时还会产生非良性决策。标准成本差异一般是有利的，分配后将降低存货成本。因此，不分配这种成本差异的原因在于避免向经理们传递边际成本降低的信号，因为实际上边际成本并未降低。[①]

E. 提供标准成本的成本

实施、维持标准成本系统的代价是较高的。不仅投入的每项劳动、每种材料都必须制定价格标准和数量标准，而且随时间的推移标准必须要修订。快速的技术进步和持续改进效用（Six Sigma programs）会导致标准很快过时。而工人们则宁可沿用旧的标准，不愿意进一步寻求成本的降低。管理人员调查成本差异所耗费时间的机会成本也是很高的。管理人员应只关注那些表明生产过程失控，需要管理人员采取措施的差异。调查那些由于偶然因素造成的暂时波动产生的差异可能只是浪费时间，管理人员通常只关注较大的差异。

然而，调查暂时波动产生的差异也是有一定价值的。这种调查在一定程度上加强了对公司所处环境的了解，增长了管理者的专业知识。如果管理者能够抓住飘忽不定的盈利机会，使这种专业知识在行使决策权中发挥作用，便会增加公司价值。

日本一个大型的汽车部件供应商，厚木汽车零件公司（日产汽车公司的一个联营企业），应用详细的标准成本系统进行成本控制长达 25 年，但后来却停止使用该系统。[②]与此类似，丰田公司也放弃了标准成本制度。这些变化可用如下原因解释，如工厂自动化程度提高、直接人工在产品成本中的比重降低。由于许多标准成本系统旨在控制直接人工成本，高度自动化的工厂实施标准成本制度带来的收益就相对小了。另外，高度自动化工厂的生产过程不是一成不变的，生产系统的灵活性使得新机器、新技术及工艺得到快速应用。产品及生产工艺的经常性变化要求不断修订成本标准。例如，一家工厂生产 15 000 种不同的部件，每种部件都要经过十道加工环节。在 5% 的操作环节实行计算机控制，就需要改变成本标准 7 500 个（15 000 × 10 × 5%），改变这些成本标准必须经过工程技术人员的细致研究。产品及生产工艺的变化日益频繁，实施标准成本系统的成本便与日俱增。因此，生产系统的灵活性导致一些公司放弃标准成本系统，原因就在于实行标准成本的利益正在减少，而成本却在加大。

当厚木公司和丰田公司放弃标准成本系统时，一项对四个自动化生产行业中的 198 家日本公司的调查表明，多数日本公司仍沿用标准成本。[③]调查者指出电子行业及运输设备制造业有 70% 的公司、化工行业及钢铁行业有 58% 的公司使用标准成本。

---

① 如果制造费用分配率按照下一年的预计产量，而不是按长期平均产量制定，那么产品成本将会发生相反的变化。

② M. Sakurai, "The Influence of Factory Automation on Management Accounting Practices: A Study of Japanese Companies," in *Measures for Manufacturing Excellence*, ed. R. Kaplan (Boston: Harvard Business School, 1990), pp. 46 – 48.

③ P. Scarbough, A. Nanni Jr., and M. Sakurai, "Japanese Management Accounting Practices and the Effects of Assembly and Process Automation," *Management Accounting Research* 2 (March 1991), pp. 27 – 46.

对于自动化程度提高后，标准成本是否得到推广的问题，日本的经理们众说纷纭。

一个美国纺织制造商——密立根公司，对其标准成本系统进行了实质性的修订，却没有放弃这一系统。密立根公司安装了计算机和通讯系统以提高产品产量。计算机辅助生产（CAM）提供了产出每个产品及停工的详细资料，并给出停工的原因。CAM 技术每天向管理者提供详细的非财务信息，如生产准备时间。CAM 技术成本的详细非财务数据帮助该公司简化了现存的差异报告，减少了工程技术人员、会计师、生产经理需要估算的详细成本标准的数量。然而，该公司仍依赖标准成本进行价格决策和业绩评估。密立根公司的例子说明会计系统只是决策管理和决策控制系统中的一部分。技术进步在改善决策管理与决策控制的同时也会影响会计系统 ①。

精益会计与标准成本

精益会计的许多倡导者认为，很多标准成本会计系统不再具有意义。“传统的会计系统是用于支持批量生产的。”在精艺生产模式下，一些非财务指标，包括交付周期、废品率和准时交货等，有了显著的改进，然而它们却无法在传统的标准成本系统中反映出来。

精艺生产，通过消除浪费、降低存货、以满足消费者需求进行生产，追求可能达到的最短的生产周期。这带来的好处包括成本的降低、质量的提高以及交付周期的缩短。精艺会计能更好地反应实行了精艺生产流程的公司的财务状况，包括按照价值链来归纳成本，以及通过修改财务报表以增加非财务信息。

标准成本会计发展之时，大部分公司的成本结构包含了 60% 的直接人工，30% 的原材料和 10% 的制造费用，而且公司通常按照单一的比例，比如直接人工，进行制造费用的分配。而在今天，直接人工在大多数生产流程中所占的总生产成本的比例仅为 5% 到 15%。因此直接人工不再是一个好的成本分配基础。另外，传统的财务报表将存货看成是一项资产直至其被售出。精艺生产仅仅为了满足需求而生产，因而能极大限度地降低存货数量。精艺会计的支持者认为，“存货不再是一项资产；存货会造成处理成本，占用了场地空间并降低了公司的现金流入。存货通常在还没来得及卖出去之前就已经遭淘汰了。”

精艺会计的支持者认为，传统会计报表上大量的标准成本差异会让非财务人员无法理解。但是，精艺会计的支持者却往往忽略了标准成本差异的决策控制功能，而仅仅关注其决策管理职能。

资料来源：K. Kroll, “The Lowdown on Lean Accounting,” *Journal of Accountancy*, July 2004, pp. 69 – 76.

当一些公司可能在放弃原有的详细标准成本系统时，他们也不会放弃年度预算。回忆一下第 6 章，预算是在公司内部交流价格、数量、成本和利润等方面专业知识的重要协调机制。年度预算要求经理人员预计下一年度的成本结构。这些成本，如不分解成详细的标准，就只能是总括的标准成本。换言之，如果不通过加总各部件及各装配过程的详细标准成本，得到生产一台个人电脑的标准成本，管理人员就只能根据价格和加工过程的变化调整本年度的实际成本得到下一年度的标准成本。当公司扬言放

① J. Edwards, C. Heagy, and H. Rakes, “How Milliken Stays on Top,” *Journal of Accountancy*, April 1989, pp. 63 – 74.

弃其标准成本系统时，通常是指不再沿用各个部件、各道工序具体的数量、价格标准，它将使用装配、生产中更加总括的标准成本为预算和业绩考评服务。

一个标准成本系统必须被仔细地设计以最大化公司的价值。没有经过仔细设计的标准成本系统如果被用于业绩评价会导致公司员工做出非良性的行为。例如，如果过分看重人工效率差异，则会导致大量的在产品存货和工人一直忙碌却效率低下，而不是生产产品使公司利润最大化。在一些工厂，少量的机器和车间是稀缺资源或者说是企业的发展瓶颈。要想实现利润最大化，这些瓶颈就应该通过有计划地最大化稀缺资源的单位边际贡献来突破。保持非瓶颈工序在产量范围内生产不会增加瓶颈工序的生产量，事实上当过量的等待加工的存货阻塞了高单位边际贡献的平滑流程时，还会导致产量的下降。①

例如，制作胶合板的步骤如下：剥去圆木的皮、进行木头热处理、切割薄片、薄片成形、薄片修整、薄片脱水、分层粘贴胶合板、整饰胶合板、磨光、镶拼胶合板。每一个加工步骤每天都会产生不同的产品：

工　序	每天生产产品的吨数
圆木去皮	300 000
热处理	200 000
切割	100 000
成形	150 000
修理	120 000
脱水	130 000
分层粘贴	150 000
整饰	250 000
磨光、镶拼	300 000

将木头切割成薄片就是加工过程中的一个瓶颈。即使在不同工序的生产能力未知的情况下，瓶颈通常也会被发现，因为在产品往往在瓶颈工序大量积压。瓶颈工序应该最大限度地生产，以缓解压力。瓶颈工序的维护至关重要，应考虑加大瓶颈工序生产能力的方法。管理者应将注意力集中在生产过程中的瓶颈上。因此，将管理人员的视线引向非瓶颈工序的标准成本系统常常会降低公司的生产率。

本节复习思考题

Q12—13 为何常常将差异转抵销货成本？

Q12—14 标准成本系统的成本和收益有哪些？

Q12—15 为何有些公司会放弃标准成本系统？

F. 本章小结

在会计年度开始前，公司在制定预算时，便制定了部件、加工及装配环节的标准成本。通过公司内部各部门的反复磋商，产品的标准成本便确定了。对标准成本及其

① 参见：E. Goldratt and J. Cox, *The Goal*, rev. ed.（Croton-on-the-Hudson, NJ: North River Press, 1986).

差异进行分析的理由如下：（1）向高层管理者提供系统是否失控的信息；（2）为业绩评价系统提供依据；（3）为其他经理人员提供部件、产品的正常成本或机会成本信息；（4）为产品定价服务。应用标准成本的会计系统成为企业内部有力的管理手段，这是因为市场价格对公司内部的生产活动的指导意义不大。

当实际成本偏离标准成本时，标准成本差异便反映其偏离程度，以使以后相关工序的在产品能以标准成本定价。因此一个设计合理的标准成本系统如同一个巨大的过滤装置，将实际成本分成既定的标准成本及成本差异两部分。然而，详细标准成本系统的维持往往代价不菲，工程师们常常需要不断更新大量的标准。

本章中提到的成本差异被广泛采用。然而，任何部门、工厂或公司都不会应用上面所提到的所有成本差异。由于不同公司在决策管理与决策控制的抉择中面临不同的情况，它们可能应用其中一些差异指标，将一些差异指标修改后应用，甚至根据实际情况制定出一些新的差异指标。总之，根据公司的需要来制定差异指标。

标准成本系统如果设计不当而又不与其他业绩评价和奖惩系统联系在一起，就很可能会对决策产生功能性阻碍。依据这样的标准成本系统奖惩业绩几乎是注定要失败的。在业绩奖惩中应用标准成本会对经理人员产生激励作用：（1）促使其为追求业绩指标最大化而改变行为；（2）促使其操纵标准指标。第一点正是标准成本系统的目标之一，然而第二点也常常发生。经理人员凭借其专业知识参与制定对其进行考核的标准成本指标，这一动机便促使他们设法将标准定得对自己有利。其结果体现在业绩奖惩系统的失败上，而不是标准成本系统的失败。

标准成本系统会导致良性行为或非良性行为，而且其激励作用有时是相当微妙的：购入多余的存货、造成质量外部负效应、阻碍合作、相互监督及自我满足，这些都会在与标准成本系统紧密相连的奖惩机制中出现。

标准成本系统的维持成本是高昂的。产品生命周期的缩短及技术革新的加速都增加了标准成本系统的成本，从而减少其价值。

自测题

注射器材生产车间有以下材料标准成本及直接人工标准成本：

		每份完工产品
原材料	10 磅（＄3/磅）	＄30
直接人工	0.5 小时（＄20/小时）	＄10
每份总成本		＄40

当期完工产品共 9 810 份。实际耗用情况如下：

实际耗用原材料	97 200 磅	
实际投入直接人工	3 950 小时	总成本为 ＄81 765

当月购入原材料 100 000 磅，实际成本为 310 000 美元。原材料价格差异可由购入原材料计算得出，没有期初存货。

a. 计算所有的成本差异。

b. 试解释每项成本差异。

解答：

a. 成本差异：

	人工成本差异	材料成本差异
价格差异：$(P_a-P_s)\ Q_a$	\$ 0.70[†] ×3 950 = \$ 2 765 U	\$ 0.10[‡] ×100 000[#] = \$ 10 000 U
数量差异：$(Q_a-Q_s)\ P_s$	955[*] × \$ 20 = \$ 19 100 F	900[§] × \$ 3 = \$ 2 700 F
总计	\$ 16 335 F	\$ 7 300 U

[†] \$ 81 765 ÷3 950 − \$ 20。

[‡] \$ 310 000 ÷100 000 − \$ 3.00。

[#] 购入原材料的 100 000 磅被用来计算价格差异。如果原材料的实际耗用量是 98 150 磅，则该价格差异就不是衡量业绩的恰当指标。

[*] 3 950 −9 810 ×0.5。

[§] 97 200 −9 810 ×10。

注："U" 表示不利差异，"F" 表示有利差异。

b. 价格差异代表实际支付与应当支付的原材料和人工成本之间的差异，数量差异代表实际用量与标准用量之间的差异。

材料成本差异为 7 300 美元，属于不利差异，这是由 10 000 美元的材料价格不利差异和 2 700 美元的材料数量有利差异共同构成的。因此，这一差异说明购入原材料的质量较高，使得投入最终产品中的原材料少于标准耗用量。人工成本差异似乎更加说明了这一点，工资率略高于预计额（高出 0.70 美元），使得工资率不利差异为 2 765 美元。然而，高工资的熟练工人，加上高质量的原材料，便产生了 19 100 美元的人工效率有利差异。换言之，整个车间的效率有所提高（这体现为直接人工工时上的节约）。这一切使得最终产品的成本比标准成本低了 9 035 美元（16 335-7 300）。投入高质量的原材料、拥有高薪的熟练工人使得生产效率提高、生产成本降低。

习 题

［习题 12—1］　快速传真

苏扬（Sue Young）公司销售用于快速传真的传真机。传真机的型号共两种：700 型和 800 型，月初苏扬公司的销售预算如下：

	700 型	800 型
预算单位边际贡献	\$ 200	\$ 300
预计销量（台）	100	100
预算边际贡献	\$ 20 000	\$ 30 000

月末，销售量及实际边际贡献如下：

	700 型	800 型
实际边际贡献	\$ 150	\$ 350
实际销量（台）	150	80
实际贡献毛益	\$ 22 500	\$ 28 000

由于传真机是进口的，汇率随时都在变化，所以边际贡献也是变化的。

要求：

为苏扬公司设计本月的业绩分析评价报告。

［习题 12—2］　好华德装订（Howard Binding）公司

好华德装订公司生产两种笔记本：大号笔记本和小号笔记本。两种笔记本所采用的封面（直接材料）相同，只是耗材量不同。标准成本表如下：

	大　号	小　号
封面	3 英尺，$ 0.30/英尺	2 英尺，$ 0.30/英尺
活页夹	1 个，$ 0.12/个	1 个，$ 0.12/个
直接人工	0.15 小时，$ 6/小时	0.10 小时，$ 6/小时

月初，采购部购入 35 000 英尺封面，共计 10 850 美元，无期初存货。当月共生产大号笔记本 5 000 个，小号笔记本 8 000 个，本月生产记录如下：

	大　号	小　号
封面	16 000 英尺	15 500 英尺
活页夹	5 000 个，$ 0.12/个	8 000 个，$ 0.12/个
直接人工	800 小时，$ 5.80/小时	780 小时，$ 6.10/小时

要求：

a. 计算封面的价格差异：

（i）购入时的价格差异；

（ii）生产领用后库存材料的价格差异。

b. 讨论为何以上两种价格差异不同。哪一种较大？请给出理由。

［习题 12—3］　玛丽亚医疗中心（Marian Health Care System）

玛丽亚医疗中心是位于芝加哥城外的一个大型的医疗机构，它提供住院和门诊服务。它有一个用于接待和注册住院病人或者门诊病人的中央办公室。该中心用一个标准成本系统来控制它的人工成本。处理一个住院病人的标准人工时间是 15 分钟，处理一个门诊病人的标准人工时间是 9 分钟。标准人工工资率是每小时 14.5 美元。上周该中央办公室共接收了 820 个住院病人和 2 210 个门诊病人。中央办公室的工作人员上周实际工作了 540 个小时，总的工资是 8 235 美元。

要求：

a. 制作一个财务报告来总结上周中央办公室的业绩（包括工效）。

b. 以（a）中的财务报告为基础，写一篇短小的论文来总结你的发现和得出的结论。

［习题 12—4］　AN7-X1

某公司生产一种新的配方药，生产一批（250 片）需要 4.5 盎司的化合物 AN7-X1。AN7-X1 的标准价格是每盎司 2 美元。期初 AN7-X1 存货的成本是 17 200 美元（8 000 盎司）。该公司实际生产 1 000 批此新药，共用掉 4 600 盎司 AN7-X1。所有的差异都得到了及时的计算。

要求：

计算 AN7-X1 的价格差异和数量差异。

[习题 12—5] 软件联合公司（Software Associates）

软件联合公司（SA）是一家专门提供咨询设计和数据库方面计算机软件的咨询公司。汉弗莱公司是它的一个客户。为了计算对汉弗莱公司收取的咨询费，SA 估计这个项目的总人工成本为 222 500 美元，分解如下：

	预算工时	预算工资	预算成本
合伙人	100	$ 175	$ 17 500
助理	300	120	36 000
高级分析师	600	90	54 000
分析师	1 000	40	40 000
程序员	3 000	25	75 000
总计			$ 222 500

完成汉弗莱公司这个项目后，有如下报告数据：

	实际工时	实际成本
合伙人	90	$ 15 750
助理	280	35 000
高级分析师	750	63 750
分析师	1 400	49 000
程序员	3 600	82 800
总计		$ 246 300

要求：

a. 制作汉弗莱公司项目的业绩报告。

b. 评价 SA 公司在汉弗莱公司项目上的表现。

[习题 12—6] 锌制龙头（Zinc Faucet）

生产每批锌制龙头（70 个）需要 80 磅锌。锌的标准价格是每磅 5. 10 美元。实际购买 1 000 磅的锌要 5 530 美元，实际生产 10 批锌制龙头需要 840 磅锌，锌没有期初成本。所有差异都得到了及时的计算。

要求：

制作一张表用标准成本系统将锌的买价（5 530 美元）分解到差异项目上。

[习题 12—7] 特维诺公司（Trevino Golf Balls）

高尔夫球制造商特维诺公司是这一行业公认的龙头企业，它占据了 40% 的市场份额，上一会计年度实现净利润 3 150 万美元，销售额 1. 71 亿美元。

高尔夫球行业流行 15 个球一盒的经济装，即消费者可以以原来 12 个球的价格买到 15 个球。特维诺公司将其不太畅销、质量较低的一种高尔夫球经济装投入市场。其他低质、小号高尔夫球的制造商迫于竞争的压力，也纷纷以经济装抛售其产品。

起初特维诺公司推出这种非传统的经济装时遇到了不少问题。包装机只适用于一盒12个球的包装，不能用于一盒15个球的包装，这样经济装就只能用手工完成了。然而，随着市场的开拓，经济装成了永久性的产品。当然特维诺公司仍继续提供12个球一盒的高品质高尔夫球。

特维诺公司的标准成本系统是建立在每单位12个球的基础上的。推出经济装产品以后，其标准成本仍以12个球为单位计算。其结果是，经济装的标准成本中只包括生产12个球的成本。剩下3个球的成本转入“经济装促销”账户，作为期间费用处理。特维诺公司以每球的标准成本（一盒的标准成本除以12得到）乘以3个球来计算出应转销的金额。

下表为特维诺公司近期营销计划中列示的经济装标准成本，其中不包括多装的3个球的成本。

产品品种	套*	价目表报价	标准成本	毛利	毛利率
标准装（12球）	200万	$ 17.00	$ 6.75	$ 10.25	60.3%
经济装（15球）	100万	17.00	6.75	10.25	60.3%

*1套是指1盒，不考虑1盒球是12个还是15个。

高层生产经理支持推出经济装这一增加市场份额的促销手段，指出增加经济装的销售有诸多理由，包括经济装的毛利率在60%以上这一点。当问及经济装的标准成本时，一位高级财务人员说道：“瞧，我们一直都在核算成本，成本下限并没有改变。我们的销售预算增加了，真是皆大欢喜。”

特维诺公司使用先进先出法将制造费用分配给每单位产品，将毛利作为对包装成本的补偿。将营销部作为一个成本中心，销售费用不计入产品成本。

要求：

a. 对经济装产品所采取的这种会计核算方法对特维诺公司产生了哪些影响？

b. 你认为公司采用这一会计核算方法的用意何在？

c. 这一会计核算方法应当改变吗？

［习题12—8］　改变标准

实证研究的证据揭示了几乎没有公司在会计年度中改变标准价格和标准数量。大多数公司都有如下政策：“我们在会计年度开始前制定标准，我们从不在会计年度期间改变它（除了我们不得不改变以外）。”

要求：

a. 评价“从不改变”的政策。它有意义吗？公司为什么要采用这样的政策？

b. 你认为公司在什么时候会在会计年度期间改变标准？

［习题12—9］　人工效率比率

不少公司用下面的比率来计量经营效益：

预期直接人工成本÷实际直接人工成本

预期直接人工成本是生产产品的数量乘以每小时直接人工单位成本得到的。例如，机器车间今天共加工四批产品：

批号	生产数量	单位产品标准成本	预期直接人工成本
101	100	$ 3	$ 300
102	200	2	400
103	150	1	150
104	100	2	200
		预期总直接人工成本	$ 1 050

今天的实际直接人工成本为 1 350 美元。

预期直接人工成本 ÷ 实际直接人工成本 = 1 050 ÷ 1 350 = 0.777

这个比率越高，则实际单位直接人工的产出越高。高比率能给生产经理带来奖励。

要求：

讨论用这一比率衡量和奖励工厂经理们的业绩的利弊。

[习题 12—10]　医疗器械

医疗器材公司生产多种电子医疗器械，采用标准成本系统，并在原材料购入时计算材料价格差异。其产品之一体温计的生产需要银指针，每支体温计耗用银指针的标准数量为 5 英寸。制作指针所需银管的价格是每英寸 4 美元。当计划生产 200 支体温计时，银管的库存为零，因此以 4 680 美元的价格购入 1 200 英寸银管。生产中实际耗用1 100英寸。

要求：

计算银管的材料成本差异，并对其进行说明。

[习题 12—11]　塞维利亚（Seville Techtronics）公司

塞维利亚公司是一家生产亚化合物的制造企业，它使用标准成本系统。它生产的一种产品 M-303 的主要原料是银铱化合物（无存货）。购买银铱化合物后按标准价格将其计入原材料存货。下面是银铱化合物的分解数据：

银铱化合物的价格差异	$ 110 000 U
银铱化合物的数量差异	$ 60 000 F
在产品中的银铱化合物	$ 2 850 000
生产 M-303 实际使用的银铱化合物数量	9 300 磅
银铱化合物的实际购买成本	$ 3 410 000

要求：

a. 计算生产 M-303 所用的银铱化合物的标准数量（以磅为单位）。

b. 计算最初购买的银铱化合物的数量。

c. 计算每磅银铱化合物的标准价格。

d. 计算实际购买银铱化合物的价格。

[习题 12—12]　标准成本系统

考虑如下两家单独的公司。一家是生产用于小食品、面包、糖果和烟草的软包装膜公司。它的生产工序多年来都很稳定，几乎没有技术创新，它的产品使用周期长。

另一家是生产主要用于笔记本电脑和手机的复杂电路板公司，它和原来的设备厂商签有合同。它的生产工序面临快速的技术革新，它的产品使用周期短。这两家公司有相同的成本结构，单位生产成本中直接人工和直接材料的比例也基本相等。

要求：

a. 哪家公司更可能使用标准成本来控制人工成本？为什么？

b. 你认为这两家公司对一线管理人员的奖励计划有何不同（一线管理人员管理生产工人，控制直接人工和直接材料成本）？

［习题 12—13］　花城公司（Flower City Cartridges）

花城公司生产桌面打印机使用的替换墨盒。它在分批成本系统中使用标准成本。花城公司 6 月份用 385.20 美元购入 18 加仑的蓝墨水，并用此蓝墨水生产了如下 4 批墨盒：

批次	蓝墨水使用量（加仑）
CJ120	4.2
HP9X2	3.9
CN417	3.8
XRX776	4.4

每批墨盒都需要 4 加仑蓝墨水，蓝墨水的标准价格是每加仑 20 美元。该公司 6 月份用蓝墨水只生产了这四批墨盒，月初没有蓝墨水的期初存货。

要求：

制作一张表来说明 6 月份公司购买蓝墨水的历史成本的分配情况。

［习题 12—14］　巴哥衣料公司（Starling Coatings）

巴哥衣料公司生产隔离空气的衣料以防金属被氧化。公司的一种专利衣料由两种原料 M 和 Z 构成。如果两种原料都使用的话，可以互相代替。下表列示了生产一批该专利衣料所需的 M 和 Z 的用量（加仑数）：

M 原料（加仑）	Z 原料（加仑）
1	30.00
2	15.00
3	10.00
4	7.50
5	6.00
6	5.00
7	4.30
8	3.75
9	3.33
10	3.00

换句话说，生产一批专利衣料要用 1 加仑的 M 原料和 30 加仑的 Z 原料，或者 2

加仑的 M 原料和 15 加仑的 Z 原料，或者 3 加仑的 M 原料和 10 加仑的 Z 原料，以此类推。该公司有一长期合同，内容是提供固定数量和固定价格的专利衣料。该衣料的售价远高于其生产成本。该公司使用标准成本系统，并在年初制定了生产该专利衣料的各种原材料的标准数量。在会计年度开始前，管理层估计 M 原料的标准价格是每加仑 4 美元，Z 原料的标准价格是每加仑 5 美元。

负责专利衣料的生产经理有改变 M 原料和 Z 原料组合的决策权。对该经理的评价和奖励基于两条标准：一是专利衣料须按时交货（包括数量和质量均符合规定），二是 M 原料和 Z 原料的数量差异符合要求。

要求：

a. 在会计年度开始前，制定生产专利衣料所用的 M 原料和 Z 原料的标准数量。

b. 在会计年度刚开始不久，M 原料的售价降至每加仑 3 美元，Z 原料的售价升至每加仑 7 美元。巴哥衣料公司应该使用多少有效的（成本最小化）M 原料和 Z 原料来生产专利衣料？

c. 巴哥衣料公司有不在会计期间改变标准的政策。只有在下一会计年度开始前才能改变标准价格和标准数量。在 M 原料的售价降至每加仑 3 美元、Z 原料的售价升至每加仑 7 美元后，生产经理将如何重新选择 M 原料和 Z 原料的标准数量？

d. 为什么在会计年度开始后巴哥衣料公司不改变它的“标准不变”政策？

[习题 12—15]　橡树汽配公司（Oaks Auto Supply）

橡树汽配公司刚申请了一项有关汽车水箱防冻液循环使用装置的专利。该装置可以将用过的水箱防冻液过滤，化学分解后再灌入水箱使用。这样做比使用新的防冻液更经济，也更有利于保护环境。这种装置将卖给加油站及汽车维修店。此项专利耗资 220 万美元。公司还需要投入 1 260 万美元购置厂房、设备和用作营运资本。公司的资本成本率为 20%。为取得市场主导地位，第一年必须销售 2 960 台该装置，而要使销售量达到这个水准，售价不能高于每台 2 500 美元。各种销售佣金为每台 500 美元，外购零部件每台约需 750 美元。

要求：

计算要完成销售计划及预定投资回报，每台该装置的目标加工成本（包括人工及制造费用）应为多少？

[习题 12—16]　大南方家具公司（Great Southern Furniture）

5 年前，Ed Koehler 创建了大南方家具公司，为大型连锁旅店安装活动的卧室家具。旅店从生产商处购入可供安装的床、衣柜等家具部件。koehler 派队长和一队工人去旅店安装家具。队长一般首先雇用一些当地工人帮助安装，并对这些工人进行培训。当地工人和公司工作队的工人共同从事旅店家具的安装工作。这样做显著降低了运输费用和对家具的损耗。在工作队出发前，首先在公司安装一些家具以便确保安装质量，也便于估计家具的安装时间。

公司派出一队工人安装旅店 500 间卧室的家具，并制定如下标准成本：安装一个卧室的所有家具需 4. 5 小时，每小时工资为 22 美元。完成后，工作队的实际工资支出为 49 693 美元，工时为 2 170 小时。

要求：

编制该项工作的业绩评价报告。

[习题12—17]　麦考利斯有限责任公司（Mickles Ltd）

麦考利斯有限责任公司使用标准成本系统。6月份麦考利斯有限责任公司的直接人工效率的不利差异是1 470美元，直接人工工资率的有利差异是825美元。麦考利斯有限责任公司6月份生产了460批产品。实际的直接人工工时是980小时。每批产品需要2标准直接人工工时。

要求：

用麦考利斯有限责任公司6月份的直接人工差异计算标准直接人工工资率。

[习题12—18]　海丽泰琪公司（Healing Touch）

海丽泰琪公司生产按摩椅的标准成本结构如下：

标准成本单：按摩椅

金属管	6米，$ 3/米	$ 18.00
皮革	2米^2，$ 7/米^2	14.00
填料	3千克，$ 4/千克	12.00
直接人工	4小时，$ 15/小时	60.00
总标准成本		$ 104.00

本月生产了500把按摩椅，产生了如下成本：

本月实际成本：按摩椅

金属管	3 100米	$ 9 455
皮革	11 00米^2	7 722
填料	1 600千克	6 560
直接人工	1 800小时	27 270
总标准成本		$ 51 007

要求：

a. 计算所有的材料和人工差异（包括价格、数量、工资率和人工效率差异）。

b. 写一份简短的报告总结和分析本月的生产情况。

[习题12—19]　略

[习题12—20]　略

[习题12—21]　略

[习题12—22]　略

案　例

Madison博士是迈迪森防腐措施的发明者和专利所有者。他发现普通管道用他的专利技术处理后便会永不生锈。为利用该成果，Madison开设了一家拥有30个连锁店的公司。其生产的防腐装置能使汽车上的所有管道装置永不锈蚀。

尽管防腐装置风靡一时，但公司利润却没有明显上升。Madison的雇员Simon向他的老板发难道："你徒有历史上最有竞争力的减缓锈蚀技术，却输给了所有的竞争对手!”Madison 反驳道:“我精于科研，却不善于经商。只要公司能够盈利，我就不会介入连锁店经理的工作。”Simon 认为连锁店经理挥霍资源是利润率不佳的症结所在。产品的高昂价格、旺盛需求和 Madison 不闻不问的态度给了经理挥霍的机会。Simon 指出，Madison 可以通过实施标准成本系统监控连锁店的业绩，以降低成本，Madison 欣然接受了 Simon 的建议。

每个连锁店提供以下两项服务:

(1) 用 Madison 防腐装置替换非 Madison 防腐装置;

(2) 提供 Madison 防腐装置的以旧换新业务。

这些服务需要原材料及人工。材料的购进、安装程序及人工配置都由每个连锁店的经理严格把关。由于 Madison 管道只是经过 Madison 防腐技术处理过的普遍管道，连锁店经理可以选择管道供货商，防腐处理过程在各个连锁店完成。

经过细致研究，Madison 为每次安装制定了如下成本标准（实际安装分成初始安装和担保安装两种）:

材料	$ 60（每次安装）
直接人工	1 小时（每次安装）
标准工资率	$ 11. 80

实施标准成本第一年，三家连锁店的成本资料如下:

	一分店	二分店	三分店
预计安装量	15 000	22 500	10 000
实际安装量	14 500	22 250	11 500
材料成本	$ 710 500	$ 1 346 125	$ 759 000
直接人工工时	11 600	21 138	12 650
标准工资率	$ 11.00	$ 12.00	$ 13.00

要求:

a. 计算每家连锁店的材料差异及人工差异，并利用差异评价连锁店的业绩。

b. Madison 的堂兄 Milty 也参与公司管理，他提交了连锁店标准成本分析报告:

“在实施标准成本期间，一分店承接的 500 个安装业务全部为以旧换新业务，二分店安装业务中有 100 个是以旧换新业务，三分店的安装业务中只有 8 个属于以旧换新业务。这些以旧换新业务都是用标准成本核算的（没有实施标准成本以前的以旧换新业务不予考虑）。”

你会由此改变原来的判断吗? 从长远来看，标准成本系统能达到设定的目标吗? 应采取哪些改进措施?

第 13 章　制造费用与营销费用差异

本章提要

A. 预算量、标准量和实际量
B. 制造费用差异
　1. 制造费用弹性预算
　2. 制造费用分配率
　3. 制造费用分配
　4. 制造费用效率差异、数量差异及耗用差异
　5. 图解分析
　6. 不精确的制造费用弹性预算
C. 营销差异
　1. 价格差异和数量差异
　2. 产品组合差异和销售差异
D. 本章小结

第 12 章介绍了标准成本系统，这一系统运用于决策管理和决策控制，标准成本给出了重复作业、零部件及产品生产的机会成本。这些数据对于在企业内部分配稀缺资源及外部定价十分有用。作为第 6 章提及的预算过程的一个组成部分，标准成本为业绩评价提供了依据。因此，标准成本差异也是有用的业绩评价指标。上一章介绍了两类标准成本差异（直接人工差异及直接材料差异）。本章讨论另外几种差异，这样有助于确认第 9 章中计算的多分配及未分配的制造费用，以及揭示了使销售收入与预算不一致的营销差异，并为差异分析应用于非生产过程提供了范例。

A. 预算量、标准量和实际量

在讨论制造费用差异之前，先来回顾一下有关数据的概念术语。如第 9 章所述，大多数工厂或车间都生产不同种类的产品，而并非只生产单一品种产品。数量指标往往不以产出量计量，而以直接人工、机器工时及原材料的投入量来计量。

一旦一项投入指标，如机器工时被设定为工厂或车间的数量概念，这项投入指标就有了三种数量表示法：预算量、标准量和实际量。**预算量（budgeted volume）**又叫一般水准量。如第 9 章所述，预算量在年初制定，并作为计算制造费用分配率的一般标准。制定预算量的方法有两种：预计数量（根据下一年度的计划产量制定）和正常数量（根据长期平均产量制定）。如果预算量根据对下一年的预计制定，那么当生意萧条时预算量便降低，生意兴隆时预算量便升高，从而使得制造费用分配率随实际产量大幅波动。如果预算量根据正常量制定，制造费用分配率便不随业务量的变化而变化。预算量用变量 BV 表示。

标准量（standard volume）是工厂严格依照标准生产产品应达到的数量，它能够根据实际产量求出标准投入量。例如，以直接人工工时为计量指标。完成一项任务后，用产出量乘以单位产出量的标准人工工时便得到了标准量。标准量又被称为应允量，用变量 SV 表示。

第三个数量概念是**实际量（actual volume）**，如实际机器工时、实际直接人工工时或实际直接人工成本。标准量侧重于投入与产出的相互关系，实际量则只关注投入量。实际量则用变量 AV 表示。

这三项指标（预算量、标准量和实际量）的计算过程各不相同。预算量是在会计年度及其生产过程开始前估计出来的。标准量和实际量都是在生产过程结束后计算得出的。

下例详解了三项指标的概念及其相互关系。东方公司下属的一家发动机厂生产汽车滑轮装置。产品有三类：四缸汽缸组、六缸汽缸组、八缸汽缸组。汽缸组是汽车的基本部件，其中包括安有活塞的汽缸。安装了用盖子、盘状器皿、活塞、火花塞、杠杆、凸轮轴和阀门组装成的汽缸组以后，发动机就可以加上燃料和打火系统安装在汽车上了。汽缸内有计算机辅助的、高精密度的机器负责钻孔，接着机器为滑轮装置配上旋塞和链条，以便与其他部件相连接。汽缸钻孔是滑轮装置铸型后的关键加工步骤。

制造费用被分配到每个车间。汽缸钻孔车间以机器工时或每一滑轮装置在计算机辅助机器上进行汽缸钻孔所需的时间为数量指标。三种汽缸组加工所需的机器工时如下：

四缸汽缸组	0.50 机器工时
六缸汽缸组	0.70 机器工时
八缸汽缸组	0.90 机器工时

每种汽缸组在计算机辅助机器加工前都需要一定的准备时间以确保位置准确。因此，八缸汽缸组的加工时间并不是四缸汽缸组的两倍。另外，四缸汽缸组的一个汽缸较大，需要的钻孔时间比六缸汽缸组或八缸汽缸组多。

工厂的预算量是根据第二年的计划产量制定的。换言之，制定预算量时使用了预算量。年初，管理人员预告将要生产的汽缸组数量，这一数量是根据三种汽缸组的预计销量制定的。根据每件产品所需的汽缸组数量，管理人员将汽缸组的预计产量折算成机器工时。预算量的计算见表 13—1。工厂计划用 67 500 机器工时生产 95 000 个汽缸组。注意预期量为 67 500 机器工时，并非正常需要量。钻孔车间应用的预算量指标是根据下一年度的预计产量制定的。如果所需汽缸组较少，计算出的机器工时也会较少。制造费用分配率随汽缸钻孔车间的预计产量大幅变动。

表 13—1　　**根据预计产量计算预算量指标——汽缸钻孔车间**

产品	预计产量	×	每件标准机器工时	= 预算量（机器工时）
四气缸	25 000 个		0.50	12 500
六气缸	40 000 个		0.70	28 000
八气缸	30 000 个		0.90	27 000
	95 000 个			
预算量				67 500

本年度根据客户需要调整了生产计划。由于燃油税突然提高，客户更偏爱有小型发动机、低油耗的小型汽车。八汽缸组的产量将减少，而六汽缸、四汽缸组的产量将增加。表 13—2 反映本年的实际生产状况，并计算了实际量和标准量。

表 13—2　**计算实际量指标和标准量指标——汽缸钻孔车间**

产品	实际产量	×每件标准机器工时 =	标准量（机器工时）	实际量（机器工时）
四气缸	27 000	0.50	13 500	14 200
六气缸	41 000	0.70	28 700	29 000
八气缸	28 000	0.90	25 200	25 000
	96 000			
标准量（SV）			67 400	
实际量（AV）				68 200

尽管实际量（96 000 套）比年初预计产量（95 000 套）多，但是根据实际产量计算出的标准量 67 400 机器工时反而比预算量 67 500 机器工时少。原因在于四气缸装置的产量增加了。预算量 67 500 机器工时是根据年初预计产量及产品结构得出的。本年度，三种产量的组合有所变化，产量也较年初预算有所调整。根据实际产量计算出的标准工时为 67 400 机器工时，而实际机器工时却为 68 200 小时，比标准量多出 800 机器工时。从表 13—2 右栏可以看出，实际机器工时大于标准机器工时，而八汽缸装置耗用的机器工时却略小于标准机器工时。根据调查得知，为尽快满足对小型发动机不断增长的需求，一些四汽缸、六汽缸组的铸模的准备工作并不够充分。这些装置有点弯曲，需要投入更多的钻孔时间使之符合规格的要求。

表 13—3 总括了钻孔车间的三类数量指标。总预算数及标准数如前所述，由于四汽缸装置超过了预计产量，实际数量便超过了标准数量。

表 13—3　**预算量、实际量和标准量——钻孔车间**　单位：机器工时

	预算量	标准量	实际量
四气缸	12 500	13 500	14 200
六气缸	28 000	28 700	29 000
八气缸	27 000	25 200	25 000
合计	67 500	67 400	68 200

下一节，将介绍一些有关制造费用差异的量化概念。

B. 制造费用差异

第 12 章介绍了直接人工及直接材料的差异。这一节描述制造费用差异，制造费用差异比直接人工、直接材料差异更为复杂。本节在第 9 章的基础上分析制造费用差异的会计处理过程。

1. 制造费用弹性预算

年初，公司制定全年的**制造费用弹性预算（flexible overhead budget）**，如图

13—1 所示。弹性预算包括固定制造费用（*FOH*）和变动制造费用（$VOH \times V$），即：

$$制造费用预算 = FOH + VOH \times V$$

其中，*V* 表示数量指标（如机器工时）。*FOH* 表示固定制造费用，它是每年的总预算（如每年 1 350 000 美元）。变动制造费用（*VOH*）通常用每单位的制造费用表示（如每机器工时 14 美元）。图 13—1 中，制造费用弹性预算呈一条直线，其截距为 *FOH*，倾斜角为 *VOH*，它表示总制造费用随产量变动的情况。

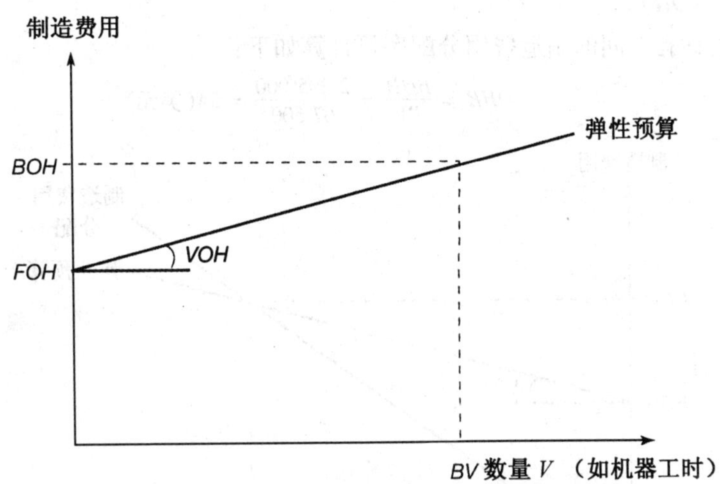

BOH：制造费用预算。

FOH：固定制造费用（全年金额）。

BV：预算量。

VOH：单位数量变动制造费用。

图 13—1　制造费用弹性预算

年初，管理人员还预计全年数量（*BV*），如机器工时。如图 13—1 所示，预算量可以基于预计量（根据下一年度的生产计划）或正常量（根据长期平均量）制定。已知 *BV*、*FOH*（固定制造费用）和 *VOH*（制造费用变动率），就可以应用弹性预算求出 *BOH*（预算制造费用）：

$$BOH = FOH + VOH \times BV$$

仍以上节中的汽缸钻孔车间为例。假设弹性制造费用预算如下：

固定制造费用	1 350 000 美元
变动制造费用	14 美元/机器工时

固定制造费用主要包括计算机辅助机器的折旧费用。变动制造费用主要包括用于电能、机器切割工具润滑剂、维护保养和替换切割工具的开支。表 13—1 中，预算量为 67 500 机器工时。运用此数据，可以计算出预算制造费用为：

$$BOH = 1\ 350\ 000 + 14 \times 67\ 500 = 2\ 295\ 000（美元）$$

2. 制造费用分配率

如第 9 章所述，预算制造费用可以转化为将制造费用分配到每道工序的分配率。

图 13—2 揭示了弹性预算与制造费用分配率之间的关系。仍用 *BOH* 表示今年预算制造费用预算，*BV* 表示预算量（例如，用机器工时表示），计算制造费用分配率（*OHR*）：

$$OHR = \frac{BOH}{BV} = \frac{FOH + VOH \times BV}{BV} = \frac{FOH}{BV} + VOH$$

图 13—2 中 *OHR* 是通过原点及点（*BV*、*BOH*）的直线与 X 轴的夹角。这一制造费用分配率包括每预算单位的固定制造费用（$FOH \div BV$）加上每预算单位的变动制造费用（*VOH*）。

汽缸钻孔车间的制造费用分配率可计算如下：

$$OHR = \frac{BOH}{BV} = \frac{2\ 295\ 000}{67\ 500} = 34(\text{美元})$$

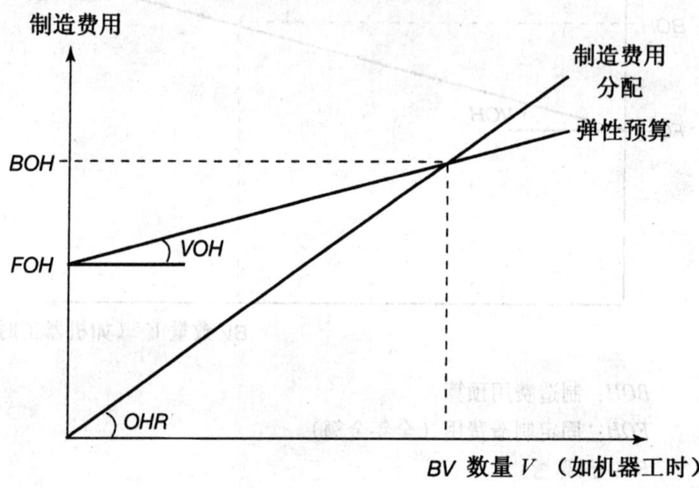

BOH：制造费用预算。

BV：销售量预算。

FOH：固定制造费用（全年金额）。

OHR：制造费用分配率 =（$FOH + VOH \times BV$）$/BV = BOH/BV$。

VOH：单位数量变动制造费用。

图 13—2　弹性预算与制造费用分配预算量

3. 制造费用分配

产品完工后，制造费用按照图 13—2 所示的制造费用分配线分配计入生产成本账户。换言之，制造费用分配线说明了生产中应分配计入产品成本的制造费用数量。假设工厂年终时生产量恰巧与预算量（*BV*）相同，实际制造费用也与预算制造费用相等，那么制造费用分配线与预算制造费用线（*BOH*）重合，应分配计入产品的制造费用与总制造费用相等，制造费用账户中没有多分配（或少分配）的制造费用存在。

制造费用依据标准机时（*SV*），而不是实际机时分配。大多数企业以标准量作为制造费用的分配依据，这导致订单成本和产品成本都以标准成本为基础，用标准成本表示产品成本。如果依据实际机时分配制造费用，而实际机时又不等于标准机时，那么分配计入产品的制造费用便会不同于标准成本卡上所示的制造费用。如果在产品和完工产品依据实际机时分担制造费用，以后加工工序得到的产品成本便会有别于标准成本。若所有成本差异都在发生时立即转销，则对标准成本的偏离便不会转嫁到以后工序。应用标准量分配制造费用就避免了以实际机时分配制造费用可能造成的成本差异的转嫁。

表13—4说明了汽缸钻孔车间的制造费用分配情况。制造费用以每标准机时34美元的分配率计入产品。钻孔车间依照标准机时，而不是实际机时分配制造费用，这一点十分重要。表13—2中，四汽缸组生产的实际机时为14 200小时，比标准机时13 500小时多了700小时。如果依照实际机时分配制造费用，四汽缸组应多负担23 800美元（700×34）的制造费用，装置弯曲所影响的机器效率就被追加计入成本中了。反之，以标准工时为分配标准，产品便无需负担多花的700小时应承担的制造费用，这部分费用被直接计入成本差异账户（如下所述）。

表13—4　**依据标准机时分配制造费用——汽缸钻孔车间**

产品	标准机时	× 每机时的制造费用分配率 =	应分配制造费用
四气缸	13 500	34美元	$ 459 000
六气缸	28 700	34美元	975 800
八气缸	25 200	34美元	856 800
	67 400小时		
应分配的制造费用合计			$ 2 291 600

4. 制造费用效率差异、数量差异及耗用差异

会计期末（月末、季末、年末）计算制造费用差异，总制造费用差异计算如下：

$$\text{总制造费用差异}=\text{实际发生的制造费用}-\text{已分配的制造费用}$$

总制造费用差异与第9章“T”形账户中多分配（未分配）的制造费用相等。也可以表示为：

$$\text{多分配（未分配）的制造费用}=\text{实际发生的制造费用}-\text{已分配的制造费用}$$

$$=\underset{(AOH)}{\text{实际发生的制造费用}}-\underset{(OHR)}{\text{制造费用分配率}}\times\underset{(SV)}{\text{标准机时}}$$

$$\text{多分配（未分配）的制造费用}=AOH-OHR\times SV$$

总制造费用差异可分解为三类：

$$\text{制造费用耗用差异}=\text{实际发生的制造费用}-\text{依实际量计算的弹性预算}$$

$$\text{制造费用效率差异}=\text{依据实际量计算的弹性预算}-\text{依据标准量计算的弹性预算}$$

$$\text{制造费用数量差异}=\text{依据标准量计算的弹性预算}-\text{已分配的制造费用}$$

将这三类差异加总即为多分配（未分配）制造费用的数量。三类制造费用的计算公式如下：

$$\text{制造费用耗用差异}=AOH-(FOH+VOH\times AV)$$

$$\text{制造费用效率差异}=(FOH+VOH\times AV)-(FOH+VOH\times SV)$$

$$\text{制造费用数量差异}=(FOH+VOH\times SV)-OHR\times SV$$

如第12章所述，正的差异是不利差异，而负的差异是有利差异。对于分类差异

的解释如下：

制造费用耗用差异

该差异衡量实际发生的制造费用与根据实际数量应发生的制造费用之间的差异。也就是根据弹性预算（FOH 和 VOH）和实际数量（AV），工厂应发生的制造费用（$FOH + VOH \times AV$）与实际发生的制造费用 AOH 之间的差异。这一指标向管理阶层揭示了弹性预算的精确度，以及根据实际数量计算时制造费用对预算的偏离程度。制造费用差异中包括所有未能在效率差异和数量差异中解释的内容，耗用差异的产生有多种原因：

- 变动制造费用项目价格的变动，如润滑剂。
- 固定制造费用的变动，如比预计低的财产税。
- 工厂生产技术的变动。例如，当劳动密集型生产被自动化生产所取代时，制造费用的变化与机时的相关性大于与直接人工工时的相关性。于是，依照人工工时做出的弹性预算便没有依据机器工时做出的弹性预算精确。

制造费用效率差异

这一差异反映了依据标准量和实际量制定弹性预算的差异：

$$FOH + VOH \times AV - (FOH + VOH \times SV) = VOH\ (AV - SV)$$

由于标准量不等于实际量，分别得出的变动制造费用量便不相等。在汽缸钻孔车间的例子中，实际机时为 68 200 小时，标准机时为 67 400 小时，表明实际钻孔过程中多用了 800 小时。多花的这 800 小时导致了额外的变动制造费用。由于制造费用成本是依每机时 14 美元分配的，机时并没有得到有效使用，因此多发生了 11 200 美元（14×800）的制造费用。

制造费用数量差异

这一差异反映依标准量计算的弹性预算和已分配制造费用的差异。这一差异表示未用的或超常利用的生产能力。在前面的公式中：

$$\text{制造费用数量差异} = (FOH + VOH \times SV) - OHR \times SV$$

将 $OHR = \frac{BOH}{BV} = \frac{FOH + VOH \times BV}{BV} = \frac{FOH}{BV} + VOH$ 代入公式，可得：

$$\begin{aligned}\text{数量差异} &= FOH + VOH \times SV - \left(\frac{FOH}{BV} + VOH\right) \times SV \\ &= FOH - FOH \times \frac{SV}{BV} \\ &= FOH\left(1 - \frac{SV}{BV}\right) \\ &= FOH\left(\frac{BV - SV}{BV}\right)\end{aligned}$$

当预算量（BV）等于标准量（SV）时，数量差异为零。值得注意的是，预算量在年初制定。标准量是实际产量与每单位产品标准量的乘积。当 $BV = SV$ 时，生产量与预算量相等；当 $SV < BV$ 时，生产量小于预算量，会产生不利数量差异；当 $SV > BV$ 时，生产量大于预算量，会产生有利数量差异（用负数表示）。假设 $BV = 100\ 000$ 机时，$SV = 80\ 000$ 机时，$FOH = 2\ 000\ 000$ 美元，数量差异如下：

$$2\ 000\ 000 \times \frac{100\ 000 - 80\ 000}{100\ 000} = 400\ 000(\text{美元})(\text{不利差异})$$

实际生产中，标准机时比预算机时少20%。200万美元的固定制造费用为工厂提供了100 000机时的生产能力。由于只利用了80%的生产能力，20万美元的固定制造费用便白白浪费了。从这个意义上来说，数量差异体现了偏离预算量所产生的成本。类似的，如果$SV=115\ 000$机时，也就是比预算机时多15%，便会产生30万美元的有利制造费用数量差异。

数量差异并不衡量未使用生产能力的机会成本。机会成本是指能够生产并销售出去但却没有生产并销售出去的那部分产品的贡献毛益。用数量差异衡量、奖惩业绩会导致经理人员大量储备存货。

表13—5以汽缸钻孔车间为例讲解了三类制造费用差异的计算。车间实际发生制造费用230万美元，以每机时34美元的分配率分配。标准机时67 400小时共负担制造费用2 291 600美元（见表13—4）。实际发生的制造费用与已分配制造费用的差异为8 400美元，表示钻孔车间未分配的制造费用。表13—5将未分配的制造费用分解为三类制造费用差异。

表13—5　**计算汽缸钻孔车间制造费用差异**

制造费用耗用差异 = 实际发生的制造费用 − 根据实际数量计算的弹性预算
= $ 2 300 000 −（$ 1 350 000 + $ 14 × 68 200）
= $ 2 300 000 − $ 2 304 800
= $ 4800（有利差异）

制造费用效率差异 = 根据实际数量计算的弹性预算 − 根据标准数量计算的弹性预算
=（$ 1 350 000 + $ 14 × 68 200）−（$ 1 350 000 + $ 14 × 67 400）
= $ 2 304 800 − $ 2 293 600
= $ 11 200（不利差异）

制造费用数量差异 = 根据标准数量计算的弹性预算 − 已分配制造费用
=（$ 1 350 000 + $ 14 × 67 400）−（$ 34 × 67 400）
= $ 2 293 600 − $ 2 291 600
= $ 2 000（不利差异）

制造费用差异合计：

耗用差异	$ 4 800（有利差异）
效率差异	11 200（不利差异）
数量差异	2 000（不利差异）
非分配的制造费用	$ 8 400（不利差异）

表13—5中，8 400美元未分配的制造费用中大多数是由不利效率差异导致的。不利效率差异11 200美元为多花费的机器工时所负担的追加变动制造费用。由于铸件不符合设计要求，在进入钻孔车间后要多花费加工机时，因此钻机润滑剂的消耗量也增加了。进一步调查表明，4 800美元的有利耗用差异是由润滑剂价格下降形成的。2 000美元的不利数量差异表明车间根据产量计算的标准机时67 400小时略低于预算机时67 500小时。

5. 图解分析

以上已对制造费用差异做了文字说明及数学分析。这些制造费用差异还可以用图形说明，如图 13—3 所示。图 13—3 是在图 13—2 的基础上做的，在图解中，三个制造费用差异都是不利差异。根据实际数量（*AV*）计算的耗用差异在图中用 *C*、*D* 两点的垂直距离来表示。*C* 点的纵坐标值表示实际发生的制造费用（*AOH*），*D* 点的纵坐标值表示根据实际数量确定的弹性预算。

制造费用效率差异（用实际数量减标准数量的差，*AV* - *SV*，乘以变动制造费用率）用 *D*、*E* 两点的垂直距离来表示。换言之，制造费用效率差异 *DE* 用 *AV* 与 *SV* 之间的水平距离（即 *AV* - *SV*）乘以弹性预算线的斜率 *VOH* 来表示。

根据标准数量（*SV*）计算的数量差异是 *F*、*B* 两点的垂直距离。*F* 点的纵坐标值是用标准量表示的弹性预算，*B* 点的高度是已分配的制造费用额，三段垂直距离之和（*CD* + *DE* + *FB*）等于未分配的制造费用 *AB*。

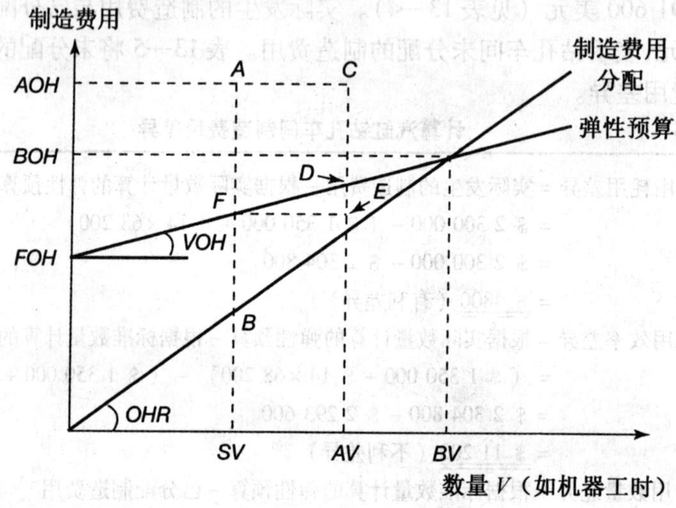

AOH：本年实际制造费用　　*BV*：预算数量

BOH：预算制造费用　　*AV*：实际数量

FOH：固定制造费用　　*SV*：实际产量 × 每单位耗用的标准数量

VOH：每单位变动制造费用　　耗用差异 = *C*、*D* 两点间的垂直距离

OHR：制造费用分配率　　效率差异 = *D*、*E* 两点间的垂直距离

= （*FOH* + *VOH* × *BV*） ÷ *BV*　　数量差异 = *F*、*B* 两点间的垂直距离

制造费用总差异 = *A*、*B* 两点间的垂直距离

图 13—3　制造费用差异分析

[练习题 13—1]

铁工车间用标准机器工时进行制造费用的分配。本年度的预算量为 36 000 机器工时，制造费用分配率根据弹性预算来确定，预计的固定制造费用为 720 000 美元，变动制造费用估计为每机器工时 10 美元。

本年度，该部门生产两种产品。下表简述了经营概况：

	产品 1	产品 2
产量	10 500	12 000
单位产品标准机器工时	2	1
实际耗用机器工时	23 000	13 000

本年实际发生的制造费用为 110 万美元。

要求：

为这个部门计算所有相关的制造费用差异，并写一份备忘录解释各个差异的含义。

解答：

第一步是计算制造费用分配率：

$$\text{OHR} = (\$\ 720\ 000 + \$\ 10 \times 36\ 000) \div 36\ 000 = \$\ 30$$

第二步是根据标准和实际使用的机器工时，计算分配的制造费用：

	产品 1	产品 2	合计
产量	10 500	12 000	
单位产品标准机器工时	×2	×1	
标准量	21 000	12 000	33 000
实际量	23 000	13 000	36 000

分配的制造费用：33 000 小时×30 美元/小时 =990 000 美元

根据上述计算，各个差异的计算如下：

制造费用总差异：		
实际发生的制造费用	$ 1 100 000	
减：分配的制造费用	990 000	
	$ 110 000	U
耗用差异：		
实际发生的制造费用	$ 1 100 000	
减：实际量的弹性预算（$ 720 000 + $ 10×36 000）	1 080 000	
	$ 20 000	U
效率差异：		
实际量的弹性预算（$ 720 000 + $ 10×36 000）	$ 1 080 000	
减：标准量的弹性预算（$ 720 000 + $ 10×33 000）	1 050 000	
	$ 30 000	U
数量差异：		
标准量的弹性预算（$ 720 000 + $ 10×33 000）	$ 1 050 000	
减：分配的制造费用（$ 30×33 000）	990 000	
	$ 60 000	U

20 000 美元的不利耗用差异表明，给定实际机器工时（36 000 小时），总制造费用高于预期的总制造费用。在弹性预算中，对固定制造费用或（和）变动制造费用的估计过低。30 000 美元的不利效率差异反映了实际产量下多使用的 3 000 机器工时的额外成本。之所以会产生 60 000 美元的不利数量差异是因为比设定制造费用分配率时少用了 3 000 的标准机器工时。因此，并非所有的固定制造费用都已被分配。总差异110 000美元是上述三种差异的总和。

6. 不精确的制造费用弹性预算

钻孔车间的例子说明标准成本系统是如何分配责任并估算一个车间转嫁给另一个车间的财务成本的。然而，标准成本系统完成这些任务的能力取决于弹性预算的精确性。例如，影响弹性预算的因素之一是单位变动制造费用是否随数量的变化而变化。弹性预算线果真是一条直线吗？第1、2章描述了追加成本随工厂生产利用率的上升而增加，追加成本包括追加的材料运输费等制造费用。这些费用会导致单位变动制造费用随工厂利用率的增加而增长（换言之，弹性预算线并非直线）。

如果总制造费用不随用直线表示的弹性预算的变化而变化，那么应用弹性预算将多分配（少分配）的制造费用分解为三类差异便会产生容易让人误解的结果。在衡量业绩时，制造费用差异的合理性取决于制造费用弹性预算的准确性。

不利制造费用差异被利润下降所引证

Burnham Holdings 公司（www. burnhamholdings. com）总裁在讨论其2006年下降的利润时这样说道："过去两年不景气的经济周期让 Burnham 公司面临挑战。对比2005年报告的330万美元的盈利，公司在2006年亏损230万美元。利润的大幅下降主要是因为住房销售量的下跌及由此对制造业务吞吐量的直接影响。公司全年的生产计划都根据经济水平做了调整，并且降低了存货数量。这个策略不仅提高了公司当期的现金流量，同时也导致了不利的制造费用差异（未分配的固定成本）。"

资料来源：PR Newswire，March 2，2007.

本节复习思考题

Q13—3 描述确定制造费用差异的几个步骤。

Q13—4 制造费用有哪三类差异？请一一描述。

Q13—5 请解释发生耗用差异的三种原因。

C. 营销差异

第12章及本章的前半部分讨论了制造业中的标准成本及其差异。标准成本及其差异在决策及决策控制中都很有用。非制造业也应用标准成本及其差异进行决策和决策控制。本部分就介绍在营销组织中如何应用标准成本及其差异。

1. 价格差异和数量差异

表13—6提供了用以解释营销差异的基本数据。这是百事可乐生产商向友善超市提供1夸脱瓶装（以下简称瓶装）饮料及12盎司罐装（以下简称罐装）饮料的案例。两种包装均以箱为单位出售，一箱瓶装饮料与一箱罐装饮料的净含量相等。5月，百事公司将向友善超市销售6 000箱瓶装饮料与4 000箱罐装饮料，单价分别为3. 80美元和5. 40美元。然而，实际销售瓶装饮料6 100箱，罐装饮料4 500箱，单价为3. 81美元和5. 38美元。总的有利差异为3 051美元（47 451 - 44 400），这个差异还可以进一步分解为12章中所示的普通价格差异和数量价格差异。

表 13—6　　友善超市瓶装饮料的及罐装饮料的预算销售额及实际销售额

5月　　单位：箱

	瓶装	罐装	总计
标准销售价格	$ 3.80	$ 5.40	
标准销售数量	6 000	4 000	10 000
标准销售收入	$ 22 800	$ 21 600	$ 44 400
实际销售价格	$ 3.81	$ 5.38	
实际销售数量	6 100	4 500	10 600
实际销售收入	$ 23 241	$ 24 210	$ 47 451

将3 051 美元的总差异进一步分解，能够帮助百事可乐生产商更好地预测利润率，制定更优的营销策略及价格。首先将总差异分成 12 章中提到的价格差异和数量差异两部分：

价格差异 =（实际价格 - 标准价格）×实际数量

数量差异 =（实际数量 - 标准数量）×标准价格

表 13—7 给出了两种包装价格差异及数量差异的计算过程。两种包装都有有利的差异，友善超市3 051 美元的差异中大部分是由有利数量差异提供的，为2 700 美元。价格差异较少，大多数有利差异是由卖出的饮料比预计多带来的。

假设销售经理负责定价，销售员负责备货。价格差异可以用来衡量销售经理的业绩，数量差异则用来衡量销售员的业绩。如果销售员得到超市更大的货架空间或精心摆放商店里的货架，那么数量差异就能体现他（她）的努力程度。

若不报告价格差异和数量差异，还可以采用贡献毛益（边际贡献）指标。将价格减去变动成本便可得到单位贡献毛益。运用贡献毛益指标可以表示销售员的额外努力创造出的额外利润额。运用价格可以简化这个例子。

表 13—7　　友善超市瓶装与罐装饮料的价格差异和数量差异

5月

	瓶装	罐装	合计
实际价格	$ 3.81	$ 5.38	
标准价格	3.80	5.40	
价格差异	$ 0.01（有利差异）	$ 0.02（不利差异）	
实际数量	×6 100	×4 500	
价格差异	$ 61（有利差异）	$ 90（不利差异）	$ 29（不利差异）
实际数量	6 100	4 500	
标准数量	6 000	4 000	
数量差异	100（有利差异）	500（有利差异）	
标准价格	× $ 3.80	× $ 5.40	
数量差异	$380（有利差异）	$2 700（有利差异）	$ 3 080（有利差异）
总差异	$ 441（有利差异）	$ 2 610（有利差异）	$ 3 051（有利差异）

2. 产品组合差异和销售差异

由表13—7的数据会产生这样的疑问：是什么造成了有利数量差异。有两点：两种包装的百事可乐都比预计卖出的多，其中罐装百事可乐卖得更火。人们购买更多的百事可乐，与瓶装百事可乐相比，人们更乐意买罐装的。瓶装百事可乐与罐装百事可乐互为替代品。生产商预计瓶装可乐应占总供货箱数量的60%（6 000÷10 000），罐装占40%。实际情况却是瓶装的可乐只占57.55%（6 100÷10 600）。

表13—8进一步将瓶装饮料的数量差异380美元及罐装饮料的数量差异2 700美元分别划分为两项差异：混合差异和销售差异。其计算公式如下：

组合差异 =（实际比重百分比 - 标准比重百分比）×实际总销量×标准价格

销售差异 =（实际总销量 - 标准总销量）×标准比重百分比×标准价格

组合差异与销售差异在公司销售多品种、可相互替代的产品时十分有用。组合差异反映了多品种产品的替代效应，销售差异则衡量销售数量与标准数量的差异。

表13—8的组合差异反映了销售产品组合比重的变化对数量差异的影响。罐装可乐销售比重的提高使销售额提高了1 404美元，而瓶装可乐销售比重的减少使销售额下降了988美元。

表13—8　**友善超市瓶装可乐和罐装可乐的组合差异及销售差异**

5月

	瓶装	罐装	合计
实际组合比重（%）	57.55%	42.45%	
标准组合比重（%）	60%	40%	
百分比差异（%）	2.45%（有利差异）	2.45%（有利差异）	
实际总销量	10 600	10 600	
销售变化	260（不利差异）	260（有利差异）	
标准价格	$ 3.80	$ 5.40	
组合差异	$ 988（不利差异）	$ 1 404（有利差异）	$ 416（有利差异）
实际总销量	10 600	10 600	
标准总销量	10 000	10 000	
销量差额	600（有利差异）	600（有利差异）	
标准组合比重（%）	60%	40%	
增加的销量	360	240	
标准价格	$ 3.80	$ 5.40	
销售差异	1 368（有利差异）	$ 1 296（有利差异）	$ 2 664（有利差异）
数量差异	$ 380（有利差异）	$ 2 700（有利差异）	$ 3 080（有利差异）

销售差异说明如果销售产品组合比重与标准组合比重（60%和40%）相同，则瓶装可乐与罐装可乐销售预算应分别增加1 368美元和1 296美元。因此，3 080美元的有利数量差异是由多卖出的600箱可乐带来的，与顾客购买瓶装可乐或罐装可乐的关系不大。表13—8的分析表明顾客对百事可乐的需求上升了，而并不是对罐装可乐的需求上升了。

如果公司销售的产品之间可以相互替代，组合差异是分离各替代品中的金额量值的有效手段。计算组合差异和销售差异的手段还有很多，上文所给出的公式只是计算差异的途径之一，营销组织应根据自身环境提供包含最有用数据的差异报告。

用差异管理物流配送

随着燃料成本的上升，Catalyst Paper 公司（www. catalystpaper. com）密切关注物流配送的管理。Catalyst 是北美的一家大型纸业公司，生产多种高级纸张和纸浆产品。这家公司采用全面的差异分析报告来控制其配送成本。公司主要报告四类差异：数量、消费者组合、配送组合和供应商费用，同时结合了：（a）当单一的成本元素里面包含多个组合因素时，组合差异的计算；（b）未计划的和未实现的作业；（c）多种交错重叠的组合差异的计算。

资料来源：K. Gaffney，V. Gladkikh，and R. Webb，“A Case Study of a Variance Analysis Framework for Managing Distribution Costs，” *Canadian Accounting Perspectives* 6，no. 2（2007），p. 167.

本节复习思考题

Q13—6 为四种营销差异下定义。

Q13—7 说明组合差异与销售差异各自衡量什么。

D. 本章小结

本章在第 12 章的标准成本法的基础上继续讨论了制造费用差异及营销差异。第 9 章介绍了实际总制造费用与分配计入在产品及完工产品中的制造费用之间的差额为多分配（未分配）的制造费用。多分配（未分配）的制造费用代表制造费用差异产生的原因。制造费用效率差异是实际量与标准量的差别带来的差异。制造费用数量差异是未利用或超常利用生产能力产生的差异。最后，制造费用耗用差异是实际发生的制造费用与按实际量计算应发生的制造费用之间的差异。

营销差异有助于确认实际销量偏离预算销量的原因。价格差异计算实际价格不同于标准价格所带来的差异。数量差异计算实际销量不同于预算销量所带来的差异。数量差异又可进一步分解为产品组合差异与销售差异。组合差异反映由于顾客购买一种商品替代另一种商品所带来的总销售额的变化，销售差异是由于实际销量不同于标准销量组合比重带来的总销售额的变化。营销差异为非制造业的差异分析提供了范例。

自测题

注射器材生产车间直接材料、直接人工和制造费用的标准如下：

		每件完工产品
直接材料	10 磅（3.00 美元/磅）	$ 30.00
直接人工	0.5 小时（20.00 美元/小时）	10.00
变动制造费用	0.5 小时（30.00 美元/小时）	15.00
固定制造费用	0.5 小时（54.00 美元/小时）	27.00
每件完工产品总费用		$ 82.00

制造费用依标准直接人工工时分配计入单位产品。本期预计完工产品 10 000 件，实际完工 9 810 件，实际发生制造费用 425 000 美元，实际直接人工工时 3 950 小时。期初无存货，所有差异都直接转入销货成本，请计算所有的制造费用差异。

解答：

首先计算制造费用弹性预算：

27 美元/件 ×10 000 件 +30 美元/小时 =270 000 美元 +30 美元/小时

由于预计生产 10 000 件产品，每件产品需半小时直接人工，因此预算直接人工工时为 5 000 小时。另外，注意制造费用分配率为每工时 84 美元（30 美元变动制造费用 +54 美元固定制造费用）。制造费用分配率可直接计算：

制造费用分配率 = （270 000 美元 +30 美元/小时 ×5 000 小时） ÷5 000 小时

=84（美元/小时）

年终，计算标准工时：

标准工时 = 实际产量 × 每件标准直接工时

=9 810 件 ×0.50 标准工时

=4 905（标准工时）

求出制造费用弹性预算及标准工时，三类制造费用差异便可计算如下：

耗费差异 = 实际发生的制造费用 - 依实际工时计算的制造费用弹性预算

= $ 425 000 - （$ 270 000 + $ 30 ×3 950）

= $ 425 000 - $ 388 500

= $ 36 500（不利差异）

效率差异 = 依实际工时计算的制造费用弹性预算 - 依标准工时计算的制造费用弹性预算

= $ 30 × （3 950 -4 905）

= $ 28 650（有利差异）

数量差异 = 依标准工时计算的制造费用弹性预算 - 依标准工时分配的制造费用

= （$ 270 000 + $ 30 ×4 905） - $ 84 ×4 905

= $ 417 150 - $ 412 020

= $ 5 130（不利差异）

差异合计：

耗费差异	$ 36 500（不利差异）
效率差异	28 650（有利差异）
数量差异	5 130（不利差异）
未分配的制造费用	$ 12 980（不利差异）

习　题

［习题 13—1］　Spectra 公司

Spectra 公司为个人电脑生产彩色监控器。公司生产 19 英寸监控器，成本结构如下：

直接材料	$ 220
直接人工	$ 150

由于计算机监控器市场发展迅速，每季度都要更新标准成本、制造费用分配率及价格。直接人工标准成本随工时变化而变化，而直接材料成本，特别是电路板的成本

常大幅波动。因此，出于定价方面的考虑，管理人员回顾每季的成本状况，并预测下季的成本，采用的是现行季度成本结构，制造费用的更新也采用这个方法。制造费用根据直接人工成本分配计入产品中，固定制造费用全年均匀发生，下一季的制造费用分配率等于本季实际制造费用除以本季直接人工成本，前六个季度的相关数据如下：

	2010 年				2011 年		
	Q1	Q2	Q3	Q4	Q1	Q2	Q3
实际销量（单位）	200	200	190	180	190	250	
总直接人工	$ 30 000	$ 30 000	$ 28 500	$ 27 000	$ 28 500	$ 37 500	
实际制造费用	$ 101 000	$ 102 000	$ 98 000	$ 95 000	$ 97 000	$ 118 000	
制造费用分配率	$ 3.35	$ 3.37	$ 3.40	$ 3.43	$ 3.52	$ 3.40	$ 3.15

[习题 13—2]　西部糖业公司（Western Sugar）

西部糖业公司用甜菜加工白糖，卖给食品公司。西部糖业公司采用标准成本系统进行成本控制和业绩评估。为计算下一年度的标准成本，将实际发生的各类费用除以蒲式耳数，即可得到每蒲式耳的标准成本。这些标准成本随着各类费用预计额的增加而增加。本年度，西部糖业公司共加工 6 300 万蒲式耳甜菜，下表计算了下一年度的标准成本。

西部糖业公司

下年度标准成本系统　　单位：千美元

	本年成本	每蒲式耳成本	调整率	每蒲式耳标准成本
直接人工	$ 33 000	$ 0.524	4.0%	$ 0.544
甜菜	58 000	0.921	3.5	0.953
变动制造费用	24 000	0.381	5.0	0.400
固定制造费用	43 000	0.683	2.0	0.696
合计	$ 158 000	$ 2.509		$ 2.593

下年度，实际产量为 6 800 万蒲式耳。下一年度终结时，制定如下报告：

西部糖业公司

下半年实际情况与标准对照　　单位：千美元

	实际成本	每蒲式耳标准成本	标准成本	差异
直接人工	$ 38 100	$ 0.544	$ 36 992	$ 1 108（不利差异）
甜菜	64 829	0.953	64 804	25（不利差异）
变动制造费用	28 211	0.400	27 200	1 011（不利差异）
固定制造费用	45 227	0.696	47 328	2 101（有利差异）
合计	$ 176 367	$ 2.593	$ 176 324	$ 43（不利差异）

高层管理人员认为人工成本及甜菜成本的微小差异不足为奇。工厂加工过程控制良好，甜菜市场及劳动力市场无懈可击。原先的预测已证明是较准确的，制造费用有利差异1 090 美元（1 011 美元不利差异加 2 101 美元有利差异）令管理人员喜笑颜开，尽管变动制造费用突破了预算，固定制造费用弥补其造成的不利差异还是绰绰有余的。工厂的生产技术没有变化（并没有提高自动化程度），因此无从解释变动制造费用的变化。高层管理人员将制造费用的有利差异归因于工厂管理人员加强内部控制。

要求：

a. 你认为产生制造费用差异的原因何在？

b. 根据上一年度的成本制定下一年度的成本标准合适吗？

［习题 13—3］　Wine Distributor 公司

某酒类批发商从酿酒厂购货并转售给酒店。销售三种白葡萄酒：Chablis 酒、Chardonnay 酒和 Riesling 酒。以下是 4 月的销售预算及实际销售状况。

酒类批发商

预算及实际销售数据

4 月

	Chablis 酒	Chardonnay 酒	Riesling 酒	合计
标准售价	$ 7.00	$ 8.25	$ 6.75	
标准销量	10 000	4 000	12 000	26 000
实际销售价格	$ 7.25	$ 8.10	$ 7.10	
实际销售量	8 000	6 000	11 000	25 000

要求：

为公司管理层提供一份 4 月的业绩评价简报。

［习题 13—4］　阿科特工厂（Artco Planters）

阿科特工厂生产各种颜色的玻璃纤维花盆。这些花盆有三种规格，都可以用于室内栽培植物。制造费用依每个花盆耗用玻璃纤维标准磅数分配。以下是三种花盆的标准指标：

产品规格（寸）	单位标准重量（磅）	预计产量（个）
24	2.3	1 200
30	3.7	2 100
36	4.6	1 400

年初，阿科特工厂应用弹性预算计算制造费用分配率。全年固定制造费用预算为593 950 美元，变动制造费用预算为每磅玻璃纤维 2.10 美元。实际发生制造费用633 805美元。以下为全年实际生产状况：

产品规格（寸）	产量	玻璃纤维耗用量（磅）
24	1 400	3 570
30	2 000	7 040
36	1 500	7 120

要求：

a. 计算以标准耗用磅数分配制造费用时的总制造费用差异（多分配/非分配的制

造费用）。

b. 计算以实际耗用磅数分配制造费用时的总制造费用差异（多分配/非分配的制造费用）。

c. 解释（a）、（b）中答案不同的原因。

［习题 13—5］ On-Call 呼机公司

你在 On-Call 呼机公司的战略分析部门工作。On-Call 呼机公司是一个享誉全球的呼机制造商，它利用成熟的呼机技术提供卫星通讯服务。呼机公司正在评估收购一个东海岸缅因州的呼机制造商亚特兰大公司（AtlantiCom）的可行性。

亚特兰大公司最新的季报显示制造费用数量差异减少 130 万美元。On-Call 呼机公司的工程技术人员熟悉亚特兰大公司的网络，他们估计亚特兰大公司每季度有固定的制造费用 650 万美元，这些制造费用每季度可以传送 80 万个信息包。一个信息包是指在一个给定的时间段中传送固定数量的数字信息。

在评估中，呼机公司的高层管理人员想了解，亚特兰大公司是否拥有超额生产能力，如果有，则给出所拥有的超额生产能力的大小。

要求：

假设季度 650 万美元的固定制造费用和预算固定制造费用近似，而且实际量和标准量相同，亚特兰大公司现在 80 万个信息包的生产能力为 1%，估计亚特兰大公司上季度是否完成生产量。

［习题 13—6］ Logical Solutions 公司

Logical Solutions 公司 2010 年制造费用差异如下：

耗用差异	\$ 100 000（有利差异）
效率差异	\$ 100 000（有利差异）
数量差异	\$ 300 000（有利差异）

另外，2010 年实际发生制造费用 100 万美元。制造费用依据直接人工工时分配计入产品成本。2010 年预算直接人工工时为 40 000 小时，预算固定制造费用为 600 000 美元。

要求：

2010 年的实际工时、标准工时及预算变动制造费用各是多少？

［习题 13—7］ 瑞特出版社（Rett Publishing）

瑞特出版社的标准工资为每小时 23 美元，以直接工时为标准将制造费用分配给各出版环节。预算固定制造费用为 280 万美元，预算变动制造费用为每直接人工工时 19 美元，以下数据概括了 3 月份的经营状况：

材料价格差异	\$ 12 350（有利差异）
材料数量差异	\$ 6 430（不利差异）
人工工资率差异	\$ 3 200（有利差异）
人工效率差异	\$ 19 550（不利差异）
实际直接人工工时	12 500
制造费用数量差异	\$ 9 130（有利差异）
制造费用耗用差异	\$ 3 175（不利差异）

要求：

a. 计算3月的制造费用效率差异。

b. 3月的总标准工时是多少？

［习题13—8］ **奥登制造公司（Auden Manufacturing）**

奥登制造公司只生产单一产品，标准成本指标如下：

每件产品直接人工成本	$ 2.00
每件产品直接材料成本	$ 3.00
制造费用弹性预算	（$ 60 000 + $ 4）/直接人工
正常产量	10 000 件

采用先进先出法，本年实际产量、销量及成本资料如下：

销售	11 000 件@20 美元/件
产量	9 000 件
期初存货（包括每件5美元的变动成本和每件14美元的固定成本）	2 000 件@38 000 美元
本期产成品直接人工成本	18 000 美元
本期产成品直接材料成本	27 000 美元
发生的总制造费用（包括固定制造费用60 000美元和变动制造费用75 000美元）	135 000 美元

要求：

a. 计算制造费用分配率。

b. 计算所有的差异。

c. 计算完全成本法下的净利润（所有差异都由销货成本负担）。

d. 计算变动成本法下的净利润（所有差异都由销货成本负担）。

e. 比较变动成本法下与完全成本法下利润的差别。

［习题13—9］ **Shady Tree 制造公司**

Shady Tree 制造公司生产两种产品 M1 和 M2。M1 和 M2 均无期初存货及期末在产品。用单一的全厂制造费用分配率将制造费用分配计入产品，制造费用依标准工时分配。制造费用分配率年初确定，弹性预算如下：固定制造费用为300万美元，变动制造费用为20美元/直接人工工时。管理层预计标准工时为200 000小时。每种产品的标准工时如下：

产品种类	M1	M2
每单位产品标准工时	3	5

本年度制造费用效率差异及耗用差异均为零。以下是本年实际生产状况：

产品种类	M1	M2
实际产量（件）	30 000	12 000
实际销量（件）	20 000	10 000

要求：

a. 计算年初的全厂制造费用分配率。

b. 计算本年制造费用数量差异。

c. 如果将数量差异直接转销销货成本，对会计收益有何影响？

d. 比较将数量差异计入存货或计入销货成本与直接转销销售费用对会计收益的影响。

[习题 13—10]　碧尼娃娃（Beanie Babies）

奥吉丹工厂（The Ogden Plant）生产碧尼娃娃，这是一种有丰富动物造型的小型填充类玩偶。这类玩偶十分流行以至于成为了人们的收藏品。该工厂使用可变预算和预先设定的制造费用分配率来分配制造费用成本。制造费用成本使用直接人工分配。下一年度的固定制造费用预计为 230 万美元，此外，预计的变动制造费用为每直接人工工时 3.50 美元。

该工厂两年前有 180 名生产人员（为直接人工），每人每年工作 2 000 小时。由于碧尼娃娃的高需求量，下一年度计划有 240 名生产人员，每人预计每年工作 2 200 小时。年末，根据碧尼娃娃的实际产量，标准人工工时为 480 000 小时。

要求：

a. 使用预计量和正常量来计算制造费用分配率。保留两位小数。

b. 假设预计量被用于设定制造费用分配率，计算今年的数量差异。

c. 假设正常量被用于设定制造费用分配率，计算今年的数量差异。

d. 写一份简报，使得非会计部门的主管能够明白为什么在（b）和（c）中数量差异会有所不同。换言之，就是解释为什么（b）和（c）会产生不同的数量差异，为什么这些差异会和管理者相关。

[习题 13—11]　齿轮切割车间（Gear Cutting Department）

齿轮切割车间为铸件切齿。这些齿轮在其他车间加工完成后，被组装成农用设备及建筑设备（拖拉机、联合收割机及推土机），车间有三台两年前购进的完全相同的切割机。计划每年每台机器用 2 400 小时。本年生产预算如下：

齿轮切割车间生产预算

2010 年 1 月 1 日—2010 年 12 月 31 日

齿轮型号	生产预算（齿轮数量）	每个齿轮的标准工时（分钟）	预算机时（分钟）
A7474	965	36	34 740
B7682	290	21	6 090
C4983	993	24	23 832
D7575	514	44	22 616
F8390	733	39	28 587
H6363	547	54	29 538
H8983	989	32	31 648
J3839	354	33	11 682

续表

齿轮型号	生产预算（齿轮数量）	每个齿轮的标准工时（分钟）	预算机时（分钟）
K9828	546	52	28 392
L2738	922	48	44 256
L7378	494	26	12 844
L9383	313	11	3 443
M7483	199	52	10 348
M8992	950	50	47 500
Q2839	423	52	21 996
R093	588	37	21 756
S2829	719	45	32 355
S2882	488	25	12 200
T8390	373	57	21 261
U1920	185	34	6 290
Y7382	647	37	23 939
合计			475 313

2010 年，齿轮切割车间的营运预算如下：

齿轮切割车间营运预算

2010 年 1 月 1 日—2010 年 12 月 31 日

	固定成本	每机时变动成本
机油		$ 3.21
折旧	$ 632 000	
工程技术	232 890	
维修保养	69 840	4.56
操作员	25 400	36.34
工厂制造费用	124 400	1.20
用具	26 800	2.21
合计	$ 1 111 330	$ 47.52

齿轮切割车间的成本根据标准工时（分钟）分配给各个齿轮。年初，管理人员用本车间预算成本除以预计工时来确定切割工时的每分钟成本（固定预算成本加上每分钟变动制造费用乘以全年预计工时）。下表概括了每种齿轮的实际加工情况。

齿轮切割车间加工过程概况

2010 年 1 月 1 日—2010 年 12 月 31 日

齿轮型号	实际产量	每个齿轮的标准工时（分钟）	标准工时（分钟）	实际工时（分钟）	实际偏离标准百分比（%）
A7474	1 041	36	37 476	41 528	11
B7682	304	21	6 384	6 160	−4
C4983	937	24	22 488	24 671	10
D7575	543	44	23 892	26 359	10
F8390	724	39	28 236	29 546	5
H6363	544	54	29 376	26 970	−8
H8983	958	32	30 656	29 631	−3
J3839	331	33	10 923	10 142	−7
K9828	596	52	30 992	28 823	−7
L2738	1 007	48	48 336	49 494	2
L7378	536	26	13 936	14 484	4
L9383	335	11	3 685	3 936	7
M7483	208	52	10 816	10 657	−1
M8992	1 020	50	51 000	55 543	9
Q2839	462	52	24 024	23 125	−4
R093	603	37	22 311	22 761	2
S2829	675	45	30 375	28 110	−7
S2882	447	25	11 175	12 371	11
T8390	351	57	20 007	19 989	0
U1920	191	34	6 494	6 332	−2
Y7382	585	37	21 645	20 167	−7
总计			484 227	490 799	

要求：

a. 确认齿轮切割车间 2010 年度所有的计量指标（如实际量）。根据每一计量指标提供 2010 年的经验规模。

b. 估计 2010 年以前，齿轮切割车间的每分钟成本。

c. 有一家公司愿以每个齿轮 63 美元的价格加工 A7474 型齿轮。这个价格中包括齿轮来回的运费。该公司承诺齿轮的质量、供货时间都不亚于齿轮切割车间。分析该公司的报价，指出是否应接受此报价。请注明你的建议所涉及的有关假设。

［习题 13—12］ 特洛拖车行（Turow Trailers）

特洛拖车行的主要工作是装配马拉拖车。产品有两种型号：G7 和 V8。生产过程不复杂，属于劳动密集型生产。两三个工人一组，组成 48 个工作队，由 16 个监工监督工作队工作。材料搬运工为工作队提供拖车的全部零部件。工厂管理部门包括人力资源部、会计部、稽查部、采购部及总务部。2010 年及 2011 年生产经营情况的数据如下：

	2010 年	2011 年
预算直接人工工时	100 万	100 万
弹性预算：		
固定制造费用	210 万美元	220 万美元
每工时变动制造费用	7 美元	8 美元
产量：		
G7	11 000	8 000
V8	12 000	6 000
每单位产品标准直接人工工时		
G7	40	40
V8	50	50
实际发生的制造费用	900 万美元	810 万美元
实际投入直接人工工时	100 万	70 万

要求：

a. 计算 2010 年及 2011 年所有的制造费用差异。

b. 讨论工厂中哪些人员应分别对各制造费用差异负责。

［习题 13—13］　麦根公司（Megan Corp）

麦根公司只生产一种产品，生产每单位产品需用 3 小时，直接人工工时为 30 000 小时。产成品车间本年数据如下：

制造费用效率差异	$ 4 000（不利差异）
固定制造费用预算	$ 900 000
实际产量	11 000 件
标准人工工资率	15 美元/工时
多分配的制造费用	$ 92 000（有利差异）
直接人工效率差异	$ 15 000（不利差异）

要求：

a. 计算：

（i）实际制造费用；

（ii）制造费用耗用差异；

（iii）实际直接工时；

（iv）每工时预算变动制造费用；

（v）每工时制造费用分配率；

（vi）制造费用数量差异；

（vii）实际人工工资率。

b. 写一份报告总结公司的经营成果。

［习题 13—14］　打印机有限公司（Printers Inc）

打印机有限公司生产、销售 M 型彩色打印机（MC）和 H 型彩色打印机（HC）。生产每台 MC 需 100 直接人工工时，生产每台 HC 需 150 直接人工工时。年初，计划生产 700 台 MC 和 500 台 HC。年终，实际生产了 720 台 MC 和 510 台 HC。生产 MC 比标准工时多用了 1 400 小时，生产 HC 比标准工时少用了 3 000 小时。制造费用弹性预算为：固定制造费用 290 万美元，变动制造费用每直接人工工时 10 美元。

要求：

a. 计算预算工时。

b. 计算标准工时。

c. 计算实际工时。

d. 计算制造费用分配率。

e. 计算制造费用数量差异，并讨论其意义。

［习题 13—15］　焊接车间（Soldering Department）

焊接车间的主要工作是将集成电路焊接在电路板上。该车间高度自动化，机器设备是一流的，15 个月前刚刚投产，车间制造费用按机时分配。每月正常机时为 2 000 小时，每月平均固定制造费用为 160 000 美元，每机时变动制造费用为 110 美元。3 月实际机时为 2 400 小时，标准机时为 2 200 小时。下表是新设备前 14 个月的效率差异和数量差异：

	标准机时（机器工时）	制造费用差异	
		效率	数量
上年			
1 月	800	$ 42 000U	$ 96 000U
2 月	1 200	26 000U	64 000U
3 月	1 300	21 000U	56 000U
4 月	1 100	22 000U	72 000U
5 月	1 600	3 000U	32 000U
6 月	1 900	2 500F	8 000U
7 月	2 100	3 000U	8 000F
8 月	1 700	1 800F	24 000U
9 月	1 050	900F	76 000U
10 月	2 300	14 000U	32 000F
11 月	2 150	5 000U	8 000F
12 月	2 000	740F	0
本年			
1 月	1 900	1 200F	8 000U
2 月	2 000	870U	0

注：“U” 表示不利差异，“F” 表示有利差异。

要求：

a. 计算焊接车间的制造费用分配率。

b. 计算今年3月的制造费用效率差异及数量差异。

c. 评价焊接车间的制造费用差异构成，是什么造成了这种状况？

［习题13—16］　拜特唐公司（Betterton Corporation）

拜特唐公司制造汽车头灯透镜，并采用标准成本系统核算。年初制定了每100个透镜的如下成本标准：

项目	投入指标	金额
直接材料	100磅，2.00美元/磅	$ 200
直接人工	5小时，18美元/小时	90
工厂制造费用：		
固定制造费用	4美元/工时	20
变动制造费用	6美元/工时	30
每批总成本（100个为一批）		$ 340

1月计划投入5 000直接人工工时，实际生产105 000个汽车头灯透镜，没有期初存货。1月发生如下成本：

发生总制造费用（固定部分+变动部分）		59 000美元
直接人工	5 400小时	99 900美元
投入直接材料	102 000磅	
购入直接材料	110 000磅	209 000美元

要求：

a. 计算以下差异：

（i）制造费用耗用差异。

（ii）制造费用数量差异。

（iii）多分配（少分配）制造费用。

（iv）购入直接材料价格差异。

（v）直接人工效率差异。

（vi）直接材料数量差异。

b. 讨论购入的直接材料价格差异与投入使用的直接材料价格差异有何区别，各自的优缺点是什么。

［习题13—17］　安派克斯公司（Anpax，Inc.）

安派克斯公司制造L7和Q2两种产品，制造费用按机时分配计入产品中。管理阶层应用弹性预算预计制造费用。本年度，预计固定制造费用为275万美元，变动制造费用为每机时20美元。年初，管理层制定了以下产品成本标准，并进行了全年的生产规划：

安派克斯公司本年标准成本及生产预测

	产品	
	L7	*Q2*
预算产量	25 000	35 000
标准成本：		
每单位产品直接人工	10 小时，15 美元/小时	12 小时，15 美元/小时
每单位产品直接材料	85 磅，1 美元/磅	95 磅，1 美元/磅
每单位产品机时	4 小时	5 小时

本年实际生产情况如下：

直接人工	700 000 小时	980 万美元
直接材料	500 万磅	550 万美元
机时	270 000 小时	
制造费用（含变动、固定两部分）		840 万美元

要求：

a. 计算本年制造费用分配率。

b. 计算材料及人工差异，要计算出数量（效率）差异及价格差异。

c. 计算制造费用数量、耗用及效率差异。

d. 你的老板不具备会计专业知识背景，你能否不用专业词汇向他解释清楚各制造费用差异的意思？

[习题 13—18] 采购部门

布拉德里公司的采购部门负责整个公司的采购。采购部门的总体成本按照该部门为每个部门处理的订单数目分配到各个部门。采购部门的固定成本是每年 300 000 美元，预计处理 15 000 份订单，每份订单的变动成本为 50 美元。采购成本并不包括项目采购的成本。

采购部门今年处理了 16 000 份订单，实际发生的总成本费用为 1 180 000 美元（不包括项目采购成本）。

要求：

a. 为采购部门设计一份绩效评估报告。

b. 描述报告中的每个项目的评估内容。

c. 评价采购部门的绩效。

d. 还有哪些内容是你想收集并报告给采购部门的？

[习题 13—19] 盖特电力摩托车厂（Galt Electric Motors）

盖特电力摩托车厂生产小型和大型两种摩托车。生产小型摩托车的标准机器工时为 20 分钟，生产大型摩托车的标准机器工时为 30 分钟。盖特电力摩托车厂计划今年生产30 000辆小型摩托车和 20 000 辆大型摩托车。工厂的预计制造费用（固定的和变动的）为1 800 000 美元。今年，盖特公司使用 21 600 个机器工时生产 27 000 辆小型摩托车和24 000辆大型摩托车。今年发生的实际制造费用为 1 900 000 美元。

要求：

a. 盖特电力摩托车厂每机器工时的标准制造费用分配率为多少？每种类型的摩托车的标准成本反映了多少制造费用？

b. 用你在（a）中所得结果检验盖特电力摩托车厂今年的总体制造费用差异10 000美元，说明这个差异是有利差异还是不利差异。

c. 下表将10 000美元的制造费用差异分配到耗用、效率和数量差异上，假设：(1) 所有的制造费用都是变动的；(2) 所有的制造费用都是固定的。检验差异并且判断哪些为有利差异，哪些为不利差异。

差异	(1) 制造费用是变动的	(2) 制造费用是固定的
耗用	$ 44 000	$ 100 000
效率	54 000	0
数量	0	90 000
合计	$ 10 000	$ 10 000

d. 解释在这些差异中所蕴含的经济含义。尤其是，解释为什么即使所有的支出、投入和产出都相同的情况下：(1) 耗用费用差异不同；(2) 在“固定制造费用”下，效率差异为0；(3) 在“变动制造费用”下，数量差异为0。

资料来源：R. Sansing.

[习题13—20]　科蒙多部队（Commando Force）

科蒙多部队是种新型的儿童战斗玩具，包括三个可单独出售的部分“马蒂、凯姆和霸王车”。霸王车可以单独玩，也可以和马蒂、凯姆两个，或其中任何一个一起玩。由于拥有女侠及男兵两种人物形象，“科蒙多部队”的目标市场是7~11岁的孩子。“科蒙多部队”通过批发商转售给儿童玩具商店、连锁店及折扣商店。

第一季度（1月~3月）预计销量不佳，因为圣诞节、新年所形成的购物高潮刚刚过去。下面是第一季度的预算销售数据及实际销售数据：

科蒙多部队预算及实际销售数据

第一季度

	马蒂	凯姆	霸王车
标准售价	$ 8.00	$ 8.00	$ 12.00
标准销量	24 000	20 000	6 000
实际售价	$ 7.50	$ 8.20	$ 11.80
实际销量	23 000	22 000	7 000

要求：

a. 计算其中每个玩具及全部玩具的价格差异及数量差异。

b. 计算其中每个玩具及全部玩具的混合差异及销售差异。

c. 为管理层提供一份以上各种差异产生原因的备忘录。

[习题13—21]　UOP

UOP是一个制造商，折旧费用是其唯一的制造费用（即没有间接人工、间接材料、财产税及厂房保险等费用）。年初UOP利用弹性预算预测制造费用，制造费用以标准机时为标准分配计入产品。

UOP以工作量法计提折旧，使用一台机器生产所有产品。机器原价600 000美元，预计可使用10 000机器工时。UOP生产A、B两种产品，以标准机器工时为标准分配折旧费用。年初生产预算数据如下：

	产品 A	产品 B
预计产量（件）	100	200
每单位产品标准机时（小时）	5	3.5

本年实际生产数据如下：

	产品 A	产品 B
实际产量（件）	110	220
实际机时（小时）	600	800

要求：

a. 计算每机时制造费用分配率和本年预算制造费用。

b. 计算本年分配计入产品的制造费用。

c. 计算本年多分配（未分配）的制造费用。

d. 假设 UOP 仍依据标准机时将制造费用分配计入产品，但以实际机时计算工作量法下的折旧费用，则多分配（未分配）的制造费用应是多少？

e. 解释你给出的（c）、（d）两题的答案区别何在。是什么原因造成的？为何 UOP 更倾向于（d）中所提及的会计处理方式？

[习题 13—22]　莫帕特分公司（Mopart Division）

莫帕特分公司生产单一产品。标准成本系统中采用依据标准直接工时的弹性预算分配间接成本，预算直接工时为 4 000 小时，每单位产品的标准成本如下：

售价	$ 38.00
直接材料（3 磅，5 美元/磅）	15.00
直接人工（0.4 小时，20 美元/小时）	8.00
变动间接费用（0.4 小时，6 美元/小时）	2.40
固定间接费用（0.4 小时，4 美元/小时）	1.60
总成本	$ 27.00

3 月，实际生产状况资料如下：

实际产量（件）	9 000
直接人工工时（小时）	3 800
实际工资率（美元/小时）	20.50
耗用直接材料（磅）	28 000
耗用材料平均价格（美元/磅）	5.50
平均售价（美元）	38.75
销售量（件）	8 800
变动间接费用（美元）	21 500
固定间接费用（美元）	15 800
变动销售及管理费用（美元）	34 500
固定销售及管理费用（美元）	28 000

要求：

a. 分析3月份的经营成果，为你的分析提供依据。

b. 提供完全成本法及变动成本法下的利润表。

c. 指出两张利润表净利润的不同之处。

d. 未利用生产能力的机会成本是什么？

[习题 13—23]　略

[习题 13—24]　略

案例

[案例 13—1]　略

[案例 13—2]　兰卡斯特室内乐团（Lancaster Chamber Orchestra）

兰卡斯特室内乐团是一个为社区成员演奏两种不同系列音乐的小型社区交响乐团，A系列专注于常备剧目的表演，每年举行10场音乐会，B系列则准备6个流行音乐会，根据大众需要进行演出。

由于音乐会的节目表时常变动，演奏师按排练、演出次数计酬。工资费用的开支取决于所需各种乐器的数量及各个木管乐器、铜管乐器及敲打乐器演奏师的演奏曲目的多少。成本预算既定，节目单及排练计划的变动形成演奏师工资率差异。节目单变动会使演出、排练中所需演奏师数量及乐器数量有所变化，排练计划的改变，会改变排练中对某类乐器的需求。例如，A系列音乐会包括两个曲目，但并非每个曲目都会用到所有的乐器。节目单及排练计划由乐团指挥来确定，排练演出预算则由乐团经理制定。2010—2011年的预算成本及实际成本如下：

兰卡斯特室内乐团演奏预算

2010—2011年

A系列		**预算数**		**实际数**	
乐器种类	平均工资率（美元/小时）	演奏师人数	演奏次数	演奏师人数	演奏次数
木管乐器	65	11	60	10	56
铜管乐器	62	10	55	12	53
敲打乐器	58	3	50	3	52
弦乐器	55	25	60	28	59

B系列		**预算**		**实际**	
乐器种类	平均工资率（美元/小时）	演奏师人数	演奏次数	演奏师人数	演奏次数
木管乐器	65	8	21	10	23
铜管乐器	62	14	24	12	24
敲打乐器	58	5	24	3	24
弦乐器	55	22	21	28	19

年初制定预算时，营销主管对两个系列的票房收入持乐观态度，他相信新确定的广告计划将有助于乐团实现创收目标。尽管流行音乐演出的票房收入达到了预计目标，但是有一场古典音乐会因暴风雪而被迫取消，并且这场古典音乐会的排练早已按期进行了，演奏师的工资也已支付了。预算票房收入及实际票房收入如下（票价分三档）：

兰卡斯特室内乐团收入预算

2010—2011 年

A 系列		预算（10 场音乐会）		实际（9 场音乐会）	
票价	每场演出可容纳人数	观众人次	票房收入	观众人次	票房收入
$ 12	800	7 500	$ 90 000	6 030	$ 72 360
15	300	2 800	42 000	2 475	37 125
20	150	1 300	26 000	1 260	25 200

B 系列		预算（6 场）		实际（6 场）	
票价	每场演出可容纳人数	观众人次	票房收入	观众人次	票房收入
$ 14	800	4 680	$ 65 520	4 734	$ 66 276
16	300	1 680	26 880	1 704	27 264
25	150	900	22 500	852	21 300

与其他交响乐团的境况相同，票房收入是无法弥补费用开支的，因此策划部主管负责在社区内募集赞助。不幸的是，年初制定募资预算时没有预料到持续的萧条使得个人、团体及政府都捂紧了口袋。

其他费用包括音乐厅长期租借合同中规定的租金，以及终身雇用的指挥和客座音乐家的薪金、乐谱租金、广告费、演奏师的工资费用等。

乐谱租金及广告费尽管会随季节变化，但仍被视作固定成本。以下是 2010—2011 年的固定成本及变动成本预算。

兰卡斯特室内乐团固定成本及变动成本预算

2010—2011 年

	A 系列	B 系列
音乐厅租金	$ 8 000	$ 4 800
指挥薪金	30 000	12 200
客座音乐家薪金	18 000	6 000
乐谱租金	450	800
广告费	10 000	6 000
变动工资率	$ 15/次	$ 15/次

2010—2011 年的利润表如下：

兰卡斯特室内乐团利润表

2010—2011 年

项目	预算	实际
收入		
票房收入	$ 272 900	$ 249 525
营运费用		
演奏师工资	232 322	241 982
音乐厅租金	12 800	12 800
指挥薪金	42 200	42 200
客座音乐家薪金	24 000	24 000
乐谱租金	1 250	1 100
广告费	16 000	16 200
变动成本	59 190	63 953
费用合计	$ 387 762	$ 404 235
毛利	(114 862)	(152 710)
其他收入		
私人及团体赞助	100 000	95 000
拨入公共基金	25 000	20 000
其他收入合计	$ 125 000	$ 115 000
净盈余（亏损）	$ 10 138	$ (37 710)

要求：

a. 计算兰卡斯特室内乐团 2010—2011 年的弹性预算。

b. 计算出弹性预算后，财务主管发现净利润中存在 53 158 美元的不利差异。通过计算以下指标说明此不利差异：

(i) 收入差异；

(ii) 人工效率差异；

(iii) 制造费用效率差异及耗用差异。

c. 财务主管认为，如果乐团下期仍面临同样的困境，将濒临倒闭。他与营销主管商讨将票价提高 15% 以确保完成预计目标。讨论一下此方案的可行性。

d. 乐团总经理看了利润表后感到很不解。他知道高层管理者们对乐团窘迫的财务状况感到无所适从，可乐团的现状应由谁负责呢？运用你的专业知识讨论一下兰卡斯特室内乐团的症结所在，并指出每一项差异应分别由谁负责。

资料来源：M. Ames，J. Dallas，R. Krebs，J. Ricker.

第 14 章　变化环境中的管理会计

本章提要

A. 综合框架
  1. 组织架构
  2. 企业战略
  3. 环境因素及竞争压力对组织的影响
  4. 启示
B. 组织创新与管理会计
  1. 全面质量管理（TQM）
  2. 适时制生产（JIT）
  3. 六西格玛和精益生产
  4. 平衡计分卡
C. 内部会计系统何时需要改变？
D. 本章小结

在书店的商业类图书货架上关于优化组织运作的著作种类繁多。这类书籍常用到诸如标杆管理、六西格玛、全面质量管理、重组、精益生产、虚拟公司、缩减规模、适时制、公司文化之类的术语，多数论著都不专门讲述如何改善公司的内部会计系统。然而，实施它们提出的组织结构改进方案都离不开会计系统的重要变革，因为会计系统是公司组织结构中的重要组成部分。

本章扩展了第 1 章（第 5 节）中介绍的框架，该框架介绍了引起会计和组织结构变化的因素。这一框架有助于我们理解一个特定的组织创新的适当时机，如实施全面质量管理，以及会计应对此做出的反应等。

SAP 公司

德国 SAP 公司提供一种十分流行的软件包。该软件包中包括了财务会计、生产规划、市场营销、成本会计、订货成本、材料管理、质量认证及人力资源等一整套的应用程序。由于其产品的灵活性及强大的功能，包括道氏化学公司（Dow Chemical）、杜邦（Du Pont）、雪佛龙（Chevron）和埃克森石油公司（Exxon）在内的数以千计的公司使用了该软件。该软件有九种语言及多种货币版本供跨国经营使用。一个大型公司全部安装 SAP 的软件需大约 5 年时间，成本从 2 000 万美元到 2 亿美元不等。

该软件允许在线用户分享其他部门的数据。该软件的组件有不同功能导向（如会计、营销及人力资源），这些组件集成在一起，数据在各组件间的传递十分方便。这便为公司的组织结构从职能部制转换为事业部制提供了可能。

> SAP 软件使公司从以前的手工管理中解放出来。柯达公司（Kodak）使用 SAP 软件重新设计了其订货业务处理过程。接受订货者现在可以迅速做出是否给予顾客信用的决策，而且该软件可以使他们随时了解生产情况，并通知顾客货物何时发运。因此，提货时间缩短了 70%，与顾客的电话回复时间也缩短了 50%。
>
> 资料来源：J. Xenakis, "Taming SAP," *CFO*, March 1996, pp. 23 – 30.

本书前面各章介绍并分析了管理会计系统。除服务于决策制定及决策控制外，会计系统也为股东、税务部门及政府等外部用户服务。因此，本书的中心内容之一便是会计系统设计中多种目标导向的权衡。除了让内部用户更好地了解会计系统的应用以外，本书还强调应把会计系统视为公司组织结构的一个重要组成部分。这一分析结构将有助于读者更好地了解、应用和设计未来的会计系统并将其用于业绩评价、奖惩、分权决策等其他系统。

本章总结以前各章的内容，并应用以前各章对近期内部会计系统的变革进行分析。第 1 节回顾以前各章的主要观点，并扩展了第 1 章中包括会计系统在内的组织架构的综合框架。第 2 节运用这一框架分析近代组织革新（全面质量管理、适时制生产、六西格玛、精益生产和平衡计分卡）及会计系统应对这些革新做出何种反应。第 3 节讨论会计系统何时需要改变。最后，第 4 节提供了一些结论性的观点。

在未来的职业生涯中，你将见识到改进公司内部会计系统的诸多提案。一个成功的管理者能够采纳有助于增加公司价值的提案，而避免启用会减少公司价值的提案。第 2 节中的四大组织革新是应用所学知识进行研究的生动案例，它们也有助于回顾过去所学的传统会计系统的优点和不足。

A. 综合框架

正如第 4 章所述，公司的产生是由于它能够以比单一业主通过市场交易传递中间产品更低的成本提供产品及服务。但由于雇员更关注自己的利益而不是股东的利益，代理问题便随公司的产生而产生了。为控制代理成本，使形成了相应的公司组织结构：决策权分配、业绩评价与绩效奖惩。一个重要的任务是，把决策权与决策所需的相关知识紧密联系在一起。将决策权授予拥有与决策相关的知识的人，要比向决策者灌输与决策相关的知识容易得多。

图 14—1 扩展了第 1 章中关于会计系统在公司组织架构中如何起作用的综合框架。图的上部是影响公司战略（将在下文讨论）的两大外部因素（技术革新和市场状况）。公司战略与公司组织架构共同激励着员工和管理者，影响员工和管理者的行为，转而影响公司价值。因此，图 14—1 描述了诸如技术、市场状况等外部因素是如何影响投资、企业组织架构、激励机制及措施，并最终影响公司的价值的。

1. 组织架构

图 14—1 中的组织架构给出了第 4 章所提及的公司组织结构的三个主要元素。第一个元素——决策权分配——是与决策控制相分离的决策管理的一部分，每个决策都包括如下程序：

决策步骤	决策控制/决策管理
1. 决策制定	管理
2. 决策审批	控制
3. 决策执行	管理
4. 决策监督	控制

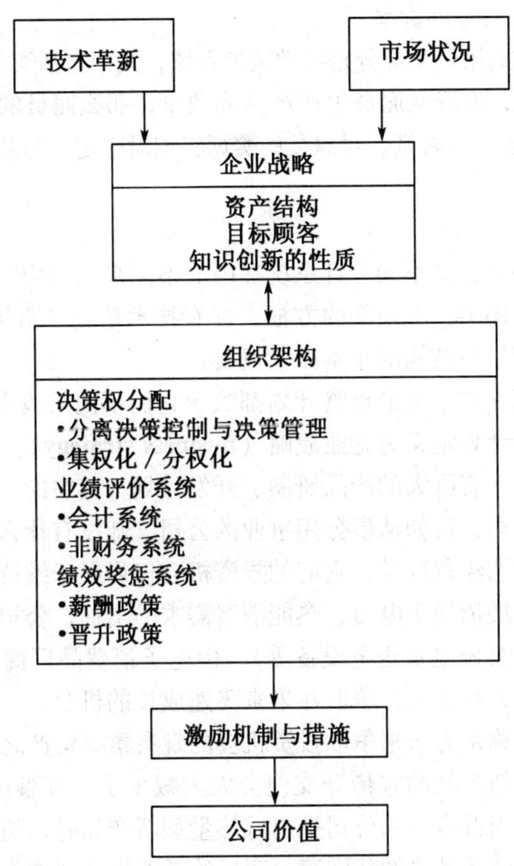

图 14—1　综合框架图

拥有决策管理权的个人通常不拥有决策控制权。决策管理与决策控制的分离减少了组织中的代理问题。例如第 12 章中所谈及的，标准通常需要由以这些标准来评价其行为的被考核者参与制定。然而制定或改变标准的决策权不能完全归属于被考核者。成本会计部门、工程技术人员及高级经理拥有决策控制权，负责审批并监督标准成本。

为制定决策（决策管理或决策控制），经理人员需要信息。人们希望决策审批和监督（即决策控制）所使用的信息在性质上不同于决策制定及执行（即决策管理）所使用的信息。决策控制所使用的信息可能相对于决策管理所使用的信息更总括，但不那么详细及时，也更少受到被监督者的控制。值得强调的是，被监督的经理所拥有的对进行决策控制而使用的信息系统的修改权应少于使用这些信息进行决策管理的经理们。

决策权分配的另一方面是决定组织中的哪些部门应拥有某一决策权，这就涉及集权与分权的问题。对决策权的分配会影响公司的组织结构——公司是由营销、生产、配送等职能部门组成的，还是由各事业部门组成。无论如何，决策权必须要与作决策所需的相关知识联系在一起。

图 14—1 中公司组织架构的第二部分是包括会计系统在内的业绩评价系统。除使用会计业绩指标外，公司也应用非会计指标。这些指标包括：公司股票价格、客户的投诉、产品质量和及时供货率。

公司组织架构的第三个部分是绩效奖惩系统，其中包括酬薪政策和晋升政策。假如业绩考评准确简便，如清点雇员生产产品的数量，那么雇员的报酬便随着他们的业绩（生产率）变化而变化。否则，对雇员的奖惩将相对固定，与其业绩没有多大关系。

2. 企业战略

为什么公司会有包括不同会计系统在内的不同组织架构？促使公司改进其组织结构的因素是什么？图 14—1 顶部的方框，标有技术革新、市场状况及企业战略字样，便给出了影响公司组织结构的基本因素概要。

每个公司的现在或未来的投资计划都赋予它们不同的投资机会。[①] 可将这些公司现在或未来的投资计划定义为**企业战略**（**business strategy**）。一些公司——尤其是电子消费品生产公司，有巨大的产品研制、开发计划，其中的一些新产品是很有盈利前景的。另外一些公司，譬如从事公用事业的公司，却没有什么新的投资计划。政府规制机构限定了它们的经营种类，它们的投资机会仅局限于维持现有的生产能力。公共事业公司业务的发展依赖于电力、热能消费需求的增加，公司价值主要是现有资产创造的（这些资产包括发电及送电设备等）。但电子消费品厂商、药品厂商等公司则通过研究、开发费的大量投入，争取在未来飞速成长的机会。

公司的商标名称是为未来争取投资机会的现有重要资产之一。消费者一旦产生对品牌的认同，介绍新产品的宣传开支便会大大减少了。百事可乐（Pepsi）就是一个世界闻名的商标，当百事可乐公司推出低热量型新产品时，消费者在品尝新产品之前就已形成了对其口味及品质的认同感。商标给予百事公司成本优势，而加入该行业的新厂商在介绍其新产品时就没有这种优势。因此，商标名称也影响着公司的投资种类。

企业战略通过决定公司的资产结构、目标顾客及公司内知识的创造与传播等因素，从而影响公司的组织架构。这些因素影响着公司的组织架构，也为公司的组织架构所影响（注意图 14—1 中的双向箭头）。换言之，公司战略影响公司的组织方式，而组织架构又反过来影响公司发现及把握新的盈利投资机会和实施新企业战略的能力。例如，科宁玻璃器皿公司（Corning Ware and Pyrex）原来只生产盘子等器皿，后

① 以下文献为图 14—1 中总结的组织架构、资本结构、会计选择之间的相互依存关系提供了证据：C. Smith and R. Watts, "The Investment Opportunity Set and Corporate Financing, Dividend, and Compensation Policies", *Journal of Financial Economics* 32（1992）; and J. Gaver and K. Gaver, "Additional Evidence on the Association between the Investment Opportunity Set and Corporate Financing, Dividend , and Compensation Policies", *Journal of Financial Economics* 16（1993）, pp. 125 – 60. J. Brickley, C. Smith, and J. Zimmerman, *Managerial Economics and Organizational*（ *Architecture* ）4th ed.（New York: McGraw-Hill/Irwin, 2007）.

来投资于光纤电缆和汽车催化转化器所用的玻璃衬层，这两项革新对公司的组织架构产生了深远的影响。类似地，成功的组织架构能带来有商业价值的新投资机会。

企业战略包括如下内容：

（1）资产结构。公司的企业战略决定其资产结构。制药公司的资产主要是药品专利和商标，而电话公司的资产则以电话线、交换机为主。如果公司的资产主要以建筑物、机器设备的形式存在，那么业绩考评系统便可能会对会计指标有较强的依赖。如果公司的资产表现为未来成长的潜力很大，譬如石油、天然气开采公司，那么公司管理者的报酬可能将更紧密地与股票和认股权等反映公司市场业绩的有价证券相联系。

（2）目标顾客。企业战略决定顾客的类型及其地域分布，而后者反过来左右公司为顾客服务的组织方式。例如，如果顾客所处地域分散，那么销售方式可由公司直销转为由特许经营店销售，如快餐店等。特许经营店由业主自主经营，业主在获取当地市场的相关知识及使利润最大化方面要比母公司的雇员更有动力。但如对各地特许经营店进行质量监督，授权公司必须设专门进行质量监督的机构，这一机构的组建便影响了授权公司的组织方式（其中包括建立对该机构进行业绩考评、奖惩的系统）。

施乐公司的企业战略与目标顾客

施乐公司的传统顾客是客户复印服务中心的经理。许多大公司都有这种客户复印服务中心，并使用体积大、镜像小的复印机。传统的复印中心都很相似，需要操作员将复印文本塞进复印机，再取出大量的复印件。但最新的数字技术使用户通过网络计算机直接获取复印件。这项新数字技术的顾客已不再是客户复印服务中心的经理，而是计算机中心和信息管理部的经理。现在施乐公司的销售代理必须要具备计算机及网络系统的专业技术，以及顾客业务、事件处理需求方面的专门知识。每一台设备都能运行多种功能（扫描、打印、装订和传真）。施乐公司销售对象的转变，使得组织方式的转变成为必然。销售对象的转变，使公司不再按顾客规模和地域组织销售，而是按生产流程组织销售。施乐公司的一部分销售人员专门从事特定顾客行业（教育、法律公司、制造企业）的销售业务，其他的销售人员则按照产品线（色彩调配专业、大容量专业）进行划分。

（3）知识创新。知识创新的性质取决于企业战略的选择。如果公司所处的市场稳定，知识创新速度不那么快，就可采用一个相对集权的组织结构。某些知识（如销售额）可以多种形式表示，并可轻易地在公司内部传播。但另一些知识（如特定市场的顾客偏好）则难以描述，也不便于传播。便于传播的知识使得公司高层享有决策权，这样对下级的业绩考评奖惩系统便可简化。因此，公司投资的选择决定了知识的生成方式及地点，并影响决策的分权程度。在施乐公司（Xerox）的例子中，相对于传统的复印技术，在数字化的网络复印中，了解客户的文件处理需要显得更加重要。

技术进步和银行业

可靠的高速电话线路及计算机系统为自动提款机的问世扫清了障碍。自动提款机网络的发展大大降低了各地分支银行的数量。ATM网络的规模效应及对分支银行需求的减少是90年代美国银行业兼并浪潮迭起的原因之一。公司合并是一个组织改变其结构的一个例子。

3. 环境因素及竞争压力对组织的影响

图14—1顶部的两个方框表明企业战略依赖于技术进步及市场状况变化。诸如光纤维之类的新技术引起与之竞争的技术的相对价格的变化，这又使得一些投资计划价值上升，而另一些投资计划价值下降。例如，光纤技术促成了国际互联网的诞生，而国际互联网又为电子邮件的收发提供了可能，从而减少了对传真、邮递服务的需求。技术的更新也改变了知识传输及业绩监督的成本。制造业应用传呼机及蜂窝电话监督员工的工作，餐饮业运用震动式传呼器提醒服务员客人点的菜已备好。技术进步形成了连锁反应，不仅改变了投资机会而且改变了公司的基本专业知识、资本结构、服务对象及组织结构（包括内部会计系统）。

市场状况的变化也形成了相似的连锁反应。全球竞争的加剧促使许多曾一度实施地方保护主义的公司加入到成本竞争之中。公司不像过去那样在当地生产产品，而是在全球各地采购零部件，因而导致了组织的变化。市场状况变化的原因多种多样，包括政府管制及税务政策的变化。税率的变化使得投资机会的税后利润率随之变化，从而影响投资方案的取舍决策。北美自由贸易协定降低了加拿大、墨西哥、美国之间的关税。相应的公司将重新确定生产地点以使成本更低。不仅三个国家之间的贸易增加了，而且公司经营的地域分布也变化了。在中国和前苏联的新兴市场，同样引起了连锁反应，企业为了进军这些市场而策划扩张。企业的投资机会（企业战略）改变了，组织结构也随之发生了变化。

值得强调的是，以上的讨论及图14—1并不是错综复杂的影响因素的全面概括。为简化讨论，许多其他重要的公司政策，如资本结构、信息管理及营销方针等也被排除在外了。然而，与公司大部分其他政策相关的内部会计系统，其重要性绝对不容忽视。

4. 启示

成功的公司及经理都能快速适应市场的变化与技术的进步。随着新的盈利投资项目的出现，一些原来盈利的投资项目会变成不盈利的项目。成功实施的盈利计划有赖于将决策权与决策相关知识相结合的组织结构，即在这样的组织结构中，经理有动机应用他们的知识进行决策，并采取行动挖掘该项目的潜在价值。

本书重点研究企业内部会计系统，对会计系统运作的大环境的了解也是十分重要的。图14—1强调了外部环境如何通过技术进步与市场状况的变化作用于公司组织架构（包括会计系统的选择）及企业战略，从而影响公司价值。高层经理常常通过调整企业战略、改变组织结构来适应外部环境的变化。图14—1提供了以下两大重要结论：

（1）会计系统的变更并不是在真空中发生的。会计系统的变更往往与公司企业战略和其他组织结构的改变，特别是与决策权分配及业绩考评、奖励系统的制定同时发生。

（2）公司组织结构的变更，包括会计系统的变化，往往是公司企业战略变化的结果。而企业战略的改变，又是迫于技术进步及市场状况变化的压力。

从以上两个结论可以得出三个重要的管理启示：第一，实施会计系统及其他组织结构的变革前，最重要的是理解导致其变革的原因。第二，会计系统的采用，不应是对其他企业的简单模仿，而应该是各种外部因素冲击的结果。第三，会计系统应协同决策权分配方式、业绩奖惩系统的变化而变化，组织架构的这三个方面是相互联系、共同作用的。

在一项对随机抽取的 40 家美国制造业公司的研究中，研究者公布了生产过程的变化引起了业绩报告系统及控制系统的变化情况。他们得出结论：生产适时制及全面质量控制的应用与提供给生产第一线工人的信息量正相关。① 该项研究支持了前面所述的，会计系统变革通常与公司组织结构的其他变革同时发生。

本节复习思考题

Q14—1 为公司的企业战略下定义。

Q14—2 描述公司企业战略是如何影响其组织架构的。

Q14—3 描述技术进步及市场结构变化是如何导致组织架构的变化的。

Q14—4 经理人员照搬其他公司的组织结构变化方案可行吗？

B. 组织创新与管理会计

以上已提出了一系列组织创新的建议：全面质量管理、适时制生产、六西格玛、精益生产和平衡计分卡。本部分首先描述这些创新及其对管理会计的影响，然后说明如何应用图 14—1 的框架，以便更好地理解公司为何实施创新及能否成功。

1. 全面质量管理（TQM）

经济生活中，质量对于营利组织与非营利组织同样至关重要。为提高质量，管理人员必须要探究质量的真实含义。人们围绕全面质量管理的组成内容及质量的含义展开讨论。毋庸置疑，对于多数专家而言，TQM 既包括改善产品质量的有形方面（业绩、可靠性、与产品详细说明的一致性、耐用性、服务能力及可感知质量），也包括提高组织效率（降低成本、提高生产率）。TQM 寻求公司各方面的改善：产品、生产过程及服务。管理人员也必须设计衡量指标以报告质量的提高。本节讨论质量的各种含义、质量衡量指标，并以图 14—1 中的综合框架对其展开分析。

质量可以用多种方式来衡量。其中有两种最普遍的方式，就是满足消费者期望和降低次品率。

消费者对产品有多种预期，包括供货时间、停工期、产品特点及售后服务。这些

① R. Banker, G. Porter, and R. Schroeder, "Reporting Manufacturing Performance Measures to Workers: An Empirical Study," *Journal of Management Accounting Research* 5 (Fall 1993), pp. 33 – 55.

期望包括品质、差异及可选择度。例如，一个顾客可能希望技术服务人员在打电话后平均大约两小时内赶到，至多有一小时的延误。如果服务人员平均在一个半小时内到达，但却有两小时的偏差，公司就只满足了顾客的一个期望（平均到达时间），而没有满足另一个期望（在两小时内保证赶到）。

大多数 TQM 包括以下要素：

·质量控制全厂化。每个雇员，上至高层经理，下至生产工人，都了解质量控制过程。质量连结着顾客与供货商，追求卓越是公司的基本动机。

·质量由顾客定义。

·质量需要组织结构的变化。组织结构（业绩评价及奖惩和决策分权）必须鼓励相互合作，提供提高质量的动力。高层经理应具备如何提高质量的专业知识。工人被授权（如赋予决策权），去变革以提高质量。

·质量融于产品的设计中。质量必须融入产品设计，以及包括从制造的第一个环节到最终将高质量产品交付给顾客的全过程。

用满足顾客预期来定义质量，需要掌握有关顾客全部预期的知识、已实现的价值和顾客具体预期的重要性。每位顾客都会认为对某一些预期的偏离比对另一些预期的偏离更为重要。例如，对于一些顾客来说，未能按期供货比未能按时上门服务更重要。不同的顾客，对产品质量的偏好各不相同。为使公司价值最大化，了解顾客对产品属性的偏好十分重要，这需要专业知识。顾客包括企业产品及服务的外部顾客和内部顾客。例如，维修车间没有外部顾客，但其拥有内部顾客。

确认产品质量的传统方法是指对原材料的验收、购货及制成品进行全面检验。将检验站和质量认证检查员加入到生产线中以清除劣质产品。现应用统计抽样的方法，从一批产品中随机抽样，如果在样本中发现大量次品，则拒绝接受整批产品。提请注意的是，这一过程假设质量就是低差异——达到某种产品规格，当然消费者对这种产品规格是否感兴趣是另外一回事。等待返工或被丢弃的次品储存在工厂的各部门。建立生产经营预算和生产经营标准的公司通常考虑到了废品及返工的成本。在一些情况下，市场需求大于产量的期间内，勉强合格的产品将会进入市场，进入市场的次品由履行质量保证承诺的各地服务机构修理。大多数公司的会计系统并不考虑次品的机会成本。

ISO 9000

国际标准组织（ISO）是欧共体制定质量标准的一个组织。他们制定的 ISO 9000 标准根据生产的复杂程度给予不同水平的证书。为得到 ISO 9000 的认证，厂商必须提供其所依据的书面政策、程序及质量方法的书面证明。独立的外部注册师到 ISO 9000 证书的申请厂家调查，确保申请者拥有必要的文件、质量手册及程序。每 3 ~4 年进行一年两次的检查与复核，以确保证书的内容得到切实履行。ISO 9000 不为产品的质量提供担保。ISO 9000 只保证厂商拥有确保产品质量的政策。

资料来源：http：//en. wikipedia. org/wiki/ISO_ 9000.

20 世纪 80 年代，两种重要因素共同改变了许多行业质量认证的传统方法。第一，与直接人工检测相比，凭借电子计算机技术查找次品和监督生产的成本大大下降。人工查找和纠正错误的成本（包括医疗福利）大大高于电子计算机。改进后的设备在产品生产过程中的早期就可以查找并纠正错误，而无须在生产过程完成后再由人工查找并纠正错误。第二，世界范围内的竞争已延伸到质量这种价格以外因素的竞争。日本汽车厂商在与美国汽车制造商的竞争中赢得价格优势以后，便将注意力集中在实现产品质量优势上了。发现次品成本的降低与全球竞争力的提高都促进了质量的提高。注意图 14—1，技术创新和市场环境变化共同造就了全面质量管理。

为降低次品率，公司重新设计它们的产品，降低零部件种类，更便于严格控制供货商提供原材料的质量。产品设计师对易出故障的零件进行重新设计，生产过程也需重新设计以降低次品率。机器人和更多的检测设备在生产中得到应用，以确保产品质量的长期稳定。公司实施全面质量管理程序，许多全面质量控制程序从提高产品服务质量的有形方面入手，渐渐拓展到根据内部及外部用户的需要改进产品及服务，并使价格更具竞争力。组织结构也发生了根本变化，其中包括改进业绩评价、奖惩系统及划分决策权。将公司的决策权分散到下层部门，这些部门更了解顾客的偏好及生产过程。

Saia 公司的极致保证书

Saia 公司，美国的一家载重汽车运输公司，试图通过其极致保证书为顾客提供满意的服务。Saia 公司承诺如下：

· 取货业务——按约定日期提取货物。

· 准时交货——按照公司公布的转接时间表交货。

· 服务保证——无一例外地提供运送服务。

· 低于 1 000 美元的索赔 30 天内解决——对顾客的索赔要求在 30 天内书面解决。

· 准确的发货清单——第一时间将货物准确列入清单。

· 5 分钟送货周转保证——电子设备支持中心为顾客服务，5 分钟内货到付款。

如果公司不能提供上述服务，公司将根据发票金额全额退款。

资料来源：http：//www. saia. com/v2/serviceContent. aspx？ c = xtremeguar.

全球市场竞争加剧，公司之间展开了全方位的竞争，不仅仅是价格，还包括供货计划、售后服务及质量。一般来说，质量意味着向消费者提供消费者想要的。注意，当公司之间进行质量竞争时，质量是多维度的。全面质量管理程序强调质量的方方面面。

图 14—1 中，技术进步（计算机工具）和市场状况都会促使公司改进经营方针及组织结构。全面质量管理程序的核心是了解顾客需要什么以及如何以低成本满足顾客的需要。如果直接与顾客接触的公司下层员工更了解顾客的偏好及如何满足这种偏好，那么就可应用第 4 章的理论——将决策权赋予这些员工。许多全面质量控制程序都主张授予雇员改善质量的权力。授权只是将决策权赋予拥有有关顾客偏好的相关知识者的另一种提法。因此，全面质量管理的一个重要步骤便是将决策权赋予低层管理人员，从而改变公司原有的组织结构。当然，随着决策权的重新划分，业绩考评、奖惩系统也得随之变化。

全面质量管理对会计系统也有要求。废品率、及时供货及顾客投诉的衡量对于经理而言简单易行。然而如果没有一个相应的会计系统，那么这些不同的计量指标将难以统一。经理不知道如何在质量决策之间权衡。例如，是设计并生产无瑕疵的产品成本更高，还是对生产活动自始至终进行监督，发现并纠正次品的成本更高？使用监控设备对生产过程进行精确监督与停留在原有的人工监控阶段，哪一个成本更低呢？经理人员需要成本资料以比较这些方案，进行决策管理。

全面质量管理程序由重新设计产品开始，减少零部件数量（更少的零部件可能出现更多的故障）以使制造与装配更容易、使产品更便于使用。因此，全面质量管理程序包括一系列质量指标：包括产品设计（新零件数量及总零件数量）、供应商评价系统（次品率、及时供货率）、产品制造（次品率、废品率、返工率及时配送率）和顾客满意度（调查、保修费用）。图 14—1 说明会计系统应随公司组织结构其他方面的调整而调整。这也是全面质量管理的要求。除以上所列的非财务质量指标外，一些公司还报告质量成本。质量成本可分为以下四类：

（1）消除次品隐患的预防成本（重新设计产品或生产过程、培训员工）。

（2）制止产生次品的鉴定成本（检验、测试原材料及在产品）。

（3）内部失误成本（生产次品的成本）。

（4）外部失误成本，包括退货成本、维修成本、产品索赔及产品声誉不佳丧失市场份额的机会成本。[①]

这些成本分散在公司中，通常计入各类制造费用账户。重新确认并归集这些成本来编制一张质量成本报告，目的在于引起高层经理人员对质量成本的重视。然而，质量成本中的大多数属于机会成本，如因产品声誉不佳而丧失的市场份额，这些机会成本往往难以在会计系统中反映。

全面质量管理的宗旨之一是使组织提高质量的实际成本开支更低。售出次品和使顾客不满的机会成本都是很高的，必须要纠正错误，安抚顾客的不满情绪，否则顾客就会另选其他的厂家了。产品声誉不佳为组织敲响了丧钟，即使次品在出售前被发现了，修理费用也是相当高的。很多情况下，次品是修不好的，只能废弃。然而，如前所述，“质量并不是免费的”。提高公司产品或服务的质量需要资源，因而强调质量是有代价的。但问题是，提高质量所带来的收益会超过相应的成本吗？图 14—2 描述了在公司改善质量过程中质量成本的走势。随着次品率的提高，内部及外部失误成本上升。然而，较低的鉴定、预防成本是造成高次品率的罪魁祸首。总质量成本呈“U”形，这表明存在最优质量水平。达到最优成本以后进一步降低次品率就要付出更多的预防、鉴定成本，这比其节约的内部及外部失误成本大得多。

尽管有许多公司开始实行质量改善计划，但并不是都能够如愿以偿。研究表明，多数管理者认为质量应是最先考虑的因素，但只有 1/3 的人认为公司的质量改善计划是有效的。一些公司，包括麦当劳（McDonnell Douglas）和佛罗里达能源与照明公司（Florida Power & Light），放弃了它们的全面质量管理计划。在一项调查中，有 60%—70% 的高级经理人员认为他们的全面质量管理计划并没有提高他们的竞争力。

① 参考 G. Wang, Z. Gao, and T. Lin, “Integrating the Quality Cost Report,” *Cost Management*, January/February, 2007, pp. 42–47.

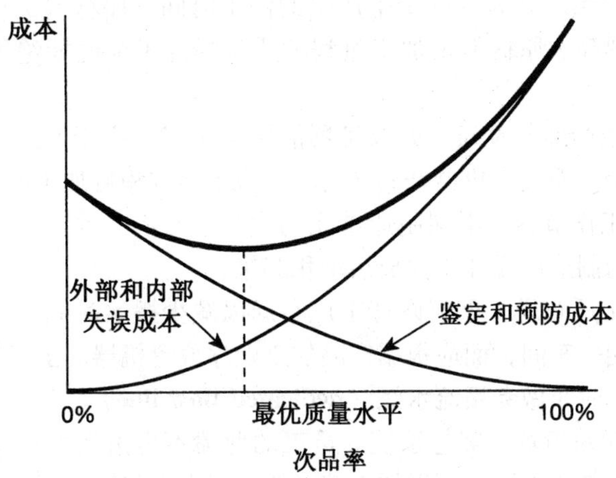

图 14—2 最优质量成本图

另外一项调查表明，“许多公司每年花费上百万美元实施质量改善战略，但并没有提高它们的业绩，甚至妨碍了质量的提高”。① 这一事实证明了图 14—2 中质量管理投资存在最优点的假想。公司的质量管理投资可能会过度或不足。

2. 适时制生产（JIT）

接下来一项组织革新是适时制生产。在一个实行适时制生产的工厂里，生产和需求是同步的，因为企业只有接到订单才开始生产。产品根据客户订单被“拉”过生产线，而不是被为保证工厂满负荷运转而设计的生产计划“推”过生产线。适时制下生产经理的目的是减少工厂生产产品的时间。随着总生产时间的降低，成本也会降低，因为需要购进、储存、管理及看护的存货减少了。为实现这些目标，工厂需要改组，以使原材料及外部零部件恰好在需要投入生产过程时运达，而且工厂内也没有半成品存货存在。产品从一个生产流程传输到另一个生产流程，加工过程持续进行不受干扰。产品停留在工厂内的时间，就是加工产品所耗用的时间。当然，以上描述的是适时制生产的理想状态，实施适时制生产的工厂很少达到这种理想状态。

周转时间（**throughput time**）是指从产品投产到出售所花费的总时间，它是加工时间、等待时间、运输时间、检验时间的总和。适时制生产的目标是使后三种时间（等待时间、运输时间、检验时间）降为零。这三种时间的总和被称为荒废时间或零增值时间。降低周转时间的优越性在于通过减少在产品，以达到：

· 降低持有存货占用的资金成本。
· 节约厂房及仓库空间，降低存储成本。
· 降低材料搬运人员工资的间接费用成本。
· 减少产品过时风险。
· 缩短顾客订货的响应时间，减少产品运输时间。

为降低周转时间，需做以下调整：

① The Wall Street Journal, October 1, 1992, p. B7; M Beer, "Why Total Quality Management Programs Do Not Persist: The Role of Management Quality and Implications for Leading a TQM Transformation," *Decision Sciences*, Fall 2003, p. 623.

（1）提高质量。如为了减少生产中的停工时间，原材料的质量及制造加工过程的质量必须要提高。原材料及加工过程的质量提高了就能杜绝因出现次品而造成的停工。

（2）减少生产准备时间。如果机器能快速做好生产新产品的准备，零件就不必等待加工的开始。而且在机器开始运转前，也不会堆积待加工的存货。

（3）协调工作节奏。不同制造单元的生产节奏应一致，否则在产品存货便会在生产速度较快的制造单元加工完成后堆积起来。

（4）改善工厂布局。重新设计工厂布局以减少搬运时间。不要将具有一种功能的机器放置在同一车间，而应根据产品加工顺序放置机器。工厂按某一类产品布局的适时制生产线有时叫做**专用流水线**（**dedicated flow line**）。

（5）改变业绩衡量及奖惩系统。员工的业绩不再由诸如产量及机器运转率等效率指标衡量。各制造单元也不以加工速度最大化作为奖励依据。这些效率指标鼓励工人积攒存货使他们的制造单元成为存货集散地。适时制生产系统的业绩指标是将周转时间除以加工时间。当该比率不断趋近1，非增值时间相应逐步降低。

适时制生产的一个重要方面是重新设计公司与供应商的关系。过去，经理人员认为同一投入要素多几个供应商能增加竞争性、维持低价位。公司有划分不同渠道取得存货的政策，这就需要监督验收每批购入存货，以确保质量。存在多个供应商增加了协调各供应商及时供货的难度。在适时制生产中，公司大幅度地减少了供应商的数量，订立单渠道长期购货合同，由单个供应商提供全公司所需的某一投入要素。公司购入存货，不但得到了批量折扣带来的价格优惠，还降低了订货费用（由于只存在单一购货合同）。由于直接监督供应商的生产过程而不是监检每批货物，购进存货的质量也更有保障。因为供应商也可与运输单位订立长期合同，所以，运输成本通常较低。通过电子数据交换（EDI），购销双方将计算机系统联网，实现及时供货。

然而，单一渠道购货也不是解决一切问题的灵丹妙药。专门从一个供货商那里购货会使购销合同双方产生机会主义倾向。① 例如，通用汽车公司（General Motors）早期所需的自动体都从一家叫做费谢尔·鲍代（Fisher Body）的独立公司购进，两家公司相互依赖，从而促使一方想从另一方那里得到额外收益。解决的方案是通用汽车公司买下了费谢尔·鲍代公司。

适时制生产下的会计处理也变得简单多了。与第9章提到的分步成本系统的许多特征相同，在适时制生产的组织中，分批成本法（成本按订单或批次归集）不再适用。让生产线工人在加工产品过程中填写分批成本计算单属于零增值时间。存货以在产品形式存在的时间如此之短，以至于不必担心在产品价值的确定问题。在适时制生产的会计系统中：

· 人工与制造费用归集在同一个账户（加工成本账户）中。

· 只要有可能，工厂一般制造费用直接归集到多个适时制生产线（例如，低值易耗品、机器折旧、维护费用直接计入各适时制生产线中）。

· 材料成本直接计入产品中。

---

① B. Klein, R. Crawford, and A. Alchain, "Vertical Integration, Appropriable Rents, and the Competitive Contracting Process", *Journal of Law & Economics*, October 1978, pp. 297 - 326.

· 加工成本依机器工时或单元工时进行分配。

· 由于不存在半成品存货，因此可取消各半成品明细账户。

· 使用一个存货账户“原材料及未完工材料”（RIP）核算投入生产的原材料成本。

· 所有投入和采购的加工材料都计入“原材料及未完工材料”（RIP）。

· 产品完工时，原材料成本转入产成品账户，冲减 RIP 账户。

· 加工成本直接计入完工产品中（不是计入 RIP 中）。

适时制生产有效吗?

对200 家实施适时制生产的公司的调查得到了如下的结论。对比200 家没有实施适时制生产的公司作为配对样本，公司在实施适时制生产以后存货周转率上升了。并且，相对样本公司，实施公司的资产回报率也提高了。适时制生产者的存货周转率（销货成本 ÷ 平均存货水平）在采用的前三年里面从3.5 上升到4.4，而其他公司的存货周转率没有明显的变化。

资料来源：M. Kinney and W. Wempe，“Further Evidence on the Extent and Origins of JIT’s Profitability Effects，” *Accounting Review*, January 2002，pp. 203 – 225.

哈利—戴维森公司（Harley – Davidson）及适时制生产

哈利—戴维森公司从事摩托车的生产。多年来直接人工成本已缩减到产品成本的10%。过去，每个工人都得成天紧盯着产品的加工过程，平均每个工人负责20 辆摩托车。每天会计系统都要做10 000 笔分录。然而，管理人员的决策中却用不到这些信息。当直接人工占产品成本的大部分时，管理人员更关注直接人工差异。实行适时制生产以后，公司改变了会计系统。直接人工不再作为直接成本，而与制造费用一起作为加工成本。加工成本依各产品的流转时间分配计入各产品成本中。这一改变大大简化了会计处理过程，因为所有的人工成本业务都不用每天入账了。

资料来源：W. Turk，“Management Accounting Revitalized：The Harley-Davidson Experience，” in *Emerging Practices in Cost Management*，ed. B Brinker（Boston：Warren，Gorham & Lamont，1990），pp. 155 – 66.

应用“原材料及未完工原材料”账户的公司明显减少了会计业务的数量。一些公司由于工资详细支付情况不归入各订单中，订单成本也不随着产品在各车间的流动追溯到在产品账户中，使得会计分录的数量减少到原先的1/20。

不过，适时制生产技术也有不足之处。假设其他条件不变，周转时间降低（如提高质量或劳动生产率）明显是好的，因为它增加了公司价值。然而，其他条件并不总是固定不变的。重新设计工厂布局、降低生产准备时间、需要供应商提高产品质量、提供即时送货服务等都可能会增加成本。若某一特定投入要素的供应商只有一个，该供应商就处于垄断地位，并可能利用其有利地位抬高价格。计量周转时间的会计系统没有计算经理人员缩短周转时间付出的成本，这样周转时间缩短节约成本的同时，其他成本可能会上升。

另外，公司持有存货能缓解供需不平衡带来的矛盾。一旦工人罢工或恶劣天气阻碍了原材料的正常运送，或者产品的市场需求出乎意料地上升，持有存货就能使公司避免失去销售份额所带来的机会成本。重新组织工厂、提高产品及生产过程的质量以及改变与供应商的关系等，能缓解生产过程中的波动，但不能消除生产过程中的所有冲击。经理人员可控范围之外的随机波动，如天气、需求带来的波动，将促使公司持有存货以防止丢失销售份额。举需求波动的一个例子，如某一个采取削减预算的政府机构，在财政年度结束时，该政府机构还有未使用的资金。为花掉这笔钱，它就很有可能会立即购货。只有持有存货的供应商才能抓住这个商机。

尽管适时制生产及其会计系统赢得了不少盛赞之词，但是一些评论者也提醒大家注意适时制生产的缺陷。只有极少数公司能完全取消原材料存货。惠普公司的工厂实施适时制生产以后，原材料存货持有时间为 2～5 天，产成品的持有时间从 2.8 个月降为 1.3 个月。但由于产量翻了三番，持有存货的实际金额上升了，工厂的会计分录会猛然减少。然而，会计系统却不能追踪反映存货水平，这意味着需要每 6 个星期对存货进行盘点，以提供特定存货水平的信息给经理人员。按适时制生产的基本理论，这种存货盘点是零增值行为，因为会要求工人停止生产并盘点存货，从而破坏了生产过程。①

实施适时制生产会促使工厂改变组织结构，甚至物理结构。组织结构的改变需要业绩考评系统随之改变，包括内部会计系统。因此，会计系统随着公司物理结构及组织结构的改变而改变，并为其提供支持。

在图 14—1 中，仪器设备、电子计算机和电信技术（计算机辅助生产技术）的进步推动工厂重新设计组织结构，实施持续适时制生产。供应商的电脑与其客户的电脑联网，电子订单已成为家常便饭。这些技术的进步使适时制生产成为可能。同样，市场状况也在变化。客户要求供应商持续地小批量供货，进一步推动了制造商实行适时制生产方式。因此，公司经营战略的两大巨变促使公司物理及组织结构发生变化。会计系统，作为组织架构的一部分，也不能置身事外，必须随之调整。这里介绍的简化的 JIT 会计系统便是例证。

3. 六西格玛和精益生产②

这一部分将探讨两类新近的管理革新：六西格玛和精益生产（有时被称为“精益制造”或只是“精益”）。

六西格玛

如前所述，全面质量管理作为一种管理方法，强调的是以质量为中心，公司全员参与，通过提高顾客满意度从而实现长期成功的目标。在美国，全面质量管理在 20 世纪 80 年代和 90 年代开始流行，但当很多公司发现其无法带来预期的好处时，全面质量管理逐渐失宠。从 20 世纪 90 年代末到 21 世纪初，六西格玛开始取代全面质量管理。六西格玛是一组实践，最开始盛行于摩托罗拉公司，通过消除废品系统性地改

① R. Calvasina, E. Calvasina, and G. Calvasina “Beware of Accounting Myths,” *Management Accounting*, December 1989, pp. 41 - 45.

② 这一部分参考了下述资料：M. Holweg, “The Genealogy of Lean Production,” *Journal of Operations Management*, March 2007, pp. 420 - 37; http://en.wikipedia.org/; B. Morris, “New Rule: Look out, Not in,” money.cnn.com, July 11, 2006; F. Rudisill and D. Clary, “The Management Accountant's Role in Six Sigma,” *Strategic Finance*, November 2004, pp. 35 - 39; J. Thomson, “The Lowdown on Lean Accounting,” *Strategic Finance*, February 2007, pp26 - 33.

进公司内部生产流程，从而提高产品和服务的质量。“六西格玛”指的是以低于每100万件产品中有3件废品的水平生产产品的能力。

与全面质量管理类似，六西格玛涉及一种结构性的、以项目为基础的方法，成立执行水平的六西格玛委员会以识别潜在的项目，比如采购、生产、物流、销售、营销以及配送等。项目小组由内部六西格玛专家（称为“黑带”）领导，遵循一种事先设计好的方法来定义内部生产流程改进的目标，衡量当前的生产流程，收集相关数据，分析因果关系，确保所有因素都已考虑，基于上述分析对内部生产流程进行改进，并在产生次品前控制任何差异。六西格玛是改良版的全面质量管理。

但是学者们对六西格玛并非没有异议。质量专家 Joseph Juran 指出，六西格玛只是“质量改进的一个基本版本”，“它并不是新生事物”。在一项对58家大型公司采用六西格玛方法的调查中发现，91%的公司在股票市场上表现不佳。

精益生产

在前文，适时制生产被描述为这样一种管理手段，只有当出现需求时，原材料和物资才被转移进入生产制造阶段。尽管适时制生产在20世纪二三十年代第一次被福特汽车公司所使用，但直到20世纪七八十年代，日本丰田公司对其真正的采用、改进和推广才使这项技术得以流行。在日本，昂贵的地价迫使生产商降低存货水平，进而降低产成品和零部件的仓储成本。但是与其他的管理革新浪潮一样，适时制生产同样无法带来其宣传的所有好处。

当适时制生产不再热门，它渐渐被精益生产所取代。精益生产试图消除公司价值链中的所有的非增值作业。价值链包括组织为满足外部消费者需要，将投入要素转化为增值要素的产出过程中所有的主要作业和支持作业。价值链中的典型作业包括研究与开发、设计与工程支持、生产、分销配送与顾客服务。精益生产在需求计划、存货计划、供应链计划以及其他与增加顾客回应率、降低周转时间和控制成本相关的活动中识别并消除非增值作业。

精益生产涵盖了一系列广泛的提高效率和缩减技术的成本，这些技术可追溯至20世纪初的第一批“效率专家”。事实上，很多公司，例如 Caterpillar 和 Textron，同时采用了六西格玛和精益生产技术来提高质量、减少生产时间、降低废品率以及缩减成本。最新的术语是“精益六西格玛”。与图14—1一致，精益生产引发了“精益会计”的产生，精益会计是指会计系统被修改，用于为公司的每一条价值链报告所有的收入和费用，从而能更好地识别非增值作业。

本章已经介绍了四种管理革新：全面质量管理、适时制生产、六西格玛和精益生产。管理专家和顾问通过改良旧的概念并尝试将这些技术加以区分来引进新的术语。全面质量管理和六西格玛是以质量为中心的管理方法，以持续降低成本和为消费者提高产品或服务的质量为目标。适时制生产和精益生产试图将非增值作业（例如存货）排除在生产流程之外。以下是理解以前和现在的管理革新（如全面质量管理、适时制生产、六西格玛和精益生产）所得出的一些重要的教训：

- 公司通常寻找可以改进生产效率、降低成本和提高顾客满意度的新方法。
- 成功的管理革新要求对公司的组织架构（决策权分配、业绩衡量和绩效奖惩）进行细致的、协调的改变。仅仅在公司网站或通过电子邮件公布一项新的方案是不能取得显著的长期改进的。

· 许多新的管理变革都风行一时，但它们只是“旧瓶装新酒”。一旦遭质疑，相同的革新最终往往用一套改良的技术和一个新的名字重新出现在众人的面前。

4. 平衡计分卡

从20世纪90年代开始，如AT&T、KPMG、Bank of Montreal、Allstate、Tenneco、Mobil以及花旗集团（Citicorp）等许多大型公司便开始采用**平衡计分卡**（**balanced scorecard**）。如图14—1所示，成功的公司所发展的战略都能使向顾客提供商品或服务的价格超过其成本。一个组织的战略会指引这个组织的方向，如新产品的目标、顾客满意度、在某一领域的市场份额以及生产效率等。戴尔公司（Dell Inc.）、麦当劳（McDonald's）等一些公司把目标定为“做到最好”，而另一些公司则选择“客户至亲”（如Home Depot）或“产品领先”（如Intel、Sony）。成功的公司都在某一方面非常杰出，在其他方面则保持较高的标准。

然而，战略很难说明要达到这些目标所必需的步骤。需要一个详尽的计划来说明实施战略所必需的投入要素。平衡计分卡就能把企业战略转换成行动计划，以识别具体的目标和执行者，并帮助判断组织是否正朝着其正确方向前进。

Kaplan和Norton建议用平衡计分卡把企业战略和执行者连接起来，以了解组织的概况。[①] 平衡计分卡把关键的业绩指标（如及时供货率）和为了实施企业战略而对员工做出的要求联系起来，从而实现公司价值最大化。按照图14—1，公司为了实施企业战略对行为做出了要求，平衡计分卡应能识别评价这些行为的**关键业绩指标**（key performance indicator）。

大多数平衡计分卡把决策管理和决策控制结合起来。决策管理通过识别一系列目标以及让组织实现其目标的关键业绩指标来进行。平衡计分卡中的决策控制则通过建立业绩考评和每个目标的执行对象来进行。平衡计分卡能清晰说明组织的战略，并把这些战略用通俗易懂的语言表达出来。

平衡计分卡因其力求让公司战略（目标）和关键业绩指标之间实现平衡而得名。许多企业文化的考察者反对企业进行短期业绩评价。季度业绩通告似乎对公司经理的行为没有影响。只关注短期业绩评价会降低组织价值，因为管理者不愿投资经过很长时期才能使组织获利的活动。研发、厂房维护、员工培训等费用就是对短期业绩评价不利、但有利于公司的长期利益的例子。平衡计分卡应当同时包括短期和长期业绩指标。

营利性组织的最终目标是为组织的所有者积累财富。但最大化所有者价值是满足顾客需求、进行高效运作和使必需的底层部门完成所有任务后才能实现的。因此，大多数企业并不单单依赖于财务业绩指标。财务业绩指标分期提供，也许并不十分及时。显然，顾客满意度、员工流动率等非财务指标也是重要的业绩指标。

---

① R. Kaplan and D. Norton, “The Balanced Scorecard—Measures That Drive Performance,” *Harvard Business Review*, January-February 1992. 或参考R. Kaplan and D. Norton, “Transforming the Balanced Scorecard from Performance Measurement to Strategic Management: “Part I and II”, *Accounting Horizons*, March and June 2004, pp. 87 - 104 and 147 - 60.

平衡计分卡的四个维度

平衡计分卡的倡导者认为，平衡计分卡能识别组织的多方利益相关者，包括股东或所有者、客户、供应商、员工和社会公众等。平衡计分卡的支持者声称，组织目标应反映这些利益相关者的利益。很多企业的宗旨都提到了这些利益相关者。与利益相关者有关的目标在平衡计分卡中通过四个维度来实现：财务、顾客、内部经营过程、创新与学习。其中各个方面都包括对象、业绩指标、目标和动力。图14—3说明了这四个维度。

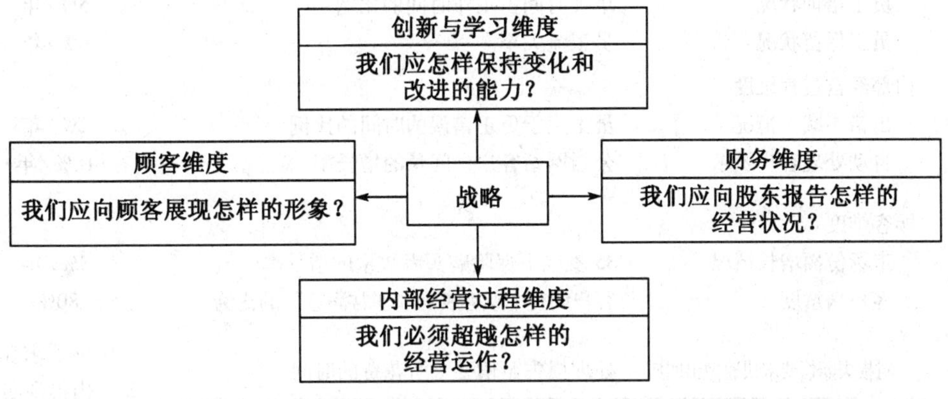

图14—3　平衡计分卡的四个维度

· 财务维度。平衡计分卡的财务维度代表组织的股东或所有者。从非营利性组织的财务角度来看，目标是给予股东适当的投资回报。典型的业绩指标包括利润、销售增长和风险率。非营利组织也应有财务业绩指标，如收支余额等。

平衡计分卡中财务维度的目标与图14—1框架中的创造公司价值相一致。公司价值的提高来自其他几个维度：顾客、内部经营过程以及学习与成长。

· 顾客维度。平衡计分卡的顾客维度关注顾客价值增加。顾客价值可通过创新、高质量的产品或服务以及低价格来实现。平衡计分卡应强调旨在增加顾客价值的战略。从顾客角度出发的典型业绩指标包括顾客满意度调查、市场份额、及时送货率和次品减少量等。

· 内部经营过程维度。内部经营过程维度的对象是处理效率和质量问题。全面质量管理、信息技术、适时制生产是支持该维度的方法。应当分析活动是否增加公司价值，以及如何能使之最有效地执行。例如，供应商关系对于零售和生产企业而言十分重要。使用B to B网上交易加快从供应商的采购，可提高及时供货率并提高质量。从内部经营流程角度出发的业绩指标包括次品量、周转时间和及时供货率等。

· 创新与学习维度。创新与学习维度关注组织的底层部门。为了实现目标，组织应具备合适的人员、系统和设备作为支持。组织缺少了学习和创新，就不能适应动态的环境。为了适应动态的环境，组织必须有持续的员工培训、必需的技术和信息系统以及满足新顾客需求的措施。相应的业绩指标包括员工培训成果、信息系统使用以及技术和设备采购等。

表14—1展示了一家保险公司所使用的平衡计分卡。对于每一个维度，对象、业绩指标和目标都是不同的。组织里的每一个责任中心分别记录自身的平衡计分卡。

表14—1　　某保险公司的平衡计分卡

对象	业绩指标	目标
财务维度		
资产使用效率	资产回报率	17%/年
保险费增长状况	保险费增长率	4%/年
创新与学习维度		
员工培训状况	培训时间占工作时间的比例	5%/年
员工保留状况	员工流失率	6%/年
内部经营过程维度		
出错率减少情况	员工用于更正错误的时间的比例	2%/年
自动处理客户要求	公司网站客户访问量的增长率	18%/年
顾客维度		
市场份额增长情况	35岁以下保险购买者数量的增长率	3%/年
客户满意度	客户调查中顾客表示“非常满意”的比例	80%
对损失赔偿要求快速做出回应	处理损失赔偿要求所花费的时间	95%要求在3天内得到回应

·各维度之间的关系。平衡计分卡中的四个维度直接或间接地相互关联。组织战略是起点，并限定了财务维度的目标。要实现财务维度的目标，组织必须关心其与顾客之间的关系，并判断如何为顾客增加价值。为顾客增加价值源自于内部经营过程的高效和质量运作。但如果组织内部缺少适当的学习和创新，过程就不可能高效运作。识别这些关联是成功实施平衡计分卡的关键。例如，保险公司可能会认为改善其信息系统和培训员工可为其投保人更快地完成保险申请。这样能提高顾客满意度和顾客忠诚度，从而达到更好的财务收益。

飞利浦电子公司（Philips Electronics）的平衡计分卡

飞利浦电子公司拥有25万多名员工，遍及150个国家，在集团管理层的指引下，公司采用平衡计分卡把公司的企业战略和前景传达给公司的每一个人。公司确立了四个关键的成功因素：竞争力（知识、技术、领导力和团队合作）、流程化（执行力的驱动器）、顾客至上（价值的定义）以及财务化（价值、增长和生产率）。在飞利浦电子公司，平衡计分卡以公司集团为起点，向下延伸到分支机构和业务部门。集团采用的是战略计分卡。分公司采用经营考察计分卡，业务部门有各自的计分卡。每下一级的计分卡必须能与上一级的计分卡相连接，这意味着下一层部门实现其计分卡目标将会推动上一层部门实现目标。典型的平衡计分卡包括以下内容：

·财务方面：实现的经济利润、经营收入、营运资本、经营现金流量、存货周转率。

·顾客方面：顾客调查评级、市场份额、重复订购率、投诉。

·流程方面：过程周期时间减少率、技术改变的数量、资本利用率、订单反应时间、执行力。

·竞争方面：领导力、专利保护更替率、每个员工的培训时间、质量改进、团队参与度。

资料来源：A. Gumbus and B. Lyons，"The Balanced Scorecard at Philips Electronics，" *Strategic Finance*，November 2002，pp. 45－49.

对平衡计分卡的评价

平衡计分卡与图 14—1 是一致的，它将企业战略与各业绩指标之间的因果关系联系起来。然而，很多平衡计分卡的执行只关注不同关键业绩指标的识别，而忽略了其中哪些项目应与薪酬挂钩。更甚者，平衡计分卡主张不随企业战略改变组织结构的其他部分。因此，决策权分配和薪酬计划的变化通常会被忽略。平衡计分卡被许多企业广泛采用的同时，它也存在着概念上和实践上的问题。

要求管理者实现企业价值最大化，就像要求一支球队赢得比赛。要有更多具体的战略和目标。平衡计分卡有助于向管理者传递有关如何实施价值最大化战略的信息，但它被用于业绩评价时，问题就产生了。① 作为一个业绩评价系统，平衡计分卡会引发紊乱的行为。试想一个很简单的平衡计分卡，只由传球、赛跑和比赛胜出等几个评价指标组成，橄榄球赛使用这样的评分卡。假设比赛对每次评分都有奖惩。很明显，球队的目标是胜出。传球成功和跑得快都可能使球队胜出。但是，如果四分卫认为传球赢的机会比跑步要大，那么即使通过后者也有可能胜出，但在可能的条件下，他会选择传球以赢得比赛。

类似的，顾客满意度往往与公司价值有关。顾客越满意，对公司的忠诚度便越高，便越愿意付高价购买公司的产品和服务。然而，要使顾客满意度最大，管理者究竟要走多远呢？图 14—4 说明了公司价值与顾客满意度之间的典型关系。顾客满意度在点 C^* 时，公司价值达到最大值。但高于 C^* 的顾客满意度反而会使公司价值下降。因为使顾客满意度进一步提高的成本要大于这些满意的顾客对公司所做的回馈（公司的超额收益)。给管理者包含顾客满意度（或员工流动性、市场份额、产品质量等）的平衡计分卡可能会使管理者降低公司价值。

平衡计分卡通常包括 10 到 30 个业绩指标。然而，你一次只能使一个指标达到最大值。让管理者同时使 20 个平衡计分卡指标达到最大值，会使管理者不知道在多个指标之间如何权衡抉择。这是个重要的任务。假如你想使自身管理会计的水平达到最高，又要使自己的身体达到最健康的状态，然而两者是不可能同时做到的。因为一天只有 24 小时，你必须进行权衡。

如果经理们的薪酬以不同的平衡计分卡业绩指标为基础，则他们会选择最易实现的指标，并避免难以完成的任务。② 因此，公司价值几乎必然受损。在说明经理们应如何在不同业绩指标之间权衡抉择时，我们发现平衡计分卡并不平衡。它们不会告诉经理们什么时候公司价值已开始下降，该停止继续提高顾客满意度了。大多数平衡计分卡都暗含每个业绩指标都是高比低好的意思。但进一步来说，平衡计分卡不是一般意义上的孰胜孰负的计分。它们只是对比赛进行统计上的总结。它们并不提供有关业

① M. Jensen，"Value Maximization，Stakeholder Theory，and the Corporate Objective Function，" *Business Ethics Quarterly* 12（January 2001）.

② 参看 Brickley，Smith，Zimmerman，2007，p. 403.

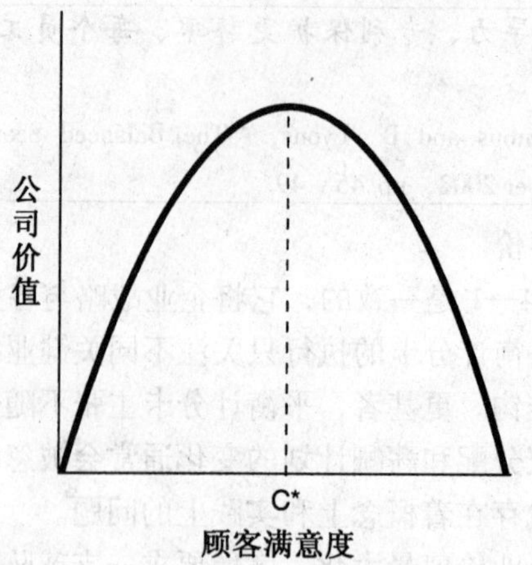

图 14—4　顾客满意度与公司价值之间的关系

绩的某一综合评价，比如说经济价值增加之类的。

某评论家认为，很多管理者使用平衡计分卡是因为“它使人们更容易投入到以价值创造为代价的激烈的价值求偿活动中去。”① 平衡计分卡向管理者提供了衡量成功的多种标准，因而减轻了他们损害股东价值所须承担的责任。如果某些股东是获益的，则可以接受股东价值在一定程度上的下降。

采用平衡计分卡的失败个案*

某家领先的全球金融服务提供商在美国有零售银行营业点，采用平衡计分卡3年后就将其停用了。到底哪里出了问题呢？

为了保密，研究者并未公开公司的特征。然而，该公司在北美有数以百计的分支机构。在北美分公司采用平衡计分卡以前，其采用一个以共识为基础的薪酬系统对每个分公司经理进行评价，达到某些业绩目标的经理就会得到奖金。例如，如果某分支机构的普通存款实现某一预定的增长目标，那么该分支机构的经理就会得到数额为薪金的2%的奖金。该奖金系统太复杂了，以至于要用78页的使用手册才能把它说清楚。因为分支机构的经理们算计着每一分的奖金却不交付财务结果，高层经理因该系统而受到了困扰。

公司引进平衡计分卡时，伴随的是五条辅助规则：实现好的财务结果、履行对客户的承诺、战略性地管理成本、管理风险以及以人为本。管理培训计划与计分卡一同首次展示。以40个不同尺度评价各个分支机构，如顾客流失量、顾客满意度、管理资产额、培训和员工发展等。但与之前的以公式为基础的奖金系统不同，在平衡计分卡下，分支机构经理得到的只有主观的业绩评价。平衡计分卡的提倡者对记分卡中每个尺度应如何与薪酬挂钩几乎没作指导。然而，他们通常假设应采用主观的而不是客观的薪酬，因为这样“管理更简单灵活……也减少博弈的可能。”†

新的主观业绩评价方针作为平衡计分卡的一部分被引进后，每个分支机构经

① Jensen, 2001.

理直接向地区主管报告，地区主管对分支机构经理的季度业绩给予评价，可评价为“平均水平以下”、“平均水平”或“平均水平以上”。没使用任何公式把计分卡的尺度与“平均水平”联系起来。地区主管的建议经区级地方主管讨论，又经区级总裁批准后，该“平均水平”打分将用于评定季度奖金。

对该打分进行统计分析后，研究组得出的结论是，平衡计分卡奖金计划中的评价带有主观性，使主管忽视了对很多业绩的评价，且每个季度更改权衡标准，忽视了能预测未来财务状况的指标，所考虑的评价对期望结果没有多少预测作用。

实施平衡计分卡后，分支机构经理便需接受调查。调查表明，计分卡并没有使分支机构经理增加对公司战略目标的理解或经理行为与公司战略目标的关联度的理解。只有32%的经理对计分卡制感到满意，有45%的经理感到不满。很多分支机构经理都觉得该种制度并不合理，不能发现他们工作中许多重要方面的问题，他们的奖金也不能准确反映他们的业绩。一个分支机构经理写到，“我讨厌这种新制度，执行中并未体现公平性”。3 年后，平衡计分卡被摒弃了，取而代之的是一个更客观的、委托型的、以分支机构收入为基础的系统。

要注意，不要把上述平衡计分卡失败的结果推及到其他公司。案例中的公司可能在实施计分卡时准备不足，没有选择恰当的业绩指标。或者，失败是由于缺少员工培训，或者使用了主观的而不是客观的薪酬政策。可能是因为没有培训地区主管如何衡量业绩处于“平均水平”，也可能是因为区级总裁没有指导地区主管。该案例清楚反映的是业绩评价（平衡计分卡）与业绩奖惩（地区主管的主观评价）之间的密切联系，如图 14—1 所示。该全球金融服务公司第一次使用同时包括了新的业绩评价尺度和新的奖金系统的平衡计分卡。该合并体系以失败告终，后被其他所取代。我们无法确定是哪一部分导致了失败。然而，我们看到两部分并不是分离的，各部分必须内部一致，并与决策权分配和公司战略相协调。

* C. Ittner, D. Larcker, and M. Meyer, "Subjectivity and the Weighting of Performance Measures: Evidence from a Balanced Scorecard," *Accounting Review* 78, July 2003, pp. 725 – 58.

† R. Kaplan and D. Norton, *The Balanced Scorecard : Translating Strategy into Action* (Boston: Harvard Business School Press, 1996), p. 220.

本节复习思考题

Q14—5 给出质量四种的不同含义。

Q14—6 如果将质量定义为消费者满意度，则衡量质量时需要些什么？

Q14—7 完全质量成本可分为四类，它们分别是什么？

Q14—8 在适时制下，成本会计如何变得简单了？

Q14—9 实施适时制存在哪些问题？

Q14—10 请描述图 14—1 中哪些部分因公司采用平衡计分卡而受到影响。

Q14—11 描述平衡计分卡的两个要点。

C. 内部会计系统何时需要改变？

现实生活中不存在理想的管理会计系统。每个组织都面临不同的环境，从而适用不同的管理会计系统。同时，管理会计必须不断地在外部和内部用户之间权衡，因为外部用户需要的是有关公司业绩的信息，而内部用户需要的是有关决策及其控制的信息。能够生存下来的组织必然能随技术进步及随市场状况变化，调整其企业战略及组织结构（如图 14—1 所示）。由于组织处于不断变化之中，管理会计必须随时适应这种变化。

有些信号表明，内部会计系统运作状况不佳。一个信号是部分经理人员做出非良性行为，这是由选择不当的业绩评价指标造成的。经理人员要使其决策对业绩评价有利。如果业绩评价指标没有与组织的目标相联系，管理人员就会做出与组织目标不相协调的决策。另一个信号是管理会计实施过程中的不良经营决策所带来的问题。如果管理会计做出的产品结构及定价决策未能增加公司价值，那么管理会计系统便既不能提供对机会成本的准确估计，又会激发不良动机。

客户公司组织结构的经常变化会促使供货商改变组织结构（和会计系统）。例如，当大型汽车生产商实行适时制生产时，供应汽车配件的厂商，如供应挡风玻璃刮水器的厂商也得实行适时制生产。如果你的主要客户调整了组织结构，则它们很可能是为了适应技术进步或市场状况的变化。知识生成及传播的方式也很可能发生变化，这些变化将影响你的公司的组织结构。

组织不必将管理会计的最新变化作为改进组织管理会计系统的方向。例如，作业成本就只适用于某些类型的组织。每个组织都必须不断地评价并改进其管理会计系统，以迎接环境变化及组织变化带来的挑战。

D. 本章小结

以上分析了三种组织创新的方式。这些创新说明内部会计系统是组织结构的有机组成部分。由于企业经营战略的变化，经理人员通过分散决策权、向职员授权（实施全面质量管理的需要）等改变了组织的结构。这时，会计系统应作相应的调整。相似的，实施适时制生产系统后，会计系统也得随之变化。公司采用平衡计分卡将企业战略和业绩评价更好地联系起来。

本书强调了内部会计系统决策及控制的双重角色。由于内部会计系统要扮演两个独立的角色（它也被用于税务会计及财务报告），两个角色的权衡便不可避免。在其决策角色中，会计系统是管理人员估算机会成本的首要参考。然而，会计数据不是前瞻性的机会成本。会计系统记录历史成本，是向后看而不是向前看。因此，会计数据只在未来将维持过去状况的严格假设下，才对决策有用。

由于使用同一系统来实现决策和控制两个功能，如果会计系统首先被用于决策控制，那么经营管理人员在寻找决策的相关信息时经常会觉得会计数据不够充分有效。类似的，如果会计系统首先被用于决策（如定价），那么它在较大程度上受管理人员的操控，对控制（业绩评价）而言用处不大。

企业通过规模缩减、合并、杠杆收购、剥离及再融资等方式应对技术进步及市场状况变化时，又有另一些组织结构被用于控制代理问题，如业务外包。如果使用这些组织结构能减少代理问题的发生，那么内部会计系统就应从决策控制职能转向决策管理职能。由于组织结构的变化降低了代理成本，因此内部会计系统的决策服务导向便更加明确了。这能够解释为什么某些公司会采用作业成本系统，这一系统最初就是为帮助改善决策，而不是为实施控制而制定的。实际上，本书的分析预示：公司调整为代理成本降低的组织结构（如杠杆收购），导致组织架构中的管理会计系统向着注重决策管理而不是决策控制的方向发展。

自测题

[自测题]　吉尔伯特食品公司（Gilbert Foods）

吉尔伯特食品公司生产时令食品及调味包供零售商店出售。吉尔伯特公司2008年实施质量提高计划，扩充了原有的培训及质量认证计划，开始监督雇员满意度并估计因质量问题而损失的销售额。下表所列数据为全面质量管理计划实施两年后，有关各季度状况的数据：

吉尔伯特食品公司

质量成本

2008—2009年　　单位：百万美元

	2008年				2009年			
	一季度	二季度	三季度	四季度	一季度	二季度	三季度	四季度
顾客投诉	\$ 3.90	\$ 3.45	\$ 3.03	\$ 2.76	\$ 2.50	\$ 2.27	\$ 2.14	\$ 2.01
稽查	1.40	1.56	1.75	1.95	2.39	2.96	3.63	4.46
损失的销售额	49.20	40.31	33.11	28.42	24.45	21.08	19.20	17.44
过程管理	2.20	2.46	2.76	3.11	3.87	4.86	6.13	7.58
质量认证管理	6.20	6.52	6.86	7.19	7.93	8.74	9.61	10.53
退货	26.90	21.09	16.35	13.53	11.32	9.50	8.43	7.52
返工	15.80	12.65	10.03	8.49	7.25	6.16	5.56	5.00
废料	17.60	14.48	11.92	10.32	8.92	7.72	7.00	6.34
检验	1.60	1.72	1.85	1.99	2.29	2.62	3.01	3.45
培训	13.10	14.39	15.90	17.46	21.12	25.50	30.37	36.35

要求：

a. 准备四类费用的质量成本报告，四类费用为鉴定、预防、内部失误成本、外部失误成本。

b. 从吉尔伯特食品厂的全面质量管理计划中，你能得出什么结论？

解答：

a. 下表为各类费用的质量成本报告：

吉尔伯特食品公司质量成本

2008—2009年　　单位：百万美元

	2008年				2009年			
	一季度	二季度	三季度	四季度	一季度	二季度	三季度	四季度
质量认证管理	\$ 6.20	\$ 6.52	\$ 6.86	\$ 7.19	\$ 7.93	\$ 8.74	\$ 9.61	\$ 10.53
培训	13.10	14.39	15.90	17.46	21.12	25.50	30.37	36.35

续表

	2008 年				2009 年			
	一季度	二季度	三季度	四季度	一季度	二季度	三季度	四季度
过程管理	2.20	2.46	2.76	3.11	3.87	4.86	6.13	7.58
预防费用	$ 21.50	$ 23.37	$ 25.52	$ 27.76	$ 32.92	$ 39.10	$ 46.11	$ 54.46
稽查	$ 1.40	$ 1.56	$ 1.75	$ 1.95	$ 2.39	$ 2.96	$ 3.63	$ 4.46
检验	1.60	1.72	1.85	1.99	2.29	2.62	3.01	3.45
鉴定费用	$ 3.00	$ 3.28	$ 3.60	$ 3.94	$ 4.68	$ 5.58	$ 6.64	$ 7.91
返工	$ 15.80	$ 12.65	$ 10.03	$ 8.49	$ 7.25	$ 6.16	$ 5.56	$ 5.00
废料	17.60	14.48	11.92	10.32	8.92	7.72	7.00	6.34
内部损失成本	$ 33.40	$ 27.13	$ 21.95	$ 18.81	$ 16.17	$ 13.88	$ 12.56	$ 11.34
退货	$ 26.90	$ 21.09	$ 16.35	$ 13.53	$ 11.32	$ 9.50	$ 8.43	$ 7.52
顾客投诉	3.90	3.45	3.03	2.76	2.50	2.27	2.14	2.01
损失的销售额	49.20	40.31	33.11	28.42	24.45	21.08	19.20	17.44
内部损失成本	$ 80.00	$ 64.85	$ 52.49	$ 44.71	$ 38.27	$ 32.85	$ 29.77	$ 26.97
总成本	$ 137.90	$ 118.63	$ 103.56	$ 95.22	$ 92.04	$ 91.41	$ 95.08	$ 100.68

b. 从以上数据可看出，内部失误成本及外部失误成本正在逐渐减少，预防及鉴定费用正在不断增加。下图为预防及鉴定成本线、失误成本线及总质量成本线。

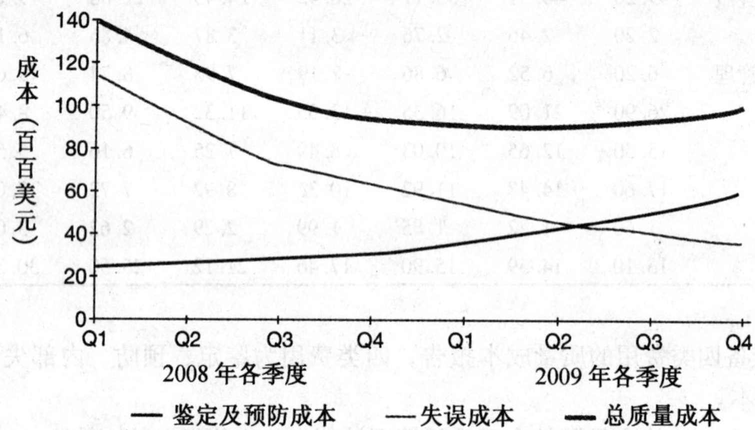

— 鉴定及预防成本　— 失误成本　— 总质量成本

从图中可得出一个基本结论：吉尔伯特公司可能在提高质量方面投入过多了。假设现有生产过程没有变化，2009 年第二季度质量成本最小。之后，追加投入的鉴定、预防费用只能使内部、外部失误成本略有减少。

习　题

[习题 14—1]

就 6 个月的经营报表（见下表），贝街道银行（Bay Street Bank）总裁向董事会报告："银行 6 个月共亏损 9 060 万美元，预算亏损 1 370 万美元。2009 年度预算中，计划以下半年的盈余弥补上半年的亏损。因此，除非我们下半年的经营状况比预计的好，否则2009年仍可能比预算多亏损7 690万美元。问题主要出在收入上。上6个月极度萧条的经济形势使我们的贷款减少，贷款利率也偏低。实质上，利率比编制预算时还低。这使得我们不得不投资于回报率比预计更低的项目。收入比预算少7 070万美元，费用只比预算超支了620万美元。费用超支大部分是由存款单费用上升造成的，我们已尽力控制成本，却无力控制经济形势和利率”。

贝街道银行

经营成果表

至2009年6月为止的6个月　　　　单位：千美元

	实际	预算	有利（不利）	上年同期
收入				
利息收入：				
住房抵押贷款	$ 431 000	$ 443 000	$ (12 000)	$ 420 000
购车贷款	330 000	375 000	(45 000)	345 000
政府证券	9 000	14 500	(5 500)	45 000
服务费收入	19 000	28 000	(9 000)	25 000
其他收入	1 600	800	800	1 700
总收入	$ 790 600	$ 861 300	$ (70 700)	$ 836 700
费用				
存款账户利息	$ 380 000	$ 376 500	$ (3 500)	$ 370 000
存款单利息*	175 000	168 000	(7 000)	160 000
债券利息	275 200	279 500	4 300	270 000
管理费用	51 000	51 000	0	52 000
费用合计	$ 881 200	$ 875 000	$ (6 200)	$ 852 000
净盈余（亏损）	$ (90 600)	$ (13 700)	$ (76 900)	$ (15 300)

*存款单是存款账户的一种，期限较一般存款账户长，利率也较高，如提前支取则要加收罚金。

要求：

对上述报告进行分析、评价。

[习题14—2]

Fiedler International是一家有着多个美容产品品牌的消费品公司（洗发露、洁面皂、除臭剂等）。假设你在其属下的团队工作，向公司总裁报告。你的团队负责评估可能存在的收购。你现正分析收购Lush公司的可能性。Lush是一家生产含UV防晒因子的保湿乳的公司，规模小，公开上市，但没有大股东。其多数股票由机构投资者持有，也有一小部分由管理人员持有。

你可从Lush那里获取与高级经理业绩评价和激励奖金计划有关的信息。Lush采用平衡计分卡评价和奖励高级经理。根据4个维度的评分，经理们最多可获得相当于一半工资的奖金，这4个维度是：顾客服务、人力资源与创新、经营效率、财务表现。各个维度的分值介于0~1之间。每个维度的评分占奖金的25%。如果顾客服务维度有 0.67 分，而某个经理的工资是 \$ 400 000，那么在顾客服务方面，该经理可获得 \$ 33 500（50% ×400 000 ×0.67 ×25%）。各维度的基准是由 Lush 董事会的薪酬管理委员会制定的。例如，财务表现维度的基准是经济价值增加（EVA）。去年公司的 EVA 是 1 300 万美元。薪酬管理委员会设定 EVA 的下限为 \$ 12 000 000，上限为 \$ 16 000 000。因此，如果当年公司的 EVA 是 1 200 万美元，那么财务表现的得分为 0。如果 EVA 是 1 500 万美元，那么得分为 0.75（（\$ 15 － \$ 12）/（\$ 16 － \$ 12）），年薪 40 万美元的经理可获得 3.75 万美元的奖金（50% × \$ 400 000 ×0.75 ×25%）。

4 个维度由 14 个小方面组成（如下表），将它们的得分加总便可得到 4 个维度的得分。

顾客服务	人力资源与创新	经营效率	财务表现
退货率	新产品	按时生产	经济价值增加
顾客投诉	按时、按预算研发的新产品比例	单位生产成本	
网上顾客培训会	员工满意度	安全事故	
送货出错率	员工流动率	废料金额	
	员工培训		

该平衡计分卡已被 Lush 使用了 3 年，每个维度可达到的水平是：

	顾客服务	人力资源与创新	经营效率	财务表现
2009 年	0.86	0.77	0.76	0.79
2010 年	0.92	0.94	0.94	0.69
2011 年	0.95	0.94	0.94	0.69

要求：

给你所在的收购分析团队写一份备忘录，介绍平衡计分卡及其被使用的原因。从 Fiedler 评价 Lush 的角度，描述 Lush 使用平衡计分卡可能有哪些效果。特别注意以下方面：

a. 简要描述平衡计分卡以及企业使用平衡计分卡的原因。

b. 分析 Lush 使用平衡计分卡的情况，分析这会对 Fiedler 评价 Lush 成为可能的被收购目标有何影响。

[习题 14—3]

Pottery 商店是大型购物中心里的零售连锁店，销售陶器、木雕等工艺品。其典型的顾客是来购买礼物的人群，消费额介于 50 美元 ~200 美元之间。公司采购员从全国的供应商那里采购商品。公司总部为每件商品设定最终价格，并决定降价促销的时机。每个商店经理要负责商店职工和布局规划，无需负责选择商品、营业时间（由所在的购物中心决定）以及定价。

要求：

a. 为商店经理设计平衡计分卡。

b. 如果商店经理也要负责商品选择和定价，那平衡计分卡应该如何设计？

[习题 14—4]

沃伦（Warren）公司生产、销售农用机械，销售额为 20 亿美元。公司自制部分零部件，部分外购。装配的农用机械有：拖拉机、联合收割机和挖掘机。零部件生产部由很多生产部门组成，各生产部门又进一步分为 12 个分部，包括螺丝生产、金属冲压、装配、塑料注射模型孔、钢铁铸件等。每个分部都有部门经理，其业绩通过以下几方面衡量：预期成本、按期供货、质量改善、积极行动、雇员满意目标及存货账户调整最小化。

存货账户每年调整两次，通常由内部审计人员盘点在产品存货，与“在产品”账户余额对照后进行调整。例如，6 月 30 日，审计人员进行实物盘点，发现钢铁铸件部实存在产品 130 000 美元，而该账户余额为 143 000 美元，因此要调整该在产品存货账户，将余额冲减 9.1%（13 000 ÷ 143 000）。调整任何存货账户，无论调增或调减，都反映出部门经理管理不善，应扣部门经理的奖金。存货账户调整金额越大，部门经理的奖金就扣得越多。要求部门经理严格控制在产品存货，其中包括保证该部门的在产品存货账目真实、完整。较大的存货账户调整，说明经理人员未能很好地控制在产品。

4 年前，沃伦公司开始实行适时制生产，使得在产品存货账户余额大幅减少。例如，下表为钢铁铸件车间在产品存货账户调整前余额，以及 7 年来的周转量。

沃伦公司钢铁铸件部

年份	在产品余额（各年 12 月 31 日）	存货调整*	周转量
2002 年	$ 1 920 000	12.0%	$ 76 550 000
2003 年	1 780 000	−12.9%	82 130 000
2004 年	1 690 000	13.2%	69 780 000
2005 年	1 550 000	13.6%	73 290 000
2006 年	1 480 000	17.9%	88 360 000
2007 年	1 430 000	−17.8%	91 080 000
2008 年	1 390 000	19.5%	93 960 000

* 调整额为 12 月 31 日的账户余额。

周转量是全年生产零部件的总成本，是将期初存货加上直接人工、直接材料和制造费用减去期末存货得到的。沃伦公司采用标准成本系统，所有存货都用标准成本计价。一批零部件完工后，将标准成本乘以每批标准数量，计算完工零部件成本，转销在产品存货账户。各零部件依批次生产。

存货账户调整的原因如下：

（1）各批规模不一。部门经理决定不按标准批量生产，就必须做一笔分录以反映该批数量的变化，因为会计系统假设该批产量为标准数量。有时部门经理有多余的生产能力，会试图增加一批零部件的数量。由于机器故障或生产瓶颈，有时生产的零部件数量比标准数量少。例如，某一批零部件标准数量为 150 件，部门经理决定生产 200 件，多生产 50 件备用，但却没有更新在产品存货账户以反映多生产的 50 件。在产品存货账户的标准数量为 150 件，审计人员盘点发现了 200 件零部件时，就需要调整账户。

（2）时间差异。会计系统费用入账时间与部门经理认为的时间不一致，这就使得在产品存货账户余额不同于标准成本。

（3）标准成本更新。零部件的标准成本更新后，审计人员用不同的成本标准衡量在产品存货余额。

（4）审计误差。内部审认人员在盘点期末在产品存货时发生错误。

其中，前两个原因是造成存货账户调整的主要原因。

要求：

a. 管理人员注意到，随着时间的推移，存货账户调整的金额越来越大。可能的原因是什么呢？

b. 评价应用以上存货账户调整评价部门经理业绩的作用。

［习题 14—5］

软件开发公司（Software Development Inc.，SDI）为个人电脑生产销售软件，包括空白表格程序、文字处理程序、桌面印刷和数据管理程序。公司年销售额为 8 亿美元。

生产软件是费时的劳动密集型工作过程。在计算机软件市场中，软件质量是公司能否取胜的关键，而质量的一个方面就表现为程序的可靠性。软件运行状况合乎设计要求吗？在数据传输与接合方面能与其他软件相配合吗？软件程序是否经常非正常性中止？尽管对软件进行了大量的试验，但其中仍存在缺陷。一旦软件发售，公司便为消费者提供电话咨询服务，回答消费者提问，帮助消费者解决应用软件中出现的问题。公司的软件维护部门负责提供软件维修、升级服务。

公司在提高质量时遵循成本原则。使用的质量指标是一个软件包中发现缺陷的数量，这些缺陷是接到顾客投诉电话后，经顾客服务代表认定的。软件程序员设法修复程序、消除缺陷。为进行质量管理，公司跟踪反映质量成本。3 年来，公司发售新软件包及对原有软件包进行升级共计 38 次。对软件发行最初 6 个月内所发现的缺陷都进行了记录，同时还记录了产品总成本和每个软件包的质量成本。

产品成本包括产品生产、发售中的所有开支，但不包括质量成本。质量成本包括三个部分：培训、预防和提供软件维护与顾客服务的成本。培训成本是培训程序员及为他们提供进一步深造机会的费用。受到良好教育的程序员开发的产品缺陷便较少。预防成本是指软件发售前进行测试的成本。软件维护与顾客服务成本包括：（1）修复缺陷及软件升级过程中程序员的劳动报酬；（2）顾客服务代表提供电话咨询服务的劳动报酬。培训及预防成本在软件开发期间发生并予以计量。缺陷数量及其维护、服务的成本在软件发售最初的 6 个月内发生并予以计量。

软件开发公司发售程序的废品及质量成本*

发售软件数量	废品数量	生产成本	培训成本	预防成本	软件维护和顾客服务成本	总成本
1	66	\$ 3 455	\$ 442	\$ 770	\$ 2 160	\$ 6 827
2	86	3 959	428	447	2 658	7 492
3	14	3 609	417	1 167	687	5 880
4	73	3 948	211	655	2 334	7 148

续表

发售软件数量	废品数量	生产成本	培训成本	预防成本	软件维护和顾客服务成本	总成本
5	17	3 104	290	1 013	544	4 951
6	48	3 179	253	547	1 556	5 535
7	80	3 112	392	508	2 633	6 645
8	41	3 529	276	577	1 563	5 945
9	50	3 796	557	634	1 666	6 653
10	67	3 444	365	947	2 140	6 896
11	42	3 922	453	869	1 444	6 688
12	64	3 846	378	1 108	1 942	7 274
13	71	3 014	555	762	2 384	6 715
14	1	3 884	301	773	423	5 381
15	18	3 183	378	1 080	857	5 498
16	85	3 475	528	1 010	2 572	7 585
17	17	3 445	357	666	631	5 099
18	50	3 203	285	427	1 546	5 461
19	22	3 839	239	1 080	891	6 049
20	73	3 060	540	1 054	2 309	6 963
19	22	3 839	239	1 080	891	6 049
20	73	3 060	540	1 054	2 309	6 963
21	52	3 182	329	1 079	1 867	6 457
22	75	3 075	395	832	2 697	6 999
23	35	3 456	447	969	1 518	6 390
24	53	3 987	355	651	2 042	7 035
25	25	3 836	309	1 160	1 036	6 341
26	6	3 886	234	794	252	5 166
27	78	3 846	418	833	2 800	7 897
28	82	3 106	409	1 092	2 871	7 478
29	39	3 506	448	899	1 342	6 195
30	47	3 545	450	442	1 450	5 887
31	30	3 376	456	784	1 260	5 876
32	17	3 740	542	420	607	5 309
33	67	3 479	411	821	2 018	6 729
34	51	3 773	351	1 145	1 873	7 142
35	74	3 034	497	671	2 389	6 591
36	25	3 768	268	887	1 094	6 017
37	14	3 168	356	645	837	5 006
38	77	3 561	492	1 167	2 597	7 817
平均	48	$ 3 509	$ 390	$ 826	$ 1 671	$ 6 395

* 每 100 000 行计算机编码。

表中所有数据都已除以各发售软件中的计算机编码行数。编码条数多的程序成本高，缺陷也较多。以前的研究发现：使用编码条数是控制程序复杂程度的可行方法。因此，表中数据是每 100 000 条编码缺陷及成本的反映。

下图描绘了总质量成本与缺陷数量的关系。公司负责质量管理的副总裁喜欢用这个图来强调成本和质量是负相关的。她总是说："优良的质量会带来回报。我们的总成本随缺陷数量的减少而下降。我们在质量上的投入得越多，成本就越低。"

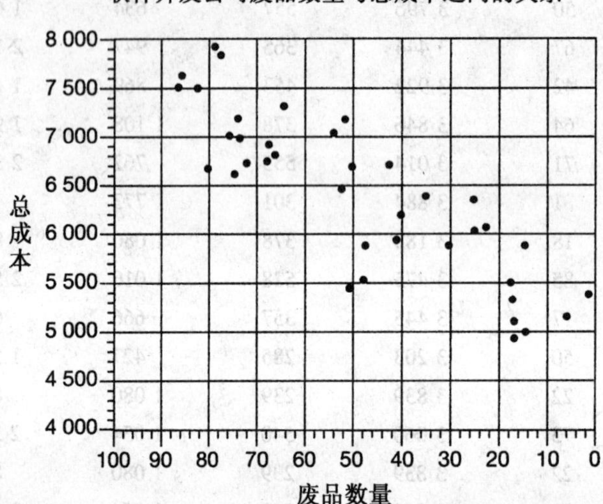

要求：

评价公司副总裁的分析。

[习题 14—6]

冬季运动器材制造公司（Winter Games）生产比赛用玻璃纤维滑板，销售给零售商，每副滑板 225 美元，每年产量 5 000 副，每副成本为 185 美元：

直接人工（每副 75 美元）		$ 375 000
直接材料（每副 60 美元）		300 000
制造费用		
固定制造费用*	$ 100 000	
变动制造费用（每美元直接人工为 0.4 美元）	150 000	250 000
总成本		$ 925 000
年产量（副）		÷ 5 000
单位成本（每副）		$ 185

*包括折旧费用、财产税、慈善捐款、保险费用等。

一家名叫运动宫殿（Sport Palace）的体育用品折扣商店，最近购入了 500 副滑板。运动宫殿曾要求购进 1 000 副，每副单价为 200 美元，滑板成交价格不向外公布，滑板也不贴冬季运动器材公司的标签。

冬季运动器材公司认为如接受1 000副的订单，运动宫殿就会取消500副的正常订单，而损失的销售量不能从其他客户那里得到补偿。如果接受1 000副特殊订单，多生产500副滑板的直接工时需以加班工资支付（基本工资×1.5）。分析表明，变动制造费用率随直接人工总成本变动，每美元直接人工为0.40美元。

冬季运动器材公司应接受特殊订单吗?

[习题14—7]

泰格威4 000（Tagway 4 000）是坐落在蒙大拿州的计算机制造商。公司自行制造内置电池。这种电池是计算机的一个部件，能在关机后继续计时。制造电池的部门为一个成本中心，每年生产100万节电池。该成本中心根据控制成本的能力及质量控制能力（主要指标为废品数、发货时间）为部门经理计酬。部门经理的基本工资为144 000美元，如果总成本不超过200万美元，就能得到34 000美元的额外奖金。如果每100万件产品中废品不超过32件，部门经理就能得到40 000美元奖金；如果及时发货，就能得到22 000美元奖金。及时发货是指从接到装配部的订单到向装配部发货平均花费两天时间。

生产一节电池的基本成本为1.55美元。但在目前的生产方式下，固有的废品率为每百万件产品1 032件废品（大约为4个标准差）。降低废品率的成本包括利用质量更高的原材料或更熟练的工人。达到每百万产品32件废品（大约为5个标准差），成本将直线上升（在现有投入状况下，使百万产品仅出现32件废品几乎是不可能的）。每追加投入450美元，百万产品中便可减少一件废品。换言之，将废品率降为32/1 000 000，将花费450 000美元。

在现有生产方式下，每4天发货一次。降为3天发货一次，要多支付90 000美元，再使发货期降为每两天发货一天，还要多花95 000美元。也就是说，再将发货期从4天降为两天，要支出185 000美元。再将发货期缩减为1天的边际成本为115 000美元,这样发货期降为1天，共需支出300 000美元。

要求：

a. 列表反映废品率为1 032/1 000 000、500/1 000 000、100/1 000 000、50/1 000 000、32/1 000 000且平均发货期为1天、2天、3天、4天时的产品成本，确定哪种情况下成本最低。

b. 列表反映废品率为1 032/1 000 000、500/1 000 000、100/1 000 000、50/1 000 000、32/1 000 000且平均发货期为1天、2天、3天、4天时，管理人员的报酬。确定哪种情况下管理人员报酬最高。

c. 指出使成本最低而管理人员报酬水平又最高的理想废品数及供货间隔天数。

d. 假设将公司作为整体衡量废品及供货推迟的财务损失。成本包括保修费用、快运费用、损失的销售机会、损失的商誉。这些成本不影响管理人员的报酬。每件废品的成本为460美元。平均发货期每增加一天的损失为500 000美元，即一天内发货的损失为0，两天发货的损失为500 000美元，依此类推。列表反映公司的总成本，包括产品成本、废品损失、推迟发货损失及管理人员报酬（包括奖金）开支。表中列出废品损失率为1 032/1 000 000、500/1 000 000、100/1 000 000、50/1 000 000、32/1 000 000，平均发货期为1天、2天、3天、4天几种情况。标出最低成本点。

e. 指出在考虑公司总成本的情况下，使成本最低、管理人员报酬最高的废品率及发货期方案。

[习题 14—8]

荷姆兰丁公司（Home Lending Inc.，HLI）是一家提供购房抵押贷款服务的公司，它同时也是大型房地产销售公司——重安家园房地产公司（Relocation Realty）的子公司。该公司的不动产代理商介绍其客户到荷姆兰丁公司办理抵押贷款。购房者将荷姆兰丁公司作为购房贷款中介，而不是与数家银行联系以比较贷款利率。荷姆兰丁公司掌握目前所有办理抵押贷款的银行的业务一览表（固定及调整利率、条款、最后一笔特大付款等）。购房者可以从中选择最适合其的抵押贷款。由于各银行抵押贷款申请表的格式相同，荷姆兰丁公司可为客户事先填写申请。对每份批准的申请，银行和荷姆兰丁公司要收取 1 个百分点（贷款金额的 1%）的手续费（银行很少会拒绝申请，这时贷款申请人便无需交费了）。对于抵押贷款申请人而言，直接向银行递交申请与通过荷姆兰丁公司递交申请没有什么区别。

荷姆兰丁公司雇用抵押贷款受理员，他们负责与购房者见面，研究各种贷款方式，填写申请，双方达成一致意见后帮购房者办理手续。每个受理员 1 年至多可受理 120 笔业务。公司拥有计算机系统，使贷款申请过程自动化。除受理员外，公司还有秘书，其职能是输入计算机数据，接待客户和辅助完成日常业务。公司总裁 Linda Jeter 总管全体员工，雇用（解雇）工作人员，并帮助处理困难的贷款申请。她还负责向总公司汇报业绩。

房地产市场近来不景气。两年前，荷姆兰丁公司受理了 580 笔抵押贷款，平均每笔 80 000 美元，雇用了 5 名受理员，两名秘书。今年 Jeter 估计只能受理 280 笔业务，平均每笔 70 000 美元。去年她解雇了两名受理员和一名秘书。

以下数据为两年前的经营状况及预计今年的经营状况：

	两年前	今年的计划
抵押贷款单据数	580	280
平均每笔贷款的收入	$ 800	$ 700
总收入	$ 464 000	$ 196 000
贷款受理员工资	(125 000)	(90 000)
秘书工资	(34 000)	(20 000)
计算机系统维护成本	(30 000)	(30 000)
Linda Jeter 的工资	(55 000)	(55 000)
计算机折旧	(40 000)	(40 000)
办公室租金	(36 000)	(36 000)
办公用品、用具、电话等	(12 000)	(14 000)
利润/亏损	$ 132 000	$ (89 000)

荷姆兰丁公司已签订不可撤销的 5 年期办公室租赁合同和 5 年期的计算机系统维护协议，两个合同都还有 1 年时间才到期。计算机系统和办公设备都没有残值。Jeter 被告知必须减少亏损，否则总公司将关闭该附属公司。她想到了两个方案：继续裁减

受理员，将抵押贷款受理费从贷款总额的1%降到0.75%。她认为竞争对手不会马上作出降价反应，降价后业务量将上升30%。不考虑税负，评价以上方案并为Jeter拿个主意。请用思路清晰的财务分析支持你的观点。

[习题14—9]

盖斯特手表厂（Guest Watches）是盖斯特时尚公司（Guest Fashions）——一家大型国际时装设计公司的分支机构。盖斯特手表厂为18～30岁的年轻人生产时尚手表。该厂作为一个利润中心，其高层经理的报酬与公司的报告利润紧密挂钩。尽管盖斯特手表厂把握着流行市场的先机，但产品质量问题却使收益下降。一些零售店不再订货，另一些则扬言如果顾客继续要求退货就不再出售盖斯特手表了。该手表的保修期为1年，返修率为12%，而手表行业的平均返修率仅为4%。除高额的修理费支出及由于质量不佳的声誉所丧失的市场份额外，盖斯特手表厂的废品率及返工率也大大高于行业平均水平。

高层经理担心如此下去可能会失去市场主导地位，便聘请了一家咨询公司研究工厂存在的问题及扭转局面的措施。经过对盖斯特手表厂、顾客、供应商、生产设备的全面分析，咨询顾问提出了维持现状以及实施全面质量管理即零废品计划（第四种质量水平）等五项可选措施。下表为各措施的概要内容（单位：千美元）：

	额外培训成本*	额外预防及符合性测试/开支†
维持现状	$ 0	$ 0
水平1	80	180
水平2	200	240
水平3	350	340
水平4	550	490

* 包括每年全面质量管理计划培训雇员的开支。

† 供应商鉴定、产品重新设计、减少废品的监督成本等每年的开支。

咨询顾问强调说尽管第一年的启动成本会比后几年高一些，管理人员必须将以上成本作为每年不断发生的成本对待。因为人员更新、供货量经常变动、培训、预防及符合性测试的成本不会随时间的推移而减少。

咨询公司及新上任分管质量计划的副总裁估计要达到第四种质量水平，返工产品及废品损失将为25 000美元，保修费用为0，第四种质量水平将使工厂的废品率为0。

为此召集了一个任务组，经过多次磋商，估计各阶段返工及废品损失与保修费用如下：

	返工及废品损失总额*	保修费用总额†
维持现状	$ 500	$ 350
水平1	300	280
水平2	150	140
水平3	75	80
水平4	25	0

* 指生产废品及返工的成本。

† 指为顾客修理产品及更换产品的成本。

对于实施该措施提高质量后对销售额的数量影响，讨论非常热烈。尽管效果不可能立竿见影，但多数人仍认为由于零售商及顾客已得知废品率下降，公司将增加销售，因此净现金流量（边际贡献）会有所增加，数据如下：

增加销售量所增加的边际贡献	
维持现状	$ 0
水平 1	600
水平 2	1 000
水平 3	1 200
水平 4	1 300

要求：

a. 假设以上数据较为合理准确，针对现在质量低下的状况，盖斯特公司应做些什么呢？是维持现状还是实行咨询顾问提出的四种质量水平之一？

b. 评价你在（a）中给出的建议。盖斯特手表厂的高层管理人员会与盖斯特时尚总公司的高层管理人员作出同样的决策吗？

[习题 14—10]

一个成功地在产品生产中应用全面质量管理方法的大公司报告说，若将全面质量管理用于提高管理职能，如订单接收、销售及人口资源管理，效果就不那么理想了。这个公司多次荣获质量奖，显著提高了产品质量，并运用适合目前工艺水平的全面质量管理方法培训所有员工如何进行全面质量管理。然而，在管理领域，公司却未能使成本有同样幅度的下降，也未能像在产品生产中那样大幅度地提高服务的质量。假设其他公司也存在这种现象，你会认为全面质量管理在制造业中的实施效果比在非制造业（或服务领域）好。这是为什么呢？

[习题 14—11]

你为一家投资公司工作。你的一个客户正在考查收购史德林工厂（Stirling Manufacturing）的可能性，史德林工厂是汽车制造企业的部件供应商（专门生产汽车尾灯配件）。史德林制造厂的销售额为 1.3 亿美元，拥有 9 300 万美元的资产。

你的客户请你的公司对史德林工厂（这是一家私有企业）进行评估，并说明收购该厂的价格。史德林工厂进行批量生产。工厂持有原材料，并将其逐步投入生产中。每批生产 2 000 ~ 2 500 件配件。这些配件每天发出，一次发出 100 ~ 150 件，以满足该厂客户所提出的适时制生产方面的要求。你的客户想在收购完成后，在史德林工厂实行适时制生产。

你的老板请你就史德林工厂实施适时制生产后可能出现的各种结果及其对该厂现金流量及最终市场价值的影响写一份备忘录。你的备忘录将为实际负责评估该厂现行价格及收购后未来价值的同事提供背景资料。你的客户打算在史德林工厂进行一系列改革，适时制生产只是其中之一。你的备忘录将帮助公司的评估师开展工作，并为收集资料提供指导。你的备忘录应特别指出在评估适时制生产对现金流量的影响时应额外收集哪些数据。

[习题 14—12]

老镇烘烤店（Old Town Roasters，OTR）拥有并经营镇上的 12 家咖啡连锁店。OTR 的经营战略是，在一个温馨、友好的环境里提供质量一流的咖啡和烘烤食品。每家 OTR 都向顾客提供网络接口和最新的报纸。某些店 24 小时营业，尤其是坐落在大学校园里的店铺。每家店的经理可自主决定营业时间、购进烘烤食品的品种以及店里提供的网络终端数量。

要求：

设计一个平衡计分卡，用于评价和奖励每家店的经理。

[习题 14—13]

英国航空公司（British Airways，BA）使用平衡计分卡。将以下业绩考评指标：

净资产收益率	航班的按时到达率
利润增长率	空座比例
丢失行李的数量	员工离职率
员工培训小时	经常乘坐航班的旅客数量（在 BA 飞行 25 000 英里）

归类到平衡计分卡的以下四个维度：

财务方面	创新与学习
顾客维度	内部运作过程

注意：业绩评价指标可用于一个或多个维度。

[习题 14—14]

科罗医院（Kollel）是一家地处大都市的私人医院。医院接受“常规”病人及“专护”病人。常规病人由全天工作的一般医生诊治，专护病人由具有专长的内科大夫诊治，这些内科大夫在科罗医院拥有特权。为维护医院在社区中的领先地位，科罗医院深入开展全面质量管理活动。管理人员和医生们组成各类团队研究医院的各种职能。今年，一个团队考查了专门诊治某一类疾病的一个部门。该团队发现病人总是希望早点离开医院，而且觉得他们在医院里呆得太久了。

这个部门有 16 张病床，去年共诊治了 300 名病人。病人们的病情各不相同。一般经过大约 16 天的诊断、治疗，病人就可以出院了。但全面质量管理调查却发现，病人在医院平均要呆 19 天。另外，研究表明常规病人的平均住院期比专护病人短，但内科大夫在病人住院期间并没有处理更复杂的病症。研究发现内科大夫诊断病人用的时间较长，治疗期间较少跟进病人病情，其结果是医生不能马上确认治疗是否有效或病人是否可以出院。

为提高治疗质量，医院管理部门正在研究减少病人在医院停留时间的方法。一个方法是不允许那些病人置留时间较长的内科大夫再接受病人入院。这些病人中的一部分可由一般医生诊治，入院病人数量和病人停留时间如下表。去年共接受 150 名常规病人和 150 名专护病人。常规病人平均在医院呆 16 天，专护病人平均在医院呆 22 天，所有病人在医院停留的平均天数为 19 天。

减少住院天数后可接纳病人的数量

	现状	1天	2天	3天	4天
常规病人住院天数（天）	16	16	16	16	16
住院的常规病人数量	150	153	160	173	185
专护病人住院天数（天）	22	21	20	19	18
住院的专护病人数量	150	145	135	117	95

医院从保险公司那里为每个入院病人提取 10 000 美元，无论病人接受常规治疗还是专门治疗。这笔钱可用于支付住院部每年（365 天）的固定成本 1 752 000 美元和每个病人每天 150 美元的变动成本，医生的服务费另计，不作为本研究的分析对象。

要求：

a. 计算表中各方案下所有病人平均住院天数，并计算每种情况下的住院率（平均病床利用率）。讨论平均住院时间与病床利用率的关系。

b. 计算每种方案的净利润（列出利润表），分别计算常规病人与专护病人的边际贡献。哪个方案下利润最大？造成利润差异的因素有哪些？

［习题 14—15］ 略

［习题 14—16］ 略

［习题 14—17］ 略

［习题 14—18］ 略

案　例

［案例 14—1］ 电话电脑公司（Telephone Computer Corporation，TCC）

电话电脑公司向电话公司销售两种能提供辅助导向的智能化计算机设备。公司有自己的销售组织，直接向电话公司销售产品。TCC 最近销售了 α、β 两套计算机系统。TCC 拥有 β 计算机系统 90% 的市场，α 计算机系统 50% 的市场。α 系统售价 100 000美元，β 系统售价 200 000 美元，β 系统的性能为 α 系统的 3 倍。

TCC 公司又开发出一种更为先进的计算机系统 η，其性能是 β 的 4 倍，运行成本却比 β 低，售价为 300 000 美元，生产成本为 170 000 美元。客户可以直接将 η 系统与主机系统联结，用于用户计费及未来的电信开发。一旦 η 系统投入市场，其最大的竞争对手将为 β，所以 η 最初创造的销售额将被 β 损失的销售额抵销。

高层管理人员在 η 的开发中投入了大量资源，他们认为该项开发计划的成败关系到公司的未来。下年度的经营状况如下表（假设 η 还没有投放市场）：

下年度产品预期利润（不包括 η）

	α	β	总　计
销售量	100	50	
销售价格	$ 100 000	$ 200 000	
收入	$ 10 000 000	$ 10 000 000	$ 20 000 000

续表

	α	β	总 计
单位产品成本	50 000	80 000	
销货成本	5 000 000	4 000 000	9 000 000
销售人员工资*	2 000 000	2 000 000	4 000 000
佣 金（销 售 收 入 的 10%）	1 000 000	1 000 000	2 000 000
产品利润	$ 2 000 000	$ 3 000 000	$ 5 000 000

* 根据佣金分配。

所有系统（α、β、η）将由现有的销售人员销售。销售人员的收入包括基本工资和 10% 的销售收入。为更好地推销 η 系统，TCC 将雇用一批具备更多电信及计算机系统知识的促销员，新雇员的工资将为 500 000 美元。现有的销售人员也从事 η 系统的销售，同时将聘请系统专家帮助其推销。系统专家的工资是固定的，现有销售人员推销 η 时，仍可获得 10% 的佣金。

如果不将 η 投放市场，α 的销量预计每年将增长 5%，β 的销量预计每年将增长 10%，销售价格将保持不变（实际上价格和工资将随通货膨胀而增加，不过为了简化分析，所有数据均以真实值，而不是名义值表示。也就是说，不随通货膨胀调整数据）。

如果将 η 投放市场，α 的销售不会受影响，但 β 的销售会受影响：第一年 η 的销售收入上升将以 β 的销售下降为代价，之后 β 的销售额每年将只增长 2%。η 第一年投放市场，预计会销售 25 套，以后每年将增长 9% 的销售量。

要求：

管理人员想知道 η 投放市场后各产品线的利润情况如何，请你预测未来 5 年 α、β、η 的利润，并提出你对该项目的建议。讨论怎样向高层管理人员提交 5 年的各产品线的利润预测。

［案例 14—2］　生产率指标

背景资料

经济学家及管理人员早已认识到，生产率对一个组织的成败而言有多么的重要。生产率是公司产品及服务的产出与生产要素的投入之间的相互关系。如果一个公司以相同的投入得到更大的产出，我们便认为其生产率提高了。类似的，如果两个公司生产同样数量的产品或提供等量的服务，但其中一个公司的投入较少，那么这个公司的生产率更高。人均产出更多的国家能积累更多的财富。经济学家统计各国的生产率，并将结果在财经出版物中公布，作为衡量国家竞争力及国力的指标。

20 世纪 70 年代，美国许多大型公司开始关注生产率，以及应如何衡量、改进公司的生产率。因外国公司的竞争，这些美国公司的市场份额被日本和欧洲公司抢占了。日本汽车公司比美国企业使用更少的人工工时生产汽车，因而所生产的汽车价格更低、性能更好。外国的钢铁生产商比美国钢铁生产商的生产率要高。1977 年，考虑到相对生产率的不断下降，美国的大型企业自筹经费成立了美国生产率中心（后来的美国生产率与质量中心）。为了提高生产率，一些企业尝试采用不同的生产率指标。

生产率最基本的形式可定义为产出与投入的比值：

$$生产率=\frac{产出}{投入}$$

如果一个公司投入单一要素（铁）生产单一产品（马掌），且这一状况长期不变，那么生产率就可以用每单位投入量的产量或每磅铁生产的马掌数量来衡量。如果铁在加工过程中的损耗减少，一定量的铁就能生产出更多的马掌。一个生产率指标便是马掌与铁数量的比率。铁不是制造马掌投入的唯一生产要素。人工也是一个生产要素，而且人工的投入往往是管理人员最关心的。因而，生产率也可以表示为每单位劳动的产出量。许多经理人员关心每个工人的马掌产量，这一指标的变化情况以及该指标与竞争对手的比较情况。

生产率计量系统的支持者认为，管理者应关注生产率而不是利润率。如果销售价格的上升幅度大于投入成本的上升幅度，一个公司可能有良好的盈利能力，但生产率却在下降。在这种情况下，使用生产率指标能分析出原因所在。管理人员能控制生产过程的实物方面，如制马掌过程中铁的废弃率，但不能控制铁和马掌的价格。在很大程度上，管理人员不能左右价格，却必须将价格作为既定的，并努力在既定的投入下提高产出（或产出一定时，减少要素的投入量）。

生产率计量系统的支持者认为，用生产率衡量管理人员的业绩，将不可控的价格变化排除在外，能更好地评价管理人员的业绩。他们认为，传统的会计指标（如净利润）包括许多管理人员不能控制的因素，不能充分关注管理者能够控制的因素（如劳动生产率）。下面的例子能更详细地说明了生产率计量系统。

生产率的计算

如果公司的产品多种多样（既有大号马掌，也有小号马掌），产品结构也时常变化，那么计算生产率指标时就应将多种产品的产量折合成单一的指标。类似的，各个投入要素也得折算成一个投入指标。生产率（产出/投入）指标必须把多个投入或产出要素整合起来。

在存在多种投入、产出的情况下，便应以价格为权数衡量公司的生产率。存在两种产出量、三种投入要素的情况下，总生产率的计算公式如下：

$$生产率=\frac{产出_1\times 价格_1+产出_2\times 价格_2}{投入_1\times 成本_1+投入_2\times 成本_2+投入_3\times 成本_3}$$

产出 i（$i=1$ 或 2）和投入 j（$j=1$、2 或 3）表示各投入和产出的实物数量。价格 i 和成本 j 是相应的产出价格和投入成本。研究生产率的变化原因会发现，总生产率的变化中既包括实物数量的变化，也包括相关价格的变化。但生产率指标中应排除不可控价格及成本变化的影响，使管理人员的注意力集中在实物数量的变化上。

为排除价格及成本变化对业绩评价的影响，要把多种投入和产出整合起来。可以用下面的方法：

（1）选择一个年份为基期，将基期的价格、成本作为未来年度计算投入、产出的权数。基期应是某一个高产量的年份。考虑到产品结构及价格的变化，应每5年重选一个年份作为基期。

（2）将投入、产出的数量分别乘以基期的价格、成本，便得到了总投入、产出指标。

（3）将总产出除以总投入便得到了当年的总生产率。

（4）将本年总生产率除以上年总生产率便得到了生产率的变化值。①

用一个简单例子介绍其计算的技巧，② 例中有两种投入要素（铁和人工）、两种产品（小号马掌、大号马掌）。下表为上两年经营情况的资料：

表1 实物数量

投入/产出	基期价格/成本	去 年	本 年
产出：			
小号马掌	$ 2	500	600
大号马掌	$ 3	500	550
投入：			
铁	$ 1	1 000	1 200
人工	$ 4	300	320

根据以上数据，总生产率的计算结果参见下表：

表2 总生产率

投入/产出	去年	本年
产出：		
小号马掌	$ 1 000	$ 1 200
大号马掌	1 500	1 650
总产出	$ 2 500	$ 2 850
投入：		
铁	$ 1 000	$ 1 200
人工	1 200	1 280
总投入	$ 2 200	$ 2 480
生产率	$\frac{\$ 2\ 500}{\$ 2\ 200}$ = 1. 136	$\frac{\$ 2\ 850}{\$ 2\ 480}$ = 1. 149
生产率增长率	$\frac{1.149-1.136}{1.136}=1.1\%$	

总生产率从上年的 1. 136 提高到本年的 1. 149，提高了 1. 1%。运用基期的价格（成本）计算出的生产率表明，相对少的投入产生了相对多的产出。

加拿大一项生产率研究表明，很少的公司用总产出除以总投入的比率来衡量全公

① J . Kendrick and D. Creamer, *Measuring Company Productivity*, Conference Board（1969）. 对于更常用的标准成本系统所采用的计算生产率的方法，参见 R. Banker , S. Datar , and R. Kaplan, "Productivity Analysis and Managenent Accounting," *Journal of Accounting*, *Auditing and Finance*, 1989. 也可参考 E. Adam, J. Hershauer and W. Rush, *Productivity and Quality*: *Measurement as a Basis for Improvement*（Englewood Cliffs, NJ: Prentice-Hall, 1981）and B. Gold, *Productivity*, *Technology*, *and Capital*: *Economics Analysis*, *Managerial Strategies*, *and Government Policies*（New York: Lexington Books, 1979）。

② 是否将资本作为一个投入要素的示例及讨论评注，参见 Kendrick and Creamer（1969）中的处理方案。

司的整合生产率。① 多数公司采用一些衡量公司重要经营战略因素的非财务指标。例如，一家钢铁厂用发出的钢吨数除以购入铁吨数，用发出钢吨数除以雇员人数。一家保险公司计算特定部门每个雇员处理保险单的数量。另一些公司计算产出率、废品率和产量。研究结论（132 页）指出："我们认为生产率指标是公司战略实施过程中的辅助措施，帮助组织成员了解要实现公司的长远目标需要做些什么。"

一项精心设计能抓住公司或部门核心战略因素的生产率指标，能有效地为经理排除各非相关因素的干扰。突出一两项指标，可以使管理人员集中关注这些指标。不过这也存在不妥之处：（1）选择了错误的指标；（2）现实世界十分复杂，以致一两项指标无法得到反映。应用实物量指标的最大问题在于，会导致经理人员忽略价格的变动。

总之，全面的生产率指标虽已问世，却没有得到广泛应用。这些指标旨在将管理人员的注意力更多地引向其可控的因素，譬如，投入到产出的物质生产过程，而不是包括相关价格变化在内的、全方位的利润指标。管理人员通常不能左右投入、产出的价格，却可以找到投入、产出各要素的替代品，这一过程是管理的重要组成部分。仅仅采纳生产率指标，却不同时改变决策分权方式及业绩奖惩方式是难以奏效的。

要求：

a. 中肯地分析表 2 中的生产率计算过程。生产力指标是否表明公司管理人员今年的业绩比去年好？

b. 讨论综合生产率系统并没有被组织广泛采用的可能原因。

c. 考虑布克轮轴公司（Burk Wheels）的情况。布克轮轴公司生产铝制汽车轮轴（橡胶轮胎装配在轮轴上）。其投资者 Gerry Burk 对来自外国公司的竞争感到非常担心，想要提高工人的生产率。她决定对一线主管和车间经理实施奖金计划以提高劳动生产率。如果主管提高了其车间的劳动生产率（产出/劳动时间），他就会得到奖励。铸造车间负责最重要的生产过程，负责把熔解的铝浇铸成模，并冷却，然后移送制成轮轴。宣布实行劳动生产率激励方案前两个月，铸造车间的运营情况如下：

	3 月	4 月
轮轴铸件	1 680	1 710
直接人工工时	722	701
耗用的铝	14 616	15 219
直接人工工资/小时	$ 23.10	$ 23.75
铝的价格/磅	$ 0.92	$ 0.91

计算 3 月和 4 月的直接人工生产率，并对两个月中劳动生产率的变化情况进行讨论。

Gerry Burk 已对提高劳动生产率的生产主管和车间经理给予奖励并对进一步提高其生产率的情况拟定了计划，她需要你的意见。给 Gerry 夫人写一份备忘录，列出你

① 参见 H. Armitage and A. Atkinson, *The Choice of Productivity Measures in Organizations: A Field Study of Practice in Seven Canadian Firms*（Hamilton, Ontario: Society of Management Accountants of Canada, 1990）。一项对美国公司的研究报告认为，不到 15% 的公司使用或计划使用完全生产率指标（J. Kraus, How U. S. Firms Measure Productivity [New York: National Association of Accountants, 1984]）.

对她的计划有何看法。

［案例 14—3］　**国际石油公司（Global Oil）**

1995 年，国际石油公司旗下的炼油和销售公司（M&R）是全美第五大炼油商，有 7 700 家国际品牌服务站，每年销售约 2 300 万加仑、占全国 7% 的汽油。所有的服务站均为公司所有。1990 年，M&R 的盈利能力在同行中排在最后，并且每年耗用集团公司 5 亿美元现金。

1993 年，M&R 从一个集所有功能于一身的组织（负责炼油、运输、仓储、零售和营销）重组为 17 个地域性事业部（负责销售和配送）和 14 个服务公司。原来的多功能组织对市场条件的变化和全国不同顾客的需求反应迟钝。而新的非集权组织是更多地考虑到客户的情况后设计的。新的营销策略赋予地区经理更多的决策权，从而能更好地适应地区市场。

有一些顾客对价格不敏感，因而不仅购买国际石油公司的汽油，也会在加油站的便利店消费。针对这类顾客，一项新的公司战略也随着重组在同时实行，就是重新设计便利店，使之变成驿站，提供汽油和快餐。

原来的组织采用多种功能性指标：生产成本、销售毛利、销售量以及健康与安全性等。改变公司战略和组织结构以后，M&R 决定改变业绩衡量体制并开始研究平衡计分卡。

M&R 的平衡计分卡

M&R 为保证平衡计分卡的有效性成立了经理项目小组，定义了 32 个不同维度，包括财务方面（总资产收益率、现金流、产量增长率等）、顾客方面（地区份额、或有消费者等）、内部管理方面（安全事故、总资产收益率、存货水平等）以及学习方面（战略性技术的累加值、信息系统质量等）。或有消费者是指每月到各个加油站购买汽油和零食、快餐的第三方买主。或有消费者每次光临时，都要给加油站的 23 个项目评分，如外观、剩余空间等。1994 年 8 月，详述平衡计分卡的小册子被派发到 M&R 的 11 000 位员工手上。为了解释新指标和平衡计分卡的思想，公司召开了多次员工会议。

报酬计划

如果国际石油公司的总资产收益率和每股收益增长率在七个竞争对手中名列第一，那么 M&R 的所有员工都将得到上限为 10% 的奖金。除了该已有计划，公司还增加了一个新方案，即经理的奖金可高达 20%。奖金的数目取决于三个因素的平均业绩：

· 国际石油公司的总资产收益率和每股收益增长率在竞争对手中的排名。

· M&R 平衡计分卡的维度评分。

· 事业部平衡计分卡的维度评分。

1995 年，M&R 每桶油所创造的收入已高于同行的平均水平，其总资产收益率也超出了同行的平均水平。

要求：

a. 评价 M&R 平衡计分卡的实施情况，包括方案的优点和不足。

b. M&R 财务的业绩是因为采用了平衡计分卡而改善的吗？

[案例14—4]　恩诺格尼克斯公司（Inorganics, Inc.）

在每月一次的经理例会上，营销部副总裁 Fred Rooks 指出：根据新的激励计划，19 个推销员中仅有 4 个能得到年终奖（表 1 解释了该计划，并列出了一些推销员的业绩）。他认为奖励面太窄，因为去年有 12 名推销员获奖了。而且，他关心为什么边际贡献很小甚至为负数的客户账户或分销商账户却越来越多（表 2 给出了低边际贡献的一些样本账户）。他的解释是："经济形势越来越不确定。经济的萧条迫使我们压缩信用条款，对应收账款加强控制。这也意味着要放弃一些客户账户，这些低边际贡献的客户对公司是十分不利的。"

表 1　**在目前激励计划下本年推销人员的业绩抽样***

推销员	营销范围	当年销售额	边际贡献	边际贡献率（%）	去年销售额	去年边际贡献率（%）
Rob	图片类	$ 1 000 000	$ 480 000	48	$ 800 000	45
	溶液类	2 500 000	1 000 000	40	2 000 000	39
	电子类	150 000	(22 000)	−15	180 000	−17
	氯化钙	700 000	300 000	43	600 000	33
	苏打粉	3 000 000	1 000 000	33	2 900 000	50
	硫酸类	2 000 000	10 000	1	2 400 000	−16
		$ 9 350 000	$ 2 768 000	30	$ 8 880 000	27
Jane	图片类	$ 300 000	$ 180 000	60	$ 200 000	59
	溶液类	650 000	300 000	46	450 000	44
	电子类	75 000	1 000	1	250 000	9
	氯化钙	75 000	25 000	33	50 000	34
	苏打粉	1 000 000	575 000	58	1 050 000	57
	硫酸类	150 000	(40 000)	−27	200 000	−26
		$ 2 250 000	$ 1 041 000	46	$ 2 200 000	41
Jack	图片类	$ 1 600 000	1 100 000	69	$ 1 200 000	65
	溶液类	790 000	350 000	44	750 000	42
	电子类	0			100 000	−5
	氯化钙	900 000	320 000	36	850 000	34
	苏打粉	3 000 000	1 725 000	58	2 000 000	57
	硫酸类	1 750 000	(700 000)	−40	2 000 000	−39
		$ 8 040 000	$ 2 795 000	35	$ 6 900 000	25

*激励计划旨在鼓励推销代表推动所有经营范围内的商品销售。奖金有四个标准，金额直接与业绩挂钩。四个奖金标准如下：

1. 至少四个经营范围的边际贡献率大于 35%。
2. 总边际贡献率大于 31%。
3. 销售额比上年有所增加。
4. 至少四个经营范围的边际贡献比上年有所增加。

表 2 **低边际贡献的样本顾客账户**

顾客数量	产品*	数量	销售金额	边际贡献	边际贡献率（%）
4582	001001	100 吨	$ 90 000	$ 60 000	66.67
	006002	1 800 吨	792 000	(200 000)	-25.25
	004002	10 000 磅	230 000	100 000	43.48
			$ 1 112 000	$ (40 000)	-3.60
6528	002002	2 000 吨	$ 60 000	$ 21 000	35.00
	004003	10 000 吨	240 000	80 000	33.33
	003005	450 吨	16 650	3 200	19.22
	003003	1 300 吨	357 500	(70 000)	-19.58
	003002	100 吨	20 000	1 000	5.00
	006002	200 吨	$ 8 800	(2 150)	-24.43
			$ 702 950	$ 33 050	4.70
5724	006002	40 000 吨	$ 1 880 000	$ (450 000)	-23.94
5364	001003	1 000 吨	$ 478 000	$ 375 000	78.45
	003001	20 000 吨	3 900 000	(400 000)	-10.26
			$ 4 378 000	$ (25 000)	-0.57
3645	003003	2 吨	$ 550	$ (80)	-14.55
6512	005001	20 吨	$ 1 000	$ 600	60.00
	006002	3 000 吨	144 000	(38 000)	-26.39
	001006	75 吨	34 350	14 000	40.76
			$ 179 350	$ (23 400)	-13.05
5987	006002	1 800 吨	$ 75 600	$ (20 000)	-26.46
	006002	2 600 吨	120 900	(32 000)	-26.47
	002001	1 000 吨	35 000	13 000	37.14
			$ 231 500	$ (39 000)	-16.85
3258	004002	35 磅	$ 805	$ (600)	-74.53

*表 3 对产品进行了描述。

公司概况

恩诺格尼克斯公司生产产销工业及实验用化学制品。为得到既定的资本回报率，公司所有产品和所有经营范围的边际贡献应达到 30%（表 3 列出了标准边际贡献）。对经理人员的考评以达到全公司的利润目标为标准。公司经营多种化学制品，其收入主要来自纯碱、化合物溶液、电子化合物、图片和特殊化合物、氯化钙、硫酸等。这些化学制品在北美各地制造生产。另外，公司也分销进口的甲醛及外购的化学制品。

表3　**标准边际贡献***

产品型号	产品说明	边际贡献
	相片与特殊化合物	
001001	亚硫酸钠，容器	65%
001002	亚硫酸钠，食品类	60%
001003	亚硫酸钠，相片类	60%
001004	亚硫酸氢盐	45%
001005	亚硫酸氢钠聚合物，容器	55%
001006	亚硫酸氢钠聚合物，食品类	40%
	化合物溶液	
002001	硫酸铝盐，标准	45%
002002	铝，容器	35%
002003	铝，T/T	30%
	电子化合物	
003001	腐蚀剂	-10%
003002	硼酸盐	5%
003003	99%硼酸盐	-20%
003004	硅酮	-2%
003005	液态氟，标准	20%
003006	HFL，容器	22%
	氯化钙	
004001	氯化钙丸	45%
004002	氯化钙粉	40%
004003	氯化钙溶液	30%
	纯碱	
005001	碳酸钠，容器	60%
005002	碳酸钠，包装品	59%
	硫酸	
006001	硫酸，回收重炼	81%
006002	硫酸，原始	-25%

* 标准边际贡献是根据上一年和当年的销售情况，以总销售收入和相关毛利为基础计算的，公式为：

$$边际贡献 = \frac{价格 - 变动成本}{价格}$$

电子化工部

电子化工部接到的订单较少，已有10年不盈利了。公司已不再对这个部门进行资本性投资，而且希望卖掉这个部门。然而，管理阶层却苦于找不到买主。关闭这个部门需要一笔清理费用以达到环保的规定。清理费用估计在0.5亿~1亿美元之间。

由于付不起巨额清理费用，关闭部门的设想也只得作罢。电子化工部是公司唯一不盈利的部门。

硫酸部

硫酸是石油及石油化学工业所必需的。用过的硫酸经炼油厂客户的管道输入，用于重新加工。这正是硫酸业利润最大的领域。这同时也为炼油厂提供服务，帮助其从炼油烷化作用或净化过程中回收利用过的硫酸。如果炼油厂使用新酸液并排放掉用过的硫酸，那么成本也会很高，因为排放出的硫酸必须经过处理，以达到环保规定。

投入 1 吨用过的硫酸可重新生成 1 吨新硫酸（这些新硫酸又用管道输送回炼油厂）和两吨纯酸。继续加工纯酸以达到市场标准的成本可忽略不计。重新生成硫酸的价格与顾客协商决定，平均价格为每吨 260 美元。纯酸市场竞争激烈，公司只能根据市场行情定价。平均每吨纯酸的价格为 40 美元，如果公司不参与纯酸市场的竞争而选择排放，则需追加每吨 20 美元的成本才能达到环保规定，两种产品都用完全成本法核算成本。审计员指出：所有成本在 3 吨产出之间平均分配以反映销货成本。硫酸的销货成本是根据产出数量平均分配成本后计算得到的。

营销经理 Ray Bash 负责纯酸的销售，他抱怨道："这样太不公平了！给我一个低边际贡献的产品，却用利润率评估我的业绩，而无视我在提高市场份额上所做的努力和取得的成果"。

要求：

评价经理例会上所提出的问题，并提出你的建议（涉及的问题包括，是否应该取消不盈利的客户账户，以及如何衡量销售业绩）。

资料来源：B. Dembla，T. Hollenbeck，C. Keegan，E. Nordhoy and M. Quercia.

术语汇编

已吸收制造费用 见已分配制造费用。

完全成本法 将所有生产成本都计入产品的一种成本计算方法。所有直接、间接制造成本，包括当期发生的制造费用都分配计入完工产品或在产品。

加速折旧 任何一种比直线法对资产计提折旧速度快的折旧方法，比如双倍余额递减法。

作业基础 见成本动因。

作业成本管理 通过使用作业成本信息，取消不能增加企业价值的作业活动和产品组合决策，从而改进企业的作业活动、生产管理过程和产品设计的管理过程。

作业成本法 识别导致间接成本的作业，并选择适当的成本动因将间接成本分配计入产品和服务的过程。

实际费用 预算期内实际发生的费用。

实际制造费用成本 组织内部发生的间接成本。

实际收入 一个预算期内形成的收入。

实际利用率 一个分配基础在实际中被使用的次数。

实际产量 一定期间的生产数量。

代理成本 代理人追求自身利益而非所有者利益的成本，包括公司价值的降低和减少公司内部利益异化所花费资源的成本。

可让渡性 销售并从中取得收益的权利。

转让权 个人或公司对特定标的采取行动的权利（包括出售该标的）。

分配基础 用于分配成本的计量单位。例如，将直接机器工时作为分配间接制造成本的标准。

年金 一定期数内的等量现金流。

已分配制造费用 根据一定的制造费用分配率分配计入产品中的制造费用，也叫作已吸收制造费用。

鉴定成本 在向顾客发货之前，识别废品的成本。

资产结构 一个组织持有资产的性质及分布。

平均成本 等于生产总成本除以产量。

可避免产品和服务成本 如果停止提供一件产品或一项服务，就不会发生的成本。

平衡计分卡 根据股东目标的实现程度及消费者的满意程度对一组织进行评价的一系列业绩指标。

基本估计因素 预测公司面临的战略因素，如房价、投入成本等。

批量层面成本 与某个产品或服务批数相关联的间接成本。

标杆管理 将组织的生产、产品或服务与在这些方面处于领先地位的竞争对手进行比较。

效益 决策中能够帮助组织达到目标的那些方面。

效率—成本率 将效益指数除以计划、程序或决策的成本所得到的比率。如果该比率大于1，效益就大于成本。如果该比率小于1，成本就大于效益。如果该比率等于1，成本与效益就是相等的。

β系数 公司股票的系统风险（不可避免风险）。β系数用于测量公司股票与市场关联的灵敏度。如果一公司的β系数大于1，则该公司股价的波动幅度大于市场上股价的平均波动幅度。如果一公司的β系数小于1，则该公司股票的风险大于市场上的平均股票风险。一股票的β系数若等于1，说明其风险程度与市场上平均股票风险相等。β系数被视作公司股票回报与市场回报的系数。

账面价值 一项折旧资产的买价减去累计折旧后的价值。

瓶颈 生产能力最小的组织的生产过程。

保本分析（损益平衡分析） 确定利润为零时的销售量的过程。

保本点（盈亏临界点） 为使总收入等于总成本（固定成本和变动成本）必须达到的销售数量。

预算 对未来一段时期收入和费用的预测。预算是组织中业绩评价和决策分权系统的内在组成部分。

预算销蚀 一种不允许经理人员将预算盈余从上一年转入下一年的预算。在此方法下，本期未用完的基金到预算期末便被取消了。

预算差异 实际费用不同于预算费用或实际收入不同于预算收入时便产生了预算差异。

预算费用 预测一个既定期间内将要发生的费用。

预算制造费用 估计一年中将要发生的总制造费用，包括一定预算量下的固定制造费用和变动制造费用。

预算制造费用成本 用于建立制造费用分配率的预计间接成本。

预算收入 既定期间预计将取得的收入。

预算量 一年中预计的生产量，通常用共同投入量来衡量，如直接人工工时。预算量可以是对来年的预测，也可以用长期以来的正常量来表示。

预算 收集信息进行预测的过程。

经营战略 公司创造价值的方式（通过提供产品、服务市场、应用技术等）以及公司资产结构的性质，包括目前或未来可投产的项目。

副产品 生产过程中得到的，商品价值或管理阶层重视程度不如主产品的联产品，一般不单独报告其成本和收入。

生产能力 衡量组织经营的最大生产界限。

资本预算 通过比较项目之间的未来现金流量，从中选择一个投资项目的过程。

储存成本 见持有成本。

共同成本 由两个或两个以上产品或使用者共同承担的成本。

复利 现金投资所获得的利息，其中包括本金利息及对前期利息再投资所获取的利息。

计算机辅助生产（CAM） 使用而用程序控制的机器人辅助产品生产。

贡献边际 收入减去所有的变动成本。

单位边际贡献 单位售价减去单位变动成本。

控制 应用一定程序帮助确保组织中追求个人利益的代理人使组织价值最大化。

可控制性原则 管理人员只对其有决策权的部分负责。

可控成本 特定管理人员的决策所能够影响的成本。

主计长 主管组织中管理会计及财务会计的经理，通常是主管会计，也叫作审计长。

加工成本 除直接材料成本以外的所有制造成本。

成本 为达到特定目标，必须付出的现金及其他资产或者未来的债务。

成本会计 管理会计的组成部分之一，其中包括计算和报告产品、服务或生产过程的实际或预计成本。

成本分配 组织内部不同部门、生产过程及产品的间接成本、共同成本及联合成本的分摊。

成本分离 组织内部不同产品共同承担的间接成本、共同成本及联合成本的分摊。不同于成本分配，成本分配不仅包括不同产品，而且还包括不同部门、不同作业。

成本—效益分析 通过不同方案成本与效益的对比进行决策的过程。

成本中心 组织中拥有一系列成本决策权的分部，其业绩部分依据实现成本目标的情况来评价。

成本动因 作业的实物量，如机器准备或购买的订单数等与作业中心总成本高度相关的量。

成本对象 组织愿意耗费成本的产品、工序、部门或程序。

资本成本 投资于特定项目的机会成本或考虑的潜在投资项目的最小回报率。

销售成本 利润表上列示的销售产品的历史成本。

质量成本 防止、发现和纠正质量问题的成本，也包括外部成本，如未能防止和纠正质量问题而未实现销售的成本和丧失商誉的成本。

成本库 与一项间接作业有关的成本累积。

本—量—利分析 预测成本和数量变化对获利影响的一种方法。在一定数量范围内、一定价格水平下，预测收入和成本，并计算达到该数量时上述关系将导致的利润。

现行成本 替换现行资源的价格或市场上相似资源的成本。

顾客基础 顾客对象的类型和地域分布。

恶性循环 当转移价格中包含固定成本，使用者减少对内部产品或服务的使用时出现的一种局面。基于平均成本制定的转移价格的进一步提高会造成使用者需求的进一步减少。

分权决策 将决策制定权授予组织内部较低的经营层。降低了传递决策所需专业知识信息的成本，但增加了控制行为的成本。

决策控制 决策过程中管理者授予决策权及监督决策的那部分内容。

决策管理 决策过程中管理者提出决策方案及制定决策的那部分内容。

决策模型 决策程序，例如应用不同的数学公式在可供选择的方式之间进行比较、权衡。

决策权 组织中期望特定个体履行的职责。

专用流水线 工厂按产品线设计布局，安排工人和机器生产单一类型的产品。产品不成批生产而是按单个单位生产。

标准量 用于决定预计制造费用分配率的生产水平。

折旧 固定资产历史成本随时间推移会逐渐减少。

折旧抵税 计提折旧减少应税收入，从而减少税金。

差别成本 两个可供选择方案成本的差异。参见增量成本。

直接分配法 将服务部门成本直接分配计入经营部门的方法。这种方法忽略了服务部门之间互相提供服务的事实。

直接成本 可简单追溯到产品或服务中的成本。

直接成本法 只以变动成本对产品计价的成本计算方法，用发生的所有固定成本扣减当年利润，也叫作变动成本法。

直接人工 能计入特定产品或劳务中的人工成本。

直接人工差异 实际人工成本与标准人工成本之间的差异，该差异是工资率差异和效率差异共同作用的结果。工资率差异是将实际工资率与标准工资率分别乘以实际工时得到的差额。效率差异是将实际工时和标准工时分别乘以标准工资率得到的差额。

直接材料 构成产品的原材料及零部件。

直接材料差异 实际材料成本与标准材料成本的差异。该差异由价格差异和数量差异两部分组成。材料价格差异是材料实际价格和标准价格分别乘以实际材料数量得到的差额。材料数量差异是材料实际数量与标准数量分别乘以标准价格后得到的差额。

贴现因子（$1/(1+r)^t$） r 是贴现率，t 是到收到现金流为止的贴现年数。现值是未来某期收到的 1 美元现在的价值。

贴现率（r） 用于计算现在或未来现金流价值的利息率，见资本成本。

贴现现金流 将多个未来现金流乘以贴现因子得到的现值。

双倍余额递减折旧 加速折旧法的一种，折旧率为 $n/2$（n 表示使用年限），该折旧率为直线法下折旧率的两倍。每年用该折旧率对某账面价值计提折旧。

不良决策 一项决策所带来的收益小于整个企业所付出的成本。

经济达尔文主义 影响公司在竞争环境中的生存机会的公司组织结构、决策过程或技术的变化。各种组织为了增加生存机会而进行的各种变革是相似的，因此在某公司进行的成功变革也会在其他公司盛行起来，这就是自然选择的过程。经理人员只会模仿成功企业的管理策略，而不会去模仿失败的企业。

经济批量 使存货订货成本和持有成本之和最小的订货批量。

经济价值增加（EVA） 一种业绩评价指标。其计算公式是：经济价值增加 = 会计收益 - 加权平均资本成本 × 总投入资本。参见剩余收益。

雇员授权 授予组织内部成员大量决策权。

电子数据交换（EDI） 两个组织通过计算机网络直接互换采购单、发票等数据。

技术性成本 与投入、产出的直接技术有关的成本。

企业资源计划（ERP） 一个整合的、自动化的、以计算机为基础的系统，通过工序、运作中心、作业等跟踪产品，为全厂提供实时信息。

约当产量 以完工产品数量表示的产出量。例如，月末有200个单位的在产品，完工程度为75%，那么这200个单位的在产品就相当于150个单位的产成品（200×75%）。

道德判断 影响他人的决策的标准和程序的过程。

预计制造费用 固定制造费用加上变动制造费用与预计产量的乘积。

预算量 预计一年中的投入量，通常用共同投入量表示，如直接人工工时。

经验曲线 单位生产成本随投入量的增加而降低的理论，其依据是工人通过学习会使生产效率得到提高。

外部失误成本 消费者收到废品后所发生的成本。

外部效应 不参与决策制定过程的个人获得了来自决策的成本或效益，而他们又无法对此进行补偿。

设施成本 各产品与服务共同负担的间接成本。

失误成本 退货、保修，以及由于产品声誉不佳、产品未达到顾客预期而失去销售额的机会成本。

有利差异 预算成本小于实际成本或预算收入大于实际收入的数额。

财务会计 对一个组织的收入、费用、资产、负债及权益进行计量，以满足外部用户（股东、债权人和政府）的需求，受财务会计准则委员会制定的准则及其他公认会计原则的约束。

财务会计准则委员会（FASB） 负责制定向外部报告的公认会计原则的独立机构。

财务杠杆 公司资本结构中负债的数量。用负债与权益或负债与总资产的比值来表示。公司的财务杠杆越大，公司利润的波动幅度就越大，公司销售下降后破产的可能性也就越大。

公司 个人与资源所有者订立契约的地方。

先进先出法（FIFO） 假设先购进的存货先售出的发货与盘存计价方法。

固定成本 最初生产的成本，它不随产量的变化而变化。

弹性预算 根据不同业务量制定的预算，如根据产量制定的预算。进行弹性预算时会随业务量的变化而做出相应的调整。

弹性制造费用预算 包括固定制造费用和单位变动制造费用与预计产量的乘积。

完全成本 生产产品或提供劳务时发生的所有成本的总和。

终值 现金流量在未来某一时点的价值，其中包括前期现金流产生的利息的未来价值。

目标不一致 当公司代理人使其个人利益最大化却妨碍了委托人的利益时，便产生了目标不一致，参见代理成本。

毛利 销售收入减去销售成本的差。

历史成本 取得资源所花费的实际成本。会计系统衡量历史成本而不是机会成本。

持有成本 因存储存货而产生的保险、人工、资本投资利息和占用仓库空间成本。

实施 计划在组织中付诸实施的决策过程的步骤。

增量分析 分析不同决策方案现金流的差别以便于决策。又称增量法。

增量预算 只针对上年费用、收入预计变化中需由高级管理人员调整的部分。

增量成本 两个可行方案之间的成本差异。

间接成本库 所有不能直接追溯到产品的成本集合起来，通过单一分配基础分配到产品或生产过程。

间接成本 由两个或以上产品或使用者分担的成本。

通货膨胀 由于平均价格的上涨所造成的货币购买力的下降。

信息系统 组织内部生成、传播信息的网络。该网络包括计算机系统和其他装置，如工资记录、采购文件和管理人员的总结及其专业知识。

决策定位 决策过程中找到组织内部需改进的领域的步骤。

监督成本 在废品运出前发生的减少废品的成本，例如检验成本。

隔离分配 一种分配成本的方法，在这种方法下一个分部或部门的业绩不会受其他分部或部门业绩的影响。见不隔离分配。

中间产品 从组织中一个部门传递到另一个部门进行深加工以便销售的产品。这种产品可能需要制定转移价格。

内部会计系统 在组织内部收集、分解、生成、传播预算和实际的财务及成本信息，以便于执行官和经理进行决策以及控制的会计系统。

内部审计师 公司内监督各部门，以确保既定经营程序得以实施的人员。

内部控制系统 帮助组织达到目标的内部检验、平衡系统。

内含报酬率 使未来现金流量的现值与当前投资额相等的利息率，或使净现值为零的贴现率。

国内税务局（IRS） 美国政府中负责管理和征收税款的机构。

可盘存成本 见产品成本。

存货 可分为直接材料、在产品、完工产品几类，包括材料成本、生产未完工产品成本、完工产品成本、未售出产品成本。

存货订货成本 管理成本，包括采购部门成本和订货监督成本。

投资中心 公司中拥有资本投资量、产品价格和生产制造过程决策权的部门，通常包括几个利润中心。

投资机会 公司现在及可以预见的未来的所有的投资项目。

分批成本法 产品依批次生产，每批产品的成本在分配成本表中单独反映。

分批成本系统 记录特定批次成本的系统，一批可以表现为单一产品或多个产品。

联合成本 以固定比例生产两个或两个以上产品的投入及加工成本。例如，分解汽油及机油所耗用的一桶原油的成本便为联合成本。

适时制生产 生产系统中生产线上的每个产品都在下个步骤需要时被及时地生产出来，从而消除了所有原材料和在产品存货。

联产品 从一种原料投入中获得的多种产品。

适时制采购 只有在生产需要时采购部门才能订货。通常采购部门有一订货表，要求供货商每天送货。

关键计划指标 企业要完成战略、实现价值最大化所需要实施的行为或活动。

关键计划假设 在一定程度上管理层不能控制，从而使公司的整体活动受到限制的因素。见基本估计因素。

人工效率差异 实际工时减去标准工时后再乘以标准工资率所得到的数值。

后进先出法（LIFO） 一个存货盘存计价方法，这种方法假设最后购进的存货最先售出。

项目预算 只允许管理人员使用各费用项目既定预算额的预算。

直线人事关系 生产主管、工人和其他雇员都直接负责生产（或其他公司目标）。

线性规划 通过设定线性目标函数和多重约束条件，寻找最优决策方案的数学方法。

管理会计 组织内部应用的、帮助组织达到目标的会计系统。

例外管理 关注明显不同于预期标准的经营业绩，并采取行动。

管理会计 会计系统的管理人员进行决策及控制时，在组织内部应用的会计。也叫作内部会计。

边际成本 生产最后一件产品的增量成本，在许多情况下，该成本随业务量的变化而变化。

边际收入 销售最后一件产品的增量收入，在许多情况下，该收入随业务量的变化而变化。

市场价格 两个独立部门交换产品或劳务的价格或价值。

总预算 一种把全部分项预算合成一个综合计划和控制文件的预算。

材料价格差异 原材料实际价格和标准价格的差再乘以实际耗用或购入数量。

材料数量差异 材料实际数量减去标准数量再乘以标准价格。

材料需求计划（MRP） 允许组织快速确定制造产品所需的资源的计算机程序。

微观经济学 运用供给需求理论，研究消费者和公司在竞争、垄断和寡头市场上的行为。

产品组合差异 销售量一定，因销售产品种类组合不同而形成的差异。

混合成本 不能被划分为纯粹固定成本或纯粹变动成本的那部分成本。例如，用具的成本和车间监督成本。

调整的加速成本回收法（MAGRS） 出于税收目的允许根据税法的规定计提折旧费用，从而对折旧资产按不同回收期、不同形成方式计提折旧。

监督 决策过程中确保计划按既定方式实施的步骤。

监督成本 直接、间接察看组织中成员的成本。

多阶段成本分配 按成本对象分配成本的过程。该过程将成本从一些成本对象分配到另一些成本对象。

相互监督 一个代理人观察并报告另一个代理人所做出的不良或次优决策。

负外部效应 个体并不参与的决策给其带来的成本，个体对决策制定过程及其补偿均无参与权。

协商价格 由销售部门与购买部门的经理人员协商制定的转移价格。

净收益 一定期间内所有收入和利得与所有费用和损失的差额。

净现值（NPV） 未来现金流量的贴现值减去初始投资。是一种投资项目评价法。

可实现净值 每种产品的收入减去直接成本和可分离成本后的差额。

名义利率 一种市场利率，其中包括两部分：实际利率和预期通货膨胀贴水。

非隔离分配 所有部门的实际业绩被分解后进行成本分配的一种不隔离分配法。因此，一个部门分配到成本的多少部分地取决于其他部门的业绩。见隔离分配。

零增值成本 没有改善产品和生产过程的作业成本，削减该作业成本后不会影响生产方式、生产能力和产量。见增值成本。

正常成本法 在制定制造费用分配率时，预计产量根据长期平均产量制定，防止实际产量与预期产量偏离过大，形成产品成本的较大差别。

经营杠杆 固定成本与总成本的比率。经营杠杆越大，销售变动所引起的利润变动就会越大。

机会成本 进行决策或在多种备选方案中选择时，未入选的方案或被放弃的决策可能带来的收益。

资本机会成本 将资金用于另外的目的所放弃的机会。例如，将资金投入生产就不能放在银行里生息。

组织架构 一个组织的结构包括：（1）组织内部的决策权划分；（2）奖励员工的方法；（3）评价员工及部门业绩的方法。

实支成本 要求付现的成本。也叫作付现成本。

外包 选择由外部供应商提供产品或劳务，而不是从组织内部取得。

多分配的制造费用 分配的制造费用大于实际发生额的部分。

制造费用 所有不能直接追溯到产品的制造成本。制造费用包括间接人工、间接材料、工厂折旧、保险费用、财产税、工厂管理人员工资等。见间接成本。

已分配制造费用 等于制造费用分配率乘以标准产量。

制造费用分配率 预算制造费用除以预期产量。

制造费用成本 生产产品或提供劳务的间接成本。

制造费用效率差异 应用实际产量与标准产量制定的弹性预算的差异。这是对因工厂、部门生产效率高或低而导致节省或超额的制造费用的估算。

制造费用耗用差异 实际发生的制造费用与根据实际产量做出的制造费用弹性预算的差异。这是对实际发生制造费用与实际产量下应发生制造费用差异的估计。

参与型预算 在制定预算时，引导受预算影响的经理人员发表自己的观点。

回收期法 通过衡量投资回收的时间，对项目进行评价的方法。尽管容易计算，但由于这种方法忽略了货币时间价值及回收期后的现金流量，因此无法很好地衡量项目的盈利性。

回收期 使净现金流量等于初始投资额所需要的时间。

业绩衡量 组织中个人或团体行为的直接、间接衡量。

业绩报告 比较预算的实际业绩的评价工具。

期间成本 当期发生的、不计入产品成本中的那部分费用，包括利息费用、广告费用、管理费用、配送费用和研究开发成本。

永续年金 以既定贴现率投资，每期收到而且没有终止期的等额现金。

实物指标法 根据联产品的实物特征对联合成本进行分配的过程。

计划 制定目标并制定实现目标的可行预算。

正外部效应 不参与决策过程，也不付酬的个体从决策中获得的利益。

有效生产能力 组织中现有生产能力下的最高产出量。

现值 未来一定数量资金的现时价值。未来现金流量的贴现价值。

预防成本 防止生产废品的成本。例如，产品或生产过程的重新设计。

价格决策 产品或劳务价格的选择。

主要成本 直接材料与直接人工的成本。

分步成本法 产品生产连续不断进行的情况下，成本无法按批量归集，而按生产步骤归集的方法。

生产成本 生产过程中所有能够追溯或分配给既定产品或存货的成本。产品成本不同于期间成本，产品成本不在发生的当期结转，要到产品销售时才能结转。

产品层面成本 与一种产品相关、但又与某一特定产品或某一批产品无关的成本。

产品结构决策 提供产品或劳务的类型及结构比例的决策。

产品或劳务成本 应用资源提供产品或劳务的机会成本。

生产维持成本 维护整个工厂经营活动所花费的成本。

利润中心 组织中对价格和生产活动拥有决策权、以实现利润最大化目标的分部。利润中心的业绩用目标利润来衡量，利润中心一般包括多个成本中心。

预测财务报表 根据预测数量编制的财务报表。

预期成本 预计未来时期将发生的成本。

按比例分配 将多分配或少分配的制造费用分配计入完工产品、销售成本、在产品中的过程。

质量因素 不能用数量指标衡量的因素。

质量 产品达到消费者在质量、数量方面的各项标准要求的情况。

审批 决策过程中确定一项计划是否合乎组织目标的步骤。

实际利率 在没有通货膨胀情况下的利率。实际利率包括无风险利率加上风险贴水。

交互分配法 考虑组织中的劳务部门相互提供服务的劳务成本分配法。

相对业绩评价 区别于完全业绩评价，相对业绩评价运用相关标准，通常以其他集团的业绩为标准，帮助控制那些被考评的经理人员无法控制的随机事件。

相对销售价值法 根据联产品的销售收入对其联合成本进行分配的方法。

相关范围 变动成本相当于机会成本的产出水平范围。

要求回报率 参见资本成本。

剩余收益 投资中心的净收益减去该中心投资机会成本后的余额，以此为投资中心的业绩评价指标。

责任会计 在组织中划分部门，授予部门经理决策权并评价部门经理业绩的过程。

投资回报率（ROI） 将投资收益除以投资规模计算得出的业绩评价指标。

风险贴水 用于补偿投资不确定性的预期超额回报。

无风险利率 将资金贷给联邦政府的有保障利率。政府债券利率是唯一的无风险利率，因为该债券没有到期拖欠风险。

《罗宾逊—帕特曼法案》 市场竞争中，一项制止向消费者收取不同价格以致有碍竞争的联邦法律。

销售差异 销售产品结构一定的情况下，因销售量影响所导致的差异。

自满行为 雇员只寻求达到符合要求的业绩水平，并不试图有所超越。

证券交易委员会（SEC） 依据1934年的《证券法》，由美国国会设立。负责管理证券法和规范政权买卖，包括财务信息的披露。

分部 组织中的一部分，可根据投资、利润、成本评价的需要而划分。参见成本中心、投资中心和利润中心。

半变动成本 参见混合成本。

可分离成本 可确认属于某一项特定产品或服务的成本，在联合成本开始发生的时点后发生，但不属于联产品生产中发生的联合成本的一部分。

安装成本 机器在开始生产前必需的准备成本，包括劳动力和原材料的成本。

停产关闭成本 关闭一个分部或停止一条生产线所发生的成本。这些成本只在停产关闭决策做出后发生。

分离点 生产加工过程中所有联合成本开始发生的时点。

辅助人员 组织中提供服务的雇员，如采购人员、销售人员、辅助生产人员。

利益相关者 受组织影响的群体。

标准成本 事先确定的单位成本。标准成本常用来评价业绩。标准成本在预算过程中制定或应用。

标准数量 在每个产品依照标准耗用量生产的情况下，工厂生产产品的数量。

静态预算 不随业务量的变化而调整的预算。

步增成本 生产活动在一定范围内时，成本保持不变，一旦生产活动突破一定范围，成本便开始上升。

顺序分配法 分配成本的一种方法。某一服务部门的成本被分配给其余的服务部门和经营部门，直到所有服务成本都被分配给最终产品为止。

直线折旧法 每年折旧额相等的一种折旧方法。在该方法下，折旧额等于$1/n$乘以资产可折旧成本（n表示资产的使用年限）。

战略计划 管理人员选择公司所有目标及实现目标的过程。

次优决策 见非良性决策。

沉没成本 过去发生的成本，不会因现在的决策而改变，与现在的决策也没有任何关系。

目标成本法 取得设计成本足够低而又能以具有竞争性的价格售出，并能够获得足够利润的高品质产品的过程。

税务会计 计算应税利润并向政府税收部门出具报告的会计系统。

限制理论 找到并设法克服限制产品生产或劳务提供的瓶颈环节的过程。

周转时间 从产品投入生产过程到加工完毕准备销售的时间。其中包括加工时间、等待时间、运输时间、检验时间。也叫作循环时间。

总制造费用差异 实际发生的总制造费用与预算总制造费用之间的差异。

全面质量管理（TQM） 提倡持续不断地降低成本并改善提供给客户的产品或劳务的理论。

转移价格 组织内一个分部向另一个分部提供产品或劳务所依照的价格。

转入成本 产品按既定顺序加工，从上一加工工序转入下一加工工序所需的全部生产成本。

司库 负责现金管理的人员。

自立中心 非营利组织中的经营单位为避免被称为“利润中心”而采用的一种提法。

未分配制造费用 一年中实际发生的制造费用高于分配计入产品中制造费用的部分。

不利差异 预算成本小于实际成本，预算收入大于实际收入的部分。

单位层面成本 为生产一个单位的产品至少需要完成的一次作业的成本。直接人工和直接材料成本为单位层面成本。

价值链 在各个阶段、各个部门使价值（如功能、外形、数量）不断增加的经营运作流程。例如，研究开发部、生产部、营销部、服务部等。

增值作业 为消费者提供价值的作业。

增值成本 与改善产品或生产过程的功能、形式或数量的作业相关的成本，削减这部分成本会影响产品或生产过程。参见无增值成本。

变动成本 随产量增加而增加的那部分成本。单位变动成本通常不随产量的变化而变化。

变动成本法 不将固定成本计入产品成本中，而是将其直接转销本年利润的一种成本计算方法，也可称为直接成本法。

差异 预算成本与实际成本或标准成本与实际成本之间的差额，与人工、原材料或制造费用的价格或数量有关。

工资率差异 单位工时实际工资率与标准工资率乘以实际工时的差。

废品成本 生产过程中产生废品的成本。

加权平均成本 将所有存货的成本加权平均计算得出的单位产品成本。

零基预算 每年每个预算项目都要重新制定的一种预算体系。即每年每个项目的预算都设定为零，由高层管理人员重新考虑支出是否必要，规模多大，并重新逐一进行成本收益分析，然后编制预算。

复习思考题答案

Q1—1

任何一个系统都无法使两个相冲突的目标同时最大程度地实现，只能由两个系统分别完成这两个目标。如果一个系统既被用于决策管理又被用于决策控制，那么要想使公司利润最大化，必须在决策管理与决策控制两者之间进行权衡。

Q1—2

一个内部会计系统能向经理人员和执行官提供有关其经营状况的核心成本信息，如财务预算、存货成本、产品成本、工厂成本和制造费用。

Q1—3

1. 外部报表（税务报表、财务报表）。

2. 业绩评价（既定年度经理人员的预期利润完成情况）。

3. 决策（继续使用原生产线生产是否合理）。

Q1—4

一个内部会计系统应具备以下特点：

1. 提供确定最盈利产品及其最佳生产量所需的信息。

2. 提供有助于发现生产效率不高的原因方面的信息。

3. 内部会计系统应将业绩评价与奖励结合起来，激励经理人员努力使公司价值最大化。

4. 应具有财务会计及税务会计的职能。

5. 成本与效益之比应小于1。

Q1—5

很少有公司拥有多个系统，主要原因是：

1. 维护多个系统要花费额外的成本，包括额外的数据处理与簿记成本。

2. 存在不同的衡量标准令人疑惑哪一个标准“正确”。通常的做法只能是调和各标准之间的差异，而这是相当费时的。

3. 只有一个系统，外部审计人员也能在不追加成本的情况下，对内部报告系统进行监督、控制。

Q1—6

在竞争激烈的行业中生存下来的公司，倾向于使用效益减去成本后的数值至少等同于其竞争对手的管理程序。在充满竞争的环境中，如果生存下来的组织长期使用一种经营方法，那么这种经营方法的效益一定大于其成本。

Q1—7

财务总监的主要责任是为外部使用者、管理层、税务机构、预算、主管投资和融资的理财部门，以及内部审计提供所需的财务报告。

Q2—1

机会成本是指在作出决策的情况下，因选择一种方案而放弃另一种方案所丧失的获利机会。

Q2—2

1. 机会成本不一定与支付的款项相等。

2. 机会成本是对未来的预期。

3. 机会成本在作最终决策时计量。

Q2—3

如果我们能以这个金额出售材料或替换材料，且未来的价格为 8 325 美元，那么 8 325 美元是对机会成本的准确估计。一般的，如果现行市场价格没有变化，并存在购销材料的市场，那么历史成本能用于准确、合理地估计机会成本。

Q2—4

沉没成本是过去发生且不能补偿、因而与未来的决策无关的成本。以下为一个沉没成本的例子。一个公司购进 100 磅材料，用于一项工程。工程共用去 60 磅材料。应用机会成本的概念，这剩下的 40 磅材料的历史成本便为沉没成本，与未来使用该材料时的价格无关。

Q2—5

可避免成本是指如果一项现存的经营项目被中止或改变便不会发生的成本。可避免成本是机会成本。不可避免成本是无论如何决策都将发生的成本。

Q2—6

混合成本是不能简单将其区分为固定成本或变动成本的一种成本类型。混合成本的一个例子就是用具的成本。

Q2—7

步增成本是在既定产量水平范围内固定不变的成本。例如，车间管理人员的开支就是步增成本。

Q2—8

固定成本是不随产量的变化而变化的成本。尽管固定成本也随业务量的变化而变化，但仍可以对固定成本进行管理和控制。

Q2—9

变动成本是随产出的增加而追加的成本。劳动力成本和材料成本是常被划分为变动成本的两个成本。变动成本不一定就是边际成本。边际成本是产出最后一件产品的成本，而变动成本是总成本中随产量变化而变化的那部分成本。如果变动成本线是一条直线，那么单位产量的边际成本就等于单位产量的变动成本，并且不随业务量的变化而变化。如果变动成本线是曲线，那么边际成本便不是恒定的。

Q2—10

1. 单位产品的价格与变动成本不随产量的变化而变化。

2. 这是一个单期分析，无须考虑贴现值。

3. 假设工厂只生产一种产品。

Q2—11

CVP 分析的主要优越性体现在能使管理人员理解成本、收入如何随产出的变化而变化。其局限性如下：

1. 价格和变动成本必须不随产量的变化而变化。

2. 这是一个单期分析（不存在货币时间价值）。

3. 假设公司只生产单一产品。

Q2—12

估计机会成本需要决策者考虑所有可供选择的方案及放弃这些方案所放弃的收益。这是一个费时费钱的过程。而且，机会成本会随可供选择方案的变化而变化。

Q2—13

直接成本是值得追溯到产品的那部分成本。成本—效益分析要求确定追溯成本的效益是否大于其成本。

Q2—14

制造费用包括间接人工、间接材料和其他无法直接计入产品中的制造成本。制造费用依据那些长期内会引起制造费用发生变化的因素进行分配。

Q2—15

期间费用由所有非制造费用组成，包括销售、运输、管理费用等。期间费用不计入产品成本，期间费用在利润表中作为利润的减项。

Q2—16

行为与时间分析法将每个工人的任务划分为一系列基本作业，再计算多个作业需用的时间。该方法有两个目标：（1）估算每个工序的直接人工成本；（2）通过重新设计工人的作业或重新设计产品以减少劳动投入来降低直接人工成本。

Q2—17

固定成本不直接用于价格决策。固定成本（如果还没发生）只用于决定投产或不投产某商品，提供或不提供某服务。

Q2—18

许多公司生产一系列不同的产品，因而不存在单一的产出衡量标准。即使对于这些公司存在单一的产出衡量标准（如钢铁），也还有其他问题。会计成本是一种糟糕的衡量指标。公司的成本结构随生产方式的变化而变化，可供分析的生产方式固定的公司较少。如果使用临时性数据（季度数据），应剔除季节性因素的影响。利用回归分析是否能精确地划分固定成本和变动成本值得怀疑。

Q3—1

即使是无风险投资，今天的 1 美元钱存入银行也可以获取利息，未来其价值（本息合计）便不止 1 美元了。

Q3—2

如果费用在入账后才支付，那么费用的现值便小于利润表上确认的成本费用。然而，如果折扣后的费用小于收入，便产生了经济收益。例如，产品售价为 10 美元，制造成本为 9 美元，保修 3 年。预计保修费用为 1.10 美元，预计在保修期满时支付。因为保修费用于产品出售后确认，而不是在发生时确认，所以便产生了 0.10 美元的会计损失。假设利率为 12%，保修费用的现值便为 0.78 美元（$1.10 \div 1.12^3$），经济收益便为 0.22 美元（10.00 - 9.00 - 0.78）。

Q3—3

现值是利率保持在目前水平、获得未来一定量的资金今天所需投入的资金。

Q3—4

终值是利率一定时，现在一定量的资金未来的价值。

Q3—5

复利是以本利和为基础计算的利息。

Q3—6

永续年金是永恒的等额资金流，而年金是有终止期的等额现金流。

Q3—7

净现值是用未来现金流的现值减去初始投资额。

Q3—8

存款者对这两种利率都无所谓。由于采用月利率计复利的次数多，因此月利率相对较小。

Q3—9

会计折旧在计算应税所得及应交税金时为扣减项目。对固定资产提折旧减少了应交税金，增加了税后现金流量。

Q3—10

实际利率包括无风险利率和风险报酬。

Q3—11

名义利率包括无风险利率、风险报酬和通货膨胀率。

Q3—12

内含报酬率（IRR）的三个缺陷：（1）该指标不考虑投资规模（投入资金较多、产出相对于投入较低的项目，也比投资较少、收益相对较高的项目获得的收益大）；（2）有些项目有多个内含报酬率，使投资决策更加模糊；（3）该方法不恰当地假定中期的现金流量又以该项目的内含报酬率重新投资。

Q3—13

厂房的投资成本可通过计提折旧来减少税金，从而增加了现金流量；而土地的投资成本或营运资金就不能计提折旧，也不会产生折旧的抵税作用。

Q3—14

会计收益中包含应计及递延的项目，因此与现金流量含义不同。只有现金才可以投资、生息，收益不能直接投资，除非先将其变现。

Q4—1

代理成本是代理人关心自身利益胜于关心所有者的利益造成的公司价值的下降。风险承受程度、工作范围和加班额外津贴之间的差异都会引发代理成本。当代理人试图去管理更大的组织，增加工作安全性或工资时，代理成本就产生了。

Q4—2

监督和协作可以降低代理成本，职业经理人市场、来自其他公司的竞争和公司控制权市场的存在也限制了代理成本。

Q4—3

目标不协调意味着代理人与所有者有不同的效用函数。

Q4—4

通过重新设计代理人激励方案，代理人与所有者的目标会更加统一。

Q4—5

因为决策需要相关知识，决策权应赋予掌握决策相关知识的个人。

Q4—6

1. 业绩衡量。

2. 业绩奖惩。

3. 为更好地分配决策权。

Q4—7

影响成本是雇员试图通过游说活动影响决策所带来的机会成本和其他潜在的非生产因素作用而产生的成本。当雇员浪费时间、试图影响决策时，即会产生影响成本。

Q4—8

公司作为契约的产物，存在的原因是每个资源所有者与公司订立契约比与其他资源所有者分别订立契约或不订立契约更有利。每位资源所有者通过与公司订立契约也就达到了和已与公司订立契约的其他资源所有者订立契约的目的。公司节约了重复订立契约的成本和交易费用。

Q4—9

决策管理是指决策过程中管理人员提出或实施一个决策方案的过程（例如，主管要求增加一名员工，以使其部门更有效率）。决策控制是指决策过程中管理人员批准或监督决策（例如，主管的上级批准她的决策，允许她再雇用一名员工）。

Q4—10

所有的组织都必须建立：

1. 决策权分配系统。决策权源于董事会，由董事会在组织内部分配。

2. 业绩考评系统。根据代理人被授予的决策权内容来考评其业绩。

3. 业绩奖惩系统。这一系统应与业绩考评系统相互配合。

Q4—11

决策管理过程中的四个步骤如下：

1. 提出决策方案——这是决策过程的开始。通常由拥有相关知识的人提出，并进行决策管理。

2. 决策批准——分析并同意请求，进行决策控制。

3. 决策执行——通常由提出决策方案的人进行决策管理。

4. 决策监督——评价决策的实施，进行决策控制。

决策管理与决策控制的分离有助于降低代理成本。这样便不会让决策者考评自己的业绩。

Q5—1

责任会计认为，决策权应与决策所需的相关知识联系在一起，业绩考评系统

（如会计系统）根据分配给代理人的决策权来衡量其业绩表现。

Q5—2

内部会计系统在决策监督中非常有用，也是区分决策管理与决策控制的重要部分。会计部门作为一个独立的管理部门，是企业为了降低代理成本而设置的内部契约的一部分。财务报告是衡量代理人业绩的一个方面。

Q5—3

不同的责任中心在决策权划分与业绩管理系统中的作用各不相同。

· 成本中心：目标是投入既定资源实现最大产出或产出既定使投入成本最小。业绩衡量指标有：（1）实际产出与预算产出对比；（2）实际成本与预算成本对比。如衡量总成本，产品质量可能会出现问题。如果衡量平均成本，可能会导致增加库存。

· 利润中心：利润中心拥有一定量的资本，控制价格与投入的组合。业绩衡量指标是利润中心的预算利润与实际利润。如果不计算占用资本的机会成本，经理人员就会要求更多的资本，大量存储存货。

· 投资中心：投资中心拥有利润中心所拥有的所有决策权，还拥有对资本投资的控制权。业绩衡量指标是 ROI 或剩余收益。ROI 指标存在两个问题：第一，ROI 不是衡量投资中心的经济回报率的，造成了潜在的横向问题。第二，如果项目预期的 ROI 小于中心的平均 ROI，则管理阶层会放弃该项目，尽管这个项目能带来利润。剩余收益也存在不足之处。它太注重横向问题，是一个绝对数，不能用于不同投资中心之间的比较。

Q5—4

经济价值增加（EVA）和剩余收益的计算公式相同。EVA 可调整会计收益，使用加权平均资本成本，并未将业绩指标（EVA）与奖惩计划联系起来。

Q5—5

可控原则使管理人员只对其能够影响的决策负责。一个局限性是管理人员可能不能控制事件发生的概率，但如果能影响事件的成本或收益，也应将其视作可控事项。另一局限性是管理人员的业绩只有与其他人的业绩（相关的业绩评估）相比较，才能对管理人员进行评估，尽管被评估的经理人员无法控制其他人的业绩。

Q5—6

任何一种业绩衡量体系（包括会计体系），如果仅仅机械地应用，并与其他衡量指标相分离，都可能产生误导性的后果与非良性行为。第二点要说明的是：没有一种体系是完美的。在运用一种体系时，要考虑的问题是：这种体系是否是所有可供选择体系中最好的？

Q5—7

1. 国际税收。

2. 利润中心或投资中心的激励、考评机制。

Q5—8

1. 市场价格：存在外部竞争市场的情况下，产品的转移价格由外部市场价格决定。

2. 变动成本：转移价格由制造产品的变动成本决定。

3. 完全成本：转移价格由制造产品的完全成本（固定成本和变动成本）决定。

4. 协商价格：协商价格由购买部门与销售部门协商决定。

Q5—9

不。改变转移价格确定方法不仅仅改变了利润在不同部门之间的分配，还改变了整个公司的利润率，因为购买及销售部门会根据转移价格来调整经营规模。

Q6—1

通过“关键计划假设”或“基本估计因素”来制定预算。

Q6—2

关键计划假设包括那些管理层在某种程度上不可控的因素，这些因素能够限制整个工厂的活动。这些因素要根据过去的经验、行业预测、数量分析来确定。

Q6—3

预算差异是由于实际费用偏离预算费用、实际收入偏离预算收入形成的。

Q6—4

两者当中都包括预算。许多经理的业绩一部分是根据其所在部门完成预算的情况予以评价的。预算差异表明经理人员的业绩是否已达到了预期。较大的预算差异可能会使经理失去职务。

Q6—5

预算提供：

1. 沟通机制，包括纵向及横向的信息传递。

2. 协商及内部契约制定过程。

3. 业绩评估及奖励系统的一部分。

4. 决策权分配的一部分。

Q6—6

预算将决策控制与决策管理相分离。经理人员拥有决策管理权（例如，预算编制权及经营决策权），董事会成员拥有决策控制权（例如，预算审批和财务报表审阅权）。

Q6—7

预算过程也是大公司的沟通过程。这个过程激励经理人员分享他们的专业知识，在公司内部纵向、横向传递知识。关键计划假设在此过程中得到分享和发展。分享信息的过程也是不同部门协商、制定合约的过程。查阅以前年度的预算是此过程的一部分，因此预算也是业绩考评、奖惩系统的一部分。这些过程促成了公司内部的分权。

Q6—8

这是在决策管理和决策控制之间进行权衡抉择的又一例子。预算系统传递有关关键计划假设的专业知识。然而，如果预算也被用于控制并实施激励以达到预算，则在根据预算与实际情况对比衡量业绩的情况下，经理人员就会通过改变预算来提高业绩。

Q6—9

自下而上预算系统是指组织的下级人员准备最初的预算，因为他们拥有专业知识，预算获得决策批准后，组织中的高层人员再运用其他知识来完善预算。

Q6—10

棘轮效应是指，如果本年的实际业绩超出预算的话，以本年业绩作为下一年的预算；如果本年的实际业绩低于预算，则不调减下一年的预算。棘轮式预算会使员工减少当前产出，以避免在未来期间要达到更高的标准。

Q6—11

当对达到预算指标有责任的人参与制定预算时，便产生了参与型预算。

Q6—12

短期预算通常指一年期的预算。与其他预算一样，短期预算促使拥有专业知识的管理人员相互沟通他们的预测，从而成为经理人员与公司之间的内部合约。长期预算从两年到十年不等，是公司战略计划制定过程的重要组成部分。短期预算包括决策管理和决策控制，长期预算主要是决策管理。

Q6—13

项目预算只允许经理人员在各明细项目上花费既定的金额，这种预算是控制的极端形式，不存在资源替代的决策权。这样控制的优越性在于可以降低代理成本。缺陷在于使经理人员无意于寻找节约支出的方法，因为节约的支出也不能用于其他明细项目。如果节约了今年的明细支出，明年的明细支出预算就会根据今天的节约情况重新制定，经理人员便没有动力降低支出了。

Q6—14

预算销蚀提供了更紧的预算控制。其最初目的是防止某些代理问题的出现。预算销蚀的机会成本通常是经营效率低下。年终经理人员将投入大量时间确保预算已全部用光，以保持未来的预算水平。

Q6—15

静态预算是指不随数量变化而变化的预算，弹性预算是指随数量变化而变化的预算。应用弹性预算主要是为更好地衡量个人或实体考虑数量因素影响后的实际业绩，假设接受考评的个人或实体无法控制数量的变化。然而，如果经理人员能够控制数量变化，那么这种方法假设其无法控制就显得很不明智了。

Q6—16

在增量预算下，每个低层管理人员都上交一份预算，说明明细项目变化将带来什么变化。引起变化的原因需详细解释，由组织的上层审阅。基本预算是既定的。零基预算将预算中每个明细项目设定为零，这样预算中，所有的数量都需要调整。零基预算通过识别并取消成本大于总收益的费用项目，来使公司价值最大化，而效率不佳的预算基础在增量预算中仍然存在。然而，零基预算也常会退化为增量预算。其原因与支持制定增量预算的理由相同。零基预算的报告数量大于增量预算，使高层管理人员关注数量的变化。

Q7—1

分配成本的理由包括税收、外部财务报告、第三方赔偿和解决组织问题等。

Q7—2

如果公司的合约以报告的成本为基础（例如，使用成本加成合约），则成本分配会影响现金流量。成本的分配还会影响有关税收的现金流量。例如，成本分配影响产品成本，从而影响销货成本。

Q7—3

成本分配使耗用该资源的成本分配对象的成本有所增加。例如，如果依据平方米分配财产税，那么地板的空间也要征税。成本分配就如同对这些资源征税一样。如同对消费品征税，是因为税法不鼓励进行这些消费。对资源的使用计算成本是为鼓励节约使用资源。

Q7—4

外部效应是指不参与决策制定过程的外部人所承担的成本或收益，这些外部人也无法对这部分成本或收益求得补偿。例如，空气污染。

Q7—5

负外部效应是指使不参与决策及控制的外部人，由于该决策的后果而承担成本。正外部效应使不参与决策及控制的外部人，由于该决策的效果而获得收益。

Q7—6

减少外部效应的方法之一是对造成外部效应的某种资源的使用或某种决策征税。

Q7—7

1. R_a为在数量 a 水平上的制造费用分配率，比 MC_a（a 水平下的边际成本）大。在这种情况下，成本分配高估了外部效应的边际成本。因此，征税的弊大于利。

2. $R_b = MC_b$。在这种情况下，成本分配与边际成本相等。成本分配很好地反映了应征收的税额。

3. $R_c < MC_c$。在这种情况下，成本分配率小于边际成本的外部效应。征税是有利的。

Q7—8

如果不分配共同成本，经理人员就没有动机应用必要的专业知识找到共同成本的最优水平。而且，如果共同成本水平的决策权不属于经理人员，也不分配到其所在部门，经理人员就会要求更多的共同成本。

Q7—9

非隔离分配法使业绩指标（如部门利润）不仅仅依赖于部门的业绩，还依赖于其他部门的业绩。如果其他部门的业绩改善了，你所在部门承担的成本少了，业绩就会更好（指成本分配后的业绩）。非隔离分配法激励经理人员为了各自的利益而相互合作，相互监督。

Q7—10

要素价格不代表投入要素的总成本。“歪曲的”要素价格表示高层经理人员试图以此代表总成本。

Q8—1

当转移价格包括固定成本，并且内部资源的使用者开始转向外部采购时，便会出现恶性循环。完全成本转移价格的进一步提高，会进一步减少使用者的需求。恶性循环可以通过将变动成本作为转移价格和进行成本分配来避免。

Q8—2

1. 以合理的价格向使用者征税比零价格（不分配）更有利于促使他们减少对资源消费。

2. 通过成本分配，高层经理人员可以获得根据已分配成本计价的服务需求信息。

3. 通过比较相应服务的内部分配成本与外部市场价格，高层经理人员可以评估服务部门的经营效率。

4. 对内部服务征税有助于分配稀缺资源。零价格下，需求总是高于供给。如果分配部门服务的价格机制消失，高层管理者将被要求增加预算服务量，从而不得不安排非价格优先顺序来向各部门提供服务。

Q8—3

顺序分配法是确认服务部门相互接受服务的一种成本分配方法。这种方法先选定一个服务部门，将其成本分配给剩余的服务部门和经营部门，剩下的服务部门再依次进行成本分配。对顺序分配法的一个主要批评意见是：分配顺序的确定是主观的，不同的分配顺序会导致单位服务成本的较大差异。顺序分配法还忽视了顺序在先的部门也使用了后序部门的服务的事实。

Q8—4

直接分配法忽视了服务部门相互之间提供服务的事实。顺序分配法将排序在前的服务部门的成本分配给排序在后的部门。

Q8—5

在顺序分配法下，如果某服务部门排在第一位，则其单位成本将比排在最后一位的要小。原因是两方面的：（1）需分配的成本少；（2）成本分配对象多。

Q8—6

联合成本是由同一生产过程，在固定比例下，生产两种或两种以上产品（或提供劳务）所发生的成本。联产品是在固定比例下生产的。共同成本是在生产过程中发生的，生产的各产品（劳务）可以相互替代，可以通过减少一种产品（劳务）的数量来增加另一种产品（劳务）的数量。

联合成本是指同一种要素分别投入多种产品生产的成本分解过程。共同成本通常指包括一些共同资源的多种要素共同投入一种产品的生产中的成本汇集过程。

Q8—7

分配联合成本的三种常用方法：（1）实物量法；（2）相对售价法；（3）可变现净值法。联合成本情况下的分析要点是：任何分配计入最终产品的联合成本对估计生产线利润率而言都毫无价值。

Q8—8

NRV 法的优越性在于没有扭曲生产线成本的相关利润率，因此有利于决策制定。它的局限性在于，使销售价格与成本在两者的分离点收敛的成本很高。

Q9—1

1. 分批成本法。

2. 分步成本法。

Q9—2

1. 在该批产品生产过程中，直接人工、直接材料和制造费用分配计入“在产品”。

2. 当一批产品完工后，该批产品的总成本便从“在产品”账户转入“完工产品”账户。

3. 产品销售后，该批产品总成本便从“完工产品”账户转入“销货成本”账户。

Q9—3

原材料成本 2 750 美元应作为间接材料计入制造费用账户。机器有时会发生故障，毁坏原材料。这并不是不正常的，只是生产过程中一个正常的部分。计入该批产品中将高估该批产品的成本。将 2 750 美元计入制造费用，然后在各批产品间分配，这样不会误计该批产品的成本。

Q9—4

运用计划制造费用分配率可以更及时地报告成本，因为实际制造费用要到年终时才能确定。

Q9—5

多分配制造费用可能是因为年度内实际产量高于预算，也可能是因为实际发生的制造费用小于预算。

Q9—6

1. 将其计入销货成本。

2. 根据在产品、完工产品、销货成本账户中的制造费用金额分配这部分制造费用。

3. 应用实际发生的制造费用和实际产量计算制造费用分配率，然后重新计算各批产品成本。

Q9—7

生产多种产品的工厂，应用不同的计量单位。但投入指标对于各产品而言都是相同的。然而，对于各产品都相同并且与制造费用最为相关的要素，通常会被用于计算预计制造费用分配率。

Q9—8

弹性预算将制造费用分为固定和变动两部分，公式如下：预算制造费用 = 固定制造费用 + 变动制造费用 × 预计业务量。利用弹性预算公式，工厂可以估计不同产量下的总制造费用。

Q9—9

完全成本代表平均成本，常用于价格决策。销量的变动不一定会导致边际成本的变动。正常产量下的制造费用分配率可防止产量暂时波动造成错误的价格决策。

Q9—10

在不可预计的情况下，产量下降并不会增加单位成本。增加单位成本会发出导致价格上涨的错误信号。进行资本投资的经理人员应用正常数量进行预测，单位成本也是以此为假设得出的。如果这些假设不正确，那么资本投资将作为期间费用转销，单位成本根据重新估计的正常产量重新计算。

Q9—11

分类制造费用分配率并不是总能更准确地估计产品成本。它常与某一特定决策的背景有关。有些决策应用分类制造费用分配率分配不同类型的制造费用，对于每一项制造费用而言都能分析出导致其发生的最具代表性的成本动因，并将其作为分配基础。

Q9—12

1. 全厂单一制造费用分配率。在工厂生产过程单一的情况下，这种方法很有用。

2. 不同间接成本项目采用不同的制造费用分配率，这种方法适用于不同产品耗用不同量的间接成本，且工厂没有独立产品车间的情况。

3. 各部门采用不同的制造费用分配率。当不同产品耗用间接成本数量不同，且工厂划分产品车间时，这种方法尤为适用。

Q9—13

分步成本法适用于产品生产过程连续不断的情况。因为没有生产批量，所以生产成本按产品数量进行平均。成本信息表现为形式上的汇集，对制定决策作用不大。

Q10—1

把单位成本作为变动成本说明单位成本与产出量之间存在因果关系。在许多情况下，单位成本是变动成本与固定成本的混合，并不表示多生产一单位产品的增量成本。

Q10—2

在产量大于销量的情况下，固定成本的一部分被计入存货中，而不是分配计入利润表。

Q10—3

1. 将持有存货成本抵减利润或采用变动成本法。

2. 防止大量储备存货的政策。

3. 使用股票价格激励经理人员，而不依据会计指标给予报酬，这只适用于公开上市的无分厂的企业。

4. 采用适时制生产系统。

Q10—4

主要区别在于对固定制造费用的处理不同：在完全成本法下，固定制造费用被视作产品成本的一部分；在变动成本法下，固定制造费用作为期间费用转销。

Q10—5

变动成本法的两大优点：

1. 消除了产量变化对产品成本及利润的影响。

2. 减少过度生产的不良动机。

应用变动成本法的两大潜在问题：

1. 固定成本与变动成本的确定。

2. 单位成本中不包括对生产能力机会成本的估计。

Q11—1

如果选择的分配方法没有抓住制造费用的成本动因，采用传统完全成本法会得到不准确的产品成本。换言之，用于向产品分配制造费用的方法并没有精确地反映导致制造费用变化的因素。

Q11—2

在完全成本法下，往往低估了复杂产品的成本，因为导致产品复杂的因素并未被作为制造费用分配标准。除非复杂产品直接人工的投入比例高于简单产品，否则分配计入复杂产品的制造费用会很少。

Q11—3

1. 单位层面。
2. 批量层面。
3. 产品层面。
4. 生产维持层面。

Q11—4

两者都将相同的总成本分配计入产品。

Q11—5

1. 为使产品及生产线成本更加“精确”。
2. 改变对经营经理的激励。

Q11—6

1. 产品成本增加的百分比直接追溯到各产品中。
2. 更好地理解各种产品的成本是如何耗用的，生产各产品所需的作业有哪些。
3. 更好地理解归集到不同作业中心的直接成本与间接成本。
4. 更好地理解间接费用的成本动因。

Q11—7

耗费资源和产生成本的实际作业没有追溯到历史成本，成本动因不能从会计数据中识别。经理人员必须识别、管理成本动因，以成功控制成本。

Q11—8

完全成本法的形式依赖于使用对象。如果收集的信息用于决策管理，那么作业成本法的形式偏向于完全成本法，因为在作业成本法下潜在成本动因可以被计量。如果收集的信息主要用于决策控制，那么作业成本法就不那么有用了。同时，使用多种成本计算方法的成本是高昂的，在选择成本计算方法时，决策管理与决策控制之间的权衡是必不可少的。

Q11—9

在以产量为分配基础的完全成本法下，产量高的产品往往会多计成本，因为产量高的产品分摊的工厂制造费用也多；而产量低的产品也未能使工厂制造费用的发生额减少（比如，购货订单和生产准备成本不管产量高低都会发生）。

Q12—1

标准成本是为衡量公司业绩、控制成本及内部重复订立合约的费用而设置的一系列成本标准。

Q12—2

1. 产品价格决策。

2. 外购或自制决策。

3. 工厂资源配置决策。

Q12—3

能。例如，机床车间机器工时的标准成本就代表使用一小时机床的机会成本。这一标准成本向其他经理传递了使用机床的机会成本信息。

Q12—4

如果由有专业知识的经理人员更新成本标准，而他们的业绩又由标准成本与实际成本的差异来衡量，那么经理人员就有动机将标准调整到他能够达到的水平。

Q12—5

目标成本是自上而下制定的。首先由营销部门制定目标价格。然后根据目标价格和公司需要的投资回报，计算目标产品成本。再将目标成本分解成各个子目标成本。只要达到目标成本，就能达到预期的营销目标和投资回报率。传统的标准成本法是自下而上制定的，没有考虑产品营销的驱动作用。

Q12—6

1. 直接人工差异。

2. 直接材料差异。

3. 制造费用差异。

Q12—7

1. 工资率差异。

2. 效率差异。

Q12—8

高额的有利差异可能是由于低于标准价格购入质量不合乎标准的材料而形成的。

Q12—9

1. 价格差异。

2. 数量差异。

Q12—10

1. 大量储备存货或降低质量的动机。

2. 外部效应。

3. 阻碍合作。

4. 相互控制的动机。

5. 自满行为。

Q12—11

为寻求有利价格差异，采购部门有动机去大批购进材料以获得批量折扣。

Q12—12

采购部门可通过购进低质量的材料来增加制造部门的成本。制造部门可通过要求快速到货或经常更换所需零部件的规格来增加采购部门的成本。

Q12—13

将差异转销销货成本有两个组织方面的理由：第一，按比例分摊差异会使经理人员操纵报告利润；第二，将差异分配计入存货会改变经理人员负责销售的产品成本。经理人员的第一个反应便是改变价格，但他们往往不能用这一招。当然，边际成本也会变化，标准就得更新以准确反映这一变化。

Q12—14

经理人员花费时间调查成本差异和生成标准及确保标准执行的机会成本是很高的，因此标准成本系统是很昂贵的。标准成本的优越性体现在经理人员在调查过程中积累了专业知识。

Q12—15

许多成本系统都是用来计量和控制直接人工成本的。现代工厂中直接人工所占比例下降，因此标准成本系统的收益也下降了。另外，现代工厂采用的“弹性生产系统”，使产品和加工过程有了很大的变化。这些变化使得实施标准成本系统的成本有所增加，收益有所减少。

Q13—1

1. 预算产量，计算制造费用分配率时使用的产量。

2. 标准产量，在生产每一单位产品耗用的成本正好等于标准成本的情况下，工厂所生产的产量。

3. 实际产量，实际生产的数量。

Q13—2

预算量可以根据预计产量（预测量）或长期平均量（正常量）乘以单位标准成本来确定。使用预测量能更准确地估计明年的实际量，但它会使制造费用分配率随产量变化而大幅波动。正常量可能会导致产生大量多分配或未分配的制造费用，但制造费用分配率不随产量的变化而变化。

Q13—3

1. 年初，制定本年弹性预算。

2. 将预计制造费用转换为制造费用分配率。

3. 使用标准量分配制造费用。

4. 年终，计算制造费用差异。

Q13—4

1. 制造费用效率差异。根据实际量制定的弹性预算与根据标准量制定的弹性预算的差异。

2. 制造费用数量差异。根据标准量制定的弹性预算与实际发生的制造费用的差异。

3. 制造费用耗用差异。实际发生的制造费用与实际产量下应发生的制造费用的差异。

Q13—5

1. 变动制造费用项目价格的意外变化。

2. 固定成本的变化。

3. 工厂生产技术变化导致不同生产方式下成本与弹性预算的差异。

Q13—6

预算收入与实际收入之间的差额可以分解为价格差异与数量差异。数量差异又可被进一步分解为产品组合差异与销售差异。

Q13—7

产品组合差异报告由于产品组合变化而产生的数量差异，产品组合变化是由于保持产品销量不变、各产品数量之间此消彼长而造成的。销售差异是保持产品组合不变时，实际销量与预算量的差额。

Q14—1

公司的经营战略是公司今天投资未来受益的所有项目、计划。企业战略由公司所处行业的特点及投入研究、开发费用的种类和金额决定。

Q14—2

企业战略从三个方面影响公司的组织结构。投资种类影响专业知识的形成和决策权的划分。投资影响实物资产结构和对这些资产进行决策及控制的组织形式。最后，投资影响基本客户类型，从而影响公司服务于这些客户的组织结构。

公司组织结构也影响企业战略。公司寻找及实施盈利性投资项目，要求有一个良好的激励和控制机制以及促使利润最大化的组织结构。

Q14—3

技术进步和市场结构变化改变公司的投资机会（企业战略）。一些以前盈利的项目消失了，新的盈利项目出现了。投资机会的变化提示公司组织结构也要作出相应的调整。

Q14—4

也许。其他公司组织结构的变化往往是技术进步或市场状况变化引起的。这些变化导致管理阶层重新审视公司的政策。但简单模仿其他公司的变革是不可取的，因为其他公司有不同的投资机会、不同的组织结构。其改变组织政策也许并不是因为技术进步和市场状况的变化，而是为了改革原有的旧体制。同时，有时经理人员也会犯错误，实施并不合理的组织结构变革，这当然就更不能模仿了。

Q14—5

1. 高品质（如劳斯莱斯汽车与丰田汽车的比较）。

2. 低差异（如麦当劳的汉堡包与地方小店汉堡包的比较）。

3. 选择自由度大。

4. 满足顾客期望。

Q14—6

1. 对顾客要求的认识。

2. 对实际实现价值的衡量。

3. 对偏离顾客预期的权衡。

Q14—7

1. 预防成本——为制止废品的产生而发生。

2. 监督成本——为制止废品运出工厂而发生。

3. 废品成本——生产废品的成本。

4. 补偿成本——退货成本、保修成本、产品声誉不佳导致销售损失的机会成本。

Q14—8

适时制生产在许多方面表现为一个过程成本系统，没有大量、分离的工序。劳动力、制造费用被计入“加工成本”账户，材料成本计入产品中。完工产品成本包括加工成本和材料成本。完工产品成本中的材料成本转入产成品账户，冲减了原材料及在产品账户。

Q14—9

减少周转量也存在消极作用。它会增加工厂重新设计的成本，生产准备时间缩短发生的成本、原材料及时送达的成本。过于关注周转量的会计系统不根据这些成本来考核经理人员。结果，以周转量为考评指标的经理人员会减少周转量，这样是不利于企业利润的改善的。

Q14—10

平衡计分卡旨在把图 14—1 中的企业战略与业绩评价体系更好地联系起来。平衡计分卡将企业战略转换为能识别专门目标和业绩动因的行动计划，帮助判断组织是否朝着正确的方向前进。

Q14—11

如果平衡计分卡能使管理人员识别出能使企业创造价值的、潜在的价值动因，并且使之在企业内传播，那么平衡计分卡就是有效的。然而，平衡计分卡也存在不足。第一，平衡计分卡忽略了企业组织结构其他部分的变化，例如决策权分配和薪酬计划。由三条腿支撑的工具，只改变了其中一条，可能会产生不良的后果。第二，要求管理者使 20 个平衡计分卡指标同时实现最优水平，并不能引导他们进行指标之间的权衡抉择。这是个重要的任务。每次可能只能使一个指标实现最优水平。第三，如果他们的报酬是基于多个维度的，则管理者会选择最易实现的指标，而忽视其他比较艰巨的任务。第四，平衡计分卡使用不同的标准来衡量管理者成功与否，这样会减少他们降低所有者价值所需担负的责任。

东北财经大学出版社

Supplements Request Form（教辅材料申请表）

<table>
<tr><td colspan="4">Lecturer's Details（教师信息）</td></tr>
<tr><td>Name:
(姓名)</td><td></td><td>Title:
(职务)</td><td></td></tr>
<tr><td>Department:
(系科)</td><td></td><td>School/University:
(学院/大学)</td><td></td></tr>
<tr><td>E-mail:
(邮箱)</td><td></td><td rowspan="3">Lecturer's Address / Post Code:
(教师通讯地址/邮编)</td><td rowspan="3"></td></tr>
<tr><td>Tel:
(电话)</td><td></td></tr>
<tr><td>Mobile:
(手机)</td><td></td></tr>
</table>

<table>
<tr><td colspan="4">Adoption Details（教材信息）　影印版 □　双语版□　翻译版□</td></tr>
<tr><td>Title: (中文书名)
(英文书名)
Edition: (版次)
Author: (作者)</td><td colspan="3"></td></tr>
<tr><td>Local Puber:
(外国出版社)</td><td colspan="3"></td></tr>
<tr><td>Enrolment:
(学生人数)</td><td></td><td>Semester:
(学期起止日期时间)</td><td></td></tr>
<tr><td colspan="4">通过哪种方式获得我社的图书信息
参加会议 □　邮寄书目 □　书店□　网站□　他人推荐□</td></tr>
</table>

Please fax or post the complete form to（请将此表格传真或 email 至）：

东北财经大学出版社有限责任公司
电话: (86) 0411-84710878/84712996
传真 : (86) 0411-84710878
邮箱：guohebu@126.com
通讯地址: 辽宁省大连市沙河口区尖山街 217 号东北财经大学出版社
邮编：116025

教师反馈表

麦格劳—希尔教育（McGraw-Hill Education）是美国著名教育图书出版与教育服务机构，以出版经典、高质量的理工科、经济管理、计算机、生命科学以及人文社科类高校教材享誉全球，更以网络化、数字化的丰富的教学辅助资源深受高校教师的欢迎。

为了更好地服务中国教育界，提升教学质量，2003 年**麦格劳—希尔教师服务中心**在北京成立。在您确认将本书作为指定教材后，请您填好以下表格并经系主任签字盖章后寄回，**麦格劳—希尔教师服务中心**将免费向您提供相应教学课件，或网络化课程管理资源。如果您需要订购或参阅本书的英文原版，我们也会竭诚为您服务。

书名：			
所需要的教学资料：			
您的姓名：			
系：			
院/校：			
您所讲授的课程名称：			
每学期学生人数：	______人 ____年级	学时：	
您目前采用的教材：	作者：__________ 出版社：__________ 书名：		
您准备何时用此书授课：			
您的联系地址：			
邮政编码：		联系电话	
E-mail：**（必填）**			
您对本书的建议：		系主任签字 盖章	

东北财经大学出版社

大连市沙河口区尖山街217号
邮编：116025
电话：0411－84710715
传真：0411－84710731
电子信箱：ts@ dufe. edu. cn
网址：Http：//www. dufep. cn

McGraw Hill Education

麦格劳—希尔教育出版公司教师服务中心
北京清华科技园科技大厦 A 座906 室
邮编：100084
电话：010－62790299
传真：010－62790292
教师服务热线：800－810－1936
教师服务信箱：instructorchina@ mcgraw-hill. com
网址：http：//www. mcgraw-hill. com. cn